소설, 밤의 학교

문학동네 평론선

소설, 밤의 학교

손정수 평론집

문학동네

| 책머리에 |

'생활'로서의 글쓰기

    대구의 서쪽에서 지내면서 아침마다 강정보에 가서 달린 지 꽤 오래됐다. 낙동강을 끼고 달리는 길 한쪽 편에는 너른 밭이 있는데, 밭과 그 위에서 자라는 작물들을 바라보면 내가 없는 사이 스쳐간 농부의 손길을, 그리고 항상 밭과 작물을 향해 있는 그의 마음을 느낄 수 있다. 그 풍경을 볼 때마다 내가 쓰고 있는 글과 그 글을 대하는 나 자신의 태도와 마음을 되돌아보지 않을 수 없었다.
    멀게는 2015년부터 십 년 가까운 동안 쓴 글을 묶어 여섯번째 평론집을 낸다. 여러 차례 주저하던 끝에 책을 내게 되면서 분량이 꽤 늘어났다. 그 글들의 성격을 기준으로 분류해보니 크게 네 개의 범주로 구성된 체계를 마련할 수 있었다.
    1부에는 한국문학의 현장을 바라보면서 그 상황을 진단하는 주제론에 해당하는 글들을 모았다. 변화하고 있는 한국의 소설적 상황을 그 시기를 통과하면서 내가 느낀 감각을 바탕으로 분석한 글들이라고 할 수 있겠는데, 특히 한국의 내부와 외부 사이의 소통의 문제와 함께 역사를 도입하는 경향과 그 특징에 대한 관심이 고유한 영역을 이루고 있다.

2부에는 작가론에 해당하는 글들을 묶었다. 그 대상이 되었던 이제하, 김원일, 윤흥길, 최수철, 정영문, 박솔뫼, 김훈, 한강 등은 내가 직접 만나봤던 작가들이기도 하다. 작품으로만 대했던 작가들을 직접 만나는 상황이 내게는 보람이자 영광이었고, 그 순간의 감각과 기억이 이 글들의 동기이자 동력이 되었다.

3부에는 작품론으로 분류할 수 있는 글들을 시대순으로 담았다. 문학의 세계를 동경하던 시절에 읽었던 황순원의 『일월』, 이문열의 『황제를 위하여』, 김종삼의 「북 치는 소년」 등에 대해 쓰면서 그 시간 속으로 다시 들어가볼 수 있었다. 한 시절을 함께했던 김소진, 권여선, 조경란, 김중혁 등의 작품에 대해 쓰면서 삶과 작품이 맺는 관계를 깊이 들여다볼 수 있었다. 한편 김솔, 손보미, 박민정, 정대건 등의 작품에 대해 쓰는 일은 내게 새로운 방향으로 나를 이끌어가는 도전 같은 것이었다.

4부에 실린 글들은 내가 문학 창작 교육의 현장에서 일하면서 겪은 문제들을 비슷한 처지에 있는 사람들과 공유한다는 마음으로 쓴 것이다. 이 글들을 다시 읽어보니 내가 가르치고 있었다고 생각했던 상황이 오히려 내가 배우는 것이 많았던 또다른 교실이었다는 사실을 새삼 확인하게 된다.

지금의 시점에서 평론을 처음 쓰던 무렵의 글들을 돌아보면, 비평적 자아가 미처 확립되지 않았던 그 당시에는 내게 부과된 텍스트에 맞춰 그때마다 새로운 '나'를 만들고 있었던 듯하다. 대상에 따라 글의 스타일도 형식도 달라졌다. 텍스트마다 그에 부합하는 이론들이 필요했던 것도 빈약한 비평적 자아를 뒷받침하지 않으면 안 되었기 때문이었다.

글을 써가면서 어느 순간 이전과는 달리 이제는 '나'를 기준으로 텍스트를 읽는 자신을 발견할 수 있었다. 말하자면 비평적 자아라고 할 만한 것이 '나'의 내부에 자리를 잡게 된 것이다. 글을 쓰는 대상에 대한 선택권을 주도적으로 갖게 된 것도 이 국면에서이다. 이 시기에 '나'는 텍스트와 '나'를 연결시키며 '나'를 가다듬는 국면을 통과하고 있었다고 말할 수 있겠다.

이 두 가지가 이전보다는 다소 희미해진 채 지금도 이어지고 있으면서도, 다른 한편으로는 새로운 영역이 생기기도 했다는 사실을 이번 평론집을 묶으면서 새삼 느낄 수 있었다. 그것은 글을 쓰면서 '나' 속의 '나'와 대면하는 순간들로 이루어졌다. 텍스트는 기억 속에 묻혀 있던 예전의 자아를 이끌어내 지금의 '나'와 연결시켜주었다. 그리하여 이번 평론집에는 소통이나 교류와는 별도로 반추를 지향하는 성향이 나타나 있다.

제목의 '밤의 학교' 또한, 이 책에도 실려 있는, 황순원 소설을 읽던 사춘기 시절을 되돌아본 글로부터 가져온 것이다. 내가 문학으로 방향을 전환하고 삼십 년 가까이 평론활동을 하면서 이십 년 넘게 문예창작학과에서 학생들을 가르치게 된 기원을 거기에서 찾을 수 있다.

나는 나 자신이 표현에 재능이 있다고 생각해본 적이 없고, 오히려 그 반대로 표현에서 늘 문제를 겪었던 쪽에 더 가깝다. 표현은 내 입과 손을 비껴가기 마련이었다. 그래서 항상 표현과 싸워야만 했다. 그래서 글쓰는 일은 늘 힘겨웠지만, 그럼에도 불구하고 글쓰기를 통한 대화의 과정에서 나 자신의 문제를 조금씩 풀어나갈 수 있었다. 그런 의미에서 글쓰기는 내게 절실한 생활이기도 했고, 지금도 여전히 그렇다.

문학동네는 2000년 1월부터 대구에 가기 전까지는 거의 매일같이 출근하다시피 했고, 그 이후에도 2004년 말까지 매주 들렀던 고향 같은 곳이다. 그 오 년 동안을 나는 내 인생에서 가장 행복했던 시절로 기억하고 있다. 그 가난했던 시간이 이처럼 풍요로운 재산이 될 수 있었던 것은 문학동네와 그때 그 인연으로 만났던 사람들 덕분이다. 지금 떠오르는 그 이름들을 밝혀 여기에 적는 대신 내 마음속 더 깊은 곳에 새겨둔다.

교정 과정에서 김봉곤씨의 따뜻한 손길과 묵묵하면서도 세심한 배려는 실질적인 도움이 되었을 뿐만 아니라 기쁜 마음으로 책을 준비할 수 있도록 해주었던 정신적인 격려이기도 했다. 그동안 안으로만 삼켰던 고마운 마음을 이 자리를 빌려 전하고 싶다.

2025년 6월
손정수

차례

책머리에
'생활'로서의 글쓰기 _005

1부 한국소설의 사건과 맥락의 현장

한국소설의 시선이 다시 현실로 향하던 순간
—2008년 김연수의 고쳐쓰기를 중심으로 _015

포스트모던의 새로운 표정
—'동물의 시대'에서 '현실의 시대'로 _040

진행중인 역사적 사건이 소설에 도입되는 방식들
—세월호 사건 모티프를 중심으로 _069

주인공 없는 소설세계의 리얼리티
—한국소설에 나타난 인물 관계의 수평성의 변화 양상과 그 의미 _094

The Vegetarian 이후, 한국소설 번역과
현지 수용의 현황과 문제들 _117

현실, 그리고 서사에 나타나고 있는
디아스포라 지형의 변화 _137

바다를 보여드리고 싶은 마음으로 만든 세계―역사적 사건을
모티프로 한 최근 한국소설에 내포된 로맨스의 계기와 그 의미 _169

이야기로 만들어낸 역사 속 섬과 동굴
―역사적 사건을 모티프로 한 최근 한국소설의 경향 2 _210

2부　작가와 대화하는 시간

이미지를 되새김질하는 초식의 글쓰기―이제하론 _255

변전하며 증식하는 가족 소설의 중심에 놓인
실재로서의 어머니―김원일론 _302

윤흥길의 소설에서 진행된 텍스트의 조직 변화 과정 분석
―윤흥길론 _326

'독'의 연금술로 피워낸 치명적인 환상―최수철론 _361

이야기에 홀린 광대의 이야기―정영문론 _376

발이 달린 소설을 생각하며 좋다고 느끼는 사람의 이야기
―박솔뫼론 _407

어떤 늦은 소설쓰기에 얽힌 변전의 역사가 이른 곳
―김훈론 _439

픽션의 경계와 심연을 향한 원심의 궤적
―또하나의 한강론 _472

3부 작품을 음미하는 시간

밤의 학교와 『일월』 —황순원의 『일월』 _ 509

황제를 위하지 않는 소설을 상상하며

—이문열의 『황제를 위하여』 _ 514

김종삼 시를 읽던 시절을 위한 만가晩歌

—김종삼의 「북 치는 소년」 _ 520

80년대로부터 걸려온 한 통의 전화 —김소진의 「동물원」 _ 528

부활의 봄밤 —권여선의 「봄밤」 _ 533

상상력의 감촉과 농담의 맛 —김중혁의 『나는 농담이다』 _ 538

'시대적 정신'과 '보편적 정신' —김솔의 『보편적 정신』 _ 545

옥시덴탈리즘의 새로운 테크놀로지

—손보미의 『디어 랄프 로렌』 _ 548

화자의 선택이 이끌어낸 스토리텔링의 효율

—정대건의 『GV 빌런 고태경』 _ 553

소설의 안과 밖에 걸쳐 있는 아이러니의 겹들

—박민정의 「전교생의 사랑」 _ 557

소설의 안과 밖에서 퍼져나가는 '일러두기'의 울림

—조경란의 「일러두기」 _ 566

4부 문학과 창작의 교육 현장

한국소설의 수용 의식에 나타나고 있는 비심미적 독서 경향과
그 문학 교육적 의미
—수업 과정에서 젠더 문제에 대한 학생들의 반응을 중심으로_583
교실에서 소설에 대해 말할 때 우리가 이야기하는 것_615
한국 대학의 변화 속 문예창작학과의 정체성 찾기
—계명대의 사례를 중심으로_637

1부

한국소설의 사건과 맥락의 현장

한국소설의 시선이 다시 현실로 향하던 순간
―2008년 김연수의 고쳐쓰기를 중심으로

> 朝光 二月號의 「童骸」라는 拙作 보았오? 보았다면 게서 더
> 큰 不幸이 없겠오. 등에서 땀이 펑펑 쏟아질 劣作이오.
> 다시 ヤリナオシ를 할 作定이오. 그러기 爲해서는 當分間 作品을
> 쓸 수 없을 것이오. 그야 「童骸」도 작년 六月 七月頃에 쓴 것이오.
> 그것을 가지고 지금의 나를 忖度하지 말기 바라오.
> 조곰 어른이 되었다고 自信하오.[1]

1. 발표 과정에서 바뀐 소설의 결말

2009년 1월 초, 나는 육 개월 동안 체류하고 있던 보스턴을 떠나 한 달 정도 머물 예정으로 마이애미로 갔다. 한 학기 연구 학기를 얻어 2008년 8월 미국에 가서 하버드대학교 한국학연구소에 방문학자

---

[1] 이상, 「사신(8)」, 『이상 문학 전집 3 ― 수필』, 문학사상사, 1993, 239쪽.

로 적을 두고 있었으나 실제로는 여기저기에서 강의를 몇 개 들으면서 학생 시절로 돌아간 기분으로 몇 달을 보냈는데, 영어로 해야 하는 과제와 수업, 그리고 낯선 곳에서 혼자 지내는 생활 등은 생각보다 버거운 것이어서 남모르는 고초를 겪어야 했다. 그렇게 그 학기 수업을 모두 마치고 나니 보스턴에는 어느덧 추위가 찾아와 있었다. 한국으로 돌아가기까지 남은 한 달간만큼은 따뜻한 곳에서 조금 편하게 있고 싶어 짐을 모두 한국으로 부쳐놓고 가방만 챙겨 찾아간 곳이 마이애미 바다가 내려다보이는 한 영어 기숙학원이었다.

한 학기 동안 미국에서 지내면서 조금은 익숙해진 영어도 다져놓고 수업이 없는 시간에는 해변에 누워 책을 읽을 계획이었고, 며칠 동안은 실제로 그런 시간을 보냈다. 밤에도 할일이 없어 바다에 나가고는 했는데 둥그런 수평선은 지구가 원형의 입체라는 사실을 모를 수가 없도록 만들었다. 달이 보름이어서 지상이 밝다고 느낀 건 그때가 처음이었고, 별과 하늘과 구름도 너무 선명해서 마치 페인트로 칠해서 붙여놓은 듯 오히려 비현실적인 느낌을 주었다. 그렇게 하염없이 바다를 바라보는 시간은, 그러나 오래가지 못했다. 이유는 내가 마이애미에 도착한 이틀 후 김연수가 그해 이상문학상 수상자로 결정되었기 때문이다.

이 상은 수상자가 결정되면 열흘 정도 만에 수상작품집이 출간되고 거기에는 보통 작가론과 작품론이 함께 실리는데 그러다보니 늘 상식적으로 받아들이기 힘든 일정 안에 원고를 써야 하는 상황이 발생한다. 그 가운데 작가론의 청탁이 하필 그 먼 곳에 있던 내게 온 것이었다. 아마도 출판사에서는 2007년에 내가 꽤 긴 김연수론을 쓴 적이 있기 때문에 적지 않은 분량의 소설을 써낸 작가의 작가론을 단시간에 감당할 수 있을 거라 생각했던 것 같다.

왜 그 원고를 쓰겠다고 했는지는 지금 잘 기억이 나지 않는다. 어쨌든 그때부터 나는 수업이 없는 시간에는 마이애미 사우스 비치 공립도서관에서, 그리고 도서관이 문을 닫고 나면 학원 로비에서 그 원고를 쓰는 일에 매달려야 했다. 자료를 찾을 수도 없는 곳인데다가 하필이면 그때 노트북도 고장이 나는 바람에 여러모로 애를 먹었다. 도중에는 감기, 몸살까지 겹쳐서 원고만 마치면 무너져버리겠다는 심정으로 버티면서 겨우 글을 마무리했다. 그렇게 원고를 보낸 다음날 출판사에서는 교정지와 함께 무슨 까닭이었는지 내 원고와 나란히 실리게 될 작품론도 함께 보내주었는데 일단 교정을 마쳐놓고 작품론을 읽고 나서 나는 멍한 상태가 되어버렸다. 왜냐하면 김형중이 쓴 그 작품론에서 인용한 김연수 소설은 내가 읽은 것과 다른 것이었기 때문이다.

사정은 이랬다. 문제의 당선 소설은 『자음과모음』 창간호(2008년 가을호)에 실린 「산책하는 이들의 다섯 가지 즐거움」이었다. 그때 나는 그 잡지에 편집위원으로 참여하고 있었는데 창간호 준비를 함께 하다가 특집에 실을 글을 넘겨놓고 미국으로 건너갔고(이 글이 시발점이 되어 나는 그후 마이애미에서 더 골치 아픈 글을 한 편 더 쓰게 된다), 잡지 편집에 관련된 의견은 구성원들이 공유하는 인터넷 카페를 통해 주고받았다. 그 카페에는 내부 검토 용도로 입고된 원고들이 올라와 있었는데, 나는 낯선 곳에서 겪는 통신상의 불편과 앞서 얘기한 노트북 고장 때문에(새로 노트북을 구입했는데 미국에서는 한글 프로그램을 구할 수가 없었다) 카페에 게시된 초고를 읽고 글을 썼다. 교정 과정에서 수정이 이루어진다고 해도 대부분 문제가 될 만한 정도는 아니기 때문에 크게 신경쓰지 않았던 것이다. 그런데 이 경우는 상황이 달랐다. 특히 문제가 된 부분은 소설의 결말에 해당되는 단락이었는데 내가 읽었던, 출판사에 입고된 원고에서는 그 부분이 다음과 같이 되어 있었다.

두 사람은 출구를 빠져나와 고궁 앞 광장을 가로질렀다. 아직 해가 지려면 멀었고, 하늘은 한낮과 다름없이 환하고도 파랬다. 사람들은 저마다 다른 곳에서부터 걷기 시작한다. 저처럼 한낮과 다름없이 환하고도 파란 하늘 아래에서, 혹은 스핀이 걸린 빗방울이 떨어지는 골목에서, 분당보다도 더 멀리, 아마도 우주 저편에서부터. 그렇게 저마다 다른 곳에서 혼자서 걷기 시작해 사람들은 결국 함께 걷는 법을 익혀나간다. 그렇게 둘이서 함께 광장 입구를 빠져나왔을 때, 거기에서는 도로를 점거하고 걸어가는 수많은 산책자들이 보였다. 지네와 베짱이와 수컷 사마귀와, 또 오랑우탄이나 코뿔소, 토끼, 어쩌면 매머드나 티라노사우루스 같은 것들이 걸어가고 있었다. 그 광경을 보고 두 사람이 잠시 서 있는 동안, 그들과 함께 걸어가던 그의 코끼리와 Y씨의 수많은 동물들이 그 산책 대열에 합류했다.
"어때요? 괜찮아요? 조금 더 걸어볼까요?"
Y씨가 그를 바라보면서 물었다. 그는 고개를 끄덕였다.
"조금 더 걸어보자는 말이지요? 그래요. 이 거리, 제가 좋아하는 거리니까."
"맞아요, 저도 좋아하는 거리예요."
두 사람은 다시 걷기 시작했다. 지네와 베짱이와 수컷 사마귀와, 또 오랑우탄이나 코뿔소, 토끼, 어쩌면 매머드나 티라노사우루스와 함께. 또한 코끼리와 함께.

「산책하는 이들의 다섯 가지 즐거움」의 화자는 여자친구의 죽음과 관련된 심리적 외상으로 인해 수시로 심장에 고통을 느끼는 인물로 영화감독 일을 하고 있다. 코끼리는 그가 고통의 순간 대면하는 어떤 이미지를 캐릭터로 형상화한 것이다. 서가에 꽂힌 『암환자를 위한 생존전략』이라는 책을 우연히 읽게 된 그는, 그 책에 소개된 암 투병의 경력을 가진 중년 여성 Y씨의 조언에 따라 산책을 시작한다. 가족, 그리고 가까운 친구들을 동반한 산책이 이어지다가 마침내 그는 Y씨에게 연락해 함께 거리를 걸으며 이야기를 나누게 되고, 그 과정에서 어떤 소통의 가능성에 대한 기대감을 가지면서 이야기는 마지막에 이른다. 한편 그 소통이 화자 개인의 차원이 아니라 저마다의 상처를 가진 인물들과 연대하는 집단적인 차원으로 확장될 가능성을 가진 것이라는 사실이 마지막 장면에 암시되어 있다. 그런데 이 부분이 잡지에 실릴 때에는 다음과 같이 바뀌어져 발표되었던 것이다.

두 사람은 출구를 빠져나와 고궁 앞 광장을 가로질렀다. 아직 해가 지려면 멀었고, 하늘은 한낮과 다름없이 환하고도 파랬다. 혼자서 걷기 시작할 때, 사람들은 저마다 다른 곳에서부터 걷기 시작한다. 저처럼 한낮과 다름없이 환하고도 파란 하늘에서, 혹은 스핀이 걸린 빗방울이 떨어지는 골목에서, 분당보다도 더 멀리, 아마도 우주 저편에서부터. 그렇게 저마다 다른 곳에서 혼자서 걷기 시작해 사람들은 결국 함께 걷는 법을 익혀나간다. <u>그들의 산책은 마치 이 세상에 존재하는 모든 동물들과 함께하는 산책과 같았다. 그들의 산책은 마치 이 세상에 존재하는 모든 동물들과 함께하는 산책과 같을 것이었다. 앞으로도. 영원히. 주차장을 빠져나온 그들</u>

의 눈앞으로 버스로 바리케이드를 치고 4차선 도로를 봉쇄한 경찰들이 보였다. 어디선가 함성이 요란했다. 두 사람은 눈앞에 펼쳐진 장면을 바라봤다. <u>검은색 진압복을 입고 열을 맞춰 앉아 있는 경찰들과, 그보다 뒤쪽에서 무전기를 든 손으로 팔짱을 끼고 그들을 바라보는 지휘관들과, 그보다 더 뒤쪽에서 대기하고 있는 살수차와, 앞쪽에서 서로 뒤엉킨 채 버스와 담벼락 사이를 막고 선 또 다른 경찰들과, 그들의 검은색 투구에서 2미터 정도 위쪽으로 지나가는 바람과, 어디선가 들려오는 함성과, 또 함성과, 또 다른 함성과……, 고통, 아아, 그 고통을.</u> 지네와 베짱이와 수컷 사마귀와, 또 오랑우탄이나 코뿔소, 토끼, 어쩌면 매머드나 티라노사우루스 같은 것들을.

"어때요? 괜찮아요? 조금 더 걸어볼까요?"

Y씨가 그를 바라보면서 물었다. 그는 고개를 끄덕였다.

"조금 더 걸어보자는 말이지요? 그래요, 이 거리. 제가 좋아하는 거리니까."

<u>그리고 그녀와 꼭 붙어서 다니던 거리니까.</u>

"맞아요. 저도 좋아하는 거리예요."

<u>그렇게 걸어가는 그들을 향해 무전기를 든 경찰 하나가 두 팔로 X자를 만들어 보인 뒤, 오른손을 뻗어 길 뒤쪽을 가리켰다. Y씨와 그는 경찰이 가리키는 쪽으로 고개를 돌리고 바라봤다. 또한 코끼리와 지네와 베짱이와 수컷 사마귀와 함께, 그것을.</u>[2]

밑줄 친 문장들이 잡지에 실리면서 바뀐 부분이다. 초고에서는 광

---

[2] 김연수, 「산책하는 이들의 다섯 가지 즐거움」, 『자음과모음』 2008년 가을호, 174~175쪽. 밑줄은 인용자.

장의 사람들이 '도로를 점거'했다는 정도로 그 성격이 희미하게 암시되어 있었으나, 수정된 최종 원고에서는 그들이 특정 시위의 주체라는 사실이 꽤 뚜렷하게 드러나 있다. '살수차가 대기하고' 있거나 '버스로 바리케이드를 치고' 있는 장면도 그렇지만 결정적으로 마지막의 '그것'이라는 단어는 글자 모양까지 다른 서체로 바꾸어 강조해놓았는데, 김형중은 작품론에서 그 실체에 대해 "아무리 생각해도, '그것'은……'촛불'이다"[3]라고 확신했고 그 판단은 틀리지 않아 보였다. 이렇게 되면 '고통'의 원인과 의미도, 그 문제를 대하는 소설의 태도도 크게 달라질 수밖에 없다.

김연수는 왜 이런 구체적인 장면을 소설 속에 넣어야겠다고 생각했던 것일까. 원고를 완성해서 보내고 교정을 보는 그 짧은 사이에 그에게는 어떤 일이 일어났던 것일까.

2. 지속과 변전의 기로에서 마주한 딜레마

그 당시의 내게는 이 변화가 상당히 크게 느껴졌다. 이미 건넨 원고를 수정해야 하는 상황이어서 그렇기도 했지만, 그런 실제적인 문제보다도 더 큰 이유는 현실에 대한 그와 같은 직접적인 태도가 그때까지의 김연수 소설에서는 다소 낯선 것이었기 때문이다.

2007년 여름에 김연수 작가론을 쓰면서 내가 초점에 둔 것은 그의 소설에 편재해 있는 '1991년 5월'이라는 기표였다. 그것은 그의 소설이 생성된 발생적 기원에 놓인 현실적 지점을 지시하고 있기 때문이었다. 1991년 5월이라면 내가 대학교 4학년, 김연수가 대학교 3학년

---

[3] 김형중, 「촛불의 기원」, 『2009 제33회 이상문학상 작품집』, 문학사사, 2009, 344쪽.

때의 일로. 그해 4월 말 시위 진압 과정에서 한 대학 신입생(명지대 강경대)이 사망한 이후 상식적으로는 믿기 어려운 연쇄적인 분신(이 단어가 지금은 낯설 수도 있겠다. 자기 몸을 불에 태우는 것으로 현실에 대한 저항을 표현하던 그 시대의 한 극단적인 시위 방식이다)의 사태가 발생했다. 그런 가운데 같은 해 5월 또 한 명의 학생(성균관대 김귀정)이 시위 진압 도중 사망하는 사건이 일어났고, 분신은 다시 이어졌다. 그리하여 두 달도 안 되는 사이에 두 명의 대학생이 시위 진압 도중 사망하고 열한 명이 분신을 하는 상황이 일어났다. 그와 같은 희유의 현상을 두고 대립되는 이데올로기 진영 사이에서 격렬한 논쟁이 일어나기도 했다. 나는 그 글에서 그 이데올로기들 가운데 어느 하나로 귀착되지 못한, 혹은 어떤 이데올로기에 근거한 사건의 상징화에도 의문을 제기하지 않을 수 없는 의식에 김연수 소설의 발생적 기원이 놓여 있다고 설명한 바 있었다.

 그 죽음을 애도하는 김연수의 방식은 '자신의 정체성을 찾기를 거부하고 유령의 모습으로 떠다니는 것'이다. 그것은 그 죽음으로 인해 떠안은 빚을 상징적 방식으로 상환하지 않고 대신 몸으로 감당하는 것이다. 그 죽음을 상징화할 수 없기 때문이다. 좀더 정확히 말하자면 이전 세대의 방식으로 상징화할 수 없기 때문이다. 그렇기 때문에 그는 그 사건들을 표상하지 않거나 할 수 없는 자리에 스스로를 세우고 있다. 그 죽음과 그에 대한 기억이 '재현'이 아니라 이미지로밖에 제시될 수 없었던 것은 바로 그 때문이다. 그 모호한 상태는 그를 어느 쪽에도 속하지 못하는 불안 속으로 몰아넣었지만, 다른 한편으로는 그가 그 이전 세대들에 맞서 독자적인 글쓰기를 추구해나갈 수 있는 고유한 근거를 마련해주었다.

이전 세대의 방식으로 그 죽음들을 상징화할 수 없지만, 그럼에도 불구하고 그들 역시 그 죽음의 대열과 함께 그 속에 있었기 때문에 그냥 외면하거나 지나칠 수 없다는 사실이 그 세대의 문학적 운명을 결정하고 있다. 그러므로 그들에게 그 죽음에 대한 글쓰기는 가까스로 빠져나온 불길 터널에 대해 이야기하는 것이 아니라 그 속으로 다시 들어가는 것을 의미하는 것이다.[4]

불온서적으로 열람조차 금지되었던 『자본론』이 한 해 만에 대학 신입생 권장 도서가 되는 급격한 단절을 겪은 세대의 시선에 '그 죽음'에 어떤 필연성을 부여하는 이데올로기적 방식은 도무지 믿을 수 없는 것으로 여겨졌다. 그렇지만 상징화할 수 없는 죽음을 어떤 방식으로든 표현해야 하는 역설에 이 세대의 문학적 근거가 있다고 나는 생각했다. 그와 같은 문학적 의식은 세계를 합리적으로 인식하고 또 변혁할 수 있다는 믿음의 시선으로는 보이지 않는 새로운 현실을 상대적으로 유연하게 바라볼 수 있게 해주었고, 이념의 그늘 속에 존재했던 이전 시대 문학에 비해 훨씬 자율적인 상태를 구현해낼 수 있는 가능성을 담고 있었다. 그러하되 변화한 시대의 흐름을 일방적으로 수용하는 방식과는 거리를 두고 이데올로기 비판의 형식으로서의 문학의 자리를 지키는 역설적인 지점에서 김연수의 세대는 그 자신의 고유한 문학적 근거를 마련했던 것이다. 그와 같은 정신적 토양 위에서 성장한 김연수 소설이 그 정점에 이른 때가 2000년대 중반, 그가 『나는 유령작가입니다』(2005)에 실린 소설들을 써내던 시기였다고

---

[4] 손정수, 「살아남은 자의 운명, 이야기하는 자의 운명」, 『작가세계』 2007년 여름호, 104쪽.

나는 생각한다.

　이런 시선에 「산책하는 이들의 다섯 가지 즐거움」의 초고는 그다지 낯설어 보이지 않았던 반면, 수정된 원고에 덧붙은 문제의 대목은 이전과는 다른 영역으로 방향을 전환하고 있음을 알리는 듯 보였다. 내가 느꼈던 당황스러움의 원인은 바로 여기에 있었던 것이다. 물론 그 이전에도 김연수 소설이 처음의 자리에만 계속 머물러 있었던 것은 아니다. 개인적 차원에서도 똑같은 것을 반복할 수는 없는 일이고, 그보다 현실 자체가 끊임없이 변화하고 있으니 애초의 문제의식을 유지하기 위해서도 실제로는 끊임없이 변화하면서 그것을 현재화하는 노력을 기울여야 하기 때문이다. 그리고 그것은 실로 간단한 일이 아니다.

　　그즈음에는 소설에 대한 내 생각도 바뀌어가고 있었다. 『나는 유령작가입니다』를 출간하고 나서 나는 이제 나의 관심사에서 조금씩 벗어날 때가 됐다고 생각했다. 그 관심사라는 건 1991년 5월에 나를 혼란에 빠뜨린 일련의 일들과 그 일들의 의미에 대한 나름대로의 해석이다. 그런데 그렇게 생각하고 얼마 지나지 않아 나는 그 관심사 자체가 나로 하여금 지금까지 글을 쓰게 만들었다는 사실을 깨달았다. 예를 들어 그 관심사가 최종적으로 이어지는 선상에 최근에 펴낸 장편소설 『네가 누구든 얼마나 외롭든』이 있는데, 그 소설을 쓰게 한 가장 큰 원동력은 그 시절에 일어난 일들에 대한 개인적인 의문이었다. 이 소설을 쓰면서 나는 두 가지 서로 모순되는 사실에 부딪혔는데, 하나는 이 개인적인 의문이 풀리게 되면 더는 소설을 쓰지 못할 수도 있으리라는 점과 나만의 사적인 관심사 때문에 내 소설이 소설로 읽히지 않을 수도 있다는 점이었다. 내가 소설을 쓰기 위해서는 개인적인 의문에서 벗어나야만 하는데, 그렇게 되면 소설을 쓰지 못할 수도 있다. 『나는 유령작가입니다』 이후에 쓴 몇 편의 단편들은 이 같은 딜레마의 소산이었다. 자연스럽게 나는 다른 사람들의 삶에 관심을 가져야만 한다는 강박관념 같은 것을 지니고 있었다.[5]

'그즈음'은 김연수가 UC버클리의 작가 초청 프로그램으로 캘리포니아주 버클리에 체류하던 시기를 일컫는다. 그리고 그 무렵은 김연수가 30대 중반을 넘어서던 시기이기도 했으며, 이전에 비해 작가로서의 지위가 훨씬 확고해진 상태이기도 했다. 개인적인 질문에 대한 답을 탐색하는 과정으로서의 글쓰기에서 벗어나 좀더 작가로서 객관적인 글쓰기를 수행해야 한다는, 그러니까 '다른 사람의 삶에 관심을 가져야 한다는 강박관념 같은 것'이 그를 둘러싸고 있었다. 그런 그에게 '1991년 5월'의 소설가라는 규정은 한편으로는 여전히 글을 쓰도록 만들었던 동력을 의미하는 것이었지만, 다른 한편으로는 어떤 굴레에서 벗어나지 못하도록 그를 묶고 있는 인력이기도 한, '서로 모순되는 딜레마'가 아닐 수 없었다. 1991년 5월은 여전히 글쓰기의 근거인가 아니면 한 단계 더 올라서기 위해 언젠가는 벗어나야 하는 사다리 같은 것인가. 「산책하는 이들의 다섯 가지 즐거움」 역시 그 딜레마 속에서 쓰인 소설이었을 것이다. 그 맥락에서는 그 딜레마에 대한 양극의 반응이 시차를 두고 다른 판본으로 나타났다고 볼 수 있을 것이다. 내적으로는 그렇게도 볼 수 있지만, 그 선택을 촉발한 외적인 사건에 대한 반응도 분명히 존재했다.

---

5) 김연수, 「내 몸의, 이토록 협소한 정치적 감각」, 『실천문학』 2007년 겨울호, 296쪽.

3. 2000년대 문학에 다시 다가온 현실

그런데 사실 이 딜레마는 김연수의 것이기도 했지만, 2000년대 한국문학의 그것이기도 했던 것이 아닐까. 산업화와 민주화라는 개발도상국의 두 가지 난제를 극적으로 넘어 1990년대로 접어든 이후 한국사회는 이전과는 전혀 달라진 세계를 새롭게 경험했다. 김영하는 자신의 소설 속 인물(1980년대에 남파된 고정간첩)의 생각을 통해 이런 상황을 "그가 살아온 세 나라"[6]라는 표현으로 드러냈다. 그것은 "북한, 팔십년대의 남한 그리고 지금, 21세기의 남한"이며 "그중 하나는 이미 사라져버렸다"[7]고 했다. 1990년대 이후의 문학은 이전 시대와 단절된 현실 인식에 기반하여 전개된 것으로, 현실의 인력으로부터 벗어나 상상과 환상, 무의식의 세계로 이행하는 경향성을 보여준 바 있다. 어떤 의미에서는 시대적 상황으로 인해 지체된 문학적 작업을 본격화하면서 민족 단위에 국한된 한계를 벗어나 세계문학의 흐름과 보조를 맞추기 시작하는 국면이었다고 할 수 있는 이 시기에 한국의 문학은 정치, 사회적 현실에 그다지 신경을 쓰지 않아도 좋은 예외적인 상황을 경험했다. 이데올로기와 거리를 두면서도 현실을 외면하지는 않고 있다는 자족적인 상태를 굳이 자각하지 않아도 별다른 문제를 느끼지 못하고 있었던 것이다.

하지만 이런 상황은 오래가지 않았다. 다시는 돌아오지 않을 것 같았던 과거의 시절과 유사한 사회적 상황이 재현되기 시작했다. 이명박 정부가 출범한 지 몇 달 되지 않은 2008년 4월 한미 쇠고기 협상 타결을 계기로 5월 초 촛불시위가 시작되어 그 불길이 걷잡을 수 없

---

6) 김영하, 『빛의 제국』, 문학동네, 2006, 199쪽.
7) 같은 쪽.

이 번져나가는 상황이 일어났다. 언론에서는 다시 이데올로기 진영으로 나뉘어 공방이 펼쳐졌다. 과거로 회귀한 듯한 현실적 상황 속에서 그 사이에 끼어 있는 1990년대는 갑작스럽게 증발한 듯 느껴지는 상황이 초래된 것이다. 이 시기 김연수는 한 신문사의 요청으로 기사를 쓰기 위해 시위에 참가한 뒤 다음과 같은 글을 남겼다.

> 나는 국민으로서 당연한 권리를 지켜내기 위해서 온몸으로 물줄기를 맞고 선 사람들을 보았다. 또 나는 그들을 향해 쏟아지는 물대포를 막기 위해 전경 버스 위로 올라가 자신의 몸으로 물줄기를 가로막는 사람들을 보았다. 또 나는 앞쪽에서 물대포에 맞아 사람들이 쓰러지는 모습에도 분노를 애써 삼키며 "비폭력! 비폭력!"이라고, 또 "쏘지 마! 쏘지 마!"라고 애원하고 간청하고 부탁하던 사람들을 보았다. 그들은 그런 모습으로 내게 말했다. 왜 저들은 자신의 친구이며 가족과 같은 사람들이며, 어쩌면 훗날 자신이 사랑하게 될지도 모르는 여성들에게 저토록 잔인한 폭력을 행사하느냐고. 지금이 2008년이고, 여기가 대한민국 서울이 맞느냐고.[8]

평화로운 분위기 속에서 마치 놀이처럼 진행된 시위는 그러나 다음날 새벽 경찰에 의해 무차별적으로 진압되는 상황으로 이어진다. 위의 글에는 그 상황으로 인해 흥분한 김연수의 감정 상태가 그대로 담겨 있다. 그 시기 다른 신문들에서도 촛불집회에 관한 기고가 연달아 이어지고 있었다. 그 필진 가운데에는 방현석, 김형수, 김지하 등 1991년 5월의 연쇄적인 분신 사건을 두고 이데올로기적인 공방을 벌

---

8) 「물대포에 찢겨진 5월 마지막 '햇살'」, 한겨레, 2008. 6. 2.

였던 당사자들도 있었다. 그때는 사건을 상징화할 수 없는 상황 속에 스스로를 위치시키고 그들과 다른 세계에 놓여 있었던 김연수였지만 이제는 그 또한 그 속에 일원으로 참여하여 발언하는 상황이 되었다. 이 발언이 그때와 비교하여 얼마만큼 달라진 것인지는 1991년 5월의 상황을 떠올리면서 시위 참여 직전에 쓴 소설 속의 다음 대목을 보면 알 수 있다.

> 그 죽음이 필연이라고 떠들어대면 떠들어댈수록 내 삶은 점점 더 우연에 가까워졌다. 그렇게 가장 먼저 삶과 죽음이 서로 그 자리를 바꿨고, 그 다음에는 정의와 불의가, 진실과 거짓이, 꿈과 현실이 서로 뒤엉키기 시작했다. 김지하의 글과 박홍의 기자회견으로 시작된 그 혼란은 유서대필사건으로 절정에 이르더니 결국 정원식 총리를 향한 계란과 밀가루 투척사건으로 완결됐다. 그 모든 과정이 나만 모르고 있었던 역사적 사건을 다루는 다큐멘터리처럼 느껴졌다. 나는 그 과정에 개입할 수 없었다. 왜냐하면 그건 내가 있는 곳과는 시간이나 공간이 다른 세계에서 일어나는 일과 같았기 때문이었다. 그건 '무엇이 진실이고 무엇이 거짓인가?'라는 고전적 물음과는 전혀 차원이 다른 경험이었다. 그 모든 것은 나와는 전적으로 무관하게 움직이는 유리창 저편의 세계처럼 보였다. 마치 반대편으로 움직이는 기차 속에 탄 사람들을 바라볼 때처럼. 거기에는 내가 관여할 정의도 불의도, 진실과 거짓도, 꿈과 현실도, 삶과 죽음도 없었다. 그건 전적으로 그들의 문제, 그 세계에 속한 사람들의 문제였을 뿐이었다.[9]

---

9) 김연수, 『네가 누구든 얼마나 외롭든』, 문학동네, 2007, 122쪽.

필연과 우연이 맞서고, 삶과 죽음이 자리를 바꾸고, 진실과 거짓이 뒤엉켜 있다고 느끼는 세계 속에 이데올로기가 들어설 자리는 없다. 그렇게 이데올로기로 흡수되지 못하고 떠도는 욕망을 짊어지고 살아가는 일이란 혼자 탄 차의 유리창 밖으로 반대편 기차에 탄 사람들을 바라보는 것과 같은 일이다. 이 의식으로부터 생성된 문학적 태도가 90년대 문학을 성립시켰던 근원이었다고 할 수 있다.

그렇지만 2008년 5월의 상황에서 김연수는 대열 속 사람들이 표정으로 하는 말을 듣고 있다. 현실 속의 사건은 더이상 창밖의 풍경 같은 것이 아니다. 이 순간 이미 김연수는 90년대 문학으로부터 벗어나 다른 자리로 이동해 있었던 것은 아닐까. 그 이행을 극적으로 보여주는 사건이 곧 앞서 살펴보았던 「산책하는 이들의 다섯 가지 즐거움」이 발표되는 과정에서 일어난 결말부의 수정이 아니었을까.

4. 밤의 노래와 새벽의 노래

그런데 이날의 일은 신문 기사뿐만 아니라 그의 책에 붙인 「작가의 말」에도 다음처럼 등장하고 있다.

> 결국 온 세계는 다시 나의 열망이 이뤄지도록 도와준 셈이었다. 그 학생들을 보고 나니 모든 게 명확해졌다. 많은 사람들의 열망 때문이든 아니든, 물론 개인적인 차원에서는 아닐 확률이 높지만, 어쨌든 결국 우리는 어제와 다른 세계에서 살고 있다. 어제와 다른, 새로운 세계. 그게 중요한 것이다. 반드시 복수해야만 할 필요는 없다. 당장 내 눈앞에서 정의가 이뤄지지 않아도 좋다. 이게 어제와 다른, 새로운 세계라면. 그리하여 나는 이 소설의 마지막 부분을 고칠 수 있었다. 결국 이 소설을 쓰고 싶다는 내 오랜

열망을 이룰 수 있었던 건 그날 밤 효자동 전경들 앞에서 춤을 추던 학생들 덕분이다. 공포의 순간에 웃음을 터뜨릴 수 있게 해준 그 학생들에게 감사의 말을 전한다. 늙다리들은 더이상 춤추지 못한다. 나는 춤추는 사람들이 좋다. 나 역시 그렇게 춤을 출 수 있으면 좋겠다. 그 학생들처럼.[10]

여기에서 '그날 밤'은 바로 그가 시청 앞으로 갔던 2008년 5월 31일의 밤을 말한다. 그 시위 현장에서 김연수는 학생들이 시위 현장에서 구호를 외치는 것이 아니라 대중가요를 부르며 춤을 추는 장면을 보고 긴장을 풀고 웃음을 터뜨린다. 그러나 다음날 새벽 그들을 폭력적으로 진압하는 경찰의 상투적인 방식에 분노를 느낀다. 그런데 흥미로운 부분은 그날의 경험이 그에게 『밤은 노래한다』의 결말을 둘러싼 고민에 대해 명확한 답을 주었다고 적고 있는 대목이다. 그날의 체험이 현실을 바라보는 그의 시선에, 그리고 그의 문학적 태도에 (물론 이전부터 지속된 고민의 결과일 테지만, 그럼에도) 어떤 인식론적 단절을 야기했다는 것을 이 장면에서도 확인해볼 수 있기 때문이다.

「밤은 노래한다」(단행본과 구분하기 위해 이 연재본은 「밤은 노래한다」로 표기한다)는 2004년 봄부터 2004년 겨울까지, 지금은 없어진 『파라21』이라는 문예지에 연재된 장편이다. '민생단 사건'을 모티프로 한 이 소설을 쓸 당시 김연수는 연변대학의 기숙사에 머물고 있었고, 그해 여름 국제학술회의에 참석하기 위해 연변대학을 찾았던 나는 그를 만나 연변과 길림, 그리고 하얼빈을 같이 여행하기도 했다. 그와 함께 일송정에 올랐을 때 그는 내게 자신이 쓰고 있는 소설의 배

---

10) 「작가의 말」, 『밤은 노래한다』, 문학과지성사, 2008, 344~345쪽.

경이 되는 해란강 옆 영국더기를 손가락으로 가리켜 보여주기도 했다. 술에 취해 그가 머물던 기숙사에 들어와 쓰러져 자다가 일어나보면 작은 노트북으로 소설을 쓰고 있는 그의 벗은 등 위로 흐르던 땀방울이 보였다.

「밤은 노래한다」는 연재가 끝난 이후에도 한참 동안 출간되지 않고 있다가 연재를 마친 지 사 년 반이 지난 2008년 9월 마침내 세상으로 나온다. 『밤은 노래한다』의 출간 직후 한 인터넷 서점과 나눈 대담에서 "사실 2004년 연재를 마치신 작품이죠. 많은 부분 수정이 있었다고 들었습니다. 다시 완성해야겠다고 생각하신 이유를 먼저 물어도 될까요?"라는 질문에, 김연수는 여러 번 다시 쓰는 과정을 거쳐서 마련한 결말이 마음에 들지 않았다고 대답하면서 "이 결말에 납득할 수 있겠는가, 하는 생각이 들었어요. 복수할 수도 없고 복수하지 않을 수도 없는 상황이 되어버려서요"[11]라는 설명을 덧붙인 바 있다. 그렇다면 원래의 결말은 어떤 것이었고, 마침내 2008년 5월의 촛불시위를 거치면서 수정된 결말은 어떤 것이었는가.

『밤은 노래한다』는 1930년대 연변 용정 일대를 주요 배경으로 삼고 있는 소설이다. 만철의 측량 기사로 그곳에 파견되어 여학교 음악 선생 '정희'와 연애를 시작한 '김해연'이라는 인물이 소설의 화자인데, 어느 날 아침 그가 정희의 죽음을 접하게 되면서 본격적으로 소설은 시작된다. 그 사건을 통해 정희가 항일 유격대의 주요 인물이라는 사실이 밝혀지고 김해연은 정희가 남긴 편지에 담긴 진실을 알기 위해 몸부림치다 결국 항일 유격구 속으로 뛰어들게 된다.

---

11) 「희망 없으나 절망은 아닌 따뜻함에 대하여」, 알라딘 서점 저자 인터뷰, 2008. 10. 17.

영국더기 언덕에 앉아 있을 때, 나는 빛의 세계만 알고 있었다. 하지만 이제 나는 빛의 세계 속에 어둠의 세계가 존재한다는 사실을 어렴풋이 눈치채게 됐다. 인화된 양화陽畵는 필연적으로 음화陰畵를 지니고 있다. 그러므로 진실은 현상한 필름에도, 인화한 사진에도 있지 않았다. 진실은 음화와 양화, 두 가지 세계[단행본에서는 "두 세계"로 수정―인용자]에 동시에 걸쳐 있다.[12]

정희를 따라 들어간 그 세계는, 무엇이 진실인지 알 수 없는 더 어두운 음화의 세계이다. 그 세계에서는 정희뿐만 아니라 모든 사람들의 정체가 불투명하다. 총영사관의 경찰 보조원인 '최도식'은 과거 엠엘계의 극렬분자였으며 민생단원 '박길룡'은 거물급 공산주의자 '박타이'이기도 하다. 공포와 의심으로 인해 많은 혁명가들이 그 조직 내부에서 스파이로 처형된 어처구니없는 사건이었던 민생단 사건 자체가 그런 세계의 표상이기도 하다.

이런 구도는 그때까지의 김연수 소설에서 그렇게 낯선 것이 아니다. 이상의 본명 김해경에 이상 소설에 등장하는 인물의 이름인 '연'(김연수의 '연'이기도 하다)을 결합하여 변형시킨 주인공의 이름이나 마찬가지로 이상 소설 속의 여주인공 이름인 정희 등 인물의 이름에서도 존재와 부재의 틈 사이에 놓인 「오감도 제16호」나 이상의 데드마스크의 행방을 쫓던(『꾿빠이, 이상』, 2001) 이전 소설세계와 맞닿아 있다는 사실이 감지된다.

---

12) 「밤은 노래한다(연재 2회)」, 『파라21』 2004년 여름호, 154쪽; 『밤은 노래한다』, 126쪽.

그런데 이런 방향으로 흘러 도달한 결말이 김연수는 마음에 들지 않았다고 적고 있다. 그리고 촛불시위의 경험을 거치면서 어제와 다른 오늘을 보여줄 수 있는 결말을 얻었다고 했다. 그렇다면 연재본의 결말에 대한 불만은 소설 내적인 차원의 것이라기보다 이미 현실이 그 소설적 상태를 초과해버렸다는 사실에 대한 본능적인 인지 때문이 아니었을까. 그렇게 빈틈을 벌리고 있던 소설의 결말과 현실 사이의 공백이 촛불시위의 경험을 통해 의식 속에서 순간적으로 메워졌다고 느낀 것이 아니었을까. 그렇다면 구체적으로 그 결말 부분이 어떻게 변화했는가 확인해보지 않을 수 없다.

> 누구도 내가 듣고 싶어하는 말을 해주지 않소. 뭐가 진실인지 모르겠소. 사람들은 진실을 보는 게 아니라 보는 게 진실이라고 생각하는 듯하오.[13]

> 정세는 점점 나빠지고 있는 것처럼 보이지만, 가장 비관적으로 보이는 이 순간이 바로 종말의 전야라는 걸 저는 유격구에서 배웠습니다. 밤이 깊어질수록 새벽은 가까워지는 것이지요.[14]

두 목소리 가운데 위는 최도식의 것이고, 아래는 김해연의 것이다. 최도식의 목소리는 연재할 때에는 있었지만 단행본에서는 사라졌고, 김해연의 목소리는 연재본에는 없었던 것이 단행본에서 새로 생겨났다. 전자가 밤의 세계의 심연을 마주한 상황으로부터 흘러나온 목소

---

13) 「밤은 노래한다(연재 4회)」, 『파라21』 2004년 겨울호, 182~183쪽.
14) 『밤은 노래한다』, 317쪽.

리라면, 후자는 밤의 세계에 있으면서도 빛의 세계를 느끼는 장면에서 발화된 목소리라고 할 수 있다.

연재본의 마지막 장면에서 살아남은 김해연은 최도식을 찾아 다시 용정으로 간다. 이때는 위의 최도식의 발언으로 소설이 마무리된다. 어디에도 출구가 없는 세계에서 살아가고 있는 그들이야말로 니체가 말한 '밤과 같은 자'이며 '사랑하는 자'일 것이다. 『밤은 노래한다』는 바로 그들의 노래인 것이다. 그 노래에서 사랑은 이념에 맞서는 근거이다.

그런데 단행본에서 그 노래의 마지막은 최도식이 아니라 앞에서 본 것처럼 김해연의 목소리로 대체되어 있다. 그리고 그 목소리로 부르는 노래는 이전과 썩 다른 것이 되어 있다. 고쳐쓰는 과정에서 김연수는 김해연으로 하여금 최도식에게 복수를 하도록 한 적도 있다고 밝힌 바 있는데, 결국은 다시 최도식을 살려준다. 그것은 그 장면에서 그의 옆에 "자신의 아버지가 한때 어떤 사람이었는지 전혀 알지 못하는, 송어들처럼 힘이 넘치는 새 시대의 아이들"[15]이 등장했기 때문이다. 아이들의 목소리로 인해 더 밝아진 그 음조는 맨 끝에 덧붙여진 정희의 편지 속 목소리로 인해 더욱 낭만적인 하모니를 담게 된다. 이 노래에서 사랑은 관계와 소통의 형식이 된다.

「산책하는 이들의 다섯 가지 즐거움」의 초고와 최종본 사이, 그리고 『밤은 노래한다』의 연재본과 단행본의 차이로부터 우리는 2008년 5월을 거치면서 김연수의 문학적 방향이 전환되고 있었다는 사실을 확인할 수 있다. 그것은 미학과 정치 사이에서 유동하고 있던 1991년

---

15) 『밤은 노래한다』, 318쪽.

세대의 의식이 현실의 변화 속에서 그 시효를 마감하는 장면처럼 보인다. 그리고 그것은 문학으로 하여금 자꾸만 신경쓰게 만드는 변화한 현실로부터 초래된 사건이라고 할 수 있다.

5. 90년대 문학의 시효와 유산

「산책하는 이들의 다섯 가지 즐거움」과 『밤은 노래한다』 각각의 내부에서 발생한 변화의 양상은 비록 작품 자체만 보면 부분적인 수정에 지나지 않는다고 할 수도 있겠지만, 김연수 소설의 진행 과정에서 보면 그것은 새로운 세계로의 도약이라고 볼 수 있다. 없던 세계가 새로 생겨난 것은 아니지만 이전 세계 속 성분의 배치와 그 무게중심이 바뀐 것은 분명하다. 그리고 그런 방식으로 변화한 현실은 소설 속으로 들어와 있다.

이런 도약을 시점의 차원에서도 확인할 수 있다. 김연수 소설의 인물은 대체로 타인의 갑작스러운 죽음과 맞닥뜨려 그 느닷없는 상황을 이해하기 위해 노력하는 관찰자들이었다. 앞서 살폈듯이 그 죽음의 기원에는 1991년 5월이 놓여 있다. 이해할 수 없는 죽음 앞에서 회의하는 그들은 이념의 주체가 아니다. 아니, 그런 부조리한 상황에 서라면 그때까지 가지고 있던 희미한 이념조차 의미가 없어진다. 그러나 「산책하는 이들의 다섯 가지 즐거움」 무렵부터는 김연수 소설의 주인공들이 이념의 주체가 되기 시작한다. 그들이 가진 이념이나 성향은 부정적인 현실을 배경으로 한 것이기 때문에 그 주체들은 자주 낭만적인 성향을 드러낸다.

이 글에서는 논의의 편의상 김연수의 소설 고쳐쓰기 작업에 초점을 맞춰 살펴보았지만, 당연히 이와 같은 경향은 그 혼자만의 일이 아니었다. 김연수의 소설 속 장면처럼, 각자가 저마다의 고립된 상황으로부터 하나둘씩 광장으로 걸어나왔던 것이다. 그리고 이렇게 시작된 방향은 이후 사회적 현실의 측면에서도, 그리고 문학적 상황의 측면에서도 더 본격적인 국면을 맞게 된다. 용산 참사(2009년 1월), 노무현 전 대통령 서거(2009년 5월) 등을 계기로 한국문학에서 현실의 인력은 더 강화된다. 작가들이 현실에 대해 발언하고 집단적으로 행동하는 양상도 다시 나타난다. 그리고 그 선회의 곡선은 세월호의 비극(2014년 4월)과 만나 더 급격하고도 결정적으로 휘어진다. 그 죽음들은 유머 같은 것으로 가볍게 극복할 수 있는 것이 아니다. 그 명랑하고 낙관적이었던 김애란이나 윤성희 소설의 인물들조차 표정이 어두워지고 심각해지기 시작한 것도 이즈음부터이다.

그런데 다시 회귀한 이 현실은 이전 시대 소설 속 현실과는 다른 듯하다. 공동체, 집단의 현실이 아니라 개개인의 이해와 결부된 현실이기에 더 세밀하고 견고해졌다. 이제까지 계속 자본주의에서 살고 있었음에도 자본주의 사회라는 것이 어떤 건지 새삼 실감하는 일이 빈번해졌다. 그와 같은 현실의 성격은 문학의 내용에도, 그 제도와 관행에도 새로운 영향을 미쳤다. 2000년대의 비교적 자유로운 문학적 분위기를 타고 활발해져 대중들과는 비교적 멀지만 문학 내부에서는 한때 센세이셔널한 관심을 불러일으켰던 이런저런 실험적 시도들은 그 비현실적 포즈가 어색해졌고 차차 입지가 줄어들기 시작했다. 전통적인 문예지들이 사라지거나 개편되었고, 『악스트』(2015년 7월), 『릿터』(2016년 8월) 같은 새로운 스타일의 잡지들이 새롭게 등장했다. 표절과 성추행 등의 사건이 사회 전체의 관심사가 되는 일도 일어났다. 논픽션 작가인 스베틀라나 알렉시예비치(2015년)나 밥 딜런(2016년) 같은 싱어송라이터가 노벨문학상을 수상하는 등 세계적으로도 문학과 그 바깥의 경계가 한층 흐릿해지는 흐름도 뚜렷하게 감지되고 있었다.

이처럼 문학을 둘러싼 새로운 상황을 배경으로 한때 대중과 멀어지는 듯 보였던 소설은 문학적 시스템의 변화와 맞물려 좀더 실용적인 문제제기와 공유의 매개 역할을 하면서 다시 시장으로 진입했다. 독자의 외연은 넓어졌는데 그들의 성격은 이전과 많이 달라졌다.

> 정세랑: 저도 대중매체를 끝없이 작품 안에 끌어들이는 방식으로 소설을 쓰는데, 돌아오는 반응을 보면 경계선이 있더라고요. TV 만화, SF 영화, 판타지 대작들을 자라면서 자연스럽게 접하며 자란 세대는 제 글을 훨씬 쉽게 읽어요. 속도감, 가벼움, 장르적 장치를 끌어 쓰는 방식이 이상하거나 어렵지 않은 거죠. 저도, 제 주변의 다른 작가들도 대중매체의 화법을 빌려오는 데 거부감이 없고 사실은 더 빌려와도 좋다고 생각하는 편이에요.[16]

변화한 독자들의 감수성 속에서 김연수를 비롯한 이전 시대의 소설은 어느 사이에 "서민들이 보기에는 너무 예술적"[17]인 것이 되어버렸다. 그들이 출발했던 그때에는 그들 또한 대중문화와 접속한 새로운 세대라는 호들갑스러운 평가도 있었는데, 이제는 같은 이유로 그들의 소설을 고상한 쪽으로 밀어내고 있는 듯하다. 그들 역시 그 흐

---

16) 김금희·정세랑·최은영·허희,「세대·젠더·문학: 30대·여성·소설(가)—새봄을 여는 특집 좌담」,『문학 선』2017년 봄호, 27쪽.
17)「산책하는 이들의 다섯 가지 즐거움」, 169쪽.

름과 소통하고자 새로운 방향을 모색했으나 그들의 소설이 변화하는 사이 현실은 더 빠른 속도로 새로운 방향을 향해 이동하고 있었던 것이다. 그들의 시선은 현실의 변화에 반응하면서 그 방향을 바라보고 있었지만 가속화된 현실의 변화 속도를 따라가기엔 1990년대 미학의 습기에 젖은 그들의 몸은 너무 무거웠다. 그들의 몸짓은 격렬했지만 그 에너지는 실제로 이동하는 데 자연스럽게 투여되지는 못했다.

이전 시대와의 단절을 통해 생성된 90년대 문학은 이제 새롭게 등장한 현실로 인해 허공에 떠버린 채 그 빈 공간조차 점점 좁아지고 있는 듯 느껴지기도 한다. 어쩌면 그것은 한 세대가 순환을 맞이하는 보편적인 상황일지도 모르겠다. 식민지의 척박한 풍토를 한탄하며 동경으로 건너간 한 시대의 모더니스트 이상 역시 낯선 그곳에서 『삼사문학』 동인을 비롯한 새로운 세대를 만나고 "암만 해도 나는 十九世紀와 二十世紀 틈사구니에 끼여 卒倒하려 드는 無賴漢인 모양이오. 完全히 二十世紀 사람이 되기에는 내 血管에는 너무도 많은 十九世紀의 嚴肅한 道德性의 피가 威脅하듯이 흐르고 있소그려"[18]라고 탄식했었으니 말이다.

그렇지만 김연수 소설이 징후적으로 보여주었던 몇 가지 계기들은 이후 등장한 작가들에 의해 계승되어 새롭게 진화하는 양상을 나타내고 있는 듯 보인다. 가령 타자를 서사 구조의 한 축으로 삼고 있는 조해진의 소설, 혹은 시점의 전도를 통해 우리 내부의 문제를 드러내는 최은영의 최근 소설에서 그와 같은 연관을 느낄 수 있다. 이런 맥락에서 보자면 분명히 90년대 문학은 그 이후 세대의 문학이 성립,

---

18) 「사신(7)」, 『이상 문학 전집 3』, 235쪽.

발전할 수 있는 동력을 제공하였고, 그런 의미에서 여전히 현재의 문학 속에서 그 의미를 남기고 있다고 할 수 있을 것이다. 그렇게 세대와 세대는 하나의 흐름으로 연결되어 앞으로 계속 흘러가는 것인지도 모르겠다. 그 흐름의 현재 지점으로부터 그것이 지금의 방향으로 휘어지기 시작했던 그때를 다시 돌아본다.

(2018)

포스트모던의 새로운 표정
─'동물의 시대'에서 '현실의 시대'로

1. 동물화했던 포스트모던

'통치와 자기 테크놀로지'라는 주제 영역은 말년의 미셸 푸코가 '생명 정치'로 일컬어지는 권력의 새로운 속성과 그에 대한 주체의 대응 방식을 논의하면서 펼쳤던 일련의 강의와 저작들로 이루어진 것이다. 1970년대 후반과 1980년대 전반에 걸쳐 진행되었던 이른바 '통치성governmentality'에 관한 이 논의가 우리에게 관심의 대상으로 새삼 부각된 것은 이른바 신자유주의의 영향이 현실화되고 있던 21세기에 들어선 이후의 일이다.

한국사회가 넓게는 90년대에 그리고 좁게는 IMF 외환위기 이후에 겪게 되는 에토스의 구조적 변동은 사실 이러한 권력 형식의 전위와 긴밀한 연관을 갖고 있다. 80년대의 억압적 권력은 자신의 대상을 전투적이고, 진지하고, 진정한 존재로 구성하였다. 그러나 민주화 이후의 일상 공간을 관통하는 미세한 생명 권력들은 자신의 대상을 귀엽고, 어리고, 칭얼대는 존재론적 유아들로 구성한다. 푸코가 지적하고 있듯이 이러한 생명 권력은 자유주의적 통치성과 더불어 형성된 것이며, 신자유주의적 통치성과 당연히도 긴밀한 연관을 갖고 있다.[1]

푸코의 논의에서는 19세기 후반부터 이전 시기의 주권 권력이나 규율 권력이 생명 권력으로 전환되는 통치 테크놀로지의 방식의 변화가 일어났다고 설명되지만, 1980년대까지 권력의 억압적 성격이 강했던 우리의 경우 그 변동의 실감은 1990년대 이후에 비로소 찾아왔다. 그리고 그 변동은 더 극적으로 체감되고 있었던 듯하다.

20세기 후반에 세계적인 규모로, 그리고 특히 97년 이후의 한국사회에서 본격화되고 있는 소위 '인간의 죽음'이라는 문제는 그리하여, 인간이 스스로에게 던지는 질문과 해답의 공간, 인간이 인간이 되기 위해서 스스로의 비인간과 투쟁하는 공간, 인간의 인간됨에 대한 싸움의 공간이 약화되고 있다는 사실을 의미한다. 이 투쟁이 소멸하는 과정에서 드러나는 종언 이후의 새로운 인간의 모습이 바로 동물과 속물이다. 동물과 속물은 포스트-진정성 체제 post-authentic regime 의 문제적 형상들이다.[2]

진정성의 체제와 포스트-진정성 체제의 대비로 1990년대 전후의 한국사회를 구도화하고 그 각각의 주체를 인간과 동물/속물로 규정하는 이 시기의 설명 방식은, 지금의 자리에서 바라보면 지나치게 도

---

1) 김홍중, 「삶의 동물/속물화와 존재의 참을 수 없는 귀여움」, 『마음의 사회학』, 문학동네, 2009, 71쪽. 이 글은 2007년(『사회비평』 제36권)에 처음 발표되었다.
2) 같은 글, 75쪽.

식적이라는 생각이 들기도 한다. 하지만 그 도식성에서 그만큼 그 변화의 실감이 강렬했다는 것을 확인할 수 있다. 과정을 통과한 시기는 달랐지만, 그때 보인 알렉상드르 코제브, 그리고 아즈마 히로키의 반응 역시 인간과 동물/속물을 대비시키는 극적인 대립의 구도를 취하는 것이었다.

> 1914년부터 1989년까지의 75년간은 19세기적인 근대에서 21세기적인 포스트모던으로의 긴 이행기였다. 이 이행기의 시대정신은 냉소주의 혹은 스노비즘으로 특징지을 수 있으며, 그것은 냉전으로 절정에 달했다. 그러나 일본에서 그 과정은 1945년의 패전으로 한 번 절단되었다. 그리고 거꾸로 부흥기에서 고도성장기에 걸쳐 일본은 오히려 교육기관이나 사회조직 등 사회의 이데올로기 장치를 강화하고 커다란 이야기=국가 목표를 부활시킴으로써 위기를 극복해왔다. (……) 그 통합이 다시 느슨해진 것이 70년대이며 그 결과 일본에서는 포스트모던으로의 이행은 70년대에 들어 겨우 본격적으로, 그러나 그만큼 급속히 진전되었던 것이 아닐까? 오사와가 논한 '이상의 시대'와 '허구의 시대'의 대립이 명확한 것은 이와 같은 일본의 독자적인 상황에 기초하고 있기 때문이다.[3]

위의 인용에서 아즈마 히로키는 1914년부터 1989년까지의 75년의 기간을 유럽을 중심으로 한 서구에서 근대로부터 포스트모던으로 이행하는 과도기로 보고 있다. 세계대전의 발발에서 비롯되어 베를린장벽의 해체로 인한 냉전체제의 종식까지 이어진 이 긴 이행기의

---

3) 아즈마 히로키, 『동물화하는 포스트모던』, 이은미 옮김, 문학동네, 2007, 130쪽.

시대정신을 그는 알렉상드르 코제브, 슬라보이 지제크 등의 논의를 참조하면서 냉소주의 혹은 스노비즘으로 규정하고 있다. 그러니까 근대(19세기)-이행기(20세기)-포스트모던(21세기)에 인간-스놉-동물이 각 주체로서 대응되는 구도인 것이다.

그런데 이 세계사적 구도가 일본에서는 그 역사적 과정의 특수성으로 인해 조금 다른 궤도로 현상했다는 것이 위의 대목에서 아즈마 히로키가 오사와 마사치의 논의를 빌려와 강조하고 있는 바이다. 그의 견해에 의하면, 일본에서의 '이상의 시대'는 패전 후의 역사적 상황이라는 특수성으로 인한 지체 현상으로 볼 수 있으며 그로 인해 서구의 이행기에 대응되는 '허구의 시대'는 뒤늦게, 그렇지만 급속하게 진행되었다. 그에 따라 1970년을 전후로 한 '이상의 시대'와 '허구의 시대'의 대립은 더 명확하게 체감되었다는 것이 아즈미 히로키의 분석이다. 그리고 1990년대 중반 이후 또 한번의 단절이 찾아온다.

> 그러나 오사와가 강조하는 것처럼, 우리들은 이미 '허구의 시대'에 살고 있지 않다. 냉소주의=스노비즘의 정신은 이미 세계적으로도 일본적으로도 유효성을 잃었고 이제는 새로운 주체 형성의 모델이 대두하고 있다. 이와 같은 폭넓은 시야를 가지고 보면 지금까지 검토해온 이야기 소비에서 데이터베이스 소비로의 이동도 또한 단순히 서브컬처 내부에서의 변화가 아니라 보다 큰 움직임의 반영이라는 것을 알 수 있다.[4]

옴진리교 사건이 일어난 1995년을 기점으로 '허구의 시대'는 마감

---

4) 같은 책, 131쪽.

되고 일본 또한 '새로운 주체 형성의 모델'에 근거한 세계적 흐름에 합류하게 되었다는 것이 아즈마 히로키의 판단이다. 그러면서 바야흐로 일본 사회 또한 스노비즘의 시기를 지나 이른바 '동물의 시대'로 진입하게 된다. 그러니까 일본의 경우 이상의 시대(1945~1970), 허구의 시대(1970~1995), 동물의 시대(1995년 이후)로 도식화되고 있는 것이다.

아즈마 히로키가 제시하고 있는 서구와 일본의 역사철학적 구도와 비교하여 앞서 김홍중의 구도를 다시 보면, 우리의 경우 근대로부터 포스트모던으로 이행하는 과정이 상대적으로 더 급격했다고 할 수 있다. 일제강점기, 전쟁, 분단, 독재로 이어지는 불안정한 근대화의 역사적 과정으로 인해 이념의 주박으로부터 좀처럼 벗어날 수 없었던 시기를 넘어서자 '허구의 시대'와 '동물의 시대'가 거의 동시에 찾아왔던 것이다. 그 결과 아즈마 히로키의 구도에서 단계적으로 이루어졌던 인간으로부터 속물, 그리고 동물로의 순차적인 진행 과정이 김홍중의 구도에서는 인간-속물/동물의 이분법적 대립 구도로 압축되고 있다.

2. 90년대 소설의 이념 비판의 이념성

1980년대 후반의 민주화 운동 과정을 넘어서 1990년대를 통과하면서 한국소설이 보여준 극적인 변화 역시 그와 같은 사회변동 과정에 대한 인식의 근거가 되었던 듯하다. 이 무렵 김영현의 '벌레'나 최인석의 '폐인', 장정일의 '아담'과 마광수의 '사라' 등은 이전 시대의 이념과는 반대 방향을 추구하는, 그러니까 인간성에 대비되는 동물성을 급진적으로 체화한 존재로 등장했다. 그들의 존재와 의식은 그 당시에도 '욕망'이라는 키워드로 설명되곤 했는데, 그렇지만 이 시점에서 '욕망'은 주체의 자기 테크놀로지를 통해 발견되는 것이었다기보다 시대적인 방향성, 그러니까 일종의 이념성, 계몽성을 갖는 것이었다.

오늘(88년 4월 27일) 단편소설을 하나 썼다. 제목은 「실크커튼은 말한다」. 이 소설은 「나, 실크 커튼」이라는 자작의 시를 소설로 다시 쓴 것이다.

나는 이 소설을 쓰면서 몇 가지 개안을 했다. 그중 하나가 포르노 소설에 대한 코페르니쿠스적 전환이다.

사람들이 포르노 소설을 지탄하는 이유는, 섹스가 인간사의 전부가 아님에도 그것을 인간사의 전부인 양 말하기 때문이다. 그런 편집성은 포르노 소설을 몰역사적으로 만든다. 포르노 소설은 최소한의 시간과 무대만을 사용한다. 즉 밤과 침대만 있으면 된다는 식이다. 이외의 시간과 무대는 문제가 되지 않는다. 하므로 포르노 소설에는 국적이 없다. 민족도 이데올로기도 없다. 요사이 유행하는 말로 '지금 그리고 여기'가 빠져있는 것이다. 어떻게 포르노 속에 '지금 그리고 여기'를 넣을 것인가? '1980년대의 한국'을? 방법이 있다. 잘 만들어진 포르노 소설은 거의 프로이드를 원용하고 있다. 여기다가 마르크스를 삽입해보자! 프로이드와 마르크스는 똑같이, 인간을 억압하고 소외시키는 것이 무엇인가를 알려고 한 사람들이다. 단지 그들이 다르다는 것은, 그 원인과 해결의 방법을 서로 다른 점에서 찾았다는 것이다.

성과 정치, 성과 경제, 혹은 성과 사회는 어떻게 만나는가? 이런 물음을 가지고 포르노를 쓸 수도 있다. 그렇게 될 때, 섹스는 인간사의 모든 것이 될 수도 있다. 모든 사건을 포르노화할 수 있다는 말이다. 그리고 그 극단은, '섹스가 인간사의 전부가 아님에도 그것을 인간사의 전부인 양 말'한다는 반포르노론자들의 극단과 의미상충한다.

이번에 쓴 「실크 커튼은 말한다」는 프로이드와 마르크스를 포르노 속에서 융접시키려는 내 시도의 첫번째 결실이다.

내가 쓰는 포르노는, 포르노가 아닌 포르노다.[5]

표면상으로는 성이라는 장치를 통해 이전 시대의 이념 편향성을 비판하는 이 소설의 전략이 실제로는 그 역시 이념성의 다른 양상이라는 사실을 위의 인용으로부터 확인할 수 있다. 그렇기에 지금 읽어보면 섹스라는 흥미의 요소를 내세우고 있음에도 불구하고 그 소설 속 담론은 일종의 계몽적인 목소리로 들린다.[6]

그러나 그럼에도 불구하고 2000년대의 한국소설은 이념 지향성의 반대 방향에서 비롯된 이 흐름을 이어 특유의 미적인 의식을 발전시켜나가게 된다.

작가가 되고 나서 부끄럽게도 최인석의 세계 일부를 훔쳤다. 짐짓 훔치

---

5) 장정일, 『그것은 아무도 모른다』, 열음사, 1989, 131쪽.
6) 이런 지적은 당시에도 있었다. "그런데 장정일의 유희에는 뭐랄까, 쫓기는 자의 초조함이랄까, 강박관념 같은 것이 보여요. 대체로 진지하고, 간혹 엄숙하기조차 하지요. 어쨌든 스스로는 전혀 즐기지 못하고 있는 것 같습니다"(좌담 「90년대 문학을 어떻게 볼 것인가」, 황종연 외, 『90년대 문학 어떻게 볼 것인가』, 민음사, 1999, 35쪽)라는 진정석의 발언이나 "하이테크 문명의 홍수 속에서 방황하다가 종내는 글쓰기라는 순결한 기원으로 회귀하는 성장소설인 『아담이 눈뜰 때』는 전위적인 문명 체험을 갈구했던 '구세대(?)'가 처음이자 마지막으로 토해낸, 계몽적이고 순결하고 엄숙한 문학적 갈망이었던 것이다"(백지연, 「키치와 판타지, 그리고 소설」, 같은 책, 206쪽)와 같은 언급을 예로 들 수 있다.

지 않은 척하려고 더욱 극단적인 환상의 세계로, 귀신의 세계로, 귀신과 사람의 경계가 불분명한 세계로 나아갔다. 화해할 수 없는 두 세계의 공존, 공존을 통한 희망이나 위로, 그로 인해 더욱 비참하게 어두워지는 현실, 그런 비참함을 초월하는 환상, 그 모두는 최인석의 것이었다.[7]

편혜영 산문의 한 대목인 위의 서술은 자신의 문학적 기원에 대한 고백을 담고 있다. 최인석 소설의 인물들은 분열된 의식과 존재를 통해 인간성에 밀착되어 있던 동물성이 펼쳐질 여지를 마련했다고 할 수 있다. 그런데 지금의 시점에서 되돌아보면 이후 소설의 인물들의 기원의 자리에 놓인 최인석의 '폐인'과 '귀신'은 랭보와 니체, 브레히트 등의 담론, 혹은 산해경 등에 의거한, 관념적 성격이 강한 것이었다는 점에서 앞서 언급한 장정일 소설의 성적 담론의 계몽성과 유사한 단계를 보여주었다고 생각된다. 그럼에도 이념(인간성)에 대비되는 몸과 욕망(동물성)에 대한 긍정은 이후 현실의 인력으로부터 더 벗어나 환상과 무의식이라는 새로운 소설적 영토를 확장해나가는 토대가 되었다.

이처럼 현실에서의 싸움을 상상계의 탈주로 처리한다는 점에서 최인석과 편혜영 등 그 후예들을 같은 계열로 연결하여 설명할 수 있지만, 「아오이가든」(2003)에서 보는 것처럼 인간과 동물의 구분이 무의미한 이 환상의 세계에는 현실로부터의 인력이 더 희미해져 있다. 여기에서는 이념을 통해 수행할 수 없는 현실 재현의 기능이 알레고리의 형식을 통해 우회적으로 이루어지고 있다.

---

7) 편혜영, 「귀신의 시간―최인석의 『아름다운 나의 귀신』」, 『너머』 2007년 여름호, 217쪽.

한편 스스로 분열되는 카프카적 성향에 최인석이 서 있는 데 반해, 이후 세대 작가들의 경우 아버지를 상상 속에서 달리게 만들거나(김애란, 「달려라, 아비」, 2004) 각각 아버지를 기린(박민규, 「그렇습니까, 기린입니다」, 2004)으로 혹은 모자(황정은, 「모자」, 2006)로 변신시키는, 그러니까 자신이 아닌 세계를 이상한 것으로 뒤바꾸는 루이스 캐럴적인 성향을 보이고 있다는 점에서도 세대를 경과하면서 발생한 차이를 발견할 수 있다. 현실로부터의 인력이 점점 옅어지는 한편에서 자아 중심적인 방향으로의 전환이 이루어지고 있었던 것이다. 그러면서 2000년대의 한국소설계는 공동체의 가치라는 하나의 중심을 둘러싸고 회전하는 공전의 양상보다 각자의 개성적인 스타일을 추구하면서 개인의 현실을 발견하는 자전의 양상이 더 두드러지는 미적 파노라마의 국면을 전개했다.

3. '현실의 시대'로 대체된 '동물의 시대'

이처럼 그 초기에는 이전 시대의 이념 지향성을 비판하면서 그 반대편의 동물성을 부각하던 소설적 흐름은 2000년대 이후 자전하는 허구 이야기들로 이루어진 알레고리의 성좌를 구축하는 방향으로 선회하고 있다. 지금으로부터 돌아보면, 전체적으로 1980년대 말에서 2000년대 전반에 걸친 이 시기가 우리에게는 현실을 총체적으로 인식할 수 있는 이념을 상실한 상황에서 그 빈자리를 허구로 대체하는 이른바 '허구의 시대'에 대응되는 시기가 아니었던가 생각해볼 수 있다. 이와 같은 허구의 알레고리를 통해 바라보는 현실은 이전 시대 이념에 근거하여 재현된 현실과 비교하면 집단성이 약한 개별적인 것이며 알레고리 자체의 속성상 추상적인 특성을 내포하는 것이었다.

그런데 한국소설은 그 방향으로 계속 뻗어나가지 않고, 오히려 미국산 소고기 수입, 노무현 전 대통령 서거, 용산 참사, 그리고 세월호 사건 등 일련의 사회적 사건에 반응하면서 그와 같은 미적 알레고리의 한계를 반성, 극복하는 방향으로, 다시 현실(이념)을 향해 회귀하는 듯한 양상을 나타냈다. 2000년대 후반 이후 한국소설은 정치적 감각을 회복하는 듯 보였고, 그 동력은 2010년대 중반을 지나며 문학장 내부의 기존 관행을 비판하면서 페미니즘의 국면을 이끌어내기도 했다.

그렇다면 '동물의 시대'로의 진입을 선언한 것은 다소 성급한 것은 아니었던가. 아즈마 히로키는 『동물화하는 포스트모던』(2001)의 속편으로 기획한 『게임적 리얼리즘의 탄생』(2007)에서 이 문제에 대해 다음과 같은 반성적 인식을 드러내고 있다.

> 사회학자 오사와 마사치大澤眞幸는 전후 일본의 정신사를 1970년 전후를 분수령으로 하여 '이상의 시대'와 '허구의 시대'로 분할했다. 필자는 『동물화하는 포스트모던』에서 그것을 계승하여 두 개의 시대 뒤에 1995년 이후의 시대를 가리키는 '동물의 시대'를 덧붙였다. 이상의 시대에 사람들은 이상을 믿고 사회를 구축하고, 허구의 시대에 사람들은 허구와 놀며 아이러니컬하게 사회와 접촉하고, 동물의 시대에 사람들은 신체적 쾌락에 몸을 맡기고 사회에 대해 생각하지 않게 된다는 것이 필자의 주장이었지만, 이 정리는 '동물의 시대'에는 이상이나 허구가 완전히 소멸한다고 쓴 것처럼 잘못 받아들여졌다. 실제로 '동물의 시대'에는 이상이나 허구가 소멸하는 것이 아니라 그 수용이 극히 단순해지는 것이다. (서장에서 설명했던 포스트모던과 이야기의 관계에 대한 주의도 떠올려보는 것이 좋겠다.) 따

라서 그것은 또한 사람들이 이야기를 이상이나 허구로서가 아니라, 단순히 '현실'로서 받아들이는 데 그치는 시대라고도 바꾸어 말할 수 있다. 미국 문학자 기하라 요시히코木原善彦는 필자의 '동물의 시대'를 '현실의 시대' 혹은 '제 현실의 시대'로 바꿔 부를 것을 제안했다. 이것은 받아들여야 할지도 모른다.[8]

여기에서 아즈마 히로키는 '동물의 시대'라고 해서 '이상'과 '허구'가 소멸하는 것은 아니고 다만 그 수용이 단순해진다고 이야기하고 있다. 이제 세 시기 사이의 구획은 덜 단절적인 상태로 인식되고 있는 듯 보이며, 그 시기에 대응되는 주체의 관계 역시 정도 차이의 문제로 그 시각이 변경되어 있다. 인간과 스놉, 동물의 대비 구도는 크게 약화되고, '복잡한 이상과 허구' 대신 '단순한 현실'을 선택하는 정도의 차이가 남은 상태라고 할 수 있다. 그리하여 이제 '동물의 시대'는 '현실의 시대'로 재규정되기에 이른다.

아즈마 히로키는 자신의 다른 저서 『일반의지 2.0』(2011)에서 이 상황 속의 주체를 다음과 같이 새로운 맥락에서 정리하고 있다.

> 만약 사회를 개인으로 비유할 수 있다면 이 책이 구상하는 미래 사회는 본능에 따라 천진난만하게 살아가는, 유아=동물도 아니고 성숙한 성인=인간도 아닌 욕망의 분출에 당황스러워하고 고민하는 사춘기 청년의 이미지와 가장 유사하다. 청년은 동물과 인간 사이에서 흔들리고 있다. 미래 사회 또한 동물과 인간 사이에서 흔들리고 있다. 이렇게 파악하면 현대사회

---

[8] 아즈마 히로키, 『게임적 리얼리즘의 탄생―오타쿠, 게임, 라이트노벨』, 장이지 옮김, 현실문화연구, 2012, 59쪽.

가 '유아화'하고 있다는 한탄은 의외로 정곡을 찌르고 있는지도 모른다. 다만 인간은 애초에 유아일 수밖에 없으며 완전한 어른, 이성적인 존재가 되는 것은 불가능하다는 현실을 이제야 직시하는 시대가 왔다는 뜻에서 그렇다.[9]

이 당시 아즈마 히로키는 조만간 도래할 사회가 이성적인 것도 그렇다고 동물적인 것도 아니라고 보고 있다. 오히려 이 대립되는 두 성향이 모순적으로 공존하는 상태로 설명하고 있다. 그것을 주체의 관점에서 이야기하면 어른도 유아도 아닌 사춘기 청년의 이미지와 같은 것이다. 그리고 그것이 바로 '현실'인 것이다.

그렇지만 이런 '현실'은 직시될 수 없었는데, 그것은 인간 내부의 인간성과 동물성의 이율배반적 관계를 제대로 설명하지 못했기 때문이다. 아즈마 히로키는 이 설명의 모델을 리처드 로티에게서 빌려온다. 그는 로티의 아이러니를 "두 가지 모순되는 주장을 동시에 믿는 것"[10]으로 이해한다. 이 태도 위에서 인간성과 동물성의 관계는 배타적인 선택의 문제가 아니라 그 모순을 긍정하면서 동시에 추구해야 할 대상이 된다. "인간과 동물, 논리와 수리, 이성과 감정, 헤겔과 구글─이들 사이의 다양한 대립을 '아이러니'로 병존시켜 접합"[11]하는 기획이 곧 아즈마 히로키의 '일반의지 2.0'이다.

인상적인 것은 『동물화하는 포스트모던』에서는 인간과 동물이 시

---

9) 아즈마 히로키, 『일반의지 2.0─루소, 프로이트, 구글』, 안천 옮김, 현실문화, 2012, 204~205쪽.
10) 같은 책, 211쪽.
11) 같은 책, 224쪽.

간적 과정에서 서로 다른 국면에 대응되는 주체로서 설정되었지만, 여기에서는 하나의 주체 내에서 길항하는 요소들로 간주되고 있다는 점이다. 급격한 변화의 국면에서는 이분법적으로 대립되는 듯 보였던 서로 다른 구도가 좀더 긴 시간적 과정에서는 하나의 구도 내에서 강조점이 이동한 정도로 이해되는 상황으로 이 사정을 정리해볼 수 있다.[12]

이런 맥락을 염두에 두면, 이제 '이상'과 '허구'에 뒤이어 나타난 '동물'은 프래그머틱한 주체로서의 새로운 인간에 가까운 존재라고 다시 규정할 수 있다. 이전과는 다소 다른 시선에 의해 정립된 이 새로운 주체는 '인간성'과 '동물성'이라는 자기 내부의 요소 사이의 조화의 문제를 더이상 이상이나 허구에 의거하지 않고, 그 예전의 방식이 이상이나 허구라고 느껴질 만큼 더 현실적인 방식으로 해결하고자 하는 존재라고 할 수 있다. 그 급격한 전환의 시점에서는 '동물'처럼 보였던 새로운 유형의 인간은 좀더 진행된 역사적 과정에서 매우 '현실'적인 존재로 다시 보이기 시작한 것이다. 이와 같은 시각의 전환에 푸코와 로티의 논의의 영향이 작용하고 있었다고 짐작된다.

좀더 시간이 지나 다른 곳에서 아즈마 히로키는 이렇게 이야기하고 있다.

> 우리는 '정치적 동물'과 '데이터베이스적 동물'을 어떻게 조합할지를 생각해야 한다. 매우 구체적인 문제다. 우리는 늘 '정치적 동물'일 수 없다. 맞

---

12) 푸코라면 '호모 주리디쿠스(homo juridicus)' 혹은 '호모 레갈리스(homo legalis)'와 '호모 에코노미쿠스(homo oeconomicus)' 사이의 길항관계로 설명했을 이 관계는 사실 이미 근대 초기부터 시작된 긴 역사를 가지고 있는 것이기도 하다.

있는 음식을 먹고 싶고, 섹스도 하고 싶고, 따뜻한 옷을 입고, 푹 자고 싶다. 쾌락적 몸과 매체가 접맥된 형태가 '데이터베이스적 동물'이다.

　이 동물성, 즉 쾌락에 약한 몸을 어떻게 관리하고 우리의 인간성(정치적 동물)과 조화를 이루게 할 것인가? 이것이 문제다. 내가 생각하기에 말년의 푸코가 고민했던 문제는 이 조화 가능성이었다.[13]

리처드 로티와 미셸 푸코, 그리고 아즈마 히로키를 연결하여 생각하면, '현실의 시대'의 프래그머틱한 주체는 자기 외부의 이념이나 허구에 의존하지 않고 그때그때의 환경 변화에 반응하면서 자기 내부의 동물성을 관리하고 인간성과 조화를 이루도록 균형을 유지하는, 이른바 자기의 테크놀로지를 수행하는 존재라고 할 수 있다.

4. 호모 에코노미쿠스의 자기 테크놀로지

이상의 맥락을 근거로 바라보면, 2000년대 후반 허구로부터 벗어나는 장면에서는 현실(이념)로 회귀한 것처럼 보였던 한국소설의 상황은 이전 시기와는 다른 '현실'로 진입하는 과정이었다고 할 수 있지 않을까. 실제로 최근의 한국소설에서는 인간성과 동물성 사이에서 스스로의 주체를 정립하는 새로운 인물들과 마주할 수 있다.

　언니랑 내 사이는 축의금 오만원 정도의 사이였다. 딱 기본 금액. 나는 인터넷 쇼핑몰에 접속해 오만원 선에서 살 만한 게 있나 둘러봤다. 딱히 끌리는 게 없었다. 몇 가지가 눈에 들어오긴 했다. 칠만원짜리 무드등

---

13) 아즈마 히로키, 『철학의 태도』, 안천 옮김, 북노마드, 2020, 75~76쪽.

을 사달라긴 좀 그렇고, 그렇다고 사만원짜리 토스터를 받자니 왠지 억울했다. 한참 스크롤을 내리다보니 문득, 이걸 왜 내가 검색하고 있어야 되나, 하는 생각이 들어 부아가 치밀었다. 돈으로 주기 싫으면 주지를 말든가, 굳이 선물을 하고 싶으면 자기가 센스 있게 오만원 한도 내에서 적절한 선물을 알아서 골라 오든가. 고민해서 적당한 걸 고르는 것도 일인데 그걸 왜 나한테 외주를 주고 있지? 나는 홧김에 쇼핑몰 창을 다 닫아버렸다.[14]

위의 대목만 보면 이 인물은 지나치게 계산적인 인물로 보인다. 관계의 적정선을 벗어나는 행위 자체를 견딜 수 없어하는, 철저하게 경제적인 마인드의 소유자라고 느껴지기 때문이다. 그런데 다소 과장돼 보이기도 하는 계산적 사고보다 더 중요한 것은 자신의 현실적 상황을 바라보는 이 인물의 시선이다. 이 인물의 시선에 직장생활에서의 성적 차별과 같은 문제가 들어오지 않는 것은 아니다. 그 문제와 관련된 '이상'의 차원이 없는 것은 아니겠지만 그렇게 두텁지 않다. 등단작 「일의 기쁨과 슬픔」(2018) 속의 직장에서처럼 문제에 대한 대응은 사회적 차원으로 전개되지 않는다. 그러나 그렇다고 해서 그 문제를 포기하거나 그냥 넘어가는 것은 또 아니지만 소설의 결말에서 보듯 이 반응은 논리적, 이성적인 절차에 의한 공적인 과정과는 거리가 있다.

위의 인용 대목에서는 '빛나 언니'에 대한 '나'의 불만스러운 태도가 역력하게 드러나 있지만, 그럼에도 소설의 전체적 맥락 속에서는 단순하거나 일관되지 않다. 입사 동기인 빛나 언니의 합리성을 결여한 듯 보이는 행동에 대해 답답해하기는 하지만 그 언니를 업신여기

---

14) 장류진, 「잘 살겠습니다」, 『일의 기쁨과 슬픔』, 창비, 2019, 23쪽.

거나 함부로 대하지는 않는다. '동물성'의 측면에서는 그런 욕망과 본능이 있겠지만, 사회적 관계라는 현실 속에서 그것을 직접적으로 드러내는 것은 어려운 일일 뿐만 아니라 스스로에게도 결코 이득이 되는 일이 아니다. 그렇지만 이 과정은 의식에 의해 계산되고 추구되는 것이라기보다 이미 체화된 것의 즉자적 발현처럼 보인다. 이와 같은 특징이 외부의 이념보다 자신의 욕망을 중시한다는 점에서는 비슷하면서도 최근 소설 속 인물이 1990년대의 인물과 결정적으로 구분되는 지점이 아닐까 생각되기도 한다.

    평소보다 이십분이나 늦게 일어나서 간단히라도 챙겨 먹던 아침을 거르고 출근한 날이었다. 사무실 책상 위에 자그마한 상자가 놓여 있었다. 빛나 언니의 결혼식 답례떡이었다. 상자 위에는 조잡한 폰트로 이렇게 적혀 있었다.
    빛나의 결혼식에 참석해주셔서 감사합니다. 축하해주신 마음 잊지 않고 잘 살겠습니다.
    상자를 열었다. 분홍색 하트가 그려진 백설기 한 조각과 저마다 색이 다른 경단 네 개, 쑥색 꿀떡 두 개가 들어 있었다. 허기가 느껴졌고, 이내 침이 고였다. 랩 포장을 벗겨내고 샛노란 고물이 포슬포슬하게 묻혀진 경단 하나를 집어 입에 넣었다. 방금 쪄낸 듯, 아직 따뜻했다. 오늘 새벽에 찾았나보네. 나는 달고 쫄깃한 경단을 우물거리면서 생각했다. 빛나 언니는 잘 살 수 있을까. 부디 잘 살 수 있으면 좋겠는데.[15]

---

15) 같은 글, 33쪽.

'나'와 빛나 언니 사이에 어떤 극적인 사건이나 그로 인한 화해 같은 것이 있었던 것은 아니다. 이질적이고 곤란한 느낌은 어떤 방식으로든 해소되지 않았다. 적절한 사건을 통해 두 사람 사이의 관계를 화해시킬 수 없는 것은 아닐 것이다. 그런데 그러자면 어떤 '이상'이 필요하다. 그렇지 않다면 상상이나 환상을 통해, 그러니까 '허구'의 방식으로 문제를 처리할 수 없는 것도 아니다. 우리는 그런 방식을 이전의 소설들을 통해 지속적으로 겪어오기도 했다. 그렇지만 이 소설 속에서 인물들의 관계는 그런 방향으로 진행되지 않는다. 아니, 타인에 대한 관심 자체가 깊거나 지속적이지 않아서 그들과 맺는 관계의 성격 자체가 이전과는 달라졌다고 해야 할지도 모르겠다.

한편 '나'와 빛나 언니의 관계가 전도된 형태로 이루어진 인물 구도를 장류진의 다른 소설인 「다소 낮음」(2019)에서 볼 수 있다.

> 유미는 더이상 울지도 않았다. 머리 뒤로 기타 케이스가 뿔처럼 비죽 튀어나온 장우와 그런 장우의 품에 안긴 작고 하얀 보리를 번갈아 보고서는 다리에 힘이 풀린 듯 침대에 걸터앉았다.
> "넌 제정신이 아니야."
> 그러고는 고개를 미세하게 좌우로 흔들었다. 시선은 땅바닥을 불안하게 훑었다.
> "전기요금이 연체됐는데, 월급을 털어서 개새끼를 사오는 사람이 세상에 어디 있어? 왜 그렇게 쓸모없는 짓만 골라서 해? 넌 완전히 맛이 갔어. 나도 이제 더는 못 참아."[16]

---

16) 장류진, 「다소 낮음」, 같은 책, 117쪽.

이 소설에서 서술의 주된 초점은 '장우'라는, 현실성이 부족해 보이는 인물에 맞춰져 있다. 그의 파트너인 '유미'가 이 소설에서는 현실성의 보유자로 등장한다. 그 점에서 이 소설 속의 인물 구도는 「잘 살겠습니다」(2018)의 구도와 정확하게 대비되고 있다. 그런데 위의 인용 장면에서처럼 갈등을 겪고 있기는 하지만 어쨌든 현실성을 두고 서로 대립되는 성격의 두 사람이 한때는 함께 살고 있는 관계를 이루기도 했다. 「잘 살겠습니다」와 「다소 낮음」을 아울러 바라보면 장류진의 소설에서 현실적인 성격의 인물만이 배타적으로 긍정되는 상황은 아닌 것이다.

그날 새벽, 잘 울리지 않던 장우의 휴대폰에 모르는 번호로 전화가 걸려왔다. 처음에는 그게 유미라는 생각이 들지 않을 만큼, 유미가 떠난 지 꽤 오랜 시간이 지난 뒤였다. 수화기 너머는 조용했지만 숨소리를 듣고 유미라는 것을 금세 알아차렸다. 유미야, 라고 부르니 유미는 응, 하고 답했다. 예전보다 기운이 많이 빠진 목소리였다. 어디서 지내는지 궁금했는데 일산의 언니네서 머무르고 있다고 했다.

"그렇구나, 다행이네."

"다행이라고?"

유미가 살짝 언성을 높였지만 이내 다시 차분한 목소리로 돌아왔다. 유미는 여러모로 많이 누그러져 있었고, 다시 돌아오고 싶은 눈치였다. 자기가 좀 심했다는 기색도 은근히 내비쳤다. 평소의 유미에게서는 잘 볼 수 없는 태도였다.

유미가 돌아왔으면 좋겠다고 수없이 바랐는데, 막상 시간이 흐르고 나니 유미에 대한 감정이 예전 같지 않았다. 한번 만나보고 싶다는 생각은 여전히 있었지만, 다시 이 집에서 유미가 잠을 자고 밥을 먹는 모습이, 그 자연스럽던 일상이, 이상하게도 이제는 잘 <u>상상</u>이 되지 않았다. 그보다는 털뭉치가 집안 곳곳 굴러다니고, 던진 공을 몇 번이고 다시 물어오는 보리가 있는 이 풍경이 더는 바뀌지 않았으면 좋겠다는 <u>바람</u>이 더 컸다. 장우가 한마디만 하면 유미는 금방 자세를 낮추고 돌아올 <u>기세</u>였지만 끝내 돌아오라는 말이 떨어지지 않았다.[17]

아즈마 히로키는 사회적 현실보다 허구를 더 중시하는 오타쿠들의 선택이 사회적 현실이 부여하는 가치 규범과 허구가 부여하는 가치 규범 중 어느 쪽이 그들의 인간관계에 유효한가 하는 그 유효성을 저울질한 결과라고 보고 있으며, "그런 한에서 사회적 현실을 택하지 않은 그들의 판단이야말로 현재의 일본에서는 오히려 사회적으로 현실적이라고까지 말할 수 있다"[18]는 견해를 제시한 바 있다. 오타쿠와 동일시할 수는 없을지 몰라도 「다소 낮음」에서 장우 역시 지금의 그에게는 유미보다 보리가 자신에게 더 필요한 존재라는 사실을 선택을 통해 확인하고 있다. 그 선택은 사고의 의한 결과라기보다는 즉자적인 판단에 가까워 보인다. 위의 인용에서 보듯, 그의 판단은 타인의 '눈치'와 '기색'과 '기세'를 살피면서 자신의 '감정' '상상' '바람' 같은 것에 기초하여 이루어지고 있다. 물론 그런 선택의 효율은 '다소 낮음'이라는 에너지 효율을 가진 장우의 오래된 냉장고에 비유될 수 있는 것일지도 모른다. 하지만 모든 가전제품의 효율이 '높음'인 것은 아니며 그런 상태가 되는 것이 목표인 것도 아니다. 장류진의 소설 속

---

17) 같은 글, 119~120쪽. 밑줄은 인용자.
18) 『동물화하는 포스트모던』, 59쪽.

인물들이 푸코가 분석한 호모 에코노미쿠스에 가깝다고 해도 그것은 그들이 경제 논리에 민감하고 충실하기 때문만은 아니다. 오히려 더 중요한 문제는 그들이 효율을 판단하는 외적 기준(이상이나 허구)에 좌우되기보다 자신의 직접적인 환경과 내적 상태(동물성)에 더 충실하다는 점에 있다.

> 18세기에 출현한 호모 에코노미쿠스는 결국 권력의 행사와 관련해 건드릴 수 없는 요소와 같은 것으로 기능하고 있었습니다. 호모 에코노미쿠스는 통치 이론의 관점에 입각할 때 건드려서는 안 되는 자입니다. 호모 에코노미쿠스는 자유방임됩니다. 호모 에코노미쿠스는 방임의 주체 혹은 대상입니다. 호모 에코노미쿠스는 방임을 규칙으로 삼는 통치의 상대방입니다. 이제 제가 설명드린 베커의 정의 내에서 호모 에코노미쿠스, 즉 현실을 수용하는 자 혹은 환경의 변수들 내에서의 변화에 체계적으로 대응하는 자인 호모 에코노미쿠스는 조종이 가능한 것, 환경에 인위적으로 도입된 체계적 변화에 체계적으로 반응하는 자인 것입니다. 호모 에코노미쿠스는 탁월하게 통치 가능한 자입니다. 건드릴 수 없는 자유방임의 상대방인 호모 에코노미쿠스는 이제 환경에 작용을 가하고 환경의 변수들을 체계적으로 변형시키게 될 통치성의 상관물로서 출현하는 것입니다.[19]

푸코의 논의에 의거하여 이야기하자면, 환경의 변수들을 체계적으로 변형시키는 통치성에 체계적으로 반응하는 자가 곧 호모 에코노미쿠스이다. '방임을 규칙으로 삼는 통치의 상대방', 그러니까 '통치

---

19) 미셸 푸코, 『생명관리정치의 탄생—콜레주드프랑스 강의 1978~79년』, 오르트망 옮김, 난장, 2012, 372쪽.

의 상관물'이라는 점에서 그렇다. 「다소 낮음」에서 그전까지는 거부하던 기획사의 권유를 장우가 받아들이는 사건 역시 수술을 받아야 하는 보리의 상태, 그러니까 장우의 환경에 변수가 발생하면서 비로소 이루어진다. 그러니까 장우에게는 기획사의 상업적 전략에 대한 거부감이 있었지만, 그것은 예술에 대한 고집이나 그런 이념적인 문제는 아니었던 것이다. 더 정확하게는, 판단은 매번의 수행의 결과로서 발생하는 것이다. 장류진이 제시하는 현실 속의 인물들은 그런 의미에서 각자의 방식으로 매 순간 자기의 테크놀로지를 수행하고 있는 인물이라고 할 수 있다.

현실 속의 주체는 사회적 존재로서의 층위와 본능적 존재로서의 층위를 모두 내포하고 있다. 그런데 앞에서 살펴온 것처럼, 이 서로 다른 문제들을 결합하고 그 가운데에서 균형을 유지하는 일은 주체의 수행적 행위에 속한다. 어떤 의미에서 장류진의 소설은 이 수행적 행위가 각자의 삶에서 중요한 의미를 가지고 진행되고 있는 현실을 보여주고 있다고 할 수 있다. 어떤 각도로부터는 사적인 차원의 것처럼 보이는 이 문제가 공적인 의미를 갖게 된 상황이라고도 할 수 있을 텐데, 그것은 신자유주의라는 상황 속에서는 그 개별 주체의 자기 테크놀로지를 통한 수행적 행위가 바로 국가의 통치성이 구체적으로 실현되는 지점이기 때문이다.

5. 페미니즘의 새로운 표정

이른바 페미니즘 리부트 국면을 통과하며 현실성(인간성)을 지향해온 한국소설의 흐름 내부에서 최근 그 반대편의 요소, 그러니까 여성 주체 내부의 본능적 욕망에 초점을 맞추는 경향이 새롭게 발견되는 상황도 이런 맥락에서 이해해볼 수 있다.

"벌써 가게?"

그 순간 죽고 싶을 정도로 수치스러운 건 이찬휘가 내 어깨에 함부로 손을 댔다는 사실이 아니었다. 아직 그 손이 그렇게까지는 싫게 느껴지지 않는 나 자신이었다. 젠장, 어떡하지? 아직도 너무…… 잘생겼어. 분명히 말하지만 이찬휘에게는 일말의 감정도 남아 있지 않았다. 이상형의 반대말이 존재하는지는 모르겠지만, 만약 있다면 이찬휘는 이제 그것에 가까웠다. 이찬휘 같은 태도, 이찬휘 같은 표정, 이찬휘 같은 말투, 이찬휘 같은 취향, 한마디로 이찬휘 같은 바이브. 모두 내가 꺼리는 것들이었고 사람을 판단할 때 절대적으로 피하는 기준 같은 게 되었다. 나는 이제 이찬휘의 모든 것이 소름 끼치도록 싫었다. 다만 저애의 얼굴과 몸, 그 껍데기만 빼고. 그건 아직까진, 아무리 봐도 싫어지지가 않았다. 그걸 싫어하지 못하는 나 자신만 자꾸 싫어질 뿐. 나는 누구에겐지 모르게 다급히 변명했다. 껍데기일 뿐이지만 이런 껍데기는 귀하다고. 좀처럼 쉽게 볼 수 없다고…… 그리고 다시 어딘지 모를 반대편을 향해 외쳤다. 아, 무슨 소리를 하는 거야. 난 정말 쓰레기야. 난 육신의 노예야. 제발 누가 날 좀 말려.[20]

장류진의 「펀펀 페스티벌」(2019)에서 여성 서술자 '나'는 한때 기업의 인턴 프로그램에 함께 참여했던 이찬휘라는 남성 인물을 사회적 관계의 차원에서는 그다지 존중할 만하다고 생각하지 않는다. 아니, 오히려 그 반대의 판단을 내리고 있다. 그의 '모든 것이 소름 끼치

---

20) 장류진, 「펀펀 페스티벌」, 『문학동네』 2019년 겨울호, 345~346쪽.

도록 싫었다'고 느낄 정도이다. 그러나 그럼에도 불구하고 그의 외모와 신체에는 반응을 느끼고 있다. 이 소설에서도 동물성의 영역이라고 얘기할 수도 있을 이 감정적 반응을 주체의 문제로 전면화하지 않으면서 애써 극복하려 하지도 않는다.

여성 주체 내에서 이념과 모순되는 본능을 새로운 시선으로 바라보는 경향은 백수린의 최근 소설들에서 더 본격적으로 추구되고 있다.

> 그리고 그들은 잠시 동안 서로 말을 않고 쳐다보고만 있었다. 이마를 가리는 덥수룩한 고수머리 탓인지 앳되게까지 보이는 남자의 눈빛은 폭군처럼 강렬한 것 같았지만, 또 동시에 순진해 보이기도 했다. 그녀는 자신이 도망치고 싶은지 그곳에 조금 더 머물기를 원하는지 몰라 혼란스러웠다. 남자는 어깨를 곧게 펴고 그녀를 향해 정면으로 섰다. 흰색 레오타드 같은 민소매 셔츠를 입고 맹수처럼 벽을 부수던 남자의 단단한 등 근육을 그녀는 기억했다.
> "너무 아름다운 골격을 가지셔서 그랬어요. 정말 아름다워요. 그 말을 꼭 해드리고 싶었어요."
> 단단한 등 근육을 떠올리는 순간, 한나의 레스토랑 화장실에서 유축을 하고 나왔을 때, 남자가 그렇게 말하고 수줍은 듯 눈을 내리깔았던 장면이 머릿속을 스쳤다. 아이가 원하면 언제고 풀어헤쳐 꺼내놓는 그녀의 젖가슴, 유두가 헐고, 갑자기 팽창했다가 쭈그러든 후 다시 팽창하기를 반복해 살이 트고 처진 그녀의 젖가슴 안쪽 무언가를 마치 꿰뚫어보듯. 잊어버린 줄 알았는데, 그녀는 남자들의 그런 표정이 무엇을 의미하는지를 기억하고 있었다.
> 여자는 그의 옷을 벗기기라도 할 것처럼 남자를 맹렬히 쳐다보았다. 창

틀 아래로 드러나지 않은 남자의 몸을 상상했다. 그녀는 이토록 더럽고 위험한 곳에서 낯선 남자에게 성적인 충동을 느낀다는 사실에 당혹감과 수치심을 느꼈다. 아이를 낳은 이후, 남편이 손을 뻗어올 때도 무언가를 느낀 적은 없었다. 나체의 집 위로 오후의 햇살이 쏟아졌고 지붕은 불타오르는 듯 이글거렸다.[21]

서로 다른 문화 사이의 접속과 긴장을 토대로 펼쳐지는 이야기를 써온 백수린은 최근 지금까지와는 다른 방향으로 소설적 시선을 돌리고 있어 보인다.[22] 「아직 집에는 가지 않을래요」(2019)에는 위에서 보는 바와 같이 여성 인물의 성적 충동이 선명하게 드러나 있다. 그렇지만 그 충동은 오정희의 소설, 가령 「저녁의 게임」(1979)에서의 여성 인물의 일탈과는 달리 가부장제와 같은 외적 억압에 의한 것으로 보이지는 않는다. 그렇기 때문에 이 충동은 위험한 게임을 즐기는 방향과는 거리를 두고 있다.

그러나 그렇다고 그와 같은 충동을 억누르는 것도 아니다. 비윤리적이라는 이념적 기준에 따라 억압하는 편이 주체에게 더 바람직한 것도 아니기 때문이다. 당혹감과 수치심을 느끼기는 해도 그런 감정에 대해 죄책감을 가질 필요는 없다. 아니, 오히려 '그녀'의 의식은 그

---

21) 백수린, 「아직 집에는 가지 않을래요」, 『여름의 빌라』, 문학동네, 2020, 164~165쪽.
22) 이 변화는 "이번 소설집에서 나의 여성 인물들이 조금이라도 변화한 점이 있다면 그것은 아마도 소설을 쓰는 일과 삶을 사는 일이 무관할 수 없음을 지난 사 년 동안 여러 기회를 통해 보여준 선후배 동료 소설가들에게 내가 진 빚 때문일 것이다"(백수린, 「작가의 말」, 『여름의 빌라』, 289~290쪽)라는 작가 자신의 언급을 통해 확인되고 있기도 하다.

반대 방향으로 치닫는다.

> 최초의, 최연소, 국내 초연.
> 그는 틀림없이 욕망하는 것을 이루기 위해 목숨을 걸어봤겠지? 불현듯 그녀는 자신이 지금껏 누구에게도 떼쓰지 않았음을 깨달았다. 일찍 철이 든 척했지만 그녀의 삶은 그저 거대한 체념에 불과했음을.[23]

자기 내부의 충동과 욕망을 마주하는 사건은 그녀의 삶에 대한 태도를 재정립하도록, 그러니까 자기 테크놀로지의 새로운 수행을 유도하고 있다. "한순간이지만 엄마가 자신을 완벽히 잊을 수 있음을 알아버려 한나절 만에 조숙해진 둘째 아이만이 엄마의 평상시와 다른 아름다움이 낯설어 갑자기 울음을 터뜨렸다"[24]라고 끝나는 이 소설의 마지막 장면은 그와 같은 욕망을 매개로 한 자기 테크놀로지의 수행에 대한 우회적인 긍정으로 읽힌다.

자기의 테크놀로지를 수행하는 여성 주체가 「아카시아 숲, 첫 입맞춤」(2019)과 「흑설탕 캔디」(2020)에서는 다른 세대로, 그러니까 성장기와 노년기의 여성 인물로 확장되고 있다.

> 중학교는 그때까지 내가 속해 있던 안락하고 평온한 세계와 완전히 다른 야생의 세계였다. 학교는 학생들을 여러 가지 규율로 통제하려 했지만 이제 막 사춘기에 접어든 아이들의 에너지를 완벽히 통제할 수는 없었다. 뛰어다니고, 소리를 지를 뿐 아니라 언제나 굶주려하던 아이들. 쉬는 시간

---

23) 「아직 집에는 가지 않을래요」, 165쪽.
24) 같은 글, 168쪽.

을 알리는 종이 치는 순간 아이들이 전속력으로 달려가던 학교 내 매점에선 누구도 줄을 서지 않고 아이들은 아비규환 속에서 초코파이나 크림빵 같은 것들을 악써가며 주문했다. 자그마한 정글.[25]

이 사춘기의 여중생은 동물과 인간 사이의 존재라고 할 수 있다. 그러하되 이 소설에서는 오히려 본능적 존재로서의 측면이 더 강조되어 있다. 이들에게는 이미 "교칙을 잘 지키는 것은 어린애 티를 벗지 못했단 뜻으로 웃음거리가 될 수 있었지만 야생의 질서를 습득하는 것은 생존을 위해 중요한 일이었다"[26]는 상황 인식이 체득되어 있다. 이런 상황 속에서 모범생인 '나'(유나)는 이른바 '노는 아이들' 중 하나인 '다미'와 가까워진다.

그후로 나는 다미와 제법 가까워졌다. 학교 안에서 우리의 관계는 별반 달라진 것이 없었다. 인사를 주고받긴 했지만 다미는 다미의 친구들과, 나는 나의 친구들과 도시락을 나눠 먹고 운동장을 같이 걷고 화장실에 갔다. 일부러 그런다기보다는 그러는 게 학교의 질서에 맞는다는 것을 우리는 둘 다 본능적으로 알았던 것이다. 하지만 우연히 학교 밖에서 마주치면 우리는 짧게라도 이야기를 나눴고 가끔씩은 내가 좋아하던 아카시아 길을 따라 걷기도 했다.[27]

이성과 본능을 함께 구사하여 관계를 이어나가는 '나'와 다미의 행

---

25) 「아카시아 숲, 첫 입맞춤」, 『여름의 빌라』, 240쪽.
26) 같은 쪽.
27) 같은 글, 250쪽.

동이 위의 장면에서 두드러진다. 자기 내부의 인간성과 동물성의 균형을 유지하는 측면에서 보면, 이 아이들은 「아직 집에는 가지 않을래요」의 초점 인물인 성인 여성(희주)보다 오히려 더 능숙하기까지 하다.

> 다미는 나에게 무엇이었을까? 다미를 나의 단짝이라고 말할 수는 없었다. 나와 다미는 서로의 집 전화번호도 몰랐고, 생일이나 혈액형, 별자리를 공유하는 사이도 아니었다. 나는 다미보다는 선주와 훨씬 가까웠고, 진로라든가 엄마와의 갈등을 둘러싼 고민거리들이 생길 때마다 다미가 아니라 선주를 찾곤 했다. 나에게 무슨 일이 닥쳤을 때 날 위해 울어줄 수 있는 사람은 내게 선주밖에 없다고 나는 믿었다. 비극적인 이야기 속 주인공처럼 선주에게 큰 병이 생기면 나는 나의 신장이나 피를 선주에게 기꺼이 나눠줄 거라고 비장하게 다짐하기도 했다. 우리가 주고받는 교환일기장은 영원한 우정에 대한 맹세로 가득차 있었다. 하지만 나는 오로지 다미에게만 아무에게도, 선주나 엄마에게도 물어볼 수 없는 것들을 물었고, 할 수 없는 말들을 했다.[28]

이성과 본능의 관계가 '나'(유나)를 둘러싸고 있는 두 친구 '선주'와 다미에 대응되고 있는 위의 장면에서, 어느 하나로 다른 쪽을 대체할 수 없는 아이러니의 구도를 확인할 수 있다. 이런 식으로 읽으면 「아카시아 숲, 첫 입맞춤」은 바로 이와 같은 아이러니의 소설적 형상화라고 할 수 있다.

---

28) 같은 글, 252~253쪽.

「흑설탕 캔디」에서는 이런 주체의 상태가 노년의 여성에게도 유지되고 있다는 것을 확인할 수 있다. 아들과 손주들을 위해 낯선 이방에서 외롭게 지내는 할머니의 삶 속에도 피아노를 매개로 한 '브뤼니에' 씨와의 교감이, 그리고 '흑설탕 캔디'로 비유되는 자신만의 삶의 욕망이 자리잡고 있는 것이다. 이성과 본능의 모순을 살아가는 자기 테크놀로지를 수행하고 있다는 점에서 보면 세 소설의 서로 다른 세대의 여성들은 동등한 주체들인 셈인데, 백수린의 최근 소설은 그 사실을 전략적으로 주제화하고 있는 것으로 보인다.

6. 포스트모던을 통과하는 한국소설의 궤적

정리하자면, 1980년대 말 이후 한국소설 속 인물들의 변화 과정은 그 자체로 신자유주의 국면 이후의 새로운 통치성의 영향이 투영된 결과라고 할 수 있을 것인데, 그럼에도 그 소설적 반응의 구체적인 양상에서는 한국의 사회적 현실과 결합하면서도 새로운 소설적 문제들을 진전시켜나가는 독특한 활력의 궤적을 확인할 수 있다.

현재의 시점으로부터 바라보자면, 현실(이념)로 회귀하는 듯 보였던 2000년대 후반 이후의 한국소설의 흐름은 비대해진 허구 영역으로 인해 균형을 잃은 듯 보인 다른 측면, 그러니까 현실성의 문제를 보완하는 과정이 아니었던가 생각해보게 된다. 그리고 페미니즘의 국면까지 거치면서 공적인 현실성을 강화한 구도 위에 이제 새롭게 주체의 욕망을 도입하면서 새로운 단계로 이행하고 있는 듯 보인다. 그러니까 한국소설에서 자기 테크놀로지의 업그레이드는 주체 내부의 인간성과 동물성 두 축 가운데 한쪽 편을 번갈아가며 강화하는 반복적인 과정을 통해 점진적으로 이루어지고 있는 셈이다.

이런 흐름 위에서 장류진과 백수린의 최근 소설은 여성 주체 내부에서 본능과 욕망으로 기울어지는 섬세한 움직임을 그려내고 있다. 이와 같은 변화에서 자기 테크놀로지의 새로운 국면, 그리고 그와 연관된 통치성의 새로운 차원이 시작되고 있는 상황을 감지해볼 수 있지 않을까 싶다.

(2020)

진행중인 역사적 사건이 소설에 도입되는 방식들
―세월호 사건 모티프를 중심으로

1. 들어가며

1990년대 이후 현실의 인력으로부터 점점 멀어지는 듯 보였던 한국소설은 2010년대 들어서면서 현실로 회귀하는 경향을 보인다. 그 과정에는 '용산'이나 '세월호' 등으로 상징되는 현실적 사건의 흐름이 그 계기로서 놓여 있다. 그렇지만 현실로 회귀하는 소설적 경향이 이전의 문학적 방식으로 되돌아가는 것을 의미하지는 않는다. 그 사이에는 사회 시스템의 전 차원에 걸친 변화의 과정이 가로놓여 있고, 다른 미디어 매체들의 범위가 넓어지면서 소설의 성격과 방향이 이전과는 다른 궤적을 보여주고 있는 상황이기도 하다.

이에 따라 과거의 역사를 다시 기억하는 소설적 방식의 변화에도 다른 매체와 구별되는 소설만의 방식을 탐색하는 의식이 작용하고 있는 듯한데, 그것은 전반적으로 '재현'과는 다른 방향이라고 할 수 있다.[1]

---

[1] '광주' 사건을 새로운 방식으로 기억하는 2010년대 소설에서 '서사'보다 '묘사'의 경향이 우세하다는 사실과 그 원인의 분석에 대해서는 손정수, 「역사에 접근하는 최

시각적 형상화나 그 속도에서 소설은 영상을 비롯한 새로운 매체에 비해 그다지 유리하다고 보기 어렵기 때문이다. 진행중인 사건의 경우에는 더 그러할 것인데, 그 과정과 성격을 '용산' 사건을 서사화한 이야기들에서 이미 확인해볼 수 있었다.[2] 그런데 '세월호' 사건은 사회적 파장의 범위나 영향력에서 훨씬 더 광범위하고 강력했기 때문에 그 사건을 서사화하는 방식에서도 새로운 문제성이 발생할 가능성이 있다. 세월호 사건을 모티프로 한 일련의 소설들에서 진행중인 역사적 사건을 서사화하는 새로운 방식을 확인해보는 것이 이 글의 목적이다.

2. 진행중인 사건을 서사에 도입하는 방식

역사적 사건이 서사에 도입되는 방식을 본격적으로 논의하기에 앞서, 먼저 세월호 사건을 계기로 문학이 현실에 참여하는 방식에서 발생한 새로운 변화와 확장의 양상에 대해 언급해두고 넘어갈 필요가 있을 듯하다. 이 사건의 경우 '304낭독회'나, '생일시' 같은 새로운 방식의 행사도 눈에 띄는 현상이고 팟캐스트 등 다른 미디어와 결합하는 양상도 두드러진다.[3] 이전과는 다르게 상업적 시스템에 대한 부정성의 태도보다 협력의 방향을 취하고 있는 점도 이 과정에서 나타나

근 장편의 형식과 그 정치적 무의식」(『세계의 문학』 2015년 여름호) 참조. 물론 이 전반적인 경향의 변화가 '재현' 혹은 '서사'가 소설로부터 배제된다는 것을 의미하지는 않는다.

2) 손정수, 「'용산'으로부터 파생된 이야기들의 스펙트럼」(『자음과모음』 2010년 가을호) 참조.

3) 양경언의 「눈먼 자들의 귀 열기―세월호 이후, 작가들의 공동 작업에 대한 기록」(『창작과비평』 2015년 봄호)과 이경수의 「현실 접속의 실재와 증언문학의 가능성―세월호 참사 이후의 시적 실천을 중심으로」(『서정시학』 2016년 봄호) 등에서 그 과정과 의미에 대한 분석이 이루어져 있다.

고 있는 새로운 변화라 할 만하다. 이런 특징들도 중요한 논의의 대상이며, 궁극적으로는 이 글에서 살펴보고자 하는 텍스트 차원의 문제들과 관련되는 것이지만, 이 글에서는 일단 텍스트를 통한 서사화 방식에 한정해서 유형별로 그 특징과 의미에 대해 생각해보고자 한다.

2.1. 사건의 직접적 제시
1) 상징을 통한 사실적 재현

소설이 역사적 사건을 기억하는 가장 직접적인 방식은 그 사건을 이야기 속에 재현의 형식으로 도입하는 것이다. 세월호 사건과 관련해서는 정찬의 「새들의 길」(2014)이나 임철우의 「연대기, 괴물」(2015) 같은 소설들이 그 대표적인 사례가 될 수 있다. 광주 문제를 문학적으로 형상화하는 데 진지한 방법적 탐색을 추구해왔고 근래까지도 용산 등 사회적인 사건에 민감하게 소설적 반응을 보였던 정찬의 경우나 작가가 성장한 지역을 배경으로 전쟁으로 인한 이념적 갈등의 악순환을 그리는 한편 광주 사건으로 인한 원죄의식과 그 해소 과정에 천착해온 임철우의 경우 세월호 사건은 그와 같은 역사적 문제들의 현존을 확인시켜주는 계기로 인식되고 있으며, 따라서 그들의 소설에서 이 사건의 도입은 이전의 소설적 작업의 과정과 자연스럽게 연결되고 있다. 가령 「연대기, 괴물」에서 그 자신이 한국전쟁의 이념적 대립의 희생물이라 할 수 있는 '송달규(진태)'는 세월호 사건을 둘러싼 사회적 상황을 바라보며 "눈에 비치는 모든 것들은 어제도 그제도 한 달 전에도 똑같은 풍경들이었다"[4]고 느낀다. 그러니까 현

---

[4] 임철우, 「연대기, 괴물」, 『실천문학』 2015년 봄호, 267쪽.

실 혹은 시대를 반영하는 문제적 사건의 자리에 세월호 사건이 놓임으로써 한국전쟁, 베트남전쟁, 광주로부터 이어진 '연대기'가 확장되고 있는 것이다. 아들 '종우'를 세월호 사건으로 잃은 '그녀'의 상황에 주된 초점을 맞추고 있는 「새들의 길」에서도 시국 사건에 연루돼 실종된 '그녀'의 오빠의 이야기가 운동화라는 상징적인 매개물을 통해 아들의 죽음과 연결되어 있어 역사적 연속성을 드러내고자 하는 의도를 확인할 수 있다.

방현석의 「세월」(2015)에서도 진행중인 역사적 사건은 작가가 이전부터 지속해온 관심사와 자연스럽게 결합되고 있다. 실화에 바탕을 두고 쓰인 이 소설은 결혼하여 한국으로 이주한 딸('린')과 그 가족이 세월호 사건으로 실종된 상황을 맞고 있는 베트남인 아버지('쩌우')를 중심으로 서사가 진행된다. 그 과정에서 여전히 과거의 가치를 담지하고 있는 쩌우 일가의 순박한 심성과 자본에 의해 훼손된 현실의 세태가 대비되고 있는데, 어떤 측면에서는 세월호 사건 자체보다도 베트남이라는 반성적 거울을 통해 한국의 현실을 비판적으로 바라보는 기존의 시각이 더 부각된 느낌도 있다.

한편 정찬, 임철우, 방현석 등과 비교하면 사회적 관심은 그렇게 두드러지지 않았던 윤대녕의 작품 속에도 세월호 사건이 등장하고 있다. 「닥터 K의 경우」(2015) 역시 작가의 이전 소설들에서처럼 남녀의 우연한 만남을 소설의 구조로 취하고 있는데, 전작들과 다른 점이 있다면 인물들의 삶에 내력에 새겨진 사회적 재난의 구체적인 상흔이다. 신경정신과 의사 'K'는 사고로 딸을 잃고 아내와 이혼한 후 세월호 사건을 계기로 캐나다로 떠나왔고, 그가 만나기 위해 찾아온 'H'는 삼풍백화점 사고로 남편을 잃고 캐나다에서 서점을 운영하며 딸과 함께 살고 있다. 이런 변화가 발생한 데에는 이국의 공간에서 보내는 상황이 작가로 하여금 역설적으로 한국의 현실에 예민하게 반응하도록 만든 이유도 있겠고, 또 어떤 면에서는 작가가 소설 창작에 입문할 당시의 시대적 분위기 속에서 수용된 문학적 성격이 잠재되었다가 세월호 사건을 통해 현실화되는 계기를 발견했다고 생각할 수도 있을 것 같다. 시간이 지날수록 80년대와 90년대 문학 사이에는 단절보다 연속의 측면이 더 두드러져 보인다.

이들 세대의 소설에서만큼 전면적이지는 않지만 이후 세대의 소설에서도 세월호 사건은 모티프로 자주 등장하고 있다. 김연수의 「다만 한 사람을 기억하네」(2014)는 옛 애인 '희진'이 도쿄로부터 보내온 갑작스러운 장문의 이메일에 관한 얘기로 시작된다.

> 그럼에도 그녀가 멀리 있다거나 낯선 곳에 있다는 느낌은 전혀 들지 않았는데, 그 이유는 아마도 그즈음 이메일을 쓴 한국인이라면 누구라도 언급했을 그 사건, 그러니까 제주도로 수학여행을 떠나는 학생들을 태운 여객선이 진도 앞바다에서 침몰한 사건 때문이리라. 당연히 그녀 역시 이메일에 그 사건에 대해 적어놓았다. 희진이 그 이메일을 쓴 건 배가 가라앉은 다음날 밤이었다. 그녀는 아침에 호텔 뷔페를 먹고 올라와 무심코 TV를 켰다가 그 장면을 보게 됐다고 썼다. 거의 비슷한 시각에 나도 그 장면을 보고 있었다. 혹시 그 배에 그녀의 친지가 타고 있었던 건 아닌가, 설사 그렇다고 한들 내게 장문의 이메일을 보낼 이유는 없지 않은가, 뭐 그런 생각을 하면서도 나는 혹시나 싶어 오른손 엄지로 화면을 밀어올리며 얼른 훑어봤다. 하지만 그게 전부인 것 같았다. 그러니까 아침에 뷔페를 먹고 올라온 뒤 TV를 통해 몇 번이고 배가 가라앉는 영상을 봤다는 것. 그

것뿐이라는 걸 알아내는 데도 한참이 걸릴 만큼 편지는 길었다.[5]

희진의 메일은 2004년 그들(희진과 '나')이 사쿠라시의 어느 카페를 방문했을 때 남긴 노래와 글로 인해 생의 의지를 되찾고 재기한 한 일본인 사업가를 만난 사연을 담고 있다. 세월호 사건이 등장하지 않더라도 이 소설은 국가의 경계를 넘어 이루어지는 소통에 관한 이야기로 읽는 데 무리가 없고, 그 주제 및 우연을 매개로 한 구성의 방식은 김연수 소설이 전개해온 방향에도 부합하는 것이다. 그럼에도 불구하고 작가는 마치 '노란 리본'처럼 세월호 사건을 소설의 서두와 결말에 새겨두고 있다.

2) 상징으로부터 벗어나는 계기의 삽입

김숨의 『L의 운동화』(2016)는 작품 안팎에서 이한열의 운동화 복원 과정을 서사화했다는 사실이 여러모로 분명하게 나타나 있다.(그럼에도 굳이 L이라는 이니셜을 사용하고 있다.) 그 복원 과정은 좁게 보면 한 전문가에 의한 개별적인 작업이지만, 넓게 보면 역사적 흐름 속에서 이루어지고 있는 것이다. 다음 장면이 그것을 암시하고 있다.

　　L의 운구 행렬이 서울광장에 이르렀을 때 그곳에 모인 추모 인파는 100만 명에 달했다. 그로부터 십수 년이 흐른 2002년 6월 한일월드컵 때 서울광장에는 붉은악마 응원단들이 모였다. 그리고 또 십수 년이 흐른 2014년 4월 그곳에는 세월호 참사 분향소가 차려졌다.[6]

---

5) 김연수, 「다만 한 사람을 기억하네」, 『문학동네』 2014년 겨울호, 45~46쪽.
6) 김숨, 『L의 운동화』, 민음사, 2016, 103쪽.

그렇기에 복원은 다만 운동화라는 사물에 그치지 않는 문제를 내포하고 있는데, 그 과정은 결국 역사를 복원하는 방법에 대한 고민을 불러일으키기 때문이다. '최소한의 복원'이라는 결론은 그와 같은 복잡한 고민의 과정을 통해 얻어진 것일 텐데, 그것은 작중인물의 것이기도 하면서 동시에 역사적 사건을 소설화하고 있는 작가 자신의 고민이기도 하다는 점에서 더 문제적이다. "이 소설을 쓰고 퇴고하는 과정에서 작가가 얼마나 섬세하게 소설 속 대상들에게 다가가야 하는지 깊이 깨달았음을 고백합니다"[7]라는 작가의 말에서도 그 점을 다시 확인할 수 있다. 이런 맥락에서 생각하면 L이라는 이니셜은 역사와 직접 마주하지 않고 보다 신중하게 다가서려는 태도를 담고 있는, 그러니까 상징적 방식의 역사 복원과는 다른 방향을 지시하는 기표라고 할 수 있다.

이처럼 진행중인 역사적 사건이 소설 속에 도입되는 과정에는 방법적인 고민이 뒤따르며, 그런 소설적 방식에 익숙하지 않은 세대일수록 고민은 심각하고 절실할 수밖에 없다. 최은영의 「미카엘라」(2014)는 고향을 떠나 서울에서 살고 있는 딸('그녀', '미카엘라')과 교황 미사에 참석하러 서울에 올라온 엄마(여자)에 각각 초점을 맞춰 시점을 교차시키면서 진행되는 형식을 취하고 있다. 여자(엄마)는 찜질방에서 우연히 한 노인을 만나고 그 노인이 세월호 사건으로 손녀를 잃은 친구를 찾아 광화문으로 가는 길을 따라간다. 텔레비전에서 여자를 본 그녀(딸)가 광화문으로 여자를 찾아 나서면서 두 사람

---

[7] 「작가의 말」, 같은 책, 275쪽.

은 가까워지지만 끝내 만나지 못하고 어긋난다. 그녀는 자신의 엄마와 똑같은 복장과 뒷모습을 한 여자와 대면하지만 얼굴은 다른 사람이라는 사실에 놀라게 되고 게다가 노인의 친구가 사건으로 잃은 손녀의 이름이 미카엘라라는 사실이 드러나면서 모녀의 상봉기는 돌연 알 수 없는 미궁 속에 빠지게 된다. 그러면서 처음에는 다른 세계 속에 있는 듯 보였던 사건이 어느새 그들 삶 가까이에 다가와 있다.

여자는 노인을 부축하고 미카엘라의 엄마와 할머니를 찾아 광장을 가로질러 걸어갔다. 그리고 그들의 걸어가야 할 길이 너무 멀고 힘들지 않기를 바랐다. 다친 마음을 마음껏 짓밟고도 태연한 이 세상에서 그이들이 더이상 상처받지 않기를 원했다.
"엄마!"
미카엘라가 여자를 불렀다. 여자는 흐르는 눈물을 닦고 마음으로 딸애를 불러봤다.
미카엘라.[8]

동일성과 비동일성을 동시에 체현하고 있는 '미카엘라'라는 기표를 활용하여 작가는 재현의 구도를 해체하고 그 가운데에서 사건의 직접적인 당사자와 주변 인물들 사이의 경계 또한 의문스럽게 만드는 전략을 기법적으로 취하고 있다.
문은강의 「밸러스트」(2017년 서울신문 신춘문예 당선작)는 상대적으로 단순한 구성으로 된 소설인데, 그렇지만 여기에서도 진행중인

---

8) 최은영, 「미카엘라」, 『실천문학』 2014년 겨울호, 335쪽.

역사적 사건을 소설 속에 담기 위한 방법적인 고민이 엿보인다. 소설의 전반부는 시장에서 더덕 행상을 하며 억척스럽게 자식들을 키워낸 한 여성(당신)의 이야기처럼 흘러간다. 하지만 그 이야기의 서술자가 선박회사에서 근무하던 '당신'의 아들이라는 사실이 드러나면서, 그리고 더 이후에는 그 화자가 이미 사고로 인해 죽은 인물이라는 사실이 확인되면서 다소 불안정하게 흔들리고 있던 시점의 원인이 밝혀진다. 그 과정은 정치적 사건과 거리가 먼 삶을 살고 있다고 생각하던 한 인물이 사건의 직접적인 당사자가 되는 과정과 겹쳐져 있다. 여기에서도 죽은 아들('나')과 당신(어머니)은 세월호 사건을 매개로 해서야 가까이 다가가지만 이미 그 사이에 놓인 간격을 끝내 넘어설 수 없는 상황 속에 놓여 있다.

2.2. 사건의 간접적 암시
1) 알레고리를 통한 실재와의 접촉

지금까지 살펴본 바와 같이 세월호 사건을 소설 속에 직접 도입하고 있는 경우 사건을 재현하는 전통적 방식과 이미 상징적 방식의 재현으로부터 벗어나기 시작하는 흐름을 아울러 확인할 수 있다. 그런데 세월호 사건의 경우에는 사건을 직접 대상으로 삼는 소설뿐만 아니라 인접한 상황을 대상으로 삼아 알레고리의 방식으로 그 사건을 암시하는 소설들 또한 폭넓게 확인할 수 있다.[9]

---

9) 이 글에서 사용하는 알레고리 개념은 폴 드 만의 논의의 맥락에 기초한 것이다. 폴 드 만은 이미지와 실재가 일치한다는 믿음에 기초하여 성립된 19세기 낭만주의 예술의 상징적 사유를 비판하며 시간성에 기초한 문학 언어는 근본적으로 알레고리적일 수밖에 없다는 것을 증명하고자 한 바 있다. 상징의 세계에서 실재와 그 재현은 같은 범주의 부분과 전체이지만, 시간이 구성적 범주인 알레고리의 세계에서는 알레고리적

그 대표적인 사례로 모종의 사건으로 아이를 잃은 부모의 입장을 그린 소설들을 들 수 있다. 김애란의 「입동」(2014), 김영하의 「아이를 찾습니다」(2014), 박민규의 「대면」(2014) 등을 이런 시각에서 분석한 글이 이미 있었고,[10] 이 범주에 군대에서 의문의 죽음을 당한 아들로 인해 겪는 어머니의 고통을 다룬 정용준의 「6년」(2014)과 학교 수련회에 보낸 아이('영이')가 화재 사건으로 죽고 난 후 '헝겊 아이들'을 만드는 부모('장씨'와 '분이')의 이야기를 담은 최인석의 「조침弔針」(2015)도 포함시킬 수 있다. 「입동」이나 「6년」이 리얼리즘의 방식으로 아이를 잃은 부모의 상황과 심정을 재현하고 있다면, 「아이를 찾습니다」는 추리소설의 방식을, 「대면」과 「조침」은 각각 판타지와 설화의 상상력을 결합시켜 재현과는 다른 질감을 덧붙이고 있다.

김애란의 「어디로 가고 싶으신가요」(2015)와 황정은의 「웃는 남자」(2014)는 사고로 인해 각각 남편과 연인을 잃은 여성 인물에 초점을 맞춰 힘겨운 애도의 과정을 그리고 있다. 「어디로 가고 싶으신가요」에서 '나'가 겪는 고통은 교사인 남편이 학급의 학생을 구하는 과정에서 죽음을 맞았다는 사실로 인해 더 받아들이기 힘든 것이다. 여기에서 윤리의 문제는 사건이 아니라 그것을 받아들이는 주체 내부

기호는 그보다 선행하는 다른 기호를 언급하게 되며 "알레고리적 기호에 의해 구성된 의미는 이전 기호의 반복 속에서만 존재"하는데 이때 "알레고리적 기호는 이전의 기호와 결코 일치할 수 없다."(Paul de Man, *Blindness and Insight*, University of Minnesota Press, 1983, p. 207) 현전의 근원적 불가능성 속에서 비동일성의 반복을 통해 알레고리적 기호는 그 기원에 더 가까이 접근하고자 한다고 보는 입장이 이 글의 전제를 이룬다.
10) 신샛별, 「부모의 자리에 서서―최근 소설이 '세월호'를 사유하는 방식」, 『창작과비평』 2015년 여름호.

에서 발생한다. 「웃는 남자」에서는 그 윤리적 자의식이 더 강렬하게 드러나 있다.

> 그는 그냥 하던 대로 했겠지. 말하자면 패턴 같은 것이겠지. 결정적일 때 한 발짝 비켜서는 인간은 그다음 순간에도 비켜서고…… 가방을 움켜쥐는 인간은 가방을 움켜쥔다. 그것 같은 게 아니었을까. 결정적으로 그, 라는 인간이 되는 것. 땋던 방식대로 땋기. 늘 하던 가락대로 땋는 것. 누구에게나 자기 몫의 피륙이 있고 그것의 무늬는 대개 이런 꼴로 짜이는 것은 아닐까. 그렇지 않을까. 나도 모르게 직조해내는 패턴의 연속, 연속, 연속.[11]

교통사고로 인해 연인('디디')이 죽음을 맞는 상황에서 '나'가 했던 관성적인 행동은 지울 수 없는 자책감을 반복해서 불러일으킨다. 그리고 그 내적인 문제는 '나'와 다른 존재라고 여겼던 아버지와 연결되는 것이기도 하다.[12] 이처럼 소설을 통해 역사적 사건은 현실로부터 주체 내부로 전이되어 소설 안팎의 존재들로 하여금 자기 내부의 심층을 응시하도록 만들면서 근본적인 성찰의 문제를 제기하고 있다.

그렇다면 이 소설들은 왜 세월호 사건을 염두에 두고 이야기를 만들면서 그 사건을 직접 지시하지 않고 이와 같은 알레고리적 방식으로 그것을 수행하고 있는가?

---

11) 황정은, 「웃는 남자」, 『문학과사회』 2014년 가을호, 124쪽.
12) 이 소설에 나타난 자기 내부의 타자성에 대한 인식의 문제에 대해서는 이광호의 「남은 자의 침묵―세월호 이후에도 문학은 가능한가?」(『문학과사회』 2014년 겨울호)에서 분석된 바 있다.

우선 실제 사건을 직접 소설 속에 담을 경우 사건 자체의 비극적 무게에 의해 소설적 상상력이 제약되는 이유를 생각해볼 수 있다. 실제로 앞서 언급했던 김연수의 「다만 한 사람을 기억하네」나 김애란의 「어디로 가고 싶으신가요」 등에서 서사적 문제점들이 발견되고 있다고 지적하고 그 원인에 대해 "소설 속에서 상실을 기록하고자 하는 작가의 간절한 마음은 소설의 결함을 뛰어넘어서, 아니 오히려 그 균열로 인해서 서사 내부에 봉합되길 거부하고 텍스트 바깥으로 흘러넘치고 있다"[13)]고 설명하는 시각도 있었다. 이 시각은 그 원인을 우호적인 관점에서 진단하고 있으나, 결과적으로 '간절한 마음'이 결국 '소설의 결함'을 낳은 원인이 된 것이다. 달리 말해, 그와 같은 서사적 문제점들이 발생한 것은 사건이 요구하는 방법적 고민이 서사화의 과정에서 해소되지 않은 채 남아 있기 때문이라고 할 수 있다. 그리고 그것은 기법적인 문제이기 이전에 진행중인 역사적 사건을 소설 속에 도입할 경우 직면하지 않을 수 없는 심리적인 문제이기도 하다.

그러니까 진행중인 역사적 사건을 서사화하는 과정에서는 서사화의 방법적 고민뿐만 아니라 선결되어야 할 문제가 더 있다. 무엇보다 그 사건에 대한 태도를 정립하는 과정이 요구되며 그와 더불어 주체의 반성적 성찰의 과정 또한 동반되지 않을 수 없다. 그런 과정이 충분히 진행되지 않은 상황에서 사건을 서사화하는 행위는 윤리적이라고 보기 어렵다.

---

13) 이소연, 「애도 불능 시대의 리얼리즘—4·16 이후 쓰인 결함 있는 소설들」, 『자음과모음』 2016년 봄호, 214쪽.

3주 전 교수는 세월호에 관한 글을 써오라고 했다. 침몰하는 세월호 속 인물을 1인칭 시점으로, 돌이킬 수 없는 상황에 대해 써오라고 말했다. 친절하게 에어포켓이라는 제목까지 붙여주었다. 나는 당연히 쓰지 않았고, 수업에 불참했다. (……) 교수는 새로운 과제를 내주었다. 이번에는 안산 단원고 학생의 1인칭 시점으로, 이제는 에어포켓이 없는 상황이라고 지정해주었다. 맛이 갔다고 생각했다. 나는 기만적인 과제를 해 가기로 마음먹었다. 다음 수업시간, 나는 마이클 커닝햄의 『세월』에서 버지니아 울프가 물속으로 들어가는 장면을 시점만 바꾸어 제출했다.[14]

위의 인용은 2016년 동아일보 신춘문예 당선작 「Auto」의 한 부분이다. 세월호 사건을 소재로 한 교수의 글쓰기 과제는 진행중인 역사적 사건을 손쉽게 이용하는 것으로 소설 속 인물로 하여금 강한 거부감을 불러일으키고 있다. 실제로 인터넷 포털 사이트에서 '세월호 소설'을 검색하면 인터넷 카페 게시판에 올라와 있는 세월호 사건 소재의 네티즌 소설들을 다수 확인할 수 있는데, 게시판에서는 그런 참사를 소설로 써야 하는지에 대한 찬반 논쟁이 열렬하게 진행되고 있기도 하다. 작가들 역시, 아니 공적인 영역에서 글쓰기를 수행하고 있는 작가라면 그와 같은 자의식으로부터 더 자유롭기 어려울 수 있다.

좀처럼 분향소에 갈 수 없었다.
거길 다녀와서, 그래도 거길 다녀왔다는 안도감을 느낄까 두려웠다. 6월

---

14) 김봉곤, 「Auto」, 2016년 동아일보 신춘문예 중편소설 부문 당선작. 동아일보, 2016년 1월 1일자에 줄거리가 실렸고 전문은 동아일보 홈페이지(https://sinchoon.donga.com/View?cid=4452307)에서 볼 수 있다.

이 되어서야 다녀왔다.[15]

여기에서는 진행중인 역사적 사건에 대한 사회적 차원의 인식과 그 이면에서 작동하는 심층의 윤리의식이 갈등을 빚고 있다. 알레고리적 방식은 그와 같은 갈등의 산물로서 성립된 것이 아닐까. 그리고 "우회적이거나 간접적인 방식으로 세월호 참사를 다루고 있는 작품들에서 보다 깊은 울림이 느껴"[16]진다고 한 언급을 두고 생각하면, 그 방식은 진행중인 역사적 사건의 인식과 그것의 서사화 과정에서 사건을 직접적으로 대면해야 하는 부담스러운 상황으로부터 다소간 비켜설 수 있는 자리를 작가에게 마련해주었다고 할 수 있을 것 같다. 그리고 결과적으로 세월호 사건의 문학적 형상화에서 알레고리적 방식의 선택은 사건의 외부를 뚫고 그것이 제기하는 윤리적 문제에 더 직접적으로 마주하는 계기로서 작용하고 있는 듯하다.

가라타니 고진은 상징이 아닌 알레고리적 방식을 통해 역사적 단독성이 담길 수 있다는 것을 오에 겐자부로와 무라카미 하루키의 소설을 사례로 입증하고자 한 바 있다.[17] 특수한 것이 보편적인 것을 '상징'한다는 신념이 오히려 거기에서 걸러진 단독성들을 억압한다는 것이 가라타니의 주장이다. 이런 시각에서 보면 최근 한국소설에서 역사적 사건을 이야기 속에 도입하면서 보여준 알레고리적 방식

---

15) 황정은, 「가까스로, 인간」, 『문학동네』 2014년 가을호, 441쪽. 무슨 이유에서인지 황정은은 이 부분을 『눈먼 자들의 국가』(문학동네, 2014)에 수록하면서 삭제했다.
16) 김형중, 「문학과 증언―세월호 이후의 한국문학」, 『감성연구』 12권 12호, 2016, 45쪽.
17) 가라타니 고진, 『역사와 반복』, 조영일 옮김, 도서출판 b, 2008 참조.

에는 개별적인 사례를 통해 시대적인 보편성을 표현할 수 있다는 신념이 결여되어 있다고 생각해볼 수도 있겠다.

이런 태도는 더 근본적으로는 재현 불가능성이라는 문제와 만나게 된다. 헬 포스터Hal Foster는 라캉의 논의에 근거하여 외상적인 것을 실재와의 어긋난 만남tuché으로 규정한다. 그렇기 때문에 그것은 재현할 수 있는 대상이 아니며 다만 반복을 통해 접근할 수 있을 따름이다. 라캉은 이때 "반복은 재생이 아니라는 사실"[18]을 강조한다. 헬 포스터는 "반복은 외상적인 것이라고 이해되는 실재를 가리는 구실을 한다. 그러나 이런 필요 자체는 또한 실재를 가리키기도 하며, 이 지점에서 실재는 반복의 스크린을 파멸시킨다"[19]고 설명하는데, 그렇다면 앞서 제시한 바와 같이 이런 비동일성의 반복은 상징보다는 알레고리에 더 가까운 것일 수밖에 없다.[20]

과거의 사건을 재현하는 상징에서는 재현의 진실성 여부가 관건이지만, 알레고리의 경우 과거 사건은 현재의 상황에서 저자와 독자가 공유하는 공감대를 위한 근거로 족하다. 가령 한강의 『소년이 온다』(2014)에서 마지막 장에 나오는 에필로그의 의미 역시 이런 맥락에서 생각해볼 수 있다. 에필로그가 없다면 그것은 광주라는 사건과 그

---

18) 자크 라캉, 『세미나 11권—정신분석의 네 가지 근본 개념』, 맹정현 · 이수련 옮김, 새물결, 2008, 83쪽.

19) 헬 포스터, 『실재의 귀환』, 이영욱 · 조주연 · 최연희 옮김, 경성대학교출판부, 2010, 212쪽.

20) 장 뤽 낭시의 '접촉/물러남(touch/withdrawal)' 또한 그와 같은 실재와의 만남과 그 형상화라는 문제의식을 공유하고 있다. 낭시의 논의에 대해서는 장 뤽 낭시, 『나를 만지지 마라』, 이만형 · 정과리 옮김, 문학과지성사, 2015 및 Laura McMahon, *Cinema and Contact: The Withdrawal of Touch in Nancy, Bresson, Duras and Denis*, LEGENDA, 2012 참조.

로 인해 사람들이 떠안게 된 고통의 연대기, 말하자면 재현의 형식이 되었을 것이다. 그렇지만 에필로그가 덧붙여지면서 이야기는 상징의 차원을 벗어나 현재의 상황에서 해석 공동체가 나누는 공감이 더 중요한 문제로 부각되는 흐름으로 귀착된다. 여기에서 역사의 복원은 사실의 복원이 아니라 사건의 실재와 마주하는 '접촉'의 복원과 그것의 공유가 된다.[21)]

2) 알레고리를 매개로 한 이데올로기적 지평의 확장

알레고리적 방식은 실재와의 만남이라는 사건의 깊이의 차원과 더불어 이데올로기적 지평의 확장이라는 관점에서도 의미 있는 형식인 듯하다. 최근에 들어 사회적 경향의 작품과는 꽤 거리가 있는 소설을 써온 작가들의 소설에서 세월호 사건 모티프를 발견할 수 있는데, 이 경우 사건을 소설 속에 도입하는 방식은 앞서 살펴본 사례들과 비교해 다소 성격이 달라 보이는 점이 있다.

윤성희 소설의 특징 가운데 하나는 현실로부터 영향을 받지 않는 자전적인 성격의 이야기 세계를 지속시켜오고 있다는 점이라고 생각되는데, 그렇게 오랫동안 유지되어오던 이 세계에서도 최근 어떤 변화를 감지할 수 있다. 가령 「스위치」(2016)에는 다음과 같은 사건이 등장한다.

---

21) 『소년이 온다』의 에필로그 부분이 갖는 서사론적 의미에 대해서는 오카 마리와 장 뤽 낭시의 논의에 근거하여 앞서 분석한 바 있다. 손정수, 「역사에 접근하는 최근 장편 형식과 그 정치적 무의식」, 396~401쪽 참조. 실재와의 접촉이라는 측면에서 역사를 서사에 도입하는 방식에 대한 논의는 대체로 앞서 '광주'에 적용한 이론적 근거에서 크게 벗어나지 않기에 반복하지 않는다. 이 문제에 대해 다시 논의할 기회가 생긴다면 이 점을 보완하여 진전시켜야 하리라 생각한다.

여섯 살에서 일곱 살 때까지 나는 할머니 집에서 지낸 적이 있었다. 그해, 아버지가 의욕적으로 시작한 가죽공장이 경영난에 시달렸고, 민선이 누나가 무너진 흙에 깔리는 바람에 어처구니없이 목숨을 잃었다. 학교 뒷동산에 흙을 파 화단을 조성하겠다며 학생들에게 땅파기를 시키다 일어난 사고였다. 키가 작은 아이들이 산 아랫자락만 파다보니 자연스럽게 굴이 되었고 그러다 갑자기 흙이 무너진 것이었다. 어머니는 그 충격으로 쓰러져 병원에 입원했다 퇴원했다를 반복했고 아버지는 부도가 나기 직전인 공장을 수습하랴 교육청에 항의를 하러 다니랴 정신이 없었다.[22]

이 소설에서 중심이 되는 사건은 삼촌을 면회하기 위해 화자가 교도소를 방문하는 일이다. 실제 면회는 이루어지지 못하고 대신 그 과정에서 발생하는 소소한 사건들, 그리고 그와 연결된 과거의 사건들이 오히려 텍스트의 대부분을 이루고 있다. 그 가운데 하나가 화자가 어린 시절 겪은 '민선이 누나'의 죽음인데(그것은 세월호 사건의 재현은 아니지만 그럼에도 이 소설이 발표된 시점에서 한국의 독자들은 이 장면으로부터 그 사건을 떠올리기 쉽다), 그 사건은 가족의 삶에 오래토록 이어질 균열을 만들었고 화자 역시 그 사건의 여파를 겪었으며 그 결과가 지금도 자신의 삶의 한 부분을 이루고 있다는 사실을 느끼고 있다. 요컨대 여기에서 사건은 동시대의 상황으로부터 과거의 기억으로 치환된다. 그리고 그로 인한 트라우마의 해소가 아니라 그것을 기억하고 간직하는 일에 초점이 맞춰진다. 그리고 여기에는 어느 정도 의식적인 태도가 가로놓여 있다고 생각되는데, 다음과 같은 작

---

[22] 윤성희, 「스위치」, 『현대문학』 2016년 3월호, 143쪽.

가의 언급에서 그 근거를 확인할 수 있다.

> 그런데,
> 어리둥절의 세계는 잠시 유보. 아니 어쩌면 영원히 굿바이.
> 더이상 어리둥절해하는 것만으로 만족할 수 없게 되어버렸다. 작년 어느 봄날 이후.
> 톰 소여처럼 감정의 사치를 누리는 것도 힘들어져버렸다. 나는 슬픔을 느끼는 나를 온전히 신뢰할 수 없게 되어버렸다. 그게 나의 진심인가. 감정의 사치를 위해 만든 나의 가짜 슬픔인가. 나는 모르겠다.[23]

'작년 어느 봄날'의 사건을 계기로 기존의 소설세계에서 벗어나 새로운 전환의 기로에 서 있는 작가의 긴장된 표정이 위의 고백에서 감지된다. 그리고 위의 인용을 두고 생각해보건대, '슬픔'은 재현의 대상이기에 앞서 분석의 대상이니 그 극복이나 해소로 성급하게 이행할 일이 아니다. 그와 같은 잠정적인 유보와 전환의 의식이 소설 속에 처음으로 모습을 드러내고 있는 장면을 「스위치」에서 볼 수 있었던 것은 아닐까 생각된다.

김희선 또한 그의 소설 속에서 사회적인 문제나 시각을 확인하기 어려운 작가였다. 그런데 최근 발표한 「골든 에이지」(2016)에는 이전과 다른 면모를 확인할 수 있었고, 그것이 소설의 인상에도 작지 않은 영향을 미치고 있다. 어느 지점에 이르기까지 소설의 대체적인 흐름은 기존 김희선 소설의 방식에 따라 흐르고 있는 것처럼 느껴진다. 현

---

23) 윤성희, 「어리둥절의 세계는 이제 안녕!」, 『한국문학』 2015년 겨울호, 21쪽.

재로부터 이삼십 년 정도 후의 근미래의 상황을 배경으로 한 인물의 죽음을 둘러싸고 탐문의 과정이 진행된다. 그 과정에 난부 요이치로의 '끈이론'이나 홀로그램 우주론 등의 담론과 허구를 조합하는 기존의 소설적 방식이 작용하고 있다는 사실을 어렵지 않게 확인할 수 있다. 결국 한 노인이 자신의 목숨을 내놓고 영원히 반복되는 홀로그램 우주 속에 머물기를 선택했다는 전말이 밝혀지는데, 문제적인 것은 그 인물이 선택한 시간이다.

'2014년 4월 15일 오후로 가고 싶네. 거기서 더이상 시간이 흘러가지 않도록 만들어주게나. 부탁이야.'[24]

이 시간과 공간은 실제 역사가 아니라 노인이 자신의 신체를 질료로 하여 만든 가상의 세계이다. 그것은 역사 속의 시간과 공간에 가까이 다가가고자 할 뿐이며 역사 자체에 도달하거나 그것을 변경시키는 것을 목표로 삼지 않는다.

"저어…… 아까 말한 그 날짜, 적어주시겠어요? 배와 사람들. 내가 모르고 있는 게 뭔지, 그리고 우리가 망각해가는 것이 뭔지, 알고 싶어서요."
그는 볼펜을 꺼내더니 잠시 멈칫했다.
그러더니 결심한 듯 일곱 개의 숫자를 천천히 적어나가는 것이었다.[25]

여기에서 문제는 망각하지 않고 기억하는 행위이다. 역사를 기억

---

24) 김희선, 「골든 에이지」, 『21세기문학』 2016년 겨울호, 85쪽.
25) 같은 글, 88쪽.

하되 전유하지 않는 이와 같은 태도는 공동체의 차원에서 제기되는 윤리적 문제와 연결되는 방향으로 이야기를 전개시키지 않고 다만 기억을 나누어 갖는 일에 함께 참여하고자 한다. 그것만으로도 소설은 이전과 다른 의미의 겹을 드러내고 있다.

윤해서 또한 실험적인 문체를 바탕으로 사건보다는 의식을 중심으로 (반)서사를 구축하는 경향의 소설을 써온 작가이다. 그런데 그의 근작 「우리의 눈이 마주친다면」(2016)에서는 역사적 사건의 알레고리로 해석해볼 수 있는 장면을 확인할 수 있고, 그것은 소설의 문체에까지도 영향을 미치고 있어 보인다. 소설은 1분 15초 먼저 세상에 나온 쌍둥이 오빠(고영인)를 회고하는 동생(고영수)의 시점으로 서술되는데, 그 과정에서 오빠가 "그해 봄"[26] 어떤 사건을 겪고 살아남았으나 그 사건으로 잃은 아이들과 윤리 선생님에 대한 죄의식으로 자신 역시 세상을 버렸다는 사실이 드러난다. 여기에서 쌍둥이임에도 서로 다른 성별과 성격으로 설정된 이 소설의 인물 구도는 이 글의 맥락에서 주목되는 것이다. 사건은 둘을 삶과 죽음의 경계로 나누지만, 그럼에도 둘의 사이는 그다지 멀지 않다.

(만약 우리가 단지 조금 멀리 떨어진 사막의 길 위에 서 있는 거라면
만약 우리가 다만 조금 긴 시차 속에 살고 있는 거라면)[27]

내가 너였더라면.[28]

---

26) 윤해서, 「우리의 눈이 마주친다면」, 『문예중앙』 2016년 여름호, 113쪽.
27) 같은 글, 136쪽.
28) 같은 글, 137쪽.

위에서와 같은 '함께-있기being-with'의 바람은 다만 텍스트 내의 인물들 사이에 한정되지 않는 공명을 발생시키고 있다. 이 소설의 알레고리 형식은 텍스트 바깥의 존재들까지 그 해석의, 그리고 더 나아가서는 공감의 공동체로 묶어주고 있다. 이와 같은 변화에 대해 작가 스스로가 다음과 같이 언급해놓고 있다.

> 이 소설을 쓰기 전에 오래 망설였습니다.
> 말로 할 수 없는 것을 말하려는 것은 아닐까.
> 쓰겠다 결심하고도 다시 한참을 망설였습니다.
> 이 글이 소설이 되지 않기를 바랐습니다.
> 쓰고 난 후에도 오래 망설였습니다.
> 말할 수 없는 슬픔에 대해
> 감히 제가 무슨 말을 할 수 있을까요.
> 고개 숙입니다.
> 도처에 계신 당신들께.[29]

망설임 속에서도 글쓰기를 매개로 연결된 '당신'과의 거리는 그다지 멀지 않게 느껴진다. 게다가 그들은 '도처에' 있지 않은가. '소설이 되지 않기를' 바라는 마음은 현실 속 사건과 인물에 대해 글쓴이가 갖는, 허구적 구조물과는 다른 차원의 태도를 보여주고 있는 것이다.

김탁환의 경우에도 그 출발점에서는 방금 이야기한 윤성희, 김희

---

29) 윤해서, 「이 계절의 소설 작가의 말」, 웹진 문지 2016년 7월호.

선, 윤해서 등의 상황으로부터 크게 멀지 않았으리라 짐작된다. 그는 주로 대중적인 역사소설을 써왔고 그런 점에서 『목격자들』(민음사, 2015) 역시 가상 역사소설이라는 기존의 김탁환 소설의 전형적 범위에서 크게 벗어나는 것은 아니었다고 할 수 있다. 그렇지만 정조 시기를 배경으로 '조운선 침몰 사건'을 다루고 있는 추리소설 형식의 이 이야기가 세월호와 무관해 보이지는 않는다. 그럼에도 이 정도에 그쳤다면 이 작가의 경우에도 자신의 소설적 작업의 연장선상에서 다만 동참을 표현하고 '함께-있음'을 텍스트를 통해 실현하는 정도에 머물렀을 가능성이 컸을 것 같다.

> 조선 후기 조운선 침몰 사건을 다룬 장편 『목격자들』을 낸 후 더 허탈했다. 소설 속에서는 조선 명탐정이 조운선의 침몰 원인을 밝히고 범인을 색출하며 정조가 참사에 대해 책임을 지는 자세까지 보이건만, 소설 밖 세월호의 진상 규명은 지지부진했다. 현재를 반성하는 거울로 과거가 놓이긴 하지만, 은유나 상징의 한계를 벗어나기 어려웠던 것이다. 그렇다고 내가 유가족이나 혹은 잠수사를 만날 엄두를 내진 못했다.
> 그때 416기억저장소 관계자로부터 연락을 받았다. 2015년 9월 22일, '불문학자 황현산과 함께하는 보들레르 낭독의 밤' 뒤풀이 자리에서였다. 『목격자들』을 쓴 소설가이기 때문에 전화를 걸었다고 했다. 세월호 유가족이 출연하는 팟캐스트를 준비하고 있는데, 사회자로 참여할 수 있겠느냐고. 이렇게 저렇게 재지도 않고 하겠다고 했다. 왜 그렇게 곧바로 승낙했을까. 아쉽고 답답하고 이 참사에 대해 더 알고 싶었던 것 같다.[30]

---

30) 김탁환, 「포옹하는 인간」, 『거짓말이다』, 북스피어, 2016, 367쪽.

팟캐스트 출연을 계기로 작가는 세월호 사건과 관련된 활동에 더 적극적으로 참여하게 되었고 그것은 그의 소설적 방향에도 큰 전환을 가져온다. 선체 수색과 시신 수습에 참여했던 한 잠수사의 탄원서 형식으로 된 『거짓말이다』(2016)가 고 김관홍 잠수사를 대상으로 한 소설적 초상화라고 할 수 있다면, 「찾고 있어요」(2016), 「돌아오지만 않는다면 여행은 멋진 것일까」(2016), 「눈동자」(2017) 등의 단편들[31] 역시 세월호의 사연을 바탕으로 거기에 진혼과 존경의 허구를 입힌 초상화 그리기 작업이라고 볼 수 있다.

사건으로부터 시간이 흐를수록 범위가 넓어지고 문학적인 전화의 과정을 거치는 양상을 보여준다고 말할 수 있지만, 김탁환의 경우에서처럼 반대로 오히려 사건을 둘러싼 사회적 문제들과 더 직접적으로 마주하게 되는 경로도 확인해볼 수 있다. 이렇게 생각하면, 이 글에서 설정한 역사적 사건 형상화의 유형이라는 것은 다만 편의적인 것에 지나지 않을 것이다. 실제로 이 유형들은 한 작품 속에, 그리고 작가들에게 혼재되어 있고, 또 지금도 그것은 새로운 양상으로 변화해나가는 과정 중에 있기 때문이다.

3. 나가며

이상에서 세월호 사건이 발생시킨 소설적 상상력의 범위와 성격을 살펴보았다. 각자의 소설적 방식의 연장선상에서 그 사건은 폭넓게 다양한 형식으로 도입되고 있다는 사실을 확인할 수 있었다. 이 글에

---

31) 이 단편들은 미발표작들과 함께 『아름다운 그이는 사람이어라』(돌베개, 2017)에 수록되었다.

서는 그 방식을 사건을 직접 서사 속에 도입한 경우와 간접적으로 암시하는 경우로 나누어 고찰해보았다.[32] 전자의 경우에는 사건을 재현하는 상징의 방식이 우세한 가운데 그에 대한 회의를 내포하는 문학적 장치를 제시하는 경향을 아울러볼 수 있었다. 후자의 경우에는 알레고리적 방식을 통해 사건 이면의 윤리적 문제에 접근하는 경향과 함께 알레고리를 매개로 이데올로기적 지평이 확장되는 사례들도 확인할 수 있었다.

이 논의를 통해 보면, 사건 형상화 범위의 확장과 형상화 방식 사이에는 밀접한 연관성이 있다고 생각되지만 이 글에서는 그 근거가 되는 사례들을 제시했을 뿐 이 문제에 관한 심도 있는 논의와 규명은 수행하지 못했다.[33] 진행중인 역사적 사건을 대상으로 삼고 있는 이 글 역시 그 사건이 진행중인 상황에서 구상되고 집필되었기 때문에 사건 및 작품에 대한 객관적 인식과 해석의 측면에서 한계를 가질 수밖에 없지만 비단 그 문제만은 아니라고 생각된다. 이론적 방법론의 구체화와 보다 정치한 적용은 물론, 세월호 사건의 경우와 비교될 수 있는 진행중인 역사적 사건을 서사화한 다른 사례들과의 비교도 필

---

32) 이런 양상은 다만 소설의 영역에서만 일어나는 일은 아닐 것이다. 가령 연극 분야에서 이루어진 세월호 극화의 유사한 양상을 양근애의 「'이후'의 연극, 애도에서 정치로」(『대중서사연구』 22(3), 2016)에서 확인할 수 있다.

33) 발터 벤야민은 바로크 시대의 비애극을 분석하면서 "표현의 '상징적'인 자유, 형태의 고전적인 조화, 인간적인 것, 이 모든 것이 거기에는 결여되어 있다"고 하며 "이것이 우의적 고찰의 핵심, 역사를 세계의 수난사로 보는 바로크적 세계 해석의 핵심이다"(발터 벤야민, 『독일 비애극의 원천』, 조만영 옮김, 새물결, 2008, 217쪽)라고 규정한다. 비극적 세계관의 양식으로서 알레고리의 의미가 세월호 사건을 모티프로 한 소설들과도 연관성을 갖고 있다고 생각되지만 이 글에서는 그 점만 언급해두고 이후의 과제로 남겨둔다.

수적으로 이루어져야 할 것이다. 이 문제들을 포함한 보다 진전된 논의가 이어질 수 있기를 기대한다.

(2017)

주인공 없는 소설세계의 리얼리티
―한국소설에 나타난 인물 관계의 수평성의 변화 양상과 그 의미

1. 들어가며

"인물의 후퇴는 20세기 소설 이론의 역사에서 중심적인 듯 보인다"[1]는 알렉스 월로크의 말은 그리 새삼스러운 주장이 아니다. 낭만적이고 영웅적인 인물, 그러니까 주인공의 신화를 체현하고 있는 고전적 인물들은 점점 더 찾아보기 어려워졌기 때문이다. 이후 소설에서 그 자리는 평범하고, 무기력하고, 자의식으로 가득찬 인물들로 채워져왔다.

알렉스 월로크는 인물과 관련하여 역사적으로 소설이라는 장르가 획득한 서로 모순되는 두 개의 성과로 심층적 심리탐구depth psychology와 사회적 팽창성social expansiveness을 꼽는다. 전자의 측면에서는 문제적인 인물을 주인공으로 설정하고 그의 의식 세계를 깊이 있고 폭넓게 탐구할 것을 요청하지만, 후자의 관점에서는 다양한 다수의 인물

---

[1] Alex Woloch, "Minor Character", *The Novel II: Forms and Themes*, edited by Franco Moretti, Princeton University Press, 2006, p. 295.

들을 현실적으로 재현해내면서 인물의 범위를 확장해야 하는 과제가 부과된다. 그러자면 주인공의 중심성을 되도록 줄이면서 인물들 간의 관계를 민주적으로 구축하는 방향을 선택해야 한다. 주인공을 강화하면 주변 인물의 관계가 왜곡되지만, 그렇다고 주변 인물의 비중을 늘리자면 주인공의 공간이 협소해져서 그로 인한 문제가 발생할 수밖에 없다. 이렇게 되면 텍스트는 인물들 사이에서 공간의 확보를 두고 벌어지는 경쟁의 무대가 되지 않을 수 없다.

현실 반영의 장르인 리얼리즘 소설에서 이 인물 공간을 둘러싼 경쟁은 현실 속의 사회적 경쟁에 대응되는 것이기도 하다. 20세기 소설에서 주인공이 보다 평범한 인물로 교체되는 흐름을 보여왔고, 또 다른 한편으로 주변 인물의 공간이 점차로 확대되는 방향으로 변화를 이루어온 것도 이런 맥락에서 그 연유를 찾을 수 있다. 그런데 서사를 스토리story와 담화discourse로 구분하는 방식에 의거해서 생각하면, 스토리의 차원에서는 왜소해지고 무기력해졌다고 해도 어느 시점까지 담화의 차원에서 주인공이 차지하는 인물 공간의 범위는 여전히 넓었던 것도 사실이다. 알렉스 월로크는 인물이 서사담화의 차원에서 점유하고 있는 소설 속 공간을 '인물 공간character space'으로 규정하면서 소설 장르의 역사를 탐색하는 새로운 분석 대상으로 제시하고 있다.[2]

이 글은 한국소설에서 주인공과 주변 인물의 관계가 변화해온 양상을 '인물 공간'의 측면에서 구체적으로 확인하는 한편 그 변화의 의미에 대해 고찰해보고자 하는 시도이다. 우선 등장인물 사이의 수

---

2) *Ibid.*, pp. 304~305.

평적 관계의 측면에서 대표적인 작품으로 거론되어온 서정인의 「강」 (1968)을 '인물 공간'의 양적, 질적 배분이라는 측면에서 다시 점검해보고, 그와 비교하여 그 문제가 최근의 한국소설에서는 어떻게 다른 방식으로 나타나고 있는지를 최은영의 「고백」(2016)을 대상으로 살펴볼 것이다.[3] 그리고 그와 같은 비교 분석을 토대로 후반부에서는 최근 소설에 나타난 인물 구조의 변화가 의미하는 징후에 대해서도 생각해보고자 한다.

2. 수평적 인물 관계 이면의 불균등성—서정인의 「강」

서정인의 단편 「강」은 주인공과 주변 인물 사이의 경합이 이전과는 다른 구도를 만들어낸 하나의 사건으로 볼 수 있는 소설이다. 여전히 주인공의 비중이 컸던 그 무렵의 소설들과 현격하게 비교될 만큼, 이 소설에서는 특정 인물을 주인공으로 꼽기가 어려울 정도로 인물들은 유사한 비중을 갖고 등장하기 때문이다. 삼인칭 시점의 서술은 인물을 일정한 거리를 두고 바라보면서 그들을 다만 '김' '이' '박' 등의 성으로 지칭하고 있으며 옷차림, 군대 경험, 선글라스에 대한 연상 등을 통해 전혀 신속하지 않은 방식으로 세 인물을 점진적으로 성격화해나간다. 그래서 특히 소설의 전반부에서는 세 명의 남성 인물 사이의 구분도 쉽지 않은 상태를 보여준다. 하지만 이러한 특징으로

---

3) 물론 그 변화의 과정이 정밀하게 고찰되기 위해서는 보다 방대한 범위의 데이터를 대상으로 '양적인 접근'이 시도될 필요가 있다. 다만 여기에서는 두 편의 소설 이외에 유사한 인물 관계 구조를 갖춘 몇 편의 소설, 그러니까 「강」 이전의 이태준의 「패강냉」 (1938), 「강」과 「고백」 사이의 윤성희의 「유턴지점에 보물지도를 묻다」(2004), 그리고 「고백」 이후의 조남주의 「여자아이는 자라서」(2018) 등을 소략하나마 함께 검토하여 그 흐름에 대한 분석을 보완하고자 한다.

인해 이 소설은 "정보의 지연, 비개성화, 인과성 부재의 나열, 현재형 시제, 사전 제시와 소급 제시의 중첩 등을 통해 소통이 차단된 인간 군상에 균등한 시선을 부여"[4]한 것으로 평가되어왔다. 특히 서정인 초기 소설에 대한 평론의 한 대목인 다음에서는 「강」에 나타난 개별 인물들 각각에 대한 서술의 수평적 배분에 대해 특별한 의미를 부여하고 있다.

> 서술자는 어떠한 인물에 대해서도 결코 우월한 지위를 부여하지 않는다. 소설의 공간은 이렇게 특별하게 뛰어나지 못한 범상한 인간들의 삶의 자리를 그대로 옮겨놓고 있다. 소설 속의 누구도 삶에 대해 특권적인 지위에 있지 못하며 단지 자기 몫의 삶을 감당하고 있을 뿐이다. 버스에서 만났던 술집 여자는 김씨가 대학생이라는 것에 대해 감격하지만, 그것은 이 여자보다 김씨가 우월한 위치에 있기 때문이 아니다. 김씨 역시 꿈을 좌절당한 그렇고 그런 인물일 뿐이다. 그러므로 대학생과 결혼에 대한 이 여자의 동경과 환상은 장님 안마장이에 대한 김씨의 감상적 동경과 다르지 않다. 이들은 모두 삶에 시달리고 지쳐 있으면서 얼마간의 환상을 가진 그런 사람들이다.[5]

이 소설에서 서술의 특징은 위에서 언급된 바와 같이, 어떤 특정 인물에게 특권적인 지위를 부여하지 않는다는 점에 있어 보인다. 그리하여 마치 주인공이 없는 듯한 소설의 느낌을 주고 있는 것이다.[6]

---

4) 박성천, 「서정인 「강」의 서술성 연구」, 『어문논총』 제16호, 2005, 201~202쪽.
5) 이광호, 「소설은 어떻게 눈뜨는가」, 『강』 해설, 문학과지성사, 1996, 331쪽.
6) 「강」의 인물 구성의 성격을 객관화하기 위한 한 방편으로 그보다 삼십 년 정도 앞서

그런데 과연 이 소설에서 인물들은 실질적으로 평등한 관계를 맺고 있는가. 위의 인용에서는 어떤 인물에도 우월한 지위를 부여하지 않고 있는 서술의 특징을 연장하면서 인물들의 계층적 상황이나 현실에 대한 태도의 동질성을 강조하는 맥락에서 그와 같은 수평성이 세 명의 남성 인물들 사이에서뿐만 아니라 술집 여자까지 포함하는 범위를 포괄한다고 설명하고 있는데, 수업 시간에 학생들과 이 소설을 함께 읽는 과정에서 학생들은 이 남성들의 관계로부터 소외된 여성 인물에 주목하는 반응을 보이기도 했다. 남성 인물 가운데 일부는 버스의 차장이나 서울집 작부로 등장하는 여성 인물들에게 수시로 성적인 추행을 저지르고 있으며, 남성 인물들과 달리 서울집의 작부로 등장하는 여성 인물에게는 성조차도 부여되지 않고 있다.[7] 초

발표된 「패강냉」을 비교의 대상으로 소환해보기로 한다. 「패강냉」은 「강」과 인물 구성에서 기묘한 유사성을 보이고 있다. 세 명의 남성과 한 명의 여성으로 이루어진 인물 구도 자체도 그렇지만, 개별 인물들을 보더라도 두 소설에서 여성 인물이 기생(「패강냉」의 '영월')과 작부(「강」의 서울집 여자)라는 사실뿐만 아니라, 전직 고등보통학교 교사(「패강냉」의 '박')와 전직 국민학교 교사(「강」의 '박'), 부회의원이자 실업가(「패강냉」의 '김')와 세무서 직원(「강」의 '이'), 소설가(「패강냉」의 '현')와 늙은 대학생(「강」의 '김') 등 남성 인물들의 직업의 성향에서도 세 유형으로 짝을 지어볼 수 있다. 그런데 인물이 차지하는 공간이나 비중의 측면에서는 상당한 대비를 보여주고 있다. 세 남성 인물들이 차지하는 공간의 측면에서 비교적 수평적인 관계를 보여주고 있는 「강」과 달리, 「패강냉」에서는 다른 인물들에 비해 현이 차지하는 비중이 압도적이기 때문이다. 김은 경세가의 전형으로 안타고니스트 역할로 등장하며, 정작 전임직에서 쫓겨날 상황에 놓여 있는 박은 김과 현의 갈등을 중재하는 소극적인 역할만을 맡고 있다. 기생 영월 또한 현의 관념에 의해 어쩔 수 없이 시대의 흐름에 편승하는 인물로 규정되고 있다. 다른 인물들을 관념적으로 대상화하면서 그와 맞물려 현의 의식과 감정은 감상적인 성향을 강화해나간다. 이와 같은 면모는 이 소설이 당시에 "무류의 치졸성과 문청성"(김문집, 「「수난의 기록」과 「패강냉」―신춘창작대관 (6)」, 동아일보, 1938. 1. 21)이라는 비난에 직면한 이유와도 관련이 있다고 생각된다.
7) 「강」의 인물 구조에 나타난 젠더의 관점에서의 불평등에 대한 학생들의 반응에 관

라하고 남루한 세 명의 남성 인물들에게서 삶의 피로를 느낄 수 있는 것도 사실이기는 하지만, 여성 인물들은 그들보다도 더 주변의 자리에서 다만 부분적으로 남성의 상대로서만 모습을 드러내고 있어 보인다.

그런데 좀더 가까이 접근해서 살펴보면, 세 명의 남성 인물 사이의 관계 또한 전적으로 수평적이지만은 않다. 이 소설 속의 인물들의 공간과 그 관계의 구조를 객관적으로 살펴보면 서사의 표면에서 감지되는 것과는 다소 다른 양상을 발견할 수 있기 때문이다. 이 작업을 위해 이 소설의 서사 구조를 추출할 필요가 있는데, 이미 한 선행 연구에서 그것이 작성되어 활용된 바 있고 이는 다음과 같다.

① 검정 외투를 입은 사나이, 밤색 잠바를 입은 남자, 감색 고깔모자를 쓴 남자가 버스에 타고 있다.
② 세 사람은 진눈깨비가 내리는 것을 보고 각각 입대와 관련된 일을 떠올린다.
③ 세 사람은 검은 색안경을 보고 김씨는 장님을 생각하고, 잠바 입은 사나이는 멋낼 것을 생각하고, 고깔모자 쓴 사람은 형사를 연상한다.
④ 고깔모자를 쓴 전직 초등학교 선생 박씨와 밤색 잠바 입은 세무서 직원 이씨는 각각 옆자리 여자와 차장과 수작을 걸며 늙은 대학생 김씨는 그저 듣고 있다.

해서는 이 책에 수록된 「한국소설의 수용 의식에 나타나고 있는 비심미적 독서 경향과 그 문학 교육적 의미—수업 과정에서 젠더 문제에 대한 학생들의 반응을 중심으로」 참조.

⑤ 세 사람은 군하리에 도착해 여자와 헤어지고 혼사 치르는 집을 물어 길을 간다.

⑥ 결혼식에서 돌아온 세 사람 중 박씨와 이씨는 술집으로 가고 김씨는 여인숙으로 간다.

⑦ 늙은 대학생 김씨는 여인숙에서 방을 치우는 한 소년을 보고 자신의 과거를 회상한다.

⑧ 술집에서 이씨와 박씨는 낮에 버스를 같이 타고 왔던 술집 여자와 희롱한다.

⑨ 술집에 있던 여자가 눈을 맞으며 대학생 김씨를 데리러 간다.

⑩ 술집 작부가 자고 있던 대학생 옷을 벗겨주고 이불을 덮어주고는 불을 끈다.[8]

이 서사 구조를 바탕으로 각 인물들의 겪는 사건의 '경로$_{path}$'[9]를 생각하면 다음과 같이 정리해볼 수 있다.

김씨: ①-②-③-(④)-⑤-(⑥)-⑦-(⑩)
이씨: ①-②-③-④-⑤-⑥-⑧
박씨: ①-②-③-④-⑤-⑥-⑧
서울집 여자: ④-(⑤)-⑧-⑨-⑩

---

[8] 박성천, 「서정인 「강」의 서술성 연구」, 202~203쪽.
[9] 피터 라비노비츠가 스토리와 서사담화를 서술자 위주로 된 개념이라 비판하면서 인물에 초점을 둔 제3의 용어로 제안한 개념이다. Peter J. Rabinowitz, "They Shoot Tigers, Don't They?: Path and Counterpoint in The Long Goodbye", *A Companion to Narrative Theory*, edited by James phelan and Peter J. Rabinowitz, Blackwell Publishing, 2005, p. 182 참조.

소년: ⑦

  이 경로는 피터 라비노비츠의 논의에서 제시된 것처럼 개별적 인물의 경험의 순서라는 측면에서도 의미를 갖겠지만, 이 논의의 맥락에서는 그것이 인물들이 점유하고 있는 서사의 공간의 위치와 비중을 보여준다는 점에서 더 실질적인 용도가 있다.
  우선 비중의 측면에서 김, 이, 박 세 인물의 공간은 비교적 균등해 보인다. 그렇지만 그 구체적 양상은 인물들 사이에서 다소 다르게 나타나고 있다. 이와 박은 그 공간의 점유 양상에서 유사하지만, 김의 경우는 그들과 차이가 있다. 중반부까지 세 인물이 같은 공간에서 존재하고 행동하는 상황에서는 오히려 이와 박에 비해 활동성이 부족한 김의 인물 공간이 상대적으로 작아 보이기도 한다. 그렇지만 여인숙에서 만난 소년을 매개로 인생에 대한 상념이 진술의 형태로 제시된 ⑦의 분량과 소설 속의 비중이 크기 때문에 질적으로는 오히려 김의 인물로서의 특징이 더 두드러져 보인다. 더구나 소설의 결말에 해당되는 ⑨와 ⑩에서 이와 박은 이미 사라지고 없다. 선행 연구에서도 "이 소설의 다른 인물들에 비해 김씨는 이러한 현실의 논리에 대한 예민한 자의식을 가진 사람으로서 서술자의 시점에 가깝다"[10]고 보는 시각이 제시되었으나, 거기에서는 "그러나 김씨 역시 이들과 같은 층위에서 구차한 현실 속에서 이미 바래진 꿈을 추스르며 살고 있는 사람의 하나일 뿐이다"[11]라고 설명하면서 그들의 계층적 동질성을 부각시키는 방향으로 논의가 흐르고 있다.

---

10) 이광호, 「소설은 어떻게 눈뜨는가」, 332쪽.
11) 같은 쪽.

그런데 인물들이 맺고 있는 관계의 측면에서 보면 또다른 양상이 드러난다. 이와 박은 소설 내내 거의 행동을 함께하지만 그럼에도 둘 사이에는 연대의 감정이라고 할 만한 것이 존재하지 않는다. 둘은 거의 대부분의 장면에서 질투와 증오의 감정으로 인해 보이지 않는 갈등을 벌이고 있다. 서울집 여자를 찾아갈 때 둘은 한마음이 되지만 서울집 여자를 사이에 두고 술을 마시면서 둘은 반목한다. 또한 소설은 이와 박의 통속성과 그에 물들지 않은 김의 내면을 대조시키는 데 결코 무심하지 않다.(자세히 보면 이와 박 사이에도 상대적인 성격의 대비가 존재한다.) 이와 박이 차장, 그리고 동승한 여성(이때까지는 술집 작부라는 사실이 밝혀지지 않은 상황이다)을 희롱할 때, 혹은 그 희롱을 부러워할 때 김은 모른 척한다. 박과 이를 서술하는 수식어가 각각 '실용' '기피자'(박), '멋내기' '울적' '약다' '뻔뻔'(이) 등인 반면, 김의 경우에는 '창백' '상상' '무감동' '시치미' '모른 척' '몽롱' '골똘' '핏기 없는' 등으로 뚜렷한 대조를 보이고 있다.

한편 알렉스 월로크는 담론 내에서 인물이 차지하는 비중과 함께, 인물들 사이의 관계의 연결, 방향과 강도의 측면 또한 인물들 사이의 경쟁에서 의미를 갖는 요소라고 보고, 이를 '인물 공간'과 구분하여 '인물 관계의 시스템character system'이라고 규정한 바 있다. 그는 소설 내의 인물들 사이의 관계를 이루는 시스템이 개인들 사이의 상호작용interacting이면서 동시에 인물 공간을 둘러싼 투쟁intersecting이기도 하다고 설명하고 있다.[12]

이런 관점에서 「강」의 인물들의 관계를 살펴보면 그것은 인물들이

---

12) Alex Woloch, *The One vs. The Many: Minor Characters and the Space of the Protagonist in the Novel*, Princeton University Press, 2003, p. 17.

차지하는 물리적인 공간의 비중과는 다른 면을 보여준다. 김은 이와 박과 함께 살고 있으며 결혼식에도 동행하고 있지만 그들과의 감정적인 교류는 그리 활발하지 않다. 소설 속에서 늙은 대학생 김씨가 가장 강렬하게 자신을 투사하는 대상은 여인숙에서 만난 소년이다. 한편 이와 박은 서울집 여자에게 관심을 집중하고 있다.(다만 이에 대한 증오의 감정이 반사적으로 박으로 하여금 순간적으로 김에 대한 그리움의 감정을 불러일으키기도 한다.) 그렇지만 소설의 후반에서 심부름을 핑계로 이와 박으로부터 벗어난 서울집 여자가 향하는 대상은 대학생 김씨이다. 이 인물들의 관계를 연결하는 교차점에 위치하고 있는 것은 의외에도 이름도 없는 서울집 여자로 보인다.

$$(이 \leftrightarrow 박) \dashrightarrow 김 \rightarrow 소년$$
$$\searrow \quad \nearrow$$
$$서울집\ 여자$$

표면상 남성 인물과 여성 인물의 대비 구도는 서울집 여자를 기준으로 보면 다르게 재편될 수 있다. 김은 오히려 이와 박보다 서울 집 여자 및 소년과 한 축을 이루고 있다고 볼 수 있기 때문이다. 가난한 삶의 상황에서도 미래에 대한 순수한 기대를 갖는 소년과의 만남을 계기로 늙은 대학생 김씨의 회환이 펼쳐지면서 그의 고단하고 무기력한 삶에도 가슴 뛰던 열망의 순간들이 있었음이 아프게 환기되고 난 뒤, 소설의 마지막 장면에서 서술의 조명은 대학생 김씨를 깨우러 갔다가 잠든 그의 모습을 안타깝게 바라보며 이불을 덮어주고 나오는 서울집 여자를, 그녀가 남긴 발자국을 하얗게 지우며 소복소복 쌓이는 눈을 비추고 있다. 이 인물 시스템의 구도로 보자면 소설의 전체적인 흐름은 전반부에서 거의 대부분의 인물 공간을 점유하고 있는 이와 박, 그리고 김 등 남성 인물들의 삶의 모습과 행동, 언어로 이루어진 탁류가 세대의 차원에서는 여인숙의 소년, 그리고 젠더의 차원에서는 서울집 여자 등의 새로운 흐름에 의해 대체되는 양상으로 파악될 수 있다.

창녀와 성녀로 이분화된 여성의 이미지가 근본적인 한계를 품고 있는 것도 사실이지만, 그럼에도 이 소설에서는 인물 공간과 인물 시스템에서의 변화가 징후적으로 드러나 있다. 소설 속에서 여성 인물이 그 점유 공간을 확보하는 경쟁에 진입하기 시작하는 이 변화는 (소설 속 인물인 초반부의 여차장이나 후반부의 서울집 작부에서 보듯) 비록 성적인 추행과 편견 속에서 최하층의 지위에 놓여 있음에도 여성이 사회적, 경제적 활동을 시작한 현실의 변화와 분리되지 않는 것이다.

이렇게 보면 소설에서 제목 '강'은 인생의 한고비에 이른 남성 인물의 존재와 세계 인식을 상징적으로 표현한 것으로 이해되어왔지만, 이 인물 공간의 관점에 의거하면 세대와 젠더가 교차하면서 새로운 방향으로 휘어지기 시작하는 전환의 지점으로 새롭게 해석해볼 수도 있다. 그로부터 한참 지나온 지금의 시점에서 보면 앞으로 멀리 더 흘러가야 할 강의 어느 지점이었던 것이다.

3. 인물의 역할 분담에 의한 수평적 관계의 재편―최은영의 「고백」

이 흐름은 이후 여성 작가들의 등장에 의해 보다 본격적으로 가속화되어왔다. 그렇지만 그 초기에 여성은 남성의 사회적 문제를 목격,

이해, 전달하는 역할을 통해 내러티브 내에 존재할 수 있다(가령 박완서의 『나목』(1970)에서 아버지와 오빠, 옥희도, 태수 등의 남성으로 둘러싸인 이경). 혹은 그렇지 않은 경우에도 남성들과의 관계를 벗어나서 소설 속 여성의 증상이 존재하지 않는다(가령 남편과 아이와 미지의 사내에 대한 의식으로 분열되어 있는 오정희의 「비어 있는 들」(1979)의 여성 인물 '나'). 이 경우 여성의 서사라고는 하지만 여성의 인물 공간은 그렇게 넓다고 보기 어렵다. 하지만 이후 소설 내에서 여성의 인물 공간은 지속적으로 확대되어왔다(가령 공지영의 「동트는 새벽」(1988)에서 정화와 순영의 연대).

소설에서 여성의 인물 공간이 확장되어온 흐름은 최근에 들어 그 물살이 급해졌다. 최은영의 「고백」(2016)을 그 사례로 살펴볼 수 있다.[13] 이 소설에는 「강」과는 대조적으로 세 명의 여성과 한 명의 남성이 등장한다. 여기에서 남성('나'='종은')은 서술자의 역할을 맡고 있을 뿐만 아니라 수사라는 신분의 인물이다. 이 점 또한 서술자로부터 상대적으로 더 소외되어 있고 또 술집 작부라는 지위를 갖고 있는

---

13) 「강」과 「고백」 사이에 놓인 한 과정으로 윤성희의 「유턴지점에 보물지도를 묻다」를 살펴볼 수 있다. 여기에도 네 명의 인물이 등장하고 있으며, 성별로는 세 명의 여성 인물('나', W, 고등학생)과 한 명의 남성 인물(Q)로 이루어져 있어 「고백」과 유사한 양상을 보이고 있다. 그런데 윤성희 소설의 경우에 인물들은 성별의 구분이나 혹은 세대의 차이에 의해서도 크게 구애되지 않는 특이한 면모를 드러내고 있다. 인물 관계에서는 「유턴지점에 보물지도를 묻다」가 「고백」보다도 오히려 성별을 초월하는 더 수평적인 면모를 갖추고 있다고도 볼 수 있는 것이다. 이 점에서 「유턴지점에 보물지도를 묻다」는 현실을 앞질러가는 관념적인 소설적 상황을 배경으로 이루어진 내러티브라고 할 수 있다. 그렇지만 현실적 문제가 이야기 속에 도입되기 시작하는 그 이후의 상황에서 인물 관계는 「고백」에서처럼 현실로부터의 인력을 수용하기 위해 그 수평성은 보다 유연하게 탄력적으로 운용될 필요성을 갖게 된다.

「강」의 여성 인물과 대비되고 있다. 이 대비의 양상을 보다 구체적으로 확인하기 위한 도구로 앞서 「강」에 적용했던 '인물 공간'과 '인물 시스템'을 여기에서도 도입해볼 필요가 있다. 이번에도 그 작업을 위해 우선 이 소설의 서사 구조를 우선 추출해보기로 한다.

① '나'(종은)와 '미주'는 대학 시절 만나 한때 연인이었지만 지금은 친구로 지내고 있다.
② 미주가 세 명의 여자아이가 함께 찍은 사진을 '나'에게 보여준다.
③ 미주와 '주'나, '진희'는 고등학교 1학년 때 같은 반에서 만나 친구가 되었다.
④ 셋은 미묘하게 어긋나면서도 균형을 유지하면서 관계를 진전시켜나간다.
⑤ 셋은 더 많은 시간을 함께 보내며 깊은 우정을 나눈다.
⑥ 진희의 열여덟번째 생일날 진희의 커밍아웃으로 인해 관계에 균열이 발생한다.
⑦ 진희의 죽음 이후 주나는 미주를 피한다.
⑧ 대학에 진학한 미주와 주나는 그해 여름 우연히 만나 다시 관계를 이어간다.
⑨ 반년이 지난 어느 날 놀이터에서 우연히 만난 미주와 주나는 진희의 죽음에 대한 책임을 서로에게 전가하며 관계의 파탄을 맞는다.
⑩ 고백을 듣고 난 '나'(종은)는 농활에서 처음 만났을 때 무당에게 대들던 미주를 떠올린다.

소설은 전체적으로 ①②와 ⑩의 바깥 이야기와 ③-⑨의 안 이야기로 구분된 액자 구조로 이루어져 있다. 바깥 이야기는 '나'(종은)가 화자가 되어 미주에 대해 진술하는 내용으로 이루어져 있고, 안 이야기는 미주로부터 들은 이야기를 '나'가 서술하여 전달하는 형식을 취하고 있다. 각 인물들이 서사 속의 존재하는 지대와 경로를 표시하면 다음과 같다.

'나'(종은): ①-②-(③)-(④)-(⑤)-(⑥)-(⑦)-(⑧)-(⑨)-⑩
미주: ①-②-③-④-⑤-⑥-⑦-⑧-⑨-⑩
주나: ③-④-⑤-⑥-⑦-⑧-⑨
진희: ③-④-⑤-⑥-(⑦)-(⑧)-(⑨)-(⑩)

그런데 미주의 이야기를 '나'(종은)가 전하고 있는 안 이야기에는 그와 같은 시점 형식을 환기하는 대목들이 간헐적으로만 배치되어 있다. 가령 "진희를 생각하면 가느다랗고 긴 팔이 떠오른다고 미주는 말했다"[14]나 "미주는 자주 토했던 기억, 자기를 바라보는 사람들의 시선이 괴로웠던 기억, 여러 명과 함께 교실에서 호흡하고 있다는 생각만으로도 진땀이 흐르던 기억이 난다고 했다"(199쪽)와 같은 대목에서 미주를 발신인으로 하여 그것을 '나'(종은)가 전달하고 있는 서

---

14) 최은영, 「고백」, 『내게 무해한 사람』, 문학동네, 2018, 191쪽. 이 소설의 첫 발표는 『문학동네』 2016년 겨울호에 '나의 이력서'라는 코너에서 이루어졌다. 두 판본 사이에 큰 차이가 있는 것은 아니지만, 주나의 가정과 관련된 서술이 단행본에 수록되면서 삭제된 것이 눈에 띈다. 아마도 실제의 상황을 지시하고 있는 측면이 과도하다고 판단된 결과일지 모르겠는데, 결과적으로 왜 세 인물이 주나에 집에 자주 모여 지냈는지에 대한 설명이 다소 부족해졌다. 그리고 이 글의 맥락에서는 그렇지 않아도 진희와 미주에 비해 비중이 적은 편인 주나의 인물 공간이 더 축소된 효과가 발생했다고도 볼 수 있다. 이하 인용시 본문에 쪽수만 밝힌다.

술 구조가 확인된다. 그러나 그런 대목이 예외를 이루고 있고, 안 이야기의 대부분은 실질적으로 전지적 시점에 의해 독자가 직접 세 인물의 이야기를 듣는 상황이라고 봐도 무방하다. '나'(종은)의 서술자로서의 기능은 뚜렷하고 위의 도표에서 보는 것처럼 인물 공간도 협소한 편은 아니다. 그럼에도 '나'가 점유하는 서사의 공간은 액자 바깥에 한정되어 있어서 여성 인물들의 관계 속으로 들어오지 못하는 상황이다.

한편 여성 인물들의 관계의 경우 인물 공간의 물리적인 비중의 측면에서는 다소 불균등한 양상을 보이고 있으나, 그럼에도 관계에서 맡고 있는 역할의 비중에서는 대등하게 구조화되어 있다. 특히 관계의 균열이 발생하기 이전 세 인물이 친구가 되고 관계를 심화시켜가는 과정에서 그들 사이의 비중은 인물 공간의 측면에서나 혹은 캐릭터 시스템의 측면에서 모두 수평적인 균형을 이루고 있어 보인다. 다음 대목을 보면, 그와 같은 인물들 사이의 삼각형의 균형감각은 소설 속에서 의식적으로 제시되어 있다고도 할 수 있을 듯하다.

    셋이란 이런 거구나. 미주는 종종 자신이 주나와 진희의 특별한 관계에 딸린 부록인지도 모른다고 생각했다. 둘의 관계에는 미주가 개입할 수 없는 단단한 지점이 있었다. 그 마음을 이야기했을 때 진희는 자기야말로 그런 생각을 했다고 대답했다. "그렇잖아. 너희 둘은 허물이 없다고 해야 하나. 편해 보여. 내가 낄 수 없을 때가 있어."
    "아니지. 내가 깍두기지. 너희끼리 책 빌려 읽고 얘기하고 그러잖아. 그럴 때 난 할말 없었어." 주나까지 이렇게 말했을 때 셋은 싱긋이 웃었다. 셋이라는 숫자 안에서 모두가 소외감을 느낄 수밖에 없었다는 사실이 이야

기를 나누면서 조금은 가볍게 느껴져서였다.(192~193쪽)

안 이야기 내부에서 어느 지점에 이르기까지 세 인물 사이의 수평적 관계는 균형을 잃지 않고 유지된다. 그렇지만 진희의 열여덟번째 생일을 축하하기 위해 모인 자리에서 진희가 자신이 레즈비언이라는 사실을 밝히면서 그 관계의 균형은 일시에 무너지게 된다. 진희의 바람과 달리, 미주와 주나는 친구의 고백을 자연스럽게 받아들이지 못한다. 주나는 동성애 자체에 모욕적인 태도를 보이고, 미주는 의식으로는 이해하려고 하나 그것이 행동으로 자연스럽게 나타나지 않아 결국 진희에게 큰 상처를 주게 된다.

소설은 사건 이후의 상황으로 전환하여 미주가 주위로부터 위로를 받는 장면을 보여준다. 이런 방식으로 진희가 유서조차 남기지 않고 스스로 목숨을 끊었다는 사실을 간접적으로 제시하고 있는 것이다.[15] 이 이후의 이야기는 진희의 죽음으로 인해 미주와 주나가 겪게 되는 일련의 외면과 재회와 갈등, 그리고 결별의 순서로 진행된다. 이처럼 스토리의 차원에서 보면, 소설 속 인물들이 대체로 수평적인 관계를 이루고 있는 가운데 표면상으로는 좋은과도, 그리고 주나와 진희와도 모두 관계되어 있는 미주가 그 중심에 있는 듯 보인다.

하지만 좀더 깊이 그 관계를 들여다보면 다른 양상이 드러난다. 진희는 죽음으로 인해 소설 중반에 사라지지만 그럼에도 그 죽음의 그

---

15) 이처럼 미주와 주나에게 받아들여지지 못한 진희의 고백 이후의 상황을 극화하지 않는 「고백」의 방식 또한 이 글의 후반부에서 논의하게 될 문제 중심의 인물 관계 구조와 연관이 있다고 생각된다. 그것은 감정을 자극하기보다 문제에 대한 생각을 활성화하는 방향을 고려한 결과로 볼 수 있겠기 때문이다.

림자는 인물들의 의식 속에서 여전히 강한 존재감을 갖고 있다. 해석의 차원에서라면 그 그림자 또한 서사에서 인물이 점유하는 공간으로 볼 수 있다. 가령 대학에 입학한 이후 우연히 만난 주나와 미주는 다시 관계를 이어나가기 시작하면서도 진희의 이야기는 일절 꺼내지 않는다. 그러나 그렇다고 해서 이 서사 공간 안에 진희가 존재하지 않는다고 할 수 있을까. 그 합의된 회피는 오히려 그다음 장면에서 미주와 주나 사이에 더 극적인 갈등의 폭풍을 예비하고 있다고 볼 수도 있다. 그렇다면 이 소설에서 표면적으로는 미주를 통해 세 사람의 이야기를 전달하고 있는 '나'(종은)가 독자 사이에서 다른 인물들을 매개하고 있다고도 볼 수 있지만, 궁극적으로 인물 시스템의 중심에서 그 교차점에 위치한 인물은 실질적으로는 진희라고 할 수 있다. 이 관계 구조를 도표화하면 다음과 같다.

그런 의미에서 소설 속에 제시된 다음과 같은 진희의 독서 방식은 바로 진희 자신에게 재귀적으로 적용될 수 있을 듯하다.

> 진희는 소설 속 주변 인물들에게 관심이 많았다. 중요하지 않은 인물들의 입장에서 사건을 보는 걸 좋아했다. 주제와 핵심 제재를 파악하는 것이 독서의 전부인 줄 알았던 미주는 진희의 이야기를 들으며 소설을 읽을 때와는 다른 종류의 재미를 느꼈다. 미주 자신이 쓴 글을 보여주었을 때도

진희는 진희의 방식대로 이야기를 읽어냈다. 자기가 의도치 않았던 부분, 알지 못했던 부분이 진희의 시선을 통해 드러나는 순간이 미주는 신기했다.(191~192쪽)

서술이 겉 이야기와 안 이야기 모두에서 일인칭 화자에 의해 이루어진다는 점에서 보면 좋은이, 그리고 인물들의 관계 전체에서 중심에 놓여 다른 인물들 사이의 관계를 매개하고 있다는 점에서는 미주가 각각 소설의 중심인물이라고 볼 수도 있을 것이다. 대체로 우리가 경험해왔던 소설은 이처럼 어떤 사건을 겪고 그로 인해 의식적, 무의식적 변화를 거치는 인물을 중심으로 하여 성립되었던 것도 사실이다. 중심인물이라는 용어에 입체적 성격round character이나 불투명한 성격opaque character을, 그리고 주변 인물이라는 용어에 평면적 성격flat character이나 투명한 성격transparent을 주로 대응시켰던 것 또한 이런 맥락에서라고 할 수 있다.

그렇지만 「고백」에서는 소설 속 사건을 자기 존재의 근거로 삼고 있는 진희가 오히려 중심에 놓여 그를 둘러싼 다른 인물들의 삶에 영향을 미치고 있다. 이렇듯 문제 중심의 인물 관계 구도는 서로 다른 입장에 대한 일종의 비유적 캐릭터의 관계에 가까워지는 효과가 발생할 수 있다. 그로 인해 이와 같은 인물 관계 구도에서는 표현자의 의식 혹은 무의식의 반영으로서 소설의 성격이 약해지는 결과가 초래될 수도 있다.[16]

---

16) 인물의 유형에 대한 논의는 Marina MacKay, *The Cambridge Introduction to the Novel*, Cambridge University Press, 2011 참조.

4. 인물 관계 구조와 소설의 성격 및 기능 사이의 상관성

그런데 인물들의 관계는 단지 그들 사이의 수평성 여부의 문제에만 한정된 것일까. 이런 문제의식을 따라가다보면 인물 시스템을 텍스트 외부까지 연장하여 개별 인물들 각각의 '경로'뿐만 아니라 독자들이 텍스트 속 인물들을 경유하면서 구성하는 또다른 차원의 '경로'를 생각해볼 수 있다.

> 그는 의미의 중심이나 단일하고 지배적인 언술의 주체를 세우는 것 대신에 소설의 공간을 타자와 독자에게 개방한다. 그의 소설 공간은 마치 「우리 동네」 사람들의 소음으로 가득찬 네거리와 같은 공유지로서의 성격을 띤다. 그 공유지에는 수많은 인물들이 자신들의 운명과 관점대로 삶을 엮어간다. 독자들은 그의 소설을 통해 그 공유지로 들어갈 수 있고 타자들의 삶의 내력이 배어 있는 소음들을 들을 수 있게 된다.[17]

위의 인용에서는 「강」의 인물 관계의 구조가 텍스트와 독자 사이의 소통 방식에 미치는 영향을 긍정적으로 부각시키고 있다. 아마도 당대의 다른 소설들에 비해 상대적으로 수평적인 인물 관계의 구조를 보여주고 있는 「강」이 독자가 텍스트에 이입하는 방식에도 좀더 자유로운 선택을 제공한다고 본 듯하다. 그러나 그 비교의 대상이 인물들의 관계가 보다 수평적인 방향으로 더 진행된 현재의 텍스트 상황이라고 한다면, 이야기는 조금 달라질 수도 있다. 더구나 독서 주체의 상황의 변화 또한 이 문제에서 결정적인 역할을 하고 있다.

---

[17] 이광호, 「소설은 어떻게 눈뜨는가」, 335쪽.

가령 「강」의 경우 앞에서 살펴본 바와 같이, 인물 관계 시스템의 중심에 대학생 김씨가 놓여 있기 때문에 독자의 입장에서 텍스트에 진입할 때 가장 쉽게 자신을 이입할 수 있는 대상은 바로 대학생 김씨, 혹은 그의 분신과 같은 민박집의 소년일 것이다. 남성 인물들의 성격이나 경험은 개별적으로 차이가 있지만, 설사 독서 주체의 성향이나 삶의 경험이 '김'보다 '이'나 '박'과 더 가깝다고 해도 실제로 독서의 상황에서 자신을 '이'나 '박'에 이입하기는 쉽지 않은 상황이다. '이'나 '박'에 독서 주체 자신의 입장을 위탁해서는 결말까지 순조롭게 독서를 진행하기가 어렵기 때문이다.

만일 독서 주체의 성별이 여성일 경우 텍스트 내에 자신을 이입할 대상이 같은 성별의 여성인 여차장이나 서울집 작부가 될 여지는 그렇게 커 보이지 않는다. 아마 소설이 발표될 당시에는 그런 입장에 놓인 여성의 비중이 상대적으로 지금보다 컸으리라 생각되지만, 실제로 그와 같은 입장의 여성들이 이 텍스트와 마주할 상황은 오히려 예외적이라고 봐야 할 것이다.

「강」과 비교하여 「고백」의 경우에는 상대적으로 독서 주체가 자신의 성향과 경험에 따라 텍스트에 등장하는 인물들 가운데 자신이 이입할 수 있는 대상을 다양하게 선택할 수 있는 여지가 더 크다고 판단된다. 이러한 상황은 무엇보다 「고백」의 인물 관계 시스템이 특정 인물을 중심으로 구성되어 있다기보다 문제 중심으로 설정되어 있다는 사실과 무관하지 않다. 레즈비언인 진희를 중심으로, 그와 같은 타자의 입장을 이해하려고 노력하지만 한계를 가진 미주와, 여전히 타자에 대한 이해의 범위 바깥에 있는 주나가 서로 관계를 맺고 있다. 이 세 인물은 비록 정밀하게 균등하지는 않다고 하더라도 대체적으로는 어느 한편으로 기울어지지 않는 관계 구조를 이루고 있기에, 성적 소수자 문제에 대한 독자의 판단에 따라 세 인물 가운데 어느 한 인물에 자신을 이입하여 텍스트가 제시하고 있는 문제를 간접적으로 경험하기에 비교적 수월한 조건을 마련하고 있다. 만일 독자의 성별이 남성이라면 종은의 입장에서 이 문제로 인해 갈등을 겪는 상황을, 이 문제 구도에서 크게 소외되지 않는 자리에서 간접적으로 경험할 수도 있다.

텍스트와 독자가 맺고 있는 이와 같은 소통 구조의 변화는 소설 자체의 성격과 기능의 변화와도 밀접한 관련을 맺고 있다. 그것은 소설에서 인물 중심으로부터 문제 중심으로의 이행, 그리고 표현자 중심으로부터 수용자 중심으로의 이행이라고 할 수 있다. 이와 같은 대비는 리처드 로티의 자아 창조self-creation와 정의justice, 사적 완성과 인간의 연대성 사이의 대비와도 맥락을 같이하는 것이다. 리처드 로티는 "자아 창조의 어휘는 필연적으로 사적이고, 공유되지 않으며, 논변에 부적절하다. 정의의 어휘는 필연적으로 공적이고, 공유되며, 논변의 교류를 위한 매개물이다"[18]라고 이야기하고 있는데, 「고백」에 나타나는 문제 중심, 수용자 중심의 독서를 위한 텍스트의 인물 구조는 논변과 토론을 독서의 중심적인 목적으로 설정하고 있는 리처드 로티 논의의 한 축이 실현될 수 있는 조건을 제공하고 있다고 하겠다.

한편 문제 중심, 수용자 중심의 텍스트는 루이스 로젠블랫의 문학 교육적 관점에 부합하는 성격을 내포하고 있다고도 볼 수 있다.

---

18) 리처드 로티, 『우연성 아이러니 연대성』, 김동식·이유선 옮김, 민음사, 1996, 21쪽.

학생들은 문학을 통해서 부가적인 정보보다는 부가적인 경험을 얻기 때문에, 문학을 세상에 대한 그들의 지식을 넓혀주는 수단으로서 가치를 두었다. 새로운 인식은 그들에게 역동적으로, 개인적으로 전달된다. 문학은 단순히 무엇에 관한 지식이 아니라, 인생을 살아내는 경험을 제공한다.[19]

「고백」과 같은 소설은 자신의 입장으로부터 가까운 인물에 이입하여 그 문제를 경험할 수 있는 방식을 제공함으로써 문학작품이 예술적, 심미적 기법의 학습보다 학생들과 문학작품 사이의 상호 교통을 위한 계기가 되어야 한다고 생각하는 관점에 부합하는 구조를 갖추고 있다고 할 수 있다.[20]

5. 맺으며

서정인의 「강」은 인물 관계의 수평성에서 특징적인 면모를 지닌 소설로 평가되어왔고, 인물 공간의 양적 측면에서는 그 비중의 수평적 성격을 확인할 수 있다. 하지만 인물 공간의 질적 측면, 그러니까

---

19) 루이스 로젠블랫, 『탐구로서의 문학』, 김혜리·엄혜영 옮김, 한국문화사, 2006, 38쪽.
20) 조남주의 「여자아이는 자라서」는 「고백」의 인물 관계 구조를 젠더의 방향으로 더 급진화하고 있다. 이 소설에도 세 명의 여성 인물과 한 명의 남성 인물이 등장하는데, 특이한 것은 이 네 명의 인물이 한 가족을 이루고 있다는 사실이다. 세 세대로 이루어진 여성 인물들은 비교적 균등한 비중을 가지면서 세대에 따른 젠더 의식의 차이에 따라 독자들이 자신을 이입할 수 있는 입장의 자리를 마련하고 있다. 딸의 학급에서 일어난 성추행 사건을 둘러싸고 '나'와 엄마, 그리고 딸 사이의 갈등이 제시되어 있지만 그럼에도 기본적으로는 여성으로서의 자의식을 공유하고 있는 세 여성 인물에게 이 사건은 소설의 결말에서 연대의 계기로 귀결된다. 한편 '나'의 남편인 남성 인물은 그다지 큰 비중을 갖고 있지 않으며 결정적으로 장모, 아내, 딸로 이루어진 여성 인물들의 갈등/연대 관계 내부에 관여하고 있지 않다.

인물 관계의 시스템의 측면에서 살펴보면, 특정 인물이 중심에 놓인 구조가 발견된다. 또한 여성 인물은 인물 공간의 측면에서 남성 인물들에 비해 더 소외되어 있으나, 그럼에도 인물 관계의 측면에서는 결말에 이를수록 그 비중을 확대해가면서 존재감을 갖기 시작한다. 한편 「고백」의 경우 인물 공간의 양적 비중에서는 다소 불균등한 양상을 보이고 있으나, 문제를 둘러싼 입장의 측면에서 인물들은 기능적인 역할 분담을 통해 대등한 관계를 이루고 있다는 사실을 확인할 수 있다. 이와 같은 인물 관계의 구조의 차이는 독자들이 독서 과정 중 자신을 이입하는 상황에서 다른 결과를 초래하게 된다. 「강」의 경우 작가의 페르소나에 해당하는 인물 이외에 독자가 자신을 이입하기 어려운 반면, 「고백」은 자신의 입장에 대응되는 인물에 이입하기가 상대적으로 수월하고 그 지점으로부터 문제를 둘러싼 다른 입장을 간접적으로 경험할 수 있도록 인물 관계가 구조화되어 있다.

이러한 인물 구조의 변화에는 소설 자체의 성격 변화가 동반되고 있다고 할 수 있다. 그것은 소설의 무게 중심이 인물(주인공)로부터 문제로, 표현자로부터 수용자로 이동하는 경향성으로 나타나고 있다. 이런 맥락에서는 남성 인물들의 공간에 여성들이 진입하여 경합하기 시작하는 상황이 일종의 정치적 무의식의 상태로 구현되어 있는 것이 「강」이라고 할 수 있다면, 여성 인물들에 의해 배제된 성적 소수자의 공간을 의식적으로 표시하면서 그 이념의 방향으로 인물 시스템을 구축하고 있는 것이 「고백」이라고 할 수 있다. 인물 공간의 변화를 동반한 이러한 소설 자체의 성격 변화는 반세기 가까운 시간에 걸친 사회 구성원들의 행위가 투여된 결과라고 할 수 있을 것이다.

(2019)

The Vegetarian 이후,
한국소설 번역과 현지 수용의 현황과 문제들

1. 외적 풍요와 내적 빈곤의 아이러니

  다른 문화 예술 분야에 비해서는 늦었지만 최근 소설 영역에서도 한국 작가와 작품이 해외에서 반응을 얻는 일이 점점 더 증가하고 있다. 한강의 『채식주의자』(2007)를 데버라 스미스Deborah Smith가 번역한 *The Vegetarian*(2015)이 2016년 부커 인터내셔널상을 받은 사건이 그 뚜렷한 성과를 보여주었고, 그 이전에 신경숙의 『엄마를 부탁해』(2008)를 번역한 *Please Look After Mom*(2011)이 미국 시장에서 한국소설로는 유례없는 반응을 얻고 맨아시아 문학상(2011)을 수상한 일 또한 이 과정의 의미 있는 출발점으로 놓여 있다. 또 얼마 전 (2017년 7월)에는 이정명의 『별을 스치는 바람』(2012)을 번역한 *La guardia, il poeta e l'investigatore*(간수, 시인 그리고 조사관, 2016)가 이탈리아에서 프레미오 셀레지오네 반카렐라Premio Selezione Bancarella상을 받았다는 보도도 접할 수 있었다. 그런가 하면 같은 달 국내에서는 전통적 문예지인 『문예중앙』과 『작가세계』(각각 1977년과 1989년에 창간)가 발행을 중단하기로 결정했다는 소식이 들려와 안과 바깥 사이의 기묘한 대비를 느끼게 만들기도 했다.

그런데 이런 현상은 단순히 우리 내부에 국한된 것이 아니라 국내외의 문학 시장을 둘러싼 변화와 밀접하게 연관된 것이기도 하다. 2006년도 터키(현 튀르키예)의 첫 노벨문학상 수상자인 오르한 파묵은 "오늘날 작가는 점점 (소설을 읽지 않는) 자기 나라의 다수를 위해서가 아니라 (소설을 읽는) 소수의 문학 독자를 위해 쓰고 있다"[1]고 적은 바 있다. 이 판단에 의거하면, 이미 세계화의 상황 속에서 민족 단위의 문학이 영향력을 잃어가는 한편 각국의 소설이 공통의 리그를 형성하는 흐름이 우리 외부에서는 이미 진행되고 있었던 것이며, 한국의 소설 역시 뒤늦게 이 흐름에 합류하기 시작하여 그 새로운 구성원으로 자리잡아가고 있는 상황이라고 할 수 있다. 그리고 이런 상황은 우리의 경우에도 스포츠, 영화나 드라마, 대중음악이나 클래식 음악 등 다른 문화 예술 분야에서는 이미 낯익은 것이기도 하다.

2. 어떻게 번역할 것인가?

이처럼 민족문학과 세계문학 공간의 관계가 새롭게 구조화된 상황 속에서 한국소설의 해외 진출은 단지 개인이나 국가적 차원의 명예 문제만이 아닌 현실적 문제가 된 듯하다. 『엄마를 부탁해』나 『채식주의자』의 해외에서의 성공이 국내의 문학 시장에 즉각적이고도 직접적인 영향을 미치는 현상에서도 그 점이 확인된다. 그러니 어떤 작가와 작품이 신경숙과 한강의 뒤를 이어나갈지 관심과 기대를 갖

---

1) Orhan Pamuk, "Who do you write for? That is the question," *The International Herald Tribune*, July 28, 2006.

는 일이 어떤 측면에서는 내셔널리즘이나 문화적 콤플렉스의 형태로 나타나고 있는 것도 사실이지만 전적으로 그런 차원의 문제라고만은 볼 수 없으며, 또 사실 우리만의 현상도 아니다.[2]

*Please Look After Mom*의 성취 이후 한 신문은 신경숙의 뒤를 이을 작가가 누군지 타진하는 기사를 실은 적이 있고,[3] *The Vegetarian*의 수상 이후에도 비슷한 성격의 기사를 찾아볼 수 있다.[4] 그런데 (뒤에서 더 자세히 살펴보겠지만) 한국문학을 번역하여 해외에 소개하는 일은 대산문화재단이나 한국문학번역원의 정책적 지원 아래 이미 활발하게 진행되어오던 터라 이런 목록에서 거론된 작가들의 작품은 대표작 중심으로 이미 번역과 출간이 이루어져 있거나 혹은 현재 이루어지고 있는 상황이다. 그러면 여유를 갖고 기다리고 있으면 되는 일일까? 국내에서 좋은 평가를 얻은 작품을 잘 번역하기만 하면 되는 것일까? 다음의 발언은 사정이 그렇게 간단치 않다는 것을 말해주고 있다.

---

2) 파스칼 카사노바(Pascale Casanova)의 다음 발언에서도 그 사실을 확인할 수 있다. "이 신진의 소국가들에게 노벨상은 중요한 안건이며 세계에 그들의 예술성을 알리는 데 필요한 주춧돌이며 세계 도서 시장에의 입장권인 것이다. 겉보기에는 모순처럼 보이겠지만, 노벨상 수상을 기원하고 자국 문학의 보편성을 확인한다는 것이 사실은 문학의 민족주의 경향을 강조하는 기이하고도 예상치 못한 길이라는 점이다." 파스칼 카사노바, 「문학의 세계화의 길, 노벨문학상」, 『경계를 넘어 글쓰기—다문화세계 속에서의 문학(2000년 서울 국제문학포럼 논문집)』, 민음사, 2001, 334~335쪽.
3) 「스타 작가 빈자리 메울 '포스트 신경숙' 찾아라」, 경향신문, 2011. 4. 10. 이 기사에서는 김영하, 김연수, 박민규 등의 작가가 출판계의 기대를 받았다고 전했다.
4) 「3040 작가들 한국문학 세계화 이끈다」, 동아일보, 2016. 6. 10. 이 기사에서는 김연수, 김중혁, 김애란, 편혜영, 정유정, 배수아, 황정은 등이 거론되고 있다.

한강의 수상은 단순히 번역자뿐만 아니라 여러 요인의 결합으로 이루어진 거라 생각한다. 한국에 대한 관심이 최근 급증한 것도 그중 하나다. 사실 데버라 스미스의 번역 이전에도 『채식주의자』 번역 출간 시도가 있었다. 자넷 홍이라는 번역가가 번역한 것인데 나는 스미스와 홍의 번역본 두 개를 모두 읽어봤다. 둘 다 매우 훌륭한 번역이었다. 그렇지만 데보라의 번역은 보다 현대적이고 원문과 비교하면 많은 것이 바뀌었다는 것을 알 수 있다. 데보라가 (『채식주의자』를 낸) 그랜타의 편집자와 친구였다는 것도 도움이 됐다. 편집자와의 긴밀한 협의와 한강의 승인 아래 편집이 이루어졌다. 이전의 번역본은 보다 직역풍의 번역이었고 제대로 된 편집을 거치지 못한 상태였다. 게다가 한국 문학에 대한 관심이 거의 없던 시절에 나왔다. 『채식주의자』가 그 자체로 훌륭하다는 것은 틀림없다. 그렇지만 『채식주의자』를 성공시킨 요인에는 운과 타이밍을 비롯한 여러 가지가 있었다.[5]

Asia Literary Agency의 대표 켈리 팰코너Kelly Falconer의 발언인데, 여기에서 그는 번역 소설의 성공에서 그 내용뿐만 아니라 번역과 편집의 중요성을 강조하고 있다. 데버라 스미스의 번역은 직역풍이 아니라 현대화한 의역의 특징을 갖고 있는데 해외의 일반 독자들에게는 이 방식이 더 효과적이라고 보는 것이다. 수용하는 측의 관점을 중시하는 이른바 '자국화domestication' 번역의 방식일 텐데, 말하자면 데버라 스미스의 번역은 그런 관점에 충실했다고 할 수 있으며 여기에는 번역자의 자발성이 중요한 역할을 하고 있다. 게다가 이 경우에는 한국에 대한 관심이 급격하게 증가하는 상황이 텍스트와 독자 사이

---

[5] 「영국의 에이전시는 한강의 소설이 성공할 수 있었던 이유를 이렇게 설명한다」, 허핑턴포스트코리아, 2016. 6. 16.

에서 긍정적인 작용을 했으며, 우연한 계기에 의해 그 단계에서 통상적으로 가능했던 수준 이상으로 편집자와의 긴밀한 협의가 이루어질 수 있었다. 텍스트의 언어를 옮기는 기본적인 작업 이외에 '운과 타이밍을 비롯한 여러 가지' 필요한 수용의 조건이 갖춰진 셈이다.

그런데 기사에서 종종 확인되는 것처럼, 데버라 스미스의 번역 방식은 아직까지도 논란의 대상이 되고 있다. 대체로 번역자나 번역 연구자들 사이에서는 일부 오류에 대해 지적하면서도 전반적으로는 수용자 중심의 맥락을 긍정적으로 이해했던 반면,[6] 외국문학 연구자들의 경우에는 정확성 여부에 초점을 맞춰 비판적인 시각을 드러내는 경우가 많다.[7] 다음의 두 인용에서는 동일한 현상을 바라보는 서로 다른 시선의 대비를 확인해볼 수 있다.

> 글을 하나하나 정확히 따져 그 의미를 캐묻고, 문법을 차분히 헤아려 번역하는 것이 아니라, 이 번역가는 이미지에서 제 번역의 단초를 얻어내, 이미지의 근사치를 연상해내고, 그렇게 낱말을 이 연상의 결과물과 조합해나가는 것처럼 보인다. (……) 전체를 조망하고, 뛰어난 영어로 작문을 하

---

6) 김영신, 「이국화인가 자국화인가—한강의 『채식주의자』 번역을 중심으로」(『동서비교문학저널』 37, 2016) 및 이형진, 「한국문학 번역의 문화번역」(『번역학연구』 17(3), 2016), 이강선, 「고맥락에서 저맥락으로—두 권의 채식주의자」(『겨레어문학』 57, 2016) 등 참조. 이에 앞서 신경숙 소설의 경우에도 번역 방식에 대한 유사한 논의가 있었다. 이에 대해서는 박철우, 「신경숙의 *Please Look After Mom*에 나타난 자국화 전략 분석(『한국문예창작』 13(2), 2014) 참조.

7) 정과리, 「한국문학의 세계화는 가능한가?」(유영 번역상 10주년 기념 심포지엄 발표문, 연세대, 2017. 1. 11), 조재룡, 「번역은 무엇으로 승리하는가?」(『문학동네』 2017년 봄호), 김번, 「『채식주의자』와 *The Vegetarian*—원작과 번역의 경계」(『영미문학연구』 32, 2017) 등 참조.

는 것, 그래서 원문을 읽고 제 심상에 떠오른 것을 영어로 버무려 풀어내고, 전체적으로 '감에 의지해, 한국어 원문을 유려하고 화려한 영어로 표현하는 데 초점이 맞추어진다. 한국어가 시련을 겪기 시작하는 동시에, 번역가의 독해 능력, 번역가의 한국어 장악력이 이렇게 해서 매번 번역에서 시험에 든다.[8]

만약 번역 심사를 해서 최우수상을 뽑는 것이었다면 아마도 좋은 점수를 받지 못했을 수도 있다. 작가의 섬세한 표현은 분위기와 줄거리를 위해 잘려나간 느낌이 들기 때문이다. 하지만 오히려 그것이 영국 심사위원들의 마음을 움직였는지도 모른다. (……) 물론 인칭대명사를 잘못 파악하거나, 군데군데 빠진 문장이나 어구, 낱말들이 있는 것은 아쉽다. 그러나 그녀는 전체 문맥을 파악하여 원문을 다시 한번 새겨서 영어로 옮기면서 더 많은 호소력을 가져오려고 애쓴 것 같다.[9]

한국어와 한국소설의 관점에서 데버라 스미스의 번역 텍스트를 바라보면, 앞의 인용문에서 보는 것처럼 꽤 먼 거리를 느낄 수밖에 없고 그로부터 발생하는 차이가 본래의 상태를 훼손하는 기분을 가지기 쉬운 것 같다. 반면에 번역된 텍스트를 읽는 외국의 심사위원이나 독자, 즉 '호소력'의 대상이 되는 '마음이 움직이는' 입장에서는 원문과의 이런저런 차이들이 그렇게 크게 문제되지는 않을 것이며, 사실은 차이가 있는지 알기도 어려울 것이다. 소설을 읽는 것이지 '번역 심

---

[8] 조재룡, 「번역은 무엇으로 승리하는가?」, 704~705쪽.
[9] 김재혁, 「예술품 만드는 장인정신이 필요하다」, 『월간중앙』 2017년 1월호 별책 매거진 『h』, 12쪽.

사'를 하는 것이 아니기 때문이다. 물론 두 쪽을 다 만족시킬 수 있다면야 그보다 좋을 수는 없겠지만, 현재의 상황에서는 그렇게 쉬운 문제가 아닌 듯하다.

그런데 이 지점에서는 두 입장이 평행선을 달리고 있는 것처럼 보이지만, 두 편의 글 전체를 보면 서로 교차하는 지점도 발견된다. 앞의 인용이 담긴 글의 후반부에서 번역가이자 불문학자인 필자는 "*The Vegetarian*을 읽고 원문과 비교하는 동안 나는 이상하게도 1930년대 한국의 번역과 번역 상황을 떠올렸다. 번안이 대부분이었던, 번역이 근대 한국어의 체계를 확립하는 데 기여했으나, 대상이 되었던 원문이 한국어로 재배치되는 과정에서 심하게 뒤틀렸던, 그렇게 재편되어, 당시에는 거의 존재하지 않았던 저 미래의 조선인 독자들을 하루하루 늘려가야 했던 바로 그 시대 말이다"[10]라고 적고 있다. 그런가 하면 뒤의 인용이 담긴 글을 쓴 번역가이자 독문학자인 필자는 문화의 수용 과정에서 번역이 이루어지는 세 단계에 대한 괴테의 견해를 소개하고 있다.

> 번역가가 작가와 작품을 잘 이해하여 도착어 문화의 환경에 적절한 언어로 옮기는 것이 필요한 시점이 있다. 그 땅의 독자들이 소개되는 문학에 아직 익숙하지 않을 때이다. 이것은 괴테가 말한 번역의 3단계로 설명된다. 첫 단계는 시작 단계로서 생소한 이질 문화의 산문적 번안(풀어쓰기)이고, 둘째 단계는 여기서 조금 나간 자기 것을 바탕으로 한 패러디의 단계(의역 수준)이며, 마지막 단계는 독자의 입장에서 외국문학에 대한 더 깊은 호

---

10) 조재룡, 「번역은 무엇으로 승리하는가?」, 711쪽.

기심의 발로로서 원문을 대체할 수 있는 번역에 대한 요구의 단계(직역 수준)이다. 귀화한 헤세나 릴케 같은 것이다. 이 마지막 단계는 사실 낯선 것에 대해 저항하는 독자들에게 비난을 듣기 십상인 번역이다. 이질 문화에 대해 어느 정도 익숙해졌을 때 가능하다.[11]

외국의 텍스트를 처음 번역하던 근대 초기의 상황을 되돌아보면, 『서동시집』의 「보다 나은 이해를 위한 메모와 논고」의 '번역' 대목에서 괴테가 말한 3단계의 과정을 우리 또한 겪어온 것 같다. 외부, 특히 서구의 이야기를 처음 받아들이던 근대 초기에는 주로 번안의 방식을 사용하였고, 오랜 의역의 시기를 거쳐 비로소 최근에 이르러 직역 중심의 번역이 이루어지고 있다. 그렇게 생각하면 서로 대립되는 두 관점을 시간적 과정의 두 지점에 배치하는 일도 가능하지 않을까 싶다. "한 나라에 대한 이해가 깊어지고 문화적 면역력이 강해지면 그 나라의 문학 번역은 원전을 그대로 살리는 방향으로 간다"[12]고 생각하면 그런 상황이 마련될 때까지는 시행착오를 겪어가며 그 과정에서 발생하는 문제들을 하나씩 해결해나가는 것이 불가피하게 요구되는 일인지도 모르겠다.

3. 어떤 소설을 먼저 번역할 것인가?

한국소설 가운데 어떤 작품이 번역이 되면 외국의 독자들에게 잘 수용이 될지 가늠해보는 일, 그러니까 어떤 작품을 번역할지 선택하

---

11) 김재혁, 「예술품 만드는 장인정신이 필요하다」, 12쪽.
12) 「없는 문장 넣고 원문 빼고…『채식주의자』 번역 논란」(중앙일보, 2017. 1. 10) 가운데 인용된 이영준의 발언.

는 일 역시 그 문제들 가운데 하나일 것이다. 즉 이 또한 정해져 있는 것이 아니라 상황이 전개되는 사정에 따라 매번 변화하는 그런 성질의 것이며 궁극적으로는 어떻게 번역할지를 선택하는 문제와도 연관되어 있다고 생각된다.

가령 2009년 대산문화재단의 지원을 받아 정은진과 자크 바틸리오가 번역한『채식주의자』의 불역본은 조재룡의 글에 따르면 영어본과는 달리 직역이라고 할 수 있는데, 2017년 현재의 시점에서 아마존 프랑스에서는 이 불역본에 대한 세 건의 댓글을 확인할 수 있다. 그 가운데 "이 소설은 매우 독창적이지만 감정이 결여되었다. 매번 나는 인물들로부터 소외된 느낌이 들었는데, 아마도 그것은 프랑스와 한국 사이의 문화적 차이 때문일까?"라는 부정적인 관점이 있는가 하면, "나는 이 짧은 책을 진짜 잘 읽었다. 그것은 그 주제와 (매우 잘 번역된) 글의 독창성 때문이고 한국 문화의 어떤 요소의 발견 때문인데, 그 어떤 특이함은 꽤 매혹적이다"라는 긍정적인 관점도 읽을 수 있는데, 두 경우 모두 소설에 대한 독후감보다 거기에 담긴 한국 문화에 대한 관심이 더 두드러지는 반응이다.

영어본과 불역본의 번역 방식과 수용자 측의 반응을 비교해서 생각하면, 아직 한국소설의 번역은 한국소설의 특수성을 전달하고자 하면 소설로서 잘 읽히지가 않고, 잘 읽히는 소설을 만들다보면 한국적인 특성이 희미해지는 딜레마의 상황 속에 놓여 있는 듯하다. 문화적 차이 때문에 거리를 느끼는 한편, 바로 그 문화적 차이 때문에 매혹을 느끼기도 하는 역설적 지점에서『채식주의자』가 외국의 독자들과 만나고 있는 것이다. 그러니 한국적 특수성과 세계적 보편성이 양쪽 극을 이루는 스펙트럼에서 어떤 지점에 대응되는 소설이 수용에 적합할지, 그리고 그 소설에서 한국적인 특수성의 부분을 얼마만큼 살릴지는 매번의 경우마다 새롭게 결정해야 하는 곤란한 일이 아닐 수 없다. 더구나 수용자 또한 단일한 취향의 집합이 아니어서 그 일은 상대방의 사정을 살펴봐가면서 이루어져야 하는 수행적인 성격의 작업이기도 하다.

다만 결과적으로 적극적인 반응을 이끌어낸 *Please Look After Mom*이나 *The Vegetarian*의 경우를 두고 생각하면 우리가 한국적이라고 생각한 것과 외부에서 생각하는 한국적인 것은 일치하지 않는 것 같다. 가령 *Please Look After Mom*의 성공 이후 차례로 번역된 *I'll Be Right There*(『어디선가 나를 찾는 전화벨이 울리고』)나 *The Girl Who Wrote Loneliness*(『외딴방』)는 한국의 역사와 현실적 상황에 더 밀착되어 있는 작품이라고 할 수 있는데 이 경우에는 번역 또한 '자국화'보다는 '이국화foreignization'의 경향으로 흐를 수밖에 없고 결국 목적 언어target language의 독자들이 이해하고 수용하기가 더 어려워지는 듯하다. 한강의 경우도 역시 마찬가지인 것 같다. *The Vegetarian* 이후 출간된 *Human Acts*(『소년이 온다』)의 경우 시점 구조도 더 복잡할 뿐만 아니라 한국의 역사적 상황을 배경으로 하고 있기에 외국의 독자들이 접근하기에 상대적인 어려움이 있어 보인다.[13]

그렇게 생각하면 현재의 단계에서 다른 언어 문화권에 수용되기에 수월한 것은 동시대 상황을 배경으로 한 젊은 작가들의 소설이라고

---

13) 데버라 스미스의 『소년이 온다』 번역의 경우 역자 서문은 소설의 배경이 되는 한국의 역사적 상황에 대한 설명으로 채워져 있고 소설의 에필로그는 아예 작가의 말로 되어 있는 등 자국화 맥락에서 이루어진 수정의 규모가 이야기의 구조의 차원에 이르고 있어 『채식주의자』 번역에서와는 다른 문제를 내포하고 있다.

할 수 있을 듯하다. 특정 문화권에 한정되지 않는 동시대의 보편적 감각을 공유하면서도 그들과는 다른 시각을 제시할 수 있기 때문인데, 실제로 동시대 한국소설의 경향도 그렇지만 한국소설의 번역에서도 이 영역이 가장 큰 비중을 차지하고 있다. 올해 출간된 이 계열의 소설만 살펴봐도, 한강의 『채식주의자』가 스페인어, 체코어, 튀르키예어, 헝가리어, 말레이-인도네시아어, 카탈루냐어 등으로 출간되었고, 김영하의 『너의 목소리가 들려』, 은희경의 『아름다움이 나를 멸시한다』 등이 영어로 번역, 출간되었으며, 이승우의 『지상의 노래』, 김연수의 『사랑이라니 선영아』, 박현욱의 『아내가 결혼했다』, 김사과의 『천국에서』, 한강의 『희랍어 시간』 등이 불어로, 박민규의 『핑퐁』, 김려령의 『우아한 거짓말』 등이 일어로, 김애란의 『두근두근 내 인생』, 천운영의 『그녀의 눈물 사용법』 등이 독일어로, 윤성희의 『구경꾼들』 등이 스페인어로, 김중혁의 『악기들의 도서관』, 정이현의 『달콤한 나의 도시』 등이 러시아어로 각각 번역, 출간되었다. 그 밖의 언어로 번역, 출간된 소설로 조창인의 『가시고기』(베트남어), 박민규의 『죽은 왕녀를 위한 파반느』(이탈리아어), 공지영의 『우리들의 행복한 시간』(포르투갈어), 조경란의 『혀』(네덜란드어), 김영하의 『빛의 제국』(불가리아어), 김애란의 『달려라, 아비』(카탈루냐어) 등도 있다.

또한 올해 들어 한국문학번역원의 번역 지원 사업에는 장강명의 『한국이 싫어서』, 김성중의 『국경시장』(영어), 박민규의 『더블』, 정이현의 『달콤한 나의 도시』(프랑스어), 은희경의 『태연한 인생』, 김사과의 『나b책』(독일어), 한강의 『소년이 온다』(스페인어), 편혜영의 『재와 빨강』(튀르키예어), 김경욱의 『동화처럼』, 천명관의 『이것이 남자의 세상이다』(중국어), 정이현의 『너는 모른다』(일본어), 정유정의 『7년의 밤』, 이정명의 『바람의 화원』(러시아어), 이승우의 『지상의 노래』(폴란드어) 등이 선정되어 조만간 번역, 출간될 예정이다. 아직 번역이 되지 않았거나 번역 지원의 대상이 아니라고 하더라도, 젊고 새로운 작가들에 대한 한국 문단의 기대가 높은 편이고 신인들의 작업을 평가하고 고무하는 출판계의 시스템도 비교적 원활하게 작동하고 있는 편이어서 가능성 높은 새로운 작가의 작품이 번역의 대상에서 배제될 여지는 그렇게 크지 않아 보인다. 이 흐름의 연장선상에서 윤이형, 기준영 등을 비롯하여 한국의 동시대적 상황과 정서를 구체적이고도 섬세하고 표현하고 있는 새로운 작가들의 작품들도 번역될 것으로 생각된다.

이처럼 양적인 측면에서는 활발하게 번역, 출간이 이루어져왔고 그 성과도 상당히 축적이 되어 있다.[14] 그렇다면 지금의 시점에서는 이제까지의 방식을 점검해보면서 작품의 성격이나 수용의 상황을 고려하여 번역의 방향이나 질적 수준을 좀더 섬세하게 가다듬고 현지의 출판 시스템과 결합하여 수용의 효율을 높이는 방향으로의 전환을 생각해볼 필요도 있을 것 같다.[15] 한 언어문화권의 문학작품이 다

---

14) 한국문학번역원 홈페이지에서는 한국문학이 번역 상황과 관련된 통계 수치를 실시간으로 게시하고 있다. 이 글이 쓰이는 시점에서 지금까지 외국어로 번역, 출간된 한국의 동시대 소설은 모두 1,828편에 이른다.

15) 현행 번역 지원 제도의 문제점에 대한 자료를 찾다보니 "문단 내 여러 입장을 고려하느라 지원 대상작 수가 너무 많고, 번역의 퀄리티보다 편수에만 집착"(「30년 번역 인생, 이제 내 글이 보입니다」, 『샘터』 2016년 8월호, 17쪽 가운데 김석희의 발언) 한다는 비판을 확인할 수 있었다. 실제로 검색을 해보니 2001년부터 2016년까지 한국문학번역원의 번역 지원에 선정된 현대소설은 740권이며, 같은 기간 대산문화재단의 번역 지원에 선정된 현대소설 또한 160권 정도에 이르렀다. 이런 방식은 번역의 문제로 한국문학이 해외에 제대로 소개되지 못했던 과거의 상황에는 맞는 것이었을지

른 문화권에 새롭게 수용되기 위해서는 복합적인 요소가 함께 작용해야 하니 실상 거기에 획기적인 비방이 있기는 어렵다. 어젠다를 세워두고 거기에 맞추기보다 매번의 상황에서 원칙을 추구하는 방향으로 실질적인 선택이 이루어지고 그 과정이 시간을 두고 쌓일 때 그 효과를 기대할 수 있으리라 생각한다.[16]

모르겠다. 그러나 그 문제가 어느 정도 해결된 지금의 단계에서는 번역 편수보다 번역의 방식과 방향에 대한 점검도 있어야겠고(같은 글에서 김석희는 "한국인과 외국인의 공동작업을 조건으로 하는 경우가 많은데, 나는 이거야말로 한국말에 서툰 외국인과 외국어에 서툰 한국인이 벌이는 '이인삼각' 경기가 될 위험이 높다고 생각"한다고 비판한 바 있다). 출판 등 번역된 작품이 수용될 수 있는 과정에도 관심을 두어야 하지 않을까 싶다.

이와 관련하여 지원작을 선정하는 심사 제도 또한 점검해볼 필요가 있다고 생각된다. 한국문학번역원의 경우 홈페이지의 지원 요강을 참조하면 "원작의 이해도, 원문과의 등가성, 가독성을 비롯한 번역의 완성도, 현지 수용성 등을 종합적으로 고려"한다고 심사 기준을 밝히고 있는데, 문제는 "번역결과물의 유창성, 가독성, 문체 등"을 평가하는 1차 심사에는 "해외 해당 언어권 유수 출판사 편집자 등 해외 출판전문가"가 참여하고 있지만 "원작의 이해도 및 표현의 적합성 등"을 평가하는 2차 심사와 "번역의 완성도 등 종합평가"가 이루어지는 최종 심사에는 "국내 해당 언어권 현대문학 전공 교수 등 전문가"만이 참여한다는 점에 있다. 이런 방식에서는 수용자의 측면이 실질적으로 고려되기 어려울 수 있다. 그런가 하면 대산문화재단의 경우에는 특별한 심사 기준이 대외적으로 제시되어 있지 않다. 심사평을 통해 확인하면 심사위원들이 매번 합의하여 기준을 논의하는 것으로 보이는데 '번역의 질'과 같은 추상적인 기준이 자주 적용되고 있고 그렇지 않은 경우라고 해도 "정확성"이나 "가독성"의 우수 여부 정도에 그치고 있다. 이와 같은 문제들에 대한 개선책을 강구하면서 번역의 목적에 따라 지원 유형과 평가 방식을 구분하는 것도 생각해볼 수 있을 듯하다.

16) 이번 기회에 검색을 해보니, 천명관, 한유주 등은 아시아 리터러리 에이전시(Asia Literary Agency)의 매니지먼트를 받고 있고, 바버라 짓위 에이전시(Barbara J. Zitwer Agency)에는 한강, 김애란, 이정명, 편혜영, 신경숙, 김연수, 공지영, 정유정 등을 비롯한 많은 한국 작가들이 연관을 맺고 있는 것을 확인할 수 있었는데, 이런 흐름에서는 현지 수용의 관점에서 전반적인 변화가 점차 이루어질 것이라 생각된다. 또한 한국문학번역원 홈페이지에 게시된 통계에 따르면 2008년부터 2016년까지 번역

4. 문화적 경계 위의 소설들과 그 의미

지금까지 살핀 것처럼 한국문학의 번역과 현지에서의 수용에는 텍스트 차원을 넘어서는 문제가 가로놓여 있다. 그렇지만 이 콘텍스트 차원의 환경은 시시각각으로 변화하고 있고 그것은 다시 텍스트의 수용 조건을 갱신하고 있다. 무엇보다 교통과 통신의 발달로 인해 공간적 거리의 의미가 달라진 현실적 상황에서 문화적 이해의 조건이 빠른 속도로 확대되고 있다. 상호 방문과 교류가 확대되는 것은 물론, 뉴미디어를 매개로 한 접촉과 소통은 국가와 언어의 경계를 이전에 비해 훨씬 수월하게 가로지르고 있기 때문이다. 이런 변화된 조건은 세계와 만나는 한국소설의 접촉면을 확장시켜나가는 데에도 직접적인 영향을 미치고 있다. 그런 가운데 우리는 이전에는 좀처럼 상상하지 못했던 현상들이 현실화되는 장면들을 마주하고 있다.

가령 2013년 퓰리처상을 받은 애덤 존슨Adam Johnson의 『고아원 원장의 아들The Orphan Master's Son』처럼 북한을 배경으로 한 서양 작가의 소설이 출간된 바 있고, 작년에는 엘리자 수아 뒤사팽Elisa Shua Duapin의 『속초에서의 겨울Hiver à Sokcho』이나 팀 피츠Tim Pitts의 『소주 클럽Soju Club』처럼 한국(각각 속초와 거제)을 배경으로 삼고 있는 외국 작가(엘리자 수아 뒤사팽의 경우 프랑스인 아버지와 한국인 어머니 사이에서 태어났고 팀 피츠는 한국계 미국인과 결혼했다)의 소설이 국내에 번역되어 소개되기도 했다.

또한 최근 영어권을 중심으로 한국인 이민자 가정 출신의 작가들

아카데미를 수료한 인원이 967명에 이르는데, 이렇게 양성된 인력과 인프라 역시 이 방향의 변화에 긍정적으로 기여할 것으로 기대된다.

이 어느 때보다도 활발하게 책을 출간하고 있기도 하다.[17] 2016년 3월에는 한국계 미국인 가정의 갈등을 그린 정 윤Jung Yun의 *Shelter*, 8월에는 탈북자가 중심인물로 등장하는 크리스 리Krys Lee의 *How I Became a North Korean*이 출간되었고,[18] 2017년에 들어서는 2월에 식민지 조선과 해방 이후 일본을 배경으로 한 이민진Min Jin Lee의 *Pachinko*와 1970년대의 서울을 배경으로 한 유진 그레이스 부에르츠Yoojin Grace Wuertz의 *Everything Belongs to Us*가, 5월에는 1985년 서울과 필라델피아를 배경으로 한 지민 한Jimin Han의 *A Small Revolution*이 연이어 출간되었다. 그리고 조만간 출간을 앞두고 있는 크리스틴 형옥 리Christine Hyung-Oak Lee의 *The Golem of Seoul* 또한 제목을 두고 생각해보건대 작가의 체험에 바탕을 두고 문화적인 충돌과 융합의 경험을 서사화한 이 한국계 미국인 소설들의 계열에 속하리라 짐작된다.

  물론 이 소설들에 등장하는 한국과 한국인의 모습은 우리가 생각하는 것과는 거리가 있다. 대체로 그 소설들에 그려진 한국의 모습은 영화나 드라마의 장면들에 흡사해서 만일 한국의 소설 독자들이 읽는다면 오히려 낯설게 느낄 수도 있을 것 같다. 『속초에서의 겨울』이

---

17) 물론 일본의 경우 일찍부터 재일교포 작가들의 작품이 창작되어 일본과 국내에서 하나의 역사를 이루고 있고 중국과 러시아에서도 그에 대응되는 문학적 유산을 찾아볼 수 있다. 미국에서도 멀게는 강용흘, 김은국으로부터 차학경, 이창래 등에 이르는 뚜렷한 선례가 없었던 것은 아니지만, 최근의 흐름은 한국소설의 세계화와 맞닿아 있어 이전과는 다른 의미와 가능성을 갖고 있다고 생각된다.

18) 크리스 리가 이 작품을 해외 작가 레지던스 프로그램의 지원을 받아 토지문학관에 머물면서 썼다는 기사(「토지문화관이 낳은 작품들, 해외서 수상 소식 들려와」, 동아일보, 2017. 4. 19)를 확인할 수 있다. 이 기사에 따르면 2007년부터 2016년까지 모두 86명의 해외 작가들이 토지문화관에서 작품을 썼다고 한다.

나 『소주 클럽』의 경우는 더 그렇다. 두 소설은 한국을 배경으로 하고 있고, 한국 사람이 등장하기는 하지만 각각 프랑스 소설과 미국 소설에 더 가깝게 느껴진다. 『속초에서의 겨울』에서 속초는 북한과 가까운 항구 마을로 그려져 있는데 "지난여름 서울에서 온 여자 관광객 하나가 북한 병사가 쏜 총에 맞아 죽었어요. 수영을 하느라 경계선을 넘었다는 걸 몰랐던 거죠"[19]라는 대목은 한국의 독자를 대상으로 했다면 심각한 오류라고 할 수 있겠으나 프랑스의 독자들에게는 그다지 문제가 되지는 않을 것 같다. 한편 『소주 클럽』에서 화자로 등장하는 40대 한국인 소설가는 해외의 에이전트와 영어로 된 소설의 출간을 협의하고 있는데, 이런 장면은 한국의 출판 현실에 부합하지 않는 것이지만 만일 한국의 소설 출판 시스템에 사실적으로 입각해서 썼다면 미국의 독자들은 혼란을 겪을 수밖에 없을 것이다. 어떤 면에서는 우리에게도 현실적으로 존재하는 문화적 거리를 확인하도록 해주는 근거가 될 수 있기에 굳이 사실에 맞도록 수정해서 번역할 일도 아니다. 그런 차이를 확인하는 것이 이 소설들을 한국어로 번역해서 읽는 이유의 하나이기 때문이다.

그렇다면 이 문제를 반대편에서 바라보면 어떨까. 『나는 유령작가입니다』(독일, 프랑스), 『파도가 바다의 일이라면』(프랑스), 『세계의 끝 여자친구』(일본, 중국, 러시아) 등 김연수의 여러 소설들이 다른 언어로 번역되어 있고, 손홍규의 『이슬람 정육점』은 튀르키예와 미국에, 조해진의 『로기완을 만나다』는 러시아에 번역 소개된 바 있는데, 점차 그 배경이 한반도를 벗어나 이국의 공간으로 확장되고 있는 한

---

19) 엘리자 수아 뒤사팽, 『속초에서의 겨울』, 이상해 옮김, 북레시피, 2016, 102쪽.

국의 소설 역시 외부의 시선으로 보면 그런 문제들이 드러날 것이다. 최은영, 백수린을 비롯한 더 젊은 세대의 이야기에서는 다른 문화와 소통하는 과정에서의 경험과 정서가 좀더 섬세한 감각으로 표현되고 있으며 외부 시선에 의해 보다 객관화되어 있는데, 그런 추세를 따라 시간이 흐를수록 내부와 외부의 공유면은 차츰 더 확장되면서 촘촘하게 맞물리게 되리라 기대해볼 수 있다.

그런 의미에서 문화적 경계선의 내부와 외부에서 진행되는 이야기들은 서로 경쟁하면서 협력하고 있다고 할 수 있으며, 아직까지는 거리가 있어 보이지만 점점 그 거리가 좁혀지는 어느 미래의 순간에서는 서로 맞닿게 되는 일도 찾아올 수 있을 것이다. 그리고 그 과정에서 세계가 공유하는 텍스트에 의거하여 새로운 스타일의 이야기를 생산해내고 있는 손보미, 오한기, 정지돈, 김솔 등의 소설 또한 한국소설의 개성 있는 영역으로 소개될 수 있는 현실적 지반도 마련되리라 생각된다.

5. 플롯의 번역에서 문제의 번역으로

그런 가운데 얼마 전 편혜영의 단편 「식물애호」(2014)가 "Caring For Plants"라는 제목으로 번역되어 *The New Yorker*(July 10&17, 2017)에 실렸고 이 단편을 확장한 장편 『홀』(2016)의 영어 번역본 *The Hole*도 출간된 바 있다.[20] 이에 앞서 같은 잡지에 이문열의 「익명의 섬」(1982)을 번역한 "An Anonymous Island"(September 12, 2011), 그리고 하인즈 인수 펜클Heinz Insu Fenkl의 "Five Arrows"(July

---

20) 편혜영의 다른 소설들도 번역되어 있다. 『아오이가든』이 일어와 불어로, 『재와 빨강』이 폴란드어와 불어로, 『저녁의 구애』가 영어로 각각 번역되었다.

27, 2015)가 발표된 바 있는데, 이 두 작품은 각각 앞에서 살펴본 두 경향과 연결된다고 볼 수 있다. 「익명의 섬」은 보편적인 상황과 주제 가운데에서도 한국적인 색채를 짙게 간직한 작품이며, 독일계 미국인 아버지와 한국인 어머니 사이에서 태어난 하인즈 인수 펜클의 소설은 한국 농촌의 외가에서 보낸 유년의 이야기로 외부에서 바라본 한국을 보여주고 있는 것이다. 그에 비해 편혜영의 소설은, 소설과 나란히 실린 인터뷰("Hey-young Pyun on the Role of Suspense in Storytelling," July 3, 2017)에서도 언급되어 있듯이 영어권의 독자들이 쉽게 스티븐 킹Stephen King의 『미저리Misery』(1987)를 떠올리는 이야기이니 오히려 보편적인 스토리텔링에 가까우며 그런 맥락에서 이 계열의 소설이 미국 시장에 소개된 일은 한국소설로서는 새로운 국면이라 할 수 있다.

그런데 이처럼 내용의 차원에서는 국적이 분명하지 않은 이야기라고 하더라도, 어떤 의미에서는 그렇기 때문에 거기에서는 서사의 내셔널리티의 차원에서 형식의 대비가 더욱 두드러지게 나타나고 있다. 단편 중심으로 전개되어온 한국의 이야기는 그것이 길어지더라도 플롯보다는 문체 중심으로 진행되는 특성이 있다. 그렇기 때문에 'novel'에 대한 외국의 독자들의 일반적인 기준과는 부합하지 않다고 느껴질 가능성이 크다. 가령 아마존에서 편혜영의 *The Hole*에 대한 초기의 독자 리뷰 가운데에는 "부풀린 단편. 단편으로는 충분히 흥미롭지만 장편으로는 진행이 느리다"는 언급을 볼 수 있다. 그렇지만 최근의 리뷰는 사건의 진행 과정에 초점을 맞추어 독서의 흥미를 경험한 내용이 더 자주 보이고 있다.

플롯이 더 희미한 한국의 소설들, 그러니까 정영문의 *Vaseline*

Buddha(『바셀린 붓다』, Deep Vellum Publishing, 2016. 7), 배수아의 *A Greater Music*(『에세이스트의 책상』, Open Letter, 2016. 10), *Nowhere to be Found*(『철수』, Amazon Crossing, 2015. 4), *Recitation*(『서울의 낮은 언덕들』, Deep Vellum Publishing, 2017. 1), 한유주의 *The Impossible Fairy Tale*(『불가능한 동화』, Graywolf Press, 2017. 3) 등도 최근 차례로 미국의 출판 시장에 소개되고 있는 상황이다.[21] 이 소설들은 처음 등장했을 때 한국의 독자들도 당황스럽게 만들었던 스타일이며, 오히려 외국의 독자들에게는 어떤 면에서 낯익고 그렇기 때문에 눈에 띄지 않거나 자신들의 기준에 따라 비교되기 쉬울 수 있다.

이와 같은 경향의 이야기들은 당장은 수용되기 어려워 보일 수도 있지만, 그렇다고 서양의 novel을 기준으로 차이를 없애는 방향으로만 생각할 일은 아니라고 생각한다. 프랑코 모레티 Franco Moretti의 논의에 따르면 소설이 중심부로부터 주변부로 발산될 경우 플롯은 그 사이의 문화적 경계를 수월하게 넘나들지만 문체는 주변부의 목소리로 대체되고 그런 의미에서 그것은 '투쟁으로서의 형식'이며 정치적 긴

---

21) 이 작품들은 유사한 성격의 한국 이야기가 미국의 상업적 출판 시장에 동시에 소개되었다는 맥락에서 하나의 징후를 이루고 있다고 생각된다. 이 맥락의 바깥에서 이 작가들의 작품들은 앞서 번역된 바 있다. 가령 정영문의 『바셀린 붓다』는 독일어로, 『어떤 작위의 세계』가 일어와 영어로, 『달에 홀린 광대』가 독어와 불어로, 『검은 이야기 사슬』이 불어와 영어로 번역되어 있고, 배수아의 경우에도 『일요일 스키야키 식당』이 중국어, 스페인어, 포르투갈어로 출간되었으며 『서울의 낮은 언덕들』(독일어), 『독학자』(스페인어), 『나는 이제 니가 지겨워』(루마니아어)로 번역, 출간될 예정이다. 한유주의 『불가능한 동화』 역시 불어로 번역되어 있고 영국에서도 다른 판본으로 출간되었다.

장의 결정체이다.[22] 지금의 단계에서는 충분히 이루어지고 있지 못하지만, 해외에서의 수용이 진전되는 어느 시점에서 한국소설이 가진 문체의 개성과 가능성이 본격적인 번역의 대상으로 떠오를 수 있을 것이다.

6. 외적 발산과 내적 수렴의 순환 구조를 위해

정책적 차원에서 추구된 한국문학의 세계화를 위한 노력의 결과로 한국소설의 번역은 상당히 진전되었고, 이미 상당한 양의 번역본이 출간되어 있기도 하다. 이제 더 큰 문제는 해외의 문학 제도와 시장에서 실질적인 효과를 만들어내는 것일 텐데, 지금까지 논의해온 바와 같이 그 과정은 지속적인 노력과 시간이 요구되는 일이다.

그러하기에 한국 작가의 소설이 해외에서 얻은 최근의 성과는 사실상 이제 본격적으로 문학을 매개로 한국이 그 외부와 소통하는 출발점이라고 봐야 할 것 같다. 그리고 해외에서의 활동으로 얻은 활력에 자극되어 내부의 문학 역시 활성화되고 그것이 다시 외부로 향하는 흐름의 토대가 되는 선순환의 회로가 구축되는 방향을 생각하면 한국소설을 외부에 알리는 일 못지않게 자아의 차원에서, 혹은 언어 공동체의 차원에서 개인과 사회의 의식과 고민, 현실을 표현하고 공유하는 소설 본연의 영역에 더 관심과 노력을 기울여야 하지 않을까 싶다.

(2017)

---

22) Franco Moretti, "Evolution, World-System, *Weltliteratur*," *Studying Transcultural Literary History*, ed. Gunilla Lindberg-Wada, De Gruyter, 2006, pp. 118~120 참조.

현실, 그리고 서사에 나타나고 있는 디아스포라 지형의 변화

1. 디아스포라 개념의 역사

네이버 뉴스 라이브러리를 통해 기사를 검색해보면, 한국의 신문에 '디아스포라'라는 단어가 처음 등장하는 것은 1970년이다.

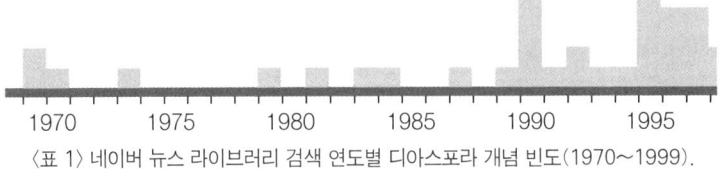

〈표 1〉 네이버 뉴스 라이브러리 검색 연도별 디아스포라 개념 빈도(1970~1999).

그때 이 용어는 "다시 로마에 점령되어 2천여 년의 디아스포라離散에서 차별, 학대, 추방, 학살로 3분의 1이나 되는 종족을 살해당하면서 싹튼 2세기의 엑소더스, 시온 귀환주의 운동에서 맨 처음 입식入植한 곳도 공교롭게 이곳 사해변死海邊의 예리코 계곡이었다"[1]

---

1) 「전란(戰亂) 속의 성지순례 2—예리코 계곡」, 조선일보, 1970. 9. 27.

에서 보듯 유대인의 이산 상황을 지칭하는 고유명사에 가까운 것으로 사용되었다. 그 이후로도 이런 맥락에 한정되어 간헐적으로 등장하다가 1990년대에 접어들면 그와 유사한 상황을 비유적으로 표현하는 보통명사의 용법이 함께 나타나기 시작한다. "미국 내에는 플로리다를 비롯해서 도처에 쿠바 사람들의 '디아스포라'(해외 집단 이주지)가 있고 이들이 쿠바에 막대한 투자를 하고 있다는 것을 유의해야 합니다"[2]와 같은 대목이나 "올 12월 촬영 예정으로 기획 중인 극영화 〈아무르강에 지다〉(감독 김관영). 이 영화는 스탈린에 의해 타슈켄트로 강제 이주한 뒤 '디아스포라'(고국을 멀리 떠난 정착민)의 상태에서 겪어야 했던 고난의 역사를……"[3], 혹은 "『내 고향 고요한 아침의 나라』는 일제 치하의 고난에 찬 항일 운동, 분단과 동족상잔의 비극을 겪고 태평양을 건너 미국에 온 강씨의 5대에 걸친 가족사로서, 미국 내 한국계 디아스포라(이민 집단)의 역사라 할 만하다"[4] 같은 대목에서 디아스포라 개념이 유대인, 이스라엘 등에 연관되어 사용되던 상황을 벗어나 모국을 떠나 이방에서 살아가는 사람들을 지칭하는 개념으로 확장된 용례를 발견할 수 있다.

한편 빅카인즈[5]의 1990년 이후의 기사 검색을 통해 디아스포라 개념의 빈도를 살펴보면, 1990년대에는 한 자릿수 정도로 등장하던 이 개념이 2000년대로 들어서면 두 자리로 늘어나는 것을 볼 수 있고,

---

2) 「탈냉전…종교……불(佛) 국제관계전문가 급변 세계 진단 대담」, 경향신문, 1991. 10. 21.
3) 「효과음 귀재 김벌래 비디오 제작」, 동아일보, 1993. 9. 27.
4) 「한국문화 오해 풀렸으면—미국서 가족이민사 펴낸 코니 강」, 한겨레, 1995. 9. 20.
5) 빅카인즈(www.bigkinds.or.kr)에서는 1990년 이후의 기사를 검색하고 그 결과를 분석한 데이터를 얻을 수 있다.

그러다가 2000년대 중반에는 세 자릿수의 빈도로 급증하는 현상을 다음 표를 통해 확인할 수 있다.

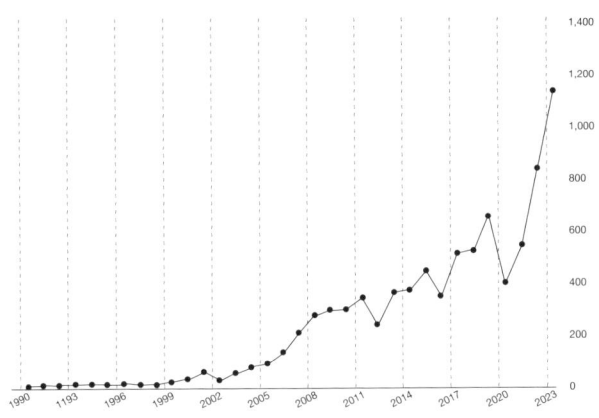

⟨표 2⟩ 빅카인즈 검색 연도별 디아스포라 개념 빈도(1990~2023).

이 무렵에 이르면 디아스포라 개념이 성립된 애초의 맥락보다 현대적 이산의 상황을 지칭하는 전용된 개념이 오히려 중심이 되는 일종의 전도 현상이 일어난다. 그런 가운데 개념적 상황이 다음과 같이 정리된 형태로 나타나기도 했다.

> 디아스포라=이산인·이방인 등으로 풀이되는 디아스포라diaspora에 관심이 집중된 한 해였다. 문화적·학술적 접근이 주를 이뤘다. 디아스포라는 나라 민족 인종들 사이의 복잡다단한 관계 속에서 자신의 의지와 상관없이 떠밀리듯 조국을 떠나 다른 나라에서 살아가는 사람들을 말하는 용어다. 올해는 스탈린의 강제 이주 정책에 따라 연해주 지역에 살던 한민족이 중앙아시아로 끌려가 새로운 삶을 살기 시작한 지 70주년이 되는 해다.

한국 안팎에서 한민족 디아스포라 문제를 조명하는 학술대회가 잇달았다. 학술대회의 분야도 다양해 경제 문화 역사 등의 영역에 고루 걸쳤다. 국제신문은 '이방인-디아스포라의 안과 밖'이라는 시리즈를 통해 이 문제를 집중 조명하기도 했다. 디아스포라에 대한 연구와 관심은 이제 시작하는 단계이며 앞으로 더욱 깊어져야 한다는 의견이 대세다.[6]

위의 인용에서 2007년에 이르면 디아스포라 개념이 문화, 학술 영역에서 핵심적인 키워드로 자리매김하게 되었다는 사실을 감지할 수 있다. 그리고 이 무렵 디아스포라라는 용어가 해외에 이주하여 살고 있는 한인들('한민족')을 지시하는 상황과 매우 자연스럽게 결합되어 있는 상황도 확인할 수 있다.

2. 디아스포라에 대한 비평적 논의의 과정

여러 문예지에서 디아스포라 혹은 다문화주의를 주제로 한 특집을 기획했던 것도 이 무렵이었고, 필자의 「디아스포라에 의한, 디아스포라를 위한, 디아스포라의 글쓰기」(『문학들』 2006년 가을호) 역시 그와 같은 흐름에서 '경계, 경계에 선, 경계를 넘는 문학'이라는 특집의 일부로서 발표된 것이었다. 그 글을 쓰던 당시의 시점에서 재외 한인은 664만 명(외교통상부, 『2005 외교백서』, 2005. 9, 2004년 12월 31일 기준)으로 그 숫자는 그 시점의 남한 인구 4,728만 명(통계청, 「2005 인구 주택 총조사 전수(인구 부문) 집계 결과」, 2006. 5 참조)의 7분의 1에 해당됐다. 한편 국내 거주 외국인 수는 53만 7천 명(행

---

6) 「올해의 발견—디아스포라」, 국제신문, 2007. 12. 21.

정자치부,「국내거주 외국인 실태조사 결과」, 2006. 5 참조)으로 집계되고 있었다. 그와 같은 통계 수치는 우리 역시 민족이나 국민국가에 대해 새롭게 생각하지 않을 수 없는 시점에 이르렀다는 사실을 말해주는 것이었다. 당시의 한국문학에 '디아스포라'라는 개념이 새로운 화두로 등장하게 된 배경 또한 그와 같은 현실적 변화에서 찾을 수 있었다.

글의 제목은 디아스포라와 관련된 소설을 주체, 대상, 의식의 측면에서 정리하는 구도를 드러내고 있다.[7] 우선 (1) '디아스포라에 의한 글쓰기'는 미국, 일본, 중국, 러시아 등에 이주한 한인들, 그러니까 스스로가 디아스포라인 주체에 의해 추구된 소설적 시도를 지칭하는 범주였다. 역사의 그늘에 가려져 있던 그들과 그들의 글쓰기의 존재는 '디아스포라' 개념과 함께 새롭게 발견된 것이었다고도 볼 수 있다. 이런 관점에 의해 강용흘, 김용익, 김은국, 김난영, 캐시 송, 노라 옥자 켈러, 이창래, 차학경, 수잔 최, 수키 김(재미 한인 문학), 김사량, 장혁주, 김달수, 김석범, 이회성, 김학영, 양석일, 이기승, 이양지, 유미리, 현월(재일 조선인 문학), 김창걸, 김학철(재만 조선족 문학), 율리 김, 아나톨리 김(재러 고려인 문학) 등의 존재와 그들의 작품세계가 새롭게 조명되었다.

(2) '디아스포라를 위한 글쓰기'에서는 디아스포라와 관련된 인식, 실천을 목적으로 삼았던 한국소설의 양상을 '역사 속의 디아스포

---

7) 이 제목은 에이브러햄 링컨의 게티즈버그 연설문의 한 대목인 "of the people, by the people, for the people"을 전용한 것이다. 원래는 국민의(주체), 국민에 의한(수단, 말하자면 총 같은 것이 아닌 법률과 선거에 의해 선출된 '민중'에 의한), 국민을 위한(목적)이라는 순서와 내용을 글의 상황에 맞게 변형하여 사용했다.

라'와 '현실 속의 디아스포라'로 나눠 살폈다. (2-1) 한국소설에서 디아스포라의 역사는 대한민국의 수립 이전에는 주로 유이민들, 징용자들, 강제 이주자들에 의해 이뤄졌다. 국민국가의 수립 과정에서 한반도 바깥으로 이주하여 형성된 디아스포라를 대상으로 하는 소설들로 그 초기에는 멕시코에 이주한 노동자들이 등장하는 김영하의 『검은 꽃』(2003), 프랑스 공사와 결혼하여 당시로서는 예외적으로 한반도 바깥을 경험한 궁중 무희 출신 여성을 모티프로 한 김탁환의 『리심, 파리의 조선 궁녀』(2006), 신경숙의 『리진』(2007) 등이 논의되었고, 식민지 시기를 배경으로 한 김연수의 「연애인 것을 깨닫자마자」(2003)와 「밤은 노래한다」(2005)가 그 뒤에 놓였다. 한편 그렇게 시작된 디아스포라의 역사가 남긴 현실을 다룬 김연수의 「이등박문을, 쏘지 못하다」(2004)와 「네가 누구든 얼마나 외롭든」(2007), 구효서의 「승경」(2006), 허혜란의 「내 아버지는 서울에 계십니다」(2004)와 「아냐」(2004), 천운영의 『잘 가라, 서커스』(2005), 전성태의 『여자 이발사』(2005) 등이 이 부분에서 함께 다뤄졌다.

대한민국 수립 이후에는 국가 정책이나 망명, 이민, 입양 등의 동기에 의한 이주가 우세한 양상으로 변화했다. 국민국가의 장벽이 어느 때보다 높았던 그 시절 국외로의 이주는 1960년대 정책적으로 독일에 파견된 광부, 간호사들, 1970년대 중동으로 파견된 건설 노동자들, 역시 저개발의 소산인 해외 입양아들, 그리고 망명객들에 한정되었던 것이다. 이 부분에서는 김원일의 「오마니별」(2005)의 입양아, 공지영의 『별들의 들판』(2004)과 구효서의 「자유 시베리아」(2004)에 등장하는 망명객들, 조선희의 「햇빛 찬란한 나날」(2005), 신경숙의 「성문 앞 보리수」(2005)의 유학생들, 박완서의 「후남아, 밥 먹어라」

(2003), 전성태의 「늑대」(2006), 김서령의 「바람아 너는 알고 있나」(2006) 등에 등장하는 이민자들, 김숨의 「트럭」(2006)에 나오는 중동 파견 노동자들이 그 사례로서 언급되었다.

(2-2) 한편 '현실 속의 디아스포라'에서는 이주의 동기에서 이념성이 걷히기 시작하면서 소설의 시선이 망명객으로부터 이민자 디아스포라로 옮겨가기 시작하는 동시대 소설의 상황에 주목했다. 이방에서의 삶을 대상으로 하지만 이념성을 동기로 갖지 않은 다른 질감의 소설들이 이 시점에서 등장하기 시작했던 것이다. 박영선의 「휘바, 휘바」(2002)와 「고등어 통조림」(2004), 김윤영의 「집 없는 고양이는 어디로 갔을까」(2004), 「타잔」(2005), 「세라」(2005), 「그가 사랑한 나이아가라」(2006), 정영문의 「브라운 부인」(2006), 해이수의 「우리 전통 무용단」(2003), 「어느 서늘한 하오의 빈집털이」(2005), 김서령의 「무화과잼 한 순갈」(2006), 박정석의 「캐롤라이나 드림」(2006) 등에는 각국에 이주하여 살아가고 있는 이민자들이, 권지예의 「뱀장어 스튜」(2001)와 「정육점 여자」(2001), 김연수의 『꾿빠이, 이상』(2000) 등에는 프랑스와 미국 등 해외에 입양된 인물들이, 은희경의 「유리 가가린의 푸른 별」(2005)에는 자식의 교육을 위해 일시적인 이산 상태에 놓인 가족이 등장하고 있었다.

이민자 디아스포라와 입양, 혼혈인 디아스포라 등이 '타자 안의 우리'를 이루고 있다면 그 반대편에는 '우리 안의 타자'들이 있다. 고종석의 「피터 버갓 씨의 한국일기」(2001)와 「고요한 밤 거룩한 밤」(2004), 구효서의 「저녁이 아름다운 집」(2006), 이순원의 「미안해요, 호 아저씨」(2003), 박정윤의 「길은 생선 내장처럼 구불거린다」(2006), 이신조의 「거울 여자」(2000), 김재영의 「아홉 개의 푸른 쏘냐」(2005) 등에 등장하는 국제결혼 이주자들, 그리고 전성태의「강을 건너는 사람들」(2005), 정도상의「소소, 눈사람이 되다」(2006)와 「함흥·2001·안개」(2006)에 등장하는 탈북자들과 김원일의「카타콤」(2006)에 등장하는 입북자, 이명랑의『나의 이복형제들』(2004), 김재영의「코끼리」(2004), 손홍규의「이무기 사냥꾼」(2005), 공선옥의『유랑가족』(2005)과「명랑한 밤길」(2005), 이혜경의「물 한 모금」(2003), 강영숙의「갈색 눈물방울」(2004) 등에 등장하는 이주 노동자들이 그들이다.

(3) '디아스포라의 글쓰기'에서는 디아스포라 의식에 기반하여 소설적 탐구를 수행하고 있는 사례로 전성태(월경자의 시선), 배수아(이방인의 시선), 오수연(연대자의 시선), 김연수(방랑자의 시선) 등의 소설을 좀더 집중적으로 살폈다.

이처럼 2000년대 중반 한국소설에서 디아스포라와 연관된 글쓰기가 급증하면서, 그뒤에는 데리다, 레비나스, 바디우 등의 논의를 바탕으로 '타자' '윤리' '환대' 등의 개념을 중심에 둔 좀더 복잡하고 심층적인 비평의 맥락이 형성되었다. 대체로 이 논의들은 그와 같은 경향의 소설들이 한국에서의 이주민들의 삶의 현실과 그 문제점을 일깨우고 타자를 대하는 윤리적 태도를 환기시킨다는 점을 의미화하면서 디아스포라 글쓰기에 대한 이론적 근거를 제공해주었다.

한편 그 논의들 가운데에는 소설에 나타난 다문화주의의 양상에 대한 비판적 분석이 이미 포함되어 있었고, 다문화주의 자체의 한계를 밝히는 지젝(『까다로운 주체』), 웬디 브라운(『관용』) 등의 저작이 번역, 소개되면서 원론적인 차원에서 다문화주의에 내포된 제국주의적 관점을 비판하는 분위기도 형성되었다. 이런 입장은 디아스포라의 문제를 둘러싸고 결코 단순하지 않은 방향으로 전개될 이후의 현실을 예고하는 것이기도 했다.

3. 현실, 그리고 서사에 나타나고 있는 디아스포라 지형의 변화

이 글을 쓰고 있는 현재의 시점에서 재외 한인은 7,493,587명(외교부, 『2021 외교백서』, 2019년 기준)으로 그 비중은 더 늘어났다. 국내 거주 외국인 또한 한때 2,216,612명(행정안전부, 「2019 지방자치단체 외국인주민 현황」, 2019. 11. 1 기준)으로 총인구 대비 4.3퍼센트에 이르렀다가, 코로나19 여파를 통과하면서 현재는 1,752,346명(통계청, 「2022년 인구주택총조사보고서 전수조사결과(전국편)」, 2023. 10. 31 발행, 2022. 11. 1 기준)으로 집계되는 상황이다. 2000년대 중반에 비해 해외에서 거주하고 있는 한국인의 수도, 국내에 거주하고 있는 외국인의 수도 각각 백만 명가량 증가했다는 사실을 확인할 수 있다.

이러한 변화는 디아스포라의 존재 상황에도 영향을 미치지 않을 수 없다. 이 장에서는 이전에 발표한 글의 구도를 이어 그동안 현실과 서사에서 일어난 디아스포라 지형의 변화 양상을 살펴보기로 한다.

1) 디아스포라의 글쓰기

우선 디아스포라 주체의 글쓰기 영역은 급속하게 확장되고 있는 상황을 보여주고 있다. 이 측면에 대해서는 한강의 *The Vegetarian*(2015)이 2016년 부커 인터내셔널상을 수상하는 사건을 계기로 한국소설의 번역 현황과 현지 수용의 문제를 살피는 글을 앞서 쓴 바 있다. 「*The Vegetarian* 이후 한국소설의 번역과 현지 수용의 현황과 문제들」의 한 대목에서는 특히 그 당시 재미 한인 작가들의 활동을 다음과 같이 언급하고 있었다.

> 2016년 3월에는 한국계 미국인 가정의 갈등을 그린 정 윤Jung Yun의 *Shelter*, 8월에는 탈북자가 중심인물로 등장하는 크리스 리Krys Lee의 *How I Became a North Korean*이 출간되었고, 2017년에 들어서는 2월에 식민지 조선과 해방 이후 일본을 배경으로 한 이민진Min Jin Lee의 *Pachinko*와 1970년대의 서울을 배경으로 한 유진 그레이스 부에르츠Yoojin Grace Wuertz의 *Everything Belongs to Us*가, 5월에는 1985년 서울과 필라델피아를 배경으로 한 지민 한Jimin Han의 *A Small Revolution*이 연이어 출간되었다. 그리고 조만간 출간을 앞두고 있는 크리스틴 형옥 리Christine Hyung-Oak Lee의 *The Golem of Seoul* 또한 제목을 두고 생각해 보건대 작가의 체험에 바탕을 두고 문화적인 충돌과 융합의 경험을 서사화한 이 한국계 미국인 소설들의 계열에 속하리라 짐작된다.[8]

이때 이미 새로운 세대 한국계 미국인 작가들의 등장이 하나의 현상을 이루고 있었는데, 이 가운데 특히 이민진의 『파친코』는 OTT 매체를 통해 드라마로 각색되어 전 세계에 상영되면서 국내에서 베스트셀러에 오르는 사건이 일어나기도 했다. 그 이후 "예술가가 된 딸의 시선으로 1세대 이민자인 어머니의 삶을 되짚는 이야기"[9]로 말해질 수 있는 미셸 자우너의 에세이가 『뉴요커The New Yorker』에 연재되고

---

8) 이 책에 수록된 「*The Vegetarian* 이후 한국소설의 번역과 현지 수용의 현황과 문제들」, 131쪽.
9) 정혜윤, 「옮긴이의 말」, 『H마트에서 울다』, 문학동네, 2022, 402쪽.

또 단행본 『H마트에서 울다Crying in H Mart』(2021)로 출간되어 큰 반향을 얻었던 일을 비롯하여 재미 한인 작가들의 활동은 더욱 활발해진 양상을 보여주고 있다. 그런 가운데 디아스포라에 의한 글쓰기에도 새로운 경향이 나타나기 시작했다.

한 기사에서는 "심청전 같은 고전을 각색하거나 조선 일제강점기 등을 배경으로 작품을 쓰는 추세가 생겼다"[10]면서 한국계 미국인, 캐나다인 작가의 소설에 한국의 고전과 역사가 모티프로 차용되고 있는 최근의 사례를 다뤘다. 심청전을 다시 쓴 로맨스 판타지인 악시 오Axie Oh의 『바다에 빠진 소녀The Girl Who Fell Beneath the Sea』(2022), 조선시대를 배경으로 한 허주은June Hur의 『뼈의 침묵The Silence of Bones』(2020), 『사라진 소녀들의 숲The Forest of Stolen Girls』(2021), 『붉은 궁Red Palace』(2022), 그리고 일제강점기와 그 이후의 한국 현대사를 배경으로 한 김주혜Juhae Kim의 『작은 땅의 야수들Beasts of a Little Land』(2021) 등이 그와 같은 대표적 사례로 소개되었다.

소설뿐만 아니라 동화와 SF 등의 장르에서도 한국계 미국인 작가의 활동이 두드러지고 있는데, 여기에서도 한국의 설화가 모티프로 차용되는 경우들을 볼 수 있다. 태 켈러Tae Keller의 『호랑이를 덫에 가두면When You Trap a Tiger』(2020)과 이윤하Yoon Ha Lee의 『호랑이가 눈뜰 때Rick Riordan Presents Tiger Honor a Thousand Worlds Novel』(2022) 두 작품에는 공교롭게도 공통적으로 호랑이가 등장한다. 한국 할머니의 이야기 속 호랑이가 손녀 릴리 앞에 나타나거나(『호랑이를 덫에 가두면』) '천 개의 세계' 우주군 군인 세빈이 호랑이로 변신하는 종족의 후예로 설

---

[10] 「K고전 역사로 무장… 한국계 美 소설가 속속 등장—'K컬처' 위상 높아지며 한국 배경 소설 美서 잇달아」, 조선일보, 2023. 7. 20.

정되어 있다(『호랑이가 눈뜰 때』). 재미 한인 2세대 작가로『종군위안부Comfort Woman』(1997)를 쓴 노라 옥자 켈러Nora Okja Keller의 딸이기도 한 태 켈러는『호랑이를 덫에 가두면』의「작가의 말」에서 "할머니의 얘기를 들을 때면, 나는 백인과 아시아인, 그리고 4분의 1의 한국인이 섞인 사람이 아니었다(When I listened to Halmoni, I wasn't part white, part Asian, one-quarter Korean, mixed)"[11]고 적은 바 있다. 이 대목에서 (앞서『H마트에서 울다』에서의 음식과 더불어) 이야기가 정체성의 중요한 매개라는 사실을 새삼 실감할 수 있다.

태 켈러는 4분의 1의 한국인으로 스스로를 규정하고 있는데, 이창래의『타국에서의 일 년My Year Abroad』(2021)의 주인공 틸러 바드먼은 한국인의 피가 8분의 1 섞여 있는 인물이다. 이런 비율에 따라 이야기에서 코리안 디아스포라의 층은 점차 얇아지는 경향을 보이게 되지만, 이런 상황은 다른 한편으로 주인공의 하와이, 마카오, 선전 등 '타국에서의 일 년'의 경험과 귀국 후 중국인 혼혈 밸과의 관계를 통해 디아스포라 문제의 외연을 민족적 경계 너머로 확장시키면서 보편적 지평을 도입하는 조건을 제공한다.

다른 기사에서는 "이민자로서의 정체성에 대한 고민, 주변인으로서의 소외감 등에 집중했던 소설은 이제 성장, 가족뿐만 아니라 사랑·성공 등 다양한 이야기를 하기 시작했다"[12]면서 디아스포라에 한정된 범위를 벗어나 보편적인 이야기로 넓어져 가는 해외 한인 문학의 새로운 경향에 대해 다룬 바 있다. 이 기사는 그 사례로 최현경Mary H. K. Choi의 소설『요크Yolk』(2021), 니콜 정Nicole Chung의『내가 알게 된

---

11) "Author's Note", *When You Trap a Tiger*, Penguin Random House, 2020.
12)「한국계 MZ 작가, '히스토리' 넘어 '마이 스토리'를 풀다」, 문화일보, 2023. 8. 23.

모든 것All You Can Ever Know』(2018), 그레이스 M. 조Grace M. Cho의 『전쟁 같은 맛Tastes like War』(2021) 등의 회고록 등을 소개하고 있다.[13]

미국 내의 한국계 이민자 가족으로부터 입양된 저자의 삶의 경험을 담고 있는 『내가 알게 된 모든 것』은 "인종이 다른 가족에 입양되어 자란 입양인의 복잡한 감정을 솔직하게 증언함으로써, 그간 간과되어온 인종적 차이라는 해외 입양의 본질적 문제를 돌아보게 한다"[14]는 「옮긴이의 말」의 한 대목에서 보듯 입양의 문제에 내포된 민족적 층위 이면의 지대를 드러내 보인다.

대학에서 사회학, 인류학을 가르치고 있는 저자가 한국전쟁 후 가족을 잃고 부산의 기지촌에서 미국 선원을 만나 미국으로 이주한 어머니와의 관계를 회고하는 『전쟁 같은 맛』 또한 이민자 서사의 민족적 레퍼토리의 경계 너머의 보다 심층적인 문제와 대면하고 있는데, 그 동력을 "글을 쓰는 내내 어머니를 피해자로만 보길, 내 학문 분야의 규칙을 따르길, 이민자들이 미국에 빚을 지고 있으니 이에 감사해

---

13) 한편 이 기사는 한국계 미국인을 주인공으로 하되 평범한 10대 소녀가 할 만한 일상을 보여주며 재기발랄한 하이틴 로맨스를 선보인 제니 한(Jenny Han)의 하이틴 로맨스 『내가 사랑했던 모든 남자들에게(To All the Boys I've Loved Before)』가 드라마로 시즌 3까지 제작되고 있다는 소식을 함께 전했다.(이 시리즈의 주인공 라라 진의 동생 키티를 주연으로 하는 스핀오프 드라마 〈엑스오, 키티(XO, Kitty)〉(2023)는 서울을 배경으로 하고 있다.) 또한 아직 한국어로 번역, 출간되지 않은 미국 내 한인 작가들의 주목되는 작품으로 성형 수술·룸살롱 문화 등 한국사회의 민낯을 다룬 프랜시스 차(Francis Cha)의 『너의 얼굴을 갖고 싶어(If I Had Your Face)』(2020), 엄마·가족에 관한 이야기인 고은지(E. J. Koh)의 『마법 같은 언어(The Magical Language of Others)』(2020), 한국인 가족을 둘러싼 비밀을 다룬 지민 한의 『사죄(The Apology)』(2023) 등을 소개하고 있다.
14) 니콜 정, 『내가 알게 된 모든 것—기억하지 못하는 상실, 그리고 회복에 관한 이야기』, 정혜윤 옮김, 원더박스, 2023, 352쪽.

야 한다는 이야기를 받아들이길 거부했다. 또 가장 중요하게는, 다른 가족들이 수치스럽게 여겨 말하지 못했던 일들에 대해 침묵을 지키길 거부했다. 나는 어머니를 한국 밖으로 몰아내 은둔생활을 하게 한 세력에 가담하지 않을 것이다"[15)]라고 표명된 저자의 의지에서 찾아볼 수 있다.

『요크』에서도 보편적인 이야기를 지향해나가는 경향의 한 단면을 확인할 수 있다.

> "우리 이민자의 자식들은 항상 '내가 우리 위 세대의 가장 큰 꿈이라는 걸 생각해야 하잖아. 우리 부모님이 희생한 건 알지만 한편으로는 두 분의 선택을 이해할 수가 없어. 나와 누나의 교육을 위해 세 번이나 삶의 터전을 바꾼 거 말이야. 그리고 아버지는 폭력적인 형에게 많은 돈을 주고 있거든. 자아도취 사이코패스인데 그저 장남인지 뭔지 하는 이유로 우린 눈 감아줘야 하지. 자기를 우선시하지 않고 전체의 이익을 고려하는 집단주의 사고방식이 너무 과한 것 같은데 가끔은 그만 좀 하지, 하는 생각이 들어. 한 번씩은 선을 긋고 패턴을 깼으면 좋겠어."
>
> 나는 그와 함께 등을 기댄다. 내 어깨에 그의 어깨가 닿아 온기가 전해진다.[16)]

『요크』에서 한국인 부모를 둔 패트릭과 '나'(제인)의 대화이다. 주로 '나'와 언니('준')를 비롯한 같은 세대의 인물들의 관계를 중심으

---

15) 그레이스 M. 조,「한국어판 서문」,『전쟁 같은 맛』, 주해연 옮김, 글항아리, 2023, 10쪽.
16) 최현경,『요크』, 박아람 옮김, 책읽는수요일, 2023, 291~292쪽.

로 전개되는 이 성장담의 질감은 이전 세대 한국계 미국인 소설과는 다소 다르게 느껴진다.

그렇지만 이처럼 디아스포라로서의 소외 의식이라는 기존의 전형적인 패턴에서 벗어나 다양한 이야기로 확장되는 경향 가운데에서도 작가의 한국계 미국인으로서의 정체성은 그 밑바탕에 흔적을 드리우고 있다. 위의 인용에서도 그 점을 부분적으로 확인할 수 있지만, 개브리얼 제빈Gabrielle Zevin의 『내일 또 내일 또 내일Tomorrow, and Tomorrow, and Tomorrow』(2022)에서는 그것이 다소 다른 형태로 드러나 있다. 이 소설에서 주인공으로 등장하는 게임 개발자 '샘'에게는 어머니 '안나', 그리고 로스앤젤레스 코리아타운의 피자 가게(그곳에서 샘은 '동키콩' 게임을 마음대로 했다)를 운영하는 할아버지 '동현', 할머니 '봉자'가 있다.

> 한인타운에서는 아무도 샘을 한국인으로 보지 않았다. 맨해튼에서는 아무도 샘을 백인으로 보지 않았다. 로스앤젤레스에서 샘은 '백인 사촌'이었다. 뉴욕에서는 '중국인 꼬마'였다. 그래도 K타운에서 샘은 난생처음 자신이 한국인임을 실감했다. 아니 좀더 콕 집어 얘기하자면, 자신이 한국인이라는 것, 그리고 그게 꼭 부정적이거나 심지어 중립적인 사실이어야 하는 건 아니라는 것을 자각했다. 그 깨달음이 샘에게 진지한 자의식을 심어주었다. 웃기게 생긴 혼혈 꼬마는 세상의 언저리가 아니라 세상의 중심에 존재할 수도 있었다.[17]

---

17) 개브리얼 제빈, 『내일 또 내일 또 내일』, 엄일녀 옮김, 문학동네, 2023, 134~135쪽.

위에서 보는 바와 같이, 이 소설에서 샘이 한인타운에서 스스로를 한국인으로 경험하는 일은 그의 정체성에 중요한 사건이 되고 있다. 이런 상황은 작가의 이전 소설들에서는 좀처럼 드러나지 않았던 요소였다.

한야 야나기하라Hanya Yanagihara의 『리틀 라이프*A Little Life*』(2015)에는 뉴욕을 배경으로 네 명의 게이가 중심인물로 등장하고 있지만, 그 인물들이 만나는 장소로 한국 바비큐 식당도 나오고 그들의 지인 가운데에는 "레즈비언 삼인조의 세번째 멤버로, 샌프란시스코와 뉴욕을 오가며 늘 이런저런 말도 안 되는 일들을 준비하는, 건장하고 감정적인 한국계 미국인"[18]인 이디 김(남성으로의 성전환을 계획중이다)과 같은 인물도 있다. 이런 소설 속 상황은 저자에게 한국인 어머니가 있다는 사실로부터 연유된 것이라고 볼 수 있다. 미국 사회의 현실에 대응되는 이야기의 표면 아래에 한국계 미국인으로서의 디아스포라 의식이 그런 방식으로 잠재되어 있는 것은 아닐까 짐작해본다.

이처럼 한국계 미국인 작가가 양적으로 확대되면서 전형적인 디아스포라 서사로부터 벗어나 보편성을 지향하면서 다양한 장르로 확장되는 경향이 나타나고 있다. 그런데 그런 가운데에서도 한국계 미국인으로서의 정체성에 대한 의식이 다층적으로 흔적을 남기고 있었거니와, 다른 한편에서는 디아스포라 의식의 심화라고 할 만한 경향이 지속되고 있다. 그리고 그 과정에서 한국과 한국계 미국인 역사를 새로운 관점에서 바라보는 사건이 발생하기도 한다.

에밀리 정민 윤Emily Jungmin Yoon의 시집 『우리 종족의 특별한 잔인

---

18) 한야 야나기하라, 『리틀 라이프 1』, 권진아 옮김, 시공사, 2016, 315쪽.

함*A Cruelty Special to Our Species*』(2018)은 일본군 성노예 피해자들의 '증언'으로 이루어진 시를 중심으로 "'나'의 지리적, 문화적, 개인적, 그리고 언어적으로 특수한 맥락과 현재적 경험에 대한 시들을 포함하며, 넓게는 유해한 남성성, 군국주의, 제국주의, 전쟁, 인종차별, 언어에 의한 고통을 주제로 다루고 있"[19]는 시집이다.

캐시 박 홍Cathy Park Hong의 『마이너 필링스*Minor Feelings*』(2020)에서 저자는 "미국에서 보이지 않는 몸 안에 살면서 느끼는 나 자신의 상반된 감정을 가능하면 투명하게 풀어놓고자 한다"[20]는 의도를 밝히고 있는데, 그 '상반된 감정'은 그녀가 모범 소수자에 대한 백인의 선입견과 흑인에 대한 인종주의 사이에 놓여 있는 미국 한인 사회의 일원이기 때문에 느껴야만 하는 것이다. 이 책은 그 양면으로부터의 압력을 받아내면서 디아스포라로서 살아가는 한 아시안 미국인 여성의 감정을 들여다보는 과정을 통해 자신의 인종적 정체성을 깊이 성찰하고 있다.

> 나는 두순자가 사회봉사명령이라는 가벼운 처벌을 받고 풀려난 것이 부끄럽다. 가게 직원들이 흑인이 물건을 훔칠 것으로 생각해서 그들을 따라다니고, 개업한 동네에서 주민들과 더 열심히 교류하려고 애쓰지 않은 것이 부끄럽다. 한인 사회에 존재하는 흑인에 대한 반감이 부끄럽다. 바로 그래서 아시아인은 인종차별의 피해자이면서 동시에 가해자이기도 하다는

---

[19] 에밀리 정민 윤, 「'찾은 시'를 통해 들여다본 우리 종족의 잔인함―한국어판 서문」, 『우리 종족의 특별한 잔인함』, 한유주 옮김, 열림원, 2020, 19쪽.
[20] 캐시 박 홍, 「한국 독자들에게」, 『마이너 필링스―이 감정들은 사소하지 않다』, 노시내 옮김, 마티, 2021, 14쪽.

것을 나는 계속 강조할 수밖에 없다. 그러나 그 피해와 가해라는 표현도 실은 지나치게 단순하다.[21]

캐시 박 홍의 이와 같은 의식이 허구 형식으로 전환된 결과가 스테프 차Steph Cha의 『너의 집이 대가를 치를 것이다Your House Will Pay』(2019)라고 볼 수도 있다. 이 이야기는 1991년 두순자 사건을 모티프로 하고 있지만(소설에서는 한정자 사건으로 치환되어 있으나 "소설이지만 이 사실을 알고 있는 분이라면 쉽게 알 수 있듯이 라타샤 할린스의 살인사건을 바탕으로 했습니다"[22]라고 작가 스스로 밝히고 있다). 그 사건에 28년에 걸쳐 가해자와 피해자 가족 사이에서 해소되지 않고 이어진 갈등의 역사를 허구를 통해 제시하면서 미국 사회에서 아프리카계 미국인과 한국계 미국인 사이에 중층적으로 얽혀 있는 인종적 갈등의 관계를 탐색한 소설이다.

이처럼 시간적 추이에 따른 한국계 미국인 소설의 양적 증가는 보편화와 심층화의 경향을 교직하면서 디아스포라의 문제를 새로운 차원으로 확장해나가고 있다. 한국계 미국인 소설에서 나타나는 이와 같은 변화에 대응되는 한국계 일본인 소설의 사례를 가네시로 가즈키金城一紀에서 찾아볼 수 있다. 한 연구는 재일 한국인에 대한 차별 문제에 접근하는 그의 태도에 대해 "이전 세대들이 재일 한국인의 입장에서 차별을 나타낸 반면 가네시로 가즈키는 그 범위를 벗어나서 좀 더 일반적인 의미에서의 '차별'을 다루고 있다"[23]고 설명한 바 있다.

---

21) 같은 책, 90쪽.
22) 스테프 차, 「작가의 말」, 『너의 집이 대가를 치를 것이다』, 이나경 옮김, 황금가지, 2021, 397쪽.

이런 태도는 일본 사회의 소수자 집단이 민족적으로 다양화되는 상황을 배경으로 재일 한국인이 취할 수 있는 새로운 공존의 윤리를 모색하는 시도로 이해될 수 있다.

한국계 중국인 소설에서도 유사한 맥락의 변화를 확인할 수 있다. 한국에서도 작품을 발표하여 소설집 『세상에 없는 나의 집』(2015)과 장편 『천진 시절』(2020)을 출간한 금희錦姬의 소설에 대해 "디아스포라 주체를 무의식적으로 타자나 이웃으로 상정하던 한국문학에서 벗어나 그들을 현실 세계 속 주체로 그려낸다"[24]는 분석을 볼 수 있는데, 그만큼 금희의 소설에 등장하는 인물들의 생활과 그 속에서의 고민은 디아스포라라는 관념보다 부분적으로 한국 문화의 영향을 받으면서 중국인으로 살아가는 인물의 일상에 밀착되어 있어 이전의 전통적인 재만 조선족 소설과는 다른 새로운 실감을 준다.

한국계 러시아인 소설에서도 변화가 나타나고 있다. 한 논문에서는 소비에트 해체 이후 젊은 고려인 작가와 시인들의 창작활동에서 나타나는 특징을 "고려인의 정체성에 거점을 두는 '고려인 문학'이 아닌, '문학하는 고려인'으로 변화되어 가고 있"[25]는 점에서 찾고 있다. 이런 특징을 보여 주는 사례로 박미하일Park Mikhail의 『예올리』(원제는 '강을 따라가는 가벼운 여행Лёгкое путешествие по реке'으로 2007년 러시아 카타예프 문학상 수상작이다)를 들 수 있다. 이 소설은 특이하게

---

23) 박죽심, 「재일 신세대 작가의 새로운 방향 모색—가네시로 가즈키의 작품을 중심으로」, 『다문화콘텐츠연구』 12, 2012, 50쪽.
24) 황지선, 「디아스포라 주체의 모빌리티와 행복의 젠더화—금희의 소설을 중심으로」, 『현대문학이론연구』 86, 2021, 245~246쪽.
25) 홍용희, 「고려인 디아스포라 문학의 역사적 이해와 창조적 소통의 모색」, 『비교한국학』 30(3), 2022, 198쪽.

도 안드로이드 로봇 예올리가 등장하는 SF 형식을 취하고 있는데, 그렇지만 "박미하일의 다른 소설처럼 정체성에 대한 서사로서 집단 기억과 역사의 회복, 개인의 서사와 낭만적 꿈의 탐색, 되기becoming의 여정에 집중하는 점은 유사"[26)]하다는 분석에서 보듯 디아스포라의 존재 조건에 대한 탐색의 새로운 형태로 볼 수 있다. '나'와 예올리가 한국으로 이주하여 살아가는 소설의 결말 또한 이런 맥락의 연장선상에서 발생한 것으로 이해할 수 있다.

한편 입양을 매개로 주로 유럽 지역에서 성장한 세대에 의한 창작 활동도 확대된 상황이다. 한 논문은 이 상황에 대해 "그동안 미국이나 노르웨이, 스웨덴, 덴마크, 독일, 벨기에, 네덜란드, 스위스, 프랑스, 이탈리아 등에 입양된 한국 출신 작가들에 의해서 이미 다수의 소설과 시, 희곡이 발표되었음을 확인할 수 있다"[27)]면서 그 대표적 작가로 이미 우리에게 번역, 소개되어 있는 제인 정 트렌카Jane Jeong Trenka와 아스트리드 트롯찌Astrid Trotzig, 그리고 브륀율프 융 티엔(Brynjulf Jung Tjønn, 정서수), 마야 리 랑그바드Maja Lee Langvad 등을 들고 있다.

이렇듯 디아스포라에 의한 글쓰기의 영역에서는 그 양적인 확대의 양상과 함께 다양성, 보편성의 경향을 띠는 변화를 확인할 수 있다. 그리고 그 경향은 주제의식의 심화와 맞물리면서 디아스포라 서사를 새로운 차원으로 확장해나가고 있다. 이런 현상은 디아스포라의 주

---

26) 노대원, 「길 위의 포스트휴먼—박미하일 소설 『예올리』의 포스트휴먼 디아스포라」, 『현대문학이론연구』 87, 2021, 266쪽.
27) 박정준, 「한국 출신 국외입양인 문학에 나타난 자아 재구성의 문제」, 서울대학교 박사학위논문, 2014, 5~6쪽.

체, 그러니까 재외 한인 사회의 변화한 위상과 그 새로운 세대의 특성으로부터 연유한 것이라고 할 수 있다.

2) 디아스포라를 위한 글쓰기

디아스포라를 대상으로 한 한국소설들의 최근 양상 역시 이전 글의 구도에 입각하여 '역사 속의 디아스포라'와 '현실 속의 디아스포라'로 나누어 살펴보고자 한다.

(1) 역사 속의 디아스포라

새로운 세대의 시각에서 바라보는 역사적 사건에서는 이전과는 다른 관점의 전환이 눈에 띈다. 가령 최은영의 「씬짜오, 씬짜오」(2016)는 옛 동독 지역의 도시에서 만난 한국과 베트남의 이주민 가정의 관계를 통해 그동안 피해자의 관점에서만 재현되던 베트남 전쟁에 가해자의 문제를 도입하고 있다. 정세랑의 『시선으로부터,』(2020)에서는 한국전쟁 이후 하와이에서 노동자로, 또 이후 독일로 이주해서는 아시안 여성 예술가로 살았던 '심시선'이라는 인물을 통해 디아스포라의 삶이 여성적 관점, 그리고 그 기대의 측면에서 긍정적인 방향으로 전도되어 있다.

백수린의 『눈부신 안부』(2023)는 1960~1970년대에 걸쳐 이루어진 파독 간호사의 문제를 새롭게 바라보고자 한다. 그동안 연구의 영역에서는 "파독 간호여성에게는, 당시 한국의 일반적인 젊은 여성과도 차별화되는 '희생과 헌신'의 이미지가 덧씌워"[28]져 국가 주도의 개

---

28) 김민정, 「'조국'에 대한 공헌과 '재외한인'으로의 인정—미군의 아내와 파독 간호여성의 사례」, 니콜 컨스터블 외 지음, 『경계를 넘는 한인들—이주, 젠더, 세대와 귀속

발담론에 의해 왜곡된 사실이 비판적으로 지적되면서, 개발 시기에 이주한 한인 여성들이 새로운 삶의 기회를 개척하고 생존을 책임지는 "주체로 살아간 이야기들, '민족'과 '성공'의 프레임 안에서는 포착될 수 없는 여성들의 다양한 경험을 재조명"[29]할 필요성이 제기되고 있던 터였다. 이 소설은 그와 같은 기대에 대한 응답처럼 기존의 프레임에서 벗어나 파독 간호사들의 삶을 소설화하고 있다. 「작가의 말」에서 이런 의식을 직접적으로 확인할 수 있다.

> 마지막으로 꼭 언급하고 싶은 한 가지는 소설 속 "도서관에 틀어박혀 읽은 많은 자료 속에서 가장 빈번히 발견한 단어는 아마도 오래전 '윤리'가 강조했던 것처럼 '가난'이나 '희생' '애국' 같은 말일 것이다"라는 문장이다. 소설을 써나가는 데 필요했기 때문에 과장해서 쓰긴 했지만, 독일로 이주했던 한인 간호 여성들을 '희생'이나 '애국'의 프레임으로 단순화해서 바라보지 않으려 한 최신 연구 자료들을 장편소설을 준비하는 동안 자주 발견했다.[30]

한 대담에서 작가는 서울역사박물관에서 열렸던 파독 간호 노동자들에 대한 전시에서 우리가 흔히 알고 있는 불쌍하고 희생적인 '누이들'의 이미지로 보여주는 것이 아니라, 그들의 노동자성을 강조하고 주체적인 여성으로 보여주는 전시였다는 이야기를 전해듣고

의 정치』, 김민정 엮음, 한울, 2021, 127쪽.
29) 황정미, 「개발 시대의 해외이주와 젠더―'국위선양'에 가려진 여성의 해외이주 다시 보기」, 같은 책, 82쪽.
30) 백수린, 「작가의 말」, 『눈부신 안부』, 문학동네, 2023, 314쪽.

"70년대에 독일로 자발적으로 떠난 여성들은 대체 어떤 존재들이었을까 하는 생각"[31]에서 출발하여 소설을 구상했다고 이야기한 바 있기도 하다. 이런 관점에서 기초하여 이전 시기 정도상의 『푸른 방』(2000), 조정래의 『한강』(2001), 공지영의 『별들의 들판』(2004) 등의 소설에서 희생과 헌신이라는 관점에 의해 파독 간호사들이 재현되었던 시대적 한계에 대한 대안적 서사가 가능했다고 볼 수 있다.

이처럼 최근 한국소설에서 디아스포라의 역사는 새로운 관점에 의해 전유되는 양상으로 나타나고 있다. 『한 명』(2016) 이후 지속적으로 '위안부'의 문제를 서사화해온 김숨의 『잃어버린 사람』(2023) 또한 이런 맥락에서 바라볼 수 있는데, 여기에서는 노동자로, 그리고 '위안부'로 강제 동원되었던 사람들이 해방 이후 부산으로 귀환하는 과정을 그려내면서 그들을 단순한 피해자가 아닌 인간으로서의 품격을 갖춘 존재로서 형상화하고 있다.

그렇지만 현재의 관점으로 전유될 수 없는 역사도 있다. 1945년 8월 20일 오키나와제도에 속하는 구메지마久米島에서 일본군들에 의한 조선인 일가 몰살 사건을 취재하여 소설화한 「구메지마」(웹진 너머 2023년 여름호)와 오키나와 전쟁중 1945년 4월 중순부터 일본 육군이 야전병원으로 사용한 인공 동굴을 배경으로 한 조선인 병사의 죽음을 그려낸 「20호 동굴」(『쓿』 2023년 하권) 등을 통해 김숨은 지금까지 묻혀 있던 디아스포라의 역사를 기록과 탐사에 의해 다시 마주하고 있다.

---

31) 백수린·신수정 대담, 「안녕, 선자 이모(들)에게, 그리고 어렸던 나에게」, 『문학동네』 2023년 가을호, 429쪽.

(2) 현실 속의 디아스포라

국내에서 살아가고 있는 이주민의 비중 역시 지속적으로 증가하는 추세에 있다. 2009년 12월 당시 국내 체류 외국인은 모두 1,168,477명으로 늘어났다. 그 가운데 근로자는 565,898명으로 48.4퍼센트, 결혼 이민자는 125,087명으로 10.7퍼센트, 유학생은 80,985명으로 6.9퍼센트의 비중을 차지하고 있었다(법무부, 「출입국 외국인정책통계」, 2010년 1월 8일 발표 참조). 필자는 그와 같은 상황에서 현실 속의 디아스포라를 등장시킨 한국소설에 나타난 새로운 변화에 주목하여 한 편의 글을 쓴 바 있는데, 그 글(「현장의 고통으로부터 상호관계 속의 일상으로―최근 소설에 나타난 다문화적 현실의 새로운 층위」, 문장 웹진 2010년 5월호)에서는 정한아의 「천막에서」(2008), 김애란의 「그곳에 밤 여기의 노래」(2009), 김미월의 「중국어 수업」(2009), 한지수의 「열대야에서 온 무지개」(2010) 등을 대상으로 그 변화의 양상과 특징을 살폈다.

다문화 현상을 소재로 한 그 시기의 소설들에서 나타나고 있던 새로운 점은 우선 다른 문화에 대한 동정적 관점으로부터 벗어나 인물들 사이의 대등성, 수평성이 강조되어 있다는 것이었다. 앞선 시기 다문화주의 소설들이 이주민들의 불행을 부각시켰다면, 이 신진작가들의 소설에서는 그들의 일상과 삶이 담담하게 펼쳐져 있다. 그 속에서 서로 다른 국적인 인물들은 상호적이고 대등한 관계를 이루고 있다. 다문화주의와 관련된 당시 소설의 또하나의 특징은 서로 다른 문화 사이에서 발생하는 현실적인 갈등을 다루면서도 그것을 성급하게 사회적 문제에 대한 비판의 방향으로 이끌고 가지 않았다는 점이다. 대신 그 소설들은 그와 같은 갈등을 겪으면서도 묵묵히 일상을 견디며 오히려 자신의 삶에 대해 뚜렷이 인식하게 되고 더욱 긍정적인 의지를 품는 인물들을 보여줌으로써 이 문제에 대한 전망을 간접적으로 피력하고 있는 듯 보였다.

이런 경향의 연장선상에서 결혼 이주민 여성의 현실을 그린 서성란의『쓰엉』(2016)과 강희진의『카니발』(2019),[32] 이주 노동자의 삶을 소재로 취한 김민정의「안젤라가 있던 자리」(2012), 민정아의「죽은 개의 식사 시간」(2013), 강화길의「굴 말리크가 잃어버린 것」(2013), 유현산의『두 번째 날』(2014), 탈북자를 모티프로 하여 서사화된 조해진의『로기완을 만났다』(2011), 강희진의『유령』(2011), 이경자의『세 번째 집』(2013), 정이현의「영영, 여름」(2014) 등이 발표되었다.[33]

그렇지만 해외 한인들의 문학적 활동이 확장, 심화되고 또 그 성과가 번역 등의 과정을 통해 국내로 더 원활하게 전달되는 현상에 비해, 국내에서의 디아스포라에 대한 관심은 그와 대칭적이지 않다. 현실의 상황이 디아스포라를 둘러싼 문제의 지형을 이전에 비해 훨씬 복잡하게 만들고 있기 때문이다. 그 상징적인 사건이 2018년 6월 제주도에 입국한 예멘 난민의 수용 여부를 둘러싼 논란이었다. 이 사건에 대한 내부적 성찰을 요구하고 있는 한 논문에서는 "500여 명의 난민 신청자들을 두고 70여만 명이 수용 반대 청원에 서명한 상황, 국가의 수도 한복판에서 700여 명의 국민이 모여 '국민, 먼저'와 '혐오

---

[32] 결혼 이주민 여성의 문제를 소재로 한 소설에 대한 연구도 지속되어 구재진의「'사물'로서의 이웃과 결혼이주여성의 목소리─『쓰엉』과 『카니발』을 중심으로」(『한국현대문학연구』 68, 2022) 등의 최근 연구까지 이어지고 있다.

[33] 이경재의『다문화 시대의 한국소설 읽기』(소명출판, 2015)에는 이 국면에서의 다문화 문제 관련 소설들이 정리, 분석되어 있다.

가 아닌 안전'을 외치는 상황, 그중 많은 이들이 청년이며 여성이라는 상황은 어떻게 설명될 수 있는가?"[34]라는 문제를 제기하고 있다. "일제 식민지 시대부터 독재정권 시절까지/탄압을 피해 이 나라를 떠난 한국인들과/전 지구적 자본주의 시대 글로벌 시대에/내전을 피해 이 나라를 찾아온 예멘인들은/속사정이 다르지 않다고 생각했다"[35]는 발언이 시적 형식을 빌려 제시되기도 했었지만, 그에 비해 '반다문화적 정동'이 훨씬 거셌다. 다문화 담론을 지탱하고 있던 타자성에 관련한 이론적 논의의 영향력은 가라앉았다. 이런 추세는 단지 우리에게만 국한된 것은 아니어서 일본의 한 평론가는 "2017년 현재 전 세계 사람들은 '타자와 함께하는 데 지쳤다'고 외치기 시작했다. (……) 더는 누구도 타자가 소중하다는 진보적 주장을 귀담아듣지 않는다"[36]면서 '타자론'으로부터 '관광객론'으로의 이론적 선회를 선언한 바 있기도 하다.

그런 가운데에서도 프랑스로 입양된 여성과 기지촌 출신 여인의 관계를 통해 우리의 현실 속에서 디아스포라의 문제가 여전히 존재한다는 사실을 환기하고 있는 조해진의 『단순한 진심』(2019), 그리고 해외 입양된 인물을 기존의 피해자 자리에서 꺼내어 새로운 시각으로 재현하고자 하는 박민정의 「신세이다이 가옥」(2019)과 「백년해로 외전」(2022~2023) 등이 발표되었다. 국내 거주 해외 이주민들의 인

---

34) 전의령, 「타자의 본질화 안에서의 우연한 연대—한국의 반다문화와 난민 반대의 젠더정치」, 『경제와 사회』125, 2020, 362쪽. 이런 문제 제기와 병행하여 그에 대한 페미니즘 진영 내부의 성찰이 김선혜 외 36명의 글을 모은 『경계 없는 페미니즘—제주 예멘 난민과 페미니즘의 응답』(와온, 2019)에 담긴 바 있다.

35) 하종오, 「찬반 집회」, 『제주 예멘』, 도서출판b, 2019, 52~53쪽.

36) 아즈마 히로키, 『관광객의 철학』, 안천 옮김, 리시올, 2020, 15쪽.

권 상황을 그들과의 대화를 통해 르포 형식으로 취재한 『당신은 나를 이방인이라 부르네―한국에 사는 이주민들의 생존 보고서』(2023)와 같은 노력 또한 한편에서는 이어지고 있다.

그런가 하면 공현진의 「녹」(2023년 동아일보 신춘문예 당선작)에서는 대학에서 시간강사로 일하며 이혼 후 육아의 곤경에 처한 화자와 수업 교실의 학생이면서 아이를 돌봐주던 이주민 여성 '녹'과의 관계를 통해 현실 속에서 디아스포라 문제를 둘러싼 관계가 한층 복잡해진 상황이 드러나 있다. 손병현의 「맹랑한 월남댁」(2023)에서는 결혼 이주민 여성이 남편과의 관계에서 주도권을 갖고 적극적인 의욕과 행동을 펼치는 상황이 세태적 관점에서 재현되어 있기도 하다.

최근 소설은 코리안 디아스포라의 역사를 젠더를 비롯한 새로운 관점에서 다시 쓰는 한편 여전히 미지의 지대로 남았던 역사적 사건을 서사화하는 시도를 보여주고 있다. 그런가 하면 현실 속에서 디아스포라를 둘러싼 문제의 지형은 한층 복잡해졌고 소설 또한 그에 따라 더 구체적인 문제와 의식을 천착하고 있다.

3) 디아스포라의 글쓰기

현실 속에서 디아스포라의 삶은 어디에도 온전하게 소속되지 못한 불안정한 것이지만, 글쓰기의 상황이라면 이야기가 조금 달라진다. 그 경계의 자리는 내부 혹은 중심을 반성적으로 바라볼 수 있는 시선을 제공할 수 있기 때문이다. 우리는 그처럼 경계인의 의식에 기반하여 수행된 글쓰기의 사례들을 얼마든지 떠올려볼 수 있다. 멀리는 제임스 조이스나 사뮈엘 베케트(아일랜드와 프랑스)를, 가까이는 W. G. 제발트(독일과 영국), 밀란 쿤데라(체코와 프랑스), 다와다 요코(일본과 독일) 등을 생각해볼 수 있으며, 우리의 경우에도 손창섭(일본), 박상륭(캐나다), 마종기(미국), 허수경(독일) 등의 사례들이 있다.

이민자로 살아가지만 한국 문단에 등단하여 작품을 발표하는 경우도 하나의 현상으로 나타나고 있다. 재독 한인들의 삶을 소설화한 변소영의 『거의 맞음』(2013), 캐나다에서 이민자로 살아가고 있는 인물의 삶을 그려낸 반수연의 『통영』(2021), 호주 이민자의 일과 생활의 다양한 양상을 순차적으로 서사화하고 있는 서수진의 『코리안 티처』(2020), 『유진과 데이브』(2022), 『올리앤더』(2022) 등을 그 대표적인 사례로 들 수 있다.

해외 체류의 경험을 토대로 문화적 경계를 창작의 동력으로 활용하는 경우도 지속, 확장되고 있다. 박형서의 『새벽의 나나』(2010)에서의 태국, 윤고은의 「늙은 차와 히치하이커」(2014)에서의 호주가 그런 역할을 하고 있었다. 유럽의 도시나 소읍을 주유하는 『바셀린 붓다』(2010), 샌프란시스코를 배경으로 한 『어떤 작위의 세계』(2011), 텍사스에서 겪는 일들로 채워진 『강물에 떠내려가는 7인의 사무라이』(2018) 등의 정영문 소설 또한 이런 맥락에서 되돌아볼 수 있다.

은희경의 『장미의 이름은 장미』(2022), 백수린의 「빛이 다가올 때」(2023)에서 뉴욕이라는 공간 또한 이들의 이야기에 결정적인 비중을 차지하고 있다. 뉴욕의 대학에서 한국어를 가르치는 비정규직 노동자 '지혁'의 이야기인 문지혁의 『초급 한국어』(2020)와 그가 한국으로 돌아온 이후 비정규직 대학강사 생활을 하면 겪는 이야기인 『중급 한국어』(2023) 연작에서 뉴욕과 서울이라는 공간은 서사의 기본 구도를 이루고 있다. 김사과의 『천국에서』(2013)의 서사 공간 역시 뉴욕에서의 '케이'와 그녀가 서울로 돌아온 이후로 분할되어 있다. 김사과의 경우 뉴욕과 서울 사이의 경계 의식은 산문의 형태로 추구되어 『바깥은 불타는 늪/정신병원에 갇힘』(2020)에 담겼다.

김솔의 『유럽식 독서법』(2020)은 영국, 벨기에, 프랑스, 스위스, 스페인, 그리스, 알바니아, 러시아 등을 배경으로 이민자, 불법체류자, 난민들의 모습을 통해 유럽의 민낯을 보여 주고 있다. 배수아의 산문집 『작별들 순간들』(2023)에서 그녀가 베를린이라는 공간을 배경으로 수행하는 사유는 머물지 않는다는 조건 위에서 얻어진 것이다. "은둔할 수 없다면, 집이 아니다. 은둔할 수 없다면, 여행이 아니다."[37]는 글 속의 구절이 그 점을 말하고 있다.

한편 황모과의 「스위트 솔티」(2020)에서 디아스포라 의식은 현실과 가상 사이에서 발생한다.

> 목소리는 말했다. 부산에서 새로 가족이 된 고향 사람들에게 말하라고. 우리는 모두 먼바다에서 외롭게 떠돌다 결국 만나게 된 형제들이라고. 바다 위에 살든 육지 위에 살든, 우리는 모두 그저 망망대해 위를 떠도는 존재일 뿐이라고. 목소리는 우리를 부산으로 이끌었다. 그들은 전 세계 곳곳 항구마다 난민들이 들어와 선주민들과 난민들이 섞여 살며 함께 미래를 준비하는 세상을 계획했다.
>
> 예지몽처럼 가까운 미래가 눈앞에 보였다.
>
> 인류가 새로운 별로 떠나야 할 시대가 다가오고 있다. 빙하가 모두 녹은 뒤 풍랑은 더욱 거세어졌다. 부산항은 절반 이상 수몰되었다. 바다에 잠겨 얼마 남지 않은 지상은 지진이 계속되어 사람이 도저히 살 수 없는 어지럼

---

[37] 배수아, 『작별들 순간들』, 문학동네, 2023, 22쪽.

증을 안겼다. 인류 전체가 곧 난민이 될 예정이었다.[38]

'나'는 여러 국가로부터 탑승한 인물들이 모인 배 위에서 태어났다. 그 자체가 '선상에 부유하던 연합국'인 배 안에서 만난 사람들, 그리고 배에서 내려 도착했던 나라들에서 만난 사람들과의 경험을 통해 어머니의 나라 '바다거품'의 언어로 진주라는 뜻의 '무티아라'로부터 시작한 '나'의 이름은 타스만에서의 '스위트 솔티'를 거쳐 마침내 도착한 부산에서는 '김진주'가 된다. 그렇지만 그녀가 예지몽처럼 바라보는 가까운 미래에서 지구는 종말의 상황을 맞아 인류 전체가 난민이 될 처지에 놓이게 되고, 우주를 향해 새롭게 떠나야 하는 또다른 디아스포라의 상황이 다시 시작된다.

이처럼 한국소설에서 디아스포라 의식은 다양한 공간 위에 파편적으로 산재散在하면서 글쓰기의 동력으로 작용하고 있다. 그리고 그 공간의 범위는 세계 각지의 국가와 도시를 거쳐 가상의 세계로까지 확장되고 있다. 이렇게 보면 서로 다른 방향에서 전개되어온 디아스포라에 의한, 디아스포라를 위한, 디아스포라의 글쓰기는 그 진전의 과정에서 각 범주의 구획을 넘어 연결되면서 하나의 지점으로 수렴되어가고 있는 듯하다.

4. 디아스포라 글쓰기의 미래

이상에서 앞서 발표했던 필자의 글들 이후에 전개된 디아스포라의 지형을 살펴보았다. 우선 디아스포라에 의한 글쓰기의 영역에서는

---

38) 황모과, 「스위트 솔티」, 『오늘의 SF』 #2, arte, 2020, 196~197쪽.

해외 한인 작가들의 저작이 양적으로도 증가하고 내용의 측면에서도 다양해지고 있는 경향이 두드러졌다. 그렇지만 이와 같은 외부에서의 디아스포라 영역의 확장과 다양화는 역설적으로 디아스포라의 의미가 희석되면서 보편성의 방향으로 전환되는 징후를 보이고 있다.

한편 해외에서 한인 작가들의 성공은 그들 작품의 국내 번역과 소개를 활성화했는데, 그 반대편에서 국내 작가들의 작품의 해외 소개도 이전에 비해 크게 증가하였다. 2017년 9월 당시까지 해외에 번역, 출간된 한국소설이 1,828편이었던 데 비해, 2023년 11월 현재 한국문학번역원 홈페이지의 'Digital Library of Korean Literature'에서는 6,695편의 번역 소설이 확인된다. 불과 육 년 사이에 거의 네 배 가까이 급증한 것이다. 한 기사에서는 한국문학에 대한 해외에서의 평가는 높아진 반면 국내에서의 독자들의 반응은 옅어지고 있는 현상을 비판적으로 진단하고 있는데,[39] 어떻게 보면 그런 방향으로 문학의 리그도 세계문학과 국민문학의 연결 구도로 재편되어나가는 것이 아닌가 생각되기도 한다.

한편 국내외의 현실 속에서 디아스포라를 둘러싼 지형은 이전에 비해 복잡해지고 다층적이 되는 경향을 보여주고 있었다. 역사적 사건이 미디어를 통해 하나의 아카이브로 통합되고 있는 상황에서 그 사건들은 새로운 관점에 의해 전유되면서 새로운 형태로 다시 쓰이고 있었다. 현실 속에서는 디아스포라의 문제가 더이상 일면적이지 않고 서로의 이해와 관점에 따라 복잡하고 다양하게 움직이고 있는 상황을 확인할 수 있었다. 그와 같은 문제에 대한 소설적 진단 또한

---

39) 「세계가 주목하는 K문학…정작 한국에서 "그게 누군데요?"」, 매일경제, 2023. 11. 17.

어떤 관념에 의거할 것이 아니라 움직여나가는 구체적인 상태에 대응하여 이루어질 필요가 있겠다.

 디아스포라 의식은 글쓰기와 관련하여 더욱 넓어진 입지를 갖게 된 듯 보였다. 이동이 더 수월해지고 뉴미디어의 접속이 활발해지는 현실 상황이 그 근거를 제공하고 있는 듯했다. 작가들은 그와 같은 경계의 지점에서 기존의 방식과는 차별화되는 고유한 소설적 시선을 마련하려는 의지를 가다듬고 있다고 생각되었다. 그들의 의지로부터 새로운 디아스포라 글쓰기의 미래가 펼쳐지기를 기대한다.

(2023)

바다를 보여드리고 싶은 마음으로 만든 세계
—역사적 사건을 모티프로 한 최근 한국소설에
내포된 로맨스의 계기와 그 의미

1. 사실을 지나 허구를 지향하는 역사

대학 시절 불교 재단의 한 사립대학에서 열린 정지아의 강연을 들으러 갔던 기억이 있다. 조그만 강의실에 그렇게 많지 않은 사람들이 모였고, 교단 위의 강연자는 여유 있는 태도로 자신의 창작과 관련된 경험을 이야기하고 있었다. 지금 살펴보니 그때 정지아는 이십대 중반을 지나고 있었는데, 그런 여유 있는 태도 때문이었는지 아니면 신분의 차이 때문이었는지 훨씬 연배가 높다고 느꼈다. 어린이문학 작가의 강연이 함께 있었던 듯도 하고, 행사가 끝나고 특정 계열의 평론가들 여럿이 함께 얘기하며 걸어가던 장면을 본 기억도 남아 있다.

나는 그 기억이 대학 3학년 때인 1990년의 일이라고 생각하고 있었는데, 지금 아마도 강연의 계기가 되었으리라 짐작되는 『빨치산의 딸』(1990) 출간과 관련한 상황을 고려하면 1991년이었을 가능성도 있는 듯하다. 그 시기면 내가 대학원 준비를 하고 있을 때였을 텐데, 그 와중에 왜 나는 그런 강연을 들으러 갔던 것일까. 시간이 지나면서 기억의 모서리가 닳아 아귀가 맞지 않는 상황을 점점 더 자주 경험하게 되는가 하면, 어떤 때에는 시간이 지나서야 인접한 사실들을 확인하면서 기억을 둘러싼 정황이 비로소 객관화된다고 느끼는 경우도 있다. 가령 지금 기사를 찾아보면서 확인할 수 있는 그 무렵 『빨치산의 딸』의 판매금지나 출판사 대표의 구속 같은 사건들은 그 시기의 내 개인적인 인지의 범위에는 포함되지 않았던 것들이다.

    정지아와 관련된 기억은 그녀가 발표하는 소설을 접할 때면 다시 떠오르곤 했다. 하지만 어느 시기에 이르기까지 그런 사건은 나에게만 국한된 소소한 파문 같은 것이었다. 작가의 작품 발표는 눈에 띄게 활발하다고는 할 수 없는 편이었고, 그 영향의 파장 또한 제한적이었기 때문이다. 그런 상황에서 최근 『아버지의 해방일지』(2022)의 출간 이후 일어난 대중들의 반응은 일종의 격세지감 같은 것을 느끼게 했다. 어차피 '빨치산의 딸'이 하는 아버지 이야기인데 어떤 이유로 세상은 그것을 예전과 다르게 받아들이는가 의아했다. 책을 읽어보니 이야기를 수용하는 세상의 변화 이전에 작가와 그녀의 이야기 자체의 변화가 앞서 있었다고 생각할 수 있었다.

    『빨치산의 딸』은 단행본으로 출간되기 전 『실천문학』 1989년 봄호부터 겨울호까지 일 년 동안 네 차례에 걸쳐 연재된 바 있었다.(단행본과 구분하기 위해 이 연재본은 「빨치산의 딸」로 표기하기로 한다) '연재 실록'이라는 표제를 앞세운 「빨치산의 딸」은 지금 돌아보면 체계적이라고 할 수 없는 두 이질적인 서술체의 접합으로 되어 있다. 첫 회에 실린 제1부('빨치산의 딸')는 빨치산 출신 부모를 둔 작가의 실제 경험을 에세이 형식으로 기술한 것인 반면, 나머지 회에 해당되는 제2부('빨간 스카프')에서는 일인칭 서술자는 사라지고 부모의 증언을 토대로 소설 형식으로 복원된 빨치산 활동의 연대기가 기록되어 있다.

전체적으로 보자면 유기성이 결여된 이런 구조로 인해 이듬해 말 단행본으로 출간되면서 체계의 변화가 있었다. '빨치산의 딸'의 이야기는 일종의 곁텍스트paratext라고 할 수 있는 '머리얘기'로 분리되고, 연재되지 못했던 후편이 보완된 연대기적 기록은 각각 '유혁운'(아버지 정운창)과 '이옥자'(어머니 이옥남)를 중심인물로 한 두 개의 이야기(제1부 조국이 부르다, 제2부 지리산의 영웅들)로 재편되어 중심 서사의 외연이 뚜렷해졌다. 그리고 여기에 '꼬리얘기'('또 다시 살아오는 세상')가 덧붙여져 '머리얘기'에 대응되는 균형이 마련되었다. 제목은 그대로 '빨치산의 딸'로 남았지만『빨치산의 딸』의 실질적인 내용은 부제인 '소설로 쓴 남한인민유격투쟁사'가 더 선명하게 드러내고 있다. 잡지 연재를 시작하면서 작가는 "나는 빨치산의 딸이다. (······) 나는 언제고 내 부모와 나의 얘기를 써보고 싶었다. 부모님의 싸움과 내 싸움의 의미를 밝혀보고 싶었다"[1]라고 포부를 밝힌 반면, 편집자는 이 소설이 "그동안의 빨치산 문학의 한계를 성큼 뛰어넘어 조국의 통일과 민중적 변혁 전망의 새 지평의 열어보일 것"[2]이라는 기대를 드러냈는데, 아마추어 작가의 의욕과 이념 지향적 출판 의도

---

1) 정지아,「빨치산의 딸 (1)」,『실천문학』1989년 봄호, 9쪽.
2) 같은 글, 7쪽. 한 논문은『빨치산의 딸』을 그 전후에 출간된 이태의『남부군』(1988) 및 권운상의『녹슬은 해방구』(1989~1991)와 비교하여 분석한 바 있다. 그에 따르면 세 소설은 빨치산의 경험과 증언을 토대로 했다는 점에서 공통되지만, 빨치산 출신 부모의 증언과 운동권 출신 딸의 서술이 결합된『빨치산의 딸』은 그 점에서 남한의 정치인으로 전향한 저자의 자기 정체화의 산물인『남부군』이나 해방 이전의 지역운동가의 관점에 기초한『녹슬은 해방구』와 이념적으로 구분된다. 유서현,「한국전쟁과 '빨치산 전쟁'」,『한국현대문학연구』61, 2020 참조. 이 편집자의 논평은 그 같은 결과를 의도하면서「빨치산의 딸」의 연재가 기획된 것임을 말해주고 있다.

사이에서 빚어진 모종의 어긋남이 제목과 부제 사이의 부조화로 남게 된 상황이라고 할 수 있다.

『빨치산의 딸』이 내용상으로는 '아버지(와 어머니)의 해방일지'라면, 『아버지의 해방일지』야말로 실제로는 '빨치산의 딸'의 이야기라고 할 수 있다. 이 소설은 '빨치산의 딸'인 '나'가 사흘에 걸친 아버지의 장례식을 치르면서 하나둘씩 차례로 찾아오는 친척과 친지들과의 사연을 소개하면서 사회주의자였던 아버지의 인간적인 면모를 드러내는 데 서술의 초점을 두고 있다.

> 한때 적이었던 사람들과 아무렇지 않게 어울려 살아가는 아버지도 구례 사람들도 나는 늘 신기했다. 잘 죽었다고 침을 뱉을 수 있는 사람과 아버지는 어떻게 술을 마시며 살아온 것일까? 들을 수 없는 답이지만 나는 아버지의 대답을 알 것 같았다. 궁게 사램이제.[3]

이런 에피소드들이 쌓여가면서 '나'는 "나의 아버지, 빨치산이 아닌, 빨갱이도 아닌, 나의 아버지"[4]를 새삼 이해하면서 아버지와, 그리고 '빨치산의 딸'로서의 자신의 운명과 화해하기에 이른다. 한 평론에서는 "어디까지나 애도 속에 회고되는 아버지의 이야기이기에 그가 사회주의자로 살기 위해 자본주의 세상에서 감내해야 했던 날선 갈등과 모호한 협상들이 세세하게 그려지지는 않는다"[5]고 적었는데, 이를 다르게 말하면 『빨치산의 딸』에서와는 대조적으로 이 소

---

3) 정지아, 『아버지의 해방일지』, 창비, 2022, 137~138쪽.
4) 같은 책, 265쪽.
5) 황정아, 「'대안'서사와 '이행'서사」, 『창작과비평』 2023년 여름호, 399쪽.

설에서 아버지와 세상 사이의 갈등은 애초부터 미약하거나 그렇지 않은 경우에도 순조롭게 봉합되고 있다고 하겠다.

한 인터뷰에서는 이와 같은 변화를 "'역사의 기록'에서 '나의 반성'으로의 변화"[6]로 요약하면서 세상을 바라보는 '나'의 성숙에서 그 원인을 찾기도 했는데, 이 문제를 서사의 속성이라는 측면에서 바라보면 '역사'로부터 '허구'로 초점이 바뀌었다고 말해볼 수도 있다. 이 점을 "소설적 형식을 띠기는 했지만 모든 것은 철저하게 사실적인 증언에 의거했다"[7]는 삼십 년 전의 태도와 "베트남 엄마를 둔 노란 머리 여자아이는 완전히 지어낸 인물이에요. (……) 그런 것들을 생각하면서 몇 개의 이야기를 하나로 꾸며 쓴 거죠"[8]라고 밝힌 지금의 창작 태도가 대비되는 장면에서도 확인할 수 있다. "이 책을 너무 다큐멘터리로 읽는 분들이 많아요"[9]라고 한 작가의 언급 역시 이런 맥락에서 떠올려볼 수 있다.『아버지의 해방일지』에서 아버지와 세상, 그리고 아버지와 딸 사이의 화해가 순조롭게 이루어진 데에는 서사 내적 맥락에 앞서 이처럼 소설이 현실에 대한 상상적 보완을 수행하는 허구라는 인식이 작용하면서 그 조건을 제공했던 것으로 보인다.[10]

---

6) 임현,「무늬가 닳도록 다시 말한다는 것」,『창작과비평』 2022년 겨울호, 309쪽.

7) 정지아,「작가의 말」,『빨치산의 딸 (상)』, 실천문학사, 1990, 7쪽.

8) 임현,「무늬가 닳도록 다시 말한다는 것」, 318쪽.

9) 같은 글, 309쪽.

10) 한 북토크 프로그램에서 작가는 "소설 안에서 웃기려고 한 거는 의도가 맞고요. 그래서 최선을 다해서 가벼워져야 된다고 생각을 했습니다. (……) 그래서 빨치산이 뭔지도 모르시는 분들도 많을 것이고 또 빨치산 하면 그냥 거부감부터 갖는 분들도 계실 것이고 그래서 이 거부감을 없애기 위해서 제가 원래 전략 같은 거를 안 세우는데요. 책을 쓸 때 이번에는 처음으로 전략을 세웠는데 그 하나가 무조건 경쾌하고 웃겨야 된다는 거 하나였고요. 두번째는 사실 많은 분들이 이 소설을 자꾸 다큐로 읽으시

이렇듯 삼십여 년의 시간적 간격을 사이에 두고 『빨치산의 딸』과 『아버지의 해방일지』를 비교해보면 역사와의 관계에서 일어난 한국소설의 성격 변화가 새삼 드러난다. 그렇다면 이념의 자리를 허구가 대체하면서 활성화된 서사의 특징이 독자와의 관계를 새로운 방향으로 전개시켰던 것이라고 지금의 상황을 이해해볼 수 있지 않을까.

2. 현재의 관심에 의해 정립된 역사

"최근 한국소설에서, 특히 장편소설에서 역사적 재현의 시도가 빈번한 것은 분명해 보인다"[11]는 것도 사실이지만, 그 관심의 초점이 역사적 사건 그 자체보다 그것을 수용하는 현재의 맥락에 놓이게 되는 경향 또한 하나의 흐름인 듯하다. 정지아의 경우에서도 그런 맥락을 엿볼 수 있었는데, 이후 세대에서는 그 경향이 더 두드러진다. "역사소설에서 작위의 흔적을 최대한 지워서 과거의 이야기에 몰입하게 만드는 일반적인 서술 전략에서 벗어나 그것이 소설가 '나'에 의해 재구성된 서사임을 적극적으로 밝히는 형식은 역사를 다루는 최근의 한국소설에서 공통적으로 발견되는 특징"[12]이라는 언급 또한 이런

는데 소설입니다. 그래서 화자의 이름이 물론 아리니까 제 이름 뒤집은 거기는 한데요. 저는 아버지와 굉장히 일찌감치 화해하고 아버지랑 사이가 좋았습니다. 그런데 그렇게 했으면 독자들이 흡입되지 않을 거 같았어요. 보통 사람보다 더 날카롭고 비판적으로 빨치산 아버지를 보아야만 나중에 딸이 아버지를 이해하고 화해할 때 독자들이 같이 공감할 수 있을 거라는 생각이 들어서 이 두 가지 전략을 세웠고요."라며 『아버지의 해방일지』의 소설적 전략에 대해 이야기한 바도 있다. 〈[알릴레오 북's 85회] '죽음에서 시작되는 이야기/아버지의 해방일지─정지아 편'〉, 사람사는세상노무현재단 유튜브. https://www.youtube.com/watch?v=qY9PF6koAo4&t=622s

11) 노태훈, 「연결되는 '우리'와 회복하는 '나'」, 『문학동네』 2022년 봄호, 183쪽.
12) 같은 글, 175쪽.

상황을 지시하고 있다. 그 언급은 강화길의 『대불호텔의 유령』(2021)을 염두에 둔 것인데, 작가의 전작(「니꼴라 유치원」)을 매개로 사실과 허구를 뒤섞으면서 소설 내부에 직접 그 구성의 맥락을 드러내는 실험적인 방식은 아니라고 해도, 다음의 사례 역시 그와 같은 허구 구성의 의식이 역사 이야기의 주된 동기를 이루는 경우라고 할 수 있다.

> 이 소설은 무엇보다 20세기를 살아낸 여자들에게 바치는 21세기의 사랑이다. 심시선의 이름은 돌아가신 할머니의 이름을 한 글자 바꾼 것인데, 할머니가 가질 수 없었던 삶을 소설로나마 드리고자 했다. 나의 계보에 대해 종종 생각한다. 그것이 김동인이나 이상에게 있지 않고 김명순이나 나혜석에게 있음을 깨닫는 몇 년이었다. 만약 혹독한 지난 세기를 누볐던 여성 예술가가 죽지 않고 끈질기게 살아남아 일가를 이루었다면 어땠을지 상상해보고 싶었다. 쉽지 않았을 해피엔딩을 말이다. 또 예술가 내 권력의 작동 방식에 대한 소설이기도 하다.[13]

위의 작가의 말에서 정세랑의 소설 『시선으로부터,』(2020)의 이야기가 역사적 사실이 아니라 오히려 그 결여를 메우는 상상에 기초해 있다는 사실을 확인할 수 있다. 그 당대의 여성으로서는 예외적으로 세계적인 예술가로 성공한 '심시선'의 후손들이 하와이에 모여 시선의 10주기 기념으로 그녀와 관련된 기억을 수집하여 경연하는 '제사'의 과정을 그리고 있는 이 소설에서 그 상상의 전개가 귀착된 '해피엔딩'이 현실적으로는 성립하기 어려운 것이라는 사실을 작가 역시

---

13) 정세랑, 「작가의 말」, 『시선으로부터,』, 문학동네, 2020, 334쪽.

모르지 않는다. 아니, 오히려 현실에서 '할머니가 가질 수 없었던 삶'을 '소설로나마' 실현하고자 했다는 의도를 직접 드러내고 있기도 하다. 김명순이나 나혜석 같은 실제 역사 속 여성 인물들이 언급되고 있지만, 그 역시 '나의 계보'의 맥락에서 끌어온 것이다.

그러니까 여기에서 소설은 과거를 재현하는 작업이라기보다 현실에 부재하는 상황을 욕망하는 '상상'의 작업이다. 더불어 '예술가 내 권력의 작동 방식' 같은 현재의 관심사가 투사된 실용적인 것이기도 하다. 노스럽 프라이의 분류에 의하면, '노벨novel'이라기보다는 '로맨스romance'에 가까운 것이라고 할 수 있다.[14] 한 평론은 이 소설에서 시선이라는 인물의 추상성을 약점으로 지적하면서 "그녀의 성격이 전쟁, 이민, 자립, 결혼 등의 경험을 거치며 어떤 단련을 받았고, 어떤 변화를 보였는지는 작중의 누구도 알려주지 않는다"[15]고 비판하기도 했는데, 이런 관점은 이 이야기를 노벨의 기준으로 평가하고 있는 것이라고 할 수 있다.[16] 그렇지만 정세랑의 독자들이 그런 기대를 품고 그녀의 소설을 읽고 있는 것 같지는 않다.[17]

---

14) 『비평의 해부』(1957)에서 노스럽 프라이는 산문 픽션(prose fiction)의 속성을 novel, romance, anatomy, confession 등 네 유형으로 구분하고 실제 산문 텍스트가 그 선택적 조합으로 구성되었다고 설명하고 있다. 노스럽 프라이, 『비평의 해부』, 임철규 옮김, 한길사, 2000, 574~594쪽 참조.

15) 황종연, 「모계 여성 서사와 그 불만—정세랑의 『시선으로부터,』와 최은영의 『밝은 밤』에 관하여」, 『문학동네』 2023년 여름호, 439쪽.

16) 이 문제와 관련하여 노스럽 프라이는 소설과 로맨스의 본질적인 차이를 성격묘사의 구상에서 찾으면서 "로맨스 작가는 '실재의 인간'을 창조하려는 것보다는 오히려 양식화된 인물, 인간 심리의 원형을 나타내는 데까지 확대되는 인물을 창조하려고 한다"(노스럽 프라이, 『비평의 해부』, 577쪽)고 설명한다.

17) 한 인터넷 서점(알라딘)의 댓글난에는 『시선으로부터,』의 이와 같은 장르(로맨스)적 특징과 관련하여 "일단 작가가 어떤 의도로 썼는지가 명확히 드러난다. 그래서 시

한편 『시선으로부터,』에서 여성 중심의 가족사를 구성하는 면모 역시 최근 여성 작가들의 소설에 공통적으로 나타나고 있는 특징으로 볼 수 있다. 강화길의 「음복飮福」(2019), 「가원佳園」(2020) 등의 단편에서 이전에는 안타고니스트로 간주되었던 여성 가족 구성원에 대한 확장된 이해가 페미니즘 소설의 새로운 경향으로 등장한 바 있었는데, 장편에서는 그런 경향이 더 전면적으로 추구되고 있다. 가령 최은영의 『밝은 밤』(2021)에서도 그와 같은 여성 중심의 세대 구도를 접하게 된다. 이혼으로 인해 환멸을 안은 채 '희령'이라는 가상의 공간으로 이주해온 지연이 이 소설의 중심인물인데, 그녀가 그곳에서 어머니 '미선'과 오랜 갈등 관계에 있던 외할머니 '영옥'을 만나면서 이야기가 본격적으로 전개된다. 지연이 영옥으로부터 전해듣는 더 열악했던 시대의 여성들의 사연은 한 편의 드라마와도 같은 공감과 연대의 효과를 발휘하여 지연 자신의 문제가 치유될 뿐만 아니라 궁극적으로는 지연과 미선, 미선과 영옥 사이의 모녀 갈등이 해소되는 계기가 된다.

한편 외증조할머니 '정선'(삼천이)으로부터 영옥으로 이어지는 여성 인물들의 사연에는 전쟁을 전후로 한 현대사의 사건들이 배경으로 놓여 있지만 그 역사적 맥락은 구체화되어 있지 않은데, 그 점을

원하고 통쾌하다" "학자는 할 수 없고, 소설가는 할 수 있는 일 중, 이런 것이 있었지. 어쩌면 화가가 되고 어쩌면 작가가 되었을 수도 있는, 척박한 조선의 땅에서 살아남은 어떤 여자에 대해 상상해보기. '지지 않고, 꺾이지 않았더라면.' 오랜만에 구석구석이 꽉 찬 씩씩한 작품을 배부르게 읽어서 좋았다"와 같은 반응을 포함한 긍정적인 평가가 대다수를 차지하는 가운데, "그 인물들을 이용해서 작가가 무슨 말을 하고 싶은지만 보였다. 계몽 소설 같기도……?" "현실은 시궁창인데 판타지를 보고 즐기기엔 마음 한구석이 찝찝하다" 같은 부정적인 반응도 있었는데, 그 평가에는 각자가 갖고 있는 소설에 대한 관점이 작용하고 있다고 볼 수 있다.

두고 한 평론은 "이는 20세기를 살아내야 했던 한국의 여성들을 재현하는 인과의 형식보다 이들을 현재의 '나'와 연결하는 것이 훨씬 더 중요하기 때문"[18]이라고 설명한 바 있다. 작가 스스로 "이 소설을 쓰는 일은 그런 내가 다시 내 몸을 얻고, 내 마음을 얻어 한 사람이 되어가는 과정이었다"[19]고 밝힌 바도 있는데, 이 소설에 대한 독자들의 반응을 고려하면 역사적 사건 자체보다 자기를 중심에 둔 쓰기와 읽기의 수행이 새로운 트렌드를 이루고 있다고도 볼 수 있을 듯하다.

그렇지만 이런 소설 생산과 수용의 현장에서의 새로운 트렌드 또한 '노벨'의 관점에서는 그다지 우호적인 반응을 얻고 있지 못하다. 그 대표적인 예로 이 소설에서 여성 인물들 사이의 연대가 부각되는 한편 남성 인물들의 경우 명백한 부정성의 대상으로 이분화되고 있다고 문제를 제기하면서 "지나치게 선명한 이 구도는 『밝은 밤』에서 어떤 미결정의 영역으로서의 '밤'을 추방한다. 올바름 여부가 확실치 않은 주장과 질문들이 어둠 속에 맞부딪치며 예측 불가능한 새벽을 맞을 여지를 주지 않는 것이다. 그 때문에 고통받는 인물들이 등장함에도 서사 자체는 이렇다 할 고통을 겪지 않은 채 치유를 향한 직선의 진로를 밟는다"[20]고 비판하는 경우를 들 수 있다. 그렇지만 이 소설의 관심 자체가 밤의 어두움을 재현하기보다 밤을 밝히는 데 있다면 이런 비판의 의미는 제한적일 수밖에 없지 않을까.

그런가 하면 여성 중심의 가족사를 소설적으로 구성하는 데 할머니와 더불어 중요한 역할을 하는 존재로 '이모'가 있다. 박민정의 『서

---

18) 노태훈, 「연결되는 '우리'와 회복하는 '나'」, 174쪽.
19) 최은영, 「작가의 말」, 『밝은 밤』, 문학동네, 2021, 341쪽.
20) 황정아, 「'문학의 정치'를 다시 생각한다」, 『창작과비평』 2021년 겨울호, 33쪽.

독 이모』(2019)에서도 여성 인물 '우정'의 모델로 1980년대 후반의 독일 유학생 이모가 등장한 바 있었는데, '파독 간호사'를 모티프로 한 백수린의 『눈부신 안부』(2023)에서는 그 배경이 더 앞선 시대로 확장되는 한편 여성 인물의 정체성의 기원에 한 발 더 다가서고 있다. 소설 속에서 '해미'가 어머니와 동생과 함께 이모가 있는 독일의 한 도시로 이주한 원인에는 언니를 잃은 가스 폭발 사고라는 사회적 참사가 있었다. 낯선 도시에서의 해미의 유년 시절을 감싸주었던 것은 이모와 이모들, 그리고 '레나'와 '한수' 등 그 가족들이다. 역사적, 사회적 맥락이 배경으로 놓여 있지만, 이 소설에서 서사를 이끌어가는 주된 동력이 한수의 어머니이기도 한 선자 이모의 첫사랑을 찾아가는 추리소설의 구조라는 사실은 이 소설이 '노벨'과는 다른 방향에 놓여 있다는 것을 드러내주고 있다.

> 장편소설을 쓰고 퇴고하는 과정을 거치면서 해미의 주변 인물들이 지나칠 정도로 선의로 가득한 것은 아닌가 걱정이 될 때가 많았어요. 현실세계는 그렇지 않잖아요. 그래서 소설이 너무 판타지처럼 보일까봐 조금 더 악의를 품은 인물들, 악의까지는 아니어도 이기심 같은 것을 드러내는 인물들을 그려야 하지는 않을까 생각할 때가 많았는데요. 그럼에도 불구하고 결국엔 그렇게 하지 못했어요. 왜 도저히 그런 인물들을 그리고 싶지 않을까 계속 고민했는데, 퇴고를 마칠 즈음 그것이 해미 때문이었다는 걸 알았어요. 해미가 정말 너무 안쓰러워서 가능하면 해미에게 좋은 사람들을 선물해주고 싶었던 같아요.[21]

---

21) 「인터뷰―『눈부신 안부』를 통한 백수린 작가의 첫 인사」, 『눈부신 안부』 코멘터리 북』, 문학동네, 2023, 59쪽.

현실성의 문제를 두고 작가 스스로도 소설의 방향에 대해 고민했다는 사실을 위의 인용에서 확인할 수 있다. 그런 소설적 방향은 장편소설이라는 장르 형식과 소설 속 인물, 더 궁극적으로는 그 인물에 이입할 독자를 생각하면서 작가가 구체적인 숙고 끝에 선택한 것으로 볼 수 있다. 작가가 "이 책이 누구든 필요한 사람에게 잘 가닿아 눈부신 세상 쪽으로 한 걸음 나아갈 힘을 줄 수 있었으면"[22]이라고 밝힌 대목에서도 이 소설이 독자와의 사이에서 설정하고 있는 관계의 성격을 확인할 수 있다. 앞서 최은영의 경우도 그렇다고 생각되지만, 백수린 또한 그동안 그녀가 써왔던 단편들의 '노벨'로서의 면모에 비하면 첫 장편에서는 낯설다 싶을 정도로 '로맨스'의 성향이 드러나고 있는 듯하다.[23] 그렇지만 이 글의 맥락에서는 이와 같은 상태가 소설에 대한 장르적 이해의 부족이라든지 표현 역량의 미숙의 문제가 아니라, 오히려 자신이 쓰고 있는 이야기의 장르 형식과 그 독자의 성향에 대한 현실적인 고려의 결과라고 볼 수 있다.[24]

또한 이와 같은 흐름 위에서 역사적 사건을 모티프로 도입하는 최

---

22) 백수린, 「작가의 말」, 『눈부신 안부』, 문학동네, 2023, 315쪽.
23) 이 경향의 소설들이 대체로 고통에 대한 상징적 위안과는 구분되는 실제의 '해피엔딩'의 결말에 이르는 현상 역시 이런 트렌드와 연관이 있을 것이다.
24) 이 지점에서 독자들의 취향과 성향이 분화된 지금의 상황에서 모든 이야기가 단일한 기준에 의해 평가되어야 하는지 다시 생각해볼 여지가 있다고 생각된다. 이 사안과 관련하여 가즈오 이시구로가 노벨문학상을 수상하면서 했던 다음의 언급을 참고할 만하다. "무엇이 좋은 문학인가에 대한 정의를 지나치게 편협하거나 보수적으로 설정하지 않도록 아주 조심해야 합니다. (……) 특히 장르와 형식에 대해서 말입니다."(가즈오 이시구로, 『나의 20세기 저녁과 작은 전환점들』, 김남주 옮김, 민음사, 2021, 51~52쪽)

근 소설에서는 주로 가족사에 자리잡은 이전 세대의 경험과 이후 세대의 소설적 상상력이 결합되는 경우도 자주 볼 수 있다. 앞서 언급한 정세랑과 최은영의 경우에도 이런 특징과 연관되는 맥락을 발견할 수 있는데,[25] 이렇게 보면 어느 시기 이후 역사 이야기는 포스트메모리에 근거한 작업이 되어오고 있다는 사실을 새삼 실감할 수 있다.

> 이 소설은 너무 자세히 묻거나 듣지 못한 '삼촌의 말'을 제가 상상한 것입니다. 실제로는 용기내 묻지 못했던 삼촌의 이야기, 삼촌처럼 어떤 시기에 세상으로부터 가려져야 했던 누군가의 목소리를 소설로 써본 것입니다. 하지만 사람들의 염려대로 저는 그 말을 '너무 자세히' 쓰지는 못했습니다. 다만 그 시절, 누구도 선뜻 소리 내 말할 수 없던 삼촌의 존재가 우리 사이에 언제나 함께하고 있었다는 것만은 기록해두고 싶었습니다.[26]

김멜라의 『없는 층의 하이쎈스』(2023)에는 운동권 하숙생으로 인해 간첩으로 몰렸던 트라우마가 있는 인물('사귀자')이 등장하는데, 그렇지만 이 소설의 스타일은 그 시대의 문제나 풍속의 사실적 재현과의 거리가 있다. 작가는 소설의 기원에 가족들로부터 집안의 그림

---

[25] 앞에서 인용한 『시선으로부터』의 「작가의 말」에서 "심시선의 이름은 돌아가신 할머니의 이름을 한 글자 바꾼 것인데, 할머니가 가질 수 없었던 삶을 소설로나마 드리고자 했다"는 부분과 『밝은 밤』의 「작가의 말」에서 "이 소설을 쓰면서 나의 할머니를 많이 생각했다. 전쟁 때 대구로 피난 갔던 할머니, 냉장고 상자를 주워서 내게 장난감 집을 만들어주었던 할머니, 앞으로 멀리 다니라고 지구본을 사줬던 할머니의 마음이 이 소설의 세계를 만들었다. 총명하고 명랑한 나의 할머니 정용찬 여사가 지금처럼 늘 건강하시기를 기도한다"(342쪽)는 언급을 참고할 수 있다.
[26] 김멜라, 「작가의 말」, 『없는 층의 하이쎈스』, 창비, 2023, 328쪽.

자처럼 여겨지던 대학생 '삼촌'이 있다는 사실을 밝히고 있는데, 개인의 가족사에 근거를 둔 연원은 창작의 과정에서 '상상'에 의해 크게 굴절되어 배경으로 자리잡고 소설은 각자의 상처를 가진 채 남산 부근의 한 상가 건물에서 동거하는 할머니(사귀자)와 손녀('아세로라')의 이야기로 전개된다.

김멜라의 '삼촌'은 박민정의 '사촌'에 대응된다. 「나의 사촌 리사」(2018), 「나는 지금 빛나고 있어요」(2019) 등에서는 간접화되어 나타났던 '사촌'의 이야기는 「신세이다이 가옥」(2019)에서 해외에 입양된 큰집의 사촌 자매의 이야기로 표면화되었고 「백년해로외전」(『문학동네』 2022년 가을호~2023년 가을호)에서 장편의 형태로 확장되어 다시 쓰이고 있다.

3. 그럼에도 작별할 수 없는 역사

이처럼 최근 소설들이 역사를 도입하면서도 과거보다는 현재를 지향하는 흐름을 보여주고 있는 반면, 『소년이 온다』(2014)에서 『작별하지 않는다』(2021)에 이르는 한강 소설의 경우에는 한편으로는 그와 같은 추세에 입각해 있으면서도 어떤 지점에서는 그와 다소 어긋나며 오히려 흐름을 거스르는 경로를 선택하는 장면을 연출하고 있기도 하다.

『소년이 온다』 이후 한강이 발표한 소설 가운데에는 「눈 한 송이가 녹는 동안」(2015)과 「작별」(2017) 등 두 편의 중편이 있다. 각각 젠더 문제와 결부된 글쓰기에 대한 자의식, 그리고 생활과 돌봄의 문제를 모티프로 삼은 그 소설들은 이전의 역사적 트라우마의 문제로부터 벗어나(고자 하)는 흐름(혹은 의지)을 보여주고 있었다. 한 인터뷰에서 한강은 『작별하지 않는다』가 그들과 함께 3부작의 맥락을 완성하는 의도에서 출발했다는 사실을 밝히면서 "예상보다 오래 걸리고 원고지 1,000매가 훨씬 넘는 장편소설이 되어버린데다가 앞의 두 편과 결도 달라서 독립적인 책으로 나오게 되었"[27]던 저간의 사정을 이야기한 바 있었다.[28]

어떻게 보면 광주 5·18이라는 역사적 사건을 허구(물론 실제 기록에 토대를 두고 있기에 이 허구성은 단순하지 않다)의 형식으로 재현한 서사의 끝에 작가 자신의 페르소나를 등장시킨 에필로그를 덧붙인 『소년이 온다』의 입체적인 서술 구조는 사건과 관련된 작가의 체험이 가진 양면적 성격을 보여주고 있었다고 생각할 수 있다. 부분적으로는 출생과 성장의 공간으로서 체험의 영역을 포함하고 있지만 그럼에도 불구하고 그 체험은 전면적인, 역사적인 것이라고 말하기는 어렵기 때문이다. 이러한 이질적 서사체의 병치 구조는 앞서 「빨치산의 딸」에서도 볼 수 있었는데, 이 경우에도 그와 같은 비유기적 결합에서 역사적 사건을 마주하는 양가적 태도가 얽혀 있는 상황을 확인할 수 있다. 결과적으로 『소년이 온다』는 그와 같은 복합적인 거리로 인해 동호, 은숙과 같은 평범한 인물들이 역사적 사건에 연루되어 겪는 경험을 서사화할 수 있었던 것이라고 하겠다.[29] 이런 과정에서 이념

---

27) 한강·정용준, 「빛이 머물다 간 자리」, 『악스트』 2022년 1/2월호, 62~63쪽.
28) "광주 이야기만 쓰면 힘들 것 같아서, 다른 이야기를 중심에 놓고 배음(背音)으로서 광주를 경험한 사람을 등장시키려고 했"(한강·김연수, 「사랑이 아닌 다른 말로는 설명할 수 없는」, 『창작과비평』 2014년 가을호, 319쪽)으나 결국 '광주 이야기'가 된 『소년이 온다』의 창작 과정에서도 역사적 사건을 향한 무의지적 선회의 순간을 확인할 수 있었다.
29) 소설 이외의 다른 서사 영역에서도 이와 같은 흐름을 확인할 수 있다. 가령 문선희

지향적인 서사의 경우 그 반경이 제한되는 반면, 초점을 이념의 범위 바깥에 두면 이념적 방향이 모호해지는 아포리아를 넘어서는 소설적 사건이 발생했던 것이다.

『작별하지 않는다』는 'K시'에서 발생한 사건에 대해 책을 쓴 경하가 친구 인선을 통해 그녀의 어머니 정심이 겪은 4·3과 보도연맹 사건에 접속하는 과정을 그리고 있다. 그런데 그 과정은 적극적인 의욕이나 의지에 의해 진전되는 것이 아니라 여러 차례의 주저와 망설임을 경유하면서 힘겹게 조금씩 나아가는 것이다. 가령 경하는 인선의 어머니 정심이 스크랩해놓은 신문을 앞에 두고 "이것을 보고 싶은가. 병원 로비에 붙어 있던 사진들처럼, 정확히 보지 않는 편이 좋은 종류의 것 아닐까"[30]라고 스스로에게 묻고 있다. 그로부터 조금 더 지나 다음 대목에서는 그 갈등이 더욱 극적인 방식으로 경험되고 있다.

그걸 펼치고 싶지 않다. 어떤 호기심도 느끼지 않는다. 그 페이지들을

의 『묻고, 묻지 못한 이야기』(난다, 2016)에 담긴 초등학생으로서 체험한 80년 광주에 대한 80편의 기억은 "중심이 아닌, 주변의 기억"(8쪽), "정치적이라기보다 정서적인 기억들"(11쪽)이다. 한 논문에서는 정해천의 『달맞이 언덕에 뜨는 달』(1994), 김남중의 『기찻길 옆동네』(2004), 김해원의 『오월의 달리기』(2013) 등의 작품을 검토하며 어린이문학에서 광주 5·18의 서사화가 시기에 따라 아동 주인공들의 서사로 이야기의 중심이 옮겨가면서 "공포와 비극의 공간에서 희망과 공동체의 공간으로의 인식의 전환"(안점옥, 「5·18을 기억하는 아동문학의 방식」, 『아동청소년문학연구』 21, 2017, 394쪽)이 이루어지고 있음을 논증하고 있다. 한편 『오월의 달리기』는 80년 광주를 배경으로 한 로맨스 형식의 드라마 〈오월의 청춘〉(KBS2, 2021. 5. 3~6. 8, 12부작)의 원작으로도 쓰였는데, 이런 장면에서 하나의 주제와 관련하여 개별 장르의 특성을 보유하면서도 전체적으로는 병행하는 행보를 보이는 내러티브 네트워크의 작동 양상을 확인할 수 있다.

30) 한강, 『작별하지 않는다』, 문학동네, 2021, 256쪽.

건너가라고 누구도 강요할 수 없다. 복종할 의무가 나에게 없다.

    그러나 떨리는 손이 뻗어나가 표지를 연다. 커다란 플라스틱 바구니에 부위별로 추려진 뼈들이 산더미처럼 쌓인 사진들을 넘겨간다. 수천 개의 정강이뼈. 수천 개의 해골. 수만 개의 늑골 더미. 수백 개의 목도장들, 혁대 버클들, 中 자가 새겨진 교복 단추들, 길이와 굵기가 다른 은비녀들, 유리알 속에 날개가 들어 있는 것 같은 구슬치기용 구슬들의 사진이 사백여 페이지에 걸쳐 흩어져 있다.[31]

소설 내에서 경하가 4·3이라는 역사적 사건과의 대면을 앞두고 겪는 심리적인 갈등은 소설 외부의 작가가 경험하고 있는 갈등이 소설 내부에 투영된 것으로 이해해볼 수 있다. 그와 같은 딜레마는 이 시기 한강이 쓴 소설의 제목인 '작별'과 '작별하지 않는다'에, 그러니까 이율배반을 이루고 있는 두 행위의 동시성에도 그대로 나타나 있다. 그리고 위에서 보듯, 그 딜레마를 통과하는 선택은 문제들을 논리적으로 타진하면서 진행되는 것이라기보다 스스로도 알 수 없는 압력에 의해 일종의 기투에 가까운 방식으로 이루어지는 것에 가깝다. 위의 장면에서는 그것이 한 행의 공백과 '그러나'라는 접속사를 통해 표현되어 있다.
    이 대목에서 『소년이 온다』 속 광주 5·18과 『작별하지 않는다』 속 제주 4·3의 비대칭성에 대해 생각해볼 필요가 있다. 역사적 비극이라는 사건의 유사성에도 소설쓰기의 측면에서 두 이야기는 동일한

---

31) 같은 책, 285~286쪽.

문제로 환원되지 않는다. 그렇기 때문에 그 이행의 과정에는 몇 가지 문제들이 중층적으로 가로놓여 있는데, 『작별하지 않는다』는 그 문제들과 부딪쳐 이루어진 결과일 것이다.[32] 앞서 언급한 바와 같이 세 편의 중편이 하나로 묶이는 구도를 염두에 두었다면, 애초에 『작별하지 않는다』는 4·3이라는 역사적 사건을 서사화한 소설이기에 이전에 그 이행의 과정에서 직면해야 했던 글쓰기와 관련된 과제들을 감당하는 이야기였을 가능성이 있고, 실제로 결과적으로도 그것을 포함하고 있다. 그 점에서 형식적으로는 균형을 이루지 못했지만, 그 근본적인 내적 맥락에서는 「눈 한 송이가 녹는 동안」 「작별」 『작별하지 않는다』가 하나의 체계를 이룬다고도 볼 수 있다. 그러니까 각각 글쓰기, 돌봄, 역사 등 궁극적으로는 하나일 수밖에 없겠으나 그럼에도 글을 쓰는 주체로서 겪는 그 문제들의 단면을 세 편의 소설이 각각 서사화하고 있는 것이다.

그런데 그 과정에서 역사의 문제는 그 특별한 무게로 인해 다른 문제들과 동렬에 놓이지 않고 독립적인 형태로 돌출되는 결과가 나왔고, 그리하여 『소년이 온다』와 『작별하지 않는다』가 하나의 세트처럼 인식되는 상황이 야기된 것이다. 앞서 『작별하지 않는다』에서 역사적 사건과 대면하는 과정에서 경하가 겪는 갈등의 장면을 떠올리면,

---

32) 한 논문은 그 과정을 논의하면서 "『작별하지 않는다』의 창작 과정은 '광주' '아르헨티나' '임흥순' '전시회' '작별하지 않는다' '꿈' '제주' 〈비념〉 등의 다수의 노드들을 잇는 가운데 만들어진, 일종의 토폴로지의 장이라 할 수 있을 것"(성가인, 「비경험 세대 작가들의 서사에 나타난 역사적 사건의 재현 양상과 방법」, 계명대학교 박사학위논문, 2023, 78~79쪽)이라 설명하고 있다. 그렇지만 결과적으로는 그 문제의 지형이 '제주'를 중심으로 재편되면서 '광주 이야기'에 이어진 '제주 이야기'라는 도식이 성립되었다고 할 수 있다.

구체적으로 서술되지는 않았지만, 혹은 구체적으로 서술되지 않았기 때문에 이런 결과가 초래된 데에는 작가의 의지보다 기대 지평의 압력이 더 크게 작용하지 않았을까 짐작되기도 한다. 그리고 그 결과 역사를 모티프로 취하고 있는 최근의 한국소설들의 흐름과는 구분되는, 그러니까 로맨스적 방식과는 달리 결국에는 현실과 역사를 감당하는 것으로 귀착되는 태도를 보여주고 있는 것이다.[33]

그렇지만 『작별하지 않는다』에 대한 비평적 반응은 대체로 이와 같은 맥락을 살피지 않고 이 소설을 '제주 4·3 서사'로 규정한 전제 위에서 이루어지고 있다고 생각된다. "경하가 제주로 들어가는 과정을 담은 1부가 소설을 절반 이상을 차지할 만큼 지난한 데에 반해 4·3에 관한 이야기가 펼쳐지는 2부와 3부는 다소 소략하다고 느껴진다"[34]는 문제제기는 그런 전제에 입각해 있다. 그런데 이 지점에서 역사서와 다큐멘터리와 같은 더 전문적인 매체들이 그 영역을 담당하고 있는 지금 상황에 소설이 역사적 사건의 전모를 담아야 할 필요가 있는 것일까 생각해볼 여지가 있다. 공적 미디어가 체계적으로 왜곡되었던 상황을 벗어난 지금 역사적 사건과 관련하여 그것을 대상으로 하는 소설의 성격과 범위를 그에 맞춰 재조정할 필요가 있는 것은 아닐까. 이 글의 맥락에서는 최근의 한국소설이 그 조정의 작업을

---

[33] 한강의 소설에는 로맨스의 특성이 두드러지게 나타난다. 「내 여자의 열매」(1997)로 거슬러올라갈 수도 있고, 『소년이 온다』에도 그리고 「작별」과 『작별하지 않는다』에서도 선명하다. 그런데 이 서사적 장치 혹은 기법의 측면에서의 로맨스적 특성의 문제는 역사적 사건을 도입하는 이야기의 장르적 성격으로서 로맨스의 차원과는 구분되는 것이다.

[34] 이소, 「제주에서 보낸 한철—한강·조해진·김금희의 장편소설과 '정치적인 것'에 대하여」, 『쓺』 2022년 상권, 107쪽.

해나가고 있다고 생각된다.

『작별하지 않는다』에 대해 "역사적 트라우마의 전승에 대한 충실성이 역사 자체를 밀려나게 하고, 재현의 윤리를 둘러싼 고통이 재현하려는 고통보다 앞서 다가오는 것"[35]이라거나 "4·3이라는 구체적 사건을 다루는 소설이 영혼과 고통의 시적 세계에 머무른 채 '정치적인 것'으로 향하기를 포기하는 것처럼, 다시 말해 그녀들의 자리로 돌아가 현실에 직면하는 일을 회피하는 것처럼 보이기도 한다"[36]라고 비판하는 입장 또한 이 소설을 '제주 4·3 서사'라고 단정하는 시각에 기초한 것이라고 생각된다. 하지만 이런 비판에도 지금의 서사 상황에 대한 이해가 결여되어 있으며, 소설과 역사 혹은 정치의 관계 설정이나 재현이라는 방법의 측면에서 이전 시대의 계몽적 구도와 기율을 내세우고 있어 보인다. 그와 같은 방식의 당위와 필요를 인정한다 해도 모든 서사가 그런 방향을 지향해야 하는 것은 아닐 것이다.

이 글의 관점에서는 최근 소설의 흐름에 비춰보자면 한강 소설은 오히려 역사적 사건의 무게와 의미를 외면하지 않고 자신의 소설적 방향에 그 사건과의 대면을 힘겹지만 수용해나가는 태도를 보여주고 있다고 생각된다. 그런 거스름으로 인해 그 주된 흐름의 반대편에 역사적 사건과 대면하는 한국소설의 또다른 축이 기댈 만한 언덕처럼 형성되어 있다고 볼 수 있다.

---

[35] 황정아, 「'문학의 정치'를 다시 생각한다」, 『창작과비평』 2021년 겨울호, 26쪽.
[36] 이소, 「제주에서 보낸 한철—한강·조해진·김금희의 장편소설과 '정치적인 것'에 대하여」, 108쪽.

4. 과거와 현재를 연결하는 역사

전혜진의 소설집 『바늘 끝에 사람이』(2023)는 장르 소설의 형식에 국가 폭력의 문제를 담아내고 있다. 앞서 문학적 허구literary fiction 영역의 장편들이 역사적 사건을 소설 속에 도입하면서도 사건 자체를 주제화하기보다 현재의 관심사와 연관시켜 활용하는 방식을 취했던 것에 비해, 장르 소설에서는 오히려 역사적 사건을 직접적인 주제 대상으로 다루는 경향을 발견할 수 있다.

> 이 책에는 제주를 배경으로 한 두 편의 호러 소설도 수록되어 있다. 제주 할망들의 힘을 빌려서라도 복수를 계획했지만, 정말로 섬을 날려버릴 수는 없는 노릇이었다. 신의 힘을 빌어도 복수에 성공하지 못하고, 처벌도 원껏 할 수 없는 이야기들이 너무 무기력하게 받아들여지지 않을까 늘 걱정한다. 그러면서도 어떤 것들은 이야기되어야 하기에 일단 세상에 내놓기도 한다. 그러면서도 언제나 나의 부족함 때문에 죄송해한다. 가끔은 별일 없이 사는 듯 하다가도 미안합니다, 하고 말해야 할 것 같은 느낌이 드는 것이다.
>
> 그런 부끄러움에 대해 생각하고 있다.[37]

정보라는 이 책을 추천하면서 "소설의 장점은 이야기의 결말을 현실과 다르게 상상할 수 있다는 것"[38]이라고 전제한 뒤에 '기록으로 연대하는 방식'에 대한 원칙을 제시하고 있다. 그 원칙은 이야기를 주도하는 목소리가 작가의 것이 아니라 피해 당사자의 것이어야 한

---

37) 전혜진, 「작가의 말」, 『바늘 끝에 사람이』, 한겨레출판, 2023, 346쪽.
38) 정보라, 「추천의 말」, 같은 책, 349쪽.

다는 것, 상상된 결말 또한 작가가 원하는 방향이 아니라 당사자들이 원하는 방향, 인간의 존엄을 향한 정의로운 방향이어야 한다는 것이다. 이런 이야기의 특징과 문제 해결의 방식은 노스럽 프라이가 로맨스 양식을 두고 "여러 가지 구체적인 모습에도 결코 만족하지 않는 순전히 '프롤레타리아'적인 요소가 있으며, 사실 여러 가지 구체적인 모습을 띠고 로맨스가 나타나는 것 자체야말로 사회에 어떤 큰 변화가 일어난다 할지라도 변함없이 굶주림에 차 있는 상태에서 새로운 희망과 살찌고 있는 욕망을 찾는 모습으로 나타날 것이라는 사실을 보여준다"[39)]고 했던 설명과 부합하는 면이 있다고 생각된다.

최근에는 장르 소설이라고 해서 역사적 사건으로부터 모티프만 취하는 것이 아니라, 독자적인 주제로서 추구하는 경향도 나타나고 있다. 황모과의 『말 없는 자들의 목소리』(2023)에서 그런 특징이 두드러진다. 전혜진이 광주 5·18, 제주 4·3 등 대표적인 역사적 사건을 장르 이야기의 형식 속에 담아내고 있다면, 황모과의 경우는 특히 1923년 관동대지진 당시의 조선인 학살 사건에 집중하고 있다. 2023년, 그러니까 1923년으로부터 백 년이 지난 시점을 배경으로 선택한 「연고, 늦게라도 만납시다」(2020)에서 앞서 그 사건을 다룬 바 있었고, 그 과정에서 파생된 「순애보 준코, 산업위안부 김순자」(2022) 등의 단편도 있었는데, 『말 없는 자들의 목소리』에서는 장편을 통해 관동대지진 조선인 학살 사건을 보다 본격적으로 취급하고 있다. 각각 조선인 유족회와 일본인 유족회를 대리하여 싱크놀로지 시스템이라는 일종의 타임슬립 장치를 통해 과거로 되돌아가는 민호와 다

---

39) 노스럽 프라이, 『비평의 해부』, 363쪽.

카야가 이 소설의 중심인물들이다. 이 소설에서는 사건의 비극을 공유하겠다는 의지도 뚜렷하지만, 그리고 그 책임의 소재에 대한 태도 역시 분명하지만, 그럼에도 거기에서 더 나아가 양국의 상호 이해와 협력에 기반한 문제의 해결에도 강조점을 두고 있다. 네번째 루프에서의 다카야의 반성적 변화가 그 점을 상징적으로 드러내고 있다.

단순히 모티프만 취하고 있는 것이 아니라 사건 그 자체에 대한 아카이브 차원의 관심과 근거 확보의 과정이 수반되고 있다는 점 또한 이 경향에서 최근 나타나고 있는 특징이라고 할 수 있다. 『말 없는 자들의 목소리』의 구상과 취재 과정을 기술하고 있는 「취재 기록, 기억, 노트」와 「참고문헌 및 덧붙임 말」을 수록하고 있는 '코멘터리 북' 『관동대학살 100년의 비극 지워진 목소리를 찾는 여정』이 그 점을 잘 보여주고 있다.

> 과거를 새로 쓰는 작업을 SF소설이라는 형식을 통해 시도하고 있다는 점을 자부하고 있다. 당시의 진실을 찾아보려는 누군가와 현장을 잇는 일에 이 소설이 작은 다리가 되었으면 한다. 작품도 작가도 여전히 부족함이 많지만 숨겨진 수많은 이야기의 작은 귀퉁이가 되면 좋겠다. 이야기는 더 필요하다.
>
> 그리하여 완전히 얼굴을 바꿔 새로운 미래가 될, 역동적인 과거를 꿈꾸며…… 2023년 현재형으로 목격하는 굴욕적인 역사도 우리는 전혀 다른 과거로 새로 빚어낼 것이다.[40]

---

40) 황모과, 「작가의 말」, 『말 없는 자들의 목소리』, 래빗홀, 2023, 267~268쪽.

글쓰기의 대상으로 선택한 역사적 사건에 대해 갖는 위와 같은 선명한 자부심과 의지는 문학적 허구 영역의 작가들에게서는 찾아보기 어려운 태도라고 할 수 있다. 이렇게 보면 역사적 사건을 도입한 장르소설에서는 그 독서 활동에서 교육적 효과가 동반되는 경향이 있고, 그 점에서 전통적으로 문학적 허구 양식의 소설들이 했던 기능과 역할을 이어받고 있는 측면이 있다. 그것은 이 이야기의 독자들의 성향과도 구체적인 연관을 맺고 있다고 하겠다.

한편 앞서 역사적 모티프를 내포한 최근의 장편소설들이 과거 그 자체보다도 현재의 관심의 인력에 이끌리고 있었다면, 이 이야기들에서는 과거와 현재 사이의 관계가 그에 비해 수평적인 특징을 나타내고 있다. 이것은 시간의 구획을 초월할 수 있는 장르 이야기의 속성에도 기인하는 것이라고 볼 수 있다. 이런 특징을 잘 보여주는 용어가 「순애보 준코, 산업위안부 김순자」에 나오는 '아나크로니즘'일 것인데, 여기에서 이 용어는 시대착오가 아니라 "역사나 시대적 요소가 혼재한 표현 방식"[41]으로 설명된다. 이와 같은 장르적 특징은 과거의 역사적 사건을 서사화할 수 있는 효율적인 조건으로 작용하고 있다.

5. 미래의 기억으로 바라보는 역사

장르 문법 혹은 장치의 의거한 시간의 재구조화와는 다른 차원에서, 과거 혹은 현재의 선택적 강조를 벗어나 보다 큰 시야에서 과거와 현재, 더 나아가 미래가 혼재된 새로운 시간 의식을 제시하고자

---

[41] 황모과, 「순애보 준코, 산업위안부 김순자」, 『문학과사회』 2022년 겨울호, 102쪽.

하는 소설적 시도들을 볼 수 있다. 가령 김연수의 단편 「이토록 평범한 미래」(2022)에는 또하나의 타임루프 소설이 나온다. 소설 속 인물인 '지민'의 어머니가 썼던 『재와 먼지』라는 소설이 그것인데, 하필 1972년 10월을 종말의 시점으로 특정한 탓에 독재정권에 의해 판매금지를 당했던 그 소설에서는 연인인 두 인물이 함께 종말을 맞이하지만, 그들은 그 순간부터 다시 시간을 거슬러 처음 만난 시점으로 되돌아가는 두번째 삶, 그리고 그 시점으로부터 다시 미래로 향하는 세번째 삶을 산다. 그렇지만 이 책의 저자는 종로 한복판에서 유신 체제를 비판하는 글을 배포했고, 정신착란이라는 이유로 병동에 감금되었다가 스스로 목숨을 끊었다. 그리고 1999년, 그 딸인 지민은 그 사건의 실존적 여파로 트라우마에서 벗어나지 못하고 있고, 그런 그녀를 안타까운 마음으로 곁에서 지켜보고 있는 '나'(준)가 있다. 그런 두 사람이 절박함을 안고 함께 찾아간 '나'의 외삼촌의 출판사에서 그들은 '세번째 삶'의 의미에 대한 이야기를 듣고, 신과 채널링한다는 '줄리아'와의 대면에서는 두 사람이 결혼할 것이라는 예언과 그러니 죽지 말라는 대답을 듣는다. 시간이 지나 두 사람은 결혼하여 함께 살고 있고 그들이 통과했던 이십 년 전의 일을 회상한다.

"그러게. 그런데 살아보니까 그건 놀라운 말이 아니라 너무나 평범한 말이더라. 지구는 멸망하지 않았고 우리는 죽지 않고 결혼해 지금 이렇게 맥주를 마시고 있잖아. 줄리아는 그냥 이 사실을 말한 거야. 다만 이십 년 빨리 말했을 뿐. 그 시차가 평범한 말을 신의 말처럼 들리게 한 거야. 소설에 미래를 기억하라고 쓴 엄마는 왜 죽었을까? 그게 늘 궁금했는데, 이제는 알 것 같아. 엄마도 이토록 평범한 미래를 상상할 수 있었다면 좋았을 텐데."[42]

위의 인용으로부터 상상된 미래를 기억하는 방향에서 세계를 새롭게 바라볼 것을 제안하는 메시지가 독자들을 향해 발신되고 있다는 사실을 알아차리기는 어렵지 않다. 물론 어떤 고통에 휩싸여 있는 동안 '이토록 평범한 미래'를 떠올리는 일 자체가 쉽지 않을 수 있고, 미래의 환상에 빠져 있는 동안 현실을 제대로 바라보지 못할 수도 있다. "대지진과 바이러스, 심지어 우주여행과 지구 멸망마저 현실화되었거나 현실화되리라 위협하는 이 시대의 '리얼한 감각'과 어긋나는 이 소설은 서사의 대안적 힘을 강조하는 것처럼 보이지만 그 힘이 발휘될 현실을 대폭 한정함으로써 선제적으로 무력화한다"[43]는 비판은 그런 상황을 우려하고 있는 것일 수도 있다.

> 현실은 반영할 만큼 근사하지 않아요. 현실은 터프하고 가혹해서 사람들은 그 현실에 고통받고 있잖아요. 이야기를 짓는 사람이면서 그런 게 현실이라고 보여주는 데 그친다면 자기만족 이상의 무엇이 있겠는가 하는 생각이 들었어요. 소설가가 직업이라면 현실 너머로 뻗어나가는 이야기를 지어야만 하는 게 아닌가. 제가 소설을 처음 쓰기 시작할 때 현실을 제대로 작품에 반영하는 게 옳다고, 현실을 그대로 폭로하거나 보여줘야 한다고 배웠는데 차츰 생각이 바뀌게 된 거죠.[44]

---

42) 김연수, 「이토록 평범한 미래」, 『이토록 평범한 미래』, 문학동네, 2022, 34쪽.
43) 황정아, 「'대안'서사와 '이행'서사」, 『창작과비평』 2023년 여름호, 395쪽.
44) 김연수, 「작가×편집부 인터뷰—언젠가 이야기는 우리의 삶이 될 것이다」, 『이토록 평범한 미래』 어텐션 북』, 문학동네, 2022.

「이토록 평범한 미래」와 같은 이야기를 작가가 써야겠다고 생각하는 이유를 위의 발언에서 확인해볼 수 있다. 작가는 현실을 가혹하지만 그렇다고 늘 과거나 현재의 고통 속에 사로잡혀 있을 수 없으며, 적어도 소설만큼은 그런 미래를 떠올리고 기억하는 연습의 도구가 될 수 있다고 믿고 있는 듯하다. 말하자면 "좀더 개선된 이야기로 미래를 예측하거나 과거를 해석하면 살아가는 데 도움이 되지 않을까"[45] 하는 바람이 담겨 있는 것이다.[46] 현실을 반영하는 것이 아니라 현실 너머로 뻗어나가는 이야기, 그러니까 앞서 노스럽 프라이의 분류로 하자면 노벨이 아닌 로맨스인 것이다. 이 대목에서 후기 자본주의 상황에서 로맨스가 갖는 의미에 대해 언급한 프레드릭 제임슨의 『정치적 무의식』(1981)의 한 대목을 살펴볼 필요가 있다.

리얼리즘이 점차적으로 사물화되는 후기 자본주의 상황에서, 로맨스는 억압적인 리얼리즘적 재현의 발목을 잡고 있는 현실원칙을 벗어나, 서사적 다양성과 자유의 장소로 다시금 느껴지게 되었다. 로맨스는 이제 다시금 다른 역사적 리듬들을 지각할 수 있는 가능성, 흔들림 없이 자리잡고 있는 현실에 마력적인demonic 또는 유토피아적인 변화 가능성을 제공하는 것처럼 보인다. (……) 이런 관점에서 보면, 부족 사회의 구전 설화, 거대한 지배 체제 아래 하층 계급의 억누를 수 없는 목소리이자 표현인

---

45) 같은 글, 10쪽.
46) 이와 같은 소설적 태도는 앞서 백석의 삶의 마지막 국면을 서사화하면서 "언제부터인가 나는 현실에서 실현되지 못한 일들은 소설이 된다고 믿고 있었다. 소망했으나 이뤄지지 않은 일들, 마지막 순간에 차마 선택하지 못한 일들, 밤이면 두고두고 생각나는 일들은 모두 이야기가 되고 소설이 된다"(김연수, 「작가의 말」, 『일곱 해의 마지막』, 문학동네, 2020, 245쪽)고 밝혔던 시점으로 거슬러올라가 확인된다.

동화, 모험담과 멜로드라마, 그리고 우리 시대의 민중 문화 또는 대중문화는 모두 어떤 단일하고 거대한 이야기들의 음절들이며 부서진 파편들이다.[47]

「이토록 평범한 미래」에서 지민의 어머니가 SF 작가로 나오고, 「난주의 바다 앞에서」에서 '은정'(손유미)은 추리소설을 쓴다. 그런가 하면 「진주의 결말」에는 〈사건의 결말〉이라는 방송 프로그램과 유튜브 채널 〈오분의 기적〉이 나오기도 하는데, 어떤 의미에서 이런 장치들은 소설가로서의 김연수가 독자와의 관계에서 발견한 '리얼한 감각'과 무관하지 않다고 할 수 있다. 이와 같은 변화는 김연수가 "그사이에 세상이 또 바뀌기도 했고요. 문학 쪽은 특히 2015년부터 바뀌어버렸어요. 주제나 형식 등이 급격히 달라졌는데, 그런 변화를 따라잡는 게 힘에 부치더라고요."[48]라고 느꼈던 지점을 그 나름으로 헤쳐나가고자 했던 의지의 소산이라고 할 수 있을 것이다.

미래를 기억함으로써 현재의 상태를 되돌아본다는 김연수 소설의 발상은 박솔뫼의 『미래 산책 연습』(2021)에서 다소 다른 방식으로 나타난 바 있었다. 1980년 11월에 실제로 있었다는 광주 전남 지역 미술인들의 '2000년을 위한 파티'가 그것이다.

> 2000년은 광주의 진실이 알려진 미래이며 민주적인 미래이다. 서울의 부산의 대구의 대전의 제주도의 사람들은 미국의 소련의 중국의 일본의

---

47) 프레드릭 제임슨, 『정치적 무의식―사회적으로 상징적인 행위로서의 서사』, 이경덕·서강목 옮김, 민음사, 2015, 131쪽.
48) 김연수, 「작가×편집부 인터뷰―언젠가 이야기는 우리의 삶이 될 것이다」.

독일의 프랑스의 영국의 이탈리아의 베트남의 쿠바의 사람들은 80년 광주에서 어떤 일이 일어났는지 알고 있다. 누가 그 일을 지시했는지 알고 있고 누가 광주 시민을 죽였는지 알고 있다. 그들은 모두 법과 사회와 인간의 심판을 받았다. 2000년은 그러한 미래이며 우리는 파티를 여는 동안 그러한 미래를 살고 있다.[49]

이처럼 미래라는 시간축이 도입되어 있는 이 소설은 1982년의 부산 미문화원 방화 사건을 모티프로 하고 있지만 그 사건을 재현하는 이야기가 아니다. 『미래 산책 연습』은 그 이전에 발표한 단편 「매일 산책 연습」(2020)을 짧은 장편으로 확장한 것인데, '나'가 부산에서 만난 육십대 여성 '최명환'과의 일을 담고 있는 이 단편에서는, 박솔뫼 특유의 스타일에 의해 서술되었음에도 불구하고 그 사건이 비교적 전경화되고 있고 비중도 큰 편이다. 그 사건에 대한 관심으로 부산에 온 '나'는 사건과 연관된 장소를 찾아다니다가 친구의 소개로 최명환과 만난다. 그녀와 자주 만나 이야기를 나누는 과정에서 '나'는 그녀가 부산 미문화원 방화 사건의 주동자 가운데 한 사람인 '김은숙'과 같은 성당에 다녔다는 사실을 알게 된다.

나는 최명환에게 그런데 김은숙씨는 어떤 사람이었느냐고 물었고, 창앞에 서서 아래를 내려다보던 최명환은 나의 목소리가 안 들리는 것처럼 눈을 찡그리고 키가 크고 돈을 벌고 혼자 사는 최명환은 잘 웃지 않고 그런데 지금은 내 옆에 나와 나란히 소파에 앉아 나의 질문에 그는 물었다.

---

[49] 박솔뫼, 『미래 산책 연습』, 문학동네, 2021, 195쪽.

"너는 그 사람이 어떤 사람인지 들을 수 있어?"

나는 고개를 끄덕였고,

"네가 준비가 되면 나는 말할 수 있어."

나의 대답을 들은 최명환은 어떻게 김은숙을 알게 되었는지 이야기하기 시작했다.

최명환의 이야기를 다 듣고 나서 잠을 자려 침대에 누웠다. 가끔 잠이 오지 않을 때 눈을 감고 길을 걷는 생각을 했고 이것을 가상산책이라고 부르고 있으며 그날도 눈을 감고 산책을 했다.[50]

『미래 산책 연습』에서는 위의 「매일 산책 연습」의 마지막 장면과는 조금 다르게 최명환이 김은숙에 대해 이야기하기 시작하는 장면에서 멈춰 있다. 그 대신 새로운 장편의 판본에는 '수미'와 김은숙을 연상시키는 사촌 언니 '윤미'의 관계가 다른 하나의 이야기로 등장하여 '나'-최명환의 이야기와 교차하고 있다. '나'는 부산 미문화원 방화 사건을 지속적으로 의식하면서 공간적으로도 그 사건과 관련된 장소들 주변을 배회하지만, 그럼에도 부산 미문화원 방화 사건, 그리고 그와 연루된 인물에 연관된 서술은 공백으로 남아 있는 부분이 많다. 그

---

50) 박솔뫼, 「매일 산책 연습」, 김금희 외, 『열 장의 이야기와 다섯 편의 시』, 미디어버스, 2020, 67~68쪽.

자리를 사건과는 거리가 있는 일상의 소소한 사건들이 채우고 있다. 이와 같은 서사 구조는 직접 체험하지 않고 텍스트를 경유하여 역사적 사건에 다가가고자 하는 주체가 실제로 수행하는 경험의 양상을 드러내고 있다고 볼 수 있다. '산책'은 그와 같은 수행 행위에 대한 비유적인 표현일 것이다.

이 부분을 읽다가 현재와 미래를 생각하는 사람들 와야 할 것들을 끊임없이 생각하고 지금에서 그것을 지치지 않고 찾아내는 사람들은 이미 미래를 살고 있다고 생각했다. 시간을 끊임없이 바라보고 와야 할 것들에 몰두하고 사람들의 얼굴에서 무언가를 찾아내고자 하는 이들은 와야 할 것이라 믿는 것들을 이미 연습을 통해 살고 있을 것이라고. 어떤 시간들은 뭉쳐지고 합해지고 늘어나고 누워 있고 미래는 꼭 다음에 일어날 것이 아니고 과거는 꼭 지난 시간은 아니에요. 나는 이 책의 번역자와 그와 함께 미문화원을 방화했던 이들은 광주라는 사건을 끊임없이 자신에게 묻고 그 이후 시간의 의미를 묻고 답하였을 것이라고 생각하기 시작하였다. 동시에 80년 5월에 그들 자신이 광주에 있었다면이라는 가정을 반복하고 또 반복하였음을 역시 알 수 있었다. 그러다 문득 그것이 아닐 것이라는 생각이 들었다. 그들이 반복한 것은 그때 그들이 그곳에 있었다면이 아니라 그때 그곳에 누군가 있었다는 돌이킬 수 없는 과거의 사실일 것이다. 그러나 나는 그들이 미국이 자신들의 책임을 인정하는 미래를 연습하였는지는 알 수 없었다. 불을 붙인 이후의 시간을 미래라 생각하였을지도 알 수 없었다. 아마도 그들은 그런 미래를 생각하지 않았을 것이다. 그들이 어땠을 지는 알 수 없지만 끝을 내고 매듭을 지어버리는 일. 다음을 생각하지 않는 일이 필요할 때가 있을지 모른다. 그럼에도 왜인지 그들이 새로운 세계

를 스스로 믿고 살아내어 미래를 현재로 끌어당겨 반복하여왔을 것이라는 짐작은 계속되었다.[51]

어떤 동기나 목표 없이 이루어지는 사유의 '산책'이 진행 과정 그대로 글쓰기로 전환되는 박솔뫼 소설의 스타일을 위에서 확인할 수 있다. 그 과정의 한 지점에서 관심이 이해로 전환되는 순간이 포착된다. 이와 같은 스타일은 부산 미문화원 방화 사건이라는 역사를 서사화하는 저마다의 방식 가운데 박솔뫼 고유의 서사를 추구하는 방향과 과정을 동시에 드러내고 있다. 『미래 산책 연습』은 한 사건에 대해 각자가 자신의 이야기를 만드는 그와 같은 서사적 상태를 지향하고 있다고 생각된다.

6. 시간을 엮어 만든 새로운 세계로서의 역사

김숨의 『잃어버린 사람』(2023)은 모두 25부 123장으로 이루어진 600페이지가 넘는 분량의 이야기이지만 1947년 9월 16일 부산에서 일어난 하루의 일을 다루고 있다. 이 책의 출간을 알리는 신문 기사들은 '해방'과 '부산'에 초점을 두고 소개하고 있는데,[52] 물론 그렇게 설명해도 틀리지 않는다.

그렇지만 김숨의 소설을 읽어온 독자라면 이 긴 이야기가 『한 명』(2016)에서 시작되어, 『흐르는 편지』(2018), 『숭고함은 나를 들여다보는 거야』(2018), 『군인이 천사가 되기를 바란 적 있는가』(2018),

---

51) 박솔뫼, 『미래 산책 연습』, 91~92쪽.
52) 「김숨이 불러낸 1947년 9월 16일 단 하루의 부산」(한겨레, 2023. 7. 28), 「해방 후 부산으로 몰려든 이들, 소설로 되살린 삶들」(한국일보, 2023. 7. 28) 등.

『듣기 시간』(2021) 등을 거쳐온 일련의 '위안부' 이야기에 이어진 것이라는 사실을 알 수 있다. 그러하되 이 글의 맥락에서는 『잃어버린 사람』에 이르러 그 위안부 이야기의 차원이 '역사'로부터 '소설'로 이행하는 사건이 발생했다고 말할 수 있겠다.

우선 이 이야기는 박솔뫼의 『미래 산책 연습』이 「매일 산책 연습」으로부터 태어난 것처럼, 같은 프로젝트(2020 부산비엔날레 '열 장의 이야기와 다섯 편의 시')의 일환으로 발표된 「초록은 슬프다」(2020)로부터 연유한 것이다.

> 또각 또각⋯⋯ 나는 일본육군야전병원에서 신던 굽 높은 흰 샌들을 신었다. 나는 스물두 살이다. 열다섯 살에 고향집을 떠나 일본 군인들을 따라 떠돌아다니는 동안 그만 나이를 잊어버렸는데 엄마가 세고 있다 알려주었다. 어느 날 위안소에 군인들이 오지 않았다. 위안소 주인 사내도 어디로 가버리고 없었다. 일본 군인들이 트럭을 몰고 와서는 친구들과 날 야전병원으로 데리고 가 간호사 교육을 시켰다.
>
> 또각 또각⋯⋯ 2시간을 넘게 걸었더니 발이 불타는 것 같다. 또각 또각⋯⋯ 이 소리를 들으면 친구들은 내가 자신들을 찾아온 걸 알 것이다.[53]

이 단편은 일인칭의 여성 인물이 위안소에서의 친구들을 찾아 고향인 양산으로부터 버스를 타고 동래에 내려 걸어서 완월동(지금의 충무동)의 미도리마치를 찾아가는 상황에서 시작된다. 위의 대목은

---

53) 김숨, 「초록은 슬프다」, 『열 장의 이야기와 다섯 편의 시』, 172쪽.

일본군의 야전병원에서 신었던 흰 샌들을 매개로 과거에 겪은 사건을 떠올리고 있는 장면이다. 그런데 이 사건과 관련된 위의 장면에서의 에피소드는 앞서 김숨의 소설이면서 '위안부' 김복동의 증언록이기도 한 『숭고함은 나를 들여다보는 거야』에서 등장한 바 있었다.

> 내 나이가 스물두 살이라고 했어. 집 떠날 때 열다섯 살이었는데.
> 서른두 살이라고 했어도, 마흔두 살이라고 했어도 믿었을 거야.
> 엄마가 나이를 알려주었어.
> 엄마는 내 나이를 세고 있었나봐, 나도 세지 않던 내 나이를.
> 엄마는 죽은 자식의 나이도 세는 사람이니까.[54]

그런데 『잃어버린 사람』은 '위안부'를 주인공으로 한 이야기가 아니다. 「초록은 슬프다」에서 일인칭의 인물이 미도리마치를 찾아가는 대목이 『잃어버린 사람』에서는 다음과 같이 펼쳐진다.

> "할머니, 미도리마치로 가려면 어디로 가야 하는지 아세요? 남빈에 있다는데……"
> "남빈이라면 서쪽으로 가야지요. 해가 아직 동쪽에 있으니까 해를 등지고 철로를 따라 계속 걸어가구려. 저 밑으로 내려가면 철로가 나올 거라오."

---

[54] 김숨, 『숭고함은 나를 들여다보는 거야』, 현대문학, 2018, 17~18쪽. 이 에피소드와 더불어 위의 인용에서 야전병원에서 간호사 교육을 받았던 일은 『숭고함은 나를 들여다보는 거야』의 113~114쪽에, 그리고 주인공이 남포동을 찾아가는 에피소드는 129~131쪽에 나온다.

노인이 고개를 들더니 애신을 보며 아슴아슴한 눈을 끔벅인다.

"멀리서 왔지요?"

"네?"

"그것도 아주 멀리서 왔지요?"

"할아버지, 제가 멀리서 온 걸 어떻게 아셨어요?"

"알고 보면 다들 멀리서 왔지요. 사람들은 자신이 더 멀리서 온 걸 모르고 철새들을 보고는 멀리서 날아왔구나 하지요. 철새들은 그저 하늘에 점 두 개를 찍어놓고 부지런히 오가는 것뿐이지요. 아무데로도 못 가고 두 점을 오가다 들에, 강물에, 바다에 떨어져 죽지요."[55]

「초록은 슬프다」에서 '위안부'로부터 간호부를 거쳐 귀국한 일인칭 여성 인물이 『잃어버린 사람』에서는 위에서 보는 것처럼 삼인칭의 '애신'이라는 인물이 되어 있다. 11장에서 부산에 처음 모습을 드러낸 애신은 16장에 다시 등장하여 미도리마치를 찾아간다. 그 길에서 애신이 늙은 부부를 만나 길을 묻는 장면이다. 노인은 이름 쓰는 것을 잊어버릴까봐 종일 땅에 이름을 쓰고 또 쓰고 있고, 노파는 그 옆에서 갈고리로 땅을 긁어 노인이 이름을 쓸 수 있도록 돕고 있다. 이 소설 속의 인물들은 저마다의 사연으로 이곳으로 흘러들어와 삶을 이어가고 있지만, 자신에 대해 그리고 타인에 각박하지 않다. 그리고 위에서 보는 것처럼 자신에 대해, 그리고 세계에 대해 깊이 사유하는 인물들이다. 이렇게 보면 시기적으로 1947년이라는 과거로 설정되어 있지만 이 세계는 모든 사람이 반성적 사유와 시적 표현의 능력을 갖고 살

---

55) 김숨, 『잃어버린 사람』, 모요사, 2023, 106~107쪽.

아가는 미래에 더 가까워 보이기도 한다.[56]

　이 소설의 뒤에는 41개의 미주가 붙어 있는데, 말하자면 그 전거들은 이 이야기를 구축한 주춧돌들이라 할 수 있다. 거기에는 일본군 '위안부'들, 그리고 원폭 피해자, 강제 징용 피해자들의 증언이 가장 큰 비중으로 등장하고 있다. 그리고 부산 근현대구술자료집이나 『군국가요 40선』 같은 텍스트들은 이 소설의 시공간적 배경을 생각하면 충분히 납득이 가는 참고문헌이라고 할 수 있다. 그런데 그뿐만 아니라 특별히 이 소설의 시공간과 연관을 갖고 있어 보이지는 않는 텍스트가 출처로 남겨져 있는 곳들도 있다. 가령 김시종의 「겨울 숭어」나 박태원의 「낙조」, 그리고 오구마 히데오의 시 「장장추야長長秋夜」와 클라렌스 브라운 감독의 영화 〈비는 온다 The Rains Came〉(1939), 그런데 김열규의 『늙은 소년의 아코디언』(2012), 『세종실록』, 조선 후기 문신 이서구의 글, 셰익스피어의 『리어 왕』 등. 소설은 1947년의 어느 하루를 그리고 있지만 이 세계는 그보다 훨씬 넓은 세계로부터 유래한 질료로 이루어진, 기록과 허구적 상상의 교직이 만들어낸 세계이다.[57]

---

[56] 이런 서술적 특징은 앞서 조선소를 배경으로 한 『제비심장』(2021)에서 "니체의 문장으로 질문하고 바슐라르의 문장으로 대답하는"(김현종, 「우리는 세 부류로 나뉜다」, 『제비심장』, 문학과지성사, 2021, 382쪽), 그러니까 노동자는 노동자답게 말해야 한다는 '리얼리즘의 기율'에 어긋나는 노동자 인물들에서도 확인할 수 있었다. 『제비심장』에서 부분적으로 나타났던 특징이 『잃어버린 사람』에서는 전면화되면서 새로운 소설적 차원으로 도약하고 있다.

[57] 김숨의 소설적 세계가 갖는 이런 특징은 "이한열씨나 일본군 위안부 이야기는 사회적인 문제라고 할 수 있습니다. 역사적인 문제이기도 하고요. 문학적 접근 방식이 어떠하든 그런 차원이 부각될 수밖에 없는 테마죠. 그런데 그간의 김숨 소설은 좀 달랐던 것 같습니다. 조금 거칠게 말해 현실의 반영이나 재현에 초점이 맞춰진 소설은

석구는 일광광산으로 떠나기 위해 넉 달 넘게 묵고 있는 여관에 짐을 챙기러 가는 길이다.

그는 불현듯 권씨의 딸들을 떠올리며 슬며시 미소 짓는다. 첫째 딸은 어머니를 빼닮아 얼굴이 갸름하고 눈빛이 촉촉하다. 둘째 딸은 아버지를 닮아 까무잡잡하고 얼굴이 주근깨 천지지만 잘 웃고 귀염성이 있다.

그는 자신이 일광광산 마을로 되돌아가는 것을 선택함으로써, 권씨의 둘째 딸과 부부가 돼 자식 다섯을 낳고 살다가 죽어 그곳의 척박한 땅에 영원히 묻히리라는 걸 까맣게 모르고 있다.[58]

36장에서 '석구'는 해방 전에 일광의 광산에서 구리를 캐는 일을 했지만, 일본의 패전 후 광산이 닫히자 부산으로 나왔다. 그러던 중 광산이 다시 열린다는 소식이 전해지자 석구는 되돌아가고 싶은 마음이 강하게 드는 것을 느낀다. 그곳은 석구에게는 타지이고 또 벽촌이기도 하지만 거기에는 고아나 다름없는 자신을 친아들처럼 챙겨주었던 '권씨'의 가족들이 있기 때문이다. 권씨 역시 거제도에서 아내와 두 딸을 이끌고 그곳으로 흘러들어온 광부였다.

그러다가 73장에 다시 등장한 석구가 바야흐로 그동안의 여관 생

아니었죠. 그보다는 김숨 소설 자체가 제3의 낯선 영역, 질서를 만들어내면서 그로부터 현실을 낯설게 만들고 충격하는 방법을 취했던 것 같습니다. 반복 강박이 있고, 그런 언어들이 굴러가는 가운데 뭔가 그로테스크하고 환상적인 분위기가 찾아오죠. 그런 과정을 즐긴다는 느낌까지 받고요"(김숨·정홍수, 「눈먼 자가 나무를 바라보는 심정으로」, 『문학동네』 2018년 봄호, 61~62쪽)라는 대담 속 언급을 보면 이미 이전부터 예비되고 있었던 것이라고 할 수 있을 듯하다.

58) 김숨, 『잃어버린 사람』, 431쪽.

활을 정리하고 일광의 광산으로 되돌아갈 준비를 하고 있다. 부산은 해방 후 각지로부터 귀환한 사람들로 분주한 곳이었지만 이제 또다시 어디론가 떠날 사람들이 서로에게 '인사'(이 장이 속한 14부의 제목이기도 하다)를 나누는 상황을 지나고 있다. 석구는 이 소설에서 다시 등장하지 않지만 위에서의 플래시 포워드flash forwad를 통해 드러나듯 그의 현재는 권씨의 둘째 딸과 결혼하여 자식을 낳고 살다가 그곳에서 죽는 이후의 미래와 이어져 있다. 곧 이 세계는 1947년이라는 시간을 통과하고 있지만 그 세계는 과거는 물론 미래를 향해 열려 있는 세계이기도 하다.[59]

그러니까 『잃어버린 사람』은 중심인물과 주변 인물의 구분이 없는 세계이며, 그 점에서도 미래의 세계라고 할 수 있다. 김숨은 이 소설에 등장하는 인물들 모두에게 각별한 관심을 기울여 저마다의 사연을 부여하고 있다. 그리고 그 과정에서 그들은 이 땅에 존재해야 할 이유를 가진 평범하지만 특별한 인물로 그려지고 있다. 이름을 가진 이들도 있고, 이름을 부여받지 못한 인물들도 있지만 일일이 더 열거하기 어려울 정도로 많고, 또 대체로는 힘겹게 살아가고 있는 하층계급의 인물들이지만 그렇다고 그런 상황에 크게 구애받지도 않는 이 세계의 인물들은 자신의 운명을 알고 그에 순응하는 서사시의 인물들에 가깝다. 그런 그들에게 "참말로 재미난 이야기 같은 건 없었

---

[59] 위의 장면 이외에도 이 소설에서는 살아서 다시는 만나지 못하리라는 걸 모른 채 '점삼'과 '막산'이 헤어지는 장면(118쪽), '쇠돌'이 훗날 자신의 목선을 물려받으리라 생각하지 못했던 셋째 아들이 태어난 날을 떠올리는 장면(189쪽), '호식'이 삼십 년 뒤 자신을 닮을 아이를 낳으리라는 걸 까맣게 모른 채 '희숙'을 처음 만나는 장면(521쪽) 등에서 플래시 포워드 기법이 간헐적으로 사용되고 있다.

다"[60]고 할 수 있을지는 모르지만, 그럼에도 낙관도 비관도 없이 그들에게 부여된 시간을 살아가고 있는 그들은 그들만의 사연을 재산처럼 안고 있어 결코 결핍된 존재들이 아니다.[61]

서술자는 대체로 개별 인물들의 삶의 장면을 무심한 듯하지만 애틋함이 내장되어 있다고 느낄 수 있는 시선으로 마라톤을 뛰는 듯한 고른 호흡으로 그려나가고 있는데,[62] 그런 가운데에서도 다음처럼 세계의 단면이 드러나는 순간을 연출해내기도 한다.

> 어쩌다보니 사내들은 하나같이 일본 열도의 제련소에, 탄광에, 조선소에 징용 끌려갔다가 해방과 함께 돌아온 이들이다. 일본 어디에 있다가 돌아왔는지 과거지사를 털어놓듯 이야기를 나누고 있지만, 돌아온 자들이라는 유대감이 그들 사이에는 흐르지 않는다. 부두에는 돌아온 자들 천지이고, 그들 대개는 돌아온 것이 부모 형제뿐 아니라 나라의 근심거리가 됐다. 외려 부두를 떠돌며 날품을 파는 신세라는 유대감이 그들 사이에 자연스럽게 흐른다. 사내들은 오늘 우연히 부두에서 만나 함께 시멘트 포대를 나른

---

[60] 김숨, 『잃어버린 사람』, 133쪽.
[61] 이런 독특한 세계의 모습의 이전 판본을 『백치들』(2006)에서 볼 수 있었다. 『백치들』이 개인적 경험과 기억의 서사화였다면(그런 가운데에도 개발 시대의 심상과 서술 주체로서의 젠더라는 공적인 차원의 문제가 개입해 있었다), 『잃어버린 사람』은 집단적 경험의 아카이브를 서사화하고 있다는 점에서 새로운 차원을 개척했다고 할 수 있다.
[62] 하루의 시간이라면 제임스 조이스의 『율리시스』(1922)를 떠올릴 수도 있지만, 그 이야기의 남성 주체인 레오폴트 블룸의 모험이 오디세우스의 플롯을 따라가는 원점회귀의 구조로 된 선형적인 것이라면, 『잃어버린 사람』은 위계가 없는 수평적인 단편들을 하나씩 직조해나가는 '페넬로페의 옷감 짜기'에 더 가까운 구조로 되어 있다. 그 점에서 올가 토카르추크의 『태고의 시간들』(1996)이나 『방랑자들』(2007)의 구조와 비교될 수도 있을 듯하다.

인연으로 그렇게 부두에서 불을 피우고 곰장어를 구워먹고 있다.
　미쓰비시 조선소에서 돌아온 사내는 심지어 오늘이 다 가기도 전에 자신이 돌아왔다는 사실을 망각한다. 그는 오늘로부터 40여 년이 지나서야 자신이 살아서 돌아왔다는 걸 죽음을 앞에 두고서야 깨닫는다. 그때는 그러나 이미 그가 돌아왔다는 걸 기억하고 있는 부모 형제들이 세상을 떠나고 없다. 그의 자식들은 아버지가 젊어 일본 나가사키에 있었다는 얘기를 얼핏 할머니에게서 들었지만, 막노동꾼으로 공사장을 떠돌며 살아온 아버지의 역사에 관심을 갖기에는 자신들의 삶이 너무도 바쁘고 고달프다. 세상과 작별을 앞두고 사내는 병상에 누워 살아서 돌아온 자신을 뒤늦게 연민하다 중얼거린다. "그이는 못 돌아왔어, 나하고 같이 간 사람…… 거기서 죽어서, 화장해 거기 바다에 뿌렸지…… 여기 바다에 못 뿌리고 거기 바다에……"[63]

　이 세계는 어떤 필연으로 서로를 얽지 않고 저마다의 고유함으로 존재하고 있는 세계이다. 사투리 같은 것으로 자신의 출신을 드러내면서 타인과의 경계를 짓지도 않는다. 집단의 역사를 그리고 있지만, 그런 가운데에서도 개인이 집단에 수렴, 해소되는 것이 아니라 개별성을 간직하고 있다. 그 개별적 존재들이 이루는 관계의 모습이 시간의 지평 너머로부터의 시선에 의해 포착되고 있다. 기존의 패턴 내부에 시대에 상응하는 새로운 내용을 담는 것과는 구분되는 일종의 새로운 장르가 창조되는 순간이라 하겠다.
　이런 세계가 구성되는 과정에는 작가가 '한 명'마다의 목소리를 들

---

[63] 김숨, 『잃어버린 사람』, 544~545쪽.

고자 했던 '듣기 시간'이 가로놓여 있다. 앞서 살펴본 바와 같이 『잃어버린 사람』에서 애신이라는 허구적 존재는 그 연원을 거슬러올라가면 한 '위안부' 출신 여성(김복동)에 닿는다. 물론 그들이 겪은 역사적 고통을 재현하는 이야기도, 또 그들이 현재 겪고 있는 문제에 대한 해결을 추구하는 이야기도 반드시 필요한 것이다. 그런데 김숨은 그 이야기들과는 다른 새로운 이야기를 그들에게 건네고 있다. 그렇다면 김숨이 건네는 이 새로운 이야기가 그들의 과거와 현재를 은폐하는 것일까. 그렇지 않다고 생각된다. 이 이야기는 다른 필요에 의해 제출된 이야기를 부정하지 않으면서, 그로부터 한 발 더 나아가 새로운 '소설'의 역할을 수행하고 있다.

김숨은 김복동의 목소리를 듣고 쓴 기록을 책으로 펴내면서 "오늘따라 바다가 그립습니다. 할머니께 바다를 보여드리고 싶습니다"[64]라고 적은 바 있다. 『잃어버린 사람』은 김숨이 보여드리고 싶었던, 소설로 쓴 '바다'일 것이다.

(2023)

---

64) 김숨, 『숭고함은 나를 들여다보는 거야』, 223쪽.

이야기로 만들어낸 역사 속 섬과 동굴
―역사적 사건을 모티프로 한 최근 한국소설의 경향 2

1. 소설이 역사를 기술하는 방식에 나타난 변곡점들

역사와 소설의 결합은 특정 시기에 국한된 것이 아닌 보편적 현상이라고 할 수 있지만, 그 구체적인 양상은 시기에 따라 다르게 나타났다. 2000년대 이후만 하더라도 그 과정은 몇 차례의 뚜렷한 전환점들을 통과했는데, 필자가 앞서 쓴 세 편의 글은 그 변곡의 지점에서 작성된 그때마다의 상황에 대한 보고였다고 할 수 있다.

「시간과의 유희로서의 서사―소설이 역사를 기술하는 새로운 방식」(『문학동네』 2003년 봄호)에서는 이른바 팩션의 유행 현상을 배경으로 그 시기에 새롭게 나타났던 소설적 역사 기술의 방식을 다룬 바 있었다. 그 무렵 역사는 전통적인 재현의 방식으로부터 벗어나 분열된 기억으로서, 텍스트로서, 이미지로서 새로운 모습을 드러내고 있었다. 그 가운데 특히 역사를 텍스트 실험의 대상으로 삼았던 김연수의 『꾿빠이, 이상』(2001), 김영하의 『아랑은 왜』(2001), 김경욱의 『황금사과』(2002) 등은 그 시기의 대표적 사례였다.

그렇지만 역사가 거의 온전하게 스토리텔링에 사용된 희유한 시기의 산물이었던 그 흐름은 길게 이어지지 않았다. 2000년대 후반 이후 한국문학이 다시 현실로 회귀하는 흐름을 따라 장편을 중심으로 소설 또한 다시 역사에 접근하는 양상을 보였다. 「역사에 접근하는 최근 장편의 형식과 그 정치적 무의식」(『세계의 문학』 2015년 여름호)에서는 그 양상을 김경욱의 『야구란 무엇인가』(2013), 이해경의 『사슴사냥꾼의 당겨지지 않은 방아쇠』(2013), 권여선의 『레가토』(2012)와 『토우의 집』(2014), 이기호의 『차남들의 세계사』(2014) 등의 작품에서 묘사를 매개로 이념의 공백을 메우는 국면을 거쳐 한강의 『소년이 온다』(2014)에 이르는 과정을 통해 드러내고자 했다.

그런데 소설에서 다시 역사가 빈번하게 등장하고 있는 최근의 현상은 지금까지의 궤도로부터 벗어나는 또다른 특징을 보여주고 있다. 「바다를 보여드리고 싶은 마음으로 만든 세계—역사적 사건을 모티프로 한 최근 한국소설에 내포된 로맨스의 계기와 그 의미」(『문학동네』 2023년 가을호)는 이 상황을 독자의 욕망을 선취하는 로맨스적 계기의 도입의 맥락에서 바라보면서 그 의미를 살펴보고자 한 시도였다. 정세랑의 『시선으로부터,』(2020), 최은영의 『밝은 밤』(2021), 백수린의 『눈부신 안부』(2023) 등은 주로 젠더의 방향에서 기대되는 전망에 의거하면서 "그 관심의 초점이 역사적 사건 그 자체보다 그것을 수용하는 현재의 맥락에 놓이는 경향"[1]을 예증하고 있다. 이와 같은 양상은 정지아의 『빨치산의 딸』(1990)과 『아버지의 해방일지』(2022) 사이의 시간적 거리로부터 발생한 변화를 통해서도 확인할

---

[1] 이 책에 수록된 「바다를 보여드리고 싶은 마음으로 만든 세계—역사적 사건을 모티프로 한 최근 한국소설에 내포된 로맨스의 계기와 그 의미」, 174쪽.

수 있었다.

  그렇지만 그런 경향의 다른 편에서는 한강의 『작별하지 않는다』(2021)와 같이 여전히 현재보다 과거의 역사 그 자체에 중심을 두는 소설적 태도를 발견할 수 있었고, 그 구심적 경향 가까이에서 전혜진의 『바늘 끝에 사람이』(2023), 황모과의 『말 없는 자들의 목소리』(2023) 등을 통해 역사적 사건과 관련된 문제와 정면으로 마주하여 허구 내에서 현실적 해결을 실현하는 방식이 장르 이야기에서 활성화되고 있는 장면도 볼 수 있었다. 또한 김연수의 『이토록 평범한 미래』(2022), 박솔뫼의 『미래 산책 연습』(2021) 등에서는 과거, 현재, 미래를 재구조화하는 시간 의식을 활용하면서 새로운 독자들의 감각에 다가서거나 직접 사건을 체험하지 않은 세대의 주체가 그 역사와 마주하는 새로운 방식을 보여주고 있기도 했다.

  한편 '위안부'의 이야기를 지속적으로 써오면서 역사적 트라우마를 소설화하는 방식의 진화를 거듭해온 김숨은 1947년 부산에서의 하루를 배경으로 한 『잃어버린 사람』(2023)에서 이방을 떠돌다가 해방을 맞아 귀환한 인물들에게 개별적인 존재로서의 품격을 선사하면서 기록과 허구적 상상이 교직된 새로운 서사 세계를 창조했다. 여전히 사건의 재현의 범주에 속해 있는 초기 판본인 단편 「초록은 슬프다」(2020)와 비교하면 이 소설은 위안부 이야기에 나타난 '역사'에서 '소설'로의 이행을 확연히 드러내면서 또 한 차례의 도약을 확인시켜 주었다.

  이 글에서는 직전에 썼던 글에서 미처 다루지 못했거나 그 이후에 발표된 소설들을 대상으로 한국소설에 귀환한 역사의 양상을 좀더 살펴보기로 한다.

2. 최근 역사 이야기의 세 경향

1) 스토리텔링 안의 이념─『설자은, 금성으로 돌아오다』『사랑과 혁명』

정세랑의 『설자은, 금성으로 돌아오다』(2023)는 통일신라를 배경으로 하고 있다는 점에서 그 우선적인 특징을 찾아볼 수 있다. 그러니까 이 소설에서는 역사라고 해도 현재와의 직접적인 연결의 계기를 갖지 않은 먼 과거를 배경으로 삼고 있는 것이다. 작가는 "고대사의 이야기와 역사가 아직 분리되지 않은 형태로 기록된 부분에 매력을 느끼곤 했고, 그 어떤 비극에도 안전한 심리적 거리를 가질 수 있는 점 역시 좋았습니다"[2]라고 시간적 배경 선택의 이유를 밝히고 있는데, 이런 설정이 이미 이 이야기의 기본적인 성격을 규정하고 있다고 하겠다. 이 점에서 현대사를 배경으로 한 여성 예술가의 성공의 내력을 소설의 바탕에 두고 있는 작가의 전작 『시선으로부터,』와도 구분되는 차이가 있다.

이와 같은 조건을 세워두고 소설은 본격적인 추리 이야기로서의 면모를 드러낸다. 첫 에피소드 「갑시다, 금성으로」에서는 당나라 유학을 마치고 고향 금성으로 돌아오는 '설자은'과 같은 배에 탄 백제의 유민 '목인곤'이 선상에서 일어난 살인 사건을 함께 해결하면서 이야기의 시동을 건다. 그 과정에서 자은이 실은 당나라로 유학을 떠나기로 예정되었으나 급환으로 숨을 거둔 오라비 자은을 대신한 '미은'이었다는 사실이 드러난다. 두번째 에피소드 「손바닥의 붉은 글씨」에서는 생전의 자은의 연인이었던 '산아'의 집안에서 벌어진 살인 사건에 자은(미은)과 인곤이 뛰어들면서 추리 드라마의 본격적인 게

---

[2] 정세랑, 「작가의 말」, 『설자은, 금성으로 돌아오다』, 문학동네, 2023, 290쪽.

임이 펼쳐진다. 「보름의 노래」의 길쌈 대회와 「월지에 엎드린 죽음」의 궁중 연회에서 새로운 사건들이 차례로 발생하고 자은과 인곤의 추리 게임은 계속 이어진다.

> 길쌈 대회가 끝나면 여자들은 원래대로 집안으로 숨겨질 테고, 일어난 일이 일어나지 않은 일이 되기 십상일 터였다. 다음 여름이 될 때까지 사람들의 마음을 곪은 채로 둘 수는 없었다. 염을 품고는 좋아하는 일도 좋아할 수 없고, 아끼는 이도 아낄 수 없다. 처음엔 도은을 위해서 시작했지만, 자은의 염려는 어느새 육부 여자들 전체에게로 번지고 있었다.[3]

전반적으로 여성이 문제 해결을 주도하고 있고, 위의 인용에서 보는 것처럼 여성적 관점이 드러나는 대목도 있기는 하지만, 빠르게 전개되는 스토리의 속도는 그와 같은 문제에 오래 머물 여유를 주지 않고 있다.

작가는 「작가의 말」에서 캐드펠 수사 시리즈를 비롯한 독서 목록을 제시하면서 "제가 쓴 이야기는 앞서 읽은 이야기들에서 태어났을 겁니다. 장르문학의 근사함은 여러 시대의 작가들의 크고 높은 탑을 이어 쌓는 데 있을지도 모르겠습니다"[4]라고 말하고 있으며, 「손바닥의 붉은 글씨」를 설명하는 대목에서는 애거서 크리스티의 영향을 구체적으로 적시하고 있다. 『설자은, 불꽃을 쫓다』 『설자은, 호랑이 등에 올라타다』 등 다음 시즌이 이미 예고되어 있는 상황이고 "이 시리즈가 세 권이 될지, 열 권이 될지 확실하지 않습니다만 열 권을 넘

---

3) 같은 책, 205~206쪽.
4) 「작가의 말」, 같은 책, 290쪽.

어서면 좋겠습니다"[5]는 작가의 포부가 드러나 있기도 하다. 이처럼 소설은 스토리텔링에 전념하는 모습을 보이고 있는데, 바로 그 점에서 장르 소설과 문학적 허구에 걸쳐 발생한 이 현상 자체가 하나의 사건이라고 할 만하다.

정세랑이 언급한 추리소설 독서 목록 가운데에는 '백탑파 시리즈'의 김탁환도 있었는데,『사랑과 혁명』은 겉으로 보면 한동안 '사회파 소설'을 써왔던 작가가 19세기 초 곡성에서 일어났던 천주교 박해 사건(1827년의 정해군난)을 통해 다시 역사 이야기를 이어나가는 것처럼 보이는 소설이다. 그런데 그 외피를 걷고 내부로 들어가 그 서사의 상태를 확인하면 밖에서는 보이지 않는, 이질적인 재질의 서사 형식들이 접합된 복잡한 구조를 발견하게 된다. 그사이에 작가는 '사회파 소설'의 시기를 거쳤을 뿐만 아니라 서울을 떠나 곡성으로 이주하여 '마을 소설가'로 살아가면서 이 소설을 썼다고 한다.[6] 소설을 펼치면 그 영향을 뚜렷하게 감지할 수 있는데, 다음 대목을 그 한 예로 들 수 있다.

"내가 믿는 건 풀이든 나무든 하다못해 벼나 보리까지도 함부로 해치지 않는 마음이라오. 그들의 고통을 자신의 고통으로 느끼고 칭찬하는 마

---

5) 같은 글, 293쪽.

6) 이와 관련된 좀더 자세한 정황을 다음 기사 내용에서 확인할 수 있다. "『사랑과 혁명』은 김탁환의 또다른 첫번째 장편소설이라 할 만하다. '역사 소설가'나 '사회파 소설가'가 아닌 '마을 소설가'로서 말이다. 2021년 서울살이를 마치고 전남 곡성에 터를 잡은 그는 서울과 곡성을 수없이 오가던 2020년까지 더해 꼬박 4년을 매달린 끝에 원고지 6,000장 분량의 대작을 완성했다."(「주인공처럼 살아보려 귀촌… 퇴고 7번… 꼭 농사 같네요」, 문화일보, 2023. 11. 1)

음이라오. 구름의 얼굴은 신이 보고 구름의 등은 농부가 본다는 당신의 마음이라오. 만물의 뒷모습을 살피며 아끼는 사람이라면, 덕실마을 교우들도 아낄 게요. 적어도 우리를 해치려 들지는 않을 것이오."[7]

위의 장면은 소작농 출신 청년 '들녘'이 '이오득 야고버'에 의해 천주교 공동체인 덕실마을의 일원으로 받아들여지는 상황을 배경으로 한 것이다. 애초에 들녘이 마을에 들어오려고 한 동기는 마음에 둔 여인('아가다')을 만나기 위해서였는데, 둘의 관계가 이 소설의 중심에 놓여 있다. 들녘 같은 인물의 이름에서도 상징적으로 드러나고 있기도 하지만, 위의 인용에서 볼 수 있는 것처럼 이 소설에서 종교는 이념적 가치보다 자연의 본성에 더 직접적으로 의거하고 있다. 작가는 「작가의 말」에서 "논밭을 일구면서, 이야기학교부터 마을영화제까지 함께 꾸려가면서, 마을에서 살다가 죽는 의미와 가치를 곱씹었다. 1827년 정해박해에 대한 관점도 달라졌다"[8]고 술회하고 있다. 작가가 기거하면서 생활하는 공간이 곧 소설의 무대이기도 했던 셈인데, 그래서인지 이 소설에서 자연은 생태라는 관념 혹은 이데올로기가 아니라 생활과 존재의 감각의 차원에서 이야기에 영향을 미치고 있는 듯 느껴진다. 이런 면모는 특히 1권에서 두드러지는데, 1권의 표사에 김희중 대주교가 쓴 "이 작품을 읽으면서 '생태계의 수호성인' 아시시의 프란치스코 성인의 삶을 떠올렸다"는 문장에서도 그 점을 확인할 수 있다.

사건에 대한 관점의 변화는 문장과 이야기 형식의 변화를 수반하

---

7) 김탁환, 『사랑과 혁명 1』, 해냄, 2023, 254쪽.
8) 김탁환, 「작가의 말」, 같은 책, 7쪽.

고 있다. 이 변화에 대해서도 작가는 "도서관에 기댔던 예전이라면, 1827년 봄에만 집중해서 긴장감을 한껏 높여 이야기를 꾸렸을 것이다. (……) 정해박해가 일어난 곡성과 섬진강 그리고 겹겹이 등장하는 골짜기들을 오가면서, 소설의 꼴이 바뀌었다"[9]고 적고 있다. 아마도 '사회파 소설'의 국면과 곡성으로의 이주 경험이 그 사이에 가로놓이지 않았다면 그의 새 역사소설 또한 유사한 형식으로 시기와 대상만 다르게 설정된 기존 역사소설의 다른 판본이 되었을 수도 있었을 것이다. 세월호 사건을 통과하면서 쓴 『목격자들―조운선 침몰 사건』(2015)은 내용에서는 현실에 대한 알레고리를 새롭게 도입하는 면이 있지만 형식에서는 '백탑파 시리즈'의 틀을 계승하고 있고, 그 이후에 발표한 『대소설의 시대』(2019) 또한 그 연장선상에 놓여 있다.

좀더 구체적으로 이 소설의 형식을 살펴보면, 『사랑과 혁명』 1권에 담긴 1부 '신은 기르고 인간은 거둔다'는 세 개의 장으로 구성되어 있는데, 1장 '밖'에는 십자가, 먹보, 은행나무 술통, 성 이시돌, 비 맞는 버드나무, 책 읽는 남매 등의 소제목이, 2장 '안'에는 달항아리, 미꾸라지 통, 쌍구유 등의 소제목이, 3장 '안팎'에는 구정물독, 사라, 주기, 약시루 등의 소제목이 순서대로 붙어 있다. 이 소제목은 소설의 거의 막바지에서 들녘과 아가다가 함께 살았던 목사동의 물렛간 곁방에 그들이 만들어 놓아둔 옹기들의 순서라는 사실이 드러나면서[10] 방대한 분량의 이 이야기가 갖추고 있는 유기적인 성격의 한 단면을 보여주는 장치가 된다. 그 점에서도 이런 구성의 의미를 엿볼 수 있지만, 그와 동시에, 아니 어쩌면 더 중요한 의미는 이처럼 사물들이 이

---

[9] 같은 글, 7~8쪽.
[10] 김탁환, 『사랑과 혁명 3』, 해냄, 2023, 407~408쪽.

야기를 이끌어가고 있다는 점에서 찾을 수 있을지 모르겠다. 김탁환은 이전에 발표한 역사소설들에서도 창작 과정에서 도움을 받은 저작과 인물에 대해 감사하는 글을 남겼는데, 이번 소설에서는 그와 함께 한 가지를 다음과 같이 덧붙이고 있다.

> 『사랑과 혁명』에선 사람 외에도 고마운 존재들이 더 있다. 거의 매일 찾아갔던 섬진강. 섬진강과 대황강을 따르며 바라본 동악산과 천덕산과 동이산 그리고 지리산. 손 모내기를 하고 우렁이를 던져주고 피를 뽑고 손 추수를 했던 들녘. 계절에 따라 바뀐 옥터 옆 텃밭의 시금치, 봄동, 상추, 양파, 감자, 고구마, 옥수수, 가지, 호박, 보리. 강을 함께 거닐었던 개들. 개들과 보았던 고라니와 수달과 백로와 까치와 멧비둘기와 거위들. 작업실 앞마당과 텃밭에서 만난 마을 고양이들. 출퇴근길에 그늘을 허락한 메타세쿼이아와 플라타너스와 버드나무와 목백일홍과 산수유. 모두 이 소설의 밑바탕이 되었다.[11]

다소 길게 이어지고 있는 이 사물의 목록은 단순한 나열로 보이지 않는다. 작가가 그것들과 몸으로 교류한 시간이 담겨 있는 이 사물들은 저마다의 의미를 지닌 개별적인 객체로 느껴지기 때문이다. 소설 속에서 천주를 모시는 교도들이 옹기를 구우며 살아가고 있는 덕실마을은 신분과 성별, 장유의 위계를 넘어 서 있는 공동체로 그려지고 있는데, 이런 면모 또한 종교적 이념의 영향도 있겠으나 더 근본적으로는 이 소설이 추구하는 자연적 상태에 더 가깝다고 할 것이다. 그와

---

11) 김탁환, 「감사의 글」, 같은 책, 449쪽.

같은 자연적 본성이 마을 속 사람들을 종교로 이끈 주된 경로라고 할 수 있다면, 소설에는 그와 더불어 또다른 한 가지 경로가 있다.

> 스무날이나 지난 후 넓디넓은 바다에서 아들 시신을 찾기란 불가능해. 바닷물은 매일매일 움직이니까. 한순간도 그 자리에 머물질 않아. 공천의 시신도 이리저리 흘러다녔겠지. 바닷가로 떠밀리지 않고 떠다니다가, 가리포 앞바다로 다시 온 바로 그날, 내가 배에 옹기를 가득 싣고 같은 바다에 들어섰던 게지. 기적이야 이건, 불가능한 일이라고. 내가 간절히 소리치며 기도하고 맹세한 후 시신을 건졌으니, 천주님은 틀림없이 계셔. 내 기도를 들어주신 거야. 그렇고말고.[12]

옹기배 선장인 '박돌이' 다두는 아들 '공천'의 죽음 이후 그 시신을 거두는 과정에서 천주의 존재를 확신하게 된다. 이런 경로는 세월호 사건을 계기로 '사회파 작가'로서의 국면을 통과했던 작가의 의식으로부터 빚어진 것이 아닐까 짐작해볼 수 있다.

그런데 이와 같은 1권의 면모는 2권에 들어서면서 극적으로 전환된다. 2권 '천당과 지옥'에 담긴 2부 '신은 숨고 인간은 찾는다'는 '옥'과 '지옥'의 두 개의 장으로 이루어져 있는데, 이는 장 제목에서 보듯 그 존재가 발각된 덕실마을의 천주교도들이 검거되고 모진 문초를 받는 두 국면을 서사화하고 있다. 1권의 무대가 곡성의 강과 골짜기였다면, 2권은 감옥이라는 폐쇄된 공간이다. 1권의 중심인물이었던 들녘과 아가다가 모습을 감춘 이 공간에서 교도들을 대상으로

---

[12] 김탁환, 『사랑과 혁명 1』, 393쪽.

끔찍한 고문이 자행되지만 특이하게도 인물들은 수동적인 객체가 아니라 말과 예술을 둘러싼 담론의 주체로서의 면모를 발산하고 있다. 배신과 위장이 서로의 꼬리를 물면서 추리소설로서의 진수가 펼쳐지는 것도 2권의 특징이다.

3권 '나만의 십자가'에 담긴 3부 '신은 흐르고 인간은 멈춘다'에서 박해 이후 차례로 절명하는 인물들의 열전 형식으로 된 1장 '소망'을 지나 순교의 기록을 외부에 전하기 위한 여정이 펼쳐지는 2부 '부활'에 이르면 서사의 흐름은 다시 인물들의 행동을 서술하는 처음의 방식으로 돌아가면서 결말에 이른다.

그리고 3부로 된 지금까지의 이야기를, 끝까지 살아남은 짱구 '장귀도'가 정해군난을 소설로 쓰는 상황을 보여주고 있는 '서'와 '종'으로 이루어진 액자가 감싸고 있다.

이 자리에서는 서사 형식의 얼개를 드러내는 방식으로 간략하게 정리할 수밖에 없지만, 실제 독서의 과정에서 국면마다 새롭게 펼쳐지는 형식의 전환과 장면 서술과 문장의 밀도는 작가의 전작과는 다른 차원을 경험하게 해준다. 작가가 그동안 창작 과정에서 쌓아온 요소들이 이 소설에는 거의 모두 동원되고 있다고 할 수 있는데, 각 요소는 팽창하여 안정적이고 유기적인 틀을 내파하고 이질적인 형식이 접합된 독특한 구성을 만들어내고 있다. 이 불안정한 균형에는 새로운 가능성이 내포되어 있다고 생각된다.

2) 이념 안의 스토리텔링―『범도』『제주도우다』『쿄코와 쿄지』

각각 통일신라와 조선시대를 배경으로 삼고 있는 『설자은, 금성으로 돌아오다』와 『사랑과 혁명』 두 소설의 경우 현재는 그로부터 먼 과거에 간접적으로 투영되어 있다. 그에 비하면 일제강점기 전후의 현대사를 배경으로 한 소설들의 경우 현재는 보다 직접적으로 역사와의 연관을 내포하고 있다.

김훈의 『하얼빈』(2022)은 안중근의 저격과 재판의 과정을 서사화하면서 그것을 '대의'가 아니라 청춘과 몸의 문제로서 바라보고 있는데, 그런 방식으로 이 소설은 역사와 구분되는 소설적 시선을 마련하고 있다. 필자는 김훈의 소설과 산문에 나타난 흔적을 통해 작가가 안중근이라는 타자에 접근하는 과정을 살펴보면서 그것이 작가의 글쓰기의 기원에 놓인 콤플렉스가 해소되는 과정과 맞물려 있음을 말해보고자 한 바 있다.[13]

그 소설에서는 안중근이 홍범도를 만났다는 사실이 심문 조서의 한 구절에 겨우 등장하지만, 방현석의 『범도』(2023)는 안중근의 거사를 앞두고 두 사람이 만나는 장면을 프롤로그로 하여 시작된다. 『하얼빈』에서도 그랬지만 『범도』 또한 홍범도를 민족적 영웅이나 위인으로 바라보는 관점으로부터 벗어나 있다. 소설 속에서 그는 시종일관 이념 자체에 대한 회의의 시선을 보내고 있기도 하다.

> 세상을 뒤집어 바꾼다. 세도변환. 동학의 후천개벽은 바로 개화당의 세도변환이었다. 세도변환을 꿈꾸던 자들의 운명이 어떠했던가. 나는 능지처참을 당한 이흥완의 사지와 차이경의 가련한 최후가 떠올라 소름이 돋았다.[14]

---

13) 이 책에 수록된 「어떤 늦은 소설쓰기에 얽힌 변전의 역사가 이른 곳—김훈론」 참조.
14) 방현석, 『범도 1』, 문학동네, 2023, 189~190쪽.

소설 속에는 위에서 보는 것처럼 이념에 대한 회의를 드러내는 장면이 간헐적으로 등장하고 있다. 그렇다면 홍범도의 일제에 대한 생애를 건 무장투쟁은 무엇에 근거하고 있는 것일까. 이 소설은 그것을 1권의 제목이기도 한 '포수의 원칙'에서 찾고 있다. 소설에서 홍범도는 마지막까지도 "난 애국지사 아니고 포수야"[15]라고 자신을 규정하며 "분명한 사실은 단 하나였다. 나는 총을 든 자였고, 내가 할 수 있는 일은 내 앞에 있는 표적을 저격하고 격파하는 일이었다"[16]면서 총을 든 자의 운명과 소명에 끝까지 충실하고자 하는 인물로 그려지고 있다.

또한 소설이 홍범도에게 맞추고 있는 또다른 초점은 그의 조정자로서의 면모이다.

> 물론 진포를 총참모부의 참모로 천거한 것은 나였다. 내가 진포를 총참모부에 발탁한 것은 그녀의 개인적인 능력 때문만은 아니었다. 항일연합포연대에서 가장 젊은 청년들의 사기를 높여주고, 그들의 활기를 부대 전체로 확산시키려는 포석이었다. 각 집단과 단위 부대의 사기도 염두에 둔 인사였다. 그래서 나는 해산 군인을 대표하는 송재원도 총참모부에 발탁했다.[17]

소설 속에서 홍범도는 자신이 속한 집단의 구성원들이 가진 특징과 쓰임새에 깊은 관심을 갖고 그들을 마땅한 자리에 배치하는 한편

---

15) 방현석, 『범도 2』, 문학동네, 2023, 341쪽.
16) 같은 책, 398쪽.
17) 같은 책, 17쪽.

그들과의 관계를 유지하는 데 지속적인 노력을 기울인다. 그는 다른 사람 위에 서고자 하기보다 몸을 낮춰 그들과 수평적인 관계를 나누려고 애쓰는 인물이다. 작가는 소설 출간 후 가진 인터뷰에서 홍범도의 매력에 대한 질문에 대해 "죽음과는 가장 가까이 있으면서 권력과는 가장 멀리 있었던 사람이죠. 아무런 대가도 바란 적이 없고, 바란 적도 없는 장군입니다. (……) 홍범도를 통해서 다른 사람들의 이야기도 가능했어요. 홍범도는 몸을 낮추면서 길을 찾은 사람이에요. 길은 공중이 아닌 땅바닥에 있고, 몸을 낮추어야 길이 보인다는 걸 알고 있는 사람이었죠"[18]라고 대답한 바 있다.

그 관계에서 홍범도가 추구하는 방향은 기성의 권위의 반대쪽에 놓인 신생의 흐름에 있다. 이런 면모 또한 현재의 가치가 소설 속 인물에 투영된 결과라고 생각해볼 수 있다.

> "진포와 현창하, 안국환이 전설입니다. 일격필살의 여성 저격수이자 작전참모 진포, 열여섯 살의 청년저격대장 현창하, 하루에 백 개의 적정을 탐지하는 도주 안국환, 이들은 지금까지 어느 전쟁에서도 보지 못한 영웅이었어요…… 제가 삼수성 점령 작전을 통해 얻고 싶은 것은 왜놈들의 모가지도, 총기도, 식량도 아닙니다. 저는 일본 육군의 신화가 된 하세가와의 직할 부대를 이긴 진포와 현창하, 안국환의 이름을 양반들이 말과 글로 깎아내릴 수도, 고쳐 쓸 수도, 지워버릴 수도 없는 전설로 만들고 싶습니다."
>
> "젊은 그애들을 전설로 만들어 하세가와의 신화를 무너뜨리고 우린 죽자, 이 소리지?"

---

[18] 「대전현충원서 홍범도 장군에게 큰절 할 수 없었던 이유―13년 준비 끝에 소설 『범도』 펴낸 방현석 작가」, 오마이뉴스, 2023. 6. 30.

"네."

하세가와는 자기가 양성한 저격수들의 전공을 가로채 신화가 되었지만 나는 나의 대원들을 전설로 만들고 싶었다.[19]

『하얼빈』이 안중근의 젊음에 초점을 두고 있었다면, 『범도』는 홍범도의 진취적 기상보다 어른다운 성숙한 모습에 초점을 맞춘다. 이와 같은 홍범도의 면모는 민족의 영웅은 아니라고 해도 어떤 의미에서는 현재의 상황이 요구하고 기대하는 지도자상에 가까워 보인다. 조정자로서의 면모가 부각되다보니 그의 존재에서 내적 갈등이나 번민의 층위는 상대적으로 옅다. 그렇기 때문에 홍범도는 수시로 이념에 대한 회의를 드러내고 있음에도 불구하고 어떤 관념을 체현하고 있는 평면적인 인물로 보이기도 하며 그가 맺는 다른 인물들과의 관계 또한 단성적인 편이다.

나는 적을 몰아넣을 목으로 잡은 협곡을 내려다보며 최운산에게 물었다.
"폭풍우가 한꺼번에 몰아치면 저 계곡이 어떻게 되오?"
"폭우 땐 순식간에 무섭게 물이 불어 큰 소도 빨려들면 헤어나지 못합니다. 비바람까지 불면 물안개에 앞도 보이지 않지요."
나는 1군사령관 수행 전령인 류진철을 불렀다. 류진철은 택견 실력이 뛰어난데다 입도 무거웠다. 남창일은 우랄 광산 노동자 출신인 그를 나의 경호원으로 추천했었다. 혼자서 맨손으로 흉기를 든 마적 넷을 간단히 제압

---

19) 방현석, 『범도 2』, 19쪽.

한 류진철은 몸이 무거웠다. 두 차례나 밀정들에게 피습을 당한 내가 한사코 경호원을 마다하자 남창일은 정찰부장 안국환과 짜고 내 수행 전령을 류진철로 슬쩍 교체했다. 그렇게라도 내 옆에 경호원을 붙여두려는 둘의 모의를 나는 모르는 척했다.
"동쪽 계곡 안쪽에 포진한 라근형 소대로 가서, 즉시 시루봉 아래 5부 능선으로 이동해 홈채기에 매복하라고 전해."
"넵. 명령 전달하겠습니다."[20]

위의 장면은 이 소설의 하이라이트라고 할 수 있는 봉오동전투 직전의 상황에 해당된다. 그 숨가쁜 상황에서도 홍범도는 수행 전령 류진철의 내력과 장점, 그리고 그가 자신의 경호를 맡게 된 경위를 꽤 길게 서술하고 있다. 스토리의 시간에 비해 서술의 시간이 지나치게 비대하다고 할 수 있는 것이다. 이 소설이 상당한 분량으로 길어진 이유도 이 점에서 찾을 수 있다. 소설의 본문은 봉오동과 청산리에서의 전투에서 그치고 에필로그에서는 그로부터 많은 시간을 건너 카자흐스탄의 크질오라다에서 극장 수위로서 살았던 그의 삶의 마지막 장면을 보여준다.
분량에 비하면 구성은 단조로운 편이다. 삼인칭으로 서술된 프롤로그[21]와 에필로그가 외곽에 놓여 있고, 그 사이를 메우고 있는 17개의 장은 홍범도를 화자로 한 일인칭 시점의 서술로 전개되는 비교적

---

20) 같은 책, 538쪽.
21) 홍범도와 안중근이 만나는 장면을 서술하고 있는 이 프롤로그 부분은 소설의 전개 과정의 후반부(『범도 2』, 252~258쪽)에서 시점을 달리하여 거의 그대로 다시 등장하면서 구성의 특이점을 이루게 된다.

단순한 구조이다.

그런데 『범도』는 2021년 8월 15일부터 12월 31일에 걸쳐 오마이뉴스에 「저격」이라는 제목으로 37회에 걸쳐 연재된 내용을 저본으로 하여 완성된 것이다. 「저격」은 홍범도의 유년 시절부터 조지소를 떠나는 시기까지를 대상으로 하고 있는데, 이 내용은 『범도』의 1권 3장까지에 해당된다. 특히 '범돌'(『범도』에서는 '범'으로 불린다)이 아버지를 잃고 '신포수'를 만나기까지의 전반부가 『범도』에서 제외되어 이야기가 중간에서 갑작스럽게 시작되는 듯한 인상을 받게 된다. 그런데 「저격」에서는 『범도』와 달리 시점 구도가 다소 복잡하게 설정되어 있다.

* 이 이야기는 러시아어에서 다시 한국어로 번역한 「어느 극장 수위의 회상」과 내 할머니의 일기를 재편집해서 합본한 것이라고 해도 크게 틀린 말이 아니다. 흩어져 있던 장면들을 하나로 모아 재정리하고, 빠진 장면들을 어머니로부터 전해들은 이야기로 보충한 것은 나다. 그러나 마지막 손질은 오래 내 작업을 도와준 작가 현이 맡았다. 많은 단어와 문장을 그가 고치고 다듬고 추가했다. 그러므로 이 책은 내 할머니와 내 할머니의 남자, 내 어머니, 나와 작가 현의 공동작업을 통해 비로소 완성되었음을 밝혀둔다. 현의 강력한 사양에도 불구하고 현의 이름으로 이 이야기를 세상에 내놓는 이유는 이 책이 소설이기 때문이다. 내가 쓴 논픽션을 소설로 바꾼 것은 그다. 나는 소설가가 아니며 소설가가 되기를 원지도 않는다. 나는 이 소설의 마지막 문장, 그 다음 문장으로 끝내 남아 있기를 선택한다. 그리하여 백 년 전, 조선 최초의 비혼주의자였던 내 할머니와 내 할머니의 남자가 '억압'과 '차별'을 향해 발사한 탄환이 마침내 탄착점에 도착하

는 순간을 지켜보고야 말 것이다. 단언컨대, 일격필살의 저격수였던 그들의 탄환은 빗나간 적이 없으므로 반드시 표적의 정중앙을 관통할 것이다.[22]

「저격」은 '백무아'의 일기와 '이스끄라 까레이스키'라는 허구의 신문에 48회에 걸쳐 연재된 「어느 극장 수위의 회상」이라는 비망록을 토대로 그 내용을 백무아의 손녀인 화자와 소설가 '현'이 소설로 옮긴 것으로 설정되어 있다. 이와 같은 시점 구도 위에 서 있는 「저격」에서도 물론 홍범도는 이야기의 중심에 놓여 있지만, 그럼에도 불구하고 그것은 백무아와 그녀의 손녀, 그리고 소설가 현에 의해 상대화되어 있다. 그에 비해 『범도』는 홍범도의 일인칭 시점의 서술이 대부분을 차지하는 단성적인 지대를 이루고 있다.

"그럼 아미리가에서는 왕도 백성들이 뽑으오?"
"왕이 아니고 대통령. 왕정이 아니고 공화정이란 말임."
"그 대통령은 백성들이 뽑으오?"
"기럼."
"그건 뭐 우리 포수계가 옛날부터 해온 것과 같네. 우리 포연대도 중대장이고 총대장이고 다 대원들이 뽑으니까."
나는 우리 포수들도 그 정도는 옛날부터 해왔다고 뻐기듯이 말하며 입꼬리를 치켜올렸다.
"여자는 아니겠지."
나는 고개를 저었다. 백무아가 미심쩍은 표정으로 물었다.

---

22) 「내 할머니의 남자―홍범도 실명소설 「저격」 (1)」, 오마이뉴스, 2021. 8. 15.

"여자도?"

"기럼."

나는 백무아의 말투를 흉내내며 대답하고 나서 되물었다.

"아미리가, 그 공화정에서도 여자에게는 몫이 없는 거요?"

백무아가 고개를 끄덕였다.

"그건 우리 포연대보다 못하네. 우린 다 같은 한몫인데……"

"여자에게도 같은 몫을 준 게 당신이오?"

갑자기 그녀가 말을 올렸다.

"주긴 누가 주오? 모든 사람은 평등하게 태어났다, 고 아미리가합중국 독립선언서에도 써 있다고 당신이 말하지 않았소."

"옳게 했소."[23]

위의 대화에서는 미국의 공화정에 비해 뒤지지 않을 정도로 민주적일 뿐만 아니라 젠더 관계의 측면에서는 오히려 더 수평적인 포연대를 이끌고 있는 홍범도의 리더십이 과시되어 있다. 앞서 인용한 인터뷰에서 작가는 소설 속 등장인물 가운데 특별히 좋아한 인물을 묻는 질문에 "홍범도의 연인이라 할 수 있는 백무아와 진포, 김 알렉산드리아, 김숙경, 여연 같은 여성 인물을 특히 좋아했습니다. 백무아는 홍범도에게 '부디, 당신이 양반과 침략자, 남자의 편에 서지 않기를 바랍니다. 조선에서 양반보다 더한 계급이 남자입니다'라고 일침을 가했죠. 백무아의 이 말은 지금도 여전히 유효하고요."[24]라고 대답

---

23) 방현석, 『범도 2』, 159쪽.
24) 「대전현충원서 홍범도 장군에게 큰절 할 수 없었던 이유—13년 준비 끝에 소설 『범도』 펴낸 방현석 작가」.

했다. 그런데 위의 장면에서는 젠더의 측면에서 작가가 표방하는 가치가 소설에 투영되는 과정에서 다수의 여성 인물을 통과하여 궁극적으로는 홍범도에게 거의 독점적으로 귀착되고 있지는 않은가 생각하게 된다. 이런 현상 또한 홍범도를 중심에 둔 이 소설의 시점과 인물 관계의 구도로 인해 발생하는 문제일 수 있다.[25]

『범도』의 배경을 이루는 역사적 시간은, 그 공간은 다소 떨어져 있다고 해도 현기영의 『제주도우다』(2023)에서도 나란히 흐르고 있다. 이 소설은 일제강점기와 해방, 그리고 4·3을 직접 겪은 당사자인 '안창세'가 다큐멘터리를 제작하는 그의 손녀 '영미'와 남편 '창근' 부부에게 자신의 경험을 들려주는 서술 구도를 취하고 있다.

> 칠십여 년의 세월에도 노인은 당시의 일들을 소상히 기억하고 있었다. 잊으려고 애썼고 많이 잊었다고 생각했는데, 세세한 기억들까지 새록새록 떠올라 스스로도 놀랍다고 말했다. 냄새, 소리, 색깔 등 감각적인 것도 기억해냈고 그때 느꼈던 감정도 생생하게 되살려내곤 했다. 영미와 나는 그동안 착실히 공부해둔 덕택에 노인이 잘못 알고 있는 사건들의 시기나 사

---

[25] 이 글을 쓰고 있는 시점을 기준으로, 알라딘 서점에서 『범도』 1~2권 세트의 구매자 분포를 보면 그 비중은 50대 남성(22.4%), 50대 여성(16.9%), 40대 여성(15.5%), 40대 남성(12.3%), 60대 남성(12.1%) 순으로 나타나고 있다. 남성(51.4%) 구매자의 비율이 여성(48.5%) 구매자를 상회하고 있는데, 이는 한국소설의 독자 비중에서 여성이 72% 정도를 차지한다는 통계에 비춰보면(구환회, 「여성작가의 책을 사고 읽는 독자는 누구인가」, 『출판N』 Vol. 16, 한국출판문화진흥원, 2020. 11, 12쪽) 남성 구매자의 비율이 예외적으로 높은 경우에 해당된다. 세대별로 보면 50대(39.3%), 40대(27.8%), 60대(17.5%), 30대(10.6%) 순으로 나타나고 있다. 이런 통계는 이 소설의 표면에 드러나 있는 가치와는 아이러니하게도 어긋나 있는 독자 상황을 보여주고 있다.

실관계 등 세부 사항을 바로잡고 잊힌 것을 떠올리도록 거들 수 있었다. 노인의 이야기는 거의 열흘 동안 저녁마다 계속되었다.

  내 이름은 안창세, 순흥 안씨여. 이 섬고장엔 유배객과 망명객 자손들이 많은데, 우리 안씨도 그중 하나주. 오래전에 조천포에 뿌리박고 살았어. 조천 토박이라. 모르긴 몰라도 아마 우리 안씨가 조천에서 그중 오래된 성씨일 거야. 조천포는 아주 작은 포구였던 시절에는 '새콧알'이라 불렸어. 지금도 조천포에 가면 갯가에 새콧알할망당이라고 불리는 당堂이 있는데, 그 당의 내력이 우리 순흥 안씨의 먼 조상과 관계가 있거든. 그 할망당 본풀이 사설에 그 이야기가 나와.[26]

위의 인용 부분은 이 소설의 프롤로그의 마지막 대목이다. 손녀사위인 서른두 살 창근의 시점으로 한 살 아래인 제주 출신 아내 영미와 함께 그녀의 할아버지인 안창세의 열흘에 걸친 생애 마지막 증언을 듣고 있는 구도를 위에서 확인할 수 있다. 창세의 육성은 본문에 들어서면 삼인칭의 전지적 시점의 서술로 전환되어 전개되다가 필요한 대목에서는 이탤릭체로 표기되어 다시 등장하면서 이 소설의 궁극적인 서술 구도를 상기시키고 있다.

  창근아, 영미야, 느네들은 잘 모를 거다. 놈들의 착취가 얼마나 가혹했는지! 사람은 웬만해서는 자기 땅을 떠나지 않는 법이다. 사람은 말이여, 자기가 태어난 땅에서 아이를 낳고 키우고 목숨을 다할 때까지 살당 가는

---

26) 현기영, 『제주도우다 1』, 창비, 2023, 26쪽.

것이 행복인 것이여. 오죽했으면 자기 땅을 떠나 남부여대 유민이 되었겠느냐 말이다. 그 당시 우리 조천 사람들도 일본에 노동하레 참 많이 갔주 군대환(기미가요마루)이란 큰 배가 한 달에 세 번 오사카에 직항 왕래하명 실어날랐어. 그 당시 우리 조천리는 대략 가옥 칠백 호에 인구 사천 명이 되는 큰 마을이었주.[27]

이와 같은 구도는 체험 세대가 미체험 세대에게 역사적 사건의 경험을 전달하고자 하는 이 소설의 목적에 맞춰진 것으로 이해할 수 있다. 이 외에도 이 소설에서는 그와 같은 교육적 효과를 고려한 장치들이 세심하게 배치되어 있다. 가령 의견이 충돌할 가능성이 있는 민감한 사안의 경우 인물들의 발언을 희곡 형식으로 구성하여 집중도를 높이고 있으며,[28] 객관적인 사실을 제시할 필요가 있을 경우에는 기사 보도의 서술 형식을 취하거나[29] 구술 증언을 서술과 구분되는 형식에 담아 삽입하고 있다.[30] 이런 장치는 서술을 이념에 의해 일방적으로 이끌어가지 않도록 견제하는 역할을 하고 있다. 그 가운데에서 인물들의 행위는 때로 자신이 속한 집단의 이념과 배치되는 장면을

---

27) 같은 책, 51~52쪽.
28) 연극적 형식을 빌려 인물들이 토론을 나누는 장면은 2권 18~20, 29~34, 62, 140~143, 157~172, 187~188, 291~295, 247~248, 291~295쪽 등 주로 중반부에 집중적으로 등장한다.
29) 기사 보도 형식의 사실 제시는 1권 113~114, 2권 185, 189, 195, 237, 285, 308, 326, 328~331, 336, 341, 3권 15, 41~43, 76, 81, 88, 101, 112-113, 136, 157, 173, 185쪽 등 중후반부에 빈번하게 나타나 있다.
30) 구술 증언을 다른 글자체로 제시하는 부분은 3권 115~118, 130~131, 190~195, 200~201, 227~229, 243~245, 246~248, 251~254, 286~300쪽 등 주로 민간인 학살 사건 피해자에 집중되어 있다.

연출하기도 하면서 현실감을 마련하고 있다. 맥락에 따라 당시 불리던 노래들 삽입하는 형식[31]은 작가의 전작들에서도 볼 수 있는 특징이었는데 이 소설에서도 자주 사용되면서 서술 형식을 다양화함으로써 전달력을 제고하는 데 효과적으로 기여하고 있다.

소설의 본문은 멀리 조천리의 새콧알할망 설화와 제주의 설문대할망 설화로부터 비롯, 조선 시대에 발생한 일련의 민란을 거쳐 해녀항일 운동을 위시한 일제강점기의 저항 운동의 역사를 펼쳐 보이는 데 상당한 비중을 할애하고 있다. 문제의 1948년 4월 3일의 사건은 전체 7부 가운데 6부, 3권의 77쪽에서야 등장한다. 작가는 한 산문에서 이재수의 난을 서사화한 장편 『변방에 우짖는 새』(1983)와 1932년 제주 해녀들의 항일 운동이 배경을 이루고 있는 『바람 타는 섬』(1989)을 4·3항쟁의 전사前史로서 쓴 것이라고 밝히면서 "이제는 본격적으로 4·3항쟁을 다룰 때가 되었는데도 나는 아직도 망설이고 있다"[32]며 자책하는 한편 다시 4·3을 본격적으로 찾아갈 것을 기약한 바 있었다.

『지상에 숟가락 하나』의 전반부에는 그 상황이 다음처럼 서술되어 있다.

> 그렇게 해방 삼 년은 흉년, 역병, 흉년의 악순환이었다. 왜정 말기를 혹

---

31) 노래를 삽입하는 대목은 1권 33, 50~51, 53, 56, 60~61, 67~69, 72~73, 102, 116, 118, 178, 253, 304, 338, 357, 375~376; 2권 49~50, 71~72, 85, 113~114, 130, 134, 189, 218~220, 222, 235, 256~257, 301~302, 330~331; 3권 31, 121, 126, 183, 261, 267~268, 306~307, 315, 322쪽 등 소설 전반에 걸쳐 지속적으로 나온다.

32) 현기영, 「내 소설의 모태는 4·3항쟁」, 『역사비평』 1993년 봄호, 170쪽.

독한 고통 속에 보내고 해방을 맞았으나, 그 역시 진구렁 속의 삶이었다. 그러므로 섬사람들에게 해방은 진정한 의미의 해방이 아니었다. 왜정 때의 그 악명 높던 곡식 공출이 여전히 존속되어 부족한 식량을 수탈해가는데 어찌 해방이며, 이민족들이 나라를 두 동강 내고 점령하고 있는데 어찌 해방이라고 할 수 있으랴. 그러므로 그 이듬해인 1947년 3월 1일, 읍내에 2만 군중이 모여든 대시위는 이렇게 극한 상황에 몰린 민생의 피맺힌 절규였다. 그러나 미군정은 슬픔과 억울함을 토로하는 그 집회에 무차별 총격으로 응답했으니, 여섯 명의 무고한 인명이 희생되고 말았다.[33]

여기에서도 4·3이 발생한 역사적 맥락은 드러나 있지만, 사실의 간략한 제시에 그쳐 있다. "글을 여기까지 쓰고 보니, 이제 4·3에 대한 더이상의 언급은 자제해야 하겠다는 생각이 든다. 아니, 그 엄청난 유혈은 생각만 해도 멀미가 솟구쳐 더이상 쓸 기력이 없다. 그래, 그 이야기는 이제 그만두자. 애당초 이 글은 한 아이의 성장 내력에 대한 이야기가 아닌가"[34]라면서 유년기에 체험한 사건을 서사화하는 과정에서 부딪친 내적 역량의 한계를 토로하며 그 이후의 성장담으로 넘어가고 있었다.

이번 『제주도우다』에서 사건의 증언자 역할을 맡은 창세의 나이가 그 시발 시점인 1948년을 기준으로 열여섯 살로 설정되어 있는 것 또한 이런 문제를 해결하기 위한 목적과 연관되어 있다. 이 점은 자전적인 성장소설의 형식을 취하고 있는 『지상에 숟가락 하나』에서 주인공의 나이가 그 당시 작가(1941년생)의 실제 나이인 일곱 살로 설정되

---

33) 현기영, 『지상에 숟가락 하나』, 실천문학사, 1999, 32쪽.
34) 같은 책, 76쪽.

었던 것과 비교된다. 후세대에게 전달될 사건에 대한 경험의 폭이 확보되기 위해서는 주인공에게 아홉 살 정도의 나이가 보태질 필요가 있었던 것이다. 그리고 그런 설정 위에서 4·3의 역사적 맥락을 소설 내에 본격적이면서도 유기적으로 도입, 배치하는 결과를 이루어낼 수 있었다.

그런 의미에서 이처럼 4·3을 수난에 맞서 면면히 이어온 항쟁의 역사 위에 놓인 사건으로 제시하는 『제주도우다』의 전반부는 작가의 오랜 다짐의 실현이라고 할 수 있을 것이다. 『제주도우다』의 출간 후의 한 인터뷰에서 작가는 "젊어서는 4·3의 수난을 주로 다뤘는데 나이 먹어서는 항쟁을 이야기하고 싶었어요. '탄압이면 항쟁이다'라는 구호가 말해주듯 수난과 항쟁은 떨어져 있지 않아요. 이번에 내가 한 건 4·3이 왜 일어나게 되었는가에 대한 탐구입니다"[35)라며 오래된 숙업을 마친 뿌듯함을 드러내고 있다.

> 연주창 때문에 우울증이 더 깊어진 나에게 그래도 한 가지 신나는 일이 있었다. 그것은 이따금씩 벌어지는 횃불 시위였는데, 초저녁에 "왓샤, 왓샤!" 하는 소리가 들려오면 참을 수 없는 충동심에 할아버지 몰래 밖으로 빠져나가곤 했다. 발을 구르며 토해내는 우렁찬 외침 소리, 일렁거리며 어둠을 핥는 붉은 횃불들, 그 광경을 보면 나의 어린 피도 함께 끓어올라 나도 모르게 시위대의 꽁무니에 따라붙어 있곤 하지 않았던가. 목 아픈 것도 잊은 채. 횃불은 나를 송두리째 사로잡아버리는 야릇한 힘이 있었다. 그 어둡던 시절, 불이라면 부지깽이 불에도 쉽게 매혹되던 나였지만, 횃불

---

35) 백영경, 「애도의 공동체에 돌려주는 일상의 깊이」, 『창작과비평』 2023년 가을호, 334쪽.

은 느낌이 사뭇 달랐다. 뭐라고 힘차게 외치는 듯한 그 불꽃, 그것을 나는 갖고 싶었다.[36]

『지상에 숟가락 하나』에서 유년의 인물의 내면에 매혹으로 자리 잡은 횃불의 이미지와 충동을 자극했던 구호는 『제주도우다』에서는 민중의 실제 행동으로 외화되어 4·3의 역사를 추동하는 구체적인 동력으로 작용한다. 이 과정에서 수난이 항쟁으로 전환될 수 있는 조건이 성립되고 있는데, 특히 이 소설에서는 "바로 이거야, 자유와 자치! 지금 이 상태, 중앙정부의 간섭 없는 자치 공동체, 이것이 바로 코뮌이여!"[37], "우린 북도 아니고 남도 아니고, 제주도다!"[38], "우린 북조선도 아니고 남조선도 아니고 제주도란 말이여!", "예예, 맞수다. 우린 남도 아니고 북도 아니고 제주도우다!"[39] 등에서 보는 바와 같이 제주를 자치적인 공동체로 인식하는 관점을 의식적으로 강조하여 드러내고 있다. 소설은 '따알리아' '정두길'과 '부대림' 등 창세를 제외한 중심인물들이 차례로 비극적인 죽음을 맞으면서 결말에 이르지만, 그럼에도 불구하고 다음처럼 희망과 낙관으로 마무리될 수 있는 것 역시 그 행위가 현재의 가치로 이어지고 있기 때문이다.

"우리는 죽지만 다시 태어날 거다. 대지의 자궁은 죽음 속에서 새 생명을 잉태하니까. 모든 것이 불에 타고 모든 사람이 죽었지만, 그러나 어머니

---

36) 현기영, 『지상에 숟가락 하나』, 35~36쪽.
37) 현기영, 『제주도우다 1』, 276쪽.
38) 같은 책, 296쪽.
39) 현기영, 『제주도우다 2』, 창비, 2023, 172쪽.

대지는 죽은 자식들을 끌어안을 거여. 땅속 혈맥들이 고동치는 소리가 지금 내 귀에 들려. 대지가 자기의 자궁 안으로 죽은 자식들을 받아들이고 있는 거라. 낭자한 피와 총성과 비명도, 죽창, 철창에 묻은 살점도 대지는 남김없이 받아들이고 있어. 아, 그리고 마침내 그 자궁에서 새 생명들은 솟아나 대지 위에 다시 번성할 거여."[40]

소설 본문의 마지막 대목인 위의 인용에서 보는 것과 같이 이 소설은 그런 가치를 선취하여 드러내고 있다. 여성들의 대화와 연설에 나타나는 젠더 의식, 그리고 앞서 살펴본 바와 같이 제주를 자치 공동체로 바라보는 관점 등 또한 현재의 가치가 소설 속 역사에 투사된 것으로 볼 수 있다.[41]

소설은 에필로그에서 다시 창근의 시점으로 돌아온다. 역사의 배턴이 증언의 수신자인 다음 세대로 넘어오는 장면이라고 할 수 있는데, 창근과 영미가 다큐멘터리의 방향에 대해 나누는 다음의 대화는 이 소설의 성격을 드러내는 것이기도 하다.

"하지만 창근아, 우리의 상상력이 그렇게 압도당해버리면 다큐를 만들 수가 없잖아. 그 참혹함의 무게에 압도당해서 너무 진지하고 너무 슬픈 다큐가 돼버리면 안 돼. 큰 슬픔일수록 좀 가볍게, 관객들이 견딜 수 있게…… 삼만의 슬픈 원혼들을 눈물로 애도하고, 즐거운 웃음으로 기쁘게 해드리기도 하면서……"

---

40) 현기영,『제주도우다 3』, 창비, 2023, 351쪽.
41) 이런 맥락에서 소설 속 돼지(1권, 310~315쪽), 돌고래(1권, 323~324쪽), 드렁허리(2권, 183쪽) 등을 도살하는 장면은 이 방향과 어긋나 보인다.

"눈물과 웃음이 함께 있는 영화! 그래, 그렇게 풀어내자. 슬픈 영혼 영신 님네 그 맺힌 설움, 그렇게 풀어내자!"[42]

창근과 영미 세대의 관점으로 제시된 이런 재현의 방식은 사실 작가 자신의 것이라는 사실을 출간 이후 가진 인터뷰에서의 발언을 통해 확인할 수 있다.

> 이 슬픔, 이 재앙을 기억해서 앞으로 이런 일은 다시 일어나선 안 된다고 독자를 설득하려면 공감이 필요합니다. 과한 애도는 독자가 감당할 수 없고 공감과 연민이 무화될 수 있어요. 앞으로 4·3은 여러 방식으로 다루어져야 한다고 생각합니다. 소설의 경우 에피소드 하나만 있어도 그걸 재해석하는 식으로 얼마든지 새로운 작품이 나올 수 있고요. 총체적으로 다뤄야 한다고 부담스러워할 필요도 없어요. 현재와의 연결 방식도 자유로워야 하겠죠.[43]

위의 발언에서 작가는 독자의 공감을 강조하면서 과한 애도를 경계해야 한다는 입장을 제출하고 있다. 앞서 이 소설에서 작가가 독자를 염두에 두고 마련한 소설적 장치들을 확인한 바 있기도 하다. 그렇지만 독자라고 해도 단일한 집단이라고 보기는 어렵다. 이 글을 쓰고 있는 2023년을 기준으로, 알라딘 서점에서 『제주도우다』 1~3권 세트의 서점 구매자 분포를 보면 그 비중은 40대 여성(20.2%), 50대 남성(19.3%), 50대 여성(20.2%), 60대 남성(13.3%) 순으로 나타나

---

42) 현기영, 『제주도우다 3』, 358쪽.
43) 백영경, 「애도의 공동체에 돌려주는 일상의 깊이」, 345쪽.

고 있다. 여성 구매자의 비율(53.9%)은 남성 구매자의 비율(46.1%)보다 높기는 하지만 상대적으로는 남성 구매자의 비율이 높은 편이다. 세대별로는 50대(36.7%), 40대(29.1%), 60대(18.5%), 30대(11.2%) 순으로 중장년 세대의 비중이 크다.

역사적 사건의 트라우마에 대한 주체의 애도를 중심에 두고 있는 『작별하지 않는다』의 경우 같은 서점에서의 구매자 분포가 40대 여성(21.2%), 30대 여성(20.4%), 20대 여성(20.2%), 50대 여성(10.6%) 순으로 나타나고 있으며, 여성의 비율(75.8%)이 남성(24.1%)에 비해 평균보다 더 높은 편이다. 세대별로는 40대(26.9%), 30대(25.9%), 20대(24.1%), 50대(16.9%) 순으로 나타나고 있어 『제주도우다』와 비교된다.

그런가 하면 부분적으로 4·3 사건의 모티프가 등장하는 단편을 포함하고 있는 한정현의 소설집 『쿄코와 쿄지』(2023)의 경우 같은 서점의 구매자 분포가 30대 여성(25.9%), 20대 여성(19.6%), 40대 여성(12.6%), 50대 여성(11.2%), 30대 남성(10.5%) 등의 순서로 나타난다. 여성과 남성의 구매 비율은 각각 70.0%와 30.1%이다. 세대별로는 30대(36.4%), 20대(21.7%), 40대(20.3%), 50대(18.9%) 순으로 되어 있다.

이렇게 보면 4·3 사건에 대한 세 편의 서사는, 물론 겹치는 부분을 포함하면서도 세대와 성별을 기준으로 서로 다른 영역을 분담하고 있는 듯 보이기도 한다. 이런 맥락에서 상대적으로 더 젊은 세대인 한정현의 방식을 비교하여 살펴볼 필요가 있을 듯하다.

한정현의 「쿄코와 쿄지」(2021)에서 역사는 편지의 발신자인 엄마 '경자'(경녀)와 수신자인 딸 '영소' 사이에서 부유한다. 엄마 경자의 증언은 조기 치매 상태에서 이루어진 것이기도 하거니와, 경험을 토대로 하고 있으나 또다른 측면에서는 경험에 의해 제한되어 있기에 수신자는 증언과 함께 스스로의 연구를 통해 역사를 객관화해야 하는 과업을 부여받는다.

초점이 영소 쪽으로 더 이동한 구도 위에서 「리틀 시즌」(2021)의 이야기가 이어진다.

> 나의 유일한 가족인 엄마는 5·18에 관련이 된 사람이다. 피해자, 이지만 피해자라고 평생 말해본 적 없는 사람. 그런 엄마가 돌아가신 직후 나는 한국으로 돌아오게 되었다. 하지만 엄마의 죽음은 예상할 수 없던 일이었고 원래 나는 아주 잠시 한국에 머물 예정이었다. 일본에서 연구하던 시절, 나는 국가 폭력과 여성이라는 큰 틀에서 제주 4·3 여성 생존자와 오키나와 미군 기지 주변 여성들의 삶을 비교 연구했었다. 하지만 모든 폭력이 그러하듯 하나의 사건이 갑자기 발생되고 그 자체로 종결되는 게 아니었다. 4·3을 보던 나는 5·18을 집중적으로 찾아보고 싶어졌다. 그땐 광주 출신이었던 엄마가 5·18과 관련이 있는지 몰랐다.[44]

어머니와 딸 사이는 한편으로는 연결되어 있으면서도 단절을 포함하고 있다. 그 관계는 경험을 전승하는 쪽의 의지만으로 완료되는 것이 아니라 그것을 수용하는 세대의 경험과 의지에 의해 새롭게 발견되는 것에 가깝다고 할 수 있다. '나'(영소)에게 엄마의 5·18 경험의 전승은 오키나와에 의해 매개된 4·3을 경유하여 이루어진다.

---

44) 한정현, 「리틀 시즌」, 『쿄코와 쿄지』, 문학과지성사, 2023, 118~119쪽.

유일한 가족이었던 엄마가 세상을 떠난 이후 '나'는 이십 년 가까이 살았던 오키나와를 떠나 한국으로 이주해왔다. '나'는 엄마의 친구였던 '미자 이모'(「쿄코와 쿄지」에서 그해 봄 도망친 사람들을 숨겨주기 위해 성당 문을 열었고 군인의 만행을 담은 유인물을 제작하여 나눠주기도 했으며 며칠 후 어느 정신병원에서 머리가 하얗게 센 채 발견된 수녀로 등장한 바 있었다)와 편지를 주고받으면서 엄마에 대한 이해를 진전시키는데, 그 문제와는 별도로 '동아시아 한국학 연구소'에서 일하는 '나'에게는 자신의 일과 관계가 있다. 소설에는 함께 지내는 유기견 '자자'와 연구소 동료인 '류스케'와 그의 동성 연인 '수안', 그리고 4·3 사건의 피해자 여성을 함께 조사했던 '한주'들과의 관계가 또다른 큰 영역을 이루고 있다. 그런 관계들을 매개로 소설은 허구 세계에 갇혀 있지 않고 독자들이 현실 속에서 겪는 문제들과 접속하면서 실제적인 사유를 환기시키는 새로운 서사의 형태를 갖추고 있다. 그 속에서 5·18은 4·3과, 또 퀴어와 젠더 문제와 연결되는 상호관계의 좌표 속에 놓여 있다.

너와 함께 갔던 제주에서 말이야. 4·3 여성 피해자들을 조사하고 나서 그분들의 도움으로 1970년대 바람나무집이라는 기생 관광의 요지에서 일했던 사람들을 만날 수 있었을 때 우리는 열여덟밖에 안 된 아들과 그의 아버지가 함께 와서 여자 하나를 괴롭히듯 놀았다는 이야기를 들었지. (……) 그때 네가 그랬잖아. "언니, 인간은 귀신같이 자기보다 약한 존재를 골라내는 재주가 있는 것 같아요. 끝없이 자기들 사이에서도 급을 나누고. 인간에게 폭력은 어쩌면 자신보다 약한 존재에게 되풀이하는 습관 같은 것일까요?" 나는 그 순간 많은 것이 내 안에서 빠져나가는 것만 같았어. 그럼에도 불구하고 살아가는 사람들의 낙관을 믿는다고 했지만, 물론 그것은 진심이지만, 순간 나는 나를 때리던 남자의 얼굴이 떠올랐고, 이윽고 그가 어느 대학에서 교수가 되었다는 소식을, 전혀 원치 않았지만 들어야 했던 순간이 지나갔고, 요즘엔 젠더 이슈로 칼럼까지 쓴다는 이야기를 들으면서도 웃음을 잃지 않아야 했던 그런 날들이 떠올랐지. 안간힘을 썼던 나, 좋은 날들을 생각하며 살아간다던 피해자들의 미소.[45]

서북청년단과 혐한 시위를 주도하고 있는 재특회의 연관성 관련 자료를 조사하기 위해 제주도에 체류하고 있는 한주의 편지에서 동세대의 인물이 각자의 경험을 사회적 이슈와 연결시키면서 공유하는 장면을 엿볼 수 있다. 그런 상황은 「쿄코와 쿄지」에서 오키나와에 살고 있던 영소가 그곳에서 만난 한국인 가이드 '나나 씨', 연구자 '경아 씨'와 나눈 관계에서도 나타나 있었다. 그리고 나나의 이야기는 「결혼식 멤버結婚式のメンバー」(2021)로 파생되어 이어져 있다. 이런 서사 방식은 앞서 살펴본 이전 세대의 그것과 구분되는 특징을 가지며 또다른 독자들과 소통하는 장치로서 기능하고 있다. 이 점에 대한 작가의 문제의식을 다음 산문에서의 발언을 통해 직접적으로 확인할 수 있다.

> 그러나 역시 소설은 '사'가 아니기 때문에 발굴에서 끝나는 작업은 아니다. 말 그대로 변용이 가장 절실한 작업이기도 하다. 구술 채록을 하여 당사자성을 살리는 방식이야 당연히 좋겠지만, 앞서 말했듯 역사가가 아니라

---

45) 같은 글, 146~147쪽.

소설가라면 역사소설은 단지 발굴에서 끝나지 않는다는 점을 알 것이다. 게다가 당사자의 죽음이라는 문제점으로 인해 이젠 그 공간 자체를 역사적 상상력으로 채워야 하는 시대가 올 수도 있다고 본다. 당사자성으로 채우는 게 아니라 제3자인 화자의 개입이 더 적극적으로 이뤄질 시기가 도래한 것이다. 가령 같은 빨치산 당사자 집안에서 나온 소설이라고 하더라도 그것이 2세대냐, 3세대에 따라 시선이 확연히 다르다. 그건 정지아 작가가 쓴 빨치산 관련 소설과 내가 쓴 빨치산 관련 소설이 굉장히 다른 시선과 서술 방식을 채택하고 있는 것만 봐도 알 수 있다. 그런데 그건 다를 수밖에 없다. 이게 공적인 역사 서술과 소설의 역사 서술 방식의 차이일 것이다. 정작 작가들끼리는 그것을 존중하는 모양새인데 아직도 한국은 역사소설에 어떤 엄정한 핍진성만을 들이대는 것 같으며 그 기반은 자신들이 보고 들은 역사에서 벗어났기 때문에,라는 게 크다. 혹은 자신이 생각하는 어떤 이론에 작품을 꿰어맞추려 한다든가…… (역사 왜곡 차원을 제외하고) 그러나 역사가 아닌 역사소설에서의 완벽한 재현이란 무엇을 의미하는지 한번 생각해보는 게 좋지 않을까. 그것은 단지 현실을 모사하는 수준이 아닐 것이다. 역사소설 자체가 어떤 변용의 장르라면 이것에 '리얼', 핍진성의 문제만을 들먹일 수 있을까(사실 최근의 역사 연구 또한 리얼의 문제만으로 시작하지 않는 것도 많다.)[46]

위의 주장에서 한정현은 하나의 역사적 사건을 소설화하는 '다른 시선과 서술 방식'에서 세대라는 요인을 중요한 변수로 상정하고 있지는 않다. 다만 그 다양한 차이를 공적인 역사 서술과는 다른 소설

---

46) 한정현, 「전에 알던 내가 아냐(〈Brand New Sound〉)는커녕…」, 『쏨』 2023년 하권, 156~157쪽.

의 영역에서 이루어지는 역사 서술의 특징으로 설명하고 있다. 그리고 이때 소설의 영역에서 중요한 것은 재현이나 모사의 핍진성의 문제라기보다 변용의 개성에 있다고 본다. 이런 관점은 최근 한국소설에서 역사가 귀환하고 있는 현상과 맞물려 떠오르고 있는 한 가지 논점을 둘러싸고 다른 세대의 관점과 경합하면서 그 세대의 문학적 입장을 대변하고 있다고 생각된다.

3) 이념과 스토리텔링 위의 역사—「조용한 생활」「구메지마」「20호 동굴」

지금까지 살펴온 소설들의 경우 스토리텔링에서 역사적 배경을 자유롭게 활용하는 한편, 앞선 논의와 이어지는 맥락에서 역사적 사건에 현재적 가치를 투영시키는 경향을 확인할 수 있었다. 그렇지만 한국소설의 다른 한편에서는 오히려 과거의 역사 그 자체를 지향하는 태도 또한 발견할 수 있다.

전성태의 「조용한 생활」(2023)에는 지방의 대학에 부임하여 첫 학기를 보내고 있는 '준모'가 등장한다. 고등학교 시절을 보내기도 했던 그 도시에서 한 주택 이층에 세를 얻어 살고 있는 그는 어느 날 주인집 노인으로부터 대학에 여순 사건에 관련된 인물을 찾아달라는 부탁을 받는다. 세상과 얽히지 않고 '조용한 생활'을 원하던 그에게는 그다지 내키지 않는 일이다. 그렇지만 학적과 직원('양태민')의 진정성 있는 태도에 이끌려 사건에 조금씩 가까이 다가가게 된다. 그 직원은 학창시절 함께 하숙했던 친구와 동명이인이기도 해서, 준모는 이 일을 계기로 그때의 기억과 죄책감을 떠올리게 되기도 한다.

모교로 오르는 길은 아름드리 팽나무들이 늘어서서 그늘이 깊고 고즈
　　넉했다. 준모는 이곳을 떠올릴 때면 늘 이 팽나무길부터 그려졌다. 그 길에
　　예전에 없던 낯선 표지판이 서 있었다. 여순사건 학살지. 스물다섯명의 주
　　민이 토벌대에 희생된 현장이라고 했다. 미국 선교사들이 인부를 사서 희
　　생자들을 인근에 매장했지만 근래 진행된 유해 발굴작업에서는 찾지 못했
　　다. 한층 그늘이 깊어지고 조용한 길을 준모는 낯설게 두리번거렸다. 표지
　　판은 왠지 준모 자신의 시간이 이 도시에서는 아무것도 아니라고 밀어내
　　는 척력처럼 여겨졌다.[47]

　앞선 글에서는 이와 같은 맥락에서 한강의 『작별하지 않는다』를 살펴본 바 있었는데, 여기에서 준모-양태민-여순 사건의 구도는 『작별하지 않는다』에서의 경하-인선-4·3의 구도에 대응되고 있다. 다만 이 소설에서 준모는 아직 역사적 사건이 끌어당기는 인력과 동시에 그를 밀어내는 척력 사이에서 흔들리고 있지만, 시간이 흐를수록 척력을 뚫고 사건과 마주하게 되리라 추측해볼 수 있다.

　한편 앞선 글에서 김숨의 『잃어버린 사람』(2023)을 읽을 때에는 해방을 맞아 부산으로 귀환한 사람들을 개별적 주체로 호명하는 장면을 통해 '위안부' 이야기가 출구를 향해 나가는 것처럼 보였다. 그렇지만 그 책의 출간과 비슷한 시기에 발표되기 시작된 오키나와 연작을 통해 김숨은 역사를 향한 새로운 입구로 진입하고 있었다.

　「구메지마」(2023)는 오키나와에서 발생한 일본군에 의한 조선인 학살의 대표적인 사례인 '구중회' 일가족을 둘러싼 사건[48]에 소설적

---

47) 전성태, 「조용한 생활」, 『창작과비평』 2023년 봄호, 221쪽.
48) 1945년 8월 20일 구메지마 섬에서 발생한 일본군에 의한 조선인 일가족 학살 사

형상의 옷을 입혔다. 부산에서 오키나와로 건너와 만난 여성과 함께 가정을 이뤄 흘러온 이 섬은 얼마 전 미군에 의해 점령되었고, 남아 있던 일본군은 산으로 쫓겨 올라간 상황이다.

> 한편 나카치 마을 주민들이 하산하고 있다는 보고를 받은 가야마 대장은 주민들에게 '산에 있으라'는 명령을 내렸다. '하산하는 주민은 미군에 협력하는 자로 알고 총살하겠다'고 위협했다. 미군들은 계속 나칸다카리 씨와 산 속에, 가마에, 방공호에 숨어 있는 주민들을 찾아다니며 자신들은 결코 선량한 주민을 해치지 않는다고 안심시켰다. 또한 '산에 숨어 있는 주민은 일본군으로 간주하고 총살하겠다'고 겁을 줬다. 산에 숨어 있을 수도, 그렇다고 집으로 돌아갈 수도 없어서 혼란스러워하던 주민들은 하나둘 집으로 돌아왔다. 낫과 호미를 들고 논으로, 밭으로 나갔다. 산속을 전전한 지 이레째 되던 날 나도 우타와 아이들을 이끌고 산에서 내려왔다.[49]

산으로 올라간 패잔병들과 그들을 쫓는 미군, 그리고 그 사이에 끼어 생사를 위협 받고 있는 주민들의 구도는 이 글의 맥락에서는 낯익다. 앞서 살펴본 『제주도우다』에 나오는 다음 장면 때문일 것이다.

> 외세에 대한 싸움이 이제는 동족 간의 싸움으로까지 번져갔다. 산과 해

건으로. 피해자는 구중회(다니카와 노보루, 51세), '우타'(36세) 부부와 '가즈오'(10세), '아야코'(8세), '쓰구오'(6세), '야에코'(3세), 그리고 생후 일 년 남짓의 유아 등 다섯 아이가 포함된다. 이 사건은 오세종, 『오키나와와 조선의 틈새에서—조선인의 '가시화/불가시화'를 둘러싼 역사와 담론』, 손지연 옮김, 소명출판, 2019에서 여러 차례 언급되고 있다.
49) 김숨, 「구메지마」, 웹진 너머 2023년 여름호.

변의 대립은 살벌했다. 좌우 양쪽이 번갈아 서로를 죽이고, 그 가족을 죽이고, 그 집에 불을 질렀다. 복수심에 눈멀어 물불을 가리지 않았다. 친구가 친구를 잡아먹고, 친척이 친척을 잡아먹었다. 천년의 공동체, 무엇으로도 끊어낼 수 없을 것 같던 끈끈한 우애와 혈연의 공동체, 씨줄 날줄로 정교하게 엮인 그 돈독한 공동체가 무참히 찢겨나가고 있었다. 일찌감치 군경에 장악당한 읍내의 여자아이들은 고무줄놀이를 하면서 노래를 불렀다. "위에 붙어라, 아래 붙어라 산에 붙어라, 해변에 붙어라.[50]

『제주도우다』에서 이 사태는 동족의 공동체가 무참하게 찢겨나가는 비극적인 것으로 서술되고 있다.「구메지마」에서는 민족적 차별의 구도 위에서 더 극단적인 갈등이 일어날 법도 한데, 소설은 다만 가족의 가장의 시점에서 이 상황을 담담하면서도 세밀하게 직조하고 있다. 그 작업을 위해 작가는 아내 우타와 아이들을, 그리고 마을 사람인 '오가타' 할아버지와 그의 산양들을 형상화하면서 그들이 놓인 세계를 구축해나간다. 그런 가운데 우리는 '나'가 그 상황에서 스스로가 조선인이라는 사실을 실감하는 과정을 지켜보게 된다.

> 그날 나는 가네구스쿠 부두에 가지 않았다. 오키나와 본섬에 살 때부터 그녀들의 존재에 대해 알고 있던 나는 그녀들이 보고 싶지 않았다. 이 섬에 조선인 여자들이 있다는 걸 내게 알려주고 싶어하는 주민은 아라카치 씨 말고도 더 있었다. 누구는 그녀들을 '조선반도의 여자들' 혹은 '조선에서 온 여자들'이라고 불렀고, 누구는 아라카치 씨처럼 '조센삐' '조센삐야'라

---

50) 현기영,『제주도우다 3』, 128~129쪽.

고 불렀다.[51]

'나'는 오키나와에서 만난 조선인 '위안부' 여성들(이 지점에서 작가가 '구메지마'에 이른 경로를 짐작해볼 수 있다)을 마치 자신과는 무관한 사람을 대하듯 바라본다. 삼십 년 전 부산에서 관부연락선을 타고 가고시마를 거쳐 오키나와에 들어온 '나'에게 1942년부터 눈에 띄기 시작한 조선인들은 조선이 아닌 낯선 곳으로부터 온 이들처럼 느껴졌던 것이다. 그렇지만 그럼에도 불구하고 '나'는 그들이 자신과 무관하지 않다는 것을 모르지 않고 있다. 부두에 가고 싶지 않고, 그녀들을 보고 싶지 않다는 '나'의 반응이 그것을 증명하고 있다. 그것은 의식적인 것이라기보다 본능적인 감각에 의한 것이다.

오키나와 땅에서 조선인들과 마주칠 때면 나는 반가우면서도 불편했다. 내가 알지 못하는 곳에서, 그러니까 조선반도가 아닌 낯선 땅에서 온 이들을 바라보듯 멀찍이서 그들을 바라봤다. 나는 조선에서 산 햇수보다 오키나와에서 산 햇수가 더 길다. 땅을 밟아도 조선 땅보다 오키나와 땅을 더 많이 밟았다. 물을 마셔도 조선 물보다 오키나와 물을 더 많이 마셨으며, 쌀 역시 오키나와에서 난 쌀을 더 많이 먹었다. 오키나와인 여자와 살며 자식을 넷이나 낳았지만 나는 오키나와 사람이 아니다. 일본인 행세를 하며 일본인처럼 보이려고 애를 쓴 적도 있었지만 오키나와인들은 내가 조선인인 걸 금세 알아차렸다. 그것은 오키나와인들이 본토에서 본토 표준어를 쓰며 일본인 행세를 하려 해도 피부색과 억양 때문에 들통나고 마는

---

51) 김숨, 「구메지마」.

것과 마찬가지였다.

그렇지만 '나'는 조선인이라는 사실에서 벗어날 수 없다. 우타의 전남편의 아이인 큰아들 가즈오는 '나'를 삼촌이라 부르고, 나머지 아이들도 그 호칭을 따라 한다. '나'는 때로 가즈오가 자신의 아버지가 일본인이라는 사실에 대해 자부심 비슷한 감정을 느끼는 것을 감지한다. 아마도 가즈오 자신도 잘 알지 못할 그 감정을 조선인인 '나'는 느낄 수 있다. 나하항에서 일본군의 감시를 받으며 가축처럼 모여있는 조선인을 바라보는 가즈오가 '나'의 시선에 들어왔던 순간이 있었던 것이다. 또한 '나'는 딸이 조선인 사내와 살고 있다는 것만으로 수치심을 느끼는 우타의 어머니를 통해 오키나와에서 조선인이 어떤 존재로 인식되고 있는지 느낄 수밖에 없다. 이야기가 전개될수록 '나'는 자신이 조선인이라는 사실에 의해 점점 더 압박당하며 포위되는 듯하다. 그런 가운데 이웃의 경고를 신호로 살해의 위협은 순식간에 '나'에게 도달하고 마침내 그것에 휘말리고 만다.

밧줄에 목이 잡아당겨지며 몸이 끌려간다. 군인 하나가 아니라 둘, 셋이 힘을 합쳐 나를 끌고 있다. 나는 군인들의 얼굴을 보지 못했다. 그들은 문둥이들처럼 얼굴을 천으로 감싸 가리고 있었다. 죽은 개처럼 사지를 늘어뜨리고 끌려가는 내 몸을 땅 위의 모든 게 찔러온다. 돌, 풀, 나무뿌리, 흙. "아아, 아아 삼촌! 삼촌!" 쓰구오가 울며불며 내 발을 붙잡고 매달린다. 아야코, 야에코도 내 발에 매달려 있는 것 같다. 아기를 업은 우타와 가즈오도 내 발에 매달려 함께 끌려가고 있는 것 같다. 으, 손등의 살점이 떨어져 나가는구나. 종아리가 찢기는구나. 허벅지에서 피가 토해지는구나. 으으,

등짝이 갈라지는구나. 내 입에서 조선 말이 토해진다.

'아버지…… 어머니…… 무서워…… 무서워……'

이런 압도적으로 비극적 장면은 어떤 로맨스적 계기로도 뒤집을 수 없을 것이다. 『잃어버린 사람』에서 낯선 곳으로부터 죽음을 넘어 귀환한 인물들은 빈손의 맨몸이라 해도 해방이라는 새로운 상황 속에서 미래를 향한 전망의 빛을 받아 인간으로서의 품격을 가진 존재로 그려질 수 있었지만, 죽음을 눈앞에 둔 김숨의 오키나와 연작 속 인물들은 역사의 적나라한 사실을 그대로 드러낼 수밖에 없는 타자로서 우리의 현실을 일깨운다.

소설 본문 뒤에는 작가가 소설을 쓰는 과정에서 도움을 받은 인물들의 명단이 밝혀져 있다.

* 구중회씨 일가의 몰살 사건을 이해하고 관련 자료를 모으는 데 도움을 주신 분들—오세종(류큐대학 인문사회학부교수, 『오키나와와 조선의 틈새에서』 저자)·우에마 카나(사키마 미술관 학예사)·야마자토 나오야(구메지마 박물관 학예사)·김지혜(『철의 폭풍』 공역)·전효리(교토예술대학교 캐릭터디자인학과 재학)·손경여 선생님(출판인). * 장남 가즈오와 동급생이자 현재 구메지마의 주민으로, 구씨 일가에 대한 말씀을 들려주신 우에즈 노리아키 선생님께 고마움을 전한다.

이 명단으로부터 작가가 「구메지마」를 쓰는 데 투여한 공력과 그 과정에서 이루어진 창작 능력의 진화가 짐작된다. 단순히 텍스트를 소설적으로 가공하는 작업 이상의 의지가 필요한 일이었을 텐데, 하지만 그 대가로 김숨은 취합된 정보와 상상력을 도구로 하나의 서사 세계를 창조할 수 있는 형상의 힘을 벼릴 수 있었던 것이 아닐까 생각된다.

이 작업이 일회적인 것이 아니라 앞으로 한동안 지속될 것이라는 사실을 이어 발표된 「20호 동굴」(2023)을 통해 추측해볼 수 있다. '20호 동굴'이라는 이 소설의 제목에는 다음과 같은 각주가 달려 있다.

> 오키나와 전쟁이 한창이던 1945년 4월 중순부터 5월 중순까지 일본 육군이 야전병원(제2외과)으로 사용한 인공 동굴. 길이가 70미터 정도 되고 높이와 폭이 1.8미터쯤이다. 일본 육군은 철수하면서 중상을 입은 부상병들에게 청산가리를 넣은 우유를 먹였다.[52]

이 소설은 오키나와 역사의 대표적인 유적지 가운데 하나인 이 인공 동굴을 우리 앞에 펼쳐놓는다. 그 감각의 제공자는 상처 입은 한쪽 다리를 수술로 절단한 채 널빤지 위에 누워 있는 조선 출신의 병사 '나'이다. 우리는 조선인 부상병의 눈과 귀를 통해 동굴 내부의 상황과 그 안에서 인물들이 나누는 대화를 전해듣는다. 소설은 사건이 발생하고 있는 외적 상황을 그려내는 정도에 그치지 않고, 한 발 더 들어가 인물의 내적 세계까지 형상화해내고 있다.

> 동굴 가까이에 괴상한 구덩이가 있다는 걸 모르는 게 나았겠지만 일본

---

52) 김숨, 「20호 동굴」, 『쏢』 2023년 하권, 197쪽.

병사가 말을 걸어온 게 싫지만은 않다. 내 앞뒤로, 그리고 내 밑에도 부상병들이 줄줄이 누워 있지만 나는 널빤지 위에 홀로 고립돼 있다. 바닷물처럼 밀려오고 밀려 나가는 통증과 사투를 벌이고 있다. 환부가 불붙은 담배처럼 뜨거워지며 통증이 밀려오기 시작하면 아귀도의 악몽이 펼쳐지며 내가 있는 곳이 동굴 안이라는 사실조차 까맣게 잊는다. 악몽의 무대는 변화무쌍하다. 흙비가 내리는 들판, 불타는 사탕수수밭, 지네 거미 송충이 뱀이 득실대는 숲, 해골들이 우글우글 쌓여 있는 동굴, 회색의 생쥐만한 도마뱀들이 깨금발을 디딜 틈조차 없이 깔려 있는 참호, 어지럽게 흔들리는 램프 불빛 아래 피가 흥건히 고여 있는 수술대…… 무대가 어디든, 내가 오키나와 땅에서 목격한 광경들이 교잡交雜하듯 뒤엉킨다. 갯강구떼에 뜯어 먹히고 있는 미군 시체, 폭탄 파편에 사타구니가 통째로 날아간 일본군, 웅덩이에 머리를 박고 썩고 있는 말 사체, 아이 둘을 겹쳐 업고 잿가루가 날리는 들판을 맨발로 걸어가는 여자 박쥐처럼 생긴 나뭇잎들 속에 숨어 갓난아기에게 젖을 먹이고 있는 여자…… 악몽 속에서는 분홍 메꽃도, 흰 나비도, 새빨간 산딸기도 먹빛의 징그럽고 흉측한 벌레로 변신한다. 고향의 어머니와 누이들은 흰 소복을 입은 귀신이나 도깨비의 모습으로 나타난다.[53]

위에서 볼 수 있는 바와 같이, 김숨 소설은 극한의 상황 속에서 인물이 경험하는 악몽 속 풍경을 전해주고 있다. 그것은 악몽이면서 동시에 환상을 통해 다시 출현하고 있는 현실이기도 하다. 환상과 현실이 뒤섞인 그 이미지들을 통해 우리는 그의 고통을 함께 느낀다.

---

53) 같은 글, 173~174쪽.

김숨의 오키나와 연작은 마치 소설 속의 상황을 목격하면서 그 장면을 중계하고 있는 듯한 고도의 실감을 갖추고 있다. 그 실감은 작가의 의식이 그 역사적 세계에 그만큼 밀착되어 있다는 것을 증거한다. 작가가 '위안부' 서사를 비롯한 그 역사의 이야기를 지속적으로 써오면서 그 세계 속에서 살아왔기 때문에 가능한 일이었을 것이다.

3. 역사에 축적된 현재와 미래

최근 한국소설에서 역사의 귀환은 이처럼 폭넓은 양상으로 나타나고 있다. 한편에서는 먼 역사를 스토리텔링의 무대로 자유롭게 활용하는 새로운 현상을 목격할 수 있는가 하면, 그 반대편에서는 들춰보기 곤란한 역사의 상처를 애써 응시하는 태도를 발견할 수도 있다. 그리고 그 사이에는 현재의 가치를 투영하면서 역사를 전유하고 독자들과 공유하는 다양한 형태의 이야기들도 펼쳐져 있다. 양적인 확장은 질적 방향으로도 힘을 뻗고 있다. 앞에서 읽은 소설들에서 역사로부터 유입된 에너지가 이야기의 부피를 키우고 밀도를 채우는 한편 조직을 복잡하게 만드는 과정을 확인할 수 있었다.

이처럼 창작의 에너지가 과거의 역사로 투입되고 있는 현상은 그만큼 지금의 현실이 너무 복잡하거나 어떤 기대를 갖기 어려운 상태에 처해 있기 때문이 아닐까. 앞서 살펴본 소설들에서 이미 그런 징후를 느낄 수 있었거니와. 역사를 경유하면서 소설적으로 축적된 에너지가 조만간 다시 현실을 마주할 수 있는 힘으로 전환되기를 바라본다.

(2023)

2부

작가와 대화하는 시간

이미지를 되새김질하는 초식의 글쓰기
―이제하론

1. 『초식』의 첫인상과 그 이면

이제하 소설을 처음 읽었을 때의 기억이 어렴풋이 떠오른다. 『밤의 수첩』(1984)이라는 책이었는데 지금 확인해보니 첫 소설집 『초식』(1973)과 두번째 소설집 『기차, 기선, 바다, 하늘』(1978)에서 가려 뽑은 작품들과 「밤의 창변」(1982), 그리고 뒤쪽에는 이제하의 시와 산문들이 엮여 있는 소설 선집이다. 당시 직장에 다니고 있던 누나가 읽던 책이었을 텐데, 거기에 실려 있는 소설들을 읽고 나서 「유자약전」(1969)에 등장하는 '유자'라는 캐릭터가 오랫동안 인상에 남아 있었다.

……황갈색 준마駿馬의 등가죽 위에서 좁고 흰 발바닥과 오그라붙은 앙징스런 발톱들을 내 쪽으로 발딱 뒤집은 채, 유자가 긴 잠을 자고 있다. 말이 준마의 가죽이지 그것은 개 가죽인지 오리 가죽인지 무슨 비닐 천인지 뭔지도 모를 그런 소파다. 고물상에서 사온 이래 3년간은 내가 침대 삼

아, 1년 동안은 유식한 선배들이 거기다 엉덩이를 붙이고 현대 미술론을 떠드느라. 그리고 그들을 쫓기 위해 린시이더유油로 노랑 물감 범벅을 비벼대버린 뒤로는 브러시 씻개로 사용하다가, 작품을 중단하고부터는 말라붙고 비틀어져서 찔러도 피도 안 날 그런 의잔데, 그 위에다 의외에도 뽀얗게 살이 찐 한쪽 허벅지를 척 올려 꼬고 그녀는 태연히 코를 골고 있는 것이다. 길지도 짧지도 않은 목이 옆으로 쑥 빠져서 턱밑으로 연주창連珠瘡을 앓은 상처가 엿보이고, 팔은 둘 다 소파 등 너머로 내던져져 있다. 코는 장난감처럼 열렸다 닫혔다 하고, 입은 보기 좋게 미소를 띠고 약간 헤벌어져 있다. 14시간째의 수면이다. 아침 7시부터 자기 시작해서 밤 9시가 넘은 지금까지 깨지 않는다. 하는 일 없이 그 소파에 멍청히 앉아서 그녀는 꼬박 이틀 밤을 새운 것이다.[1]

유자라는 캐릭터는 소설 속 인물이라고 하더라도 마치 다른 나라에서 온 사람을 처음 보는 듯 내게는 낯설고 신기하게 느껴졌다. 그 당시 내 주변에는 그 비슷한 여성도 없었기 때문이다. 그런 인물이 등장하는 소설 속 세계는 신선한 동경을 불러일으켰다. 그렇게 많은 소설들을 읽지 못했을 때여서 더 그랬겠지만 그렇더라도 유자를 그려내는 이제하의 무정부주의적인 느낌의 문장은 그 무렵 읽었던 이상의 세련된 수사학과는 또다른 개성과 에너지를 품고 있어 보였다.

지금 돌이켜 생각해보면 이십대 중반의 회사원이 그런 "대체로 친절하지 않아서 그 비약에 대해 독자들을 위해 설명을 덧붙여주지 않"[2]는 책을 사서 읽을 정도로, 그리고 사춘기를 막 지나고 있던 한

---

1) 이제하, 「유자약전」, 『밤의 수첩』, 나남, 1984, 66~67쪽.
2) 김병익, 「상투성의 파괴, 그 방법적 드러냄」, 『밤의 수첩』, 411쪽.

남고생이 누나를 매개로 그런 이야기를 읽을 정도로 그 시절 문학은 사람들의 삶 가까운 곳에 자리잡고 있었던 것 같다. 작은 오퍼상에서 경리 일을 보던 직장인이었어도, 입시를 앞둔 고등학생인데도 소설을 읽을 정도로 아직까지 세상은 그렇게 빡빡하지 않았던 것이다. 그 시절을 떠올려보면 오히려 뭔가 채워지지 않은 헛헛한 느낌만 가득했던 기분이 든다. 그 시대 우리는 소설을 통해서 다른 세상을 꿈꿨던 것이리라. 만약 다시 그 나이가 되어 지금 고등학교를 다니고 있다면 과연 그런 책을 읽고 있을까. 아마도 그렇지 않을 것 같다.

이제하의 소설을 다시 접하게 된 것은, 개인적으로는 일종의 문학적 암흑기였던 대학 시절을 지나 대학원에 진학하여 문학을 전공하게 되면서였다. 주관적인 독서 체험에서 벗어나 좀더 객관적인 관점에 근거하여 이제하의 소설을 바라볼 수 있는 상황이 갖춰진 듯했지만, 그런 상황에서 마주하게 된 「초식」(1972)의 세계는 그때까지 내게 익숙했던 설명의 프레임 바깥에 놓여 있는 듯 느껴졌다. 그 작품을 분석하고 있는 몇몇 논문들은 거기에 어떤 정치적 의미를 부여하고 있었지만 실상 텍스트 안에서 그에 상응하는 뚜렷한 근거를 발견하기는 어려웠다. 선거와 4·19와 5·16이 등장하기는 하지만 소설 속 장면에서 어떤 정치적, 사회적 메시지를 감지하기는 곤란했다. 당시 익숙했던 어떤 설명의 틀에도 잘 맞지 않는 이제하 소설은 「유자약전」의 첫인상보다도 오히려 더 멀게 느껴졌다.

그 한참 뒤 문단 생활을 하면서 작가 이제하를 직접 만나기도 했다. 2000년대 중반 무렵 평창동에서 심사를 마치고 함께 심사했던 문인들과 작가가 운영하던 '마리안느'라는 이름의 카페를 찾은 적이 있었는데 아마도 그때가 작가를 직접 만났던 첫 장면으로 기억된다. 별

다른 표정 없이 기운 없는 쉰 목소리로 "경란이 왔니?"라고 얘기하던 그의 독특한 표정과 말투가 기억에 남아 있다. 그 목소리에서는 그 연배의 남성들의 느낌이 거의 묻어나지 않았다.[3] 한번은 그와 심사를 같이 한 적도 있었다. 그의 소설에 대한 관점은 같이 심사를 했던 사람들과 공유면이 그렇게 넓지 않아 보였다. 그와 내가 지지했던 소설은 달랐지만 둘 모두 당선이 되지 못했다. 혜화동으로 옮긴 '마리안느'를 찾아 술을 마셨던 적도 몇 번 있었지만 별다른 얘기를 주고받은 기억은 별로 떠오르지 않는다. 그는 우리들이 나누는 대화를 듣고만 있었을 뿐 좀처럼 입을 여는 법이 없었고, 나 역시 내성적인 편이라 그때나 지금이나 술자리에서조차 거의 보릿자루나 다름이 없는 탓이다. 그럼에도 우리들이 그 무렵 갓 등단해서 작품을 발표하기 시작하던 그의 딸의 소설에 대해 긍정적인 감상을 건넸을 때 생각했던 것 이상으로 그가 밝은 웃음을 보였던 장면만은 기억에 남아 있는데, "오늘날을 지배하는 교환가치의 양식 속에서 사용가치가 얼마만큼 안전할 수 있는가를 이 작품은 근원적으로 묻고 있다. 그것은 바로 순교자의 모습을 자동적으로 상정하는 것이다"[4]라거나 혹은 "제도에서의 일탈과 거기에서 연유하는 광태·광기는 도피가 아니라, 그 제도의 비판을 의미"하며 "진정한 광기 속에는 그것을 야기시킨 사회에 대한 날카로운 비판의식과 긍정을 전제로 한 부정의식이 반드시 내

---

3) 그의 이런 목소리를 한 시인은 "폐경기도 다 지난 노파의 그것 같은 목소리들이 놓치기 싫은 물건을 뱃속에 넣어둔 듯이 웅크린 몸안에서 나일론 스웨터를 풀어놓은 듯이 튕겨져 나온"(김혜순, 「추악한 추상을 버리고 싶은 세모」, 『현대의 한국문학』 29, 범한출판사, 1985, 434쪽)다고 묘사한 바 있다.
4) 김윤식, 「한 예술가의 죽음의 의미」, 『한국근대작가론고』, 일지사, 1974, 406쪽.

재해 있다"⁵⁾고 설명하는 비평적 반응들에 익숙해 있던 그 당시의 내게 그런 이미지와는 사뭇 다르게 느껴지는 그런 면모 또한 그때로서는 뜻밖이었다.⁶⁾ 여전히 작가 이제하는, 그리고 그의 소설들은 추가적인 독서와 실제 대면을 통해서도 더 가까워지지 않은 채 여전히 낯선 대상으로 남아 있었다.

이 글을 계기로 기억 속의 인상들을 떠올리며 지난 시절 읽었던 이제하의 소설들을 다시 들여다보았다. 그리고 미처 접하지 못했던 작가의 다른 소설들도 더운 여름 내내 읽었는데, 그 독서의 결과로 얻어진 느낌은 지금까지의 인상과는 또 달랐다. 지금까지는 「초식」「유자약전」 등의 대표작 몇 편에만 너무 한정되어 조명이 이루어져온 것이 아닌가, 설사 다른 작품으로 시선을 넓히더라도 그 특징을 재확인하는 작업 바깥으로 좀처럼 나가지 못한 것은 아닌가 하는 문제를 느낄 수 있었다. 그리고 그렇게 이제하 소설세계의 전체 범위에서 바라보면 기존에 '환상적 리얼리즘'으로 설명되어온 『초식』의 특징이라는 것도 그 전모의 일부가 아닐까 하는 생각도 들었다. 내게는 『초식』의 이미지에 가려져 있던, 그러나 이후 확장되고 지속되어온, 그래서 지금의 시점에서는 『초식』을 새롭게 바라보게 만드는 그 이면이 오히려 신선하게 느껴졌다. 작가 자신이 『초식』을 다시 출간하는 기회를 맞아 "그 이후에 씌어졌던 소설들의 뿌리나 방향을 다시 살펴볼 수 있

---

5) 김현, 「일탈과 콤플렉스에서의 해방—광태 연구 3」, 『현대문학』 1973년 12월호, 230쪽.

6) 그가 어느 수상 소감에서 "대의를 위해 그들은 소설을 쓰지만, 소심하게도 나는 내 어린 딸을 위해 글을 쓴다"(이제하, 「통과해야 할 벽—수상 소감」, 『제9회 이상문학상 수상작품집』, 문학사상사, 1985, 358쪽)고 말한 적이 있다는 사실을 그 당시의 나는 상상하지 못하고 있었다.

다"[7]고 말한 적도 있었는데, 이후에 전개된 이제하 소설의 흐름 전체를 통해 『초식』을 바라보면 무성한 잎들로 덮인 그 뿌리와 몸통을 새삼 들춰볼 수 있지 않을까 하는 기대가 이 글을 길어지게 만들었다.

2. 『초식』 안의 세 겹

그렇더라도 이제하의 소설세계와 마주하자면 그 출발점은 역시 그의 첫 책인 『초식』이 아닐 수 없다. 한참의 시간이 흐른 뒤에 작가는 처음 책을 냈던 당시를 다음과 같이 회고하고 있다.

> 원고가 없어 아우성치는 이즘 세태와는 출판사정 역시 천양지판이어서, 더구나 팔리지도 않을 창작집 따위를 선뜻 내줄 출판사가 있었을 리 없다. 1973년에 상재된 필자의 첫 소설집 『초식』은 그래서 자비출판이었다. E여대 앞에서 '까치'라는 카페를 하고 있을 무렵인데, 그런 눈치를 어떻게 알고 선선히 비용을 변통해준 딸아이 엄마가 지금 생각해도 사뭇 대견하기만 하다. 시인 J형을 통해서 출판사 이름만 어떻게 M사에서 빌렸다. 이왕 자비이므로 책답게 좀 만들자고 하드커버 양장에 직접 디자인한 표지를 화일지로 싸고 케이스까지 마련했다. 그 때문이었는지 그해 도서전시회에서 장정상을 탔는데, 반년 남짓 베스트셀러까지 되리라고는 상상을 못했다. 그래 봤자 2만부 안팎이 고작이어서, 10만부 단위로 나가는 근자의 베스트셀러 부수와는 격세지감이 없을 수가 없다. 그렇더라도 M사가 그 이후 문학류 쪽으로 주력하기 시작한 것은 그 의외의 사태에 크게 고무받은 탓도 있었지 않았나 여기고 있다. 418쪽에 단편 14편을 수록, 각 편

---

7) 이제하, 「작가 후기」, 『초식』, 문학과비평사, 1988, 339쪽.

마다 르 코르뷔지에의 데생을 컷으로 쓰고 첫 쪽에는 유산지를 얹은 필자의 컬러작품 하나까지 들어가 있다. 엔간히 호사를 부린 셈이다. 이 작품집의 성격을 두고 '환상 리얼리즘' 운운하는 명칭을 붙인 것도 순전히 필자의 독단이긴 했지만, 그런 유사한 명칭이 지금은 일반화되어 있는 사정 역시 격세지감의 일이라고 할 밖에 없다.[8]

지금의 상황에서 『초식』은 그 시대 속에서 불타고 있던 어떤 강한 문학적 의욕과 자존심의 산물처럼 보인다. 내용을 떠나서 우선 책의 만듦새 자체에서 그것이 바로 느껴진다. 호화롭고 세련된 장정은 사십여 년이 지난 지금 봐도 호사스럽다는 느낌이 들 정도다. 작가의 말처럼 이 책이 전국 도서 전시회 73년도 우수 장정 콘테스트에 입선했다는 기사[9]도 찾아볼 수 있다. '자비출판'이라는 형식에서도 어떤 궁색함이 아니라 시장에 굳이 의존하지 않아도 좋다는 자신감을 느낄 수 있다. '이왕 자비이므로 책답게 좀 만들자'라는 이상한 논리는 그런 맥락에서 연유했을 것이다.

1973년 출간된 이 책은 작가가 소설가로 등단한 1958년 이래 십오 년 만에 나온 것인데, 그때까지 작가가 발표한 작품들 가운데 열네 편만 선택되었다. 결국 열 편 정도는 실리지 못했는데, 뒤에서 다시 살펴볼 테지만 그렇게 선별된 작품들은 독자들이 받아들이기에 쉬운 쪽은 아니었다. 그렇지만 그런 방향성이 소설집에 분명한 색채를 부여했고 독자들로부터도 기대 이상의 반응을 얻는 '의외의 사태'가 일어났던 것이다.

---

8) 「이제하 첫 소설집 『초식』—내 책을 말한다」, 세계일보, 1998. 3. 6.
9) 「문단화제」, 중앙일보, 1973. 10. 3.

첫번째 겹―아버지들

그렇다면 무엇이 그렇게 특별했던가. 실상 이야기 자체는 그다지 복잡한 것이 아니다. 일단 『초식』의 한 영역에는 유년의 성장담이 놓여 있다. 「기적」(1964)과 「소경 눈 뜨다」(1965), 「초식」 등에서 우리는 어떤 한 가족의 구도를 추출해볼 수 있다. 거기에는 권위적인 아버지와 무기력한 어머니(이 소설들에서 어머니들은 공통적으로 종교적 헌신을 통해 현실적 무기력을 보상받고자 한다)로 이루어진 전형적인 오이디푸스 구조 속에서 유년의 세계를 겪고 있는 '나'가 있다.

서사의 초점이 유년기의 인물을 대상으로 하지 않는 경우에도 성인이 된 인물이 겪는 고통의 기원에는 가족관계에서 발생한 사건이 영향을 미치고 있다.

> 아버지는 내 뒷덜미를 끌고 문을 열고 나가자 축담에 놓인 설거지 통 속에 나를 집어 담갔다.
> "이 병신 새끼야!" 소리를 들으면서 나는 기절했다.
> 그뒤론 곧잘 흉한 꿈을 꾸었다. 광문을 열고 들여다봤더니 목이 긴 군화들이 시뻘겋게 걸려 있어서, 하얗게 질려 나는 주저앉았다. 어떤 때는 잠이 깬 것 같은데도 아버지가 어머니의 목을 누르고 있었다. 모두 벌거벗고 있었다. 어머니는 언제나 아버지한테 지고 울고만 있었다. 그러면 아버지는 "지랄 말어!" 하고는 더욱 어머니 목을 죄고, 드디어 어머니는 키득키득 하고 웃어대는 것이었다. 그래서 나는 이불 밑에 깊이 움츠러들어서, 이순신 마냥 거북선을 타고 떠나야겠다고 생각하곤 했다.[10]

---

10) 이제하, 「손」, 『초식』, 문학동네, 1997, 290쪽.(특별한 경우가 아니면 인용은 최종 판본에 따르기로 한다.)

한 탈영병이 부대로 돌아와 내무반에서 겪는 사건이 중심에 놓인 「손」(1961)에서 주인공의 삶의 궤적을 거슬러올라가다보면 그 기원에는 "언제나 성난 얼굴을 하고 있"[11]는 아버지가 있다. '나'를 구하려다 물에 빠져 죽은 누이의 머리를 쥐어박는 아버지, 판사가 되겠다는 자백을 재촉하는 아버지, 집에서 기르던 검둥이를 때려잡아 끓인 국을 들이대며 마시라고 강요하는 아버지. 그리고 그 옆에는 아버지의 말을 거드는 어머니가 있다.[12] 그와 같은 상황 속에서 '때리지 마라'고 속으로 부르짖는 '나', 아버지가 준 돈으로 만화책과 어린이 잡지를 사보는 '나'가 있다. 아버지에 맞서는 것이 아니라 '이순신마냥 거북선을 타고 떠나야겠다고 생각하는' 이 인물의 의식은 카프카적 방식을 따르고 있다고도 볼 수 있겠다. 마르트 로베르의 유형화에 의하면 이것은 가족 소설의 두 유형 가운데 "지식과 행동 방식의 부족으로 도피나 토라짐을 통해서 싸움을 교묘히 피"[13]하는 업둥이의 방

---

11) 같은 글, 288쪽.
12) 짧은 소설들을 모은 『흰 제비의 여름』(1987)에는 작가가 열다섯 살에 썼던 '15세의 콩트' 세 편이 수록되어 있는데, 「비 오는 날」에는 권위적인 아버지와 무기력한 어머니의 구도가 뚜렷하게 나타나 있으며, 아버지가 부재하는 가운데 며느리가 가장의 자리에 놓인 「며루치」에서는 어머니의 자리에 할머니가 놓여 변형된 오이디푸스 구조를 형성하고 있다. 「호야 어머니」에서 호야 어머니의 죽음에도 역시 그와 같은 콤플렉스가 투영되어 있다고 볼 수 있다.
작가는 한참의 시간이 더 흐른 뒤에 자신의 문학적 연대기를 기술하면서 "벽(壁)으로서의 아버지, 공포의 대상으로서의 아버지"(「구두, 홍수, 외나무다리—나의 문학적 자서전」, 『제9회 이상문학상 수상작품집』, 363쪽)와 "할아버지, 어머니, 누이로 상징되던 구원의 이미지"(같은 글, 364쪽)의 대비로 자기 작품세계의 체험적 근거를 이루는 오이디푸스적 상황을 표현하고 있다.
13) 마르트 로베르, 『기원의 소설, 소설의 기원』, 김치수·이윤옥 옮김, 문학과지성사,

식이다. (사생아적 방식과 구분되는) 이 업둥이의 의식이 모더니즘 소설의 기원을 이룬다고 할 수 있겠는데, "의도적으로 '다른' 세계를 창조하"[14]고 있는 이제하의 초기 소설 속 인물들의 의식이나 그것을 그려내는 서술의 방식 역시 그에 부합하는 특징을 보여주고 있다.

그 콤플렉스로 인한 압력이 때로는 미성년의 인물들을 오이디푸스 구조 바깥으로 내몰고 이런 상황에서 그들의 의식은 더욱 불안정한 증상을 드러낸다. 유년기를 대상으로 하되 콤플렉스의 과잉으로 인해 가족 구조로부터 이탈한 「한양고무공업사」(1967)의 아이들이나 애초부터 가족 구조로부터 배제된 「스미스씨의 약초」(1969)의 고아들은 그 과잉 혹은 결핍의 의식에 시달리면서 업둥이 의식의 가장 활성화된 상태를 겪고 있다.

> 나는 삿갓을 쓴 전등 밑으로 뛰어갔고, 춤을 추었고, 홀딱 벗고 전봇대 위로 막 올라갔고, 뛰어내려 키다리한테 다시 달려갔다. 우리는 뒷짐을 지고 턱을 내밀고 줄을 서서 천천히 마당을 여러 바퀴 돌았고, 개들은 냄새를 맡으며 우리 뒤를 따라왔고, 키다리는 다시 껑충 뛰어 새를 붙잡았다. 사실은 온 세상이 푸르게 기쁘게 빨리, 더 빨리, 힘껏, 더 힘껏 춤을 추고 있다는 것을 그날 밤 비로소 나는 처음 깨달았다. 왜냐하면 키다리는 춤을 추었고, 하늘로 뛰어가서 몇 마리나 제비를 붙잡아왔고, 우리는 몇 마리나 몇 마리나 새를 별 속으로 날려보냈던 것이니까.[15]

1999, 70쪽.

14) 같은 책, 72쪽.

15) 이제하, 「한양고무공업사」, 『초식』, 260~261쪽.

이미 환상의 의식 속에서 이 인물들은 그 징후를 드러내고 있었거니와, 이런 의식의 상태로 유년기를 거친 그들이 성장의 과정을 겪어 성년에 이르면서 아버지와 어머니를 꼭짓점으로 한 오이디푸스적 구도는 남성과 여성 사이의 성적 관계의 구도로 변화하고 있다. "아버지와 어머니, 남성과 여성"[16]이라는 구절에는 그 변화의 구도가 압축적으로 담겨 있어 보인다.

두번째 겹—여성들

「손」과 「황색의 개」(1958)는 이 이행의 과정을 보여준다. 「손」에서 주인공이 세계를 부조리한 것으로 인식하게 된 기원에 아버지가 놓여 있다는 사실은 앞에서 살펴본 바인데, 탈영한 주인공이 그 상황에서 찾아가는 대상은 "사랑도 의욕도 없으면서"[17] 육체적 결합을 시도하지만 결국 실패하는 '경자'라는 여성이다. 경자의 태도 역시 적극적인 욕망인지 아니면 분명한 거부인지 불확실하다. 「황색의 개」에서 '나'는 성적 불구의 상태가 된 채 전쟁에서 돌아와 "이 세상에서 나를 알고 이해해주던 오직 한 사람"[18]인 '정희'를 찾아 결별을 선언하고 스스로 목숨을 끊어 평안한 상태에 이르고자 한다. 이 소설들에서 여성 인물들은 전면에 드러나 있지 않지만, 그럼에도 절망적인 현실 속에서 '나'가 유일하게 기댈 수 있는 대상으로 설정되어 있다. 그렇지만 문제는 그들과 조화로운 소통 혹은 결합을 이룰 수 없다는 데 있

---

16) 이문재, 「푸른 말을 위한 아틀리에, 견딤과 스밈의 공간」, 『작가세계』 1990년 여름호, 55쪽.
17) 이제하, 「손」, 294쪽.
18) 이제하, 「황색의 개」, 『초식』, 265쪽.

다. 그런 상황은 '나'를 더 극단적인 선택으로 내몰고 있다. 물론 남녀 구도야 소설에서 새삼스러운 일이 전혀 아니다. 그런데 이제하의 소설에서 남성과 여성은 조화로운 결합을 이루는 관계가 아니라 애초부터 본질적으로 어긋난 구도 속에 놓여 있다. 거기에는 어떤 원인 같은 것도 없다.

이제하 소설의 경우 인물들이 삼각관계의 구도 위에 놓여 있을 때 오히려 긴장은 제어되어 어느 정도 심리적 균형이 유지되는 특이한 모습을 볼 수 있다. 「조」(1967)와 「비」(1969)에서도 '나'와 여성 인물들은 결혼이라는 관계 이전의 단계에서 발생하는 성적 긴장으로 인해 불안정한 상태에 놓여 있다. 「조」에는 교통사고로 사망한 은사의 빈소를 지키고 있는 '나'와 '여자'와 '말라깽이' 청년 등 세 사람이 등장한다. 그리고 여기에 '나'와 은사와 은사의 애인이 이루는 다른 삼각관계가 겹쳐져 있다. 마치 부조리극과 같은 장면들로 채워져 있는 이 소설에서는 그 관계가 불투명하지만, 그럼에도 거기에서 사제관계와 남녀관계가 서로 얽혀 빚어내는 긴장을 확인할 수 있다. 그렇지만 이 삼각관계의 한 축이 무너지면서, 즉 말라깽이 청년을 병원에 두고 여자와 함께 소파 수술을 받으러 가면서, 그리고 만취한 은사가 사라지고 나자 '나'와 여자 사이에는 이미 성적 긴장이 사라지고 없다. 그들은 '소통 불능'이라는 남녀관계 원래의 상태로 복귀하고 있다. 「비」에서 '나'와 '이형'과 '난이' 등이 이루는 삼각관계의 긴장은 그들이 삼인조가 되어 하는 일탈적 행위, 가령 비 오는 국립묘지에서 수녀의 장갑을 뺏는다거나 상점에서 물건을 절도하는 일, 혹은 지나가는 기차 밑에 엎드리는 일 들을 거치면서 더욱 강화된다. 그렇지만 그 과정에서 팽팽했던 삼각관계는 더이상 감당하기 어려워지고 이형 부친의 힘이 개입되는 사건을 계기로 무너져버리고 만다.

　이렇듯 특이하게도 이제하 소설에서 연애 관계는 남녀 사이의 이자 구도보다는 주로 한 명의 여성과 두 명의 남성, 혹은 그 반대로 구성되는 삼각관계에 의거해 있다. 물론 이 삼각관계 자체도 소설에서 특별한 일이라고 보기는 어렵지만, 문제적인 것은 일반적으로 서로 간의 갈등을 증폭시키는 장치인 이 삼각관계의 구도가 이제하 소설에서는 사뭇 다른 맥락 위에 놓여 있다는 사실이다. "아아, 세 사람 사이의 이 화목과 긴장"[19]이라는 소설 속 구절이 그 성격을 단적으로 말해주고 있다.

　이제하 소설 속에서 삼각관계를 이루고 있는 인물들은 마치 그 '화목과 긴장'에 중독된 듯한 행동을 보이고 있다. 가령 「유원지의 거울」(1966)에서 '나'는 친구 서형으로부터 자신의 아내의 누드 조상影像을 만들어줄 것을 부탁받고, 더 나아가서 그의 작업의 긴장을 위해 아내와 새벽 거리를 함께 산책하는 이른바 '플라토닉 러브'를 제안받기에 이른다. 그들은 일종의 계약을 통해 그와 같은 기이한 관계를 구성하고 그 긴장을 예술적 에너지의 수단으로 삼는다. "희열로 미칠 듯한 일순의 긴장감이 그녀와 나 사이의, 그녀의 남편 서형徐兄과 나 사이의, 그리고 그들 부부와 나 사이의 하나의 정점임을 나는 느꼈다"[20]는 대목에서 그 점이 뚜렷이 드러나 있다.

　「임금님의 귀」(1969)와 「유자약전」에서도 인물들은 「유원지의 거울」에서와 동일한 구도 속에 배치되어 있다. 곧 '나'는 조각가(「유원지의 거울」)거나 시사만화가(「임금님의 귀」)거나 혹은 화가(「유자약

---

19) 이제하, 「비」, 『초식』, 195쪽.
20) 이제하, 「유원지의 거울」, 『초식』, 49~50쪽.

전」)이며 아내는 병원(「유원지의 거울」)에 있거나 친정(「임금님의 귀」)에 가 있거나 아니면 처음부터 없는 방식(「유자약전」)[21]으로 부재중이다. 그리고 '나'의 연적이라고 할 만한 남성들, 즉 서형(「유원지의 거울」), 장군(「임금님의 귀」), 유인규(「유자약전」) 들이 있고 그들의 아내인 아내(「유원지의 거울」), 희정(「임금님의 귀」), 유자(「유자약전」) 등이 그 사이에 자리하고 있는 구도이다. 두 쌍의 부부로 이루어진 두 겹의 삼각관계가 겹쳐져 있는 구도라고 할 수 있는데, 그중에서도 이 이야기의 초점은 여성을 사이에 둔 두 남성이 연적으로서 일종의 게임을 펼치고 있는 구도에 놓여 있다. 여기에서 특징적인 점은 문제의 여성과 '나'가 맺는 관계가 비밀스러운 기만에 의해 이루어진 것이 아니라 오히려 연적에 해당되는 남성으로부터의 공공연한 의뢰에 의한 것이라는 사실이다.[22]

우리는 이 대목에서 작가가 『초식』을 처음 세상에 내놓으면서 후

---

[21] 「유자약전」의 후일담을 장편으로 쓴 『소녀 유자』(1988)에서는 '나'에게 사회학과 출신의 전부인(서명지)이 있다고 설정되어 있다.

[22] 이런 관계를 질 들뢰즈의 분석을 빌려 매저키즘의 논리로 설명할 수도 있을 것이다. 들뢰즈는 "새디즘은 어머니에 대한 적극적인 부정과 아버지(법칙보다 더 높은 곳에 위치하는)의 확대를 나타내고, 매저키즘은 어머니(법칙과 동일시되는)에 대한 긍정적이고 이상적인 부인과 아버지(상징적 질서로부터 쫓겨난)를 약화시키는 부인이라는 이중의 부인에 의해 진행된다"(질 들뢰즈, 『매저키즘』, 이강훈 옮김, 인간사랑, 1996, 77쪽)고 설명하면서, 매저키즘적 관계의 계약적, 교육적 특성을 새디즘의 명령적, 논증적 특성과 대비시키고 있다.
한편 이제하의 소설에는 한국소설로는 특이하게 매저키즘을 직접적인 모티프로 등장시킨 「밤의 창변」(1982)과 그 후속편인 미완의 장편 「모래틈」(1997~1998)도 있다. 이렇게 보면 작가가 인상적으로 기억하고 있는 목소리의 소유자이며 그래서 그 이름을 따서 카페의 이름을 짓기도 한 마리안느 페이스풀이 마조흐 백작의 후손이라는 사실은 전적으로 우연이라고만 볼 수 없을지도 모르겠다.

기로 적었던 내용을 다시 한번 살펴볼 필요를 느낀다.

> 거의 완벽한 상실감의 10년— 60년대가 비록 자신에게는 그런 것이었다고는 하나 이렇게 그 소산들을 한자리에 묶어놓고 다시 살펴보니, 몇 편을 제외하고는 거개가 한 모티브의 변주 내지 변형이거나 그 재조명에의 시도들이다. 처용의 그것이라고 이름을 붙이면 되겠지만, 역신, 상실, 체념, 승화로 이르는 이 모티브의 표면적인 전이보다도 그 바닥에 깔린 광막한 침묵의 부분에 나는 매료됐던 것이고, 그것이 광맥인 동안은 시추의 깊이와 폭을 조금씩 넓혀가는 일밖에는 도리가 없을 것 같다. 실상 시작과 끝이 동일선상에 있는 이 모티브를 붙안고 씨름하려고 각오한다는 일 자체가 혹은 완전한 넌센스일지도 모르겠다. 어쨌든 국산적인 한계를 벗어나지 못하게 하는 가장 큰 벽의 하나로서 나는 이 문제를 대하고 있고, 그것의 극복이 거기서 해방되는 첩경이라고 생각하고 있다.[23]

작가의 생각으로 『초식』에 실린 소설들은 어떤 모티프를 공유하고 있는데, 그것을 그는 '처용'의 모티프로 나름대로 규정하고 있다. 단순히 그 이야기의 표면이 아니라 거기에 내재된 '광막한 침묵의 부분'과 대결하고자 하는 의지를 피력하고 있는데, 그에 따르면 그 문제는 당대의 한국사회를 한계 짓고 있는 큰 벽에 해당되는 것이다. 그러니까 그와 같은 관계 이면에서 작동하는 문제가 단지 개인적인 차원이 아니라 사회적인 차원에서 해결해야 할 한계라는 인식이 처용 모티프의 문제의식을 이루고 있는 것이고, 앞으로 더 살펴보겠지만,

---

23) 이제하, 「후기」, 『초식』, 민음사, 1973, 415쪽.

이 모티프는 이 단계에서의 작가의 직감 그대로 그 이후로도 이제하 소설의 지속적인 대상이 된다.

세번째 겹―스승들

이처럼 일인칭 화자가 부모와, 그리고 더 나중에는 다른 여성과 이루는 관계에 초점을 맞추면, 『초식』은 오이디푸스적 상황 속에서 유년기를 보낸 남성 인물이 성인이 되어 남녀관계를 근본 문제로 하여 현실을 겪어나가는 이야기로 읽힌다. 그리고 이 이야기에는 업둥이의 가족 소설로서의 특징이 강하게 나타나고 있다는 사실도 확인할 수 있었다.

하지만 이제하의 소설은 그와 같은 관념의 타입을 그대로 따라가지는 않는다. 부분적으로는 주관적 의식으로 일탈하는 장면도 있지만, 이제하의 소설은 내적 독백으로 채워진 세계는 아니다. 이제하 소설의 시선은 남녀관계, 삼각관계라는 외적 관계에 뚜렷한 초점을 두고 있기 때문이다. 『초식』의 세계를 업둥이의 가족 소설로만 볼 수 없는 더 뚜렷한 근거는 아버지의 자리를 대체하는 스승들의 존재와 그들을 바라보는 작가의 태도에서 찾을 수 있다. 권위적인 아버지의 압력이 점점 줄어드는 것과 비례하여 이제하의 소설에는 스승에 해당되는 인물이 점점 더 분명한 실체를 갖고 비중을 늘려나가고 있다는 사실을 확인할 수 있기 때문이다.

일단 『초식』에서 스승으로서의 면모를 가장 전면적으로 체현하고 있는 인물은 「태평양」(1964)에 나오는 교장 선생일 것이다. 부모들이 등장하지 않는 이 세계에서 그는 한편으로 권위적이고 가부장적인 모습을 보이고 있지만, 다른 한편으로는 원칙과 소신을 갖고 학생들을 대하는 인물로 긍정되고 있기도 하다. 여기에서 업둥이의 의식과 사생아의 의식은 혼재되어 일면적이지 않은 불투명성을 띠고 있는데 "이 소설은 어린 시절에 겪게 되는 내밀한 기쁨과 슬픔, 크고 작은 상처들을 어른의 시각에서 객관화하고 있는 대부분의 성장소설과는 다르다"[24]는 언급 역시 그와 같은 특징을 바라보면서 나온 것인 듯하다.

「태평양」의 교장 선생만큼 직접적이지는 않지만 「스미스씨의 약초」에 나오는 '스미스씨' 역시 '나'를 비롯한 고아원의 아이들에게는 아버지와도 같은 존재다. 「손」에 잠깐 언급되는 'K선생'도 자신의 그림에 대한 분명한 소신을 갖고 있는 긍정적인 인물로 제시되어 있으며, 「초식」의 '조문제' 선생은 아버지와 대비되어 오히려 주인공에게 분명한 삶의 방향성을 일깨우는 존재로 그려져 있다. 요컨대 업둥이의 의식이 지배적인 『초식』의 세계 한쪽에는 이처럼 사생아적 의식이 얽혀 있는 것이다. 다시 한번 마르트 로베르의 논의에 기대자면, "두 태도는 뚜렷이 구분된 시점들을 야기하면서도 동일한 작가의 작품에서 번갈아 나타날 수도 있고, 동일한 작품 속에서도 서로 보완하거나 부딪치거나 뉘앙스 차이를 보일 수 있"[25]는 법이니, 시기와 상황에 따라 두 의식의 결합 비중과 양상이 다르게 나타나는 현상 또한 자연스러운 것이라고 할 수 있다.

    마음에 드는 스승
    하나만 보이면, 지금이라도

---

24) 「정겨운 교사 구석마다 큰스승의 궤적이—명작의 무대 문학기행 (40) 이제하의 '태평양'…마산」, 한국일보, 1987. 4. 19.
25) 마르트 로베르, 『기원의 소설, 소설의 기원』, 71쪽.

다 때려치우고, 보따리 싸려는 줄도 모르고
제깐엔 애비 짓을 요량으로 때려잡아

임금다운 임금
한 놈만 나타나면
기꺼이 꿇어 엎뎌
노예가 되려는 줄도 모르고[26]

이제하의 시 「회화에 대하여」 가운데 한 대목인 위의 부분은 '작가와 화가'가 되겠다는 딸을 바라보며 떠오른 생각에 해당되는데, 여기에서 스승에 대한 태도의 한 단면이 선명하게 드러나 있다. 그 단면에 투영된 생각은 소설에서처럼 그렇게 불투명하지 않아서 또다른 태도처럼 느껴지는데, 그럼에도 마음에 드는 스승 '하나', 임금다운 임금 '한 놈'이라는 표현으로 보면 이 경우에도 스승에 대한 태도는 겉에 보이는 것처럼 단순하지는 않다.

한편 소설의 모델이 된 인물들을 비롯하여 작가에게 스승이 갖는 의미에 대해 서술하고 있는 「스승들」(1987)이라는 수필에서는 이 문제에 대한 작가의 생각이 직접적인 언술의 형태로 표현되어 있기도 하다.

스승이 구축해놓은 하나의 세계를 넘어서지 못하면 내 세계가 설 자리가 없는 것이다. 뛰어넘는다는 것은 능가한다는 뜻이 아니라 하나의 자리

---

26) 이제하, 「회화에 대하여」 부분, 『저 어둠 속 등빛들을 느끼듯이』, 청하, 1982.

를 말한다. 스승이 다져놓은 터전 위에 내 집을 세울 수는 없다. 스승이 닦아놓은 길과 언덕을 넘어서 내 땅과 길을 다질 자리를 찾을 수밖에 도리가 없다.[27]

여기에서도 스승은 단순한 추종의 대상만은 아닌데, 그런 특징과 연관해서 보면 이제하 소설 속의 스승들은 권위적이거나 억압적인 캐릭터가 아니다.

'마음에 드는 스승'에 대한 열망은 업둥이의 의식이 지배적인 국면에서는 간헐적으로, 그것도 업둥이 의식과 뒤섞여 불투명하게 분출되다가 시간이 지날수록 점점 더 빈번하게 선명한 형태로 드러나는 것을 볼 수 있다. 그리하여 스승의 모티프는 『초식』 이후의 소설에서도 『광화사』(1986~1987, 『열망』으로 게재)의 'B화백'이나 『진눈깨비 결혼』(1990, 원제 '시습의 아내')의 '오덕 선생' 등을 경유하면서 이제하 소설의 지속적인 모티프 가운데 하나를 이룬다.[28] 이 모티프가 전면화된 작품이 『마초를 죽이려고』(2010)일 것이다.

> 내가 선생님을 찾은 것은 좀 막연하기는 하지만 뭐랄까 한 사람의 어른으로서의 그런 이미지 때문이었지 당신이 무슨 대단한 화가라거나 하는 그런 것으로서가 아니었다. 어른이란 소리가 너무 막연하다면 윗사람, 그것도 막연하다면 조언을 받고 따라야 할 대선배 같은 것이라 해도 좋다. 요컨대 그것으로 뭔가를 배우고 가치척도를 삼아야 할 아버지 같은 기둥이

---

27) 이제하, 「스승들」, 『길 떠나는 사람에게』, 동아, 1988, 96쪽.
28) 그런가 하면 「용안(龍顔)」(1979)의 제목에는 '임금다운 임금'에 대한 선망의 모티프를 시도한 흔적이 남아 있다.

나 뿌리가 내게는 필요했던 것이다.

　　아버지에 대한 불만이나 원망이 결국은 그 보상심리로 선생님을 찾게 했을 것이다.[29]

『마초를 죽이려고』는 사제관계의 모티프가 제목에서부터 드러나 있다. 실제 '나'(지헌)가 어린 시절부터 거쳐온 스승들에 대한 이야기가 담겨 있고, 소설의 주된 내용은 지헌이 원로 화가 '최홍명 선생'의 집에 들어가 일종의 비서와 집사 역할을 하면서 겪는 일들로 이루어져 있다.[30] 지헌의 '대빵'(부친)은 에쿠스를 몰고 강에 뛰어들었고, 모친은 가출하여 일본과 미국에서 생활하다가 귀가한 내력을 갖고 있다. 아버지의 자리를 대신하는 스승에 대한 추구는 상대적으로 더 뚜렷한 데 비해, 이 소설에서 모친과 사모님은 공존하며 보완적인 관계를 이루고 있다. 이 지점에 이르면 이제하의 소설 속 인물은 더이상 업둥이의 의식에 시달릴 필요가 없다.

후기의 소설들에서처럼 구체적이고도 분명하게 나타나 있지는 않지만 『초식』에서도 아버지의 억압을 벗어나고자 하는 일탈의 의식이 전반적인 가운데에서도, 특정한 유형의 인물들은 긍정적인 가치를 체현하고 있는 존재들로 제시되어 있고 소설 속 주인공들은 그들에 대한 존경을 간직하고 있다. 이런 태도로 말미암아 『초식』의 가족 소설적 성격은 업둥이나 사생아 한쪽만의 그것이라고 보기 어려운 특수한 상태를 보여주고 있다. 이제하 소설의 경향이 초기의 모더니즘

---

29) 이제하, 『마초를 죽이려고』, 뿔, 2010, 131쪽.
30) 아직 전모가 드러나지는 않았지만 「일어나라, 삼손」(2016)에서 '해밀턴'(허삼손)과 '나'(균)의 관계 역시 최홍명 선생과 지헌이 이루는 관계의 변형된 형태로 보인다.

으로부터 이후 사실주의로 이행한다고 보는 시각도 있지만, 이 글의 맥락에서 생각하면 이미 『초식』의 단계에서부터 두 가지 계기는 공존했으며 다만 이후 그 비중에 변화가 나타난 것으로 이해하는 쪽이 실상에 더 부합한다고 할 수 있을 것 같다.

3. 『초식』 밖의 두 겹
첫번째 겹―다이어그램들

이제하의 두번째 소설집 『기차, 기선, 바다, 하늘』은 『초식』과 더불어 이제하 소설세계의 전반부를 이루고 있는 또하나의 축이라고 할 수 있다. 이 소설집에 실린 아홉 편의 소설 가운데 『초식』 출간(1973) 이후에 발표된 작품은 「신행」(1974), 「자매일기」, 「근조」(1977), 「비원」(1978) 등 네 편이며 나머지 다섯 편은 『초식』 출간 이전에 발표된 작품들이다.

『초식』에 실린 작품들과 시기적으로 나란히 발표된 소설들은 여러모로 『초식』과 연관된 특징을 보여주고 있다. 「환상지 3―축하회의 선생님」(1961)은 행사를 준비하고 있는 강당이 배경으로 설정되어 있는데 마치 꿈속 장면과도 같은 상황 속에서 그 환상의 주체인 '그'는 자신을 그 속에서 구출해줄 수 있는 존재인 '선생님'을 찾는다. 여기에는 환상의 질감과 스승의 모티프가 혼합되어 있다. 「기차, 기선, 바다, 하늘」(1967)에는 바닷가의 고향을 찾은 화자가 학창 시절의 후배를 만나면서 전개되는 이야기인데, 거기에서 삼각관계와 매저키즘의 문제는 보다 복잡하게 얽혀 있다. 기본적으로 오누이와 부부가 삼각관계를 이루고 있고 인물들의 분열적 의식으로 인해 그 구도가 한층 뒤엉켜 있기 때문이다. 「물의 기원」(1968)은 그 제목이 「유자약전」의 부제인 '불의 기원'과 대비를 이루고 있다.「유자약전」이 여성 인물(유자)에 초점을 두고 있는 반면「물의 기원」은 남성 인물('그') 에 초점을 맞추고 있는데, "물의 아버지, 불火의 사타구니"[31]라는 이 제하 시의 한 구절은 그 관계의 구도를 좀더 구체적으로 보여주고 있다.「고인의 사진」(1970)은「조」와 스승의 장례식이라는 배경을 공유하고 있다.「조」에서는 부조리극과도 같은 장면들 속에 추상적으로만 내포되어 있는 인물들 사이의 성적 긴장이「고인의 사진」에는 좀더 사실적인 형태로 나타나 있다. 이 모티프는 나중에「독충」(1999)에서는 보다 더 사실적으로 활성화되어 나타나게 된다.「행인」(1971)에서는 변형된 형태의 오이디푸스 구조를 확인할 수 있다. 아버지의 새 여자가 그 구도의 한 꼭짓점, 곧 아버지의 자리를 차지하고 있기 때문이다. 시기적으로도『초식』의 세계와 나란히 진행된 이 소설들은 주제의 측면에서도 여러모로 밀접한 연관성을 보여주고 있는데, 그 서술 스타일에서는 전반적으로『초식』에 비해 보다 급진적인 인상을 받을 수 있다.

『초식』이후에 발표된 소설들 역시『초식』과 연관되는 특징을 보여주고 있다.「신행」은「환상지」(1970)의 한 모티프가 전면화된 경우라고 할 수 있고,「초식」의 정치적 상상력은「근조」와「비원」에서 좀더 구체적으로 진전된 상태를 확인할 수 있다.「자매일기」의 여성 시점은 삼각관계와 매저키즘의 문제를 새로운 각도로부터 조명하고 있다. '미스터 서'를 사이에 둔 자매의 관계는 협력과 갈등의 기묘한 구도를 형성하고 있다. 이 시점의 전도가 단순한 일회적인 실험이 아니

---

31) 이제하,「군동(群童)」,『저 어둠속 등불들을 느끼듯이』.

라는 점에 이제하 소설의 문제성이 있다. 이후 『진눈깨비 결혼』에서 '지소영'의 시점으로 작성된 리포트와 더불어 「용안」, 『광화사』 등의 소설에서 여성 인물에 초점을 둔 이야기를 확인할 수 있으며, 그렇지 않은 경우라고 하더라도 이제하 소설은 남성 인물에 초점을 맞춘 이야기와는 다른 특징을 갖는다. 이렇듯 『기차, 기선, 바다, 하늘』은 시기적으로도 부분적으로 겹칠 뿐만 아니라 내용이나 형식의 측면에서도 『초식』의 세계로부터 크게 멀리 떨어져 있지 않은 다이어그램들의 집합처럼 보인다.

두번째 겹─위성들

그런데 이제하의 초기 소설 가운데에는 『초식』에도 『기차, 기선, 바다, 하늘』에도 실리지 않은 소설들이 있다. 1958년은 이제하와 소설 사이에 새로운 관계가 만들어진 해라고 할 수 있다. 그해 이제하는 『신태양』이 주관하는 신인공모에 당선되어 소설가로 데뷔하기 때문이다. 나중에 '황색의 개'라는 수정된 제목으로 『초식』에 실리게 될 「황색강아지」(『신태양』 1958년 6월호)가 그 소설이다. 그런데 특이하게 그해 이제하는 또하나의 당선 소설을 갖게 된다. 『소설계』에서 거금을 내걸고 주최한 이 공모에 이제하는 이지랑李紙郞이라는 이름으로 투고하여 당선 없는 준準당선에 선정된다. 「나팔산조」(『소설계』 1958년 12월호)가 그 작품이다. 그런데 두 소설은 다소 성격이 다르다. '이제하'의 소설이 전위적이라면 '이지랑'의 소설은 좀더 대중적인 색채를 띠고 있다. 이 두 계열의 흐름은 한동안 어느 정도 거리를 둔 채 나란히 흘러가는 것을 볼 수 있다. 전자의 흐름에 『초식』 『기차, 기선, 바다, 하늘』이 놓인다면, 후자의 흐름에는 대체로 거기에 수록되지 않은 단편들이 속한다.

「나팔산조」의 기본 구도는 음대 작곡과 학생 '조수인'과 장난감집 목마당의 소녀 '송자'의 관계이다. 우연한 만남 이후 두 사람은 관계를 쌓아나가지만, 댄스홀에서 트럼펫을 불어 생활하는 가난한 고학생 수인과 중풍과 간질을 앓고 있는 부친으로 인해 전무의 후처가 될 상황 속에 놓여 있는 송자는 운명적으로 어긋나 있다. 수인이 송자의 부친을 업고 빗속으로 뛰어드는 장면으로 끝나는 이 소설 자체는 대중적인 면모를 띠고 있지만 그럼에도 그 모티프는 이제하 소설에서 그렇게 낯선 것이 아니다. 「불멸의 청자」(1966)는 '서동혁'이 자살하면서 남긴 유서로 인해 주변 인물들이 차례로 수난을 겪는 이야기인데, 그 매개로 서동혁의 유품인 청자가 있다. 이 소설에서 특징적인 것은 무엇보다 인물들을 따라 순환, 반복되는 구성의 방식이다. 이런 구성은 「양말」(1982)로 이어졌다가 한참 뒤에 『능라도에서 생긴 일』(2007)에서 전면화된다. 전쟁에서 성 불구자가 된 남편 대신 대리석을 들고 다니는 여인이 등장하는 「흰 제비의 여름」(1967)은 「황색의 개」와도 부분적으로 연결되는 한편 더 직접적으로는 「처용의 처」(1977~1978)의 밑그림에 해당되는 이야기이며, 뒤에 다시 살펴보겠지만 이 이야기의 계보는 『풍경의 내부』(2006)까지 뻗어나가게 된다. 「바람의 추」(1968)는 사장의 의뢰로 가출하여 동성의 여인 '경자'와 함께 있는 'S'를 집으로 데려오는 일을 맡은 '나'의 이야기이다. 여기에서 특이한 점은 '나'가 경자를 전생의 아내로 여기고 있다는 점인데, 그렇게 보면 이 소설은 경자(전생의 아내)-'나'-S-약혼자 M 등으로 이루어진 이제하 소설의 기본 인물 구도에서 경자와 S가 동성애 관계로 연결된 특이한 변형태를 보여주고 있는 셈이다. '일러스트 소설' 『사라의 눈물』(1983, 『밤의 수첩』에 수록되면서 「사라의 문」으로 개제)로 개작되면서 일기체 형식을 취하는 한편 S와 경자는 각각 '현정'과 '사라'로 이름이 바뀌는데 이 커플은 「처용의 처」의 '사라'-'이숙' 커플, 『풍경의 내부』의 '서례'-'이인후' 커플의 원형이라고도 볼 수 있다. 이미 와해되어버린 남녀 사이의 비참한 상황을 그려 보이고 있는 「우리들의 시대」(1969)는 일종의 멜로드라마적 분위기를 띠고 있지만 역시 어긋나 있는 남녀관계라는 점에서 이제하 소설의 전형적인 인물 구도에 근거하고 있으며, 아내 순임과의 순탄치 않은 결혼 생활과 친구 '황빈'과의 도주와 정사 사건이 이야기의 상황으로 설정된 「홍해」(1968)에서는 매저키즘에 근거하여 남녀관계를 바라보는 이제하 소설 특유의 시선이 느껴진다. 「김선생의 십자가」(1969)에서 46세에 첫 장가를 드는 신랑과 27세의 목발의 신부가 맺어졌으나 정작 결혼 이후에는 관계의 불능 상태에 놓이게 되는 상황 역시 이제하 소설에 등장하는 부부 혹은 연인들이 일반적으로 겪는 것이다. 「군화」(1970)는 징병에서 돌아온 아버지의 이야기로 이제하의 어느 소설에서보다 아버지상이 선명하게 드러나 있다.

이 계열의 소설들은 『초식』에 비해 보다 대중적인 성향을 보여주고 있다. 그런 점에서 『초식』과 대비되는 특징을 갖고 있지만 모더니즘 성향의 서술 스타일과는 별도로 인물 관계나 사건의 측면에서 보면 『초식』의 세계 또한 여기에서 크게 멀지 않다. 이런 두 계열의 소설이 한편으로 대비되면서도 다른 한편으로 서로 연관되는 구조 속에 이제하의 초기 소설이 놓여 있다고 할 수 있을 것이다. 「바람의 추」 「군화」 등은 '콩트·스케치選'이라는 특이한 형식으로 출간된 『새』(1977)의 2부에 실리게 되고, 「나팔산조」 「불멸의 청자」 「흰 제비의 여름」「김선생의 십자가」 등은 더 나중에 '장편掌篇소설집'『흰 제비의 여름』에 수록된다. 작가 자신에 의해 "소설 형식의 단문들"[32]로 분류된 이 계열의 글들은 이제하의 단편 혹은 장편과 상호텍스트적 연관성을 갖고 있는, 이제하 소설을 외곽에서 둘러싸고 있는 이야기의 위성들이라고 할 수 있다.[33]

4.『초식』이후의 흐름

그러니까 정리를 해보면 이렇다.『초식』은 남성 인물들을 통해 유년기의 오이디푸스적 가족 구조의 상황, 그리고 그 이후 학교, 군대 등의 집단적 공간을 거치면서 겪는 성장의 과정과 그와 같은 인물이 성인이 되어 결혼이라는 제도의 안과 밖에서 영위하고 있는 성적 관계의 양상을 담고 있는 이야기라고 할 수 있고, 그 점에서 보자면『초식』과 시기적으로 나란히 진행되었지만『초식』에 실리지 않은 다른 소설들과 내용상의 큰 차이는 없어 보인다. 다만『초식』에 실린 소설들에는 모더니즘적인 경향의 스타일이 상대적으로 더 강하게 영향을 미치고 있고,『기차, 기선, 바다, 하늘』은 내용이나 스타일의 측면에서『초식』과 교집합이 큰 다이어그램을 이루고 있다. 그리고 그 두 소설집에 실리지 않은, 모더니즘의 영향이 뚜렷하게 보이지 않고 대중

---

32) 이제하,「후기」,『새』, 수문서관, 1977, 258쪽.
33) 이 위성들 바깥에는 다시 "작품 메모, 우화 풍의 성인동화, 꽁트, 잡문"(같은 쪽) 등과 발생적으로 연결되어 있으며, 그 더 바깥에는 시집, 산문집, 영화칼럼집 등의 다른 장르의 글들이 놓여 있다. 잘 알려진 바와 같이 그는 노래를 만들고 부르는 가수이기도 하며 여러 차례의 전시회를 개최한 화가이기도 하다. 당연히 이제하의 소설은 그와 같은 전방위적 문화 활동과도 연관성을 갖고 있으니 그 행위도 역시 소설계와 인력을 주고받는 또다른 위성들일 것이다.

적인 취향이 비교적 더 강한 사실적 계열의 소설들이 있다.

　어느 시점 이후에는 이제하 소설의 안과 밖을 이루고 있던 이야기의 겹들이 하나의 줄기를 형성하여 흘러가는 양상을 확인할 수 있다. 여기에서는 그 이야기의 줄기를 장편과 단편의 두 흐름으로 나누어 살펴보고자 한다.

첫번째 흐름—장편들

　1978년 두번째 소설집 『기차, 기선, 바다, 하늘』을 출간할 무렵을 전후하여 작가는 이제까지 단편에 한정되어 있던 세계에서 벗어나 장편 창작을 시도하게 된다. 「처용의 처」와 「용안」이 그에 해당된다.

　제목에서 드러나듯 「처용의 처」(『여원』 1977년 9월호~1978년 3월호, 7회 연재 이후 중단)는 『초식』의 모티프를 전면에 내세우고 있다. 『소녀 유자』(1988)는 말할 것도 없지만, 이 소설의 여주인공 '사라' 역시 「유자약전」의 '유자'의 성격을 계승하고 있어 보인다. '사라'를 소개하고 있는 소설 전반부의 다음 대목에서 그 점을 확인할 수 있다.

　　스물다섯 살을 먹고 4개 국어를 유창하게 지껄일 줄 알며, 그런가 하면 젓가락 하나 제대로 쥘 줄 몰라 번번이 손으로 집어먹고, 미모사 잎을 좋아하고, 쉴 사이 없이 괴상한 꿈을 꾸며, 거의 장님에 가까운 시력이면서도 죽을판 살판 안경만은 쓰지 않으려고 하던, 표준에서 약간씩 모두 미달인 바스트, 웨스트, 허프를 가진—양갓집 딸이긴 하나 그 때문에 어떤 면에서는 정신연령이 열세 살도 못 되는—평범하다면 평범하달 수밖에 없는 한 가냘픈 여학생과의 동거생활을 얘기하는 데에 실상 무슨 거창한 이

런 서론이 필요하랴.[34]

'나'(김성준)는 어느 날 야바위꾼으로부터 사만원을 주고 한 여성을 인계받아 함께 동거에 들어간다. 바로 위에 묘사된 사라가 그녀다. 그녀는 1946년 3월 7일생으로 25세이며 N대 사학과 3학년 학생으로 소개되어 있다. 그녀의 가방 속에는 '공군 소위 고 장욱지묘'라는 상석이 들어 있다. 여러 면에서 수수께끼와도 같은 의문에 둘러싸여 있는 그녀가 자유당의 거물인 '유상철'의 딸이라는 사실이 약혼자 '최'의 방문으로 밝혀지며 한때 정신병원에 입원한 경력이 있다는 사실도 드러난다. 사라와 함께 찾아간 정신병원에서 사라와 의자매의 관계를 맺었던 '이숙'을 만나기도 한다. 소설은 사라의 정체가 조금씩 드러나는 과정을 기본 구조로 하여 거기에 '나'와 사라 사이의 육체적 결합이 어긋나다가 힘겹게 성사되는 과정이 겹쳐져 있다.

「처용의 처」의 밑그림으로 앞서 「흰 제비의 여름」이 놓여 있다는 사실과 더불어, 이 지점에서 중단된 이야기가 『풍경의 내부』에서 거의 그대로 반복되다가 뒷부분이 덧붙여져 있다는 사실을 확인해둘 필요가 있다. 다만 '사라'는 '서례'로 바뀌었고 1937년생 '이숙'이 1946년생 '이인후'로 바뀌어 있다. 결말을 완성하는 과정에서 '나'가 희수라는 이름의 여인과 결혼한 적이 있지만 첫날밤 해운대 호텔에서 도망쳤다는 사실이 삽입되는데, 이 모티프는 이미 「환상지」나 「신행」, 그리고 「매를 찾아서」(1986)와 『진눈깨비 결혼』에서도 유사하게 등장했던 것이다.[35]

---

34) 이제하, 「처용의 처」, 『여원』 1977년 9월호, 360쪽.
35) '처용의 처'의 맥락을 「시습의 아내」(1988, 『진눈깨비 결혼』으로 개제)가 부분적

「처용의 처」의 연재가 중단된 다음해에 작가는 또 한번의 장편 연재를 시도하게 된다. '용안'(『한국문학』 1979년 1월호~4월호, 4회 연재 이후 중단)이라는 제목의 소설이 그것이다. 연재를 시작하며 작가는 다음과 같이 소감을 밝혀놓고 있다.

> 변환사회에 대처하는 사람들의 태도에는 여러 가지가 있을 수 있다. 외치는 일, 흐름에 편승하는 일, 흐름에 거슬리는 일, 혹은 거슬리고 있다고 생각하는 일. 그런데 그 어느 태도도 '흐름'이 공통분모로 되어 있어서, 그것이 아니면 죽도 밥도 아니라고 여기고 인간의 독자적인 모든 속성을 그쪽으로만 귀속시키려 드는 경향이 있다. 생존이건 생계건 무엇을 계도할 권리가 작가에게 부여돼 있다고는, 진작부터 나는 믿어본 일이 없다. 그리고 그 '흐름'이 본질적인 것이라고도 생각하지 않는다. 그들이 수단으로 택하고 있는 '생에 대한 호기심'을 목적의 위치로 확산해놓으면, 나의 이런 태도는 분명해진다. (환상, 리얼리즘 운운하지만, 미술에서도 문학에서도 혹은 생 그 자체의 방법에서도 그것은 기왕에 있어온 하나의 태도일 뿐이다.) 전혀 딴전을 보면서 살아가고 있는 사람들에게 나는 애정과 관심을 가지고 있다. 그들은 세상에 태어났다는 사실 그 자체에 너무 강한 호기심과 열망을 품고 있어서, 타인의 시선도 자신을 훈계할 생각도 잊어버리고 대체로 요령부득의 몰골들을 하고 있기 일쑤다.[36]

위의 언급은 비단 「용안」만을 염두에 둔 생각이라기보다 이 무렵으로 잇고 있다는 사실을 동일한 구문 형식의 제목에서 짐작해볼 수 있다. 유사라와 마찬가지로 「시습의 아내」의 지소영 역시 사학과 출신으로 설정되어 있다.

36) 이제하, 「연재를 시작하며」, 『한국문학』 1979년 1월호, 258쪽.

이루어진 작가 자신의 소설적 방향에 대한 확인에 더 가까운 것이 아닌가 싶다. 그 방향이란 '흐름'을 문학의 본질이라고 생각하지 않으며 그렇기 때문에 '흐름'을 따르거나 부정하지 않는다는 입장이다. '환상적 리얼리즘' 같은 것도 기존의 방법이나 사조, 그러니까 '흐름'의 하나였지 한 작가의 고유한 문학적 태도를 의미하는 기치가 될 수는 없다는 생각도 드러나 있다. 그렇다면 작가의 문학적 방향은 어떤 것인가. 막연하기는 하지만, 오히려 그런 '흐름'에서 벗어나 '딴전을 보면서 살아가는 사람들'에 대한 애정과 관심이 자신의 문학적 대상이라는 사실을 확인하는 장면으로 위의 글을 이해해볼 수 있다.

「용안」은 여성 인물 '선우나혜'에 초점을 두고 이야기가 전개된다. 모친('강지요')과 함께 살고 있던 그녀에게 모친의 채권자 일행이 찾아온다. 그 사건을 계기로 한때 모친과 연애 관계에 있던 '운암 김원개' 노인을 알게 되는데, 운암 노인은 모친의 여학교 때 은사로 둘은 '플라토닉'한 관계를 가진 것으로 소개되어 있다. 여기까지가 1장 '환마幻馬'의 내용이고, 2장에서 선우나혜의 가계가 소개되다가 연재는 중단되었다. 작가의 말처럼 이 같은 내용은 당시의 시대적, 문학적 '흐름'과는 한참 동떨어져 있는 얘기라고 할 수 있다.

이 소설은 미완성으로 그쳐 있지만, 「처용의 처」처럼 다른 소설로 그 이야기가 연결되어 있다. 「용안」에서 운암 김원개 노인과 강지요 커플은 「가인佳人을 위하여」(『동서문학』 1986년 1월호~3월호, 3회 연재 이후 중단)에서 '예종태'와 '류정례' 부부로 다시 태어난다. 이번에는 예종태의 아들의 시점으로 이야기가 진행된다. 이십 년 만에 귀가한 예종태의 수기를 통해 그동안의 방황의 편력이 소개된다. 그리고 이 소설에도 「용안」과 유사한 내용의 가계도가 등장하는데 이번에는 어머니 류정례의 형제, 자매를 중심으로 한 것이다. 「어느 낯선 별에서」(1989)에서는 '한기애'가 「용안」의 선우나혜의 자리에 있다. 강지요가 있던 모친의 자리에는 모친 '홍순례'가 있고, 기애나 나혜 모두 모친의 빚으로 인해 '우'라는 사내에게 납치당한다. 「갈매의 바다」(『의료계』 1990년 7월호~10월호, 4회 연재 이후 중단)에서는 가출하여 이십 년 만에 귀가한 아버지 '서종태'의 방황의 행적이 수기를 통해 삽입되어 있고, 모친 '장정례'의 가계도(이 가계도는 「일어나라, 삼손」에서 다시 등장한다)가 상세하게 소개되어 있다는 점에서 그동안의 이야기들이 좀더 종합적으로 체계화되어 다시 서술되고 있다는 사실을 알 수 있다. 유신정권 말기 운동권 친구를 숨겨준 이유로 정보부에서 고문을 받고 실어증에 걸린 '한명숙'이라는 인물이 새로 등장하면서 이번에는 이야기가 새로운 방향으로 뻗어나가는 듯하지만 이마저도 그쯤에서 다시 중단되고 만다. 하지만 작가는 그 이후에도 계속 그 이야기를 이어나갈 의지를 가지고 있었던 듯하다. 전집에서 제목으로만 남아 있는 '파락호의 수기'는 이 계열의 이야기를 완성하고자 하는 의도를 담고 있어 보인다.

이렇게 보면 「용안」「가인을 위하여」「갈매의 바다」는 같은 작품이라고도 다른 작품이라고도 보기 어려운 관계에 놓여 있다. 지름이 다른 동심원들처럼 이야기는 조금씩 그 테두리를 넓혀나가고 있다. 그리고 그 일부는 「어느 낯선 별에서」나 「일어나라, 삼손」 등으로 옮겨져 새로운 이야기 세계의 요소가 된다.

이 단계에서 이제하 소설은 초기의 모더니즘적 성향으로부터 벗어나는 스타일을 나타내고 있다. 1986년 한국일보에 연재되었던 『광화사』(전집의 『열망』)는 단행본으로 출간된 이제하의 첫 장편인데, 여성 인물 강지요에 서술의 초점이 맞춰진 이야기이다. 전남편 '상현'과 이혼한 후 화랑에서 근무하던 지요가 화랑 주인 '심씨'의 죽음을 계기로 친구 '채경'의 남편이자 사업가 '최달오'의 도움으로 '실솔 화랑'을 경영하게 된다. 배경이 이렇다 보니 이 소설에는 '선우세오' '서익' 'B화백' 'J화백' '김성식'(유트릴로) 등의 화가들과 미술비평가 '허성준'(나카마 준) 등 등장인물 대부분이 미술계의 인사들로 채워져 있다. 그 가운데에서도 가장 진지한 예술관의 소유자라고 할 수 있는 서익의 발언을 통해 당대의 예술적 경향에 대한 다음과 같은 태도가 드러나 있다.

> 어느 정도 손이 자유로워진 환쟁이한테 제일 먼저 그리고 젤 떨쳐버릴 수 없게 들이닥치는 유혹이 뭐요? 그 풀린 손으로 효과를 본 재주 이외의 세계에는 겁을 집어먹고 일절 알려고 하지 않는 것하고, 또하나는 제 손만 믿고 남이 깜짝 놀랄 재주나 부려보자는 욕심. 다시 말하면 답보만 하려는 매너리즘하고 전위정신요. 복고와 혁명…… 체념과 호기심…… 무슨 이름을 붙여도 비슷한 소리요. 하나는 전통주의라 할 수 있고 하나는 모더니즘요. 말이야 그럴듯하지만 사실 그들은 9할이 옹고집의 독선이거나 남의 흉내로 빠지고 말아요.[37]

서익에게는 전통주의뿐만 아니라 모더니즘 또한 그에 대비되어 "무작정 앞으로 나서려는 태도"[38]로 비판되고 있다. 서익의 관심은

---

37) 이제하, 『열망 2』, 문학동네, 1997, 49쪽.
38) 같은 책, 50쪽.

그 중간에 놓인 "말을 잃은 사람들" "속수무책의 벙어리들"[39]에 있는데, 이러한 태도는 앞서 「용안」의 작가의 말에서 확인했던 이제하의 시각과 일치하는 것이다.

『광화사』(『열망』)의 경우에도 미술계라는 배경을 걷어내면 전남편 상현-강지요-서익-서익의 아내 '허윤희' 등 두 쌍의 부부로 이루어진 두 겹의 삼각관계가 이야기 구도의 중심에 놓여 있다. 그런데 이 소설에서는 친구 채경이 최달오와 이혼하면서 부르주아 계층으로부터 이탈하여 대학 때 스승인 민중예술가 김성식(유트릴로)과 재혼하는데, 이 부부를 통해 시대적인 문제에 대한 태도라고 할 만한 반응이 드러나 있다. 이와 같은 특징은 『진눈깨비 결혼』에서 좀더 진전된 면모를 보여주고 있다. 이 소설의 인물 구도 역시 옛 애인 '선숙'-'최진우'-'지소영'-'김시습' 등 두 쌍의 커플로 이루어진 삼각관계이다. 문제는 이 소설의 경우 선숙의 죽음은 4·19와 그리고 시습의 죽음은 1980년의 광주 사건과 연관이 있다는 사실이다. 그렇기 때문에 작가 스스로 "나의 소설에 정치적 발언을 이처럼 많이 담은 것은 이번이 처음입니다"[40]라고 밝힐 정도로 시대적 상황에 대한 반응이 이제하의 어느 소설보다도 강하게 나타나 있다. 그럼에도 불구하고 이 소설은 진우와 학생들 사이의 논쟁을 통해 당대의 이데올로기적 경향 전반에 대한 일반적인 비판의 태도를 취하고 있는 것이지 구체적인 현안에 대한 정치적 입장을 드러내고 있는 것은 아니다. 여기에서도 옹호되고 있는 것은 "잘난 듯이 악악대며 날뛰는 선동자들 새에 꽉 끼

---

39) 같은 쪽.
40) 「회색주의자 눈에 비친 '위선 세계'—이제하 장편소설 '진눈깨비 결혼'」, 동아일보, 1990. 7. 2.

어" 숨도 못 쉬고 있는 "말없는 다수"[41]의 처지이다. 따라서 당시의 지식인 소설에서라면 가장 중심에 놓여 있을 이념 같은 것은 이제하 소설의 경우 프레임에 없거나 외곽에 놓인 문제가 된다. "4·19라는 그 거창한 사건이 내게는 세 사람 사이의 심리적 드라마로밖에 안 여겨지더란 얘기, 이해가 가오?"[42]라는 소설 속 진우의 발언을 그런 맥락에서 이해할 수 있다.

두번째 흐름―단편들

장편의 실험에서 작가는 『초식』 단계에서 발아된 모티프를 취하면서도 그 서술 스타일에서는 모더니즘적 색채가 거의 드러나지 않는 사실적인 방식의 이야기를 보여주고 있다. 그러면서도 그 소설들은 인물들의 특이한 연애 관계를 중심으로 삼고 있어서 시대의 '흐름'과는 어긋나 있다는 인상을 주지만 그럼에도 이전에 비해서는 현실에 대한 태도를 드러내는 장면이 자주 눈에 띈다. 이 시기의 단편에서도 유사한 경향이 발견된다. 세번째 소설집 『용』(1986, 『나그네는 길에서도 쉬지 않는다』로 개제)에 실려 있는 소설들, 특히 그의 후기의 대표작으로 인식되는 「나그네는 길에서도 쉬지 않는다」(1985)나 「용」(1985) 같은 소설에서 그와 같은 변화가 감지된다.

지금의 시점에서 보면 『초식』 이후에 전개된 이제하의 단편 역시 이야기의 기본 구조는 이전과 다르지 않아 보인다. 그럼에도 그 당시의 관점으로부터 보면 『용』의 단계에서 이제하 소설은 그 이전과 크게 달라진 것처럼 느껴졌던 것 같다. 그런 착시를 야기한 가장 큰 원

---

41) 이제하, 『진눈깨비 결혼』, 문학동네, 1999, 315쪽.
42) 같은 책, 250쪽.

인은 이제하 소설의 표면에 분단 문제라는, 이전에는 없던 사회적 성격의 사건이 뚜렷하게 드러난다고 여겨졌던 때문인 듯하다.

『용』에는 '작가의 말' 같은 것을 찾아볼 수 없는 대신 특이하게도 두 편의 해설이 실려 있다. 그 가운데 한 편인 「예술에 대한 목마른 부름」에서는 이 소설집에 실려 있는 소설들 가운데 「눈 이야기」(1983), 「권투」(1984), 「밤의 창변」(1982) 등은 부정적으로 평가하고 있는 반면에, 「나그네는 길에서도 쉬지 않는다」 「용」 「풀밭 위의 식사」(1985), 「소렌토에서」(1985) 등에 대해서는 상대적으로 긍정적인 평가를 내리고 있다. 그 근거는 후자의 소설들이 "분단 문제(이데올로기)와 샤머니즘적 체질"[43]을 내포하고 있기 때문이다. 루카치의 논의에 의거한 이와 같은 소설적 관점에 의해 이제하의 소설이 '환상적 리얼리즘→그로테스크 리얼리즘→진짜 리얼리즘'으로 진화했다는 것이 이 글의 논지이다.

1980년대 중반의 시점에서 이제하 소설에는 이전에는 희미했던 어떤 문제가 이야기의 표면에 드러나 있다. '휴전선'(「나그네는 길에서도 쉬지 않는다」), '보도연맹'(「용」), '남과 북'(「풀밭 위의 식사」), '남로당'(「소렌토에서」) 등은 이제하의 초기 소설에서라면 아무래도 낯선 기표일 것이다. 그렇지만 그 기표들만으로 이야기의 성격을 판단하기 이전에, 그것들이 서사의 맥락 속에서 수행하는 실제적인 기능을 구체적으로 살펴볼 필요가 있다. 실제로 그와 같은 기표들은 이야기의 인상에는 영향을 미치고 있지만, 그렇다고 그 영향이 이전의 이제하 소설의 구조나 성격을 흔들 정도는 아니라고 생각된다. 가령

---

43) 김윤식, 「예술에 대한 목마른 부름」, 『용』 해설, 문학과지성사, 1986, 269쪽.

「나그네는 길에서도 쉬지 않는다」의 인물 구도를 자세히 살펴보면 아내(뼛가루)-'나'-'미세스 최'-'노인', 사내(S기업 상무) 등의 인물들로 이루어진 구도는 앞서 살펴본 이제하의 초기 소설의 인물 구도에서 그다지 벗어난 것이 아니다. 역시 보도연맹 사건을 배경으로 삼고 있고 또 샤머니즘의 맥락도 내포되어 있는 「용」의 경우도 마찬가지이다. 표면상으로는 고향을 찾은 '나'와 문제의 인물을 아들로 둔 '박갑종'의 해후를 다룬 이야기이지만 '나'에게는 다음과 같은 사연이 있다.

> 부산으로 돌아가 말미를 채우지 못한 게 계면쩍어서, 아파트에 들지도 않고 먼발치로 아내와 자식들을 훔쳐보고 있는 자신의 모습이 떠올랐다. 십몇 년 만에 남편과 함께 독일에서 귀국한 은사의 딸…… 아내에게 거짓말까지 하면서 상경하려 했던 이유는 그것이었을까……
> 주민등록 이전 때문이라고는 했지만 아내는 거의 믿지조차 않는 눈치였다. 다 안다는 듯이 생글거리면서 잘 다녀오라고 당부까지 했을 정도이다. 플라토닉 좋아하시네…… 아내의 눈이 그렇게 말하고 있었다.[44]

시야를 조금 멀리 두고 이야기 전체를 바라보면 표면상으로는 변화한 듯 보이는 이야기 역시 이제하 소설 고유의 인물 구도로부터 그다지 멀리 벗어나지 않았다는 사실을 확인할 수 있다. 아내-'나'-은사의 딸-남편 등으로 이루어진 인물 구도는 이야기의 전면에 배치되어 있지는 않지만 그럼에도 여전히 '나'의 행위의 조건을 마련하고 있는

---

44) 이제하, 「용」, 『나그네는 길에서도 쉬지 않는다』, 문학동네, 1999, 77쪽.

것이다.

 1985년 「나그네는 길에서도 쉬지 않는다」로 이상문학상을 받으며 작가가 한 "그들이 즐겨 쓰는 전통적인 사실주의 기법으로 우선 한 발 물러서서 같은 방법으로 맞서지 않으면 안 된다"[45]는 말은 이처럼 프레임에서 구도의 변화를 의미하는 것으로 이해할 수 있다. 말 그대로 한 발 물러선 것이며, 프레임 속 초점이 바뀐 것이지 이야기 자체가 바뀐 것은 아니다. 그리고 그 효과로 나타난 표면상의 변화조차 작가의 입장에서는 다분히 전략적인 것일 따름이다.[46]

 「소렌토에서」에 나오는 "남자 하나에 여자 둘인 샘낼 요(僥)자와, 여자 하나에 남자 둘인 가댁질할 요(嬲)"[47] 사이에 있는 요(嬈)의 이미지에 대한 '나'의 환상들이나 「풀밭 위의 식사」에서 정장을 한 남자 둘과 나체의 여자 둘이 한 프레임 안에 있는 마네의 〈풀밭 위의 식사〉에 대한 아버지의 기묘한 집착 역시 그들 소설에 나온 시대적 문제보다 근원적인 문제를 지향하고 있다.

---

45) 이제하, 「통과해야 할 벽―수상소감」, 358쪽. 작가는 같은 자리에서 문제의 소설이 "죽은 아내를 찾아 헤매는 아주 단순한 스토리에 불과"하며 "지극히 개인적인 이야기"(같은 쪽)라고 강조함으로써 그 작품에 부여된 비평적 관점과의 거리를 드러내고 있다.

46) 한참 뒤의 인터뷰에서 작가는 "화가 나서 '너희들이 하는 리얼리즘과 다르게 써 보이겠다'고 하여 쓴 게 「나그네는 길에서도 쉬지 않는다」입니다. 리얼리즘 소설은 사건을 꼼꼼하게 기술하는데, 나는 시나리오 기법으로 쓰면서 리얼리즘에 초현실주의를 가미했지요"(이근미, 「영원한 아웃사이더 이제하의 전방위적인 삶」, 『월간 조선』 2005년 8월호, 313쪽)라고 말하면서 이 문제에 대한 좀더 구체적인 설명을 제시한 바 있다.

47) 이제하, 「소렌토에서」, 『나그네는 길에서도 쉬지 않는다』, 177쪽.

"보이는 건 네 사람뿐이지만 이 속엔 수천 수만의 사람들이 들어 있는 것 같지 않으냐? 이 여인은 수천 수만의 그런 여인들을 대변하고 있어…… 남자들도 그렇고."

"아빠, 무슨 소릴 하는 거야?"

어처구니없다는 듯이 누이동생이 끼어들었다.

"이게 어째서 이북과 이남이 마주앉아 있다는 거지?"[48]

목사인 아버지의 관점에서는 결국 남과 북도, 선과 악도, 부와 빈도 이 기본관계의 프레임에 내속된다는 것이며, 그런 맥락에서 이 소설은 결국 목사 아버지, '최보살' '김씨' 들이 '풀밭 위의 식사'의 인물 구도를 채워가는 이야기로 읽을 수 있다.

1987년 『흰 제비의 여름』을 출간하면서 작가는 "민중적인 것과 개인적인 것, 여성적인 것과 외디푸스적인 콤플렉스—내 속에 들끓으면서 끊임없이 괴롭히고 있던 그런 테마들을 일단 이런 식으로라도 정리"[49]했다고 소감을 밝혔는데, 이 언급은 대략 그 시기까지의 한 국면 전반에 적용해도 큰 무리가 없어 보인다. 이처럼 『초식』이후의 국면에서 이제하는 장편으로 소설세계의 반경을 넓혀가면서 리얼리즘과 모더니즘, 민중적인 것과 개인적인 것, 남성성과 여성성 사이의 문제를 주제화하되 어느 한쪽으로 기울어지지 않는 균형을 확보하려고 했다. 그와 같은 상황 속에서 "두 기둥 사이의 삼손"[50]은 이 시기 이제하 소설의 방향성을 상징하는 이미지라고 할 수 있다.

---

48) 이제하, 「풀밭 위의 식사」, 같은 책, 146쪽.
49) 이제하, 「작가서문」, 『흰 제비의 여름』, 인동, 1987, 9쪽.
50) 이제하, 『열망 2』, 54쪽.

5. 반복되고 교차하는 이미지들의 모자이크

전반적으로는 과작이지만 그럼에도 불구하고 꾸준하게 지속되어 오던 이제하의 소설세계는 1990년 『진눈깨비 결혼』의 출간 이후 한동안의 공백기를 보이고 있다. 그러다가 작가가 환갑을 맞을 무렵인 1997년부터 다시 단편 창작이 시작되었고 그 결과로 묶여 나온 것이 네번째 소설집 『독충』(2001)이다. 이 책을 출간하면서 작가는 다음과 같은 소회를 밝히고 있다.

> 전세기 말의 공백기와 새해 들면서 띄엄띄엄 씌어져 네번째 소설집으로 여기 묶이는 것을 대충 훑어보노라니, 아직도 사람 사이의 소통의 어려움과 그런 관계의 뒤틀림에 주로 관심이 가 있지 않았나 하는 생각이 든다. 왜 하필 남녀관계냐고 따지면 할말이 없지만 인스턴트 식품으로 전락한 이념이나 사상은 고사하고 인스턴트 유전자까지 나오는 마당에 이 기본 골격이 제자리를 찾지 못하면 모든 것이 뒤틀린다라고 생각했을지도 모른다.[51]

공백기가 그사이에 있었다 해도 이제하 소설이 그 이전과 크게 바뀌지 않았다는 사실을 위의 인용에서 짐작해볼 수 있다. 작가는 여전히 '사람 사이의 소통의 어려움과 그런 관계의 뒤틀림'에 관심이 있고, 그런 '남녀관계'가 '이념이나 사상'의 문제보다 더 근본적인 우리 삶의 '기본 골격'이라고 생각하고 있는 듯하기 때문이다. 그렇게 보면 『독충』뿐만 아니라 이제하 소설 전체가 이 '기본 골격'의 변주라고

---

51) 이제하, 「책머리에」, 『독충』, 세계사, 2001, 5쪽.

해도 크게 틀린 말이 아닐 것이다.[52]

그런가 하면 『독충』에 실린 소설들에서는 『초식』을 비롯한 초기 소설의 모티프들이 오버랩되듯 떠오르는 장면들과 자주 마주치게 된다. 「어느 낯선 별에서」가 「용안」의 다른 판본이라는 점은 앞에서 다뤘고, 「고인의 사진」의 은사의 장례식 모티프가 「독충」에까지 이어진다는 사실에 대해서도 이야기를 했다. 「뻐꾹아씨, 뻐꾹귀신」(1997)에서 '나'는 죽은 강아지 꽃례를 따라 '운소雲巢'를 찾는데 그곳은 「신행」의 '운지雲地'와 다르지 않은 장소로 보인다. 「금자의 산」(1997, 발표 당시 제목은 「대산對山」)의 지철우 화백은 가까이는 『열망』의 "산을 평생 그려오고 있는 B화백"[53]에서, 멀리는 「2만개의 산」(『흰 제비의 여름』)과 「매매―혹은 2만의 산」(『새』)의 미운 '박석봉 선생'으로부터 연유한 인물이다. 「견인」(1999)에 등장하는 '나'의 동창들은 「건널목의 사슴」(2014)의 동창들과 더불어 「태평양」의 시절의 인연으로 엮여 있다.

초기 소설의 모티프를 변용하면서도 설화의 세계와도 같은 비현실의 영역을 허구 내에 담고 있다는 점에서 이 단계에 생성된 새로운 겹이 발견되기도 한다. 죽은 강아지 '꽃례'를 따라가는 「뻐꾹아씨, 뻐꾹

---

52) 작가는 "소설의 구조는 간단하고 거의 똑같아요."(이근미, 「영원한 아웃사이더 이제하의 전방위적인 삶」, 306쪽)라며 소설이라는 장르에 대한 생각을 밝힌 적이 있는데, 이 '기본 골격'의 관점에서 보면 이제하 소설만큼 이 말이 잘 적용되는 대상도 드물 것 같다. 한편 작가는 또 "나는 내 삶이 관성적이라는 것에 스스로 동의해요"(「소설 속의 그림으로 지우는 '줄기찬 외로움'―영원한 나그네 소설가 이제하」, 『삶과꿈』 2010년 12월호, 21~22쪽)라고도 한 적이 있는데, 시류에 따라 쉽게 바뀌거나 하지 않는 어떤 고집스러운 '관성'을 간직하고 있다는 점에서 그의 소설 역시 그 주인을 닮은 듯하다.
53) 이제하, 『열망 1』, 문학동네, 1997, 212쪽.

귀신」도 그렇지만「견인」 또한 소설 마지막에서 엽기적인 만둣집 '양산박'에서 설화적 세계로 넘어가며「담배의 해독」(2000) 역시 영안실 빈소를 찾아다니며 사진을 찍는 '나'가 그곳에 자주 출몰하는 '그녀'를 만나는 이야기라는 점에서 죽음 너머의 세계와 맞닿아 있다.
　장편에서도 어느 시점 이후 지금까지 구축된 세계 전체를 돌아보면서 그 밑바닥부터 휘저어 떠오르는 모티프들을 가용하여 이야기를 구성하는 새로운 특징을 발견할 수 있다. 그렇기 때문에 이제하의 소설들을 읽다보면 이전에 어디선가 본 듯한 기시감을 종종 느끼게 된다.『풍경의 내부』에서 서례와 인후가 있던 정신병원은『열망』의 허윤희가 있던 정신병원, 그리고「유자약전」에서 '나'가 시인인 친구를 찾아갔던 정신병원을 떠올리게 만든다.『능라도에서 생긴 일』에서 등장인물들이 모임을 가졌던 실버호텔의 나이트클럽은「어느 낯선 별에서」에서 교도소를 나온 기애가 전화를 걸어왔던 곳이며, 더 오래된 나이트클럽으로는『열망』에서 강지요가 기섭을 만나던 곳도 있다.
　그렇게 생각하면 이미『초식』에서부터 폭격을 맞은 어머니의 모티프는「손」과「조」에 공통적으로 나타나고 있었고, "나도 내 하고 싶은 대로 좀 해야겠어"[54]라는「비」의 화자의 외침이나 "뭐라도 할 테야. 뭐든 새로 만들어보기라도 할 테야"[55]라는「황색의 개」의 화자의 외침과 공명하고 있었는데, 이야기의 범위를 좀더 넓혀보면 이제하 소설 전체가 이런 식의 모자이크의 양상을 보이고 있기도 하다.『열망』의 주인공 '강지요'와「용안」의 선우나혜의 모친 '강지요'는 이름을 공유한다. 그런가 하면『마초를 죽이려고』에서 지헌의 누이 '계숙'

---

54) 이제하,「비」, 199쪽.
55) 이제하,「황색의 개」, 278쪽.

과 「일어나라, 삼손」의 '서영'은 전신을 긁어대는 질병을 공유한다. 「비」에 나오는 "트럭이 홀랑 뒤집혀서 언덕 밑의 이녕泥濘에 굴러떨어져 푹 파묻힌 사건"[56]은 「기적」에서의 아버지의 트럭 사고, 「조」에서의 스승의 교통사고, 「황색의 개」에서의 '나'의 자살 기도로 인한 차량 전복 사고, 「환상지」에서 부부가 목격한 교통사건 장면 등을 떠올리게 만드는데, 이 모티프는 이제하의 시「풍경·B—사고의 현장」에서 "둘이 절골/넷은 기절,/아홉이 코피,"[57]라는 구절에도 투영되어 있다. 한참 뒤에 「나그네는 길에서도 쉬지 않는다」에서 아내 역시 교통사고로 사망하며, 『능라도에서 생긴 일』에서 알렉산드리아 부부가 당한 교통사고는 남편의 하반신이 마비되는 결과를 초래한다. 「건널목의 사슴」에서 중학 동창이 자신의 개가 '나'의 강아지를 물어 죽이는 사건이 일어나자 "보상을 할게…… 얼마면 돼?"[58]라고 묻고 수표을 꺼내는 장면에서는 「유자약전」에서 시인인 친구가 백원짜리 한 장을 내놓으며 "내 것은 내가 해결하겠어"[59]라고 말했던 장면이 연상되기도 한다.

   『능라도에서 생긴 일』은 사이트 '능라도'에 모인 인물들의 이야기가 마치 로버트 올트먼의 영화 〈숏컷〉에서처럼 모자이크식으로 연결된 구조로 이루어져 있는데, 이런 형식보다도 더 특이한 점은 소설 속의 인물들 모두가 이제하의 소설 속 세계에서 살아온 존재들이라는 사실이다. '시인 S의 친일' 논쟁에 대해 흥분된 어조로 반박하는 '로

---

56) 이제하, 「비」, 187쪽.
57) 이제하, 「풍경·B—사고의 현장」, 『저 어둠속 등빛들을 느끼듯이』.
58) 이제하, 「건널목의 사슴」, 『소설문학』 2014년 봄호, 13쪽.
59) 이제하, 「유자약전」, 『초식』, 민음사, 223쪽.

르카', 하반신 불수의 남편과 이혼한 후에도 부유한 시집과의 계약에 의해 병수발을 드는 '알렉산드리아', 운동권 출신 남편을 둔 '풍란', 또래 친구로부터 바닷가 다락방을 빌렸던 '배터리', 오만원에 어머니를 산 아버지를 둔 '은박지', 대리 포커를 하는 '완두콩', 시나리오 판권을 사기 위해 교수를 찾아간 '숏컷', 보도연맹 사건으로 비극을 맞은 매형을 가진 '키티' 등 이 소설에 등장하는 인물 대부분은 이제하 소설에서 이미 만났던 인물들과 닮아 있다.

그리고 앞서 언급한 바와 같이, 여러 인물들의 사연이 초점을 이동해가며 이야기되고 또 그 이야기가 모자이크처럼 연결된 구성은 멀리 「불멸의 청자」「양말」 등에 이어지며 가까이는, 비록 현실화되지는 않았지만 작가가 구상한 『천사·균』이라는 작품과도 연결된다. 왜냐하면 작가가 이 소설의 구상에 대해 밝히면서 "열두 사람의 증인이 열두 개의 증언으로 그 과정을 진술하고 진상을 규명하려 한다. 우정, 종교, 가족 혹은 국외자와 반려자의 입장에 선 진술이지만 교차점이 드러난다. 이해관계가 서로 다른 그 씨줄과 날줄이 직조해가는 끄트머리의 거대한 보자기, 한 사건에 대한 열두 개의 시선과 그 모호성, 한 죽음에 대한 열두 개의 해석, 결국 한 시대에 대한 보편타당한 집단적 사고방식이 초래해놓은 한 거대한 악을 다룰 예정이다"[60]라고 말해놓았기 때문이다. 말하자면 『천사·균』에서 구상된 이야기 구성의 방식이 작가의 의식 속에 잠복해 있다가 『능라도에서 생긴 일』을 통해 실현된 듯 보인다.

한편 『천사·균』에서 '균'은 「스미스씨의 약초」에 나오는 '귀니菌'

---

[60] 「나의 신작 구상」, 경향신문, 1990. 3. 24.

를 떠올리게 만든다. '귀니'는 『열망』에서 채경과 최달오의 아들로 등장한 바도 있는데, 더 결정적으로는 「일어나라, 삼손」에 등장하는 '균', 그러니까 허삼손(해밀턴)으로부터 '규니'라고 불리는 '나'로 이어진다. 그러고 보면 「일어나라, 삼손」('5th. 다음 작가의 발견—7인의 작가전', http://7author.tistory.com/entry/이제하-1~16, 2016년 4월 4일~7월 18일, 1부 16회 연재)은 「스미스씨의 약초」를 모체로 해서 만들어진 세계 같다. 스미스씨의 자리에는 '허삼손'(해밀턴)이 있고 문제아 '럭키 박'은 사업가가 되어 있다. '신생원'은 '피스 팜'으로 이름이 바뀌었다. 그렇다면 「스미스씨의 약초」를 비롯한 이제하의 소설 속 인물들은 그저 소설 속에만 존재했던 것이 아니라 작가의 의식 속에서 계속 살아왔다고도 말할 수 있을 것이다.

그러니까 이제하의 이야기 세계는 외부의 영향에 의해 만들어진 것이 아니라 내적 진화에 따라 자연스럽게 확장되어온 것이다. 그는 자신의 글쓰기에 대해 다음과 같이 이야기하고 있다.

> 지금은 가평에서 칩거하고 있는데, 나는 소설을 청탁받고 쓴 적이 한 번도 없어요. 써져야 쓰는 거지, 아이가 숙제하듯 그렇게는 글이 써지지 않아요. 재능이 없어서인지는 모르겠지만, 나는 아직도 글쓰기는 쓰려고 하는 것보다는 써지는 것을 쓰는 게 더 편해요.[61]

이러한 글쓰기의 태도는 시카고의 셋방에서 평생 홀로 고독한 삶을 살았으면서도 60년에 걸쳐 만오천 페이지의 환상적인 이야기와

---

61) 「소설 속의 그림으로 지우는 '줄기찬 외로움'—영원한 나그네 소설가 이제하」, 23쪽.

300장이 넘는 삽화를 남긴 헨리 다거(Henry Darger, 1892~1973)나 역시 독신의 삶 속에서 방대한 허구 세계를 만들어낸 미야자와 겐지(宮澤賢治, 1896~1933)를 떠올리게 만든다.[62] 이제하 또한 "작가란 자신의 고독을 이야기로 바꾸어 팔아 연명하는 하릴없는 날품팔이일 뿐"[63]이라는 생각을 적어두기도 했고, "그림을 잘 그린다는 건 있을 수 없어요. 그리고 싶어 흔적 남기는 게 그림이죠"[64]라고 말한 적도 있다. 그처럼 그의 글쓰기는 외부의 평가를 향한 욕망의 산물이라기보다 다만 자신만의 허구 세계를 축조하는 자발적이고 자족적인 유희에 더 가까워 보인다.

6. 이야기를 되새김질하는 방 속의 말

이와 같은 고독하면서도 자족적인 글쓰기를 통해 이제하의 소설이 생산해낸 것은 어떤 외부의 세계의 반영물이 아니라 마치 화가의 오브제와도 같이 그의 내부에 자리잡고 있는 어떤 이미지의 형상화였다고 할 수 있다.

> 실제의 사물이 이미지를 남기는 과정은, 매미가 허물을 벗는 모습과 비슷할지 모른다. 그 남은 허물에다 같은 이름을 갖다붙이고 닮았다고 아무리 그럴 듯한 설명을 곁들여도 실재實在와의 관계에 있어서는, 그것이란 원래가 빈 껍데기이다. 네가 커서 그후 국제결혼을 하고 미국으로 이주해 살

---

62) 헨리 다거와 미야자와 겐지의 비교에 대해서는 사이토 다마키(齋藤環), 「'性愛'と'分裂'—宮澤賢治論」, 『文學の精神分析』(河出書房新社, 2009) 참조.
63) 이제하, 「〈초식〉에 대한 오해, 기타」, 『밤의 수첩』, 14쪽.
64) 이근미, 「영원한 아웃사이더 이제하의 전방위적인 삶」, 306쪽.

고 있다는 풍문이나, 네 곁에서 근년까지 지내던 아버지가 작고했다는 사실 같은 것도 개인적인 감정과는 별도로, 그때 분리된 네 이미지에는 따라서 그 어떤 가감이나 손상도 입히지 않는다.[65]

「유자약전」의 '유자'의 모델을 설명하는 대목에서 작가는 위와 같이 이야기한 바 있다. '유자'의 모델은 어느 순간 그의 의식 속에 생성된 이미지이다. 그것이 실재로부터 왔다고 해도 그 순간부터는 실재를 결여한 '빈 껍데기' 같은 것이 된다. 그는 그 이미지를 되새김질하듯 쓴다. 자신에게 허락된 대지의 풀만을 뜯는 초식동물처럼, 이제하의 소설은 운명적으로 다가온 이미지를 되새김질하듯 천천히 변주하며 자신만의 이야기를 만들어가는 '초식'적 스타일의 글쓰기를 수행하고 있어 보인다.

> 해결책은 서로 사이좋게 지나는 것밖에 없다. 공유라도 할 수 있으면 하면서 서로를 이해하려고 애쓸 것. 다 같이 밥 먹고 똥 싸는 비슷한 인간들이니…… 그쯤의 여유일지 모른다. 그것은 초식동물 세계의 어떤 패턴과도 많이 비슷해 보였다.[66]

이 초식의 글쓰기에는 발톱이나 이빨이 없다. 그것은 단지 이제하의 소설 속 인물들이 무기력하기 때문이 아니다. 그것은 더 근본적인 차원에서 작동하는 문학관, 세계관의 문제에 기인한다. 거기에는 다

---

65) 이제하, 「유자─소설의 모델과 그 이미지의 고집」, 『작가세계』 1990년 여름호, 138쪽.
66) 이제하, 『마초를 죽이려고』, 147쪽.

른 글쓰기에 대한 대타의식이나 자기 글쓰기에 대한 자의식이 옅다. 그것은 더 나은 글을 향한 욕망과 경쟁이 아니라 저마다 다른 글쓰기들 사이의 공존과 상생을 지향한다. 그런 맥락에서 생각하면 '초식'이라는 작가의 첫 책의 제목은 운명적이라고 할 것이다. 그 제목은 이제하 소설의 방향과 도달할 지점을 이미 출발의 단계에서 암시하고 있기 때문이다.

그렇기 때문에 『초식』의 세계는 비록 황량했지만 자유로웠던 어떤 벌판을 떠올리게 만든다. 풍족하지만 인공적인 사파리가 된 지금의 상황에서 이제하의 초식적 글쓰기가 불온하게 느껴진다면 그것은 형식의 파괴성이나 해체 같은 모더니즘의 미학 때문이 아니라 외부의 유인으로는 강제할 수 없는 저 지독한 자발성, 자족성 때문일 것이다. 『초식』의 세계를 되돌아보면서 표면상으로는 무기력해 보이지만 그런 태도야말로 지금의 상황에서 문학이 현실에 대해서 취할 수 있는 저항의 한 방식, 그러니까 그 효과가 나타나는 데는 오랜 시간이 걸리겠지만 그럼에도 근본적인 방식일지도 모른다는 생각을 해본다.

(2016)

변전하며 증식하는 가족 소설의 중심에 놓인
실재로서의 어머니
―김원일론

1. 『마당 깊은 집』의 역사

"고향 장터거리의 주막에서 불목하니 노릇을 하며 어렵사리 초등학교를 졸업하자, 선례 누나가 나를 데리러 왔다"는 문장으로 『마당 깊은 집』의 이야기는 시작된다. 때는 한국전쟁이 멈춘 이듬해의 늦봄인 1954년 4월의 하순. 전쟁의 와중에 아버지는 실종되고 어머니를 비롯한 남은 가족들과도 헤어져 고향에서 먼 친척에 얹혀살며 초등학교를 막 졸업한 소년('길남')은 누나를 따라 대구에 살고 있던 가족들과 다시 만나러 간다. 어머니와 누나, 그리고 '길중' '길수' 두 남동생 등 가족들은 대구 중심부 어느 한옥 아래채의 방 한 칸에서 지내고 있었다. 전후의 상황에도 불구하고 제법 부유한 주인집과 그 아래채에 세를 든 길남네를 비롯한 다섯 피난민 가족이 살고 있는 그곳이 바로 '마당 깊은 집'이다. 소년이 약 일 년 동안 이곳에 머물면서 여러 가지 사건을 겪고 성장의 시간을 보내게 되는 과정이 『마당 깊은 집』의 내용을 이루고 있다.

이 이야기는 1988년 『문학과사회』 여름호와 가을호에 나누어 연재되면서 처음 세상에 모습을 보였고, 그해 11월 앞서 발표된 「깨끗한 몸」(1987), 「불망不忘」(1984)과 함께 묶여 문학과지성사에서 『마당 깊은 집』이라는 단행본으로 출간되었다. 이 책의 표지에는 '김원일 장편소설'이라 되어 있으니, 아마도 당시에는 세 소설을 묶어 하나의 이야기로 생각했던 것 같다(그런데 그렇게 보면 세 소설 사이의 관계는 다소 애매하다. 「깨끗한 몸」은 '마당 깊은 집' 이야기에 직접적으로 연결되어 있는 반면 「불망」은 그 연결 관계가 매우 느슨하기 때문이다. 그런데 뒤에서 살펴볼 테지만, 이 글의 맥락에서는 이 비대칭성이 어머니를 모티프로 한 김원일 소설세계의 범위와 특징을 말해주고 있다고 생각할 수 있다). 이 책에 실린 해설(김주연, 「모자 관계의 소외/동화의 구조」)은 한국전쟁을 배경으로 하되 이념보다 일상에 초점을 맞춘 이 소설을 '여성적 6·25 문학'으로 규정하고, "서로 갈등을 일으키면서도 도와가는 피난민들의 훈기가 있고, 그 폐쇄된 공기에서 탈출하고자 하는 몸부림이 있고, 작은 에로티시즘을 바라보는 애정어린 시선도 있다"[1]고 설명하면서 객관성과 서정성을 균형 있게 갖춘 이 이야기의 특징을 부각시킨 바 있다. 이처럼 『마당 깊은 집』의 가장 기본적인 독법은 작가의 체험에 기초하여 한국전쟁 직후의 시대적 상황을 사실적으로 재현한 이야기로, 그러니까 전쟁 직후의 피난지에서 한 소년과 가족이 겪은 고통스러운 생활상과 그 극복의 과정을 담고 있는 성장의 드라마로 읽는 것일 터이다.

한편 1998년, 이 소설이 세상에 처음 나온 지 십 년 만에 『마당 깊

---

[1] 김주연, 「모자 관계의 소외/동화의 구조」, 『마당 깊은 집』, 문학과지성사, 1988, 314쪽.

은 집』[2]의 개정판이 '문학과지성 소설 명작선' 시리즈의 한 권으로 출간된다. 그사이에 이 이야기는 TV 드라마(MBC 월화 드라마 〈마당 깊은 집〉, 박진숙 극본, 장수봉 연출, 1990. 1. 8~30, 8부작)로 만들어져 인기리에 방영되기도 했다. 이때에는 수정 과정에서 분량이 늘어나고 초판에 함께 실렸던 「깨끗한 몸」과 「불망」이 빠지면서 이 작품의 독립적 성격이 더 확고해진다. 개정판에 추가된 새로운 해설(우찬제, 「타자화된 자아의 글쓰기—김원일의 『마당 깊은 집』 다시 읽기」)에서는 "전쟁과 더불어 가족의 삼각형을 빠져나간 아버지로 인해 어머니와 아들이 겪어야 했던 심리적 불균형 현상 내지 일그러진 가족의 심리학"[3]에 중심을 두고 논의가 이루어졌다. 이런 심리학적 독법에 의거하면, 어머니의 억압에 대한 거부와 수용, 반역과 동화라는 아들의 양가적인 심리적 반응은 현실을 받아들이는 한편 자신의 정체성을 마련해나가는 계기로 이해될 수 있다. 그리고 소설 결말의 화해는 어머니와의 관계에서 겪은 심리적 외상을 처리하기 위한 글쓰기 전략의 일환으로 설명되고 있다.

  이와 같은 사회학적, 심리학적 독법은 그 시대의 연장선상에서 살아가고 있는 지금도 여전히 유효한 측면을 갖는다. 하지만 그럼에도 시간이 흘러 지금의 현실은 그 당시와 비교하여 크게 변화했다. 우리는 소설 속의 그 시대만큼 가난하지 않고 오늘날의 가족관계를 기준으로 바라보면 소설 속의 모자 관계의 모습이나 여성을 바라보는 시선에서는 다소 납득하기 어려운 장면도 발견된다. 이 같은 상황은

---

[2] 김원일, 『마당 깊은 집』, 문학과지성사, 2018. 이하 인용시 본문에 쪽수만 밝힌다.
[3] 우찬제, 「타자화된 자아의 글쓰기—김원일의 『마당 깊은 집』 다시 읽기」 해설, 『마당 깊은 집』 1998, 문학과지성사, 288쪽.

『마당 깊은 집』을 현실 속 우리의 모습보다는 지나간 시대의 실상을 전해주는 문화적, 교육적 텍스트로 읽는 독법의 현실적 조건이 된다. 이런 맥락에서 『마당 깊은 집』은 2002년 9월 한 TV 예능 프로그램의 독서 권장 코너(MBC〈느낌표〉'책을 읽읍시다')의 대상 도서로 선정되어 새로운 세대의 독자들과 만나는 일도 있었고, 2010년 10월에는 소설의 무대가 된 공간(대구 중구)에서 '마당 깊은 집' 축제가 열리기도 했다. 2010년대 중반에 발표된 한 논문에서는 『마당 깊은 집』을 "1954년의 대구를 기억하는 로컬 텍스트"이자 "궁극적으로 기억해야 할 본원적 가치를 탐색하는 인문적 텍스트"[4]로 읽을 것을 제안하고 있다.

이제 어느덧 『마당 깊은 집』이 처음 독자들을 만난 지 삼십 년의 세월이 지났고, 그동안 작가의 소설세계 또한 유구하게 흘러 그 하구에 이르러 있다. 새로운 개정판의 해설인 이 글은 『마당 깊은 집』을 둘러싸고 있는 김원일의 소설세계 전체를 바라보면서 이 소설이 그 세계에서 차지하고 있는 위상을 확인하는 한편 그 각별한 의미를 되새겨보는 또하나의 독법을 위한 시도이기도 하다.

2. 실재의 프리즘으로부터 분광된 어머니의 이미지들

지금까지 김원일의 소설세계를 설명하는 중심적인 키워드는 '분단'이라고 할 수 있었으며 그 문제의 추구는 이념의 담지자인 아버지를 중심에 두고 이루어져왔다. 등단 이후 실존주의풍의 소설들을 발표했지만 평단으로부터 별다른 관심을 받지 못했던 그가 새삼 주목

---

[4] 양진오, 「『마당 깊은 집』은 대구를, 대구는 『마당 깊은 집』을 어떻게 기억하며 기억해야 하는가?」, 『한민족어문학』 66, 2014, 535쪽.

을 받기 시작한 것 역시 한국전쟁을 배경으로 사상범 아버지의 죽음을 경험하는 소년의 이야기인 「어둠의 혼」(1973)을 통해서였다.[5] 「어둠의 혼」에서 비롯되어 『노을』(1978), 「환멸을 찾아서」(1983), 『불의 제전』(1980~1997) 등의 대표작을 통해 지속적으로 탐사된 아버지 찾기의 과정은 개인사에 연원을 둔 것이면서, 동시에 한국사회 전체의 이념적 과제에 대응되는 것이기도 했다는 점에서 보편적 의미를 아울러 갖는 문제적인 것이었다.

어머니 역시 그런 관점에서 그 일부로 다루어져왔다(앞서 『마당 깊은 집』을 '여성적 6·25 문학'으로 규정하는 시각에서도 그와 같은 태도가 드러나 있다). 하지만 작가의 소설세계 전체에서 바라보면 어머니를 중심에 둔 일군의 소설들 역시 하나의 큰 계열을 이루고 있는데, 그 한가운데에 『마당 깊은 집』이 자리잡고 있다. 작가는 어느 대담에서 『마당 깊은 집』의 어머니의 형상화에 대해 다음과 같이 이야기한 바 있다.

> 『마당 깊은 집』은 휴전 이후 가난했던 삶을 그린 것입니다. 고통스럽고 어려웠던 시간에 대한 그림이죠. 3분의 2쯤은 실제 사실 그대로를 그렸습니다. 있는 그대로의 역사죠. 특히 어머니의 문제는 사실 그대로입니다. 어머니는 81년도에 고혈압으로 돌아가셨습니다. 어머니 생전에는 어머니에 대한 이야기 자체가 힘들었습니다. 어머니에 대한 원망이나 애증, 즉 현실

---

[5] 이 사정은 "이 단편을 발표하고 갑자기 주목을 받게 되어, 그해 일곱 편의 소설을 썼다. 청탁이 밀려들어오고, 즐거운 마음으로 열심히 썼다"(김원일, 「허위단심—내가 살아온 길」, 『사랑하는 자는 괴로움을 안다』, 문이당, 1991, 213~214쪽)고 기록하고 있는 작가의 회고에서도 확인된다.

적인 압박이 매우 컸던 것입니다. 오히려 두렵기까지 했지요. 그런데 어머니가 돌아가시고 나자 이제 어머니에 대한 이야기가 하고 싶어졌습니다. 일종의 거리감 같은 것이 생긴 거지요.[6]

위의 인용에서 작가는 『마당 깊은 집』이 어머니 이야기를 '있는 그대로' 그린 것이라 밝히고 있다. 어머니의 생전에는 '어머니에 대한 원망이나 애증'의 '현실적인 압박'과 '두려움'으로 좀처럼 이야기를 하기가 어려웠다고도 적고 있다. 그런데 이 대목에서 작가는 어머니에 대한 이야기를 『마당 깊은 집』에서 처음 하기 시작하는 것처럼 말하고 있지만, 사실 그 이전에도 김원일의 소설 속에는 여러 차례 어머니가 모습을 드러낸 바 있다.

가령 어머니가 돌아가시기 전에 발표된 「바느질」(1979)에는 전쟁 중에 남편을 여의고 아들마저 폐렴으로 일찍 잃은 채 바느질을 생계로 딸 '순지'와 함께 살아온 '석교댁'이 나온다. 이 이야기가 가족 소설의 변형태라는 사실은 석교댁의 월북한 오빠, 그리고 해직 기자 출신의 사위를 통해 간접적으로, 그렇지만 결정적으로 나타나고 있다. 그럼에도 모녀 관계로 대체된 소설 속의 인물 구도는 표현의 욕망과 방어의 기제가 함께 작동한 결과라고 볼 수 있다. 이 글의 맥락에서는 특히 그 가운데에 자리잡은 어머니의 '바느질' 모티프에 주목하지 않을 수 없다. 그것은 어머니와 직접적으로 연결된 환유적 기표로서 『마당 깊은 집』의 선명한 밑그림을 앞서 제시하고 있기 때문이다.

한편 그 무렵의 작품인 「목숨」(1979)에서 소년 '길수'는 죽어가는

---

6) 김원일·한원균 대담, 「기억의 저편, 아름다운 상처에 대한 기록」, 『김원일의 '마당 깊은 집'을 찾아가는 발걸음』, 청동거울, 2002, 195쪽.

동생 '종수'를 품은 어머니('여주댁')와 함께 비 오는 사당동의 산등성이를 오르고 있다. 이 소설에서 아버지는 강도살인 미수로 칠 년을 감옥에서 살고 출소했으나 훔친 휴대용 녹음기를 장물로 팔려다 붙잡혀 다시 복역중이다. 길수는 초등학교를 4학년까지 다니다가 그만두고 산동반점에서 먹고 자면서 일을 하고 있다. 살던 집이 철거되는 바람에 아픈 종수를 안고 서울역 대합실에서 노숙을 하고 있던 어머니(『마당 깊은 집』에서와는 반대로 여기에서는 어머니가 기차역 대합실에서 노숙을 한다)는 '영락없는 거지꼴'을 하고 길수와 함께 싸늘해지고 있는 종수를 묻으러 가고 있다. 작가의 이력을 참조하면 막내아우 원도는 1975년 25세로 작고하는데, 이 비극적인 체험은 실제 그대로 이야기에 담기지 않고 시간을 거스르고 공간을 달리하여 소설 속의 장면으로 변용되어 있다. 그리고 이 장면이 다시 『마당 깊은 집』에서 '길남'의 동생인 '길수'가 마당 깊은 집을 나온 지 삼 년이 지난 어느 추운 겨울날 뇌막염으로 숨을 거두는 장면의 원천으로 기능하고 있다. 가족 구조 내에서 서로 어긋나는 위치에 놓여 있지만 그럼에도 두 소설에서 반복하여 등장하는 '길수'라는 고유명은 '압축'을 매개로 한 상호텍스트적 연관을 보여주는 근거일 것이다. 「목숨」에는 작가의 체험이 실제보다 더 자학적인 방식으로 뒤틀려 있으며, 『마당 깊은 집』은 상대적으로 실제의 상황을 사실적으로 그려내는 방식에 가깝지만 그럼에도 이 소설에서 어린 길수의 죽음 장면은 작가의 연대기적 사실보다 「목숨」에서 생성된 판타지에 더 직접적으로 연결되어 있는 듯 보인다.

「불망」에서의 소년 '종열'의 어머니 또한 「목숨」과 같은 계열에 놓인다. 아들은 비록 서자로 태어났으나 그 아버지의 죽음 이후 전쟁이라는 상황과 맞물려 종택의 종손으로 거두어졌지만, 행랑어멈과 같은 처지인 어머니는 가까이에 있는 아들을 지켜보고 있을 수밖에 없는 안타까운 상황 속에 놓여 있기 때문이다. 이 소설에서는 앞의 작품들과는 다르게 가족 구도 내에서 주인공 소년의 위치가 어머니와 격리된 채 아버지(가문) 쪽에 더 가깝게 설정되어 있다. 그 관계로 인해 어머니에 대한 아들의 감정 또한 다른 색채를 띠게 된다. 원망이나 두려움보다 연민과 그리움의 대상이 되고 있는 것이다.

한편 실제의 상흔보다 더 극단적으로 형상화된 어머니와 달리 그 반대의 이미지로 그려진 어머니도 있다.「가을볕」(1985)에서 병상에 나란히 앉아 있는 어머니와 신림동 할머니는「미망未忘」(1982)에서의 어머니와 할머니 관계의 변형으로 볼 수 있는데, 그렇지만「미망」에서 심각한 갈등을 펼치고 있는 고부 관계와는 대조적으로 이 소설에서 두 사람은 정답게 대화를 나누고 있다. 이 소설의 어머니는 다른 소설들에서와는 달리 말이 많고 다정하며 "온실의 화초같이 나를 그렇게 감싸고만 키워"[7] 자식을 착하지만 유약한 모습으로 살아가도록 만든 인물로 등장한다. 그렇지만 그런 어머니의 존재로 인해 큰아들인 '나'를 비롯하여 저마다의 문제를 가지고 있기는 하나 어머니의 병원 마당에 모인 가족들은 자유롭고 화목하되 질서 있는 관계를 이루고 있다. 이 가족들이 가을볕처럼 평화로운 분위기 속에 모인 가운데 어머니의 임종을 맞으면서 소설은 끝을 맺고 있는데 『마당 깊은 집』을 비롯한 김원일의 다른 소설들과 비교되는 이 장면 또한 '향년 예순여섯'으로 삶을 마감한 어머니(작가의 이력에 의하면 김원일의 어

---

7) 김원일,「가을볕」,『미망 | 오마니별 외(김원일 소설전집 27)』, 강, 2013, 293쪽.

머니 역시 이 소설에서와 같이 66세에 별세했다)에 근거한 '미망'의 산물일 것이다.

「세월의 너울」(1986)의 어머니 역시 긍정적인 집합의 일원이다. 다정하기보다는 엄격한 편이지만 대가족의 중심에서 전통적 가치를 체현하고 있는 법도의 화신과도 같은 존재로 등장하고 있기 때문이다.

이처럼 사실은 『마당 깊은 집』 이전에도 김원일의 소설에서 어머니는 자주 등장하고 있지만 작가는 이 이후의 시점에서 '이제 어머니의 이야기를 하고 싶어졌다'고 말하고 있다. 이들 소설의 어머니 또한 실제 모습으로부터 파생되었겠으나 그럼에도 실제의 모습에 비해 더 극단적으로 뒤틀려 있거나 아니면 정반대의 이미지로 변형되어 있는 탓에 그렇게 이야기했을지도 모른다. 그렇지만 그 형상들 역시 작가의 말을 빌리면 "어머니에 대한 원망이나 애증, 즉 현실적인 압박"과 마주하면서도 그것을 표현 가능한 형태로 수용한 결과일 것이다.

그런가 하면 『마당 깊은 집』 직전에 발표된 「깨끗한 몸」에 등장하는 어머니가 있다. 「깨끗한 몸」은 내용에서도 『마당 깊은 집』에 직접적으로 이어져 있는데, 그것은 두 소설에 등장하는 소년이 '길남'이라는 이름을 공유하고 있는 점에서도 분명하게 드러난다. 그러니까 「깨끗한 몸」은 길남이 대구에 있는 가족과 합류하기 이전 고향 진영에서 지내던 열한 살 때의 이야기로, 『마당 깊은 집』의 이 년 전의 가족 상황을 배경으로 삼고 있는 것이다. 「깨끗한 몸」의 어머니는 외모나 성격 모두의 측면에서 『마당 깊은 집』의 어머니를 떠올리게 만드는데, 그럼에도 이 소설에서는 청결벽을 지닌 어머니의 강박과 그로 인해 소년이 겪는 긴장과 억압이 보다 강조되어 있다. 그런 의미에서 「깨끗한 몸」은 "그때, 심한 차멀미 탓도 있었겠지만, 풀 죽은 내 신세가 팔려가는 망아지 꼴이었다. 왠지 어머니와 함께 살아갈 앞으로의 생활이 암담하게만 느껴졌다"(7쪽)는, 『마당 깊은 집』의 서두에 나타난 주인공의 의식을 이해할 수 있는 근거가 되는 소설이기도 하다.

『마당 깊은 집』은 이와 같은 어머니들을 거쳐서 도달한, 상대적으로 사실적인 형상화가 비로소 마련된 지점이다. 김원일의 경우에 소설을 통해 어머니의 모습을 사실적으로 담아내는 일은 이처럼 먼 우회로를 거치면서 굴곡을 겪으며 이루어진 것이다. 그런데 작가가 쓴 다른 산문에 의거하면 『마당 깊은 집』의 이야기는 애초에 어머니를 중심에 두고 만들어진 이야기가 아니었다.

> 이 작품을 처음 구상했을 때, 나는 전쟁으로 상처받은 피란민들의 힘든 삶을 쓰려는 의도가 없었다. 더욱 1천2백여 장의 장편소설로 만들 마음은 애초에 없었다. 열 살 남짓한 나이에 도회로 나온 시골 소년이 처음 보았던 여러 것 중에, 장작 패는 사람이 강렬한 인상으로 남았기에, 그 사람에 대한 짤막한 단편을 써보기로 작정했던 것이다.
>
> 북한 출신. 인민군 입대. 포로가 되어 거제도 수용소에 갇힘. 가족이 월남했다는 소식을 풍문으로 듣고, 반공 포로로 석방. 단신으로 남한에 정착. 장작 패는 일로 여러 지방을 떠돌며 피란온 가족을 수소문. 지극히 선량하고 우직한 젊은이.
>
> 나는 이런 젊은이를 주인공으로 실향민의 애환, 인간과 나무의 친화력, 노동의 건강성 따위를 그려보려 했다.[8]

---

8) 김원일, 「장작 패는 사람」, 『사랑하는 자는 괴로움을 안다』, 36쪽.

구상의 과정에서 이야기의 출발점은 오히려 피난 시절 관찰했던 장작 패는 사내(소설 속에서 '주씨'로 등장한다)에 놓여 있었다. 그런데 그 구상이 텍스트로 구체화되는 과정에서는 오히려 후면에 잠재되어 있던 어머니의 이야기가 전경화되는 일이 발생한 것이다. 어떤 의미에서는 이 창작의 과정이 이전 소설들과 달리 어머니와 관련된 기억을 긴장이나 위장 없이 이야기 속으로 소환할 수 있었던 이유라고도 볼 수 있지 않을까. 그렇다면 오히려 어머니의 이야기를 실제와 가까운 형태로 그려내면서 어머니에 대한 거리감이 사후적으로 실감된 것은 아니었을까. 이렇게 생각하면 이 소설에서 어머니의 형상화는 단순한 기억의 재현이 아니라 의식과 무의식이 함께 작용하여 만들어낸 창작 과정의 효과라고 할 수 있을지도 모르겠다. 어쨌든 결과적으로 어머니와의 감정적인 거리가 확보된 상황에서 가능해진 사실적 형상화의 산물이 곧 『마당 깊은 집』의 어머니라고 할 수 있다.

김원일의 소설세계에서 아버지가 분단이라는 현실적 상황으로부터 강요되는 금기로 인해 상징화되기 어려운 존재였다고 한다면, 어머니 또한 유년과 청년기에 걸친 성장 과정에서 겪은 심리적 외상이라는 이유로 인해 쉽게 재현될 수 없는 '실재'와 같은 대상이었다고 할 수 있다. 그러하되 부재의 상태에서 일종의 관념으로 존재하는 아버지와 달리 어머니는 실체로서 존재하는 대상이니 그 재현을 둘러싼 상황은 보다 현실적이고 직접적인 문제를 안고 있는 것이다.

사회적 혹은 심리적 금기로 인해 가로막혀 있지만 그럼에도 불구하고 그에 비례하여 그 대상을 표현하고자 하는 욕망은 더욱 내밀해진다. 김원일의 소설에서 여러 모습으로 변주되어 나타나는 아버지와 어머니, 그리고 자신의 모습은 그와 같은 금기와 표현의 욕망이 맞부딪쳐 그때그때의 상황에서 생성된 타협의 흔적일 것이다. 텍스트로 드러난 것만 해도 이처럼 그 변주의 폭이 넓은데, 실제 작가의 삶 속에서는 생시와 꿈, 의식과 무의식에 걸쳐 얼마나 많은 아버지와 어머니, 그리고 자신을 꼭짓점으로 하는 삼각형이 그려졌던 것일까. 글쓰기를 통해 이루어낸 표현의 역량과 정신적 성장이 금기의 경계선을 조금씩 밀어내면서 대상은 서서히 그 본래의 모습에 가까워졌던 것일 터이다. 그런 맥락에서 기억을 사실적으로 재현한 듯 보이는 『마당 깊은 집』의 어머니의 모습은 실상 이 오랜 고투 끝에 힘겹게 실현된 자기 외상의 응시라고 하지 않을 수 없다.

3. 가족 소설의 방법론적 진화 과정

이처럼 『마당 깊은 집』에서 어머니에 대한 사실적인 형상화가 이루어지기까지 작가는 그 과정에서 대상을 초과하거나 비껴가는 상상의 이미지들을 만들어내지 않으면 안 되었는데, 이와 같이 현실 속의 가족관계를 부인하고 상상 속에서 새로운 가족을 만들어내는 아이의 환상을 지칭하는 것으로 프로이트의 '가족 소설'이라는 개념이 있으며, 김원일 소설에 등장하는 다양한 어머니의 이미지들은 그에 부합하는 전형적인 사례라고 볼 수 있다. 『마당 깊은 집』이 발표된 직후 한 문학평론가에 의해 그 맥락에서 깊이 있게 분석된 바도 있고(김현, 「이야기의 뿌리, 뿌리의 이야기」, 『문학과사회』 1989년 봄호), 『마당 깊은 집』을 전후로 한 가족관계의 변주 양상에 대해서도 재차 분석이 이루어진 바 있다(이동하, 「가족사의 다양한 소설적 변형」, 『마음의 감옥(김원일 중단편전집 5)』, 문이당, 1997).

그렇다면 『마당 깊은 집』에 이르러 작가는 가족 소설로부터 벗어난 것인가. 어머니의 형상화만 두고 보자면 부분적으로는 그렇다고 말할 수도 있을지 모르겠다. 그럼에도 이 소설에서 가족 소설의 양상은 다소 다른 방식으로 여전히 작동하고 있다고 할 수 있다. 앞서 인용한 대담의 다른 부분을 한 차례 더 들여다보면서 이 문제를 살펴보고자 한다.

한원균: 저는 이 소설을 다시 정독하면서 잔잔한 감동을 받았습니다. 특히 길남이가 신문사 뒷마당에서, 자신을 찾아온 선례 누나와 이야기하는 대목이라든가, 대구역 대합실에서 잠들던 모습, 혹은 쓰레기통을 뒤져 꽁꽁 언 국수 가락을 집어내는 장면 등이 인상적인데요. 뿐만 아니라, 당시의 시대적 상황, 가령, 신문 기사 등이 소개되기도 합니다. 소설적 리얼리티의 확보라는 점에서 이 작품은 성공을 거두고 있습니다. 이 작품의 경우 기억(체험)과 자료의 힘이 모두 작용하고 있는 것 같습니다. 기억을 재구성하는 데 자료는 어떻게 필요했으며, 어떤 방향으로 작용했는지요?

김원일: 오히려 내가 상상으로 만들어낸 부분에서 감동을 받으셨군요. (웃음) 이 작품의 60~70%는 사실입니다. 마당 깊은 집에 살던 식구들 가운데 주인집 이야기는 정말입니다. 주인은 같고, 아래채에 사는 사람들이 조금 다른데요. 아래채에 세 가구가 살고 있었습니다. 한 가구는 주인집 아들로 생각되는 사람이 살았습니다. 아마 그는 장애인이었던 것으로 기억합니다. 곱사등이였습니다. 그리고 옆에 개성댁이 살았고, 그 옆이 우리집이었습니다. 사실 소설과 달리 그해 5월에 중학교에 입학을 했지요. 그런데 제 성격이 당시에는 매우 우울했고 자폐적이기까지 했습니다. 시대적인 환경 탓도 있었겠지만 어머니의 영향이 컸다고 봅니다. 나는 집에서 벗어

날 수 없는 삶을 살았던 겁니다. 감히 어머니를 거역하거나 그곳으로부터 탈출할 수 없었지요. 그 경험의 힘이랄까, 기억으로부터 벗어나던 시점에서 이 소설이 이루어진 것이지요.[9]

질문의 앞부분에 대한 반응으로 인해 정작 기억의 재구성과 리얼리티의 확보에 자료가 어떻게 작용했는지의 질문 자체에 대한 작가의 대답은 없다. 자신의 창작 과정에 대해 알고 있는 작가에게 경험이 아닌 허구에 의해 만들어진 부분으로부터 감동을 받았다는 질문자의 발언이 의외였기 때문일 것이다. 그러면서 김원일은 『마당 깊은 집』에서 사실과 허구 부분을 구분하여 설명하고 있는데, 그 과정에서 소설 속의 길남의 가출이 경험이 아닌, 그 힘으로부터 벗어나면서 발생한 허구라는 사실이 드러나 있다.

이 장면은 가족 상황의 불완전함으로부터 발생하는 불만이나 원망을 처리하는 다른 방식을 생각하게 만든다. 여기에서는 이전처럼 어머니의 존재를 변형시키는 것이 아니라 반대로 자신을 움직여서 실제 상태에 대한 교정을 시도하고 있는 것이다. 그것은 어떤 의미에서 가족 구조 속에 묶인 현실 속의 주체를 허구의 상상 속에서 해방시키는 것이다. 그래서 실제로 현실 속에서는 가능하지 못했던 일들이 상상 속에서 일어나고 실현된다. 길남의 가출 역시 허구라는 이름의 세계가 주체에게 허용하는 정신적인 자유로 인해 발생한 가능세계의 사건이라고 할 수 있다.

허구라고 해도 그것이 지시하는 세계가 비현실적인 가상이 아닌

---

9) 「기억의 저편, 아름다운 상처에 대한 기록」, 196~198쪽.

경험적 현실이라면 실제의 기록과 쉽게 구분되지 않는다. 오히려 현실의 복잡한 절차 없이 의식의 논리만으로 구성되는 세계이기에 더 정연하고 자연스러울 수 있다. 그렇게 허구적 세계 속에서 자신의 분신과도 같은 존재가 하는 행위는 실제로 주체가 욕망하는 것이 무엇인지 드러내는 계기가 된다. 말하자면 주체가 객관화되고 있는 것인데, 그리하여 『마당 깊은 집』에서 가족 소설은 이야기의 차원이 아니라 소설 속 인물의 의식의 차원에서 이루어지고 있다.

"아이다. 니는 우리 어무이가 을매나 매정하고 무서분지 잘 모른다. 나는 집으로 안 들어갈 꺼데이. 어무이는 내 같은 자슥은 기다리지도 않아. 너한테 인제사 하는 말이지만 난 사실 우리 어무이가 낳은 자식이 아니거덩. 아부지가 어데서 나를 낳아 집으로 델꼬 왔어. 그래서 난 날 낳은 어무이가 누군지 얼굴도 몰라. 운젠가 찾게 될란지 모르지만."(214쪽)

이전 소설들이 위에서와 같은 의식으로부터 생성된 가상의 어머니, 혹은 아버지를 상상하는 일이었다면, 『마당 깊은 집』은 그런 상상을 하고 있는 자기 자신을 소설 속에 등장시키고 있다. 말하자면 이전에는 가족 소설이라는 환상이 그 자체로 소설의 내용을 이루고 있었다면, 여기에서는 가족 소설을 상상하는 소년 길남의 상황을 보여줌으로써 그것이 환상이라는 사실을 분명히 드러내고 있는 것이다. 말하자면 작가 자신의 글쓰기 상황이 소설 속 길남의 허구적 상황을 통해 객관화되고 있는 것이다.

이것은 곧 작가와 인물 사이의 객관적 거리가 확보되었다는 사실을 말해주는 것이며, 이로 인해 소설은 가족 바깥의 세계에도 시선을 돌릴 수 있게 된다. 덕분에 『마당 깊은 집』에는 가족 구조 밖의 현실이 폭넓게 담길 수 있었던 것이다. 또한 이 상태는 소설을 쓰고 있는 주체와 소설 사이의 거리를 의미하는 것이기도 하다. 그리하여 소설의 내용은 적절하게 제어되어 소설을 쓰고 있는 주체의 목적에 부합하는 방식의 결말이 가능해진다. 결과적으로 소설을 쓰는 입장에서도 과장이나 뒤틀림 없이 비교적 원만하게 어머니의 존재를 그려내어 외부화할 수 있고, 독자의 입장에서도 불편함 없이 받아들일 수 있는 방식의 소설이 가능해진 것이다. 어떤 의미에서 보면 「깨끗한 몸」의 어머니가 실재에 더 가까운 것이라고 볼 수 있고, 『마당 깊은 집』은 일종의 타협의 산물로 볼 수 있는 셈이다. 이 소설이 간난을 겪었던 시절에 대한 기억임에도 서정성을 간직하고 있는 이유도 여기에서 찾을 수 있다고 생각된다. '마당 깊은 집'이라는 낭만적 제목이 그것을 상징적으로 보여주고 있다.

이처럼 『마당 깊은 집』에서 허구의 영역은 가족 소설을 주관적 환상의 차원에 머물지 않고 현실적 문제와 결합하여 한 편의 소설로 객관화되도록 만들어주고 있다. 이 자체로도 각별한 의미를 갖는 것이지만, 더 중요한 의의는 이 국면을 거치면서 김원일 소설에서 가족 소설이 현실적 모티프를 담을 수 있는 일종의 그릇 같은 것으로 기능하는 계기가 마련되었다는 점에서 찾을 수 있다. 「마음의 감옥」(1990)은 그와 같은 새로운 가족 소설의 활용법을 보여주는 적절한 사례라고 할 수 있는 작품이다.

택시에서 내리자, 미명 속의 의과대학과 부속병원 사이의 좁장한 한길은 한적했다. 불현듯 중학 시절이 생각났다. 중앙지 조간신문을 배달할 때,

내 구역이 삼덕동과 동인동 일대였다. 길은 물론 주위의 풍경까지 그때와 변한 데가 없었으나, 그 시절은 사차선 팔차선 도로가 없던 때여선지 널찍한 큰길이었다. 나는 사람 자취가 없는 휑한 이 길로 신문 덩이를 끼고 새벽별 보며 종종걸음 쳤다. 의과대학에서 신문 여섯 부, 부속병원에서 일곱 부를 구독했는데, 양쪽 수위실에 신문 열세 장을 문틈에 밀어넣고 나면 마치 배달을 절반쯤 마친 듯 끼고 있는 신문 덩이가 가뿐했다. 그 시절이 1955년이던가. 아우가 사변둥이이니 다섯 살이었으리라. 어머니가 양키시장에서 미제 물건을 팔아 삼남매를 키웠고, 다른 피난민들도 그렇게 힘들게 살았듯 우리 역시 전후 애옥살이한 시절이었다.[10]

해직 기자 출신으로 서울에서 작은 출판사를 운영하는 화자는 아우가 입원해 있는 대구의 대학병원으로 가고 있는 중이다. 주변의 풍경들이 화자로 하여금 중학 시절을 떠올리게 만드는데, 흥미로운 것은 그 시절의 기억이 『마당 깊은 집』의 내용과 미묘하게 어긋나면서도 그 골격에서는 거의 일치하여 낯익다는 사실이다. 일단 월남한 목사였던 아버지가 전쟁중 폭격으로 사망하여 부재한다는 점에서 다르지 않으며 그로 인해 어머니가 삼 남매를 키워내는 애옥살이를 했다는 점 역시 대체로 유사하여 작가 자신의 가족 소설의 변형태로 보아도 큰 무리가 없다. 다만 『마당 깊은 집』에서는 어릴 때 사망했던 아우가 여기에서는 실제 사망한 나이를 지나 서른아홉이 되기까지 살아 있다는 점이 크게 달라진 부분이다. 화자의 여덟 살 아래(실제 작가와 스물다섯에 사망한 막내아우의 나이 차이기도 하다)의 동생 '현구'

---

10) 김원일, 「마음의 감옥」, 『마음의 감옥 | 히로시마의 불꽃 외(김원일 소설전집 23)』, 강, 2012, 74~75쪽.

는 해방신학의 영향을 받아 사회운동에 뛰어들어 수배와 구속으로 점철된 삶을 살았고 나중에는 빈민 운동에 투신하여 철거 과정에서 일어난 사건으로 복역하다가 병으로 인해 죽음을 앞두고 있다.

여기에서 중요한 것은 이 소설의 긴장과 에너지가 전적으로 가족 소설 그 자체를 만들어내는 데 바쳐지지 않는다는 점이다. 오히려 가장 크게 변형된 가족 구조의 축인 아우를 통해 당대의 현실에 대응되는 사회적 문제가 담겨 있고 그 문제를 소설적으로 형상화하는 데서 이 소설의 주제가 성립되고 있는 것이다. 아우를 성스러운 인물로 그려냄으로써 애도의 감정을 소설 속에서 처리하는 한편 아버지의 이념 문제 또한 간접적으로 담아내면서 가족 소설로서도 그 기능을 충실히 수행하고 있다고 생각되지만, 거기에 그치지 않고 그 가족 소설이 사회적 문제와 관련된 새로운 주제를 담을 수 있는 그릇 역할을 하고 있다는 점에서 그 새로운 활용 방법을 확인할 수 있다.

「믿음의 충돌」(1994) 또한 이 맥락에서 흥미로운 시도를 보여주고 있는 소설이다. 이 소설의 화자는 어머니를 소재로 소설을 쓰고 있는 작가이다.

> 내가 몇 해 동안 천착해왔듯, 이번 소설 역시 한국 기독교 문제가 주제이므로, 나는 줄곧 어머니 생전 모습을 떠올리지 않을 수 없었다. 당신은 이미 현세를 떠났으나 내 생애에 숙명과 같이 따라다닐 대상이요, 내 문학의 뿌리도 따지고 보면 당신에서부터 출발했다 해도 별 틀린 말이 아니었기 때문이다. 그러나 나는 여태 어머니를 내 소설 속에 올곧게 재현시켜본 적이 없었다. 당신 생애를 통해 당신이 받은 상처와 환희를 의사가 개복 수술하듯 내장을 열어 까발리기엔 지금 내 입장이 그만큼 냉정할 수 없었

고, 당신 믿음에 대해서도 아직은 비판하는 입장에 더 많이 섰지 포용하는 경지에 이르지 못했다. 그러므로 막상 집필을 시작하긴 했지만 당신 생전 모습을 떠올림이 사실 두려웠다.[11]

이 소설의 중심이 되는 사건은 대학 동기 '신주엽'이 이끄는 종교 공동체의 의식에 참석하기 위해 화자가 남해의 한 섬을 찾는 일이다. 그 의식에서 신주엽은 타락한 세상에 대한 대속의 행위로 자신의 성기를 절단하는데, 그 사건과 마주하여 광적인 신앙의 삶을 살았던 어머니와 그 때문에 교회에 불을 지른 아버지의 기억이 배치되어 있다. 김원일의 가족 소설 구도에서 보자면 이념과 신앙을 매개로 아버지와 어머니의 자리가 뒤바뀌어 있다. 그리고 화자가 쓰고 있는 소설 속에서는 그 어머니의 모습이 실제와는 다르게, 어떤 경우에는 정반대로 그려진다. 그런 글쓰기를 수행하고 있는 자신의 심리를 화자 스스로가 분석하는 대목이야말로 이 맥락에서는 소설의 성패 여부와는 별도로 주목되는 부분이다. 그리고 그렇게 생각하면 이 소설에서 '종교'라는 대상은 일종의 알레고리로 볼 수도 있다. 『마당 깊은 집』에서 가족 소설을 상상하는 소년 길남의 모습을 그려내면서 자기 객관화가 이루어지는 장면을 살펴보았는데, 이 소설에서는 거기에서 한 걸음 더 나아가 가족 소설을 통해 종교(분단) 문제를 취급하는 글쓰기 행위 자체에 대한 자의식이 드러나 있어 소설 창작과 관련된 방법론적 객관화가 이루어지고 있다.

표면상으로는 여전히 가족 소설을 반복하여 변주하고 있는 듯 보

---

11) 김원일, 「믿음의 충돌」, 같은 책, 299~300쪽.

이지만, 『마당 깊은 집』 이후에는 이처럼 그 방식에 대한 자의식과 객관화가 동반하여 이루어지고 있다는 점에서 결정적인 차이가 있다. 그리고 그 과정에서 가족 소설 자체가 아니라 그 형식에 새로운 사건과 주제를 담는 김원일 소설의 새로운 국면이 비롯되고 있다. 그와 같은 방식에 입각하여 이념의 변절(『바람과 강』, 1985), 거창 양민 학살 사건(『겨울 골짜기』, 1987), 한국전쟁(『불의 제전』) 등의 사회적, 역사적 문제를 장편의 형식 속에서 본격적으로 탐구하는 일이 가능해진다. 이 방식에 대해 작가는 한참 후에 다음처럼 서술해놓고 있다.

    이 작품을 집필하던 당시, 나는 성장 과정 중 애옥살이한 시절을 내내 회상하며 그때를 떠올렸으니, 어쩌면 나의 분신을 거창군 신원면이란 첩첩한 산과 오지 마을에 박아놓고 줄기차게 그들의 들퍼진 삶을 따라다녔음에 다름 아니었다. 다섯 식구가 문간채 셋방에서 오골거리며 살았던 차디찬 겨울 냉돌방, 니 애비를 닮아서는 안 된다며 장자를 가혹한 매질로 한풀이하던 어머니에 대한 공포감, 만성적인 허기와 어지럼증, 새벽별을 보고 나서서 살을 에는 추위 속에 언 손을 입김으로 녹여가며 어둠을 밟고 종종걸음쳤던 신문 배달의 아르르한 기억이 결과적으로 이 소설의 현장을 열심히 취재하게 하고, 소설을 쓰게 했음이 되짚어졌다.[12]

이처럼 가족 소설의 밑그림 위에 역사적 문제를 얹어놓았기에 이야기는 분명한 초점과 실감을 가진 인물들의 드라마로 펼쳐질 수 있었다. 이렇게 이념적·심리적 금기와 마주하면서 그로 인해 굴절된

---

12) 김원일, 「작가의 말」, 『겨울 골짜기(김원일 소설전집 4)』, 강, 2014, 495쪽.

가족 소설을 써내던 국면으로부터 가족 소설의 형식 위에 보편적인 주제를 추구하는 새로운 국면으로 이행하는 과정을 확인할 수 있는데, 바로 그 변곡점에 『마당 깊은 집』이 놓여 있다. 생사 불명의 상태로 늘 상상 속에서만 존재하는 아버지에 비교한다면, 기억과 현실 속에서 실체로서 존재하는 어머니야말로 김원일 소설의 가장 뚜렷한 현실적 근거라고 할 수 있다. 그에 비하면 아버지를 둘러싼 역사의 사실적 기록은 그 전모가 어느 정도 밝혀진 이후에야 가능할 수 있었다. 이미 무수한 아버지 이야기가 쓰였음에도 불구하고 보다 객관적인 형식을 취하고 있는 『아들의 아버지』(2013)가 다시 쓰여야 했던 사정을 여기에서 확인할 수 있다.

4. 가족 소설이라는 판타지의 리얼리티

이처럼 김원일의 가족 이야기에서 독특한 점은 그것이 상황이 만들어낸 일시적인 환상에 머무는 것이 아니라 (그 당시 평론가들의 기대처럼 현실과 역사에 대한 서사로 이행하기 위한 단계적 과정으로 끝나지 않고) 평생에 걸쳐 지속되는 다시 쓰기의 대상이 되고 있다는 사실에서 찾을 수 있다. 그 변주에 대한 작가의 태도 또한 의식적이어서 소설들은 판타지의 분위기를 풍긴다기보다 어느 경우에나 실제 겪은 이야기를 그대로 서술하고 있는 듯한 실감을 준다. 상상이 의식 속에서 그대로 현실이 되어 경험적 기억과 구분되지 않는 상태가 초래된 것인데, 이와 같은 특징은 소설을 쓰는 일이란 어떤 허구의 세계를 만들어내는 일 이전에 자신이 상상으로 만든 그 세계를 사는 일이라는 것을 새삼 일깨워주고 있다.

작가는 자신에게 운명처럼 부과된 삶의 상처를 글쓰기를 통해 정면으로 마주하고자 한 존재에게 부여된 이름이라고 할 수 있다. 그리고 그 과정에서 자신을 고통스럽게 억누르고 있던 억압의 원인을 확인하고 그것을 자신의 숙명으로 수용하기에 이른다. 그 작업은 기본적으로 힘겨운 것이지만 그럼에도 불구하고 그것이 성공적으로 실현되었을 경우 작가로서의 지위와 영예가 뒤따른다. 상처와 고통은 이제 존재의 범위 바깥에 놓여 더이상 주체를 긴장시키지 않고 오히려 부담스러운 짐 같은 것이 되어버린다. 이전에 그렸던 존재의 그림 위에 상승한 자신의 지위에 부합하는 새로운 채색을 덧입히고자 하는 욕망이 생겨난다. 그리고 그 순간 글쓰기는 현실적 근거와 동력을 잃어버리게 되는 역설이 발생하기도 한다.

　혹은 그렇게까지는 아니라고 하더라도 자신의 글 속에 뒤틀린 모습으로 등장하여 시달린 인물들에게 다소의 위로와 보상을 하고 싶다는 생각이 드는 것은 자연스러울 수 있다. 현실 속의 초라한 가족을 바라보는 주체의 의식 혹은 무의식 속에는 그 공백에 더 풍요로운 배경을 제공하고자 하는 욕망의 지향성이 있을 것이다. 김원일의 소설에서는 그와 같은 욕망이 풍요롭고 조화로운 대가족에 대한 판타지로 나타나는 경향이 있다. 『마당 깊은 집』 이전에도 「세월의 너울」 「가을볕」 같은 소설에서 그런 모습을 볼 수 있었는데, 그 이후에도 『가족』(2000) 같은 장편이나 「비단길」(2014) 같은 후기의 단편에서 그런 양상을 확인할 수 있다.

　그런데 기본적으로는 보수적인 성향일 수밖에 없는 대가족의 조화로운 질서를 그릴 경우에도 김원일은 그 내부의 구성원들 사이에 이념과 삶의 지향을 둘러싼 갈등을 배치해놓기를 잊지 않는다. 그런 장면에서는 자신의 입장과 거슬러 작용하는 힘들을 자기 속에 간직하고 이야기 속에서 유지되도록 세심하게 배려하고자 하는 의지를 느낄 수 있다. 이런 장치들은 김원일 소설의 인물들이 나르시시즘에 빠지지 않도록 하면서 이념적 주장으로 향하지 않고 항상 현실로 되돌아오도록 견제하고 있다. 그 결과 김원일 소설세계의 이념적 폭은 한국소설로는 유례없이 편향되지 않은 넓은 범위를 보여줄 수 있었다.

또한 김원일의 소설세계는 전체적으로 성숙이라고 할 만한 확장과 심화의 과정을 보여주고 있지만 그 과정은 한 방향의 선조적 형태로 진행되는 것이 아니라 일종의 왕복운동처럼 양방향으로 이루어지고 있다는 점에서 특징적이다. 그로 인해 그의 소설세계는 시간의 흐름에 따라 수시로 변화하면서 옅게 퍼져 있는 것이 아니라 한 겹 한 겹 두텁게 쌓인 무게와 밀도를 가지고 있다. 이런 특징은 자신의 글쓰기에 대한 반성을 통해 비어 있는 자리를 되돌아보고 균형을 회복하는 성실하고 묵묵한 글쓰기에 대한 보상이라고 해도 좋을 것이다.

김원일이 지속적으로 자신의 소설의 형식으로 삼았던 가족 소설은 기본적으로는 판타지라고 말할 수 있는 욕망의 흔적이 나타나기 마련이지만, 그럼에도 불구하고 그의 경우에는 자기 존재에 대한 응시가 그 판타지로 하여금 현실성의 색채를 잃지 않도록 해주는 거멀못의 역할을 하고 있었다. 그것은 김원일 소설 가운데 가장 현실로부터 먼 판타지라고 할 수 있을 「비단길」에도 해당된다. 이 소설은 17차 이산가족 상봉이 이야기의 배경으로 설정되어 있다. 흥미롭게도 이 소설 속에서는 나이든 화자의 월북한 아버지와 그동안 남한에서 자식을 키우며 늙은 어머니가 모두 생존해 있다. 육십 년 전 전쟁의 와중에 헤어져 생사를 알지 못했던 아버지로부터 남한의 가족을 만나고 싶다는 전언을 그 아들인 화자가 통보받는 장면으로부터 시작하는 이 소설은, 마침내 주인공이 아들, 고모, 어머니와 함께 아버지를 만나는 장면으로 이어진다. 등장인물의 이름과 그들의 내력 등 몇 가지 허구화의 장치들이 있지만 그럼에도 불구하고 이 이야기에서 판타지는 직접적이고도 선명하다. 그럼에도 이 순정한 판타지가 현실을 벗어나 있다고 말하기는 힘들다. 그동안 힘겹게 억눌러온 욕망이 글쓰기의 끝자락에서 한순간 허용되고 있는 것이기 때문이다.

그렇기 때문에 어떤 사실적 기록보다도 이 판타지는 솔직하고 순수한 고백으로 느껴져서 감동을 일으킨다. 대체로 가족 소설은 현실의 부모를 부정하고 환상 속에서 가짜 부모를 만들어내어 그것을 믿는 심리적 기제에 의해 만들어진다. 그런데 김원일의 경우에는 부모를 부정하는 것과는 반대의 방향으로 가족 소설의 영역이 확장되는 독특한 양상을 보여주고 있다. 그런데 사실은 프로이트 자신이 이렇게 말하고 있다. "이런 상상이 적대적인 것으로 보일지는 몰라도 악의는 전혀 없으며, 조금만 들춰보면 거기에는 부모에 대한 애정이 깔려 있음을 주시해야 한다. 불신과 배은망덕은 표면적인 것일 뿐이다."[13] 그렇다면 김원일 소설에 나타나는 부모에 대한 양면적인 감정을 담고 있는 이야기의 진폭은 그가 자신의 존재론적 운명과 성실하고도 지속적으로 대면했다는 사실에 대한 증거일 것이다. 그리고 그 종결의 지점에서 생성된 가족 재회의 판타지야말로 무수한 변주의 형태들을 현실로 분출되도록 만들었던 가장 심층의 가족 소설이었다고 할 수 있을 것이다.

(2018)

---

[13] 지그문트 프로이트, 「가족 로맨스」, 『성욕에 관한 세 편의 에세이』, 열린책들, 김정일 옮김, 1996, 60쪽.

윤흥길의 소설에서 진행된
텍스트의 조직 변화 과정 분석
—윤흥길론

1. 아홉 편의 소설로 놓은 새로운 해석의 징검다리

이 책[1]은 윤흥길의 첫 발표작인 「회색 면류관의 계절」(1968)부터 미완으로 남겨져 있던 『밟아도 아리랑』(1988)을 다시 쓰고 있는 최근의 『문신』(2024년 3월 완간)에 이르기까지 반세기에 걸친 윤흥길의 소설세계에서 중요한 지점에 놓인 아홉 편의 중단편을 묶은 것이다.

그동안 그가 써낸 소설들은 주로 분단과 산업화로 인해 발생한 한국사회의 문제를 포착하여 그것을 극복할 수 있는 방향을 미학적으로 제시했다는 평가를 받아왔다. 이와 같은 동시대의 과제에 대한 소설적 대응으로서의 의미는 어느 정도 희미해져 이제 역사화되었다고 할 수 있지만, 그럼에도 그의 소설은 여러 측면에서 새로운 해석을 낳으며 여전히 문제성을 생산하고 있는 중이다.

이 책에 묶인 아홉 편의 소설은 한편으로 지금까지 쌓아온 그의 소

---

[1] 윤흥길, 『아홉 켤레의 구두로 남은 사내』, 문학과지성사, 2019. 이하 인용시 본문에 작품명과 쪽수만 밝힌다.

설세계의 외연과 특징을 확인시켜주는 것이기도 하지만, 다른 한편으로는 새로운 해석을 향해 열려 있다고 판단되는 가능성의 근거이기도 하다. 이 아홉 편의 소설을 징검다리 삼아 작가의 작품세계 전체를 돌아보는 한편, 새로운 의미화의 싹을 펼쳐 보이는 작업이 곧 해제를 겸한 이 글의 내용이 될 것이다.

2. 유년의 시선에 내재된 패러독스

윤흥길의 초기 소설을 대표하는 두 편의 소설「황혼의 집」(1970)과 「집」(1972)은 어린아이의 시점으로 된 이야기라는 공통점을 갖고 있다. 이와 같은 시점의 특징은「장마」(1973),「양」(1974) 등을 포함하여 생각하면 이 시기의 주된 특성이라고 해도 지나치지 않다. 보통 어린아이의 시점이라고 하면 세상의 때가 묻지 않은 순진하고 투명한 것이라 생각할 법한데, 윤흥길 소설 속에 등장하는 아이들은 다소 특이한 성향을 보이고 있다.

> 언제나 해질녘— 그것은 몹시 두려우면서도 끈적거리는 흥분과 호기심에 싸여 기다려지는 시간이었다. 때때로 나는 저녁놀에 붉게 타는 경주네 주막집 유리창을 바라보면서 점점 헤어날 수 없는 기괴한 환상에 잠기곤 하였다. 어떤 근거에서 그랬는지 꼬집어 말할 수는 없다. 그러나 나는 처음 보는 순간부터 그 집 주위에 감도는, 뭔가 음습하고 특이한 냄새의 분위기를 대뜸 느꼈던 것이고, 아낙네들의 귀띔에 의하여 나의 이렇듯 막연한 헤아림이 확인된 뒤로는, 내 몸뚱이를 둘둘 말아올리는 듯한 어떤 신비한 기운의 부축을 받으며 내 두뇌로는 도저히 풀 수 없는 어떤 엽기적인 사건이 다시 한번 그 속에서 일어나기를 은연중에 기대하는 버릇이 생겼다.(「황혼

의 집」, 18~19쪽)

　낮이 아이들의 시간이고 밤이 어른들의 시간이라면 '황혼'은 그 두 세계의 경계가 순간적으로 해체되는 시간이다. 그 황혼의 시간을 배경으로 흥분과 호기심, 그리고 두려움이 팽팽하게 맞서고 있는 어린 화자의 의식이 위의 인용 부분에 드러나 있다. 새로운 것에 대해 두려움과 호기심을 동시에 '몹시' 절실하게 갖는 것은 어떻게 보면 어린아이이기에 가질 수 있는 특징이 아닐까 싶기도 하다. 그렇게 보면 이 아이는 어른들이 가지고 있는 선입견에서 벗어나 자신의 삶의 국면에 충실한 인물이라고 할 수도 있을 것 같다. 어느 정도 세상에 익숙해지면 두려움도 줄어들고 호기심도 옅어지는 법이니까 말이다.
　그러니까 인식 너머의 세계에 대해 갖는 양가적 태도가 아이의 시선을 규정하고 있는 셈인데, 이렇게 본다면 유년기에 체험한 전쟁이라는 사건은 한국문학이 한 번은 마주하지 않을 수 없는 불가피한 운명과도 같은 것이었다고 해야 하지 않을까. 그것은 도저히 그냥 지나칠 수 없는 공동체의 집단적 외상이지만, 그럼에도 여전히 많은 구성원이 그 사건으로 인한 상처를 안고 있는 상황에서는 너무 깊이 건드리기 힘든 사안일 수 있다. 더구나 아직 그 현실적 상황에 대한 충분히 객관적인 이해를 얻기 어려운 처지라면 그와 직접 대면할 때 얻을 수 있는 것은 기껏해야 고통의 쾌감 정도이다. 인식에 대한 열망과 그에 대한 부정이 함께 작동하는 시선에 「황혼의 집」을 비롯한 유년기 전쟁 체험 소설의 발생적 근거가 놓여 있다고 할 수 있다.
　물론 어린아이의 시점으로 되어 있다고 하지만, 거기에는 서술하고 있는 현재의 시점이 겹쳐져 있다.[2] 그렇지만 현재의 시점은 은폐되어 있고 그렇기 때문에 간접적·제한적으로만 개입할 수 있다. 그리하여 서사의 전면에 부각되는 것은 어린아이의 관찰적·경험적 차원일 수밖에 없다. 현실과 마주하는 성인들의 세계는 유년의 인물들이 경험하는 가족관계의 반경까지만 노출된다. 그러니까 이와 같은 시점 형식은 가족관계 바깥의 현실과 역사를 간접적으로만 드러내기에 적합한 장치라고 할 수 있다.

경계 안쪽에 어머니와 아버지, 그리고 집이 있다. 그 안정된 세계 바깥에 역사와 현실로부터 불어오는 유혹의 바람이 있다. 이 유혹에 맞서 금기가 작동한다. "그애하고는 가까이도 말고 상대하지도 마라……"(16쪽)나 "경주네 집 근처엔 얼씬도 말라고 어머니는 내게 신신부탁을 했다"(31쪽)와 같은 대목이 그 금지의 표지판을 보여준다. 하지만 '경주'를 매개로 전해져오는 그 세계의 목소리에 아이는 "제발 그만하라고 말하는 대신 나는 침을 꿀꺽 삼켰다"(13쪽)라는 행동으로 반응한다. '나'가 가장 가깝게 마주하는 것은 경주이지만, 경주는 엄마와 언니들, 그리고 산사람이 된 오빠와 연결되어 있는 대상이다. '나'는 그들의 현실을 울음소리나 웃음소리와 같은 감각, 혹은 풍문과 그에 동반되는 상상을 통해 마주한다. 어린아이의 시점을 전제하고 있기에 그 외부의 세계가 전모 그대로가 아닌 다만 굴절된 이미지로서 경험되는 방식, 그렇지만 아이의 시점에서 그 이미지는 강렬하고도 큰 진폭으로 체험되는 방식이 곧 「황혼의 집」의 유년 시점 형식의 특징이라고 할 수 있다.

---

2) 한 연구자는 이러한 시점 형식을 1970년대 '성장서사'의 무의식을 드러내는 장치로 해석하고 있다. 손유경, 「유년의 기억과 각성의 순간—산업화시대 '성장' '서사'의 무의식에 관한 일고찰」, 『한국현대문학연구』 37, 2012 참조.

결국 경주 어머니에게 붙들려 막걸리를 마시고 고주망태가 되었던 '나'를 아버지가 문을 부수고 들어와 데려간다. 집의 인력이 아직 강한 상황에서 유혹은 파문만을 남긴 채 더이상 지속되지 못한다. "아침에 보니까 경주네 주막집이 폭삭 내려앉아 있었다"(38쪽)라고 서술되는 상황이 그것이다. 그런데 「집」에서는 다른 집이 아닌, 바로 우리 집이 붕괴의 대상이 된다. 여기에서 아버지가 구축한 집은 그렇게 튼튼하지 않다. 이와 같은 상황에서도 아이들은 「황혼의 집」에서처럼 이성적·현실적인 반응 대신 본능적·신체적인 반응을 보인다.

> 그러나 우리는 이미 알고 있었다. 우리는 신경통을 앓는 수족으로 하루나 이틀 후의 일기쯤 앞당겨 예감하는 늙은이들처럼 몸의 어느 부분이, 예를 들어 심장이 울렁거리고 자꾸 오줌이 마려워지는 긴장을 견디며 비극을 치를 만반의 준비를 갖추었다. 신변에 접근해오는 위협을 반사적으로 알아차려 재빨리 촉각을 곤두세우는 어떤 하등동물의 생리처럼 우리는 몸을 사리면서 조심스럽게 대기하고 있었다. 어른들의 지혜가 미치지 못하는 으늑한 구석 자리에 엎드려 숨을 할딱이며 우리는 그날이 오기를 끈덕지게 기다렸다. 우리가 기다리고 있다는 사실이 어른들 앞에 탄로날까봐 형은 간간이 딴전을 부려 보임으로써 눈가림하는 연기를 아주 멋지게 해냈다.(「집」, 54~55쪽)

집이 철거되기 직전의 상황에서 윤흥길 소설 속의 아이들이 보여주는 태도는 어른들의 선입견에 그대로 부합하는 것이 아니다. 어떤 의미에서 그들의 호기심은 어른들의 비극을 기대하고 있다. 집이 철거되는 사건은 작가의 실제 경험으로부터 유래한 소설 속 장면인데,

작가가 회고하고 있는 그 사건의 모습은 소설 속에서 아이들이 경험하는 양상과는 다소 다른 듯하다.

> 내 가출의 역사는 초등학교 시절까지 거슬러올라간다. 어렵게 장만해 그럭저럭 정을 붙이고 살던 초라한 오두막집이 그나마 무허가 판잣집이란 이유로 강제 철거당하는 참혹한 장면을 내 눈으로 직접 목격했다. 그 일로 내 소년 시절의 행복은 순식간에 박살나버렸고, 그때부터 나는 갑자기 조숙해져 우리집을 무자비하게 허물어뜨린 세상과 불화하기 시작했다.[3]

유혹을 벗어나도 되돌아올 집이 없는 곤란한 상황에서 젊은 영혼은 방랑한다. 「집」에는 아버지와 대립하면서 반항적인 행동을 추구하는 형이 등장하지만, 그런 형조차 흥미롭게 바라보는 어린 동생도 있다. 집이 철거되는 사건을 겪으며 갑자기 조숙해져서 세상과 불화하게 된 의식이 형으로 인격화된 것이라면, 그 상황을 기억하고 회상하는 행위를 쾌락으로 간직해온 다른 의식은 소설 속에 동생이라는 다른 인물로 구분되어 기입되어 있다. 이 두 가지 시선이 역설적으로 결합되는 과정에서 전쟁 직후의 유년기를 회상하면서도 사실적 재현에 머무르지 않는 윤흥길 초기 소설의 고유한 개성이 마련될 수 있었다고 하겠다.

3. 「아홉 켤레의 구두로 남은 사내」의 성립 과정

이와 같은 유년의 기억을 가진 인물들이 성장하여 현실 속으로 진

---

3) 윤흥길, 「자필 이력서」, 『내 영혼의 봄날』, 예찬사, 2001, 296쪽.

입한 이후의 상황을 1970년대 중후반 윤흥길의 소설들에서 확인할 수 있다. 그 직접적인 연관의 매개는 '집'이다. "돌격조 갈쿠리에 찍혀서 집이 헐리던 날의 기억을 아무래도 잊을 수가 없는 거예요"(「엄동」, 106쪽)라는 '영순'의 발언에서 「엄동」(1975)이 「집」을 비롯한 유년의 기억을 담고 있는 세계와 직접적으로 연결되어 있다는 사실을 추측해볼 수 있는데, 「아홉 켤레의 구두로 남은 사내」(1977)에서는 그 연관이 또다른 방식으로 새롭게 설정되어 있다.

 철거된 집에 대한 기억을 음화로 간직한 작가에게 광주대단지 사건은 그냥 스쳐가는 시사적 문제일 수만은 없었으리라 추측해볼 수 있다. 어떤 의미에서는 그 사건이 개인의 기억 속에 잠재되어 있던 주관적 차원의 사건을 「집」이라는 소설의 형태로 소환한 것일 수도 있다. 그렇지만 「아홉 켤레의 구두로 남은 사내」를 두고 보면 결과적으로는 작가가 앞서 구축해놓은 소설적 구도 내부로 현실이라는 이름의 사건이 마치 짜맞춘 듯 일어나는 상황처럼 그의 소설세계의 변화가 이루어진 것 또한 사실이다. 어쨌든 집을 매개로 「집」의 아버지와 「아홉 켤레의 구두로 남은 사내」의 '권씨'가 대응되는 관계를 이루고 있는데, 이 맥락에서 두 인물은 선후 관계를 벗어나 상호작용을 통해 서로 영향을 주고받고 있다고 볼 수도 있다. 어쩌면 '오선생'이 권씨에 대해 갖는 양가적 태도는 단순히 소시민의 이중성에만 근거하는 것이 아니라 보다 근본적으로 소설 속 아이가 무능한 아버지에게 느꼈던 양면적 감정에서 그 원형을 발견할 수도 있다.

 어쨌든 '성남'을 배경으로 한 「엄동」과 「아홉 켤레의 구두로 남은 사내」에서도 다소 다른 맥락에서 '집'은 여전히 소설의 몸체를 이루고 있다. 그럼에도 「황혼의 집」「집」의 유년의 세계가 「엄동」「아홉 켤레의 구두로 남은 사내」의 성년의 세계로 곧장 이어진 것은 아니다. 그 성립의 과정에는 '집' 이외에도 다른 계기들이 함께 작용했다. 윤흥길의 두번째 소설집 『아홉 켤레의 구두로 남은 사내』(1977)가 출간된 직후 발표된 글에서 김현은 그의 초기 소설세계에서 「아홉 켤레의 구두로 남은 사내」가 갖는 위상을 다음과 같이 밝혀놓은 바 있다.

> 「아홉 켤레의 구두로 남은 사내」에는 윤흥길의 최근의 모든 관심이 집약되어 있다. 「몰매」의 김시철이 오선생으로 교묘하게 변모되어 있으며, 「내일의 경이」의 문명남이 권씨로 옮겨져 있을 뿐만 아니라, 소시민이 매저키스트가 되어가는 이유와 지지 않으려는 싸움의 의미가 뚜렷하게 문제로 제기되어 있는 것이다.[4]

"얻어맞는다는 건 제삼자가 옆에서 우려해주는 것만큼 그렇게 고통스럽진 않아. 고통이 아니고 그것은 일종의 황홀이니까"[5]라고 말하는 '문명남'에게서는 과연 "숨돌릴 겨를도 없이 쏟아져내리는 타격은 차라리 일종의 청량감 같은 것이었다"(「창백한 중년」, 294쪽)라고 느끼는 「아홉 켤레의 구두로 남은 사내」 연작(「아홉 켤레의 구두로 남은 사내」를 필두로 하여 연이어 발표된 「직선과 곡선」 「날개 또는 수갑」 「창백한 중년」 등 네 편을 지칭한다. 각각 시점은 다르지만 내용상으로는 권씨를 중심으로 하나의 이야기로 연결되어 있다.)의 권씨의 모습을 발견할 수 있다. 그리고 이런 피학적 성향은 앞서 살펴본 바와 같

---

[4] 김현, 「생활과 신비―윤흥길의 작품세계」, 『한가람』 1978년 1월호, 김병익·김현 편, 『윤흥길』, 은애, 1979, 59쪽.
[5] 윤흥길, 「내일의 경이」, 『황혼의 집』, 문학과지성사, 2007, 296쪽.

이 멀리는 유년기의 인물들에게서도 이미 발견되고 있었던 것이기도 하다.

그런가 하면 「몰매」에서 늘 품안에 사직서를 넣고 다니는 시골 국민학교 교사 '김시철'에게서 윤흥길 소설에 등장하는 교사의 한 판본을 발견할 수 있고, 특히 다방에 흘러들어온 정체불명의 전과자 주방장에 대한 김시철의 태도에서는 「아홉 켤레의 구두로 남은 사내」의 오선생이 권씨를 대하는 방식의 연원을 찾아볼 수도 있다. 또한 산호다방의 '손마담'에게서는 「직선과 곡선」에 나오는 양산도집 작부 '신양'의 모습이 겹쳐지기도 한다.

그런데 사실 「몰매」와 「내일의 경이」만이 아니라 그 이전의 다른 소설들 또한 「아홉 켤레의 구두로 남은 사내」의 전사를 이루고 있다. 가령 「타임 레코더」에는 성남에 있는 학교에서 국어 선생으로 일하는 '오석태'라는 인물이 등장하는데 우연치고는 공교롭게도 「아홉 켤레의 구두로 남은 사내」에 등장하는 오선생과 직업과 성이 같다. 그런가 하면 하필 당직을 같이 서면서 오석태와 대립하는 사환 겸 잡역부 '김씨'에게서는 「아홉 켤레의 구두로 남은 사내」의 마지막에서 강도 미수를 저지르고 사라졌던 권씨가 우연히 방직 회사 사장의 차에 치여 그 회사에 취업을 하게 된 사실을 떠올려볼 수 있다. 권씨의 직책이 바로 '잡역부'이기 때문이다. '밀대'라는 용어도 두 소설에 함께 등장한다. 「타임 레코더」에서 김씨는 교사들의 문제를 이사장에게 고해바치는 '밀대'로 의심되는데, 「아홉 켤레의 구두로 남은 사내」에서 오선생은 권씨의 감시를 부탁하는 '이순경'에게 자신에게 '밀대' 역할을 하라는 거냐고 반발하며 「창백한 중년」에서 동림방직의 직원들은 권씨를 사장의 하수인이라 생각한다. 그런가 하면 '타임 레코더'

는 「아홉 켤레의 구두로 남은 사내」 연작에 다시 등장한다. 「창백한 중년」에서 '안순덕'은 신체검사에서 폐결핵 판정을 받고 해고되고 난 뒤에도 출근하지만 "근태 기록표를 서무과에서 빼가버렸기 때문에 카드를 타임 레코더 속에다 집어넣을 수 없"(291쪽)다. "김씨를 절대로 미워하지 말고 가능한 한 사랑해보자"[6]라는 표현에서도 "솔직히 말씀드려서 전 경찰관 입장을 떠나서 한 사람의 인간으로서 권씨를 사랑합니다. 가능하다면 그를 돕고 싶은 심정입니다. 아마 불원간에 오선생님도 그렇게 되고 말 겁니다"라는 이순경의 말에 "내가 권씨를 사랑하게 되다니, 생각만 해도 끔찍한 일이었다"(「아홉 켤레의 구두로 남은 사내」, 119쪽) 생각하는 오선생을 떠올릴 수 있다.

한편 「엄동」과 「아홉 켤레의 구두로 남은 사내」 사이에서는 보다 직접적인 연관 관계가 확인된다.

"선생님 근무처가 서울인 모양이죠?"
"그래요. 조그만 출판사에 나가고 있습니다."
전에 성남에서 선생으로 있었다는 얘기 따위는 아예 입 밖에 내비치지도 않았다. 아가씨가 만일 다른 성남 사람들과 똑같이 선생이란 직업을 아주 대단한 것으로 여기고 있다면 그걸 그만둔 이유까지 구구히 설명하지 않으면 안 된다.(「엄동」, 98쪽)

현재 서울에 있는 출판사에서 근무하고 있는 '박'이 그에 앞서 성남에서 선생이라는 직업을 가지고 있었다는 사실을 위의 대화에서

---

6) 윤흥길, 「타임 레코더」, 『황혼의 집』, 173쪽.

확인할 수 있다. 그곳 사람들이 선생이란 직업을 아주 대단한 것으로 여기는 상황 또한 「아홉 켤레의 구두로 남은 사내」에 나오는 "그 선생을 대단하게 알고 별종으로 취급하는 사람들이 다른 한편에는 또 있는 것이다"(130쪽)라는 대목에서도 유사하게 확인되는 장면이다. 이렇게 보면 「엄동」에서 박은 이후 「아홉 켤레의 구두로 남은 사내」에서 오선생과 권씨로 분화되어 등장하는 원형적 인물이라고 볼 수 있다. 그런가 하면 "과거를 되기억해내는 과정에서 어쩌지 못할 아픔을 안겨다주는 저 사건의 그림자"(101쪽)라는 대목에서는 광주 대단지 사건이 간접적으로 「엄동」 속에 등장하고 있기도 하다.

4. 인물 구조의 변화와 그 의미

그런데 「엄동」에서는 「아홉 켤레의 구두로 남은 사내」 연작과 맺고 있는 또다른 맥락의, 보다 근본적인 연관을 살펴볼 수 있다. 그것은 인물 구도의 측면, 곧 남성 인물을 중심으로 두 여성이 대치하고 있는 구도에서 찾을 수 있다.

「엄동」에서 직장인 출판사가 있는 서울과 집이 있는 성남 사이를 출퇴근하는 박은 폭설이 내린 거리에서 버스를 타고 집으로 돌아가야 하는 처지에 놓여 있다. 일단 무릎맞춤을 하자는 친구의 유혹을 한 차례 뿌리친 바 있는데 그 거절 역시 폭설로 인해 귀가가 어려워진 상황을 염두에 둔 것이었다. 그렇지만 우려했던 대로 폭설 때문에 성남으로 돌아갈 수 있는 버스는 운행이 되지 않고, 여기에서 주인공 박의 귀가를 가로막는 두번째 유혹이 발생한다. 박은 버스를 기다리다가 만난 영순이라는 여성과 함께 다방에 들어가게 되는데, 이 상황에서 영순은 끝까지 버스가 다니지 않게 될 경우 자신을 여관에 데려가 재워 달라는 뜻밖의 요청을 한다.

이와 같은 상황의 원형을 우리는 「엄동」보다 조금 앞서 발표된 「어른들의 위한 동화」(1974)에서 발견할 수 있다. 무역 회사 경리사원인 '그'는 예기치 않던 연말 보너스를 받아 아내가 기다리는 집으로 돌아가던 중 어느 순간 낯선 세계로 접어들게 된다. 노예시장이 펼쳐져 있는 그곳에서 '그'는 우여곡절 끝에 유혹적인 외모의 여자 노예를 사서 집에 들어간다. 이런 행동으로 아내에게서 오해를 받고, 아내가 친정으로 떠난 사이 그 여자 노예로 인해 '그'는 생을 탕진하다가 순식간에 늙고 초라한 노예 상인이 되고 만다는 것이 이 소설의 결말이다. 그러니까 아내가 있는 집과 귀로에서 마주친 매혹적인 여성 사이에서 선택을 강요받는 상황이 「어른들을 위한 동화」와 「엄동」에 공통적으로 가로놓여 있는 구조인 셈이다. 「어른들을 위한 동화」에서는 결국 여자 노예의 유혹을 이기지 못한 남성 인물의 파멸로 결말이 이루어졌는데, 그렇다면 「엄동」에서는 어떤 변화가 일어났을까.

박은 집에 돌아갈 걱정도 잠시 잊게끔 어기차고 대담하게 나오는 그 아가씨를 그제야 처음 발견한 기분으로 새삼 주의깊게 관찰하기 시작했다. 아무리 여자 키라곤 해도 표준에서 훨씬 밑도는 작다란 체구였다. 그리고 아마도 스물 이쪽 아니면 저쪽일 한창 나이치고는 너무 야위어 보이는 가느다란 몸매를 꼭 빌려 입은 듯한 인상의 헐거운 외투가 투박스럽게 감싸고 있어 얼핏 병아리 우장 쓴다는 말이 떠올랐다. 이렇다 할 특징도 없고 화장한 흔적 같은 것도 없으나 꽤 생길 만큼 생긴 축에 드는 얼굴이었다. 하지만 그녀가 지닌 본래의 미를 제치고 깃발처럼 솟은 궁핍의 찌꺼기가 한창 나이의 얼굴에 짙은 음영을 드리우고 있었다. 마치 이화명충에 시달릴 대로 시달려 성숙 이전에 생장을 정지당해버린 초본식물과도 같은 인상이 들었다. 또한 궁핍의 계속이 한 여자의 아름다움을 한쪽서부터 차근차근 먹어 들어 음충스러운 노파로 급속히 변모시켜가는 일관작업의 과정을 도해圖解까지 곁들여 열람하고 있는 기분이어서, 저게 바로 타인의 형식을 빌려 나타난 자화상이 아닌가 하고 박은 섬뜩한 느낌마저 드는 것이었다. 만약 자기가 한때나마 오입이란 걸 염두에 두었더라면 지금쯤 아마 지독한 후회와 죄책감에 빠져 허덕이고 있을 시간이었다.(90~91쪽)

위의 장면에서 보는 바와 같이, 박은 영순에게서 자신을 유혹하는 세이렌이나 키르케의 모습이 아니라 오히려 "타인의 형식을 빌려 나타난 자화상"을 바라본다. 그것은 '궁핍'이라는 상황을 매개로 한 동일시와 연민의 감정이 실린 결과이다. 그와 같은 시선은 대상에 대한 성적 욕망을 철회하고 그 자리에 후회와 죄책감의 여지를 설치한다. 「어른들을 위한 동화」에서와는 달리 「엄동」에서 박이 영순이라는 존재로부터 발생하는 유혹에 저항할 수 있는 근거를 여기에서 찾아볼 수 있다.

박과 영순의 관계는 「아홉 켤레의 구두로 남은 사내」 연작 가운데 한 편인 「창백한 중년」에서 권씨와 안순덕의 관계에 대응되는 것으로 볼 수 있다. 이번에도 두 사람은 다방에서 만나 이야기를 나누고 순덕은 자신의 질병에 대해 함구하는 조건으로 권씨에게 여관에 갈 수도 있다고 이야기한다. 여기에서도 권씨는 순덕의 제안에 크게 동요하지 않는데, 그것은 「엄동」에서와 마찬가지로 권씨에게 순덕은 성적 욕망의 대상이 아니라 오히려 계층적 동질성으로부터 연유하는 연민의 대상이기 때문이다.

이처럼 「엄동」에서 영순은 「아홉 켤레의 구두로 남은 사내」의 안순덕에 대응된다고 볼 수 있는 면이 있고, 그것은 사실이지만, 그럼에도 그것이 전부는 아니며, 오히려 더 중요한 문제는 바로 그와 같은 단순한 대응에서 벗어난 또다른 관계에 있다. 앞에서 「엄동」의 박이 「아홉 켤레의 구두로 남은 사내」에서 오선생과 권씨로 분리되어 등장한다고 했는데, 영순 역시 「아홉 켤레의 구두로 남은 사내」 연작에서 안순덕에 대응되는 면이 있을 뿐만 아니라 비록 성별은 다르지만 어떤 측면에서는 오히려 권씨에 더 가까운 면모를 보여주고 있다.

> 꾀죄죄한 외양을 한 꺼풀 벗었을 때 만좌중에 드러난 그녀의 내부에서는 분명히 건강한 동물성 같은 게 숨쉬고 있었다. 상대가 뭐가 됐든 그녀에게는 능히 먹줄을 물어뜯고 할퀴기에 충분한 날카로운 송곳니와 발톱이 아직도 퇴화되지 않은 채 신품처럼 번쩍이는 성능으로 고스란히 살아 은밀한 곳에 비장되어 있었다. 그리고 원하는 한 가지를 손에 넣기 위하여 지니고 있던 다른 아홉 가지를 벌써 포기해버린 사람들만이 갖는 저 신 지핀 집념과 억척이 곁들여 있었다. 아무나 쉽게 획득할 수 없는 그녀의 그것들은 분명히 축복받은 값진 자산이었다.(「엄동」, 104쪽)

이와 같은 근접 거리에서의 조명은 「창백한 중년」의 안순덕에게는 일어나지 않았던 일이다. 오히려 왜소하고 초라한 외면에 내재된 어떤 건강성을 확인하는 장면은 권씨를 관찰하는 오선생의 시선에서 확인할 수 있었던 특징이다. 이런 시선으로 보면 "한 가지를 손에 넣기 위하여 지니고 있던 다른 아홉 가지를 벌써 포기해버린 사람"이라는 구절 또한 권씨의 '아홉 켤레 혹은 열 켤레의 구두'를 묘하게 떠올리게 만든다. 이처럼 「엄동」과 「아홉 켤레의 구두로 남은 사내」 연작은 어느 지점에 이르기까지 유사한 행보로 나란히 진행되는 양상을 보이는데, 그렇지만 그 인물들의 관계를 최종적으로 처리하는 방식에서 결정적인 차이를 보이고 있다.

「엄동」에서의 결말은 박이 영순에게서 느낀 계층적 연민의 감정을 끝까지 실현하는 방향으로 진행되지 못한다. 영순에게서 나타난 갑작스러운 태도의 변화와 그에 따른 박의 심경 변화가 그 원인을 제공한 것이다. 소시민의 계층적 조건에도 불구하고 '건강한 동물성'을 보여주던 영순은 갑자기 자신에게 내재된 소시민의 또다른 부정적 속성을 진심의 형식으로 고백하게 되는데, 언뜻 납득하기 어려워 보일 수도 있는 이런 갑작스러운 태도 변화는 긍정과 부정 양극에서 부유하는 소시민성 가운데 한쪽 극단이 부각된 것에 대한 반작용의 결과로 이해할 수 있다. 그리고 이와 같은 영순의 다른 면모는 박씨의 또다른 자기상을 자극하기에 이른다.

> 그 순간 박이 느낀 것은 천길 높은 벼랑을 떽떼굴 굴러떨어지는 듯한 감정이었다. 다른 한편으로 그것은 거센 배반감이기도 했다. 가슴속에서는 분노 같은 게 원인도 모르게 부글부글 끓어오르기 시작했다. 그리고 그것은 눈 깜짝할 새 아주 조포(粗暴)하기 짝이 없는 성욕으로 바뀌었다. 정영순이란 이름의 한 여자를 겨냥했다기보다 그것은 수없이 밟히고 밟혀도 여전히 꿈틀거리는 한 모진 목숨을 보았을 때 느끼는, 거기에 마지막 일격을 가해주고 싶은 충동이나 매한가지 욕구였다. 자기 자신이 느끼기에도 참말 어처구니없고 느닷없는 변화였다. 그러면서도 더이상 그럴 수 없이 아주 절실한 기분이어서 당장 어쩌지 않으면 속에서 꼭 탈이 날 것만 같았

다.(106~107쪽)

　계층적 연민의 감정은 대상과 거기에 내재된 자신의 속성에 대한 분노로 급작스러운 변화를 겪고, 그것은 다시 박에게 영순에 대한 가학적 성욕을 느닷없이 발생시킨다. 하지만 상황의 변화는 이와 같은 박의 변질된 욕망이 실현되는 상황을 비껴간다. 뒤늦게 성남으로 향하는 버스의 운행이 시작된 것이다. 버스에 오르는 과정에서 실진한 영순을 박은 번거로운 상황에 휘말릴까 두려워 외면하고 결국은 "그저 주위의 모든 것에 부끄럽고 또 부끄러워 더이상 고개를 바루고 꼿꼿이 서 있기가 차마 무엇했다"(114쪽)라고 느끼는 상태에서 소설은 끝을 맺는다.

　「엄동」의 서사 진행 과정에서 발견할 수 있는, 어떤 상황에서 인물들이 겪는 급작스러운 감정, 혹은 의식의 변화는 윤흥길 소설의 인물들이 공통적으로 경험하는 내적 상태라고 할 수 있는데, 「엄동」에서와는 달리 「아홉 켤레의 구두로 남은 사내」에서 이 비약적 감정 변화의 방향은 대상을 가학적으로 부정하는 것이 아니라 오히려 피학적인 방식으로 동화하는 쪽으로 진행된다.

　　무슨 말이 더 있을 듯싶었는데 그는 이내 돌아서서 휘적휘적 걷기 시작했다. 나는 내심 그 입에서 끈끈한 가래가 묻은 소리가, 이를테면, 오선생 너무하다든가 잘 먹고 잘 살라든가 하는 말이 날아와 내 이마에 탁 들러붙는 순간에 대비하고 있었는지도 모른다. 그래서 그가 갑자기 돌아서면서 나를 똑바로 올려다봤을 때 그처럼 흠칫 놀랐을 것이다.
　　"오선생, 이래 봬도 나 대학 나온 사람이오."

그것뿐이었다. 내 호주머니에 촌지를 밀어넣던 어느 학부형같이 그는 수줍게 그 말만 건네고는 언덕을 내려갔다. 별로 휘청거릴 것도 없는 작달막한 체구를 연방 휘청거리면서 내딛는 한 걸음 한 걸음마다 땅을 저주하고 하늘을 저주하는 동작으로 내 눈에 그는 비쳤다. 산 고팽이를 돌아 그의 모습이 벌거벗은 황토의 언덕 저쪽으로 사라지는 찰나, 나는 뛰어가서 그를 부르고 싶은 충동을 느꼈다. 돌팔매질을 하다·말고 뒤집어진 삼륜차로 달려들어 아귀아귀 참외를 깨물어 먹는 군중을 목격했을 당시의 권씨처럼, 이건 완전히 나체화구나 하는 느낌이 팍 들었다.(「아홉 켤레의 구두로 남은 사내」, 164~165쪽)

위의 대목은 아내의 수술비를 빌리러 학교까지 찾아온 권씨를 빈손으로 돌려보내는 상황에서 오선생이 느끼는 감정의 상태를 서술하고 있는 부분이다. 권씨가 광주대단지 사건의 시위 현장에서 사고로 쏟아진 참외를 향해 달려드는 군중에게서 '나체화'를 목격했을 때처럼, 이 순간 오선생 역시 권씨에게서 유사한 감정의 상태를 경험한다. 그것은 타자를 자기 욕망의 대상으로 삼는 것과 다르게, 오히려 타자의 적나라한 모습을 그 자체로 승인하면서 타자와의 사이에 놓인 간극을 메우는 방향으로 자신을 소거시키는 것에 가깝다. 그 중간 과정에서의 부침은 있지만, 「아홉 켤레의 구두로 남은 사내」 연작이 궁극적으로 향하는 곳 역시 바로 이 지점이라고 할 수 있다.

숨 돌릴 겨를도 없이 쏟아져내리는 타격은 차라리 일종의 청량감 같은 것이었다. 그것은 안순덕과 박환청과 자기를 잇는 삼각의 끈을 확인하는 절차이기도 했다. 여태껏 그들과 자기 사이에 가로놓인 엄청난 허구의 공간이 주먹과 발길 끝에서 조금씩 조금씩 무너져내리고 있었다. 내가 만약 이 자리에서 저 미치광이 젊은이한테 타살당하지 않고 살아날 수만 있다면, 하고 권씨는 가정을 해보았다. 살아난 값을 톡톡히 해야지. 그러기 위해서는 다른 무엇보다도 먼저 노조 간부들을 만나볼 필요가 있었다. 그리고 다음 순서로 본사에 가서 사장을 만나는 일도 당연히 고려에 넣으면서 권씨는 차츰 의식을 잃어갔다.(「창백한 중년」, 294쪽)

권씨는 오해에 기인한 청년의 타격을 "일종의 청량감"으로 느끼며 받아들인다. 그는 그것을 그들과 자신이 연결되어 있다는 사실을 확인하는 절차로 이해하기 때문이다. 그리고 그 과정에서 "그들과 자기 사이에 가로놓인 엄청난 허구의 공간"이 무너져내리고 있다고 느낀다. 이처럼 자신과 타자 사이에 가로놓인 간극을 해결하는 방식과 방향의 차이에서 「아홉 켤레의 구두로 남은 사내」가 이전의 소설적 흐름에 이어져 있으면서도 결정적으로 그것과 단절되는 이유를 발견할 수 있다. 그리고 이 구조 변화의 과정에서 아내로 상징되는 현실원칙의 반대편에서 주체로 하여금 욕망을 불러일으키는 대상이 「어른들을 위한 동화」부터 「엄동」을 거쳐 「아홉 켤레의 구두로 남은 사내」에 이르기까지 성적 유혹의 존재로부터 인간적 연민과 계층적 연대의 존재로 한 단계씩 이행한다는 사실도 더불어 확인할 수 있다. 이러한 변화가 갖는 시대적 의미에 대해 이문구는 일찍이 다음과 같이 묘파한 바 있다.

찬조 출연자(작품 주인공)가 가난에 찌들 대로 찌들고, 밑천이라곤 평생 가도 못 팔아먹을 오기 하나뿐인 중년 사내면서도, 이렇듯 작가와 궁합이

잘 맞아준 사주는 여간해서 찾아보기 어렵기 때문이다.[7]

이문구에 따르면, 1970년대 작가에게 주된 원조자는 주로 여성, 그것도 '직업적 여성'이었다. "『별들의 고향』에서 온 경아는 최인호씨에게 별을 여럿 달아주었고, 『겨울여자』인 이화는 조해일씨로 하여금 여러 해 여름을 시원하게 날 수 있도록 돌보아주었으며, 시간팔이로 밤낮없다가 한 밑천 잡을 만했던 영자가 자신의 전성시대를 낯선 조선작씨에게 넘겨줄 동안,「삼포 가는 길」에서 만난 백화는 다시 황석영씨더러「객지」로 낙향하라고 재촉하였고, 드디어 순자가 문을 열고 이정환씨를 『유리별 대합실』로 안내하는 곁에서, 『목마 위의 여자』는 김주영씨로 하여금 『위대한 악령』을 시켜 마침내 은행변을 갚도록 뒷바라지하였으니 작가와 작품의 주인공이 이성지합異性之合으로써 일문一門을 이루되, 그 화목스럽기가 실로 그와 같았던 것"[8]인데, 윤흥길의 경우는 '창백한 중년' 남성인 권씨가 그 역할을 대신했던 것이다. 이런 맥락에서 성별의 구분을 부차화시키면서 계층적 조건을 통해 연대를 이루는 소설적 흐름이 더 이후 본격화되는 어떤 징후적 계기로「아홉 켤레의 구두로 남은 사내」연작이 놓여 있다는 의미를 오디세우스 콤플렉스라고 할 만한 관계의 대상이 여성(이성)으로부터 남성(동성)으로 변화했을 때 발생하는 소설의 효과와 연관시켜 생각해볼 수도 있을 듯하다. 그런 의미에서 윤흥길 소설 내부에서 발생한 변화가 곧 한 시대의 새로운 소설적 흐름을 이끌게 되는 합류지점에「아홉 켤레의 구두로 남은 사내」가 놓여 있다고 할 수 있다.

---

7) 이문구,「한 켤레 구두로 산 사내」, 『문예중앙』 1978년 여름호, 185쪽.
8) 같은 글, 182~183쪽.

5. 의도와 해석 사이의 낙차

지금까지 살펴본 바와 같이 「아홉 켤레의 구두로 남은 사내」 연작은 이전에 발표된 작품들의 맥락으로부터 형성된 것이면서, 동시에 앞서 발표된 작품들과는 다른 새로운 차원으로 도약하는 면모를 가지고 있다. 그 단절은 무엇보다 소설 내적인 차원에서 인물 구조의 변화를 통해 확인할 수 있었는데, 결과적으로 그와 같은 인물 구조의 변화는 「아홉 켤레의 구두로 남은 사내」로 하여금 이전에 비해 보다 본격적으로 광주대단지 사건이라는 역사적·시대적 현상을 소설 속에 담아낼 수 있는 조건을 제공하는 데 기여하게 된다.

그렇다면 이전 소설에서는 부분적으로, 간접적으로만 모습을 드러내고 있던 이 사건이 어떻게 「아홉 켤레의 구두로 남은 사내」에서는 갑자기 전면적으로 등장하게 되었을까. 우선 권씨라는 문제적 인물의 성립이 무엇보다 결정적인 계기가 되었으리라 생각해볼 수 있다. 그런데 윤흥길 소설에서 이 계기가 갖는 의미는 그것이 이념에 의해 제작된 인물형이 아니라 그의 초기 소설 속 인물이 진화하는 과정에서 내적으로 마련된 것이라는 점에서 찾을 수 있다. 그리고 거기에는 작가의 개인적 경험이나 사회적 변화의 과정이 함께 관여하고 있다.

이 점과 관련하여 작가는 예비군 훈련장에서 우연히 광주대단지 사건에 실제 참여했던 인물을 만나 일부러 술자리까지 만들어서 얘기를 들은 일화를 소개한 바 있다. 그에 따르면 "성남에서 우연히 만난 그를 모체로 하여 서울로 이사온 후 우리집 문간방에 세 들어 살던 권씨를 접붙이는 작업"[9]을 통해 소설 속 권씨의 캐릭터가 만들어질

---

9) 윤흥길, 「오늘 패배한 내일의 승리자」, 『문학동네 그 옆동네』, 전예원, 1983, 81쪽.

수 있었다. 그리고 그 권씨의 캐릭터는 이전 소설들에서 부분적으로 그 모습을 드러냈던 광주대단지 사건이 비로소 전면적으로 소설 속에 도입되는 활짝 열린 현관문 역할을 했던 것이다. 그와 더불어 이전 소설들로부터 흘러온 여러 맥락이 화학적 작용을 하여 안순덕이라는 여성 노동자가 노동 현장에서 사고를 입는 사건을 계기로 권씨가 새로운 존재의 차원으로 도약하는 일도 일어났다.

여기에서 한 가지 새롭게 발생한 문제는 이렇게 해서 마련된 「아홉 켤레의 구두로 남은 사내」 연작이 작가의 의도나 의지를 초과하여 독자 지평에서 잉여의 의미가 생산, 그리고 확산되는 결과를 낳았다는 사실에 있다. 『아홉 켤레의 구두로 남은 사내』를 출간하면서 작가는 후기에서 다음과 같이 적은 바 있다.

—자기 구제의 수단으로 알고 처음 문학이란 걸 선택했습니다. 그러다가 문학과 사회와의 유대 문제에 관심을 갖게 되었지요. 결국 진정한 자기 구제는 내가 속해 있는 사회와 그 사회의 구성원들과의 긴밀한 유대감 속에서 그들에게 애정과 관심을 보냄으로써 나와 그들이 동시에 구원받을 수 있는 길을 모색하는 데 있다는 결론을 얻었습니다.
—작가에겐 작가로서의 의무가 있고 시민으로서의 의무가 있다고 봅니다. 시민의 의무와 책임을 저버려서는 안 되지만 그렇다고 작가 고유의 행위인 작품활동을 폭로 내지는 고발, 개혁 의지의 실현을 위한 수단물로 피스톨처럼 사용해서도 안 될 것 같습니다. 만일 문학이 미학을 외면한 채 이데올로기나 문학 외적인 목적에만 매달릴 경우 예술이 갖는 최대의 기능인 감동을 상실하게 되기 때문입니다.[10]

여기에서 작가가 어떤 사회적 이념이나 현실 변화의 수단으로 소설을 바라보고 있지 않다는 점을 확인할 수 있다. 책이 출간된 이후에 가진 대담에서도 그는 "고발이나 폭로 쪽이 아니라 그들의 체험을 문학 속에 수용하면서 예술적 감동을 남기고 싶다는 욕심"[11]을 거듭 밝힌 바 있다. 그리고 이와 같은 작가의 욕심은 한편으로 대단히 충실하게 실행된 듯 보이기도 한다.

> 보아하니 권씨의 구두 닦기 실력은 보통에서 훨씬 벗어나 있었다. 사용하는 도구들도 전문 직업인 못잖이 구색을 맞춰 일습을 갖추고 있었다. 그리고 무릎 위엔 앞치마 대용으로 헌 내의를 펼쳐 단벌 외출복의 오손에 대비하고 있었다. 흙과 먼지를 죄 털어낸 다음 그는 손가락에 감긴 헝겊에 약을 묻혀 퉤퉤 침을 뱉아가며 칠했다. 비잉 둘러가며 구두 전체에 약을 한 벌 올리고 나서 가볍게 솔질을 가하여 웬만큼 윤이 나자 이번엔 우단 조각으로 싹싹 문질러 결정적으로 광을 내었다. 내 보기엔 그런 정도만으로도 훌륭한 것 같은데 권씨는 거기에 만족하지 않고 계속해서 같은 동작을 반복했다. 그만한 일에도 무척 힘이 드는지 권씨는 땀을 흘렸다. 숨을 헉헉거렸다. 침을 퉤퉤 뱉았다. 실상 그것은 침이 아니었다. 구두를 구두 아닌 무엇으로, 구두 이상의 다른 어떤 것으로, 다시 말해서 인간이 발에다 꿰차는 물건이 아니라, 얼굴 같은 데를 장식하는 것으로 바꿔놓으려는 엉뚱한 의지의 소산이면서 동시에 신들린 마음에서 솟는 끈끈한 분비물이었다.(「아홉 켤레의 구두로 남은 사내」, 135쪽)

---

10) 「후기」, 『아홉 켤레의 구두로 남은 사내』, 문학과지성사, 1977, 307~308쪽. 초판의 후기에 실려 있던 이 부분은 개정판에서 삭제된다.
11) 김승희, 「토속의 핏줄에서 찾는 화음의 세계」, 『문학사상』 1979년 8월호, 414쪽.

권씨의 구두 닦기를 묘사하고 있는 위의 장면은 소설에서 의미와 표현이 한 발씩 빈틈없이 맞물려 내용과 형식 사이의 균형이 절묘하게 잡힌 어떤 미학적 경지를 보여준다. 구체적으로 이 대목은 인물의 성격화, '구두'라는 사물의 상징성, 서술의 리듬감 등에서 교과서적인 모범을 보여주고 있다고 할 수 있는데, 전성기의 윤흥길 소설에서는 이런 표현의 명장면들을 그다지 어렵지 않게 발견할 수 있다.
　그럼에도 다른 한편으로 「아홉 켤레의 구두로 남은 사내」 연작은 결과적으로 작가의 의도를 초과하는 잉여의 부분을 발생시켰던 것 같다. 그로 인해 작가의 의도와 해석 사이에 간격이 생겨났고, 그것은 그 이후에도 지금까지 지속되고 있는 현상이기도 하다.

　　어떤 평론가는 "지식인이 갖는 허위의식, 분에 넘치는 허영심의 상징"으로 보기도 했는데 그런 것은 아닙니다. 심리학이나 정신분석학에서 보면 대상심리라는 게 있는데, 현실에서 보상받을 수 없을 때 다른 상징으로 대치하는 것을 말하지요. '자존심' '가치관' '최후까지 양도하지 않고 지키고 싶은 자아' 같은 것의 대상물로서 열 켤레라는 상식적으로 이해가 안 가는 많은 구두를 대입시켰습니다. 어떤 면에서는 권씨를 희화화하는 효과도 노린 것이죠. 그러므로 구두를 허위의식의 상징물로 보는 것과 "최후의 보루로서 지키고자 하는 자아"로 보는 것은 엄청나게 다른 것이죠. (……) "자아를 버렸다"는 것이지요. 자아를 버렸다는 것은 구체적으로 상황 속에서 완전히 벌거벗은 원시인 같은 본능적 인간으로 변모하고 싶다는 자기 소망이랄까, 밑바닥까지 떨어져보고 싶은 적나라한 의지랄까, 하는 것입니다. 그러나 구두를 '지식인의 허위의식'으로 보면 구두를 태운다는 것은 노동계층을 위한 투사가 되겠다는 것인데 그것은 내가 이야기하고 싶은 것이 아니에요. 나는 권씨가 적나라한 인간이 되어 생활에 부단히 부딪혀나가려고 하는 의지를 그린 것일 뿐입니다.[12]

권씨의 행동에서 "소시민적 갈등의 진정성"[13]을 읽어내는 해석이 비교적 작가의 의도에 가까운 것이라고 할 수 있겠는데, 위의 작가의 반응에서 '구두'의 의미나 권씨의 행동에 대한 좀더 적극적인 해석이 있었다는 사실을 확인할 수 있다. 최근에도 「아홉 켤레의 구두로 남은 사내」 연작의 결말에서 '시민성'의 성립을 확인하는 논의(김경민, 「1970년대 소설에 형상화된 시민성 연구」, 『국어국문학』 169, 2014)도 있었고, 권씨에게서 나타나는 민중성과 소시민성의 통합되지 않은 이중성이야말로 이념이 아닌 민중의 실재를 드러낸 것이라는 의견(이철호, 「민중이라는 심연─「아홉 켤레의 구두로 남은 사내」 연작을 중심으로」, 『상허학보』 50, 2017)도 제시된 바 있다.

이와 같은 작가의 의도와 해석 사이의 간격을 '리얼리즘의 승리'라든가 '정치적 무의식'이라는 용어를 빌려와서 설명할 수도 있겠지만, 이 글의 맥락에서는 미학과 현실이라는 상반되는 방향 사이에 놓인 작가의 선택이라는 관점에서 생각해볼 수도 있지 않을까 싶다. 그러니까 작가의 의식은 미학(문학)의 경계 내에 존재하지만 그럼에도 그 너머의 역사, 현실에 대한 충동적인 호기심을 간직하고 있는 구도인 것이다. 그리고 이 구도는 소설 속 인물의 성향이 역사에 대한 작가

---

12) 같은 글, 415쪽.
13) 성민엽, 「「아홉 켤레의 구두로 남은 사내」 연작의 현재적 의미」, 『아홉 켤레의 구두로 남은 사내』, 해설, 문학과지성사, 1997, 317쪽.

의 태도, 선택과 상동 관계를 이루고 있는 상황이라고 할 수도 있다. 그러니까 미학의 경계를 넘어 순간적으로 역사성을 도입하는 현상이 소설 속 인물과 작가에게서 동시에 발생했던 것이다.

6. 미완으로 남은 연작

한편 작가는 여러 차례 「아홉 켤레의 구두로 남은 사내」 연작을 완결하겠다는 계획을 밝힌 바 있다. 다음 인용에서는 그 계획의 구체적인 윤곽까지 확인할 수 있다.

> 권씨는 앞으로 근로자들을 위한 투사로서가 아니라, 이기심이라든가 약점을 버릴 수 있는 보다 인간적인 사람으로 그려질 겁니다. 「아홉 켤레…」 연작은 앞으로 장편으로 계속 써나가서 완결짓고 싶어요. 마지막 완결편에서는 작가가 직접 나서서 앞에 등장했던 모든 인물들을 차례로 순방하면서 산업사회를 조감하고, 그 노력을 통해 진실을 캐고 싶습니다. 순덕의 애인 박환청 청년이 감옥에 간 것으로 해서, 작가가 우연히 그 청년이 쓴 편지를 입수하고, 그래서 그의 편지를 들고 하나 하나 방문해보는 거죠.[14]

작가가 의도했던 「아홉 켤레의 구두로 남은 사내」 연작의 완결된 모습은 우선 작가 자신이 소설 속에 등장하는 실험적 형태로 구상되었다는 점에서 특징적이다. 그리고 작가가 소설 속에 등장하게 되는 매개가 연작에서는 안순덕의 애인 역할로 잠시 등장하는 '박환청'이라는 청년 노동자라는 사실도 밝혀져 있다. 감옥에 간 박환청의 편지

---

14) 김승희, 「토속의 핏줄에서 찾는 화음의 세계」, 416쪽.

를 작가가 입수하고, 그 편지의 수신자를 직접 찾아가는 이야기가 계획의 형식으로 위에 제시되어 있다.

그렇지만 아직까지는 그 완결의 계획이 실현되지 않고 있다. 다만 위의 계획이 부분적으로 실제 수행된 것이「오늘의 운세」(1983)라는 사실은 파악된다. 이 소설에서 직장인인 '나'는 우연히 버스에서 죄수의 편지 두 통을 전달하는 부탁을 받게 되는데, 바로 '신금철'이라는 이름의 그 죄수가 자신의 아내('이춘매')와 동료('차상진') 앞으로 남긴 편지가 그것이다. 이 사건을 매개로 '나'는 편지 수신자의 한 사람인 차씨를 어렵게 찾아 만나게 된다. 이 만남은 한편으로 우연히 입수하게 된 죄수의 편지로 인한 것이지만, 다른 한편으로는 내적인 맥락에 근거한 것이기도 하다.

> 뭐라도 좋으니까 제발 사고다운 사고가 발생해서 속이 빤히 들여다보이는 위태위태한 유리그릇 같은 내 평범한 일상이 와장창 깨져주기를 나는 바라마지않았다. 그러면서도 다른 한편으로는 그와 같은 불상사들이 정작 상상 아닌 눈앞의 현실로 어느 날 불쑥 찾아들면 어쩌나 하고 혼자서 전전긍긍하기도 했다.(「오늘의 운세」, 260쪽)

아내로 상징되는 일상의 규범으로부터 벗어나고자 하는 욕망과 그것이 빚어내는 사건은「황혼의 집」에서부터 윤흥길 소설의 기본 구도를 이루는 요소였고, 특히「아홉 켤레의 구두로 남은 사내」에서 권씨를 통해 극적으로 드러난 바 있다. 두 통의 편지를 통해 상반된 형태로 드러나는 신금철의 양면성을 두고 "어떻게 이럴 수가 있어요? 어떻게 이렇게 한 인간의 가슴속에 천당하구 지옥이 사이좋게 공존할 수 있냐구요?"(264쪽)라고 반문하는 아내의 발화에서는 「아홉 켤레의 구두로 남은 사내」에서 찰스 디킨스와 찰스 램의 대조를 통한 비유적 표현으로 제시된 소시민성의 양면성의 변주 양상을 확인할 수도 있다.

이처럼 「아홉 켤레의 구두로 남은 사내」 연작의 완결에 대한 계획은 「오늘의 운세」를 통해 굴절되었고, 결과적으로는 작가의 바람에 미치지 못한 채 미완으로 남았다. 그리고 그와 같은 결과는 의도와 해석 지평 사이의 간극이 쉽게 메울 수 없는 상태로 남겨져 있었던 텍스트의 상황과 연관이 있을 것이라 짐작된다. 권씨를 '근로자들을 위한 투사'가 아니라 '이기심이라든가 약점을 버릴 수 있는 보다 인간적인 사람'으로 그리겠다는 작가의 의도는 독자의 해석 지평에서 발생한 의미화의 흐름과 끝내 화해되지 못했던 것이다. 그리고 그 결과 「아홉 켤레의 구두로 남은 사내」 연작은 그와 같은 어긋남을 증언하는 소설적 증상으로 지금까지 남아 있다.

7. 소설적 변주의 한 방식

『아홉 켤레의 구두로 남은 사내』 이후 윤흥길은 『무지개는 언제 뜨는가』(1979), 『꿈꾸는 자의 나성』(1987), 『낙원? 천사?』(2003), 『소라단 가는 길』(2003) 등 네 권의 소설집을 더 출간했다. 이 책의 뒷부분에는 이 시기의 특징을 보여주는 소설들이 수록되어 있다.

우선 「무지개는 언제 뜨는가」(1978)가 「장마」에 이어져 있는 소설이라는 사실은 여러 측면에서 입증될 수 있다. 우선 한국전쟁을 전후하여 펼쳐지는 두 소설 속 사건이 발생하는 공간이 '건지산' 일대라는 점에서 뚜렷한 연결고리를 찾을 수 있다. 그리고 또한 「장마」의 화자였던 어린아이의 이름이 '김동만'이었다는 사실을 떠올려보면 「무지개는 언제 뜨는가」의 화자의 이름이 '김동만'이라는 사실 역시 우연한 일치는 아닐 것이다.

> 나는 밤을 무서워하고 있었다. 밤의 어둠을 끔찍이도 무서워하고 있었다. 전쟁이 터진 뒤로 내가 아는 거의 모든 죽음이 밤중에 이루어졌다. 외삼촌의 전사 통지가 온 것도 밤중이었고 삼촌을 마지막으로 본 것도 새벽녘에 가까운 한밤중이었다. 생각만 해도 몸서리쳐지는 강둑 위에서의 학살이나 빨치산의 습격도 대개 야음을 틈타 저질러졌으며 그것에 대한 보복 또한 어둠 속에서 저질러졌다. 새벽은 다만 간밤의 죽음들을 우리에게 똑똑히 확인시키기 위해서만 찾아오는 것 같았다.(「무지개는 언제 뜨는가」, 220~221쪽)

국군으로 참전하여 사망한 외삼촌의 전사 통지, 그리고 빨치산 삼촌의 방문 등은 「장마」에 등장하는 중요한 사건이었는데, 위에서 보는 것처럼 그 기억이 「무지개는 언제 뜨는가」에 다시 등장하고 있어 두 소설 사이의 연속성을 소설 속 사건의 차원에서도 증명해주고 있다. 그런가 하면 "빨치산으로 죽은 삼촌을 대신해서 살아 있는 구렁이가 집 안으로 기어들던 그 무렵의 그 비하고 거의 비슷했다"(231쪽)는 대목 역시 「장마」의 한 부분을 기억의 형식으로 재현하고 있는 부분이다. 이처럼 「무지개는 언제 뜨는가」는 「장마」와 상호텍스트적 관계에 놓여 있는 세계라는 사실을 확인할 수 있으며, 당연히 두 소설은 분단이라는 주제 의식에서도 일맥상통하는 면모를 보여준다.

다만 어린아이의 시점으로 형상화된 「황혼의 집」「집」「장마」 등에는 그 서사의 특성상 상황에 대한 현실적·객관적 파악의 범위가 제한되어 있고, 그에 따라 소설 속에 전쟁이 등장하고, 지명 등 공간적 지표가 드러난다고 하더라도 기본적으로는 아이가 경험하는 제한적 시공간, 그러니까 객관적 좌표가 결여된 주관적 시공간일 수밖에 없다. 그에 비해 회상을 포함하면서도 인물들이 성장한 이후의 시점이 기본 구조를 이루고 있는 「무지개는 언제 뜨는가」의 '건지산'과 그를 배경으로 한 전쟁은 보다 객관적인 지평 속에 놓여 있다. 이 '건지산'은 『밟아도 아리랑』(『문신』), 『낫』(1995) 등의 공간적 배경이기도 하다는 점에서 이후 역사적 무대로 확장되기도 한다.(마찬가지 원리로 「황혼의 집」의 정읍, 「땔감」(1978)의 소라단 등의 공간은 이후 장년의 인물들이 고향을 찾아 어린 시절의 기억을 차례로 펼치는 『소라단 가는 길』에서 보다 객관화된 상황 속에서 형상화된다.)

「무지개는 언제 뜨는가」에서 분단 문제의 극복을 상징적으로 처리하고 있는 방식은 윤흥길 소설에서 그다지 낯선 것은 아니다. 우선 태생적으로든 어떤 사건의 충격에 의해서든 윤흥길 소설에는 온전한 정신을 갖지 못한 인물이 어떤 전형성을 가지고 등장해왔다. 「양」의 '윤봉', 「그것은 칼날」(1977)의 '똥필'(동필), 『밟아도 아리랑』(『문신』)의 '춘풍'(신춘복) 등의 인물이 그들인데, 「무지개는 언제 뜨는가」의 작은당숙모 역시 이 계보에 속하는 인물로 볼 수 있다. 이 온전한 사회적 이성을 갖지 못한 존재인 작은당숙모가 자신의 가족을 말살한 원수의 자식인 '동근이'를 살려내고 키워낸 사연에서 우리는 사회적·역사적 상흔을 치유할 수 있는 힘으로 모성을 제시하는, 『에미』(1982)에서 뚜렷하게 나타났던 윤흥길 소설의 한 방식을 다시 확인할 수 있다. 그리고 그렇게 해서 성장한 '똥먹이 아들' 동근이의 상황이 다음과 같이 요약적으로 제시되는 대목에서 이 소설의 주제는 그리 어렵지 않게 간취된다.

"저는 합작품이래. 빨갱이가 낳은 자식을 그 빨갱이들한테 불행을 당한 여자가 주워다 길렀으니까 저만큼 운명을 기구하게 타고난 놈도 드물 거라는 거야. 그 이상 어떻게 더 기구할 수가 있냐는 거지. 아마 동근이가 나쁜 길로 들어서지 않고 제 운명을 똑바로 개척해나갈 수 있었던 것도 다 그 덕분일 거야. 일찌감치 큰 고통을 견뎌냈으니까 아무래도 나중에 작은 고통을 이겨내는 것쯤이야 수월했을 거 아니겠어?"(「무지개는 언제 뜨는가」, 239쪽)

이와 같은 소설적 주제는 분단 문학에 대한 작가의 다음과 같은 생각과 그대로 부합하는 것이기도 하다.

한 작가로서 내가 할 수 있는 일은 오직 외국에서 수입된 이데올로기에 묻어 들어온 총포의 그늘에 가려진 인간적인 진실을 규명하고, 우리 민족 고유의 토속적이고 전통적인 정서를 통하여 부단히 동질감을 확인하는 일에 의해 우리가 원했던 것도 아니며 거기에 적절히 대비하지도 못했던 외국제 이데올로기 때문에 나날이 심화되어가는 남과 북의 이질화 현상을 극복해가는 작업에 나름으로 힘을 다하는 일뿐이다.[15]

한편 작은당숙모의 '낫'은 "어떤 특징적인 물건이나 관행을 붙잡

---

15) 윤흥길, 「고통의 가치」, 『문학동네 그 옆동네』, 161쪽.

아서 보다 일반적이고 추상적인 함축을 갖게 하는 득의의 기법"[16]의 계보에 이어져 있는 사물이다. 대표적으로「아홉 켤레의 구두로 남은 사내」연작에 나오는 권씨의 '구두'를 들 수 있고,『완장』(1983)에서 '임종술'의 '완장', 그리고『낫』에서 '배낙철'의 '낫' 등 역시 그와 같은 기능을 담당하고 있다.

    문제의 낫은 일개 연장의 자격에 머물지 않고 신체의 일부를 이루는 배낙철의 분신처럼 느껴질 정도였다. 어떤 목적을 위한 수단이 아니라 그 낫은 소유자의 잔혹한 의지를 고스란히 웅변하는 끔찍스런 상징물처럼 느껴지기도 했다.[17]

넓게 보면 추상적 함축을 가진 사물이라는 점에서 공통되지만 개별적으로는 각 작품의 맥락에서 고유한 기능을 수행한다고 볼 수 있다.「매우 잘생긴 우산 하나」(1987)에서 6급 주사직의 구청 호적 계장인 '김달해씨'의 '우산'은 멀리는「내일의 경이」에서 기관원을 사칭하는 문명남의 '선글라스'와 유사한 기능을 수행하고 있다.『완장』에서의 '완장' 역시 일찍이「장마」의 "수복이 되어 완장을 두르고 설치던 삼촌"[18]에게서 그 발생적 기원을 확인할 수 있다.

8. 분단 문제의 소설적 진화

이처럼「무지개는 언제 뜨는가」가 윤흥길 소설의 맥락을 비교적

---

16) 황종연,「인간적 친화를 꿈꾸는 소설의 역정」,『작가세계』1993년 여름호, 36쪽.
17) 윤흥길,『낫』, 문학동네, 1995, 292쪽.
18) 윤흥길,「장마」,『황혼의 집』, 78쪽.

온건하게 수용·변주하면서「무제霧堤」(1978)와 더불어 분단 소설의 한 국면을 보여주고 있다면,「쌀」(1993)의 경우는 윤흥길 소설세계에서 분단 문학의 문제를 새로운 궤도 위에 올려놓은 작품으로 평가될 수 있다.

표면적으로「쌀」은「장마」이래 분단 문제를 처리하는 윤흥길 소설의 방식을 답습하고 있는 듯 보이기도 한다. 1980년대 중반 서울에서 발생한 수해 사건을 계기로 북한에서 보낸 구호품의 수혜자가 된 화자 부부는 실향민인 장인, 장모 부부의 요청에 의해 구호품의 일부인 그들 고향의 '쌀'을 전달한다. 그렇지만 그 과정에서 일어난 소동으로 인해 "급조한 가짜 이북 쌀과 두 실향민 노인 사이에 이루어지는 역사적인 해후 장면"(「쌀」, 401쪽)을 연출하기도 했다. 그런데 지금 회향병에 시달리는 장모가 다시금 그 문제의 '쌀'을 치료의 수단으로 집착하고 있는 상황이다. 농경사회의 전통에서 쌀로써 갖가지 병을 다스리는 행위는 '잠밥 먹이기'나 '도령稻靈 신앙'이라는 용어를 통해 확인되는 풍습이며, 이와 같은 전통적 풍습은「장마」에서 분단 상황을 극복하는 방식으로 제시된 바도 있다. 그런데「쌀」에서는 그와 같은 전통적 태도에 대해 다소 다른 입장이 개진되고 있다.

> 쌀을 쌀 아닌 다른 무엇으로, 이를테면 마땅히 인간의 입으로 들어가야 할 곡물의 의미를 임의로 수정해서 식용 이외의 다른 목적에다 사용한다는 점에서 할머니와 장인 장모는 결국 한통속이었다. 인간이 생명을 유지하는 데 필요한 영양분을 공급하는 그 단순 기능 이상의 어떤 놀라운 신통력이 쌀을 통해 나타난다고 믿는 점에서, 평생 기독교가 뭔지 모르고 살았던 할머니와 기독교의 공기가 아니면 숨조차 제대로 못 쉬는 줄 아는

장인 장모는 사실상 한 치도 다를 게 없었다.(417~418쪽)

이와 같은 비판적 태도는 「장마」에서 '나'의 아버지가 할머니의 신앙에 대해 갖는 태도와의 거리를 보여주고 있다. 거기에서는 다음처럼 그와 같은 전통적 풍습과 가치에 대한 존중이 이루어지고 있었기 때문이다.

> 동생의 귀환이 거의 불가능하리란 걸 빤히 알면서도 노인 양반의 주장에 감히 거역할 수 없는 괴로움, 그러면서도 울며 겨자 먹기로 열심히 따르는 척해야만 되는 괴로움, 아버지는 그걸 말하고 있었다. 할머니의 신앙과 모성애가 한때 우리를 감동시켜 점쟁이의 예언에 다소간 기대를 걸어보도록 충동한 게 사실이라고는 해도, 결코 그것을 액면 그대로 믿어서가 아니었다. 거기에는 노인 양반을 절대로 실망시키지 않겠다는 조심스런 배려가 들어 있었다. 아버지는 기대 뒤에 올 절망을, 그리고 절망 뒤에 올 무서운 결말을 일찍부터 예감하고 있었다. 최선을 다하면서 그저 가는 데까지 무작정 가볼 따름이었다.[19]

그런데 「쌀」에서는 전통적 풍습에 대한 존중이 더이상 유효하게 이루어지고 있지 않아 보인다. 전통적 풍습을 통한 상징적인 해결 방식은 분단의 극복이 당위로서 제시되어 있지만 현실적으로 해결하기 어려운 상황에서 가능한 한 가지 미학적 처리 방식으로 유효성을 가졌던 것인데, 「쌀」에서는 그와 같은 상징적 극복의 방식에 대한 분석

---

[19] 「장마」, 119~120쪽.

이 나타나 있어 바야흐로 그 국면의 시효가 끝나가고 있다는 사실을 보여주고 있다. 그와 같은 현실적 태도가 가장 직접적으로 드러나는 것은 장인과의 논쟁을 거치고 난 뒤 사위인 '나'에게 떠오르는 다음과 같은 생각을 통해서이다.

> 통일을 향한 장인의 열망 자체를 부정하고 싶지는 않았다. 어느 누구 못지않게 장인은 통일의 그날을 학수고대하고 있었다. 그러나 막상 어떻게 해야 통일을 앞당길 수 있는가, 하는 구체적인 방법론에 부닥뜨리면 갑자기 거대한 모순 덩어리로 돌변하는 것이었다.(「쌀」, 432쪽)

이렇게 보면 「쌀」은 윤흥길 소설에서 이전과는 다른 성향을 간직한 소설이라고 할 수 있을 듯하다. 상징적 극복으로 처리하지 않고 모순 그 자체와 마주하는 위와 같은 결말에서 그 변화를 확인해볼 수 있다.

9. 변화와 지속

끝으로 이러한 변화에 아내와 남편의 관계 변화가 병행하고 있다는 사실에 주목해볼 수 있다. 앞서 살펴본 바와 같이 아내와 남편, 그리고 그 관계 외부의 타자로 이루어진 인물의 구도는 윤흥길 소설에서 빈번하게 등장하면서 하나의 원형적 구조를 이루고 있다. 그럼에도 불구하고 아내는 이름조차 부여받지 못한 채 관계의 그늘에서 아내라는 역할로서만 존재해왔다. 이 책에 수록된 소설들에서는 「매우 잘생긴 우산 하나」에 이르러서야 아내에게도 이름('주옥심')이 생겨난다. 「쌀」에서 아내는 이름('김경미')뿐만 아니라 교사라는 직업도

가지게 된다. 이와 같은 소설 속 여성의 위상의 변화가 현실을 바라보는 관점의 변화에 대응되는 것은 아닐까 생각해볼 수 있다.

이와 같은 방식으로 작가는 자신이 구축해온 궤도의 연장선상에서 현실의 변화와 마주하며 글쓰기를 지속해오고 있다. 앞에서 언급했듯이 작가는 최근 『문신』을 완성하는 작업을 수행하고 있다. 이와 같은 방향은 그가 젊은 시절 한 대담에서 "내 작품 속에 역사를 도입하고 싶다. 영웅이나 위인의 역사가 아니라 수난 받는 시민의 역사를"[20]이라고 밝힌 창작의 방향이기도 하다. 그 방향을 끝까지 완성하고자 하는 작가의 의욕에 밝은 기운이 깃들어 완미한 결말이 맺어지게 되기를 기대한다.

(2019)

---

20) 김승희, 「토속의 핏줄에서 찾는 화음의 세계」, 420쪽.

'독'의 연금술로 피워낸 치명적인 환상
— 최수철론

1. '독'으로 만든 이야기

최수철의 신작 장편 『독의 꽃』[1]은 소설 속에 나오는 표현을 빌리자면 "태어날 때부터 독을 몸에 지니게 되고, 세상의 풍파를 겪으며 그 독을 더 키우고, 그 독을 약으로 사용하고, 그러다가 독과 약을 동시에 품고서 죽음에 이르게 된 한 인간"(27쪽)인 '조몽구'의 자전적 진술을 서술자이자 인물인 '나'가 듣고 정리하여 전하는 이야기로 요약될 수 있다. 이 소설은 모두 다섯 부분으로 이루어져 있는데, '나'가 조몽구를 만나게 되고 그의 이야기를 듣게 된 내력이 프롤로그에 담겨 있다면, 본문의 세 장은 각각 조몽구의 유년(두려움과 매혹), 중학 입학부터 군대 시절까지의 청년기(도취와 환멸), 그리고 입사 이후의 성년기(해독과 정화) 등 인생의 세 국면을 인물들의 직접적 진술과 '나'의 서술이 교차하는 형식을 통해 펼치고 있으며, 마지막 에필로

---

[1] 최수철, 『독의 꽃』, 작가정신, 2019. 이하 인용시 본문에 쪽수만 밝힌다.

그는 이야기를 마친 '나'의 술회로 맺어져 있다. 약간 다르게 보면 프롤로그와 에필로그가 액자 형태로 본문의 이야기를 감싸고 있는 구조라고도 볼 수 있다.

물론 이 같은 소설의 전반적인 내용과 구조만으로 『독의 꽃』의 특징이 쉽게 정리되는 것은 아니다. 우선 이 소설의 가장 큰 특징은 '독'(그리고 그와 결합된 관념인 '약')이라는 키워드가 상당히 빽빽하게 이야기 전체에 고루 퍼져 있다는 사실에서 찾을 수 있다. 이와 같은 성향의 이야기는 최근 최수철의 소설, 특히 장편에서 하나의 트렌드를 이루고 있는 것처럼 느껴지기도 한다. 가령 전작 『사랑은 게으름을 경멸한다』(2014)의 해설은 그 소설을 "의자로 시작되어 의자로 끝나는 소설"[2)]로 규정한 바 있었는데, 그에 앞서 발표된 『침대』(2011)가 제목 그대로 "침대로 시작되어 침대로 끝나는 소설"이라고 할 수 있었다면, 이번 『독의 꽃』 역시 "독으로 시작되어 독으로 끝나는 소설"이라 불러도 큰 무리가 아닐 듯싶다. 이렇듯 모티프가 모티프에 그치지 않고 주제이자 더 나아가 소설 전체가 되어버리는 이 전도야말로 최수철의 소설, 특히 최근의 장편에 나타나고 있는 지향성이라고 할 수 있을 듯하다.

또 한 가지 『독의 꽃』의 독특한 면모는 이 이야기 세계가 시대적 현실을 모사하고 반영하고자 하는 태도보다도 그 자체의 세계를 구축하고 실현하는 방향으로 더 강한 경향성을 드러내고 있다는 점으로부터도 확인된다. 몽구, '자경' '수호' '영로' '운선' '영지' 등의 등장인물의 이름 각각은 현실에 있을 법한 형태를 띠고 있기는 하나 그것

---

2) 박혜경, 「의자의, 의자에 의한, 의자를 위한」, 『사랑은 게으름을 경멸한다』 해설, 현대문학, 2014, 512쪽.

들이 전체적으로 낮은 빈도의 용례를 가졌다는 사실로 인해 그들이 이루는 세계는 어딘가 모르게 우리가 살아가고 있는 세계와는 기묘하게 어긋나 있다는 분위기를 형성한다. 그래서 그런지 그들은 모두 '독'이라는 대상에 민감한 반응을 보이고 있고 그와 관련된 비일상적인 정보를 공유하면서 개별적인 존재로서의 성격보다도 '독'을 둘러싼 관념을 서로 다른 방식으로 체현하고 있는 상관물에 더 가까운 면모를 가지고 있어 보인다. 이들에 비하면 광수나 정우와 같은 오히려 일상적인 이름의 소유자들은 주제의 방향을 거스르는 안타고니스트의 인상을 간직하고 있다.

2. '독'을 둘러싼 로맨스

『독의 꽃』이 갖추고 있는 이와 같은 특징적 인상은 이 소설이 소설로서의 기율로부터 벗어나 있지는 않은가 의문을 갖게 만드는 원인이 될 수도 있다. 이 지점에서 『독의 꽃』의 독특한 면모를 살피기 위해 잠시 노스럽 프라이의 장르에 관한 논의를 빌려오면 어떨까 싶다. 『비평의 해부 Anatomy of Criticism』(1957)를 쓰던 시기의 노스럽 프라이에게 '노벨'(여기에서는 범주의 구분을 위해 '소설'이라는 번역어 대신 원어의 발음 표기를 그대로 사용한다)은 그 이름 아래 너무 다양한 종류의 이야기가 섞여 있어서 새로운 체계화가 필요한 개념이라고 여겨졌던 것 같다(그는 그와 같은 노벨 중심적 상태가 프톨레마이오스적인 것이어서 코페르니쿠스적인 생각이 필요한 상황이라고 보았다). 그는 일단 노벨 대신 좀더 넓은 외연을 가진 산문 픽션 prose fiction이라는 개념을 사용했다. 그리고 그 안에 서로 구분되는 네 가지 이야기 양식을 담았는데, '노벨'을 비롯한 '로맨스 romance' '고백 confession' '아나토미^{anatomy}' 등이 그것이다. 이 경우에 노벨은 현실적인 사건을 통해 인간관계나 사회적 현상과 관련된 주제를 추구한 이야기로 다소 좁게 정의되며, 그와 비교하여 로맨스는 비현실적이거나 모험적인 계기를 내포한다는 점에서, 고백은 개인의 자서전적인 진술을 위주로 한다는 점에서, 그리고 아나토미는 인물의 행위보다 지적인 관념을 대상으로 삼는다는 점에서 각각 노벨과 구분되는 양식적 근거를 가지고 있다. 실제로 우리가 노벨이라고 생각하는 이야기는 대부분 이 네 가지 양식 가운데 몇 가지가 비중을 달리하며 결합된 것이라고 노스럽 프라이는 생각했다. 그렇다면 이와 같은 노스럽 프라이의 논의에 의거하여 생각해보면 『독의 꽃』은 어떤 성격을 가진 이야기로 설명할 수 있을까.

우선 노벨과 로맨스의 대비 구도를 두고 생각해볼 때, 『독의 꽃』에는 노벨에 비해 로맨스의 계기가 보다 활성화된 상태를 보여주고 있다. 노벨의 관점에서라면 잘 설명되지 않을 수도 있는 비현실적인 장면들이 이 소설에는 상당히 빈번하게 등장하고 있다. 프롤로그에서는 서술자인 '나'에 의해 조몽구의 이야기가 "사실이면서도 사실 같지 않은 상상적인 우화 같은 것"(30쪽)이라고 소개되어 있는데, 이런 소설 속의 규정 자체가 이 이야기의 성격을 어느 정도는 분명하게 드러내고 있다고 생각된다. 그런가 하면 이 소설에서는 "기이한 우연의 일치"(378쪽)가 빈번하게 나타나고 있기도 하다. 이야기의 무대로부터 사라졌는가 싶었던 인물들은 어느새 다시 등장하는데 때로 그들의 정체는 가려져 있다가 결정적인 장면에서 제 모습을 드러내기도 한다. 초등학교 시절 몽구를 괴롭히던 반장 '용한'은 군대에서 같은 소대의 고문관으로 다시 등장하고 나중에는 미국으로 건너가 자경의 존재를 상기시키는 역할을 하며, 군대 시절 몽구의 동료로 잠시 나왔던 '신광수'는 수호의 충복으로 다시 나타나 이야기의 결말에서 비교적 큰 비중의 역할을 하기도 한다.

한편 노스럽 프라이는 노벨과 로맨스 사이의 본질적인 차이를 성격 묘사의 구상에서 찾으면서 "로맨스 작가는 '실재의 인간'을 창조하려는 것보다는 오히려 양식화된 인물, 인간 심리의 원형을 나타내는 데까지 확대되는 인물을 창조하려고 한다"[3]고 밝히고 있는데 이 역시 『독의 꽃』에 부합하는 특성이라고 할 수 있다. 조영로를 메기라 부르며 비난했던 '한종원'이 사실 영로 자신이었고, 몽구가 성장기에 마주쳤던 간호사 '고영지'가 나중에 꿈속에서 수호의 살림을 돌봐주던 쌍둥이 노파 중 한 사람과 겹쳐지는 등 소설 속의 인물들은 원형 혹은 이미지의 화신으로서의 성향을 짙게 간직하고 있다. 무엇보다 결정적으로 '우라에우스'라는 별명을 가진 조몽구의 이야기가 결국 '나'의 의식 속으로부터 흘러나온 "그의 이야기이자 나의 이야기"(30쪽)가 되는 결말 구조 역시 이 인물들의 원형적 상징성을 구현하고 있다. 전체적으로 소설 속의 인물들은 서로 닮아 있으며 그리하여 그들이 구축하는 관계는 독특한 '단성성'의 질감을 빚어내고 있다.

물론 이 소설에서도 '노벨'로 발전할 수 있을 법한 여지가 발견되지 않는 것은 결코 아니다. 가령 다음과 같은 장면을 그 맥락에서 살펴볼 수 있다.

몽구가 그의 말을 미처 충분히 받아들이기도 전에, 수호가 목소리를 더

---

[3] 노스럽 프라이, 『비평의 해부』, 임철규 옮김, 한길사, 2000, 577쪽.

낮춰서 적의에 찬 어조로 말을 이었다.

"그러나 이 시대는 균형을 잃어버렸어. 인간이 초래한 오염이 극에 달했지. 이런 환경에서는 체외로 배출되는 독소보다 새로 유입되는 독소가 더 많을 수밖에 없어. 그렇게 되면 세포로 전해지는 산소량은 줄어들고 해독 기능을 담당하는 림프절, 간, 신장의 기능이 저하되어서 세균, 바이러스, 진균류, 기생충의 공격에 취약한 상태가 되지. 게다가 환경의 오염은 인간의 영혼에도 영향을 미치고 있어. 몸뿐만 아니라 마음도 해독 능력이 무력해지고 있다는 뜻이지."(199쪽)

몽구와 그의 삼촌 수호가 나누는 대화인 위의 장면에서 보는 것처럼 이 소설에도 동시대적 현실을 향한 발화의 기미가 나타나고는 있다. 이런 방향이 소설의 독서에서 기대되는 일반적인 궤도라고 생각할 수도 있다. 아마도 그랬다면 이 소설은 우리에게 좀더 익숙한, 그렇지만 그렇기 때문에 지금보다 오히려 더 평범한 이야기로 귀착되었을 수도 있었다. 하지만 『독의 꽃』은 그 방향으로 멀리 나아가지 않고 인물을 현실 속의 주체로 그려내는 대신 그들을 원형적인 자리에 언제까지나 서 있도록 만들고 있다. 그리고 결과적으로 그렇기 때문에 지금의 독특한 면모를 보유할 수 있게 되었다.

3. '독'의 아나토미

한편 고백과 아나토미의 대비 구도를 통해 바라보면 『독의 꽃』은 고백으로서의 성격은 약한 반면 아나토미의 성향은 유독 강하다. '독'과 관련된 정보들이 이야기 도처에 두루 두텁게 삽입되어 있는가 하면, 보들레르의 시 「독」을 비롯하여 주제의 측면에서 연관성을 가진 다채로운 저작들로부터 인용된 표현과 사유들이 소설 속에 여기저기에 수놓아져 있다. 특히 몽구와 수호처럼 일종의 사제 관계에 놓인 인물들의 대화 상황이나 영로와 몽구처럼 서로 갈등을 일으키고 있는 인물들 사이의 논쟁의 장면에서 아나토미의 경향은 더 활발해지는 양상을 보이고 있다. 그야말로 '독의 해부'라고 할 만한 담론적 층위가 소설의 곳곳에 배어 있으며, 지적인 주제와 태도를 서사의 중심에 두는 이런 아나토미적 특징은 『독의 꽃』을 동시대의 다른 소설과 구분시켜주는 개성적 면모의 원인이 되고 있다. 소설 전체가 조몽구의 고백, 혹은 그 고백을 '나'가 전달하는 형태로 되어 있을 뿐만 아니라, 그 내부에는 영로의 일기, 수호의 회고 등 고백적 형식의 내용이 상당 부분을 차지하고 있지만, 그것은 산문 양식으로서의 장르적 범주인 고백과는 성격을 달리하는 것이다. 그렇기 때문에 그것은 자기 내면을 솔직하게 드러내는 행위라기보다 자기 행위의 개연성과 정당성을 호소하는, 말하자면 인물의 성격을 구성하고 사건의 개연성을 마련하는 소설적 장치에 해당된다.

물론 소설이라는 것은 기본적으로 작가의 경험에 근거하여 이루어지는 것이고, 그 점에서는 이 소설 또한 예외가 아닐 수 있다. 가령 다음 인용 부분은 이 소설의 씨앗이 만들어진 기원의 장면이라고 할 수 있는 대목이라 짐작된다.

> 어린 시절을 떠올리면 우선 심했던 두통이 생각난다. 원인을 알 수 없었던 상황에서 여러 번 병원 신세를 졌고, 실제로 두통으로 인해 이마에 약을 바르고 붕대를 감고 등교한 적도 있다. 이러한 증상은 아주 심해서 주변의 아이들이 모두 알 정도였고, 그는 늘 이마를 짚어 만지는 버릇을 가

진 소년으로 기억되었다. 아직도 이마 한가운데에 그 흔적, 즉 피부색이 조금 더 검고 살짝 패인 부위가 남아 있어 육안으로 구별된다. 의사의 소견에 따르면, 스스로 아프다고 생각하기 때문에 생긴 것이라고 했다는데, 그래서인지 커서 안 사실이지만 병원의 처방이라고는 영양제와 함께 머리에 시원한 느낌을 주려고 바른 알코올이 전부였다고 한다. 지금 판단으로는 어떤 심리적 요인이 있지 않았을까 싶다. 어쨌든 그 결과로 정서가 불안하고 정신 집중을 할 수가 없었다. 조금만 신경을 쓰면 두통이 발발하곤 했기 때문이다. 그럴수록 자의식은 팽배해졌고, 그의 텍스트에서 대상에 대한 몰입보다는 자아에 대한 사유가 두드러진 것도 그러한 데서 연유한 것이 아닐까 한다. 자의식이야 그의 텍스트의 얼굴과도 같아서 많은 사람들이 지적하고 있는 점이지만, 그 원인이랄 수 있는 두통에 대한 이야기는 스스로도 아직 정리가 되질 않아 소설로 만들지 못했다. 언젠가 다루어볼 계획을 갖고 있다.[4]

『독의 꽃』은 기본적으로 '독'에 관한 소설이기는 하지만, 그럼에도 주인공인 몽구는 이야기의 시작부터 마지막까지 '두통'에 시달리고 있고 이 또한 이 소설의 주요한 모티프이다. 그리고 위에서 보듯 이 모티프가 작가 자신의 체험, 그것도 매우 오래된 연원을 통해 마련된 것이라는 사실을 확인할 수 있다. 그러나 그럼에도 이 소설은 그 경험의 서사화를 고백의 방향에서 수행하고 있지 않다. 그리고 그 점으로부터 『독의 꽃』의 남다른 특질이 배태되었다고 할 수 있다.
이처럼 『독의 꽃』은 노벨에 비해 로맨스의 경향이, 고백에 비해 아

---

4) 박철화, 「이단적 글쓰기의 흔적」, 『작가세계』 1998년 겨울호. 20~21쪽.

나토미의 경향이 강한 독특한 장르적 성격을 갖추고 있다. 노스럽 프라이는 노벨이 중심적 장르로 성립된 근대 이후의 상황에도 실제로 그것은 네 가지 산문 픽션의 양식의 선택적 조합의 형태를 취하고 있다고 보았는데 그가 로맨스와 아나토미의 결합 형식의 대표작으로 들고 있는 것은 멜빌의 『백경*Moby-Dick; or, the Whale*』(1851) 같은 작품이다. 아닌 게 아니라 『독의 꽃』은 인물이나 배경은 한국이고 그 표기는 한국어로 되어 있지만 이야기의 유전자는 오히려 서구의 근대 초기 소설에 더 가깝다고 느껴지는 면도 있다. 그리고 이런 면모가 우리에게는 오히려 『독의 꽃』을 낯설면서도 다른 한편으로는 친숙하게 느끼는 인상의 맥락을 형성하고 있기도 하다.

표면적으로는 이와 같은 장르적 특성으로 인해 소설이 오히려 지금 이곳의 이야기로부터 먼 듯 느껴지기도 하지만, 이런 실험이 역설적으로 한국소설의 새로운 활력, 더 나아가서는 새로운 리얼리티를 위한 모태가 되기도 한다. 가령 한강의 『채식주의자』(2007) 또한 로맨스의 계기가 적극적으로 활용되면서 노벨과 결합된 양식으로 볼 수 있고 『소년이 온다』(2014) 역시 로맨스와 노벨, 그리고 에필로그의 고백적 양식까지 복합적으로 결합된 형식이라고 할 수 있다. 조남주의 『82년생 김지영』(2016) 또한 주인공이 다른 인물에 빙의하는 사건에서는 로맨스가, 그리고 여성적 현실과 관련된 각종 자료들의 활용에서는 아나토미가 그 이야기의 양식적 특성을 구성하면서 결과적으로 노벨로서의 사회적 현실성을 새로운 방식으로 발휘할 수 있도록 만든 동력으로 작용했다고 볼 수 있다.

겉으로만 보면 고전적인 면모를 띠고 있는 듯한 『독의 꽃』 역시 이런 맥락에서는 새로운 독자들의 감각과 마주하기 위한 탐색의 결과로 생각해볼 수 있다. 그것은 최수철 소설이 관성적으로 이런 장르적 특성을 보이고 있는 것은 아니라는 사실에서도 입증된다. 가령 소설집 『갓길에서의 짧은 잠』(2012)에 실려 있는 단편인 「낮고 희뿌연 천장」이나 「페스트에 걸린 남자」와 같은 작품은 고백의 형식을 주된 양식으로 취하고 있는 소설인데, 한국소설에서는 전통적으로 우세한 이 고백의 스타일은 오히려 작가 자신에게는 새로운 것이었다. 그 소설집의 해설은 이 소설들을 두고 "최수철처럼 좀체 자신을 소설 속에 드러내지 않던 작가가 거의 알몸과 육성으로 뱉어낸 죽음 충동의 극복 과정은 장엄한 데가 있다"[5]는 감상을 제출하기도 했다. 그렇지만 이 경우에도 자기 고백에 동반되기 마련인 센티멘털리즘은 찾아보기 어렵다. 그 대신 거기에는 냉정한 자기 분석적 태도가 자리잡고 있으며, 그래서 고백 양식 가운데에서도 아나토미의 영역이 쉽게 활성화되고 있다.

그런가 하면 『포로들의 춤』(2016)에 실린 세 편의 연작 중편은 비교적 노벨에 충실한 형식을 보여주고 있다. 현대사의 사건과 자료에 바탕을 두고 쓰인 이 방식 역시 이 작가의 전작에서는 좀처럼 볼 수 없었던 것이었기에, 이 이야기를 책으로 묶어내면서 작가는 "아마도 내 속에서 뭔가 다른 이야기와 다른 이야기 방식을 욕구하고 있었던 듯하다"[6]고 술회하고 있다. 이렇게 보면 오랜 기간 소설을 써온 작가는 지금까지도 기존의 자신의 소설적 방식을 갱신하는 시도를 지속하고 있으며, 『독의 꽃』 역시 그 시도에 이어져 있는 가장 최신의 실

---

5) 김형중, 「페스트를 앓고 난 후」, 『갓길에서의 짧은 잠』 해설, 문학과지성사, 2012, 285쪽.
6) 최수철, 「작가의 말」, 『포로들의 춤』, 문학과지성사, 2016, 278쪽.

험으로 인한 결과라고 할 수 있다.

4. '독'의 아이러니와 역설

이처럼 작가로서도, 그리고 한국소설로서도 독특한 형식적 면모를 보여주고 있는 『독의 꽃』은 이야기의 개성이라는 측면에서 우선 흥미로운 감상의 대상인데, 그 내용이나 주제까지 함께 생각하면 "인생의 아이러니와 패러독스"(30쪽)에 대해 사유할 수 있는 계기를 제공해주는 이야기이기도 하다. 그것은 무엇보다 이 소설의 중요한 모티프인 '독'과 '약'이 서로 대립되면서도 어느 지점에서는 대체되는 역설적 관계를 이루고 있다는 사실에 기인하고 있다.

> 늘 무서웠지. 세상도 무서웠어. 이 세상에 독이 아닌 게 없거든. 살아남으려면 자기만의 독을 가지고서 세상과 싸워야 해. 하지만 '독'에 대항해서 우리를 지키게 하는 '약'도 얼마든지 있어. 독이 약이 되고 약이 독이 되는 거야. 너는 늘 두통에 시달리느라 거기에 신경이 집중되어 있지. 하지만 오히려 그 덕분에 한순간도 멍하니 보내는 일이 없이 항상 깨어 있는 거야. 네 두통은 너를 마비되지 않고 각성 상태에 머물러 있게 하는 독이자 약이야. 그러니까 이렇게 말할 수 있겠지. 이 세상 모든 것은 사랑을 만나면 약이 되고 원한을 만나면 독이 돼. 삶과 죽음 사이에 놓인 우리의 하루하루는 독과 약 사이에서 아슬아슬하게 줄타기를 하는 것이지.(198~199쪽)

어떤 대립되는 관념이 그 관계의 어느 시점에서 전도되는 속성을 보여주기에 '독'과 '약'만큼 적절한 것은 달리 없다고 해도 과언이 아니다. 그것은 데리다가 『산종 La disseminación』(1972)에서 플라톤의 형이상학을 해체하면서 그 근거로서 제시하고 있는 것이 바로 그 내부에 상호 전도의 역설을 포함하고 있는 '파르마콘pharmakon'이라는 단어라는 사실에서도 확인된다. 말하자면 데리다는 '독'과 '약'이라는 상반된 의미를 동시에 내포하고 있는 '파르마콘'이라는 문제적 개념의 아이러니와 역설을 활성화시킴으로써 그의 형이상학을 그 내부로부터 해체하면서 플라톤의 텍스트를 새로운 판본으로 다시 쓰고 있는 것이다. 그 해체적 독법에 의거하면 '독'을 외부화하면서 얻어지는 신체 내부의 순수성이란 관념적인 것에 지나지 않는다. 그 내부와 외부의 형이상학적 구분을 통해 독으로부터 보호되는 것은 순수성이 아니라 순수성이라는 이데아이다.

『독의 꽃』의 인물들 역시 이와 같은 인식의 소산으로 보인다. 수호는 안정된 직업을 내버리고 허황된 일에 골몰하는 인물로 비치기도 하는 한편, 환경운동가이자 행위예술가로서의 면모를 가지고 있기도 하는 "두 개의 얼굴을 가진"(150쪽) 존재이다. 요컨대 그 존재의 내부와 외부 사이의 경계가 불분명하여 그 온전한 정체성이 항상 흔들리는 상태에 놓여 있는 인물인 것이다. 그런가 하면 인물과 인물들 사이의 구분 또한 불투명하다. 영로와의 갈등의 상황이 지나고 나자 "몽구는 자신이 아버지의 말투를 닮아가고 있다고 느꼈다"(158쪽)거나 "그날 그는 삼촌과 아버지가 서로 무척 닮았다는 사실을 처음 알았다"(310쪽)는 대목, 혹은 "몽구는 그 끔찍한 몰골 위로 윤정우와 자경의 모습이 겹쳐지는 것을 어쩔 수 없었다"(421쪽)고 생각하는 장면, 몽구가 수화와 소화를 보면서 "그들은 쌍둥이처럼 닮아 있었다"(502쪽)고 느끼는 순간들에서 인물들은 자기의 외연을 벗어나 주위의 인물들과 하나로 겹쳐지는 모습을 드러내고 있다. 이 해체의 맥락은 "우리가 독을 가지고 노는 동안, 독도 우리를 가지고 놀고 있었어"(185쪽)라는 구절에서 보는 것처럼 외부의 물질(독)과 인물 내부의 사이에서도 작용하고 있다.

그것은 결정적으로 그날 밤까지도 '나'에게 자신의 이야기를 들려주던 몽구가 사실은 사흘 전 자정쯤에 사망했다는 사실이 밝혀지면서 이야기를 하는 조몽구와 이야기를 듣는 '나'의 경계가 해소되는 장면, 그러니까 "그때 내 입에서 조몽구의 것을 닮은 약간 탁한 목소리가 느릿느릿 흘러나"(521쪽)오는 장면에서 그 절정에 이르게 된다. 이 징후는 이미 소설의 전반부에서도 "그 이야기를 듣던 중에 나는 그가 밖으로 내는 목소리와 내 속에서 울리는 목소리가 완전히 겹치는 듯한 신기한 경험을 수없이 겪었다"(29쪽)고 '나'가 느끼는 대목, 그리고 본문의 서사로 진입하면서 "이것은 그의 이야기이자 나의 이야기, 다시 말하여 그가 들려준 이야기이자 내 속으로 들어와 나의 것이 된 이야기"(30쪽)라는 서술에서도, 더 거슬러올라가면 "그 사내의 옆얼굴이 눈에 들어온 순간, 마치 혼수상태에 빠져 있는 내 모습, 더 나아가 수의를 덮고 있는 나 자신의 시체를 보고 있는 듯한 느낌을 강하게 받았던 것"(12쪽)이라고 술회하고 있는 서두의 장면에서도 이미 드러나 있다. 그러니까 '독'과 '약'으로 표상되는 내부와 외부, 선과 악, 생과 사, 성과 속 등의 이항대립의 해체는 이 소설에 담긴 관념이자 인물의 구조이면서 궁극적으로는 이야기의 구성이기도 하다. 말하자면 그것은 주제이면서 동시에 형상화 원리이기도 한 것이다.

5. '독'에 투영된 현실과 글쓰기의 자의식

이상에서 『독의 꽃』의 형식이 내포하고 있는 장르적 속성을 로맨스와 아나토미의 결합이라는 관점에서 살펴보는 한편, '독'과 '약'이라는 대립 구도와 그 해체가 이 이야기에 내포된 주제이자 이야기의 구성 원리이기도 하다는 것을 살펴왔다.

그런데 이 대목에서 각성처럼 떠오르는 새로운 생각은 과연 이 관념적 이야기가 이야기에만 머무르는 것인가 하는 의문이다. 왜냐하면 어느 순간 이 이야기는 우리로 하여금 우리 자신과 주변의 상황을 돌아보게 만들고 있기 때문이다. 그리고 보니 주위에서는 중독된 사람들의 얘기가 심심치 않게 들려오고 있고 그 증상은 점점 더 확대되는 한편 심각해지고 있기도 하다. 소설 자체 내에는 빈약하게만 내재되어 있던 '노벨'이 바야흐로 그것을 읽는 사람들의 삶 속에서 이제 비로소 활성화되고 있는 듯 느껴지는 순간이다. 그런 의미에서 이 로맨스와 아나토미의 결합 양식은 알레고리로서의 현실성을 잠재적으로 내포하고 있다고 하겠다.

이와 관련하여 고백의 측면에서도 다시금 떠오르는 소설 속 장면이 있다.

> 여기에서 잠시 글쓰기를 멈추고, 깊게 숨을 쉬며 생각하건대, 작가로서 내가 한 가장 자랑스러운 일은 바로 이 일기를 쓴다는 사실이 아닐까 싶다. 나는 이런 치욕스런 사실을 어찌 되었든 기록으로 남기는 것이다. 누군가가 이 글을 읽는다면 그 자체로 이 글은 내게 독이 될 것이다. 그러나 나는 이 부끄러운 글을 통해 살아남는다. 이 글은 나를 치유하는 약이다. 이 약이 내 아내와 내 자식을 죽이는 독이 된다고 해도 그것을 나의 잘못이라고 할 수는 없다. 그들이 나로 인해 죽는다 하더라도, 나는 한 성실한 인간으로서 결코 나 자신에 대한 긍지와 오연함을 잃지 않을 것이

다.(143쪽)

  소설 속에는 실패한 문인으로 설정된 주인공 몽구의 아버지 조영로를 통해 여러 차례 글쓰기에 대한 자의식이 드러나 있다. 고통스러운 자극에 반응하여 자기를 으깨며 독약을 뱉어내는 두꺼비에 자신을 비유하면서 자기 글쓰기를 자학적으로 규정하는 대목에서도 그 비장함은 인상적으로 제시되고 있다. 이와 같은 자의식은 소설 속 인물의 것이면서, 동시에 그 인물을 통해 술회된 작가 자신의 것이기도 한 것이 아닐까. 그렇다면 텍스트의 표면에서는 뚜렷하게 나타나지 않았던 고백의 양식 역시 이처럼 내밀한 방식으로 그 속에 잠재되어 있는 것이 아닐까. 로맨스와 아나토미로 채워진 듯했던 『독의 꽃』을 덮고 나자 노벨과 고백의 공백이 서서히 채워지기 시작하는 환각이 떠오른다.

(2019)

이야기에 홀린 광대의 이야기
—정영문론

1. 음악을 듣는 소설

정영문의 소설 『달에 홀린 광대』[1]의 제목은 아널드 쇤베르크의 잘 알려진 연가곡 〈달에 홀린 광대*Pierrot lunaire*〉(1912)에서 가져온 것이다. 실제로 소설 속에도 이 음악이 등장한다.

> 아들놈은 더이상 내게 얘기를 해도 소용이 없다고 생각한 듯 또다시 고전음악을 틀었다. 하지만 그것은 고전음악으로 분류할 수 있는 것이긴 하지만 현대음악처럼 여겨졌다. 귀에 거슬리는, 아주 불편한 느낌을 주는 음악이었다. 난해하게 들렸다. 아들놈이 그 음악을 제대로 이해나 하는지 알 수 없었다.(48~49쪽)

처음 공연 당시 〈달에 홀린 광대〉는 "입체주의와 미래주의를 연상

---

1) 정영문, 『달에 홀린 광대』, 문학동네, 2021. 이하 인용시 본문에 쪽수만 밝힌다.

하게 하는 이러한 색채-음악을 15분 이상 참고 들어야 한다는 것은 고통"이라는 비난과 "인간의 조직과 기관이, 지금까지 결코 가능하게 보이지 않았던 정도로 서로 짜맞추어져 있는 작품"이라는 찬사가 교차하는 상반된 반응을 얻었다.[2] 고전음악과 현대음악의 경계를 모호하게 가로지르는, 한편으로는 거슬리고 불편한 느낌을 주지만 그럼에도 독창적이고 엉뚱한 매력을 간직하고 있는 이 음악만큼 정영문의 소설과 잘 어울리는 음악도 찾기 어렵지 않을까. 그러니 정영문 소설에 다시 이 음악에 대한 언급이 등장하는 것도 우연이 아닐 것이다.

    언젠가 어떤 생각에 아주 오랜만에 쇤베르크의 〈달에 홀린 광대〉 CD를 꺼내 들은 기억이 났다. 기괴한 느낌이 드는 가곡들은 내게 노래하는 것의 기괴함을 말해주는 것 같았다. 여가수가 노래하는 기괴한 노래들은 세상의 모든 노래가 삶의 기괴함을 노래하는 것으로 들리게 했다. 다시 그 CD를 듣지는 않았다. 삶의 모든 것이 충분히 기괴하게 여겨졌다.[3]

---

2) 오희숙, 『쇤베르크 〈달에 홀린 피에로〉』, 심설당, 2008, 29쪽 참조.
3) 정영문, 「어떤 불능 상태」, 『문학과사회』 2012년 봄호, 106쪽. 인용된 부분은 『오리무중에 이르다』(문학동네, 2017)에 실리면서 다소 수정되었다. "언젠가 어떤 생각에 아주 오랜만에 쇤베르크의 〈달에 홀린 광대〉를 들은 기억이 났다. 기괴한 느낌이 드는 가곡들은 내게 노래하는 것의 기괴함을 말해주는 것 같았다. 여가수가 노래하는 기괴한 노래들은 세상의 모든 노래가 기괴하다는 사실을 노래하는 것으로 들렸다. 그런 것들이 마음을 조금이나마 가라앉혀줬던 때도 있었지만, 더이상은 아니었지만, 지금은 무엇에도 가라앉혀지지 않는 마음이 필요하다는 생각을 했지만, 그와는 상관없이 다시 한번 그 노래를 들을까 했지만 듣지 않았다."(248~249쪽) 그에 앞서 "왜 쇤베르크의 〈달에 홀린 광대〉와 같은, 듣기에 거북할 수도 있는 음악을 듣고 있으면 마음이 놓이는지를 생각하며, 거기에는 상당한 근거가 있다는 생각을 하"(정영문, 『바셀린 붓다』, 자음과모음, 2010, 66쪽)는 장면이 등장하기도 했다.

그렇다. 너무 당연하고 자연스럽게 여겼던 것이 문득 기괴하게 느껴지는 그런 순간이 있다. 소설 속의 화자는 기괴한 느낌이 드는 〈달에 홀린 광대〉가 그런 순간적 인식을 환기시킨다고 느낀다. 어쩌면 우리의 삶 자체가 이런 기괴함으로, 부조리로 이루어진 것이 아닐까. 이야기를 하거나 소설을 쓰는 일도 그럴 것이다. 정영문의 기괴한 소설은 소설 자체를 낯선 눈으로 바라보도록 일깨운다. 더 나아가 그의 소설은 우리에게 삶의 모든 것이 충분히 기괴하다고 이야기하고 있는 듯도 하다. 그런 아이러니 속에서도 누군가는 이야기를 쓰고 또 누군가는 이야기를 읽는다. 우리는 이야기에 홀린 광대들인 것이다. 기괴하고 부조리한 세계 속에서 차라리 이야기에 홀림으로써, 그 기괴함과 부조리함으로부터 완전히 벗어날 수는 없지만, 그럼에도 잠시나마 다른 존재의 상태 속에 놓이고자 하는 것이다.

2004년에 처음 출간된 『달에 홀린 광대』는 1997년 『겨우 존재하는 인간』부터 2018년 『강물에 떠내려가는 7인의 사무라이』까지 이십 년 남짓한 기간에 걸쳐 발표된 정영문의 열네 권의 소설 가운데 아홉번째 책으로, 그의 소설세계에서 전환점에 해당되는 작품이라고 할 수 있다.[4] 물론 정영문의 소설이 세상의 변화에 민감하게 반응하면서 극적인 궤적을 그려온 것은 아니다. 오히려 그의 소설은 누구보다도 일

---

4) 정영문이 지금까지 출간한 열네 권의 소설은 다음과 같다. 『겨우 존재하는 인간』(세계사, 1997), 『검은 이야기 사슬』(문학과지성사, 1998), 『하품』(작가정신, 1999), 『나를 두둔하는 악마에 대한 불온한 이야기』(세계사, 2000), 『핏기 없는 독백』(문학과지성사, 2000), 『더없이 어렴풋한 일요일』(문학동네, 2001), 『중얼거리다』(이마고, 2002), 『꿈』(민음사, 2003), 『달에 홀린 광대』(문학동네, 2004), 『목신의 어떤 오후』(문학동네, 2008), 『바셀린 붓다』(자음과모음, 2010), 『어떤 작위의 세계』(문학과지성사, 2011), 『오리무중에 이르다』(문학동네, 2017), 『강물에 떠내려가는 7인의 사무라이』(워크룸프레스, 2018).

관되게 자신만의 스타일을 고집스럽게 지속하고 있는 경우에 해당된다. 그럼에도 시간의 변화에 따라 특정 소설적 경향의 영향이 옅어지면서 정영문 고유의 세계가 점진적으로 구축되는 흐름을 확인할 수 있다는 것이 이 글의 전제이자 다음의 논의를 통해 입증하고자 하는 바이기도 하다. 작가가 소설을 써낸 지 이제 한 세대에 가까워지고 있는 시점에서 이 글은 『달에 홀린 광대』를 돌아보면서 그것을 거점으로 그의 소설세계의 변화 과정을 짚어보고, 그 특징과 의미에 대해서도 다시 생각해볼 것이다.

2. 서주―아버지이자 아들인 인물

『달에 홀린 광대』는 「달에 홀린 광대」「산책」「숲에서 길을 잃다」「양떼 목장」「배추벌레」「횡설수설」 등 여섯 편의 이야기로 이루어져 있다. 이 여섯 편의 작은 이야기들은 내용의 측면에서 유기적으로 연결되어 있는 것은 아니어서 독자적인 이야기로 볼 수도 있으며, 그런 의미에서 이 책을 단편을 엮은 소설집이라고 규정할 수도 있지만, 그럼에도 이야기들은 독특한 방식으로 연결점을 마련하고 있어 하나의 커다란 이야기의 일부들이 아니라고 할 수는 없도록 만들고 있다. "소설이라는 이름하에 쓰고 있지만 어쩌면 뭐라고 이름 붙일 수 없는 것일 수도 있는 이 글"[5]이라는 자기 소설에 대한 작가 자신의 재귀적인 지칭처럼 그의 이야기는 여러 면에서 기존의 구획을 비켜가는 성향을 풍부하게 갖고 있다. 소설 자체에 대한 태도가 그런 마당이니, 장편과 단편이라는 소설의 가장 기본적인 분류 단위조차 정영문 소

---

5) 『강물에 떠내려가는 7인의 사무라이』, 7쪽.

설에서는 별다른 의미를 갖지 못한다.[6]

우선 첫 이야기인 「달에 홀린 광대」는 "우리는 내 아들녀석의 할아버지, 곧 내 아버지의 묘소에 가고 있는 중이었다"(8쪽)는 서두의 문장에서 알 수 있는 것처럼, 화자인 '나'가 아들과 함께 아버지의 묘소를 찾아갔다가 돌아오는 과정에서 일어나는 사건을 담고 있다. 정영문 소설 특유의 스타일은 여전히 뚜렷하지만 그럼에도 이전 소설에 비해서는 비교적 사건이 선명한 편이어서, 단조로운 독백(가령 『핏기 없는 독백』)이나 무의미한 대화(가령 『하품』)의 인상을 가진 상태에서 접하면 이례적이라고 할 만한 변화로 느껴지기도 한다.

여기에는 무엇보다 부자 관계가, 그것도 아버지의 입장에서 아들을 동반한 관계가 등장한다는 사실이 그 요인으로 작용하고 있다. 이 관계는 "나의 아버지가 몇 초간 진행된, 마치 전기 자극을 받았을 때와 같은 발작을 일으킨 끝에 숨을 거둔 순간은 내가 오래도록 몸을 뒤척인 끝에 겨우 잠이 든 순간과 일치한다"[7]는 문장으로 시작되는 정영문의 첫 소설 「겨우 존재하는 인간」과 비교해보면 그동안의 변화를 실감하게 하는 것이기도 하다. 물론 이 지점에 이르는 동안 「위안 없는 생」(『나를 두둔하는 악마에 대한 불온한 이야기』)에서의 성인 남성('나')과 이웃의 고등학생의 대화, 혹은 「무게 없는 부피」(『더없이 어렴풋한 일요일』)에서 아들에게 유언을 남기는 노인('나')의 독백 같은 예비적인 과정에 해당되는 작품이 있기는 했지만, 「달에 홀린 광대」

---

[6] 「달에 홀린 광대」「산책」「숲에서 길을 잃다」「양떼 목장」은 차례대로 『파라21』 2003년 봄호부터 2003년 겨울호까지 일 년에 걸쳐 장편 연재의 형식으로 발표되었으며, 「배추벌레」는 이후 『작가세계』 2004년 봄호에 단편 형식으로 발표되었다. 「횡설수설」은 이 소설들이 『달에 홀린 광대』에 묶이면서 새로 쓰여 덧붙여진 작품이다.
[7] 「겨우 존재하는 인간」, 『작가세계』 1996년 겨울호, 318쪽.

에서는 주로 아들의 시점에서 아버지의 이야기를 하던 초기 소설과는 달리 그 관계의 시점이 전도되어 있다. 마치 이 전도된 관계는 "아버지와 아들은 어느 시점에서 서로의 역할이 전도되는 아이러니로 맺어진 관계"[8]라는 정영문 초기 소설의 한 문장을 그대로 실현하고 있는 것처럼 보이기도 한다. 이와 같은 소설 속 인물들의 관계와 그 성격의 변화가 초래된 내적 맥락에 대해서 작가는 한참 후에 다음처럼 밝힌 바 있다.

> 초기작들에서는 아버지가 상당히 큰 비중을 차지하고 있고, 극복해야 하는 존재로 등장했는데, 실제로 내 아버지가 워낙에 캐릭터가 센 사람이어서 그랬을 거야. 그를 어떤 식으로든 처리할 필요가 있었던 것 같은데 어느 지점에 가서 해결이 된 것 같아.[9]

「겨우 존재하는 인간」은 아버지가 극복해야 할 존재로 등장하는 대표적인 소설이라 할 수 있다. "총 14장으로 구성된 장편소설이나, 1장만 부분 게재"[10]한다고 편집자가 밝힌 이 이야기는 아버지의 장례식을 마친 화자가 목적 없는 배회를 이어가다 엘리베이터에서 우연히 만난 여성과 욕망 없는 섹스를 하게 되는 스토리를 담고 있다. 나머지 이야기는 '추천의 말'에 서술된, "외견상 이 소설은 자신과는 무연하다고 생각했던 아버지의 죽음에서 시작되어, 자신이 선택한 여인을

---

8) 「환멸」, 『작가세계』 1997년 여름호, 288쪽.
9) 정영문·백가흠 인터뷰, 「내가 말하고 있음에도 불구하고」, 『악스트』 2018년 9/10월호, 51쪽 중 정영문의 발언.
10) 「겨우 존재하는 인간」, 318쪽.

죽도록 내버려두는 명료한 선택에서 종결을 고한다. (……) 사랑했던 여인으로 하여금 죽음을 택하도록 한 '치명적'인 선택 이후, 주인공은 글을 쓴다. 그리고 그 글에 의존해 자신의 사념을 전개시켜나간다"[11]는 대목을 통해 어렴풋이 짐작할 수 있다. 뒤이어 발표된 「환멸」에서 아버지는 죽어가고 있는 중이지만, 아직 죽지 않았다. 그러하기에 여기에서 부자 관계의 대립은 관념이나 기억이 아닌 실제의 상황 속에서 발생하는 것이다. 이렇듯 정영문 소설은 그 출발의 지점에서 살부 욕망의 변주를 통해 아버지의 존재로 인해 아들이 겪어야 했던 억압과 그로부터 벗어나고자 하는 욕망을 주조저음으로 삼고 있다.

1997년 그의 첫 책 『겨우 존재하는 인간』이 출간되었는데, 여기에는 네 개의 장으로 된 중편 「겨우 존재하는 인간」과 단편 「환멸」이 실려 있다. 혹은 장편소설이라는 표제를 달고 있으니 『겨우 존재하는 인간』이 「겨우 존재하는 인간」과 「환멸」이라는 두 개의 장으로 이루어져 있다고도 볼 수 있겠다.[12] 그런데 「환멸」은 앞서 문예지에 발표된 내용 그대로 수록되어 있으나, 제목을 공유하고 있는 「겨우 존재하는 인간」과 『겨우 존재하는 인간』의 관계는 이상하다. 앞서 「겨우 존재하는 인간」의 '추천의 말'에서 "일제시대와 해방과 한국전쟁으로 이어지는 역사를 켜켜이 생의 흔적으로 간직한 조부모와 부모 아래에서 남[生]이란 우연인가 필연인가. 그 이후의 신산스러운 삶의 방식은 다른 모든 가능성들을 검토한 끝에 이루어진 최종의 선택

---

11) 김경수, 「소설을 통한 자의식의 탐구—정영문의 『겨우 존재하는 인간』에 부쳐」, 『작가세계』 1996년 겨울호, 341쪽.
12) 이하 논의의 편의상 『작가세계』 1996년 겨울호에 부분 게재된 것을 「겨우 존재하는 인간」으로, 그리고 1997년 세계사에서 출간된 단행본 『겨우 존재하는 인간』의 두 이야기 가운데 앞엣것을 『겨우 존재하는 인간』으로 표기하여 구분하기로 한다.

인가 아니면 기분 내키는 대로의 우발적인 선택인가. 어릴 적 세상을 떠난 어머니의 죽음으로부터 아버지의 죽음, 그리고 외할아버지와 외할머니의 죽음은 주인공에게 어떤 원상原傷이었을까. 그러한 피붙이의 죽음 앞에서 윤리적인 대응은 어느 정도로, 그리고 얼마 동안 이루어져야 하는가. 80년대의 대학에서 우연히 마주친 한 젊음의 죽음은 과연 그에게 무엇이었을까. 그리고 그런 죽음이 곁에 있었다는 사실만으로 시대의 혐의를 받을 수밖에 없도록 규정된 존재의 의미는 무엇일까"[13]라고 소설이 담고 있는 문제를 질문 형식으로 제시했던 평자가 『겨우 존재하는 인간』의 해설에서는 "막말로 직업을 때려치운 이 작품의 주인공은, TV의 비분강개한 사회고발물 프로그램에 나오는 지하철의 부랑아들처럼, 공원의 한 벤치를 자신의 거처 삼아 하루하루 삶을 살아간다"[14]는 문장으로 소설의 내용을 설명하고 있다. 이처럼 교집합의 영역이 잘 보이지 않는 두 편의 작품 해설에도 두 이야기가 제목은 같지만, 그리고 인물의 성향이나 표현의 스타일에서는 어느 정도 공유하는 측면도 없지는 않지만, 그럼에도 불구하고 같은 이야기의 서로 다른 부분으로 보기 어려울 만큼 작지 않은 차이가 발견된다는 사실이 드러나(더 정확하게는 이런 차이가 두 이야기의 단절 사이에 은폐되어) 있다. 결정적으로 전자가 자전적인 요소를 갖고 있다고 짐작되는 반면, 후자에서는 그와 같은 인상이 거의 느껴지지 않는다. 그러면서 결과적으로 자전적인 경험이 소거된 빈 자리를 사뮈엘 베케트를 비롯한 실존주의와 모더니즘 계열의 문학적

---

13) 김경수, 「소설을 통한 자의식의 탐구—정영문의 『겨우 존재하는 인간』에 부쳐」, 339쪽.
14) 김경수, 「삶의 권태와 소설쓰기」, 『겨우 존재하는 인간』 해설, 263쪽.

영향이 대체하고 있는 듯한 상황이 초래되었다.

그렇다면 정영문의 소설은 이미 출발 지점에서 인식론적 단절이라 할 만한 사건을 내적으로 수행하고 있었다고 볼 수 있다.「겨우 존재하는 인간」이『겨우 존재하는 인간』으로 바뀌면서 정영문의 소설세계는 지표면에 드러나지 않는 뿌리 같은 부분을, 혹은 물감으로 채색되어 겉으로는 잘 보이지 않는 밑그림 같은 부분을 갖게 된 것이다. 그리하여 삶의 사실을 반영하는 이야기는 접혀진 채 보이지 않고 다만 이야기를 통해 그것을 초월하는 이야기가 두드러지는 스타일이 마련된 것이다. 지금 돌아보면, 어떤 의미에서 자신의 글쓰기에 대한 자각이 충분히 이루어지지 않은 상황에서 본능적으로 선택된 이 경로가 이후 『검은 이야기 사슬』『하품』등으로 이어지는 정영문 소설의 방향을 결정지었다고도 생각된다. 달리 말해 정영문에게는「겨우 존재하는 인간」을 이어나가는 방향이 더 현실적으로 열려 있었고『겨우 존재하는 인간』으로 굳이 방향을 틀지 않을 수도 있었는데, 만일 그랬다면 이후 정영문 소설의 궤적은 다소 다르게 흘러나갈 수도 있었을 것이다.

그 구체적인 양상은 작가의 기억과 다소 다르게 진행되었으나 아버지의 존재 자체에 대한 위장 혹은 부정 또한 넓은 의미에서 아버지에 대한 의식이라고 볼 수 있다면 아버지 모티프는 정영문의 초기 소설을 지배하고 있는 강력한 심리적 요소라고 할 수 있을 것이다. 그렇다면「달에 홀린 광대」에서 전도된 부자 관계는 정영문의 초기 소설의 어떤 정조와 어느 정도 멀어지게 하는 장치처럼 보이기도 한다. 어떤 의미에서 부자 관계가 전도된 방식으로 다시 등장한 상황은 아버지를 둘러싼 의식이 더이상 초기만큼 작가를 긴장하게 만드는 문제가 아니라는 점과 관련이 있다고도 볼 수 있다.「달에 홀린 광대」에서 보듯, 부자 관계가 전도되면서 죽음에 대한 허무적 열정 같은 초기 소설에서의 심각하고 진지한 급진성은 옅어진 반면, 주로 대화의 상황에서 발생하는 유머의 농도가 더 짙어져 있다.[15]

3. 변주—반복과 차이의 기원으로서의 『몰로이』

그런데 「달에 홀린 광대」의 부자 관계의 양상은 초기 소설의 인물 구도에 대한 전도의 측면에서도 살펴볼 수 있지만, 또다른 관점으로는 사뮈엘 베케트의 『몰로이』의 영향의 측면에서도 생각해볼 수 있다. 정영문은 여러 차례, 그럴 필요가 있을 때마다 자신이 인상 깊게 읽었고 많은 영향을 받은 작품으로 『몰로이』를 언급한 바 있다. 그는 "지금껏 내가 읽은 소설 가운데 가장 마음을 끄는 소설이 있다면 그것은 베케트의 『몰로이』"[16]라고 한 적도 있고, "처음 읽었을 때도 그렇고, 지금도 그렇고, 늘, 단연, 최고로 꼽고 싶은 작품"[17]이라고도 했

---

15) 한편 『달에 홀린 광대』에 실린 소설들과 비슷한 시기에 발표된 「배관공」(『문학수첩』 2003년 가을호)은 집 근처 공원에서 우연히 만난 아이가 자신을 따라오는 바람에 엉겁결에 함께 지내다가 졸지에 유괴범이 된 어느 배관공의 이야기이다. 아내와 자신의 아이가 떠난 고독한 배관공 사내의 삶에 찾아온 낯선 아이와의 한정된 시간으로 인해 그의 의식에 번지는 쓸쓸한 파문을 그리고 있는 이 소설은 유사 부자 관계로 이루어져 있다는 점에서 「달에 홀린 광대」와의 공통점이 있지만 그것의 유머와는 매우 다른 질감을 갖고 있다. 「브라운 부인」(『목신의 어떤 오후』)과 더불어 가장 정영문답지 않은 소설이라고도 할 수 있는 이 소설을 작가는 이후 책에 수록하지 않았는데, 이런 상황은 아버지 모티프를 둘러싼 작가의 태도가 이 시점까지도 단순하고 일방적인 것이 아닌, 섬세하면서도 양가적인 의식이 얽힌 복잡한 것이었다는 사실을 우회적으로 말해주고 있는 듯하다.

16) 정영문, 「소설 속의 인물—사뮈엘 베케트의 『몰로이』」, 『현대문학』 2003년 10월호, 180쪽.

17) 「번역가의 책 읽기(4)—소설가 겸업 정영문씨」, 경향신문, 2008. 6. 28.

으며, "『몰로이』는 단연 내 인생의 책"[18]이라고 단언하기도 했다.

　『몰로이』는 잉글랜드계 아일랜드 작가인 베케트가 프랑스어로 쓴 첫 소설로『말론 죽다』『이름 붙일 수 없는 자』와 묶여 이른바 3부작으로 불린다.『몰로이』는 2부로 구성되어 있는데, 두 부분은 여러모로 비대칭적이다. 1부가 어머니를 찾아가는 몰로이의 시점으로 진행되는 이야기라면, 2부는 아들과 함께 몰로이를 찾아가는 탐정 자크 모랑의 이야기이다. 1부가 몰로이의 분열된 의식으로부터 흘러나오는 바를 서술한다면, 2부는 모랑의 여정을 비교적 사실적인 스타일로 기술하고 있다. 그럼에도 불구하고 두 부분은 소설의 마지막에서 비유기적으로 기묘하게 연결되어 있는 독특한 상태를 구현하고 있다.

　「달에 홀린 광대」에서의 부자 관계는 바로 이『몰로이』2부의 모랑 부자의 관계에 대응되는 측면에서 설명될 여지가 있다. 모랑은 아들과 함께 몰로이를 찾으러 길을 나서지만 도중에 아들이 떠나고 혼자 남은 모랑은 결국 몰로이를 찾는 데 실패한다.「달에 홀린 광대」를『몰로이』2부와 겹쳐 읽으면 두 이야기의 인물 관계 구도, 그리고 플롯에서의 유사성이 희미하게 드러난다. 그렇지만 이 대응은 단순히 베케트 소설의 어떤 부분을 정영문이 수용하여 자신의 소설 속에서 모방하는 방식을 통해 이루어진 것이 아니다.『몰로이』에서 몰로이와 모랑이 서로 다른 존재이면서도 어떤 장면에서는 서로 다르지 않은 존재인 듯 드러나는 것처럼,『몰로이』와「달에 홀린 광대」또한 그와 같은 비동일성을 반복하는 관계를 실현하고 있기 때문이다.

　이렇듯『몰로이』와「달에 홀린 광대」의 관계는『몰로이』내부의 두

---

[18]「나를 바꾼 책 내가 바꾼 삶―소설가 정영문」, 조선일보, 2015. 5. 28.

이야기 사이에서 작용하는 비동일성의 반복이라는 원리를 수용한 결과로서 성립된 것이라고 할 수 있는데, 이 관계는 다시 『달에 홀린 광대』 내부의 이야기들 사이의 관계로도 확장된다. 우선 「달에 홀린 광대」와 그에 이어 나오는 두번째 이야기 「산책」의 관계를 살펴보기로 한다.

　표면상 「산책」은 「달에 홀린 광대」와 특징적인 유사성을 가진 것으로는 좀처럼 보이지 않는다. 이 이야기에도 일인칭 화자 '나'가 등장하지만 이 '나'와 「달에 홀린 광대」의 '나'가 동일한 존재라는 단서는 발견하기 힘들다. 여기에서 '나'는 이성 친구 'B'의 집을 찾아가는데, 그 집에 도착해서도 들어가지 않고 혼자서 바닷가를 산책한다. 이처럼 타자와의 관계에서 벗어나 홀로 놓인 '나'의 상황을 배경으로 「산책」의 전반부는 어떤 특정 사건보다 '나'의 기억과 상상으로 채워져 있다. 다만 고무호스를 고양이라고 부르는 소녀와 자전거 안장에 걸터앉아 바다를 바라보는 노인, 야구부 일행과 바다를 그리고 있는 화가 등과 마주치는 일들이 사건이라면 사건이라고 할 만한 것일 따름이며 이야기의 후반에서, 그러니까 '나'가 마침내 B에 집에 도착하여 B와 무의미한 대화를 나누면서 비로소 사건의 측면이 활성화된다.

　「달에 홀린 광대」의 경우 아들과 함께 있는 동안에는 그 관계로 인해 아버지인 '나'의 성격이 어느 정도 실체감을 갖고 있지만 아들이 떠나고 '나' 홀로 남게 되면 서사는 사건에 의해 진행되기보다 주체 내부의 생각, 혹은 언어에 의해 파생되는 의식의 비중이 늘어나는 양상을 보인다. 「달에 홀린 광대」와 비교하면 「산책」은 혼자서 산책하는 동안 비대해졌던 상상, 허구와 연결된 의식이 B와 만나 대화를 시작하면서 관계적인 양상으로 변화하는 대비를 보여준다. 결국 두 이야기에서는 대비되는 두 상황이 서로 다른 순서로 배치되어 있을 따름인데, 이 순서의 전도로 인해 「산책」은 「달에 홀린 광대」와 썩 다른 이야기처럼 보이는 효과가 발생하고 있는 것이다. 그런데 이러한 표면상의 대비가 서사의 진행 과정에서 다시 전도될 조짐이 다음 장면에 나타나고 있다.

"나는 엉덩이를 난간에 걸친 채로 이렇게라면 언제까지나 걸터앉아 있을 수 있겠군, 하는 생각을 했어. 그러면서 나는 우리가, 다시 말해 나와 그 사내가 얘기를 나누는 상상을 했어. 주로 그가 얘기를 했어. 하지만 알아듣기가 어려웠어. 그래서 나는, 당신이 내게 이런 얘기를 하는 건 괜찮소, 다만 나는 당신이 내게 무슨 얘기를 하고 있는지를 모르겠소, 내가 무슨 얘기를 하는지 알겠소, 하고 말할 수밖에 없었지. 그런데 그때 그가 갑자기 계단을 내려가기 시작했어."

"이 모든 얘기가 지어낸 것 아냐?"

"사실이야."

나는 잠시 내가 한 얘기가 사실인지 자문해본다. 그것은 사실일 수도 아닐 수도 있다. 하지만 그것은 상관없는 일이다. 나는 사실만을 말하는 데 흥미를 잃었으며, 또한 내게는 사실과 사실이 아닌 것 간의 차이란 없다.(95~96쪽)

위의 장면은 '나'가 B에게 집에 오기 전 산책을 하면서 겪었던 사건에 대해 이야기하고 있는 대목이다. 우리는 그 과정을 앞서 읽었기 때문에 '나'가 하는 이야기가 사실을 단서로 하여 이루어진 상상의 허구라는 것을 알고 있다. 그뒤에 이어지는 이야기 역시 마찬가지이다. 독자인 우리만이 아니라 이야기 속의 인물인 B 또한 그 점을 이미 알고 있는 듯 보인다. "또 어디로 나아갈지 알 수 없는 얘기를 잘도 지어내는군"(99쪽), "어쩐지 당신은 실제로 있었던 일은 하나도 얘기하지 않은 것 같아"(103쪽), "마지막 얘기는 지어낸 얘기 같은데"(109쪽)와 같은 B의 반복되는 발언이 그것을 입증한다. 문제는 이 부분뿐만이 아니라 「산책」 전체가, 그리고 더 나아가 『달에 홀린 광대』를 비롯한 정영문의 소설 자체가 "사실일 수도 아닐 수도 있"으며 "그것은 상관없는 일"인, "사실과 사실이 아닌 것 간의 차이란 없"는, 그런 성격을 가졌다는 점이다. 길게 이어지는 대화의 끝에 '나'가 B의 집을 나온 뒤의 상황이 다음과 같이 서술된다.

> B의 집을 나온 나는 그 앞에 서 있다. 나는 그녀의 집을 뒤돌아본다. 그녀의 집에서는 불빛이 새어나오고 있다. 창문 너머로 그녀의 모습은 보이지 않는다. 대신 커튼 너머로 어떤 가족이 거실에 앉아 있는 것이 보인다. 그들은 내가 모르는 사람들이다. 내가 모르는 그들이 그녀의 집에 살고 있다. 이제 그 집에 B는 없다. 그녀는 오래전에 죽었다. 지금까지의 B와의 대화는 내가 바다에서 그녀가 살던 집에 오는 동안 떠올린 것일 뿐이다.(115쪽)

'나'와 B의 대화의 상황을 배경으로 한, 기억과 상상, 사실과 허구의 경계가 희미한 의식의 상태와는 또다른 차원에서, 지금까지 진행되어왔던 이야기가 모두 '나'의 상상의 산물이라는 사실이 위의 장면에 제시되어 있다. 지적 조작처럼 보이는 반전이 작동하고 있는 듯하지만, 지금까지의 추이에 의거한다면 이러한 상상 또한 얼마든지 다시 부정될 수 있다는 점에서 궁극적으로는 이 결말 역시 잠정적인 것에 지나지 않는다. 결국 정영문의 소설에서 기억과 상상, 사실과 허구의 구분은 무의미한 것이다. 아니, 그에 앞서 존재의 내부와 외부 자체가 이미 뫼비우스의띠처럼 연결되어 그 경계를 구분할 수 없게 되어 있다. 다소의 관념성을 동반하고 있는 이런 장면은 형이상학적 이항대립을 해체하는 시선을 따르면서 변증법적 논리에 맞서는 소설적 상황을 제시하고 있다. 이 대목에서 정영문 소설의 서술 상황이 "그래서 나는 집안으로 들어와서 이렇게 썼다. 자정이다. 비가 창문을 때리고 있다. 그때는 자정이 아니었다. 비가 오고 있지 않았다"[19]로 끝맺는 『몰로이』의 마지막 장면에 닿아 있다는 사실을 새삼 확인하게 된다.

한편 「산책」은 다음과 같은 장면에서 결말을 맞이한다.

> 나는 더이상 아무 생각도 할 수가 없다. 나는 눈을 감는다. 파란 풍경들이 떠오른다. 바다와 차밭. 그리고 바람이 불어 수많은 파란 보리 이삭들이 한쪽 방향으로 일제히 기울어지는 장면이 떠오른다. 그 광경은 언제나 그것을 떠올릴 때면 잔잔한 슬픔을 느끼게 해주는 것이다. 나는, 푸른 보리 이삭들을 떠올리는 것은 그 푸른 보리 이삭들이 떠올려주는 잔잔한 슬픔을 떠올리는 것이다, 라는 문장을 떠올림으로써 그 슬픔을 그냥 하나의 평이한 문장일 뿐인 문장 속에 가둔다.(117쪽)

여기에서 의식 속에 떠오르는 이미지(파란 풍경)와 감정(잔잔한 슬

---

[19] 사뮈엘 베케트, 『몰로이』, 김경의 옮김, 문학과지성사, 2008, 263쪽.

품), 그리고 언어(하나의 평이한 문장일 뿐인 문장) 사이에는 어떤 선후 관계나 가치의 위계가 성립하지 않는다. '나'는 푸른 이삭들을 떠올리는 것은 잔잔한 슬픔을 떠올리는 것이라는 문장을 떠올리고 있다. 이미지와 텍스트에 선행하는 어떤 기원이나 본질도 없다는, 그러니까 '텍스트의 바깥은 없다'는 자크 데리다의 명제를 형상화하고 있는 소설적 사례로도 기억될 만한 위의 장면 또한 "서로 자리를 치환하는 것 외에는 아무짝에도 쓸모가 없으므로 더이상 나누어 좁힐 수 없는 거리 속에서 각자 긍정"[20]되는 이른바 '포괄적 이접inclusive disjunction'의 상태를 형상화하고 있다고 할 수 있다.

이렇게 보면, 「겨우 존재하는 인간」에서의 자전적인 층위를 소거시켜 『겨우 존재하는 인간』을 새로운 소설적 출발점으로 설정하는 데 베케트의 영향이 일차적으로, 그리고 포괄적으로 작용했겠지만, 그렇게 설정된 작가의 초기 세계를 새로운 모습으로 바꿔나가는 데에도 베케트의 다른 부분이 그 위에 다시 구체적인 영향을 반복해서 미쳤다고 볼 수 있다. 그런 맥락에서 한 작가가 구축한 세계는 사실은 단면이 아니며 바라보는 관점에 따라 새로운 특징이 드러나는 입체적인 것이다. 그 점은 『몰로이』가 "이전에 읽었던 작가들의 작품과는 전혀 다른 작품이었고, 정영문으로 하여금 소설을 쓰게 한 작품이며, 거듭 읽어도 새롭게 읽히는 작품"[21]이라는 작가의 생각에서도 새삼 확인할 수 있다. 이처럼 작가는 자신이 받은 선배 작가의 영향과 자신의 소설세계를 구축해나가는 과정의 관계를 더 밀도 있게

---

20) 질 들뢰즈, 『소진된 인간—베케트의 텔레비전 단편극에 대한 철학적 에세이』, 이정하 옮김, 문학과지성사, 2013, 26쪽.
21) 「나를 바꾼 책 내가 바꾼 삶」.

설정하면서 그로부터 부과되는 문제를 점진적으로 현실화하고 있는 것이다.

한편 『몰로이』는 그의 산문뿐만 아니라 소설에도 등장한다.

> 그런데 내가 아는 최고의, 일종의 여행기이자, 넓은 의미에서, 일종의 자전소설은 베케트의 『몰로이』이며, 실제로 여행을 떠날 때면 나는 『몰로이』를 챙겨가 호텔의 방안이나 수영장 가의 장의자에 누워 읽곤 했다. 한데 『몰로이』는 사실 여행기라기보다는 유랑의 이야기인데, 유랑이라는 인간의 위대한 정신적 행위가 사실상 사라지고, 진정한 유랑이 더이상 가능하지 않게 된 것은 어쩌면 현대의 가장 큰 불행 중 하나일 것이다. 이제 여행은, 하나의 환상에 지나지 않는, 일상으로부터의 탈출에 지나지 않게 되었다.[22]

『바셀린 붓다』에는 '나'가 몰로이의 고장이라고 생각되는 곳을 지나가는 장면도 등장하거니와, 이처럼 정영문은 『몰로이』로부터 자신이 받은 영향을 소설의 안과 밖에서 투명하게 드러내고 있어 인상적이다. 영향에서 자유로운, '영향에 대한 불안'이 없는 글쓰기가 주체적인 글쓰기와 단순한 등식을 이루는 것은 결코 아니다. 그런 주관적인 글쓰기는 즉자적인 의식의 상태를 드러내는 자연주의적인 차원으로 귀착될 공산이 크며, 오히려 기존의 자연주의적 내러티브의 관성적인 답습이 되기 십상이다. 자각하지 못한다고 타자가 없는 것은 아

---

[22] 『바셀린 붓다』, 자음과모음, 2010, 273쪽. 작중 화자가 『몰로이』를 '일종의 자전소설'로 인식하고 있는 점은 이 글의 후반부에서의 논의와 연관하여 기억할 만한 대목이다.

니다. 그런 무자각적인 상태로부터 벗어나 객관적이고 보편적인 방향을 추구할 때 사다리이자 장애물로 등장하는 선배 작가의 작품은 후배로 하여금 영향에 대한 불안에 시달리도록 만든다. 해럴드 블룸의 『영향에 대한 불안』에 따르면 이 불안의 극복 과정은 상당히 복잡한 심리적 과정을 거치는 것인데, 정영문의 경우에는 그 과정이 단순하고 선명하다는 점에서 특징적이다.

작가 세계 초기의 대담에서 정영문은 "위의 두 권[『핏기 없는 독백』, 『하품』—인용자]의 소설은 베케트를 직접적으로, 어쩌면 심하게 참조한 작품들인 것 같아요. 베케트의 자장을 이기고, 그것을 벗어나는 것이 앞으로의 나의 과제일 겁니다"[23]라고 말한 바 있다. 정영문의 인상과는 꽤 거리가 있는 이 의외의 발언은 베케트가 1932년에 쓴 편지 가운데 한 대목인 "I vow I will get over J.J. ere I die. Yessir"(죽기 전에 제임스 조이스를 극복하겠다고 맹세하겠어)라는 문장을 떠올리게 한다. 여기에서 베케트가 당장, 혹은 조만간 제임스 조이스를 극복하겠다고 하는 것이 아니라 '죽기 전에' 하겠다고 얘기한 점은 그 목표가 관념적인 것이 아니라 매우 현실적인 것이라는 사실을 역설적으로 말해주고 있다. 베케트가 어머니와의 관계 등 삶의 사실이 투영된 이야기의 단계를 거쳐 제임스 조이스의 영향을 통과하면서 『몰로이』 등 그만의 고유한 글쓰기의 세계를 구축해나간 것처럼, 정영문 역시 자신의 소설적 방향을 탐색하는 과정에서 베케트의 새로운 측면을 수용하는 시도를, 다르게 말해 베케트를 극복하기 위한 실패를 반복하지 않을 수 없었던 것 아닐까. 이런 맥락에서 생

---

23) 정영문·김연경 인터뷰, 「물끄러미 존재하는 인간」, 『문학과사회』 2000년 여름호, 742쪽 중 정영문의 대답.

각하면, 한편으로 베케트와의 공유 면을 넓혀나가면서 또다른 한편으로 그것으로부터 점진적으로 벗어나는 과정의 한 지점에서 『몰로이』와 『달에 홀린 광대』의 대응 관계가 나타나고 있었다고 볼 수 있을 것이다.

4. 론도—하나이자 여럿인 플롯

한편 「산책」의 뒤를 잇는 세번째 소설 「숲에서 길을 잃다」는 첫번째 소설 「달에 홀린 광대」와 유사한 인물 관계와 서사 구조를 갖고 있다. '나'가 두 아들과 함께 아버지 제사를 위해 동생네 집을 방문했다가 이런저런 소동 끝에 제사를 마치고 동생네 집을 나와 아들을 떠나보낸 후 홀로 남아 숲에서 길을 잃게 되는 「숲에서 길을 잃다」의 줄거리에서 그 점을 확인할 수 있다. 「달에 홀린 광대」에서의 '나'와 「숲에서 길을 잃다」의 '나'는 여러 지점에서 접점을 가지면서 동일성을 마련하고 있지만, 그럼에도 결정적으로 그 둘이 하나의 존재라는 판단은 유보하게 만들고 있다. 그렇기 때문에 두 소설은 융합, 확장의 관계라기보다 마치 루프물의 다른 버전들 같은 반복, 변주의 형태에 더 가까운 관계를 이루고 있다. 하나가 다른 하나를 포함하거나 혹은 하나와 하나가 더해져서 더 큰 하나가 되는 변증법적 통합이 아니라 각각이 긍정되면서 차이를 간직하는 원리가 여기에서도 그 관계를 관통하고 있는 것이다.

아들과 함께 아버지의 묘소(「달에 홀린 광대」)를, 혹은 아버지의 제사를 위해 동생의 집(「숲에서 길을 잃다」)을 찾는 스토리 구조를 공유하는 두 이야기 사이에 이성 친구 B의 집을 찾아가는 「산책」이 자리하고 있다. 표면상으로는 다른 이야기처럼 보이는 「산책」을 유사한 두 이야기 사이에 배치한 것은 그 차이와 반복의 원리를 확장하면서 좀더 복잡하고 새로운 구조를 구축하고자 하는 시도로 보인다. 어떤 의미에서 이와 같은 구조 또한 각각 몰로이와 모랑을 초점으로 하여 병치된, 그러면서도 두 이야기가 연결성을 갖는 『몰로이』의 특이한 서사 구조를 폭넓게 운용하고자 하는 의도에서 비롯된 결과로 볼 수 있을 것이다.

네번째와 다섯번째 이야기인 「양떼 목장」과 「배추벌레」는 앞서의 세 이야기로 구축된 구조를 다시 한번 확장하는 배치를 위한 포석처럼 보인다. 친구네 목장을 찾아가서 지낸 이야기인 「양떼 목장」과 배추밭에 일하러 가서 겪은 이야기인 「배추벌레」에서는 '나'의 이동 반경이 앞의 이야기에 비해 더 넓어지면서 운동성이 활성화된 양상을 보여주고 있다. 그러면서 두 이야기는 「달에 홀린 광대」와 「숲에서 길을 잃다」의 관계처럼 유사한 플롯을 공유하며 서로 마주보고 있는 구도를 취하고 있다. 그런데 이 두 이야기에서도 '나'는 결국 이야기의 후반부에 이르면 처음의 외적 관계를 벗어나 홀로 놓이게 되며, 기억과 의식의 반추 과정에서 앞서 구축했던 의미들을 무의미의 지점까지 소거시킨다는 점에서 앞의 세 이야기와 근본적으로는 동일한 구조를 변주하고 있다. 그런 의미에서 이러한 변주와 반복으로 구성된 『달에 홀린 광대』의 서사 구조 자체가 음악적인 성격을, 마치 〈달에 홀린 광대〉처럼 일반적인 의미를 초월하여 수행되는 실험적 성격의 음악성을 내포하고 있다고 할 수 있다. 물론 이와 같은 음악성이 서사 구조의 층위에서만 성립되고 있는 것은 아니다.

나는 약간 지루하게 느껴졌고, 그래서 신발로 흙먼지를 일으켜 먼지가 조용히 이는 것을 보며, 조용히 이는 먼지의 무기력한 힘을 느끼며 내 몸의 힘이 빠져나가는 것을 느껴보는 것도 좋을 거라는 생각을 했지만 실제로 그렇게 하지는 않았다. 나는 그런 생각을 하는 것만으로도 족했다. 아니, 그런 생각을 한 바에야 실제로 그렇게 할 필요는 없었다. 내게는 실천보다는 실천에 옮기지 않는, 끝내 옮겨지지 않는 생각이 중요했다.(183~184쪽)

정영문의 소설에서는 회고나 기억 또한 그것을 떠올리는 순간의 상태로 서술되고 있다. 그것은 과거의 특정 경험을 반영하는 방식으로 이루어진다기보다 하나의 생각이 반성과 차이의 역학을 통해 그와 연결된 새로운 생각을 불러오는 방식으로 매 순간 새롭게 생성된다. 그렇기 때문에 서술은 과거가 아니라 항상 현재, 그리고 궁극적으로는 미래를 향해 열려 있다. 과거의 기억이나 현실의 사건은 그 사유의 진행에 다만 스타팅 블록으로서만 기능하며 출발과 더불어 의미를 잃는다. 그리고 그 과정에서 떠오르는 어떤 생각은 그 생각이 떠오르는 순간 의미가 발생하지만 생각이 진행되는 과정에서 이미 부정되기 시작하여 결국 무의미로 귀결된다. 앞서 제시된 문장이 구축한 의미로부터 새로운 문장이 파생되지만 그 문장은 결국 이전에 구축된 의미를 소거시키는데, 의미는 소거되어도 그것이 담겼던 문장은 마치 변태한 벌레의 껍질처럼 그 흔적으로 남는다. 그의 책들 가운데 한 권의 제목이기도 한 '검은 이야기 사슬'이라는 표현이 잘 말해주듯, 의미의 제시와 박탈의 반복과 교차가 결국에는 무의미의 연쇄로 귀착되는 메커니즘이 곧 정영문 소설의 서술 원리라고 할 수 있다.

현재진행형으로 서술이 전개되는 이와 같은 과정으로부터 정영문 소설 특유의 리듬과 역동성이 발생한다. 그리고 그 리듬과 역동성은 궁극적으로 독서 과정에서도 효과적으로 실현된다. 한 외국인 번역가는 정영문과의 인터뷰에서 그의 소설의 특징 가운데 하나로 "말들이 작가와 독자로부터 함께 등장하는 듯한 자연스러운 운율"과 "이야기의 화자와 수신자의 융합을 제공하는 급진적인 친밀성"[24]을 드는데, 이런 파악 역시 이 글의 관점과 연관되는 맥락에서 이루어졌다고 할 수 있을 듯하다. 이처럼 서술의 차원에서 이루어져왔던 정영문 소설 특유의 리듬과 역동성을 내포하면서도, 동시에 그것을 서사 구조의 차원으로까지 확장하여 새로운 형태로 시도하고 있다는 점에서 『달에 홀린 광대』의 특별한 실험성을 확인할 수 있다.

5. 카프리치오—자기이자 타자인 화자

여섯번째이자 마지막 이야기인 「횡설수설」에서는 지금까지 다섯 편의 이야기를 통해 구축해왔던 음악적 구조가 최종적으로 완성된다. 이 마지막 이야기 또한 이전의 음악적 흐름에서 구축되었던 기대를 충족하는 안정된 방식과는 거리가 먼, 오히려 앞의 이야기들과는 그 성격이 매우 다른 음조를 취하고 있다. 무엇보다 앞의 이야기들에서 '나'는 이야기하는 주체이자 동시에 타인들과의 관계 속에서 행위하는 주체로 등장했지만, 「횡설수설」에서 '나'는 사유와 발화 이외의 행동을 결여한 주체이다.

어디에서부터 얘기를 시작하는 것이 좋을까? 나의 얘기, 나의 얘기라고 부를 수 있는 이 얘기는 어디에서부터 시작해도 좋을 것이다. 그리고 그것

---

[24] Justine Ludwig, "Writing for Skeptice: Navigating Meaninglessness", *Korean Literature Now*, Vol. 38, Winter 2017, p. 8.

은 편리하게도 어디에서 끝내도 좋은 얘기이다. 거기에 나의 얘기의, 내가 나의 얘기라고 생각하는 얘기의, 그리고 지금부터 나의 얘기로 만들 생각인 얘기의 특징이 있다. 그래, 그 순간 뭔가가 내 몸을 물어대고 있었다는 것으로 나의 얘기를 시작하자.(239쪽)

'나의 얘기'라면 보통 자신이 지내온 과거의 내력을 담고 있는 이야기를 의미하는 것이 일반적이다. 그렇지만 정영문 소설의 화자에게 '나의 얘기'는 "내가 나의 얘기라고 생각하는 얘기", 그러니까 과거보다는 '나'가 규정하는 현재 혹은 미래의 '나'와 더 많이 연관되는 이야기에 가깝다. 그리고 이 점은 앞서 현재진행형의 서술의 차원에서 확인했던 정영문 소설의 특징과 밀접하게 연관되는 것이기도 하다. 기억조차 과거의 반영인 것이 아니라 현재에서 생성되는 것인 만큼, 그 기억의, 혹은 그 기억을 서술하는 주체 또한 고정되어 있는 것이 아니라 글쓰기의 과정에서 새롭게 태어나는 존재가 아닐 수 없다.

포터 애벗은 '전기적으로biographically' 읽는 것과 '자서전적으로autobiographically' 읽는 것을 구분하여 설명한 바 있는데, 그에 따르면 "전기적으로 읽는 것은 역사로, 이제 과거가 된 일련의 사건들로 정향된 것이지만, 자서전적으로 읽는 것은 과거가 아니라 글을 쓰는 순간의 저자의 의식을 연속적으로 드러내는 것으로 정향된 것"[25]이다. 이런 관점은 엘리자베스 브루스의 '자서전적 수행autobiographical acts' 개념을 계승하여 "텍스트를 획득된 정체성의 역사로서가 아니라 정체성의 확인으로서, 그러니까 저자 자신을 포함한 독자에 대한 선언

---

25) Porter Abbott, *Beckett Writing Beckett: The Author in the Autograph*, Cornell University Press, 1996, p. 3.

으로 바라보는"[26] 것인데, 정영문의 소설에서 '나의 얘기'를 "지금부터 나의 얘기로 만들 생각인 얘기"로 규정하는 장면에 담긴 글쓰기 의식 또한 그런 관점과 맥락을 공유하는 것으로 보인다.

> 저녁 무렵이었을까? 어쨌든 박명의 빛 속이었다. 박명의 빛이라니? 사물들 위로 물기처럼 어른거리는 그런 빛 말이다. 박명의 빛이 나를, 그를, 또는 그들을, 여기서 그들이란 박명의 빛에 에워싸여 있던 모두였다고 하면 될 것이다, 주위의 모든 것들을 에워싸고 있었다. 과연 그랬는지는 모르겠지만 그렇게 기억된다. 아닌지도 모르겠다. 그럼에도 나는, 그리고 그는 그렇게 기억하고 있다. 여기서 말하는 그는 어쩌면 나일 수도, 나와 가까운 누구일 수도 있다. 하지만 내가 바로 그라는 보장은 어디에도 없다. 솔직히 나는 누가 누구인지 모르겠다. 내가 그들이었던 적도 있다. 그들 하나하나가 나였다는 얘기다. 그것은 가능한 일이다. 어떤 점에서 그들은 나와는 아무런 상관도 없는 자들이었다. 그렇게 말할 수 있는지는 모르겠다. 하지만 어떤 점에서라는 전제를 달면 모든 것이 가능해진다. 어떤 점에서 모든 것은 그렇거나 그렇지 않거나 할 수 있다.(242쪽)

이와 같은 진행형의 글쓰기에는 글을 쓰는 주체가 담기기는 하지만 그럼에도 주체의 구체적 삶의 내용이 담기는 것은 아니다. 그것은 "복원이나 재구성 혹은 허구화로서의 글쓰기가 아니라 글을 쓰는 순간의 행위 양식으로서의 글쓰기"[27]에 가까운 것이다. 이런 글쓰기의 상황에서 주체에게는 연대기적 삶bio-life이 축적될 가능성 자체가 결

---

26) *Ibid.*, pp. 4~5.
27) *Ibid.*, p. x.

여되어 있다. 이런 연유로 정영문의 소설은 자전적 형식으로 된 1인칭 시점의 서술을 취하고 있으면서도 작가 혹은 작가와 연결된 현실과의 대응성을 상실한 이야기로서 존재한다. 이 이름 붙일 수 없는 unnamable 비인칭적 주체에게서 우리는 육체 없이 신체의 일부만, 혹은 의식만 남은 베케트의 인물들을 연상하며 들뢰즈가 고안한 이른바 '애벌레-주체sujet lavaire' 개념(『차이와 반복』)을 떠올려볼 수도 있겠다.

> 나는 나자빠진 그 상태로, 얼굴을 옆으로 기울인 상태로 누워 있었다. 만족스러웠다. 나는 나의 모든 상황을 집약하고 정의하는 유일한 상태인 방임 상태 쪽으로 빠지고 싶은 유혹에 좀더 확실하게 말려들기 위해 온몸의 힘을 뺀 채로 축 늘어져 있었다. 아무것도 하지 않는 한 성가신 어떤 일도 일어나지 않는다는 것을 나는 잘 알고 있었다. 헤벌어진 입에서는 침이 흘러나왔다. 어떤 사람들을 시달리게 만드는, 한없이 고상해지고 싶은 욕망이 내 경우에는 더없이 저열해지고 싶은 욕망으로 나타나곤 했다. 그리고 그 욕망은 대단히 크고 질긴 것이었다.(249쪽)

사실 정영문이 자신의 소설적 캐릭터로 처음 제시했던 '겨우 존재하는 인간' 또한 바로 이 수동성의 극한에서 태어나는 '애벌레-주체'였던 것이다. 이 주체는 개별적인 존재라기보다, 인간 존재의 어떤 상태에 대응되는 현상(시뮬라크르)에 더 가깝다. 그러니까 항상 그런 것은 아니지만 어떤 점에서 그렇다고 인정되는 상태인 것이다. 이 주체로부터 흘러나오는 이야기, 그러니까 자아의 역사나 삶이라는 프레임에 의거하지 않는 자아 글쓰기 행위가 바로 '횡설수설'의 실체라고 할 수 있다.

6. 이야기의 연주가 끝나고 난 뒤

이상에서 살펴본 바와 같이 『달에 홀린 광대』는 〈달에 홀린 광대〉의 음률을 내재한 상상력과 미적 태도를 간직하고 있을 뿐만 아니라 여섯 편의 이야기로 구성된 서사 구조 자체가 반복과 변주를 통해 마련된 복잡하면서도 독특한 음악적 형식을 갖추고 있다.

이와 같은 반복과 변주의 과정은 『달에 홀린 광대』 이후의 소설에서 더 심화된 형태로 이루어지고 있다. 『달에 홀린 광대』에서 활성화된 이동의 상태는 여행기 형식을 띤 『바셀린 붓다』 『어떤 작위의 세계』 『강물에 떠내려가는 7인의 사무라이』 등의 소설에서 작가와 서술자 사이에 새로운 형식의 긴장을 도입한다. 그 변화의 성격에 대해서 작가는 다음처럼 자기 진단을 내린 바 있다.

> 『바셀린 붓다』 이후로 사실상 자전적인 소설을 쓰게 되었는데, 아주 작은 모티프들에서 비롯된 이야기가 주로 상상이 더해지면서 가공된 이야기 이상으로 허구적인 것이 된 것 같아. 어디에서 어디까지가 실제이고 허구인지 글을 쓴 사람에게도 모호하게 여겨질 정도로.[28]

정영문은 마치 다른 사람의 이야기에 대해 얘기하는 어투로 자신의 이야기에 나타난 변화에 대해 증언하고 있는데, 우리는 이 증언으로부터 『달에 홀린 광대』의 특징이 이후의 소설들에서 더 진전되었다

---

28) 정영문·백가흠, 「내가 말하고 있음에도 불구하고」, 50쪽 중 정영문의 대답.

는 것을 확인할 수 있다. 그것은 "사실상 자전적인 소설"이면서 동시에 "가공된 이야기 이상으로 허구적이 된" 이야기의 상태, 말하자면 『달에 홀린 광대』에서도 정영문 소설의 바탕을 이루고 있던 글쓰기와 관련된 어떤 본질적인 패러독스가 새로운 형식 속에서 추구되고 있는 점과 관련된다. 그리고 그런 변화에 대한 인식은 그 이전에 이미 그의 소설 자체에서 다음과 같이 감지되고 있었다.

갈피를 잡을 수 없는 생각들을, 갈피를 잡지 못하고, 혹은 잡지 않고 했다. 주절주절 생각들이 이어졌다. 언젠가 이후로 심각한 소설을 쓰는 것이 어려워진 것에 대해, 그리고 그것과는 별개로, 언젠가 이후로 삼인칭소설을 쓰는 것이 어렵게 된 것에 대해(그것은 소설 속에 어떤 다른 인물을 내세워 그의 이야기를 하거나, 그로 하여금 이야기하게 하는 것이 누군가를 사칭해 이야기하거나, 다른 누군가의 행세를 하는 것처럼 느껴졌기 때문인데, 그 점과 관련해 어떤 결벽증이 내 안에서 점점 더 심해지고 있었다), 그리고 언젠가 이후로 내가 쓰는 소설이 거의 일기처럼 바뀌고 있는 것에 대해 생각했다(그것은 삶의 가장 지배적인 형식은 반복이고, 일기가 반복적인 것의 기록을 위한 장르라는 사실과 별개가 아니라는 생각을 했다). 갈수록 나는 나 자신에 관한 이야기를 하는 것만으로도 벅찼다.[29]

'자전적인 소설' 혹은 '일기'의 형식을 취하고 있다고 해도 '횡설수설'의 연장선상에서 이루어진 정영문 소설의 새로운 형식은 전통적인 장르의 범주 속에 위치해 있지 않다. 폴 제이는 아우구스티누스나

---

29) 정영문, 「어떤 불능 상태」, 『오리무중에 이르다』, 246~247쪽.

워즈워스의 전통적인 자서전 형식과 구분하여 폴 발레리, T.S. 엘리엇, 롤랑 바르트 등에 의해 전개된 20세기의 새로운 형식의 자서전에 대해 논의한 바 있다.[30] 이 새로운 형식의 자서전은 분열적이고 단편적인 주체에 의한 자기 이야기라는 점에서 전통적 자서전과 구분되지만, 그럼에도 이 형식은 자기 경험과 존재에 대한 이야기라는 넓은 의미에서의 자서전의 범주에서 결정적으로 벗어나는 것은 아니다. 그런데 베케트와 정영문의 이야기는 자서전auto-bio-graphy의 외형에도 불구하고 과거의 내력bio이 담기지 않은, 글을 쓰는 순간의 의식만이 기입되어 있는 이야기auto-graphy라는 점에서 자기 글쓰기의 보다 근원적인 층위를 드러내면서 운명적인 관계를 맺고 있다.[31] 이런 특징은 정영문의 소설 속에서도 다음처럼 자각적으로 제시되어 있다.

어쨌든 저 고양이들과 까치가 내가 그들에 관해 글을 쓰고 있다는 것을 모른다는 사실이 나를 괜히 즐겁게 한다. 그것들은 그들만의 세계 속에 살고 있다. 그리고 그것은 나 역시도 마찬가지이다. 그럼에도 그것들은 나의 상상과 내가 쓰는 글 속에서 나와 함께하고 있다. 그리고 나 역시 내가 쓰는 글 속에 가까스로 존재하며, 그 속에서 어떤 자신과 함께하고 있다고

---

30) Paul Jay, *Being in the Text: Self-Representation from Wordsworth to Roland Barthes*, Cornell University Press, 1984 참조.

31) autobiography와 구분되는 autography의 범주를 통해 베케트의 소설을 분석하는 관점은 Porter Abbott, *Op. Cit.* 참조. 그런 용어를 사용하지는 않지만 베케트의 글쓰기에 대해 "스스로의 자취를 기입하는 데에 수고를 기울일 뿐 역사나 눈물, 두려움에 관해서는 아무런 흔적도 남기고 있지 않다"(나탈리 레제, 『사뮈엘 베케트의 말 없는 삶』, 김예령 옮김, 워크룸프레스, 2014, 74쪽)고 언급한 것 또한 이런 특징을 부각하고 있다.

생각한다.[32]

"내가 쓰는 글 속에 가까스로 존재하"는 "어떤 자신"인 '텍스트 내적 존재being in the text'에 의해 만들어진 세계야말로 이야기의 궁극적인 외연일 것이며, 그러하기에 그것은 이야기하는 존재로서의 인간의 욕망을 자아의 한계를 넘어 순수하고 투명하게 드러내고 있다. 그러면서도 그 존재는 글을 쓰고 있는 지금 이 순간의 자기 자신을 부정하지 않고 있는 그대로 받아들이는 리얼리티를 내재하고 있다. 작가는 이미 그의 글쓰기의 출발점에서부터 이런 자기 자신의 존재에 대한 감각을 바탕에 두고 있었다.

> 종종 그는 그가 자신이 쓴 글 속의 인물로서, 잠시 그 글로부터, 현실로의 산책을 나온 사람처럼 여겨진다. 그는 자신이 있을 곳으로, 그가 부자연스러워하지 않아도 되는 그 글 속으로 다시 돌아가고 싶은 충동을 느낀다. 이 사실이 그의 작중인물이 그의 분신이라는 의미는 아니다. 그는 그의 글 속의 모든 인물과 온전히 상상에 의해 매개된 육체관계—때로는 쾌적하고, 때로는 역겨운—를 나누고 있을 뿐이다.[33]

좀더 진지한 태도로 접근하고 있다는 차이가 느껴지지만, 그럼에도 글쓰기에 대한 그의 관점은 출발점에서부터 이미 선명하게 드러나 있다. 이처럼 정영문의 소설은 현실의 변화에 그다지 크게 반응하

---

32) 『바셀린 붓다』, 274쪽.
33) 정영문, 「어두운 화면 위에 떠오른 느슨한 말들」, 『나를 두둔하는 악마에 대한 불온한 이야기』, 55쪽.

지 않고 자기 이야기의 계열을 지속적으로 변주해왔다. 20세기를 거치면서 도달한 소설적 비전을 우위에 두고 보편적인 예술과 관념을 추구하는 이런 성향을 '달에 홀린 광대'라는 제목이 상징적으로 드러내고 있기도 하다. 그런 의미에서 오스트리아의 빈에서 유대인으로 태어났지만 나치를 피해 미국으로 망명하여 생애 후반을 보내다가 로스앤젤레스에서 세상을 떠난 쇤베르크처럼, 혹은 잉글랜드계 아일랜드 작가였지만 프랑스에 정착하여 살면서 프랑스어로 작품을 썼던 베케트처럼 정영문 역시 자신이 태어나고 자란 시간과 공간에 얽매이지 않는 예술을 추구하는, 예외적이지만 보편적인 방향을 일관되게 추구해온 것이다. 일찍이 비코는 "무릇 뛰어난 시인이 되기를 원하는 자는 자기 고향의 말을 잊어버리고 말들의 최초의 불행 상태로 되돌아가야만 한다"[34]고 했다는데 정영문이 베케트를 경유하며 확인한 것은 바로 그와 같은 예술적 태도였다고 할 수 있다. 그러니 소설의 배경이 유럽의 도시나 소읍(『바셀린 붓다』), 혹은 미국의 샌프란시스코(『어떤 작위의 세계』)나 텍사스(『강물에 떠내려가는 7인의 사무라이』)가 된다 해도 그 낯선 공간이 이야기의 내부가 되지는 않는다.

그런 맥락에서 그의 소설은 근본적으로 예술에 대한 대중성에 저항하는, 혹은 그에 무관심한 글쓰기이다. 정영문의 소설은 세상의 변화에 무감할 뿐만 아니라 자신의 글쓰기에 대한 반응의 변화조차 크게 의식하지 않는 글쓰기가 그려낼 수 있는 투명하고 일관된 궤적을 가지고 있다. 이런 경향의 이야기들은 대체로 주관적 의식이 일방적으로 주도하는 다소 고압적인 성향을 갖는 것이 일반적인데도, 정영

---

34) 나탈리 레제, 『사뮈엘 베케트의 말 없는 삶』, 63쪽.

문의 소설은 이례적으로 유머를 간직하고 있다. 주제는 관념적이라고 해도 스타일의 차원에서는 관념성을 벗어나 있으며 극적 성격의 대화 장면을 통해 관념적 독백의 객관성의 결여를 보완하고 있기도 하다. 정영문이 베케트의 소설로부터 발전적으로 계승한 것은 자연주의에 갇히지 않는 서사의 가능성, 존재를 바라보는 관점, 극적 성격, 그리고 결정적으로는 바로 이 유머일 것이다. 그리고 그것은 정영문에게는 어떤 의미에서 문학 그 자체라고 해도 틀린 말이 아닐 것이다.

지금 『달에 홀린 광대』를 다시 읽으니 매번 새로운 긴장과 기대를 품고 그와 그의 소설을 만나던 그 시절의 기억이 마치 꿈속의 일이었던 듯 환각처럼 떠오른다.

(2021)

발이 달린 소설을 생각하며
좋다고 느끼는 사람의 이야기
―박솔뫼론

1

2014년 2월 처음 출간된 자신의 첫 소설집 『그럼 무얼 부르지』에 앞서, 박솔뫼는 『을』(자음과모음, 2010)과 『백 행을 쓰고 싶다』(문학과지성사, 2013) 등 책으로 출간된 두 편과 『도시의 시간』(『세계의문학』 2011년 겨울호) 등 세 편의 장편을 발표했고, 그 책에 실린 일곱 편을 포함하여 그때까지 모두 열두 편의 단편을 선보였다.[1]

그 소설들은 전통적인 형식에서 벗어나 있었고 의식의 현재 상태를 즉자적으로 노출하는 듯 보이기도 해서 전혀 대중적이라고 말하기는 어려운 것이었다. 그럼에도 그의 소설은 일부 독자들의 관심과

---

[1] 「도시의 시간」은 이후 2014년 민음사에서 단행본으로 출간되었다. 『그럼 무얼 부르지』에 묶이지 않은 단편 발표작은 「너무의 극장」(『문학과사회』 2011년 겨울호), 「부산에 가면 만나게 될 거야」(『문학들』 2012년 봄호), 「우리는 매일 오후에」(『현대문학』 2012년 8월호), 「밥 짓는 이야기」(『헬로, 미스터 디킨스』, 이음, 2012), 「겨울의 눈빛」(『창작과비평』 2013년 여름호) 등인데, 「밥 짓는 이야기」를 제외한 네 편은 이후 『겨울의 눈빛』(문학과지성사, 2017)에 수록되었다.

반응의 대상이 되었는데, 그것은 거기에 내장된 문제성이 그만큼 강렬했기 때문이었던 듯싶었다. 그 문제성은 기존의 소설적 규범에 맞선다는 도전 의식에서 왔다기보다, 신인임에도 규범에 대한 의식에 구애되지 않고 자신의 이야기를 자신 있게 펼쳐 보일 수 있었던 과감함에서 비롯된 것으로 보였다. 작가는 그 무렵의 한 좌담에서 "거칠고 예쁘지 않으며 분명히 부족하고 흠이 많지만 나름의 힘과 아름다움을 가진 것들을 좋아하는"[2] 자신의 성향에 대해 이야기한 바 있었는데, 그런 성향이 그의 소설에도 자연스럽게 투영되어 있는 듯했다.

그렇기 때문에 그의 소설들은 정련된 면모를 갖추지 않은 비정형의 성격을 가지고 있었는데 비평적 반응은 인상적이기는 하지만 복잡한 설명을 요구하는 형식보다는 주로 소설 속 인물이나 사건의 의미를 징후적으로 읽어내는, 다분히 해석자의 의지를 투영하는 독해로 기울어지는 경향을 띠었다. 그것들은 주로 새로운 세대의 삶과 의식 및 현실에 대한 태도를 해명하고자 하는 관점에서 '무위'의 성향을 보여주는 인물들의 성격이나 '광주'나 '원전'과 같은 사회적 문제에 대한 태도 등을 박솔뫼 소설의 특징적인 요소로 선택했다. 그렇지만 제라르 주네트가 이야기하고 있듯, 문학성의 판단에는 주제적thematic 기준과 더불어 수사적rhematic 기준이 함께 작용한다.[3] 말하자면 박솔뫼 소설의 전언이 발휘하는 새로움은 그의 소설 특유의, 문어체와 구어체가 패턴 없이 뒤섞인 것처럼 보이는 서술 스타일과 같은 형식적 새로움과 맞붙어 있는 다른 면인 것이다.

---

2) 고봉준 외, 「2010년 장편공모 수상작가들과 함께(좌담)」, 문장 웹진 2010년 10월호.
3) Gérard Genette, *Fiction & Diction*, translated by Catherine Porter, Cornell University Press, 1993, pp. vii~viii 참조.

이와 같은 문제의식을 출발점으로 하여 시작된 이 글은 『그럼 무얼 부르지』에 수록된 소설들을 중심으로 박솔뫼의 초기 소설세계의 내적 구조를 추출해보고 그를 통해 그의 소설들이 갖는 특징과 그 의미에 대해 좀더 체계화된 고찰을 시도해본 것이다.[4] 그리고 그에 덧붙여 그 이후 『그럼 무얼 부르지』의 새로운 판본이 출간되는 2020년에 이르기까지 박솔뫼 소설의 전개 과정과 그 새로운 변화의 양상에 대해서도 개략적으로나마 살펴볼 것이다.

2

『그럼 무얼 부르지』[5]에 실린 박솔뫼의 소설을 멀리서 바라보면 삶에 대한 적극적인 의지를 결여한 인물들이 만나 이루는 공동체에 관한 이야기라는 인상이 두드러지지만, 좀더 가까이서 자세히 들여다보면 그것은 균등한 하나의 세계가 아니라 두 대립되는 영역으로 이루어진 이원적인 구조로 되어 있다는 사실을 알 수 있다.

「그때 내가 뭐라고 했냐면」과 「안 해」는 서로 이어져 있는 이야기로 보인다. '구름새 노래방'이라는 공간을 공유하고 있고, 검은 옷의 노래방 사장이라는 인물도 두 소설에 모두 등장한다. 그렇지만 두 편을 연작이라고 보기는 어려운데, 이야기에서 같은 자리에 놓인 「그때 내가 뭐라고 했냐면」의 '주미'와 「안 해」의 '여주'로 인해 두 이야기가

---

4) 이 글의 2장에서 6장까지에 해당되는 이 내용은 『그럼 무얼 부르지』의 초판(자음과모음, 2014)에 수록된 해설로부터 가져오되, 몇 가지 문제의 경우 그 이후 더 진행된 상황에 대한 서술을 덧붙였다.
5) 박솔뫼, 『그럼 무얼 부르지』, 민음사, 2020. 이하 인용시 본문에 작품명과 쪽수만 밝힌다.

연결되면서도 어긋나 있는 관계를 이루고 있기 때문이다.[6] 이 세계의 인물들은 두 편으로 구분해볼 수 있다. 외부로부터 위협을 가하는 검은 옷의 남자가 한쪽 편에 있다면, 다른 편에는 졸지에 그 위협의 피해자가 된 주미와 '상란'(「그때 내가 뭐라고 했냐면」), 그리고 여주, '나'와 '병준'(「안 해」)이 있다. 그 두 영역 사이의 경계는 절대적인 것이 아니며, 내부 세계 역시 균질적인 공간은 아니다. 병준은 처음부터 검은 옷의 남자와 공유하는 특성이 있었고, 여주는 남자인 '나'에 비해 검은 옷의 남자에게 더 적극적인 저항을 보여주기도 한다. 그럼에도 두 영역 사이의 대립 구도는 분명하게 드러나 있다.

　무언가를 잘하게 되는 데 필요한 건 열심히가 아니라고 그게 남들이 보기엔 열심히로 보여도 당사자에겐 아니라니까 열심히가 아냐 무작정이 아니란 말이야 좀더 구체적으로 지목할 수 있는 항목이 당사자와 함께 달려나가는 거에 가깝다니까. 뭐 양보해서 열심히가 중요하다고 쳐도 정말로 열심히의 세계가 있겠어? 있다 해도 그게 튼튼해? 검은 옷 당신의 말처럼 열심히의 세계로 만들어진 노래가 자기의 몸을 부수고 세상에 던져질 만큼 튼튼해? 게다가 열심히로 만들어진 노래라니 조금도 듣고 싶지 않잖아. 안 그래? 정말로 나는 아니라고 생각해 나도 생각이라는 것을 했는데 아

---

[6] 박솔뫼 소설 전체가 이런 방식으로 연결 구조를 이룬다고 볼 수도 있다. 단편에 한정하면 크게 보아 '해만'이라는 지명을 공유하는 「해만」「해만의 지도」「부산에 가면 만나게 될 거야」「겨울의 눈빛」 등의 한 계열과 '극장'의 형식을 배경으로 하는 「안 해」「그때 내가 뭐라고 했냐면」「안나의 테이블」「차가운 혀」「너무의 극장」 등으로 구성된 다른 계열은 '여주'라는 기표에 의해 연결되어 있으며 그 이외의 간헐적인 교차점들을 내포하기도 하면서 커다란 하나의 이야기의 성채를 이루고 있어 보인다. 이 성채는 새로운 이야기가 추가될 때마다 역동적으로 확장되는 양상을 펼쳐왔으며, 그 확장은 현재에도 진행중이다. 그 최근 양상에 대해서는 이 글의 9장 참조.

니라고 생각해.(「안 해」, 53쪽)

위에서 보는 것처럼 검은 옷의 노래방 사장이 강요하는 '열심히'의 논리에 대한 반박이 직설적으로 드러나 있다. 사건이 펼쳐지는 주된 무대인 '구름새 노래방'을 "이유도 목적도 없이 열심히만을 끝없이 강요하는 작금의 우리 사회에 대한 공간적 알레고리"[7]로 읽어내는 현실적 관점이 부조리극의 면모를 가진 이 소설들에 비교적 자연스럽게 적용될 수 있는 여지가 생긴 것도 그 선명한 대결 구도 때문이라고 할 수 있다.

그보다는 뚜렷하지 않지만 유사한 이원적 구조는 「안나의 테이블」과 「차가운 혀」에서도 추출해볼 수 있다. 여기에는 '극장'과 '바'가 각각 '노래방'에 대응되는 공간으로 설정되어 있다. 극장에는 서커스 단장이 있고 바에는 사장이 있다. 그 반대편에 '나'와 '안나'(「안나의 테이블」), 그리고 '나'와 누나(「차가운 혀」)가 있다. 처음에 안'나'와 누'나'는 또다른 '나'라고 할 수 있을 만큼 '나'와 근친적인 관계를 이루고 있었다. 그런데 단장과 사장의 압력에 의해 '나'와 안나, '나'와 누나의 관계는 민감하게 영향을 받으며 변화를 겪어간다. 이야기가 흘러갈수록 안나와 누나는 점점 더 '안'나와 '누'나가 되어가는데, 이 소설들에서 두 세계의 대립 구도는 「그때 내가 뭐라고 했냐면」「안 해」에 비해 더 극적인 상태로 귀결된다. 위협을 피해 노래방을 탈출하거나 돌아와서 보복을 하는 대신, 안나는 테이블이 되고(「안나의 테이블」) 누나는 분열되는 한편 '나'는 본드를 흡입

---

7) 김형중, 「열심히 쓰지 않은 소설」, 『문학과사회』 2010년 겨울호, 292쪽.

하고 몽환적인 상태가 된다(「차가운 혀」). 말하자면 상징계 내부에서 대결의 드라마가 펼쳐지는 것이 아니라, 상징계의 압력에 의해 상상계가 활성화되면서 부풀어올라 비약적이고 환상적인 사건이 발생하고 있는 것이다.

3

이때 상징계의 압력이 성적인 형태를 띠고 있다는 것도 박솔뫼 소설에서 주목할 만한 점이다. 지금까지 살핀 네 편의 소설을 두고 생각해보면, 상징계의 압력은 주로 남성적인 특징을 띠고 있고(「그때 내가 뭐라고 했냐면」「안 해」의 검은 옷 남자,「안나의 테이블」의 단장,「차가운 혀」의 사장 등) 그 압력을 받는 대상은 주로 여성이거나(「그때 내가 뭐라고 했냐면」의 주미,「안나의 테이블」의 '나') 남성이지만 성적인 정체성이 희박한 편(「안 해」의 '나',「차가운 혀」의 '나')이라고 할 수 있다. 더 정확히 그 지형을 살펴보면 경계선의 외부에서는 인물의 성적인 특징이 뚜렷한 반면, 그 내부의 중심으로 갈수록 성적 정체성이 희미해지는 분포를 보이고 있다. 그 상황에서 중심부에 놓인 인물들의 관계가 와해되는 징후는 성적인 운동성이 강화되는 것과 맞물려 나타난다. 가령「차가운 혀」에서 '나'와 누나의 관계는 사장이 런던에서 살았던 적이 있다는 사실을 알게 된 이후, 그러니까 상징계로부터 유래하는 계층성의 압력이 그 관계에 가해진 이후, 미묘하게 변화하기 시작한다. 그 순간 '나'는 누나의 손을 축축하고 "긴장하고 있는 사람의 손"(「차가운 혀」, 23쪽)이라고 느끼고 있다.

누나는 소리를 질렀다. 누나는 가쁜 숨을 쉬었다. 그리고 나를 똑바로 쳐다본 채로 말을 했다. "너, 바 사장이 런던에서 살았었다는 이야기 들었어? 이상해. 그리고 나 정말로 학교가 가기 싫어. 하지만 갈 거야. 정말로 갈 거야." 나는 계속 웃음이 나왔다. 누나는 주먹 쥔 손으로 내 얼굴을 쳤다. 나는 누나를 밀쳤다. (……) 누나는 무서워하고 있었다. 런던 같은 데가 있을까봐. 런던 같은 데서 누가 살고 있을까봐. 가본 적도 없고 앞으로 갈 수도 없을 것만 같은데 누가 살았다고 하니까. 나는 누나가 오렌지처럼 토끼처럼 병아리처럼 작고 귀여웠다. 누나 학교도 다니지 말고 나와 본드나 마시자.(「차가운 혀」, 31~32쪽)

'런던'이라는 강력한 상징계의 기호가 상상계적 쾌락에 빠져 있던 누나를 호출한다. '학교'는 두 세계의 중간 지점에 놓여 있는 기표일 텐데, 누나는 그 지점까지 이끌려가서 그 경계의 기로에 서 있다. 이처럼 외부로부터 가해진 새로운 압력과 그로 인해 점증된 불안은 그 이전까지 견고하게 엮여 있던 '나'와 누나 두 사람의 관계를 요동시키고 있다. 외부의 자극에 대해 '나'와 누나는 마치 자극의 N극과 S극처럼 상반된 반응을 보이는데, 누나가 상징계의 압력에 의해 내적으로 분열되는 양상을 보이고 있는 반면, '나'는 오히려 더 자폐적으로 밀착된 관계에 집착한다. 그렇게 보면 누나의 '무서움'과 '나'의 '웃음'은 하나의 동전의 양면이라고 볼 수 있다.

그런데 '나'와 그 주위의 인물들의 성적 정체성은 희미하지만, 그럼에도 불구하고 외부의 위협에 직면해 있는 박솔뫼 소설 속 인물들 사이에서는 상당히 빈번하게 육체적인, 성적인 접촉이 일어나고 있지 않은가, 생각될 수도 있다. 그러나 자세하게 살펴보면, 이 관계에는 성적인 관능성이 희미한 편이다. 오히려 그 육체적인 관계는 그들이 나누는 친밀성의 표현 쪽에 더 가까워 보인다.[8] 위의 인용 부분에서 '나'는 누나를 '오렌지처럼 토끼처럼 병아리처럼 작고 귀여'운 대상으로 느낀다.[9] 그들 사이에 육체적인 관계는 있지만 그 행위는 쾌락원칙에 의거한 것으로 거기에 현실원칙으로 인한 긴장은 없다. 그것은 오히려 그 긴장으로부터의 도피에 가깝다. 그 관계에 상징계로부터의 압력이 가해질 때 그에 대한 반응은 성적인 긴장을 내포하기 시작하고 그 여파가 관계에 변화를 불러일으키고 있는 것이다.

이 점이 박솔뫼 소설이 이전의 소설들과 대비되면서 갖는 새로운 겹이라고 생각되는데, 말하자면 여기에서는 남성과 여성의 이분법적 성적 대립 구도를 취하거나, 이전에는 여성에 해당되던 자리에서 그것을 중성적으로 초월하는 일이 일어나지 않는다. 오히려 박솔뫼 소설의 인물들은 그와 같은 관념들을 비껴가면서, "성적인 방식으로 작용하는 사회화의 압력"[10]에 이전과는 다른 방식으로 반응하면서 주

---

[8] 「너무의 극장」「우리는 매일 오후에」「밥 짓는 이야기」「겨울의 눈빛」 등의 소설도 '나'와 남자가 이루는 친밀성의 관계를 이야기의 기본 구도로 삼고 있다. 섹스와 음식 등으로 연결된 그 친밀성의 관계를 둘러싼 외부에는 무자비하고 부조리한 폭력(「너무의 극장」)이나 원전 사고(「우리는 매일 오후에」「겨울의 눈빛」) 등의 극단적인 위협, 혹은 이미 몇 차례의 전쟁을 치른 후 우주에서 지구의 시간을 반복해서 살고 있는 꿈(「밥 짓는 이야기」)이 놓여 있다.

[9] 「우리는 매일 오후에」에서는 남자가 실제로 작아지는 사건이 일어난다. 남자는 '나'의 질 속에 자신의 몸 전체를 넣기도 하고, '나'는 어깨에 남자를 얹고 거리를 걸어다니기도 하는데, 그런 행위 역시 이 글의 맥락에서는 외부의 위협으로 인한 불안 때문에 서로를 껴안고 있는 상태와 다르지 않아 보인다. "그들의 산책과 웃음과 대화는 사실 보다 근본적인 불안을 감추기 위한 겹겹의 제스처들에 불과한 것은 아닐까"(박인성, 「박솔뫼를 위한 예언은 없을 것이다」, 「우리는 매일 오후에」 해설, 김종옥 외, 『2013년 제4회 젊은작가상 수상작품집』, 문학동네, 2013, 284쪽)라는 해석도 그 점을 적시하고 있다.

[10] 앤서니 보개트, 『무성애를 말하다—이성애, 동성애, 양성애 그리고 사랑이 없는 무

로 젊은 세대를 중심으로 새롭게 형성되고 있는 성적 관계의 실상을 징후적으로 드러내고 있다. 그리고 그것은 또한 상징계와 무관하게 성립된 것이 아니라 끊임없이 그에 반응하면서 유동하고 있는 이 세대의 상상계적 의식 세계의 실상을 보여주는 것이기도 하다.

4

지금까지 다룬 네 편의 소설과는 달리, 「해만」과 「해만의 지도」에 등장하는 '해만'[11]이라는 가상의 공간은 외부의 압력이 작용하지 않는 안온한 세계로만 이루어진 것처럼 보인다. 육지로부터 배로 다섯 시간 떨어진 섬, 그리고 그 가운데에서도 자발적으로 그곳을 찾아온 사람들이 머물고 있는 여행자들의 숙소는 현실로부터 분리된 이방인들의 자족적인 공동체의 외양을 띠고 있다. 그렇지만 그 공동체의 표면적인 안정성은 늘 그 외부의 힘에 의해 위협을 받고 있다. 어린 대학생은 부모에 의해 집으로 끌려가고, 책을 읽던 남자는 경제적 문제의 해결을 위해 다시 수도로 떠난다. 직장을 그만두고 우연히 해만을 찾은 '나' 역시 언제까지나 그곳에 머물 수는 없다. 섬에 들어왔다는

성애, 다시 쓰는 성의 심리학』, 임옥희 옮김, 레디셋고, 2013, 143쪽.
11) 앞서 이야기했듯이 '해만'이라는 가상공간은 박솔뫼의 소설에서 여러 차례 반복해서 등장하지만 그 과정에서 어떤 상징성이나 알레고리의 성격을 만들어내는 것이 아니라 다만 그 소설들 사이의 연결 관계만을 구성하는 역할을 한다. 그 점에서는 실제의 공간 역시 마찬가지다. 「겨울의 눈빛」에서 '부산'이라는 지명은 이미 원전 사고가 일어난 곳이라는 미래의 가상적 상황의 무대가 됨으로써 그 실제성으로부터 벗어나버린다. 『도시의 시간』에서의 '대구' 역시 실제 지명이지만 그에 대응되는 기의가 비어 있는, 껍질만 남은 기표에 가깝다고 할 수 있다. 뒤에 살펴보겠지만 '광주'만이 다소 예외적인 성격을 갖는다. 도시 공간과 관련한 최근의 양상에 대해서는 이 글의 9장에 간략하게나마 언급했다.

존속살해범의 풍문과 그의 여동생이라 자처하는 '서나'의 존재는 그 평온한 내부를 불길한 분위기로 둘러싸고 있다.

우리는「해만」「해만의 지도」에서 보이는 여행자들의 숙소를 중심에 둔 세계의 구도를 이미 그의 첫 소설『을』에서 확인한 적이 있다. 거기에서도 낯선 이방의 도시 속 여행자들의 숙소를 배경으로 희미한 욕망만을 간직한 인물들의 삶과 관계를 바라볼 수 있었던 것인데, 그런 인상과는 달리 작가는 한 인터뷰에서 "인류는 과연 어떤 모습으로 종말을 맞을지를 상상하다가 떠올린 이미지로 써내려간 소설"[12]이라고 창작 동기를 밝힌 바 있었고, 구상의 단계에서 마련된 구도에 대해 다음과 같이 설명하기도 했다.

> 아…… 저게…… 그게…… 3년 전에 쓴 건데 두 가지 기둥이 있는데 하나는 스물두 살 때 제가 숲이 나오는 배경을 써야겠다고 생각했어요. (……) 나머지 하나는 지구 종말에 대해 써야지, 라고 생각했어요. 인류가 멸망해도 크게 나쁘지 않을 것 같은 느낌도 있는데 막 사람들 다 죽고 없는데 한 명 두 명 남게 되면 어떻게 되나 이런 식으로 인류 멸망에 대한 구도를 많이 생각했어요. 만약에 아버지랑 딸이 남는다면에 대한 이그젬플원이 있으면, 어머니와 아들이 남는다면 하는 이그젬플 투도 있어요. 아버지랑 딸이 남는다는 것이 스스로 재미있었겠죠. 숲이랑 그게 있다면 이 두 사람이 만나려면 유동적인 공간이어야 하고 걔네가 만나는 공간이 숙박업소인 거죠. 숙박업소가 배경이 되면 여행자가 나와야 되고…… 숲과 인류 멸망 그런 식으로 맞추다보니까 이야기가 전개된 거죠.[13]

---

12)「인류 종말 상상하다가 쓴 소설」, 한국일보, 2010. 4. 3.
13) 고봉준 외,「2010년 장편공모 수상작가들과 함께(좌담)」.

실제로 『을』은 여행자들을 위한 호텔에 체류하고 있는 '을' '민주' '씨안' '프래니' '주이' 등의 인물들의 관계를 중심으로 전개된다. 그렇지만 작가는 그 이야기의 양쪽 극에 '숲'과 '지구 종말'이라는 기둥이 이미 설정되어 있었다고 밝히고 있다. 그 설정이 작가의 의도만큼 선명하게 드러나지 않고 있는 것은, 소설 속에서 '숲'은 민주가 '윤'과 '바원'과 함께하는 꿈의 배경 공간으로 등장하고 있고, '지구 종말'에서 살아남은 아버지와 딸의 이야기는 을과 씨안이 본 영화 속의 장면으로 재현되는 등 그 '두 가지 기둥'이 서사의 깊숙한 후면에 배치되어 있기 때문이다.

> 아침이 되었다. 카메라는 위성 화면을 보여주듯이 텅 빈 마을, 텅 빈 도시, 텅 빈 지구를 멀리서 보여주었다. 건물과 자동차는 그대로였으나 사람은 아무도 없었다. 여자와 남자는 어제 가져온 빵들을 역시나 정말이지 맛없게 입속에 욱여넣고 있었다. 그러고서는 다시 흰 벽에 기대어 엉겨붙었다. 머리카락을 붙잡고 키스했고 벽에 머리를 찧기도 했다. 그렇게 또 한참을 뒹굴던 그들은 문득 모든 동작을 멈추고 서로의 얼굴을 바라보다가 시선을 문 쪽으로 향했다. 문에는 한 젊은 남자가 서 있었다.[14]

종말의 상황 속에 남자와 여자가 남았다. 아버지와 딸처럼 보이는 둘은 지루하게 먹고 지치도록 광기에 가까운 섹스를 한다. 그 행위는 욕망이라고 하기에는 열정이 결여되어 있다. 다만 그것은 그들이 불

---

14) 박솔뫼, 『을』, 자음과모음, 2010, 59쪽.

안을 견디기 위해 나누는 몸부림에 가까워 보인다. 그런데 그들의 관계는 젊은 남자의 등장으로 인해 긴장에 휩싸인다. 그러니까 영화 속의 이 장면은 '지구 종말'의 상황을 보여줄 뿐만 아니라 박솔뫼 소설의 기본 구도를 그대로 드러내는 것이기도 하다. "두 명이 있을 때는 다른 할 일이 없다는 듯 뒤엉켜 뒹굴기만 했으나 세 명이 되자 그들은 나라라도 세울 듯이 열심히 일했다"[15]는 소설 속 문장에서도 확인할 수 있듯, 성적 긴장의 고조가 상징계의 활성화와 동시에 발생하고 있는 것이다.

『을』에서의 여행자들을 위한 호텔과 「해만」「해만의 지도」에 등장하는 숙소를 겹쳐 바라봄으로써, 우리는 박솔뫼 소설 전체의 맥락에서 '해만'이라는 공간이 놓여 있는 더 넓은 범위의 지형을 짐작해볼 수 있다. 안온한 듯 보이는 숙소 내의 공동체 속 인물들 사이에서 발생하는 긴장과 갈등은 더 완전한 세계에 대한 동경이나 이 세계마저 종말에 이를지도 모른다는 근원적 불안이라는 외부의 진원으로부터 유래하는 것이다.

이 구도는 이후에 발표된 소설들에서 더 분명하게 확인되고 있기도 하다. 「겨울의 눈빛」은 '해만'과 '부산'이 등장한다는 점에서 「해만」「해만의 지도」에 직접 연결된 이야기이다. 지금 해만에 머무르고 있는 '나'는 몇 년 전 K시의 극장에서 본 다큐멘터리영화를 떠올린다. 그 영화 속에서 부산은 원전 사고 이후 폐허가 되어버린 가상적 공간으로 제시되어 있고, 그로 인한 불안은 멀리 K시에 있는 '나'와 남자의 관계에까지 침투해 있다. 이렇게 본다면, '해만'이라는 공간 역시

---

15) 같은 책, 60쪽.

종말의 감각(실재계)을 배경으로 펼쳐지는 상상적 의식 세계와 상징적 현실 사이의 역동적인 긴장의 드라마가 상연되는 '극장'이라고 할 수 있다. 그 긴장은 다음과 같은 상상계적 관계의 충만함에 대한 상상을 다시 불러온다.

> 나랑 서나랑 너랑 그리고 또 누가 있지? 숙소에 있는 내 친구? 아니면 젊은 목사? 아니면 너 친구 아무나 그렇게 넷이서 살면 좋지 않을까? 우리는 하루종일 피곤하게 일을 하거나 돈을 벌거나 그렇게 살다가 밤에 집으로 돌아와 넷이서 꼭 껴안고 사는 거야. 다른 거는 안 해. 껴안는 거만 하고 그렇게 껴안고 자는 거. 그러면 다음날도 행복해지고 우리는 힘들지 않을 거야 계속계속. 우리는 부족한 것이 없을 거야. 계속계속 아주 오래 행복할 거야.(「해만의 지도」, 179쪽)

여기에서는 '나'가 서나와 맺는 관계의 추이가 앞의 소설들과는 반대의 방향으로 흘러가고 있다. 존속 살해범의 풍문으로 인해 불안을 내포하고 있던 '나'와 '서'나의 관계는 '우석'을 매개로 연결되어 결국에는 위에서 보는 것처럼 상상적 관계 속에서 마치 하나의 덩어리처럼 밀착되기에 이른다. 이 관계의 집합에는 '안 해'라는 삶의 방식에 공명하는 '아무나' 소속될 수 있으므로 서나조차도 예외일 수는 없다. 그 상상 이후 한 번도 깨지 않은 잠 속에서 웃으며 등장하는 서'나'를 보고 '나'는 왠지 아는 얼굴 같다고 생각하는 것이다.

5

'노래방'(「그때 내가 뭐라고 했냐면」「안 해」), '극장'(「안나의 테이블」)과 '바'(「차가운 혀」), 그리고 '해만'(「해만」「해만의 지도」) 등은 표면상으로는 현실 속 공간의 형상을 취하고 있지만 실제적 위상은 상상계 쪽에 더 가깝다고 할 수 있다. 그 소설들에서는 내적인 은밀함을 공유하는 상상계적 공동체를 중심에 놓고 그 외부를 둘러싸고 있는 상징계의 압력을 추상적인 형태로 대비시키고 있었다. 그러니까 상징계 자체에 무게가 놓여 있다기보다, 그것은 상상계에 대한 압력으로서의 의미가 더 강하다고 할 수 있다. 그렇기 때문에 이 상징계의 압력은 구체적인 현실성을 결여하고 있다. 박솔뫼 소설의 인물들은 상징계의 영향을 받지만 그럼에도 그들의 의식 세계는 그 영역에 머무르기보다 상상계 쪽으로 밀착되거나 아니면 반대로 그 너머의 실재계의 감각에 이끌리는 특성을 드러낸다.[16]

그런 맥락에서 「그럼 무얼 부르지」는 『그럼 무얼 부르지』에 실린 소설 가운데에서 이채를 띠고 있다. 여기에서는 상징계의 압력이 '광주'라는 역사적 사건을 형식으로 하여 구체적으로 나타나고 있기 때문이다.

---

16) 상징계가 약화된 현실적 상황에서 상상계와 실재계가 가깝게 맞닿게 된 장면에 대한 생각은 아즈마 히로키의 「우편적 불안들」에서의 논의에 의거한 바가 크다(東浩紀, 「郵便的不安たち」, 『郵便的不安たちß』, 河出書房新社, 2011, 50~109頁 참조). "미니멀리즘과 영원회귀로 이루어지는 플롯"(박인성, 「박솔뫼를 위한 예언은 없을 것이다」, 284쪽)이라는 구도 역시 그런 맥락을 다른 방식으로 표현하고 있다고 생각된다. 아즈마 히로키는 이른바 오타쿠 세대의 의식 세계를 규명하기 위해 그와 같은 구도를 고안했지만, 박솔뫼 소설에 등장하는 인물들을 보면 그 특징은 어느새 그 세대에만 한정된 것은 아닌 듯싶다. 가령 『백 행을 쓰고 싶다』에 나오는 '원대'와 '규대' 형제의 부모는 성매매를 생업으로 하지만 그들의 일상은 그 전형에서 벗어나 매우 평범하게 그려지고 있다. 목사 출신인 윤희 아버지 역시 그렇다. 그들 역시 상징계에 대한 소속감은 옅고, 상상계와 실재계 두 극에 의해 분열된 면모를 드러내고 있어 보인다.

샌프란시스코를 여행중이던 '나'는 한 대학 근처에서 한국어를 배우는 모임에 우연히 참여하게 된다. 거기에서 사람들은 1980년 5월의 '광주'에 관해 토론하고 있는데, 그들을 바라보면서 '나'는 자신과 그들 사이에 '몇 개의 장막'이 가로놓여 있다고 느낀다.

> 그 시는 김남주의 「학살 2」였다. 한국어와 영어로 각각 타이핑된 그 시는 외국 사람의 시 같았다. 60년대 후반 멕시코나 칠레의 대학에 군인들이 들어섰을 때 그것을 숨죽이며 지켜본 누군가가 쓴 것 같았다. 거리에서 사람들이 사라지는 것을 보게 된 누군가 그 누군가가 쓴 것 같았다. 게르니카에 대한 글 같았다. 1947년의 타이베이에 대한 글 같았다. 밤의 골목에서 누군가 얻어맞는 시였다. 누가 때렸다고 하는 시. 누군가가 때리고 누군가는 맞고 죽이는 사람이 있으며 죽는 사람이 있다. 그리고 우는 사람은 아주 많다. 그런 시였다.(「그럼 무얼 부르지」, 131쪽)

이 소설은 미체험 세대가 '광주'라는 사건에 대해 갖는 솔직한 역사적 태도를 드러내고 있다는 점만으로도 문제적이라고 할 수 있지만, 이 글의 맥락에서 역사적 감각의 결여는 조금 다른 차원에서 설명될 수 있다. 그 역사적 사건은 상징계의 방향으로부터 온 것이지만, 박솔뫼 소설의 인물에게 그 영역은 추상화되어 있어 실체적 부피감이 옅기 때문에 실재계에 대한 감각과 직접적으로 맞닿아 있다. 사건의 역사성이 소진된 상황에서 성장한 '나'에게, 비록 그곳에서 태어났다고 해도 '광주'는 시간성과 공간성을 잃은 채, 위의 장면에서 보는 것처럼 일종의 미디어적 사건과 같이 존재하는 것이다.[17]

그런 이유로, 언어와 문화는 제한적으로만 공유하고 있는 '나'와

해나는 그 불안만은 온전하게 나누어 가지고 있다.

　우리는 머리를 맞대고 읽었다. 김정환의 「오월곡五月哭」이라는 시였다. 우리는 검지로 한 줄 한 줄 읽었다. 나의 검지 옆에 해나의 검지가 움직였다. 나의 검지는 해나의 검지를 밀듯이, 해나의 검지는 나의 검지에 붙어 있는 듯한 모양으로 움직였다. 우리가 시의 끝 부분인 "은밀한 죄악의 밤조차 진저리쳤던 대낮이었습니다"라는 부분에 이르자 두 검지는 종이를 두드렸다 툭툭 하고. 서로의 손가락도 두드렸다. 손가락을 두드릴 때는 종이를 두드릴 때 같은 소리가 나지 않는다. 나는 펜을 꺼내어 이전에 해나가 했던 것처럼 줄을 그었다. "우리들 가난의 공동체여"라는 부분과 "제3세계여 공동체여"라는 부분이었다.(「그럼 무얼 부르지」, 144쪽)

'나'와 해나는 검지를 붙여 한 줄씩 시를 읽으며 친밀성의 관계를 구축한다. 그리하여 서로의 손가락을 두드리는 장면에까지 이르고 있다. 이 과정에서 해나는 '해'나로부터 해'나'로 그 성격이 전환된다. 그런데 이 소설은 이 상상적 관계의 성립으로 이야기를 마무리하지 않는다. 위의 장면의 끝 부분은 다음처럼 이어진다.

---

17) 이 소설집에 실린 소설들 이후, 「우리는 매일 오후에」나 「겨울의 눈빛」에 등장하는 '원전 사고' 역시 이 맥락에서 보면 사회적인 사건이면서 동시에 자아로 하여금 세계의 종말을 떠올리게 만드는, 상징계 너머와 맞닿아 있는 사건이라고 할 수 있다. 그 모티프의 발생 지점을 되돌아보는 대목에서 박솔뫼는 "원자력의 실태를 다룬 글을 읽다 고개를 들자, 눈앞의 세계와 읽고 있던 글의 간극이 느껴져 도무지 실감이라는 것을 할 수 없었던 것이다"(「오늘의 작가—박솔뫼」, 『세계의문학』 2011년 가을호, 444쪽)라고 적은 바 있는데, 그 '간극'은 원자력의 문제가 현실 속 사건으로서보다 그것과 떨어져 있는 실재계의 사건처럼 감지되고 있는 순간을 보여주는 표현이라고 생각된다.

공동체는 community, 제3세계는 third world 해나는 영어로 적는다. 공동체와 제3세계는 몹시 세계 공용 단어 같아서 그 두 단어에 밑줄을 그은 김정환의 시는 김남주의 「학살 2」처럼 꼭 광주의 이야기만은 아닐지도 몰라 이건 60년대 남미의 이야기일지도 모르지 하는 생각이 들게 했다. 모든 명확한 세계들이 내게서 장막을 치고 있었다. 해나는 그때 버클리대학 근처 카페에서 누군가 광주가 어디 있지? 하고 물었을 때 광주의 위치를 정확히 짚었다. 아까의 그 검지로, 대충 그린 한국의 지도에서 여기야 하고 광주를 짚었다. 누군가 massacre의 뜻도 물었는데 또 다른 누군가는 쉽게 설명해주었어. (……) 나는 그런 명확한 세계에 없었다.(「그럼 무얼 부르지」, 144~145쪽)

시간적으로도 멀리 떨어져 있고 사회적 상황도 변화해서 '광주'가 마치 미디어적 사건처럼 체험된다고 해도, 그 시공간적 규정성으로부터 '나'가 완전히 벗어날 수 없다는 사실을 감각하는 순간을 위의 장면에서 확인할 수 있다. 이처럼 해나와 '나'가 공유하지 못한 언어, 즉 상징계적 차원의 문제는 둘 사이의 상상계적 관계에 다시금 균열을 도입한다. 그러니까 이 소설에서 상징계의 여파에 의해 상상계적 관계가 변화하는 양상은 앞서 살펴본 소설에 비해 더 복합적이다. 말하자면 '해'나→해'나'→'해'나→……로 지속되는 왕복운동 속에 그것은 놓여 있는 것이다. 그 어느 중간 지점에서 '나'는 다음과 같이 잠정적으로나마 명료한 상태에 머무르고 있다.

다만 내 앞으로는 몇 개의 장막이 쳐져 있고 나는 그 앞으로 직선으로 나아갈 수 없다는 것, 그것만은 확실하다는 이야기다. 나는 3년 정도의 시간은 하나로 볼 수 있으며 3년 전은 3년 후의 시선으로 볼 수 있으며 그러므로 나는 모든 시제를 지울 수 있으며 그렇게 볼 수 있는 시간들은 점점 늘어나지만 나의 시선은 김남주가 이야기한 "광주 1980년 오월 어느 날"에는 가닿지 않는다는 말인데 이건 좀 신기할 수도 있지만 실은 당연한 이야기다. 확실한 이야기이다. (……) ####년 광주 시멘트 건물 회색 복도 오월 마지막 남은 며칠, 그것은 역시나 내가 모르는 시간으로 내가 더하거나 내게 겹쳐지지 않는 시간들이었다.(「그럼 무얼 부르지」, 152쪽)

미디어가 지배적인 영향력을 발휘하는 상황에서 현실의 시간과 공간의 의미는 옅어진 것이 사실이다. 과거나 미래의 이미지들은 더이상 기억이나 상상 속에 머물러 있지 않고 언제든지 미디어에 의해 재현될 수 있다. 그리고 그것은 이미지라는 점에서 보면 현재의 이미지와 구분되지 않는다. 그런 식으로 '볼 수 있는 시간들은 점점 늘어나'고 있다. 그러나 그럼에도 '나'의 시선은 '광주 1980년 오월 어느 날'에는 가닿지 못한다. 여기에서 '나'의 시선이 도달할 수 없는 지대가 있다는 사실의 확인은 역사에 대한 인식의 한계를 체념적으로 수긍하고 있다기보다, 미디어에 의해 현실적 시공간이 해체되는 상황 속에서도 그것으로 해소할 수 없는 역사성의 존재를 분명하게 자각하는 것이라 볼 수 있다. 여기에서 우리는 상징계에 대한 부정과는 반대 방향으로 작용하는 어떤 지향성을 감지할 수 있다.

6

상징계가 약화되는 상황 속에서 그에 대한 반응은 대체로 상상계나 실재계가 비대해지는 양상으로 나타나는 것이 일반적이지만, 박솔뫼 소설의 독특함은 그와 같은 동시대 의식의 현상을 징후적으로 보여주면서도 그 추세에 편승하여 상징계의 현실을 벗어나버리는 방향으로 쉽게 나가지는 않는다는 점에 있다. 젊은 세대임에도 기특하게 역사적 사건이나 사회현상에 관심을 기울이고 있다기보다, 근본적으로 그의 시선은 그 심역들 사이에서 일어나는 힘의 작용과 관계의 실상을 정확하게 바라보고 있는 것이다.

이렇게 본다면, 과격하게 해체적이거나 파괴적이지는 않으면서도 오히려 무정부주의적인 반항보다도 더 불온한 방식으로 문법적 규범으로부터 이탈하고 있다는 인상을 주는 박솔뫼 소설의 문체 또한 그와 같은 구도에 대응되는 것이라고 할 수 있지 않을까. 예를 들면 다음과 같은 문체.

> 지난 토요일 안나와 나는 영화를 보러 갔다. 안나는 6년 전 내가 쓴 소설의 모티프가 된 인물로 주위 사람들이 차례로 모두 죽고 난 후 혼자서 살고 있는 친구다. 안나가 소설의 모티프가 된 데에는 일가친척이 차례로 죽었다는 비극성에 있지만 아마 내가 다시 안나를 주인공으로 소설을 쓰게 된다면 백치미와 불안감을 온몸으로 풍기지만 정작 본인은 평안하기만 한 인물이 등장하는 소설을 쓸 것이다. 실제의 안나처럼. 이렇게 쓰고 보니 이건 너무 전형적인 여자 주인공이네라는 생각이 들어 관둬, 안 써 하는 기분이 되었다. 나는 안나에 대해서라면 늘 '꼭 그런 것만은 아니야'라고 말하고 싶어졌는데 무슨 말이냐면 그러니까 안나는 그다지 전형적인 인물이 아니라니까.(「안나의 테이블」, 185~186쪽)

박솔뫼 소설의 문장들은 무의식과 의식 사이를 관통하면서 존재했던 의식의 잔여물들이 남긴 사유와 발화를 이질적으로 접합하고 있는 듯 보인다. 그는 시간의 진행 과정에서 새롭게 생성되고 소멸하는 매 순간의 주체가 남긴 서로 다른 내용과 형식의 사유와 발화를 하나의 시점에서 통합하지 않고 그것들이 존재했던 상태 그대로 연결하여 하나의 프레임 안에 노출시키고 있는 것이다. 왜 이런 문체를 선택하지 않으면 안 되었던 것일까.

> 몇 년 전부터 자주 하는 생각은 많은 언어는 점령되어 있다는 것이다. 점령된 언어를 계속해서 쓰면서 하고자 하는 말을 할 수도 있지만, 나는 그게 잘 안 되는 쪽이고 그보다는 안 쓰는 쪽을 택한 것에 가깝다.[18]

상징계의 규범적 언어에 대해 회의하고 있는 주체는 매번의 발화의 순간 상상계와 상징계 사이에 분열되어 있다. 그렇기 때문에 객관적인 서술체 사이에서 구어체가 불규칙적으로 출몰하는 현상은 상징계의 압력을 마주하여 보이는 상상계 속 자아의 불안정한 상태를 반영하고 있다고 할 수 있을 것이다. 그런 방식으로 박솔뫼 소설의 인물들은 의식과 무의식에 걸쳐서 유동하고 있는 자아의 상태를 문체의 형식을 통해 드러낸다. 혹은 그 분열된 자아들을 통합할 수 있는 발화의 자리를 결여하고 있는 상징계의 무기력을 드러내고 있다고도 할 수 있을 것이다.

그럼에도 여기에서 '안 쓴다'는 표현의 의미는 단순한 부정을 뜻하지는 않는다. 오히려 '그대로 따르지는 않는다'는 의미에 더 가깝다고

---

18) 박솔뫼, 「코드프레스에 관한 몇 가지 생각들」, 『인문예술잡지 F』 7호, 2012. 10, 138쪽.

할 수 있다. 그리고 그 점령된 언어 가운데에는 상상계를 특권화하면서 상징계를 관념적으로 비판하는, 이미 익숙한 방식도 당연히 포함될 것이다. 그렇다면 점령되지 않은 언어에는 어떻게 접근이 가능한가.

    그 순간을 떠올리는 것으로 나라는 사람이 말로 싸울 수 있는 사람일지도 모른다는 확신을 얻는다. 어쩌면 용기를 얻는지도 모른다. 그런데 왜 말로 싸웁니까? 오염된 말로부터 나의 말을 지켜야 하니까요. 오염된 말은 무엇입니까? 오염된 말은 그저 적당한 말입니다. 아— 그저 적당한 말이라, 그렇다면 당신의 말은 오염된 말이 아닙니까? 싸우고 있는 한은 오염되지 않았다고 말하겠습니다.(*아닌가…….*)[19]

외부로부터 자극되어 생성된 의식은 그 자체로 자명한 듯 성립되지만, 얼마 지나지 않아 내부로부터 들려오는 목소리와 마주한다. 그 목소리는 검열관처럼 '나'의 의식의 정당성을 심문한다. 그런데 이 초자아의 심문에 대답하는 과정에서 자아는 자신도 모르는 사이 상징계의 '점령된 언어'를 통해 발화하고 있는 자신을 발견하게 된다. 그 사실이 의식되는 순간 상상계의 자아가 다시 등장하여 이탤릭체 형식의 회의적인 발화를 통해 지금까지의 맥락을 무화시키고 있다. 두 자아 사이의 간격은 회의의 강도에 따라 일시적으로 좁혀질 수 있지만 근본적으로 봉합되지 않는다는 사실을 박솔뫼 소설 속 인물들

---

19) 박솔뫼, 「부산에 가면 만나게 될 거야」, 『문학들』 2012년 봄호, 168쪽. 『겨울의 눈빛』에 수록되면서 이 인용 부분의 마지막 문장("싸우고 있는 한은 오염되지 않았다고 말하겠습니다.(*아닌가…….*)")이 삭제된다. 『겨울의 눈빛』, 문학과지성사, 2017, 123~124쪽 참조.

은 분명하게 자각하고 있다. "나에게는 몇 가지 말이 있고 말의 지평을 넓히는 말 그런 말을 가지고 있고 A는 연극으로 찾는다는 그것을 나 역시 찾으려 걷고 있다"[20]는 대목에서 보듯, 그는 부정보다는 확장의 방식에 의거하여 그 점령되지 않은 언어를 찾아가고 있는 자신의 상황을 인식하고 있는 것이다.

그러하기에 박솔뫼 소설은 상징계의 언어를 관념적으로 부정하면서 자동기술적인 서술로 일관하지 않는다. 상상계의 상태를 표현하면서도 그 방향으로만 계속 진행해나가는 것이 아니라 그다음 장면에서는 규범적인 발화의 궤도로 복귀하고 있다. 박솔뫼 소설은 규범과 비규범의 상태 한곳에만 머무르거나 그 둘을 지양하지 않고 그 왕복운동을 그대로 문체화하고 있는 것이다.

모더니즘의 스타일과 리얼리즘의 주제가 하나의 이야기 안에서 긴장을 이루며 양립하고 있는 박솔뫼 소설의 면모 역시 그처럼 상상계와 상징계를 왕복하는 의식의 운동 속에 시선을 두고 자신과 세계를 바라보는 태도로부터 비롯했다고 할 수 있다. 그렇기 때문에 그의 소설이 그 전개의 과정에서 점차적으로 획득하는 듯 보이는 현실에 대한 태도는 어떤 외부의 이념에 의거한다기보다 그 내부의 회의가 빚어낸 공백을 소거해내고 남은 단단한 의문의 결과라고 할 수 있을 것이다.

7

2014년 처음 출간된 박솔뫼의 첫 소설집 『그럼 무얼 부르지』는 그에 앞서 출간된 장편 『을』과 『백 행을 쓰고 싶다』를 통해 실험적으로

---

20) 「부산에 가면 만나게 될 거야」, 『겨울의 눈빛』, 125~126쪽.

제시된 그의 독특한 소설적 개성이 단편이라는 또다른 형식을 통해 더 강렬하게 부각되는 계기가 되었다. 그리고 그후 『겨울의 눈빛』 『사랑하는 개』(스위밍꿀, 2018) 등의 소설집과 『도시의 시간』 『머리부터 천천히』(문학과지성사, 2016), 『인터내셔널의 밤』(arte, 2018), 『고요함 동물』(창비, 2020) 등의 장편이 꾸준하게 출간되어 박솔뫼의 소설 세계는 더 넓게 펼쳐져왔다.

『그럼 무얼 부르지』와 그 이후 지금에 이르기까지 박솔뫼 소설의 중요한 개성 가운데 하나는 그 이야기들이 외부 현실의 흐름에 민감하게 반응하면서 어떤 변화를 적극적으로 추구하기보다 그 생성의 흐름에 몸을 맡긴 채 자연스럽게 흘러오면서 자신만의 스타일을 간직한 고유의 세계를 구축하고 있다는 점에서 찾을 수 있다. 그의 첫 책 『을』에는 내가 인상적으로 기억하고 있는 한 장면이 있다.

> 그녀는 하우스키핑을 시작하며 새로운 습관이 생겼다. 그것은 무엇이든 늘 하나만 사는 것이었다. 씨안은 일주일에도 몇 번씩 맥주를 마셨지만 늘 한 번에 한 병씩만 샀다. 그것은 다른 것도 마찬가지였다. 책도 한 권 이상은 사지 않았다. 곰곰이 생각해보고 정말 읽고 싶은 책만 한 권 사는 것이다. 커피도 한 봉지만, 땅콩도 한 봉지만. 그렇게 아주 조금씩, 대신 자주 샀다. 시간이 지날수록 점점 간소해지고 싶고 간단해지고 싶고 가벼워지고 싶었다. 그녀는 이 생활에 아무런 불만이 없었다. 오히려 깊이 사랑하고 있었다. 솔직히 말한다면, 할 수만 있다면 좀더 오래 이 생활을 유지하고 싶다고 생각했다. 할 수만 있다면 좀더 오래.[21]

---

21) 『을』, 53~54쪽.

여행중 장기투숙자를 위한 호텔에 머무르다 하우스키퍼 공고를 보고 일을 하기 시작하며 그곳에 체류하고 있는 씨안. 일을 하지 않을 때는 극장이나 서점에 들르고, 밤에는 혼자 맥주를 마신다. 그런데 씨안은 맥주를 한 번에 한 병씩, 그리고 책도 정말 읽고 싶은 책만 한 권씩 산다. 넉넉할 리 없는 주급으로 생활하지만 이런 삶에 결핍이 있을 수 없다. 이런 가난한 삶에 불만이 없는 이유는 타인의 욕망을 뒤쫓거나 그 욕망의 대상이 되고자 하지 않기 때문일 것이다. 씨안은 오히려 이 생활을 깊이 사랑하며 할 수만 있다면 좀더 오래 유지하고 싶다고 느낀다. 그런데 지금 되돌아보면 소설 속의 이 장면은 박솔뫼의 글쓰기가 추구하는 지향점의 메타포 같은 것이 아니었을까 생각되기도 한다.

소설은 다른 행위에 비해 승인 욕망이 강렬하게 투여되는 양식이라고 할 수 있다. 그것이 많은 대중을 원하지 않는 전위적, 실험적인 것이라고 해도 그렇다. 그런데 박솔뫼의 소설은 특이하게도 인정 투쟁의 욕망에 물들지 않은 글쓰기 지대의 존재를 증명하고 있다. 승인의 욕망이 희미한 그와 같은 글쓰기는 다르게 말해 소설적이지 않다는 의미이기도 하다. 소설이면서도 소설적이지 않은, 혹은 소설적이지 않아도 상관없다는 태도를 보이는 이런 상태가 박솔뫼 글쓰기의 일관된 기조저음을 이루고 있는 것이다.

박솔뫼는 자신이 쓴 소설이지만 그것을 자신의 것으로 느끼지 않는 감정의 상태를 여러 차례 언급했는데, 이런 상태 또한 앞에서 이야기한 소설적 지향과 무관하지 않아 보인다. 그는 첫 책을 낼 때부터 "이 글도 나름대로 잘 살 거라 생각"[22]한다고 이야기한 바 있고, 이런 생각은 시간이 좀더 지난 후에도 "어떻게든 상대에게 이 소설을 잘 소개해야겠다거나 오해로부터 이 소설을 보호해야겠다거나 혹은 어떤 좋을지도 모를 오해를 사게 하고 싶다거나 하는 의지나 기대가 나에게는 별로 없다는 생각"[23]에서 보듯 크게 변하지 않고 나타나 있다. 『그럼 무얼 부르지』의 초판 '작가의 말' 또한 이런 생각으로 채워져 있다.

> 책이 나온다는 생각을 하면 왜인지 이 책과 가장 관계없는 사람의 표정을 짓게 된다. 그러면 어디로 가게 되나? 멀리 가게 되나?
> 데뷔하고 작품을 발표하기 시작하던 때의 소설들을 묶었다. 어떤 것은 낯설었는데 내가 멀리 간 것일 수도 있지만 소설들도 나름대로 발이 달려서 어디로 간 것 같다. 거기서 뭘 하고 있는지는 모르겠지만. 어떨 때는 거기서 거기 다리 하나 위에서 서로 왔다갔다하고 있겠지만.
> 발이 달린 소설들이 뭘 하고 사나 그런 것을 생각하면 좋은 것 같다.[24]

그런데 여기에서 '발이 달린 소설'은 작가의 손을 떠난 작품의 독자적 운명과 관련된 표현이라고 할 수 있지만, 이를 단서로 하여 생각하면 그것이 박솔뫼 소설의 생성의 측면과 관련된 또다른 특징을 암시하고 있다고도 볼 수 있을 것 같다. 말하자면 그 이야기들은 작가의 의도라든가 미적 의식에 의해 통제되는 것이 아니라 그보다 심층에서 그들 스스로가 자율적으로 연결되고 구축하는 서사에 더 가까워 보인다. 그러니까 우리는 이 표현으로부터 박솔뫼 소설과 더불어 무

---

22)「작가의 말」,『을』, 221쪽.
23) 박솔뫼,「아수라 걸 in Love」, 요조 외,『연애소설이 필요한 시간—진짜 연애는 아직 오지 않았다』, 부키, 2015, 294쪽.
24)「작가의 말」,『그럼 무얼 부르지』, 자음과모음, 2014, 259쪽.

의식까지는 아니라고 해도 작가의 이데올로기로부터 거리를 둔 영역에서 전개되는 이야기의 생성 과정을 떠올려볼 수 있는 것이다.

작가와 이야기 사이가 이렇게 서로 무심함에도 불구하고 박솔뫼의 글이 문예지에 발표되는 소설의 형태로, 출판사에서 출간되는 책의 형태로 존재한다는 사실, 그리고 아주 많은 사람들은 아니지만 그것을 아끼는 사람들에 의해 지속적으로 읽히고 있다는 사실이야말로 사건적 성격을 띠고 있다고 할 것이다. 이 아슬아슬하고 불편한 자리를 자기 자리라고 생각하고 편안하게 느끼며 심지어 즐기기까지 하는 데 박솔뫼의 글쓰기의 특별함이 있다고 생각된다. 자기 나름의 존재의 방식을 유지하되 그렇다고 현실과의 긴장을 무시하지 않는 어떤 상태, 박솔뫼 소설은 그런 희소하고 희박한, 그런데 그렇기 때문에 보존되어야 할 어떤 삶과 가치를 일깨운다. 박솔뫼 소설의 내용과 별도로 이런 자리가 점점 더 시장 중심으로 진행되어가는 한국소설에서 각별한 의미를 지닌다고 생각한다.

8

그럼에도 불구하고 박솔뫼의 글쓰기에서도, 적어도 내적인 차원에서는 그만의 욕망이 긴장을 유지한 채 자리잡고 있다. 그는 처음 자신의 글을 세상으로 내보내면서 다음과 같이 쓴 바 있다.

> 정말 이상한 것을 써야지, 예쁨받을 수 없는 것을 써야지. 나는 그런 마음을 가졌다. 금요일 밤의 마음. 차가운 한밤중 홀로 어딘가를 달려나가는 마음. 내가 자랑스럽고 당당하게 여기는 것은 아무래도 그뿐이었다.[25]

그 욕망의 빛깔이 많은 사람들이 갖고 있는 것과는 다르기는 하지만, 박솔뫼의 글쓰기에도 그 나름의 욕망이 작동하고 있다는 사실을 위에서 발견할 수 있다. 이상한 것, 예쁨받을 수 없는 것을 욕망하는 마음이 그것인데, 그 욕망을 박솔뫼는 '금요일 밤의 마음'이라는 인상적인 비유로 표현하고 있다. 그런데 그 '금요일 밤의 마음'이라고 하는 것은 '차가운 한밤중 홀로 어딘가를 달려나가는 마음'이라는 보다 구체적인 은유를 통해 서술되어 있는 것처럼 실제로는 분주한 세상을 배경으로 하되 본질적으로는 자아에 내재적인 고독한 추구를 의미하는 것으로 이해된다.

한편 이와 같은 자족적인 열망이 내적인 고립에 도취되는 나르시시즘으로 흐르지 않는다는 점 또한 박솔뫼 소설의 특별한 면모인데, 그것은 자신과 취향을 공유하는 특정 경향의 텍스트에 대해 이른바 '영향의 불안'을 갖지 않는 점에서, 오히려 그에 대한 솔직한 반응을 무방비 상태로 드러내고 있는 장면들에서 확인할 수 있다.

> 에릭 보들레르의 이 작품에서 가장 인상적이었던 것은 아다치 마사오의 목소리에서 '나는 이런 것을 했다'라는 식의 느낌이 거의 없었다는 것이다. 그는 요즘은 편의점 앞에서 젊은이들이 하는 이야기를 들어본다고 하였다. 그에게는 과장도 자기 연민도 없었고 다소 초연한 목소리로 여전히 사회와의 긴장감을 가진 채 주변의 것을 이야기하고 있었다. 그는 어떻게 그런 상태를 계속할 수 있는가.[26]

---

25) 박솔뫼, 「수상소감—제1회 자음과모음 신인상」, 『자음과모음』 2009년 겨울호, 23쪽.
26) 박솔뫼, 「9월 도쿄에서」, 『겨울의 눈빛』, 241쪽.

박솔뫼가 에릭 보들레르의 다큐멘터리영화에서 아다치 마사오의 목소리를 위에서처럼 인상적으로 기억하고 있는 이유 또한 그와 관련이 있어 보인다. '나는 이런 것을 했다'는 식의 느낌이 거의 없으면서도 사회와의 긴장감을 유지하며 주변의 것을 이야기하는 그런 태도와 공명하는 의식이 박솔뫼에게 있었던 것이며, 아다치 마사오와 에릭 보들레르와의 만남은 그런 의식을 더욱 자각적인 것으로 확인하는 계기가 되었던 것이다.

그리고 다른 텍스트와 만나 발생한 이런 스파크는 다만 삶의 영역에 머물러 있지 않고 박솔뫼의 소설 속으로도 넘쳐 흘러들어온다. 「광장」(『광장』, 워크룸프레스, 2019)은 제목 그대로 최인훈의 『광장』을 모티프로 하여 탄생한 이야기이지만 그 근저에는 아다치 마사오의 영화 〈약칭 연속 사살마〉(1969)가 놓여 있다. 그 텍스트의 네트워크가 빚어내는 상상력 속에서 '나가야마 노리오'와 '권희로', 그리고 '이명준'이 만나 하나의 세계를 이루고 있다.

그러니까 박솔뫼의 소설은 고립된 성채와 같은 것이 아니라 삶의 과정에서 그가 마주친 텍스트들과의 대화가 이루어지는 교통적 공간이다. 자신의 성향을 자극하는 텍스트에는 예민하게 반응하는 감각이 그의 글쓰기의 중요한 동력이라는 사실을 다음의 발언에서도 확인할 수 있다.

생각해보면 나는 늘 좋은 것에서 힘을 빌려와야겠다는 마음을 품은 채 소설을 시작하게 된다. 소설을 쓰는 마음, 소설에 대한 의지 같은 것의 20%는 좋은 것이 있으면 있는 힘껏 가져오겠다, 치마를 넓게 펴고 손을

뻗어 다 따겠다, 배부르게 먹고 토하겠다는 그런 마음인 것이다.[27]

겉으로는 욕심처럼 보이는 이런 마음 역시 궁극적으로는 자기 이야기에 대한 소유권에 집착하지 않는 태도와 연결된다고 할 수 있다. 『머리부터 천천히』에서 병준이 꿈속에서 리처드 브라우티건, 다카하시 겐이치로, 로베르토 볼라뇨 들과 만나 대화를 나누는 장면은 작가의 사심이 깃들어 있는 대목인데, 배타적인 것과는 거리가 먼 이런 마음이 그가 좋아하는 이야기와 그가 만드는 이야기를 이어주고 결과적으로 그 고유의 혼종적인 텍스트를 가능하게 하고 있다. 그 흐름을 타고 그가 교섭하는 텍스트는 사쿠라이 다이조의 연극(「주사위 주사위 주사위」), 다카노 후미코의 만화(「사랑하는 개」), 구로사와 기요시의 영화(〈여름의 끝으로〉) 등 점점 더 다양하고 넓어지며 과감해지는 경향을 보이고 있다.

9

만일 박솔뫼의 소설을 원심 분리하듯 분석할 수 있다면, 앞서 살핀 '읽기'만큼이나 '걷기'(상당한 비중의 '먹기'를 포함)의 성분의 비율이 높은 수치를 나타낼 것 같다. 그런데 실제로는 이 성분들이 분리되지 않고 서로 얽혀 '살기=쓰기'의 복합체를 이루고 있는 것이 박솔뫼의 소설이라고 할 수 있다. 그런 의미에서 여행은 박솔뫼 소설의 소재이자 모티프이면서 동시에 글쓰기의 조건이자 결과적으로 그 궤적이 곧 그의 소설이다.

---

27) 「아수라 걸 in Love」, 298쪽.

박솔뫼는 그의 첫 소설 『을』을 책으로 내면서 "삼 년 전 여름, 여행 중에 이 소설을 썼다"[28]고 적은 바 있는데, 그로부터 생각하면 처음부터 그의 글쓰기는 여행과 분리된 것이 아니었던 듯하다. 그러니 그가 다음처럼 리처드 브라우티건의 기록에 민감하게 반응하는 것도 이상한 일이 아니다.

> 이 소설은 캘리포니아, 볼리나스의 한 집에서 1964년 5월 13일에 시작되어, 1964년 7월 19일 캘리포니아, 샌프란시스코, 비버 스트리트 123번지의 집 앞방에서 완성되었다.
> 이 소설은 돈 앨런, 조앤 카이거, 그리고 마이클 맥클루어를 위한 것이다.
>
> 왜인지 이 부분을 좋아하는데 아마 큰 의미는 없어 보이지만 많은 장면을 보여주고 열어주고 있다는 생각이다. 내 생각에 리처드 브라우티건의 그 소설은 나를 위한 것 같다.[29]

여행의 과정이 곧 글쓰기의 과정이 되고, 그 과정이 다시 글 내부로도 침투하는 일은 박솔뫼 소설의 텍스트 상황이기도 하다. 그렇지만 그 여행은 사실의 기록이기보다 경험과 상상이 얽히고, 그것이 다시 텍스트 사이를 넘나드는 상호텍스트의 놀이로 이어진다. "다른 세계를 생각해도 엄청난 것 대단한 것을 떠올리지 않고 같은 나라의 다른 도시의 내가 살 법한 조건들을 그럼에도 현재로서는 선택하지

---

28) 「작가의 말」, 『을』, 221쪽.
29) 박솔뫼, 「작가의 말」, 『머리부터 천천히』, 문학과지성사, 2016, 254~255쪽.

않은 걸음들을 간 사람을 가정하는 것"[30]이라는 소설 속의 규정이 이 놀이가 갖는 성격의 한 단면을 드러내고 있다. 박솔뫼 소설에서 광주와 부산, 혹은 오키나와 등의 공간은 그런 방식으로 소설 속에 등장한다.

　세계의 끝을 향한 여행이 도시들과 텍스트를 경유하여 더 확장되는 한편, 소설 속의 인물들이 나누는 친밀성의 유대는 개와 고양이 같은 동물과의 관계로 넓어지는 경향도 볼 수 있다. "「겨울의 눈빛」(2013)과 「어두운 밤을 향해 흔들흔들」(2014)에서, 부모 형제 등 인물의 혈연가족들은 거의 부각되지 않는다. 오히려 그들과 '감정적 친족관계'에 있는 것처럼 보이는 이들은 개와 고양이이다"[31]라는 비평적 언급에서 보는 것처럼, 박솔뫼 소설에서 동물은 포스트휴먼의 맥락을 보여주고 있었는데, 『사랑하는 개』와 『고요함 동물』, 그리고 「수영하는 사람」(『문학과사회』 2020년 봄호) 등에서 그런 경향은 더 넓어져 있다. 「우리는 매일 오후에」에서부터 등장하는 '작은 존재'나 고양이 '차미' 같은 동물이 친밀성의 자리에 있다면, 그보다 조금 거리를 두고 '허은'과 같은 친구가 있고, 상대적으로 먼 지점에 '선생님'이 자리하는 양상이 최근 박솔뫼 소설의 인물 구도를 이루고 있다. 그리고 이 대목에서 이 글의 앞부분에서 제시한 박솔뫼 초기 소설의 인물 구도가 어느덧 새로운 형태로 재정립되어 있다는 사실을 발견하게 된다.

---

30) 박솔뫼, 「우리의 사람들」, 『문학과사회』 2016년 여름호, 166쪽.
31) 차미령, 「고양이, 사이보그 그리고 눈물—2010년대 여성 소설과 포스트휴먼 '몸'의 징후들」, 『문학동네』 2019년 가을호, 534쪽.

10

 이렇게 돌아보니 지난 십 년 동안 박솔뫼는 기복 없이 자기의 스타일을 유지하며 꾸준히 글을 써왔다는 사실이 새삼 확연하다. 그러면서도 지금까지 살펴온 것처럼, 그의 글쓰기에 성장의 마디가 한 칸씩 늘어가고 있다는 것도 확인할 수 있었다. 『인터내셔널의 밤』이나 『고요함 동물』 등에서는 (박솔뫼 소설답지 않은) 단정하고 차분한 문체의 느낌을 받을 수 있기조차 한데, 아마도 뻣뻣한 긴장이 누그러지고 있다는 징후일 수 있는 이 현상은 박솔뫼 소설의 새로운 국면에 대한 기대를 품게 만든다.

 소설의 안과 밖을 넘나들며 이어지는 박솔뫼의 여행은 앞으로 또 어떤 새로운 모습을 드러내게 될까. 마지막 페이지를 넘겨도 "아직 남은 것이 있다는 느낌"[32], 그런 느낌을 간직하며 그의 소설 여행이 오래 이어지기를 바란다.

(2020)

---

[32] 박솔뫼, 「차가운 여름의 길」, 『사랑하는 개』, 스위밍꿀, 2018, 129쪽.

어떤 늦은 소설쓰기에 얽힌 변전의 역사가 이른 곳
―김훈론

1. 역사와 현실의 두 궤도가 교차하는 『하얼빈』

『하얼빈』[1]은 이제 칠십대 중반에 이른 김훈이 쓴 열한번째 장편이다. 그는 오랫동안 기자생활을 하다가 사십대 후반에 처음 소설을 쓰기 시작했는데, 1994년 겨울 새로 창간된 『문학동네』에 『빗살무늬토기의 추억』 첫 회분을 발표한 지도 어언 삼십 년 가까운 세월이 흘렀다. 아마도 "문학 저널리스트이자 문학평론가"[2]로 소개되었던 그 이례적인 출발의 지점에서는 이런 상황을 예상하기 어려웠을 것이다. 그도 그럴 것이 그 다음해 봄호까지 2회에 걸쳐 연재되고 곧이어 얇은 단행본으로도 출간된 첫 장편은 이렇다 할 반응을 얻지 못했다. 그리고 신문사를 그만두고 1998년 여름에 시도한 두번째 장편 「한 모금의 당신」의 연재는 첫 회분만이 발표되고 더 이어지지 않았다. "김훈씨는

---

1) 『하얼빈』, 문학동네, 2022. 이하 인용시 본문에 쪽수만 밝힌다.
2) 「김훈 소설로 이끄는 글」, 『문학동네』 1994년 겨울호, 323쪽.

겨울호에 연재를 재개하겠다고 밝혔다"[3]는 예고가 나왔지만 그뒤에는 다시 소식이 끊겼다. 사태가 이런 상황에 이르면 소설이라는 새로운 장르에 대한 그의 시도는 막다른 길에 부딪쳤다고 볼 수 있지 않았을까. 그 국면에서 그의 작가로서의 미래는 기약할 수 없어 보였다.

그렇지만 김훈은 2001년 방향을 선회하여 이순신의 삶을 쓴 『칼의 노래』를 출간하면서 자신의 스타일을 세상에 드러냈고, 이 책이 당시 탄핵 발의로 인해 직무 정지 상태에 있던 대통령의 독서 목록에 오르면서 더 큰 반응을 얻어 그의 이름과 스타일은 대중들에게도 뚜렷하게 각인되었다.[4] 그런데 이때까지도 그의 소설가로서의 길은 멀리 내다볼 수 없는 불확정적인 것이었다. 그는 2002년에 진행된 한 인터뷰에서 "처음부터 소설가가 될 생각은 없었다. 직업적 소설가로 입신하고 싶은 마음이 없다는 거다. 그런 점에서 나는 아마추어다. 소설로 풀어야 할 이야기가 많은 사람도 아니다. 장편을 두 편 계획하고 있다. 이건 죽기 전까지 사력을 다해 만들어볼 참이다"[5]라고 이야기한 바 있다.

그가 말한 '두 편'은 각각 "무인의 얘기와 예술가의 얘기"인데, 바로 이어 "더이상 쓸 얘기가 없다. 구체적 계획은 없다"[6]고도 덧붙

---

3) 「1998년 가을호를 펴내며」, 『문학동네』 1998년 가을호, 19쪽.
4) 작가는 십여 년 뒤에 이 책을 다시 출간하면서 "『칼의 노래』는 내가 지속적으로 글을 쓸 수 있는 터전을 마련해준 책이다"(「임진년의 서문」, 『칼의 노래』, 문학동네, 2012, 5쪽)라고 적었다.
5) 남재일, 「칼 혹은 지우개, 그리고 김훈」, 『문학인』, 2002년 가을호, 273쪽. 이 글은 『밥벌이의 지겨움』(생각의 나무, 2003)에 수록되면서 제목이 「사무라이, 예술가 그리고 김훈―남재일과의 인터뷰」로 바뀌었다.
6) 같은 쪽.

였다. 그 둘 가운데 '예술가의 얘기'는 그로부터 얼마 지나지 않은 2004년 음악을 위해 조국을 버린 우륵의 삶을 쓴 『현의 노래』로 실현되었다. 『칼의 노래』는 이미 나와 있는 마당이었으니, 그렇다면 '무인의 얘기'는 그와 다른 또 어떤 것이었을까.

그러나 그가 이후에 쓴 소설은 그 '무인의 얘기'를 비껴갔다. 그 대신 「화장」(2003)을 필두로 단편이 하나씩 발표되었는데, 그것들은 미완으로 중단되었던 「한 모금의 당신」이라는 대륙으로부터 분리된 섬들 같았다.

> 당신의 이름은 추서진秋西津. 내가 당신의 이름으로 당신을 부를 때, 당신은 그 이름으로 불리워진 그 사람인가. 어디에 있는가 당신은. 어디에라도 있기는 있는 것인가. 어디에도 없는 것인가. 당신의 변방은 언제나 저녁이었고, 그 헐겁고 성긴 저녁의 시간 속에서 당신의 있음과 당신의 없음은 박모薄暮로 교차하였다. 내가 잿빛으로 스러지는 그 어스름을, 사랑이라고, 알량한 사랑이라고 기어코 더듬거리고 있을 때 당신은 살냄새 자욱한 여자의 몸으로 내가 만질 수 없는 이 세상의 어디에서 살아 있는 것인가.[7]

「한 모금의 당신」에 나오는 위의 대목은 인물과 문장의 표현에서 김훈의 첫 단편 「화장」을 곧바로 떠올리게 만든다. 다만 '추서진'이라는 이름은 '추은주'로 변경되는데, 「화장」에서 추은주는 오상무의 회사 부하 직원으로 설정되어 있지만, 「한 모금의 당신」에서 추서진은 일간지 사회부 기자로서 일인칭 화자인 강력계 형사 '김민수'(김우기

---

7) 「한 모금의 당신」, 『문학동네』 1998년 여름호, 283~284쪽.

로 표기된 곳도 있다) 경위와 마주하고 있다. 김민수는 해산 직후 수혈 사고로 사망한 아내의 시신을 화장했어야 했다고 후회한다.

한편 김민수가 장자라는 별명으로 불리는 혁명 조직의 지도자 '장일식'을 검거하기 위해 율국도의 소은암을 급습하는 스토리는 「머나먼 속세」(2004)로 분리된다. 다만 장일식을 비호하는 암자의 주지 '돈개'가 「머나먼 속세」에서는 '난각'이라는 다른 이름으로 등장한다.

「화장」과 「머나먼 속세」는 서로 접점을 갖지 않는 독립된 이야기가 되었지만, 「한 모금의 당신」에서는 추서진이 장일식의 대학교 후배이자 그가 이끄는 조직의 일원인 '허영수'의 아내로 설정되어 있어 두 이야기가 연결된 구도를 이루고 있다. 허영수와 추서진 사이에는 '목희'라는 이름의 어린 딸이 있는데, 이 목희라는 이름은 나중에 『공무도하』(2009)에서 노목희로 다시 쓰인다. 추서진과 장일식의 관계는 『공무도하』에서 노목희와 '장철수'의 관계로 변주된다. 추서진이 「화장」의 추은주로 옮아가고 남은 부분이 목희라는 이름을 통해 이전의 맥락을 이으면서도 새로운 인물로 성형된 것으로 이 상황을 설명해 볼 수 있다.

그런가 하면 「한 모금의 당신」에서는 형사인 중심인물을 둘러싸고 여러 건의 사고와 사건이 발생한다. 열여덟 살 소년의 택시 강도 살인사건은 이후 「고향의 그림자」(2005)로 흘러들어가고, 무쇠 절구에 의한 존속살해 사건과 백화점 화재 현장의 절도 사건은 『공무도하』에 다시 등장한다. 「한 모금의 당신」에서는 절도 사건의 용의자인 소방수 '문정우'가 『공무도하』에서는 '박옥출'로 이름을 바꾸는 대신, '문정우'는 추서진의 남편 이름인 허영수와 화학적으로 결합되고 기자라는 추서진의 직업을 건네받아 '문정수'로 다시 태어난다.

이처럼 동시대의 현실을 배경으로 한 김훈 소설의 계열에서는 그 중심인물이 '소방수'(『빗살무늬토기의 추억』)와 '형사'(「한 모금의 당신」「머나먼 속세」「고향의 그림자」)로부터 '기자'(『공무도하』)로 변화해간다. 그들은 넓은 의미에서 작가의 은유적 페르소나에 해당될 터인데, 그렇게 생각하면 이 변화는 허구라는 가면을 한 겹씩 벗고 맨얼굴에 한 발씩 다가가는 과정에 해당된다고도 볼 수 있다.
　그런 맥락에서 보면 수목원에서 세밀화가로 일하는 여성('조연주')이 일인칭 화자로 설정되고 그 시선에 의해 상대화된 그녀의 아버지와 할아버지의 삶이 모습을 드러내는 『내 젊은 날의 숲』(2010)은 그 발걸음이 한 층 다른 차원으로 올라서는 계단이라고 할 수 있다. 「한 모금의 당신」에서는 형사로 등장하는 김민수가 「화장」에서는 딸과 결혼을 앞둔 예비 사위로 나왔는데, 『내 젊은 날의 숲』에서는 조연주가 근무하는 수목원 부근 부대의 장교 김민수 중위로 다시 한번 모습을 바꿔 나타난다. 소설은 조연주와 김민수 커플을 중심으로 전개되지만, 지금의 시야에서는 공직자였지만 뇌물죄로 수감중인 조연주의 아버지와 "임시정부 조직의 외곽에서 요인들을 안내하고 물자를 운반했으며 조직의 심부름을 했다는"[8] 할아버지가 이루는 후경이 작가의 글쓰기 의식의 실재에 더 가깝다고 느껴진다. 거기에서 한 계단 더 오르면 마침내 부자 관계가 직접 전면에 등장하는 이야기에 닿을 것인데, 다음은 그 문턱을 힘겹게 넘어서고 있는 장면에 해당된다.

　나는 내 아버지와 그의 시대를 긴 글로 써보려는 계획을 가지고 있다.

---

8) 『내 젊은 날의 숲』, 문학동네, 2010, 26쪽.

나의 시도는 여러 번 실패하였고 지금은 파지만 쌓여 있지만, 새가 알을 품듯이 나는 그 생각을 품고 있다.

내가 실패를 거듭하는 까닭을 나는 안다. 내 아버지의 삶의 파탄과 광기, 그의 꿈과 울분과 절망의 하중을 내가 감당하지 못하기 때문이다. 그 신산한 기억들을 나는 겨우 몇 자 쓰려 한다. 아버지는 63년을 살고 기세棄世하였다. 나는 이제 아버지보다 더 오래 살고 있다. 나는 젊은 날의 내 아버지가 때때로 내 가엾은 아들처럼 느껴진다.[9]

『내 젊은 날의 숲』과 『공터에서』(2017) 사이에 놓인 칠년이라는 간격은 위에서 인용한 한 산문이 증언하고 있는 시도와 실패와 재도전이 반복되었던 주기를 품고 있다고 추측된다. 어떤 의미에서 김훈의 글쓰기는 이처럼 그의 삶의 뿌리 깊은 기원에 놓인 콤플렉스를 마주하고 그것을 힘겹게 감당하는 일처럼 보인다.[10] 그 콤플렉스는 아버지와 대결하여 그를 극복하고자 하는 오이디푸스의 그것보다 모험의 항해를 떠나 있는 오디세우스를 기다리며 한없이 바다를 바라보는 텔레마코스의 그것에 더 가깝다.[11] 그렇다면 "광야를 달리는 말이 마구간을 돌아볼 수 있겠느냐? (……) 내 말이 어려우냐?"[12]와 같은 아버지의 말투를 복창하는, '요사스럽다. 곡을 금한다'와 같은 "내 아버

---

9) 「광야를 달리는 말」, 『라면을 끓이며』, 문학동네, 2015, 34쪽.
10) 이와 관련하여 『하얼빈』에서도 작가는 "나는 안중근의 짧은 생애가 빚어내는 에너지를 감당하지 못했고, 그 일을 잊어버리려고 애쓰면서 세월을 보냈다"(「작가의 말」, 305쪽)는 유사한 태도와 화법을 보이고 있다.
11) '텔레마코스 콤플렉스'에 대해서는 마시모 레칼카티, 『버려진 아들의 심리학―오이디푸스 콤플렉스에서 텔레마코스 콤플렉스로』, 윤병언 옮김, 책세상, 2016 참조.
12) 「광야를 달리는 말」, 41쪽.

지한테서 배운 말투"[13)]는 그 콤플렉스의 한 증상일 것이다.[14)] 『공터에서』는 '마동수'와 '마차세' 부자의 관계를 통해 그 콤플렉스의 주름을 펴서 객관화의 햇볕 아래 그 습기를 말리는 일에 대응되는 이야기가 아니었을까.

한편 이와 같은 미메시스 계열의 이야기들과 병행하여 사실史實에 토대를 둔 일련의 이야기들이 다시 이어졌다. 조선시대(『칼의 노래』)로부터 삼국시대(『현의 노래』)로 한참을 거슬러올라갔던 이 계열의 이야기는 다시 병자호란을 배경으로 한 『남한산성』(2007), 그리고 천주교 박해 시기를 다룬 『흑산』(2011)으로 시대를 따라 흘러내려왔다. 이번에는 『난중일기』와 『삼국사기』가 있던 자리에 『산성일기』와 『자산어보』가 놓여 있다. 그러니까 이순신과 우륵이 있던 자리에 김상헌

---

13) 같은 글, 33쪽.
14) 이것이 콤플렉스라는 사실을 "그것도 참 미숙한 것인데, 가령 내가 표현하고자 하는 말을, 그런 대사를 작중인물의 대사로 만들기보다는 그것을 쓴 자의 대사로 만들어버리는 것은 사실 소설의 형상에 미달하는 것이죠. 그런데 그런 미숙함을 어떻게 할 수가 없었어요. 그걸 어떻게 바꿔서 인물의 다이얼로그로 해넣겠어요."(김훈·신수정, 「아수라지옥을 건너가는 잔혹한 리얼리스트」, 『문학동네』 2004년 여름호, 322쪽)라는 작가의 언급에서도 확인할 수 있다. 이 김훈 특유의 말투가 점차 연화되는 현상 역시 콤플렉스가 해소되는 과정과 관련을 맺고 있다고 볼 수 있는데, 『하얼빈』에서는 부성적 권위가 드러나는 대화 장면 정도에 부분적으로 나타나고 있다.
한편 김훈 소설에서는 '텔레마코스 콤플렉스'로부터 반발적으로 파생된 것으로 보이는 '밥벌이'에 대한 또다른 콤플렉스가 가부장적 인물의 부권적 책임의식의 형태로 뚜렷한 증상을 드러낸 바 있었다. 밥벌이에 내재된 "이 끌려감의 비극성을 또한 알고, 그 비극과 더불어 명랑해야 하는 것이 사내의 길"(「돈과 밥으로 삶은 정당해야 한다」, 『아들아, 다시는 평발을 내밀지 마라』, 생각의 나무, 2002, 219~220쪽. 이 글은 『라면을 끓이며』에 다시 수록되면서 「돈 1」로 개제되었다)이라고 강박적으로 되뇌는 이런 콤플렉스가 인물들이 음식을 먹는 장면이 거의 나오지 않는 『하얼빈』에서는 자취도 없이 해소되어 있다.

과 정약전이 놓여 있는 것이다. 그렇지만 김훈이 스스로 밝히고 있듯이 이 인물들은 역사적 사실에 의거하고 있기는 하지만 그럼에도 궁극적으로는 소설적으로 형상화된 허구의 인물이다.[15] 그 점에서 그들은 표면에 나타난 시점 형식과 무관하게, 그러니까 삼인칭 서술자에 의해 초점화된 경우가 있다 해도 근본적으로는 모두 작가의 세계관을 체화하고 있는 일인칭 자아의 아날로지로 볼 수 있다.[16]

『하얼빈』은 역사적 사실에 기초한 아날로지 계열의 이야기가 한편에서 흘러 들어오고 반대편에서는 동시대의 현실을 배경으로 한 미메시스 계열의 이야기가 거슬러올라와서 만나는 교차점에 놓인 소설이다. '황사영'이 『흑산』과 『하얼빈』을 연결해주고 있다면,[17] 종은 『하얼빈』의 '안중근', '우덕순' 등과 『공터에서』의 마동수, '하춘파' 등의 항일 아나키스트들을 이어주는 매개물이다.[18] (『하얼빈』에

---

[15] "『칼의 노래』의 이순신은 실존한 그대로는 아니고 내가 만든 것인데…… 희망 없이도 잘사는 인간의 모습을 그린 거다"(「칼 혹은 지우개, 그리고 김훈」, 268쪽), "사서의 실명의 등장하는 인물이나 장소조차도 이 소설에서는 허구로 읽혀져야 옳다. 그것이 글쓴이의 뜻이다"(「일러두기」, 『현의 노래』, 생각의 나무, 2004, 4쪽), "소설 속의 인물들은 누구도 온전한 실존 인물이 아니다"(『흑산』, 학고재, 2011, 2쪽) 등의 언급은 이 점을 강조하고 있다.

[16] 이 일인칭 글쓰기의 문제 역시 작가에게 오랫동안 일종의 콤플렉스로 남아 있었다. 이 점 역시 "아마도 저는 소설을 많이 쓸 수가 없을 거예요. 삼인칭을 할 수 없기 때문에, 삼인칭을 하면 나는 번번이 실패할 수밖에 없기 때문에……"(「아수라 지옥을 건너가는 잔혹한 리얼리스트」, 304쪽)와 같은 언급에서 보듯 작가에게 과민하게 자각되고 있었는데, 이후의 논의에서 확인하게 되겠지만 『하얼빈』에서는 그런 일인칭 콤플렉스가 어느새 자연스럽게 극복되어 있다.

[17] 『하얼빈』에서 주교 뮈텔은 안중근이 사형선고를 받았다는 전보를 받고 황사영의 죽음을 생각하며 두 인물을 비교한다(250~251쪽). 실제로 뮈텔은 북경의 주교에게 보내는 황사영의 편지를 찾아 번역한 인물이기도 하다.

[18] 『공터에서』(해냄, 2017, 80쪽)에서 하춘파는 변절자 '김산림'에게 세 발, 함께 있

서 이토 히로부미를 저격한 안중근이 재판을 받고 형장에서 세상을 떠났던 1910년은 『공터에서』에서 마동수가 태어난 해이기도 하다.) 더 넓게 보면 『개』(2005)와 『달 너머로 달리는 말』(2020) 등 판타지 형식을 취한 알레고리 계열의 이야기도 이 교차점으로 흐르고 있다. 여러 갈래의 철도가 교차하는 하얼빈이라는 공간은 소설 속의 무대이면서 동시에 김훈의 소설세계에서 이 소설이 놓여 있는 위상을 보여주는 일종의 메타포처럼 여겨지기도 한다.

그러면서도 『하얼빈』은 그 여러 차원이 융합된 새로운 지평을 열고 있는 작품이다. 이 지평에는 이제까지의 김훈 소설의 특성이 변형된 형태로 보존되고 있는가 하면 이전과는 다른 특징이 솟아 있기도 하다. 이 점을 『하얼빈』의 내부로 들어가서 좀더 자세히 살펴보기로 한다.

2. 김훈 소설의 타자로서 『하얼빈』

『하얼빈』을 출간하면서 작가는 "안중근의 빛나는 청춘을 소설로 써보려는 것은 내 고단한 청춘의 소망이었다"(「작가의 말」, 305쪽)고 적었다. 그러나 김훈의 소설세계에서 그런 일은 한동안 일어나기 어려웠다. 그는 2004년 『현의 노래』를 출간한 직후의 인터뷰에서 그의 소설 속 중심인물이 죽음을 앞둔 노년의 남성들이어서 "선생님 소설에는 청춘이 없"다는 지적에 대해 "저는 젊은이들은 못 그려요. 「화장」의 추은주와 『현의 노래』의 아라와 니문 같은 애들이 젊은이인데 그들은 소설의 전면에 나오지 못하고 멀리 밀쳐나서 소설에서 아무

던 여자에게 세 발, 모두 여섯 발의 총을 쏜다. 안중근은 거사 당시 이토로 추정되는 인물에게 세 발, 그리고 그 옆에 있던 인물들에게 세 발을 더 쏘았다.

런 역할을 못하죠. 힘이 없어서 끝어낼 수가 없었어요"[19]라고 대답한 바 있다. 젊은 인물은 전면에서 감당하기 어렵다고 스스로 진단하고 "내가 감당할 수 있는 것은 그 남자가 죽음과 생로병사를 감당할 수 없다는 운명, 그것뿐"[20]이라는 단정적인 판단을 내리고 있기도 하다.

한편 작가는 2009년에 참석한 한 좌담에서 안중근과 관련하여 다음과 같은 언급을 남긴 바 있었다.

> 나는 황현의 『매천야록』이라는 책을 읽고 있는데 놀라운 감동을 주데. 난세를 사실적으로 기록한 글이에요. (……) 안중근이 이토를 쏜 그 다음날 서울엔 어떤 풍경이 벌어졌나, 온 지식인들이 모여서 이토를 추모하는 집회를 열고 그리고 통곡을 하고 어떻게 일본에 사죄할까를 의논했다. 냉혹하게 그런 식으로 당대를 고통스럽게 기록을 했더라고. 그리고 궁중에서 벌어지는 일들도 그렇게 써놨어요. 동학도에 대해서는 동학이라는 것들이 얼마나 규율이 없고 문란하고 폭민에 가까운지 묘사해놨어요. 아니 그런 면도 있었을 것 아니야. 민주화와 자유화를 위해 봉기한 군대라고만 볼 순 없는 거잖아요. 황현은 들여다보고 있는 거예요. 그 사람은 정말 냉혹한 관찰자의 시선을 가진 사람이에요. 그런 점이 좋았어요. 문정수지.[21]

『하얼빈』의 「작가의 말」에서 작가는 "밥벌이를 하는 틈틈이 자료

---

19) 「아수라 지옥을 건너가는 잔혹한 리얼리스트」, 314쪽.
20) 같은 글, 314~315쪽.
21) 김훈·김연수·신수정, 「문학은 배교자의 편이다」, 『문학동네』 2009년 겨울호, 90~91쪽. 이 무렵의 한 기사는 김훈이 "한때 안중근 소재의 소설을 제안받았던" 사실과 그 제안에 대해 "사진 속 안중근의 눈을 정면에서 바라볼 수 없어 단 한 줄도 쓸 수 없다"(「안중근 소설을 보는 눈」, 국민일보, 2009. 3. 14)고 했던 발언을 적고 있다.

와 기록들을 찾아보았"(305쪽)다고 했는데, 『매천야록』 또한 그 가운데 하나일 수 있을 것이다. 『매천야록』에 기록된 마지막 두 해에 황현은 안중근의 이토 저격부터 재판과 처형에 이르는 일련의 과정에 깊은 관심을 지속적으로 나타낸다. 이 당시 작가의 관심이 머물렀던 대목은 그중 "이학재 등은 이등박문의 송덕비를 세우자고 건의했고, 민영우는 동상을 세우자고 건의했다. 이들이 미치광이처럼 분주하게 돌아다니자 왜놈들이 그만두라고 명령했다"[22]와 같은 부분이었던 듯하다. 인용한 좌담이 『공무도하』의 출간 직후에 이루어졌다는 사실을 '문정수'라는 그 소설의 중심인물의 이름을 통해 확인할 수 있는데, 이 시기 그가 추구했던 '냉혹한 관찰자'의 시선으로 소설을 썼다면, 작가의 전작인 『남한산성』에서 보았듯, 세속적 권력을 둘러싼 인물들의 허상과도 같은 관념과 행태가 더 큰 모습을 드러냈을 가능성이 있다.

하지만 『매천야록』을 읽을 당시 안중근과 관련된 일련의 기술 가운데 가장 작가의 관심을 끌었던 이 부분은 『하얼빈』에는 나오지 않는다. 소설은 이 국면을 일본의 분노가 조선과 황실로 번질 것을 두려워하여 신중하게 대처하는 순종의 의식에 초점을 두어 비교적 간략하게 처리하면서 "그 슬픔이 위기를 모면하려는 가식이라 하더라도 가식이 지극하면 진짜 슬픔과 구별하기 어려웠고, 구별하기가 어려워지니 마음이 편안했다"(172쪽)고 정리했다.

사실 『하얼빈』에서도 한쪽 영역에는 이와 같은 중년 혹은 노년의 남성 인물들이 놓여 있다. 가장 대표적으로 이토 히로부미를 들 수 있

---

22) 황현, 『매천야록』, 허경진 옮김, 서해문집, 2006, 436쪽.

을 것이다. 이토를 바라보는 이 소설의 시선에는 민족적인 감정 같은 것이 그렇게 짙게 묻어나지 않는다. 그는 그가 맡고 있는 직위에서 가장 효율적인 수행의 방식을 고민하는 인물로 그려지고 있는데, 이런 인물은 김훈 소설 속에서는 낯이 익다. 그럼에도 『하얼빈』의 이토는 작가가 밝히고 있듯이 "문명개화라는 대의와 약육강식이라는 야만성을 동시에 내면에 지닌 인물"[23]이라는 점에서 전작들에서의 중년 혹은 노년의 남성 인물들과는 근본적으로 구분된다.

작가는 "일본에 가서 이토 히로부미의 전성기를 취재했다. 그런데 소설에 반영되지는 못했다. 다만, '이토'라는 인간의 분위기를 아는 데 도움이 됐다"[24]고 했는데, 이 발언에서 작가가 이전에 가졌던 관심과 실제로 쓰인 소설 사이에 낙차가 있다는 사실을 엿볼 수 있다.[25] 아마도 이전의 상황이라면 김훈 소설에서 더 중심 가까이에 있었을 법한 남성 인물들이 『하얼빈』에서는 한편으로 밀려나 있는 것이다. 그렇기 때문에 이전의 소설에서 "자기 자리를 지키면서 자신의 논리와 내적 윤리에, 현과 쇠와 칼의 논리에 충실한"[26] 이순신이나 우륵 같은 인물들이 작가나 특정 성향의 독자들이 자신을 이입할 수 있

---

23) 「"안중근, 당대 가둬놓을 수 없어"…소설가 김훈, 『하얼빈』 출간」, 한겨레, 2022. 8. 4.
24) 「김훈 "『하얼빈』, 젊은 시절부터 쓰고 싶었던 소설"—장편소설 『하얼빈』 기자 간담회」, 채널예스, 2022. 8. 5.
25) 이런 낙차를 "우리는 대부분 개수작을 하잖아. 그런데 일본은 자기 일을 열심히 하는 사람들의 사회예요. 무엇보다도 거대한 담론을 안 해. 말하자면 개수작을 안 하고 단정하게 사는 사람들의 사회인 거죠. 선진사회예요."(『아수라 지옥을 건너가는 잔혹한 리얼리스트』, 303쪽)라는 작가의 발언과 『하얼빈』에서 이토 히로부미를 바라보는 시각 사이에서도 확인할 수 있다.
26) 서영채, 「장인의 기율과 냉소의 미학」, 『문학동네』 2004년 여름호, 338쪽.

는 일인칭의 자리를 마련하고 있었다면, 이 소설에서 이토 같은 인물은 삼인칭의 서술 대상에서 벗어날 수 없다는 점에서 근본적인 차이가 있다. 그런 측면에서는 안중근의 편에 상대적으로 가까이 있는 프랑스인 신부 '빌렘'도 마찬가지다.

> 빌렘은 안중근의 성정을 위태롭게 여겼다. 안중근은 소년 시기를 거치지 않고 유년에서 청년으로 바로 건너온 사람처럼 보였다. 안중근은 소문난 사냥꾼이었고, 저보다 나이 많은 청년들을 수하로 거느리고 다녔다. 안중근은 열여섯의 나이에 고을 사내들을 이끌고 나서서 마을로 접근하는 동학군을 격퇴했다. 안중근은 말하지 않았지만, 빌렘은 이 싸움의 유혈과 사상死傷을 알고 있었다. 안중근은 동학군과 싸웠지만, 세상을 못 견뎌하는 성정은 그가 싸웠던 동학군과 별 차이 없을 것이었다.(33쪽)

이 소설의 서술자는 이토나 빌렘에 자신을 이입하지 않지만, 그럼에도 굳이 규정하자면 안중근보다는 이 인물들에 더 가깝다. 물론 그들은 문화적으로 형성된 자아가 다르므로 내셔널리티를 넘어 타자인 그들을 이해하는 데 한계가 있을 수밖에 없다. 그럼에도 이 시점의 구도는 그들이 "약육강식하는 인간세의 운명"(307쪽)을 공유하고 있다는 점에서 우리로부터 그렇게 멀리 떨어져 있지 않다고 말하고 있는 듯하다.

반대로 이 소설에서 '약육강식하는 인간세의 운명'을 거스르고 있는 안중근은 서술자의 시선으로부터 이토나 빌렘 같은 인물들보다 더 멀리 배치되어 있다. 서술자와 인물들의 거리가 이루는 이와 같은 구도는 같은 민족 구성원이기 때문에 안중근이 우리와 매우 밀착되어 있다고 믿는 관념을 흔들면서 독자의 위치를 재지정하고 있다. 같은 민족이라는 공유항이 있어도 '인간세의 운명'을 내면화한 세속적 삶을 살고 있다면 내셔널리티를 떠나 우리에게 안중근은 타자일 수밖에 없다는 사실을 일깨우고 있는 것이다.

그렇기 때문에 안중근을 상대적으로 먼 거리에서 타자로서 바라보는 이 소설의 시선은 그의 행위의 동기에 대한 설명을 명료하게 제시할 수 없다. 이 소설은 그것을 다만 다음과 같이 겨우 감당하고 있다는 듯 그려내고 있다.

> 이토의 목숨을 제거하지 않고서, 그것이 세상을 헝클어뜨리는 작동만을 멈추게 할 수는 없을 것이었다.
> 그러니, 그렇기 때문에, 이토를 죽여야 한다면 그 죽임의 목적은 살殺에 있지 않고, 이토의 작동을 멈추게 하려는 까닭을 말하려는 것에 있는데, 살하지 않고 말을 한다면 세상은 말에 귀기울이지 않을 것이고, 세상에 들리게 말을 하려면 살하고 나서 말하는 수밖에 없을 터인데, 말은 혼자서 주절거리는 것이 아니라 이 세상에 대고 알아들으라고 하는 것일진대, 그렇게 살하고 나서 말했다 해서 말하려는 바가 이토의 세상에 들릴 것인지는 알기가 어려웠다.
> 이 세상에서 이토를 지우고 이토의 작동을 멈춰서 세상을 이토로부터 풀어놓으려면 이토를 살할 수밖에 없는 것인지를 안중근은 어둠 속에서 생각했다. 생각은 어둠의 벽에 부딪혀서 주저앉았다. 생각은 뿌연 덩어리로 엉켜 있었다.(89~90쪽)

한 인간의 행위를 추동하는 사유는 처음부터 논리적으로 정연하게 정리되어 있지 않다. 인간 안중근의 사유 역시 위에서 보는 바와 같이 감각, 의식, 무의식 등의 여러 층이 엉켜 이루는 주체의 내적 상태로부터 생성되는 것이다. 그것이 논리적 형태로 진술되거나 서술된 내용은 한참 이후의 신문조서나 공판 기록에 적힌 그의 '말'이나, 혹은 『안응칠 역사』나 『동양평화론』 같은 그가 옥중에서 저술한 '글'에서 볼 수 있다. 그렇지만 이 소설은 그렇게 논리적으로 정리된 내용을 가지고 그 사유가 처음부터 안중근에게 당연하게 내재하고 있던 것으로 설명하고 있지 않다. 지금 혼란 가운데 진행중인 안중근의 의식 속에 그런 구체적인 미래는 없다.

바로 이 점이 안중근의 행위를 민족적 이념으로 무장한 영웅적인 업적으로 보는 다른 서사들과 구분되는 『하얼빈』의 소설적인 개성이라고 할 것인데, 이 소설은 이토를 저격한 안중근의 행위가 그런 사유의 난맥을 논리로서 체계화한 결과가 아니라 그가 온몸으로 부딪쳐 뚫고 나간 것이라는 사실을 문장으로 그려 보이고 있는 것이다. 이런 면모가 "나는 안중근의 '대의'보다도, 실탄 일곱 발과 여비 백 루블을 지니고 블라디보스토크에서 하얼빈으로 향하는 그의 가난과 청춘과 그의 살아 있는 몸에 관하여 말하려 했다"(306쪽)는 작가의 의도에 상응하는 것이 아닐까 짐작된다.

그러니까 작가는 안중근의 행위의 근원에 '대의'라기보다는 그의 '젊음'과 '몸'이 있다고 생각한다. 그런 생각은 처음 안중근의 신문조서를 읽었던 순간 작가 역시 젊었기에 일어날 수 있었던 영혼의 스파크였을 것이다. 어쩌면 만년에 이른 작가가 쓰고 있는 것은 바로 그 순간의 감각이 아닐까.

안중근이 하숙방으로 찾아와서 술을 사주면서 이토가 하얼빈에 온다는 말을 했을 때 우덕순은 안중근이 왜 왔는지를 대번에 알았다. 안중근은 우덕순에게 동행할 것인지를 대놓고 물어보지 않았고, 우덕순도 같이 가지고 대놓고 말하지 않았다. 안중근이 이토의 만주 방문을 알리는 신문을 보여주었을 때, 우덕순은 안중근과 함께 가기로 되어 있는 운명을 느꼈다. 자신의 생애는 이 불가해한 운명의 예감에서 벗어날 수 없으리라고 우덕순은 생각했다. 그 예감은 이토를 쏘아야 한다는 뚜렷하고 밝은 목표로 귀결되고 있었다.(112~113쪽)

작가는 이 소설에 대해 말하는 자리에서 이 대목을 가장 아름다운 장면으로 여러 차례 소개했다. 그것은 이처럼 거추장스러운 논리나 번잡한 고뇌도 없이 운명을 향해 몸을 던지는 이 가벼움에 대한 매혹으로부터 젊은 시절 작가의 영혼을 충격한 사건이 일어났기 때문이기도 할 것이다. 따라서 작가에게 안중근을 소설로 쓴다는 것은 그 체험의 순간의 심상을 이야기에 문장으로 새겨넣는 일이 아니었을까. 그렇다면 그 감각을 타자로서 재현하는 일이 곧 『하얼빈』의 창작 과정일 것인데, 나이가 들수록 그 감각으로부터 더 멀어지는 상황에서 그 작업은 작가의 삶에 쌓인 시간의 퇴적물을 걷어내야 하는 길고 지난한 과제일 수밖에 없었을 것이다.

이런 맥락에서 김훈의 소설이 애초의 소박한 아마추어적 의욕에서 벗어나 그 자체 안에 본격적인 궤도와 노선들을 갖춘 하나의 세계를 이루는 과정에 안중근과 관련하여 그 저류에서 감지되는 한 가지 흐름이 더 있다. 작가는 천주교 박해 사건을 배경으로 한 『흑산』을 썼고, 그 작품에는 그때까지의 김훈 소설의 흐름에서 벗어나 "'당면한 일'을 뛰어넘어 자신의 믿음을 지키기 위해 목숨을 버린 인물들"[27)]이 등장한다. 가령 순교한 '정약종'이나 황사영, 그리고 '마노리' '강사녀' '아리' 등의 천주교도들이 그에 해당되는데, 그들은 소설의 중심에 자리한 정약전에 비해 상대적으로 작은 비중을 나눠 가지고 주변에 배치되어 있지만, 그럼에도 배교하여 살아남은 인물들과 대비되면서 김훈 소설의 새로운 방향을 예고하고 있었다. 작가는 소설의 후기에 "말이나 글로써 설명할 수 없는 그 멀고도 확실한 세계를 향해 피흘리며 나아간 사람들을 두려워하고 또 괴로워한다"[28)]고 적었다.

죽음을 앞둔 수녀들과 그들 삶의 마지막을 돌보는 젊은 신부 이야기를 담은 「저만치 혼자서」(2014)는 그 방향으로 좀더 진행된 단계를 보여주고 있다. 이 단편에서는 그런 상황을 대상으로 삼으면서도 인간의 삶의 실상에서 벗어나지 않으려는 작가의 냉철한 시선이 여전히 인상적이지만, 그럼에도 생존의 업을 털어내고 경건한 몸과 마음의 상태로 죽음으로 건너가고자 하는 그들을 그려내는 시선에는 연민과 숭모의 감정이 실려 있다. 이 이야기는 더이상 '잔혹한 리얼리스트'의 일인칭의 세계가 아닌, 삼인칭으로 형상화된 소설적 세계라고 할 수 있다. 한참 후에 이 단편을 소설집에 담으면서 작가는 "나는 양신부가 꿈꾸었던 죽음 저편의 신생에 대해서는 쓰지 못했고 죽음의 문턱 앞에 모여서 서로 기대면서 두려워하고 또 받아들이는 사람들의 표정을 겨우 썼다. 모자라는 글이지만 나는 이 글을 쓸 때 편안했고, 가엾은 존재들 속에 살아 있는 생명의 힘을 생각하고 있었

---

27) 이경재, 「김훈 소설의 인간상 연구―스놉과 동물을 중심으로」, 『현대소설연구』 52, 2013, 400쪽.
28) 「후기」, 『흑산』, 학고재, 2011, 387쪽.

다"29)고 적으면서 그 이야기가 실존 인물의 삶에 바탕을 두고 있다는 사실을 밝힌다. 마흔 살의 나이에 세상을 떠난 그 신부가 소설에서는 장분도라는 인물로 나오는데, 공교롭게도 "조선 천주교회는 베넥딕도를 한자로 옮기면서 '분도芬道'라고 바꾸어서 불렀다. 안중근은 장남의 이름을 분도로 정했다"(30쪽)에서 보듯 분도는 안중근이 신부로 키우기를 원했던 첫째 아들의 이름이기도 하다. 장분도 신부는 김훈의 소설에 등장하는 인물 가운데 안중근에 한 발 더 근접한 인간으로 보인다. 이 인물을 통해서 바라보면 김훈 소설에서 청춘은 더이상 "무지몽매하고 천둥벌거숭이같이 들떠 있는 시절"30)이 아니다.

김훈 소설에서 안중근과 관련된 언급은 그로부터 더 시간이 지나 『공터에서』에서 다음과 같이 다시 한번 나온다.

박상희가 또 말을 돌렸다.
—대통령이 죽어서 새벽이 오는 거야? 군대에서는 뭐래?
—니미, 상병이 뭘 알어. 총알 몇 발로 새벽이 오겠어? 안중근이 이토를 죽여서 새벽이 왔냐구. 니미.
—너 취했구나. 그만 마셔. 니미가 뭐야. 난 싫어.31)

한 인물의 돌발적인 행동, 또 그로 인한 한 권력자의 죽음만으로는 세계를 변화시킬 수 없다는 냉소적인 생각은 김훈의 초기 소설에서는 보다 진지한 형태로 취급된 바 있었다. 가령 「한 모금의 당신」에서

---

29) 「군말」, 『저만치 혼자서』, 문학동네, 2022, 258~259쪽.
30) 「문학은 배교자의 편이다」, 70쪽.
31) 『공터에서』, 39쪽.

"장자가 돌멩이로 전복하려 했던 '국가'는 더욱더 강고(强固)해져가는 느낌이었다. 돌멩이의 우화성에 기대고 있는 강고함은 돌멩이만큼이나 허약한 강고함일 테지만, 강고한 '국가'는 그 자신의 허약함을 또한 모르지 않고, 그래서 그 허약함 때문에 다시 강고함으로 전환하는 것 같았다. 장자의 유무전환론은 장자의 적을 전환시키고 있었다"[32]라는 대목을 그 예로 들 수 있다.

그런데 『공터에서』에서 그와 같은 냉소는 술에 취한 젊은 인물(마차세)의 치기에 할당되어 있다. 그날 마차세의 아버지 마동수는 빈방에서 죽어갔고, 그 이후 그는 생활에 착근하여 이전과는 조금 다른 인물로 정립된다. 아버지의 죽음을 고비로 삶의 태도의 변화를 겪는 마차세의 모습에는 그 이야기를 그려내고 있는 작가의 경험이 투영되어 있을 터인데, 그와 관련된 생각을 작가가 참여한 어느 좌담에서 했던 "난 우리 아버지가 돌아가셔서 파묻는데 마음이 편안해, 마음이 좋았어, 진짜야. (……) 그건 부자간이라는 관계에서 해방되는 거라고. 이제 내 세상이다 싶었어. 남자의 오기가 있잖아. 한쪽으로는 울었는데 한쪽으로는 웃었어, 좋아서. 이것은 효와 불효와는 관계가 없는 생각이야"[33]라는 발언에서 확인해볼 수 있다. 그런 '편안'하고 '해방'된 마음이 작가로 하여금 여러 차례 실패한 끝에 마침내 그 관계를 소설로 써낼 수 있게 만든 동력이었겠고, 또 그렇게 써내는 행위는

---

[32] 「한 모금의 당신」, 315쪽. 지금 되돌아보면 김훈의 초기 소설세계에 주로 운동권 청년으로 등장하는 젊은 남성 인물들(장철민-장일식-장철수)은 당시 무리한 논리로 무장한 무모한 행동주의자로 이야기의 주변에 배치되어 있었지만, 그럼에도 여성 인물(김복희-추서진-노목희)을 매개로 중년의 중심인물(소방수-형사-기자)의 세속적 일상을 위협하는 설명하기 어려운 에너지를 품고 있었다고 생각된다.

[33] 「문학은 배교자의 편이다」, 80~81쪽.

다시 그 문제와 연관된 의식 혹은 무의식에 부과되었던 정신적 부담을 덜어내는 결정적인 계기가 되었으리라 짐작해볼 수 있다.

『하얼빈』에서 안중근의 이야기는 국권회복의 꿈을 품고 상해로 떠났던 그가 빈손으로 돌아와 아버지의 죽음을 맞는 시점에서 시작된다. 아버지의 죽음에서 안중근은 "친숙했던 한 세상이 끝났으며, 적의에 찬 시간 앞에 홀로 서 있음"(26쪽)을 느낀다. 안중근이 홀로 서 있는 이 자리는 작가와 그의 소설 속 인물들이 서로 투합하여 그들의 아버지의 그림자를 걷어내기 위해 고투한 끝에 마련된 것이라고 할 수 있다.

3. 안중근 서사의 타자로서 『하얼빈』

그런데 『하얼빈』은 안중근의 이야기가 아니라 1908년 1월 7일 도쿄의 황궁에서 일본 제국의 메이지 일왕이 대한제국의 황태자 이은을 접견하는 장면으로 시작한다. 이 자리에 참석한 이토 히로부미는 안중근과 함께 이 소설의 전반부에서 이야기를 이끌어가는 두 축이다. 그 두 인물이 각각 도쿄와 황해도 신천에서 출발하여 이동하는 궤도가 하얼빈에서 교차한다.

> 하얼빈역 구내에서 철도는 여러 갈래로 겹쳐 있었다. 바이칼 호수에서 오는 철도가 하얼빈역에 닿고, 블라디보스토크에서 오는 철도가 하얼빈역에 닿았다. 평양에서 오는 철도와 대련에서 오는 철도가 하얼빈역에 닿았다. 북태평양과 바이칼이 하얼빈에서 연결되었고 철도는 하얼빈으로 모여서 하얼빈에서 흩어졌다. 하얼빈역에서는 옴과 감이 같았고 만남과 흩어짐이 같았다.(137쪽)

소설은 모두 서른한 개의 장으로 이루어져 있는데, 이토와 안중근이 점차 하얼빈에 근접하여 마침내 그곳에서 조우하게 되는 것은 그 중간 지점에 해당되는 15장에서이다. 말하자면 '하얼빈'이 시간과 공간의 축에서 한가운데에 놓여 있는 구도가 이 소설의 제목으로도 제시되어 있는 셈이다. 표면상으로는 이토와 안중근이 대칭적인 구도를 형성하고 있는 듯 보이고, 이런 설정은 김훈 특유의 중립적인 세계관을 투영하고 있는 것처럼 느껴지기도 한다. 그렇지만 그 두 축 가운데 하나는 교차점에서 제거되고 다른 인물로 교체되기 때문에 소설 전체로 보자면 그 대칭은 견고하다고 말하기 어렵다.

『하얼빈』을 출간하면서 작가는 "안중근을 취재하기 위해 하얼빈은 물론 하바롭스크, 블라디보스토크에 가고 싶었지만, 건강에도 자신이 없었고 코로나 바이러스가 창궐한 바람에 가지 못했다"[34]며 다소 아쉬운 마음을 드러냈다. 그렇지만 소설의 기본적인 구도는 이미 그 이전에 어느 정도 세워져 있었던 듯 보인다. 소설의 공간적 무대를 상상하던 작가는 텔레비전에서 2018년 11월 30일 새벽에 서울역을 떠나 신의주를 향해 가는 '남북철도공동조사단' 열차의 뒷모습을 본다. 그 순간 그가 떠올리는 그 길에 얽힌 천여 년의 역사 가운데는 1909년의 하얼빈역이 있다.

> 하얼빈역은 동청東淸철도와 만주철도 여순지선의 교차점이다. 하얼빈역은 안중근이 이토를 쏘아 죽이기에 가장 걸맞은 시대적 분위기를 지니고

---

[34] 「김훈 "『하얼빈』, 젊은 시절부터 쓰고 싶었던 소설"」.

있었고, 이토 또한 총 맞아 죽기에 나쁘지 않은 장소였다. 나는 이토가 잠자다가 침실에서 당하거나, 기생집에서 놀다가 당하거나, 자신을 배반한 부하에게 당한 쪽보다는 동청철도 하얼빈역에서 실탄 7발만을 지닌 조선 청년에게 당한 죽음이 그의 명예에 다소 기여한 바가 있으리라고 생각한다. 안중근은 블라디보스토크에서 기차를 타고 서쪽으로 왔고, 이토는 여순에서 기차를 타고 북쪽으로 왔다. 둘은 하얼빈에서 부딪쳤는데, 동서와 남북이 만나는 이 교차로의 개방성은 안중근의 거사를 암살이 아니라 공개처형으로 격상시켰고, 이 철도의 침략성은 이토의 제국주의적 야망과 안중근 거사의 당위를 그 철도의 노선으로 보여주고 있다. 이 교차점이 안중근의 사격 위치였고 이토의 죽음의 자리였다. 1909년 10월 26일 아침의 하얼빈역 사진 속에서 검은 객차와 레일은 지금도 쇠비린내를 풍긴다. 길들은 싱싱하다.[35]

위의 산문의 한 대목은 『하얼빈』의 구도를 소설 속의 어떤 부분보다 더 선명하게 직접적인 진술의 형식으로 보여준다. "하얼빈역에서는 옴과 감이 같았고 만남과 흩어짐이 같았다"(137쪽)는 소설 속의 서술이 조선 영조 대의 학자 신경준의 '길에는 본래 주인이 없어서 그 위를 걸어가는 자가 주인이다'라는 문장으로부터 비롯된 사유에서 연원한 것이라는 사실도 이 글의 다른 부분에서 확인할 수 있다. 그런데 여기에서 더 주목되는 것은 그 길의 구도가 단지 공간적인 차원에만 국한되는 것이 아니라, 철도에 내재된 제국의 속성과 그 힘을 거스르는 안중근의 행위의 당위를 드러내고 있는 점이다. 그 길의 역

---

35) 「서울↔신의주」, 『연필로 쓰기』, 문학동네, 2019, 415쪽.

사성이 싱싱한 '쇠비린내'로 감각되고 있다.

그런데 이 소설은 안중근의 이토 저격 사건을 고비로 하여 정리되는 이야기가 아니다. 앞서 언급한 바와 같이 소설은 이 시점으로부터 나머지 절반을 더 헤쳐나가야 한다. 후반부에서는 안중근의 신문과 재판의 과정이 펼쳐지는데, 전반부에서 이토가 있던 자리를 검사 '미조부치'와 판사 '마나베'가 이어받는다. 『하얼빈』은 후반부에서 안중근이 '말'과 '글'을 통해 펼치는 새로운 형태의 투쟁에 상당히 큰 비중을 두고 있다. 작가의 설명에 따르면 '의병 투쟁'에서 '의혈 투쟁'으로의 전환이다.[36]

    안중근은 재판관, 검찰관, 서기, 속기사 들을 차례로 응시했다. 거기에, 말을 붙일 수 없는 세계가 사람의 모습을 하고 관복을 입고 앉아 있었다.
    ……여기까지 오기는 왔구나. 여기서부터는 말을 붙일 수 없는 세상을 향해서 말을 해야 하는구나. 여기서부터 다시 가려고 여기까지 왔구나. 여기서부터 사형장까지…… 말을 하면서……
    안중근은 몸속에서 버둥거리는 말을 느꼈다. 말들은 탄창 속으로 들어가서 발사되기를 기다리는 듯하다가 총 밖으로 나와서 긴 대열을 이루며 출렁거렸다. 말은 총을 끌고 가려 했고, 총은 말을 뿌리치려 했는데, 안중근은 마음속에서 말과 총이 끌어안고 우는 환영을 보았다. 법정에서 사형장까지는 멀지 않았으나 말을 거느리고 거기까지 가기는 쉽지 않을 것이었다. 그러나 몸속에서 버둥거리는 말이 하얼빈역에서 쏜 자동권총처럼 방

---

36) 『하얼빈』 출간 기자 간담회에서의 작가의 발언이다. 〈김훈 작가, 신간 출간 기념 기자 간담회〉, SBS 뉴스 유튜브 채널, https://www.youtube.com/watch?v=1p-YFVAwUYY&t=151s

아쇠를 당기는 대로 쏟아져나온다면 거기까지 가는 길은 그다지 어렵지 않을 것 같았다. 어렵거나 어렵지 않거나 거기까지 가는 길이 멀지는 않다는 것을 안중근은 법정에 들어서면서 확실히 알았다.(228~229쪽)

거사 이후, 이전에는 '총'의 문제였던 것이 이제는 '말'의 차원으로 전환된다. 그런데 위의 장면에서 보는 바와 같이, 궁극적으로 이 둘은 그 본질에서 다르지 않다.[37] 이 '말'을 위해 '총'이라는 선결 과정이 불가피했으며, 그렇기 때문에 '총'의 연장선상에 '말'이 놓여 있다고 바라보는 것이 『하얼빈』의 독특한 관점이다. 이 부분에서 서술자는 조금 뒤로 물러서서 실제의 신문조서와 재판 기록을 토대로 한 내용을 간명하고도 직설적인 어투의 대화 형식에 담아 제시하고 있는데, 이는 말할 것도 없이 이 '말'을 실재 그대로 드러내기 위해서이다. 이 과정에서도 작가가 초점을 두고 있는 것은 말의 내용이라기보다

---

[37] 작가는 앞서 언급한 2002년의 인터뷰에서 그가 계획하고 있는 '무인의 얘기'에 대해 말하면서 "앞으로 쓸 소설에 무인을 어떻게 그릴지 말하긴 어렵고…… 그냥 무인에 대해 갖고 있는 인상은 삶의 현실과 몸으로 부딪치는 그 직접성과 관계가 있다. 예술가는 칼 대신 다른 도구를 사용하지만 둘 사이에는 공통점이 있다. 세계를 개조하려는 열망에 찬 사람들이다. 방식이 다를 뿐이다. 나는 문무가 다른 거라고 생각 안 한다. 궁극적으로 같은 거다"(「칼 혹은 지우개, 그리고 김훈」, 274쪽)라고 밝혔다. 그리고 이어지는 질문에 대한 답변에서 "말이 칼이 되기 위해서는 말을 버려야 하고 그러기 위해서 다시 말을 해야 한다. 이 문제는 노자도 해결 못했다. 말은 하찮은 것, 한줌밖에 안 되는 것이지만 말을 통하지 않고는 칼이 될 수 없는 것, 그게 불우함이다"(같은 글, 275쪽)라는 그의 소설 속 문장 같은 얘기도 남겼다. 이 발언이 안중근의 경우에 직접 적용되는 것은 아니겠지만, 그럼에도 '몸의 직접성'이나 '말과 칼의 관계'에 대한 사유는 『하얼빈』의 위의 장면에 닿아 그 흔적을 남기고 있다고 볼 수 있다. 한편 이 문제는 '무'를 숭상하는 유목국가인 초(草)와 문자에 기초한 국가인 단(旦)의 대립을 구도로 삼고 있는 『달 너머로 달리는 말』에서 좀더 전면적으로, 그러나 판타지로 우회하는 방식을 통해 실현되었다.

는 이해관계에 얽매이지 않고 자신의 논지를 펼치는 안중근의 탈세속적인 의연함인데, 소설이 말의 형식으로 나타내고자 하는 이 의연함 역시 그의 '빛나는 청춘'의 또다른 측면일 것이다. 그리고 안중근은 이 의연함을 삶의 마지막 순간까지 유지한다.

> 옥리 네 명이 안중근을 앞뒤로 감시해서 사형장으로 갔다. 사형장은 감옥 구내 북쪽 모퉁이에 있었다. 아침에 안개비가 내렸다. 사형장으로 가면서 안중근은 안개를 들이마셨다. 안개에 바다 냄새가 스며 있었다. 안중근은 몸속으로 펼쳐지는 바다를 느꼈다.
> 사형장에는 미조부치 검찰관, 구리하라 전옥이 통역과 서기를 데리고 미리 와 있었다. 안중근이 중앙에 앉고, 미조부치 일행은 연극의 관객처럼 빙 둘러앉았다.
> 구리하라 전옥이 집행을 선언하고 나서 안중근에게 말했다.
> ─할말이 더 있는가?
> 안중근이 대답했다.
> ─없다. 다만 동양 평화 만세를 세 번 부르게 해다오.
> 구리하라가 말했다.
> ─허락하지 않는다.
> 옥리들이 안중근의 머리에 흰 종이를 씌웠다. 안중근은 종이가 버스럭거리는 소리를 들었다.(276~277쪽)

최후의 형장에서의 안중근의 모습을 재현하고 있는 이 장면에서 삼인칭의 서술자는 안중근의 행위와 감각, 그리고 전옥과의 대화를 기술하고 있지만 그 사이에 개입하지 않는다. 안중근이 감옥에서 집필한 자서전인 『안응칠 역사』에는 담길 수 없었던 이 장면은 이 상황 속에 있었던 통역관의 기록에 기초하여 재현될 수 있었던 것이다.

> 조금 전 10시에 미조부치 검찰관, 구리하라 전옥 및 본인 등이 형장 검시실에 착석함과 동시에 안을 끌어내어 사형 집행의 뜻을 고지하고 유언의 유무를 질문함에 대해, 안은 달리 유언할 말은 없으나 본디 자기의 행동은 오로지 동양의 평화를 꾀하기 위한 성의에서 나온 일이므로, 희망하건대 오늘 임검하는 일본 관헌 여러분도 부디 나의 작은 뜻을 헤아려 피아 구별 없이 합심협력하여 동양의 평화를 꾀하기를 절실히 바랄 따름이라고 진술했으며, 또한 이때에 임하여 동양 평화의 만세를 3창하고자 하니 특히 청허해주기 바란다고 말하였으나 전옥은 그것이 불가한 뜻을 설명하고 간수를 시켜 바로 백지와 백포로 그 눈을 가리게 하고 특별히 기도를 허가하니 안은 2분 간여의 묵도를 행했다. 이윽고 2인의 간수에게 인도되어 계단에서 교수대에 올라 종용하게 형의 집행을 받았다. 때는 10시 4분으로 동 15분이 되어 감옥의가 죽은 모습을 검사하고 절명의 뜻으로 보고하니 이에 집행을 종료하고 일동 퇴장했다.
> 10시 20분에 안의 사체는 특별히 감옥서에서 제조한 침관에 넣고 백포를 덮어 교회당으로 옮겼는데 이윽고 그 공범자인 우덕순, 조도선, 유동하 3명을 끌어내어 특별히 예배를 하게 하고, 오후 1시에 감옥서 묘지에 매장했다. 이날 안의 모든 복장은 지난 밤 고향에서 보내온 명주의 조선복(상의는 흰 천이며 바지는 흑생의 것)을 입고 품에 성화를 품고 있었는데, 그 태도는 대단히 침착하여 안색과 언어에 이르기까지 평상시와 조금도 차이가 없이 종용 자약하고 깨끗하게 그 죽음으로 나아갔다.[38)]

일본인 통역관에 의해 작성된 위의 기록과 비교하면 『하얼빈』의 해당 장면은 그 가운데 일부의 사실만을 취하여 작가 특유의 스타일로 변형시킨 것이라는 사실을 알 수 있다. 이런 태도의 근저에는 상부에 보고하기 위한 용도의 서류와 미적으로 가공된 허구로서의 소설은 구분되어야 한다는 자의식이 놓여 있다. 작가는 『칼의 노래』("이 글은 오직 소설로서 읽혀지기를 바란다"), 『현의 노래』("이 책은 소설이다"), 『남한산성』("이 책은 소설이며, 오로지 소설로만 읽혀야 한다"), 『흑산』("이 책은 다만 소설이다") 등과 달리 『하얼빈』에서는 이 점에 대해 명시하지 않았다. 그렇지만 출간 기자 간담회에서 "지금까지 역사를 소재로 한 소설을 많이 썼지만, 그것이 역사소설이라고 생각하진 않는다. 내 소설 속 이순신은 역사 속 이순신이 아니다. 『남한산성』『하얼빈』모두 마찬가지다. 역사적 배경을 갖고 있지만, 안중근이라는 인간의 청춘, 그 내면에 관해 쓴 소설이다"[39]라고 밝힌 바 있다.[40]

---

38) 소노키 스에키, 「살인범 안중근의 최후」, 한국역사연구원 편, 『그들이 기록한 안중근 하얼빈 의거—일본 외무성 소장 「이토 공작 만주 시찰 일건」 11책 총람』, 태학사, 2021, 122쪽.
39) 「김훈 "『하얼빈』, 젊은 시절부터 쓰고 싶었던 소설"」.
40) 이런 맥락에서 『하얼빈』은 안중근의 젊음과 그 내면을 그렸다고 해도 『안응칠 역사』에서 자신의 부정적인 행위를 솔직하게 드러내거나(가령 17, 8세쯤 기생집에서 놀다가 자신의 말을 수긍하지 않는 태도를 보이는 기생에게 욕을 퍼붓고 매질을 하여 '번개입'이라는 별명을 얻은 사건) 혹은 자신의 내부에서 발생하는 내적 갈등을 그대로 드러내는 장면(가령 1909년 9월 연추에 머물던 중 까닭 없이 울적하고 초조한 기분 탓에 동지들에게 자신의 동기를 설명하지 못하고 블라디보스토크로 떠난 일) 등은 바라보지 않았다. 또한 하얼빈역에서의 거사 직전 소통의 문제로 유동하와 갈등을 벌였던 일이나 뤼순 감옥에 수감되었을 당시 영국과 러시아 변호사의 신임을 일제가 허용해주는 듯한 상황에서 자신의 '과격수단'이 '망동'인가 의혹을 가졌던 일 등 논란의

한편 기록이라고 해도 모두 신뢰할 수 있는 것은 아니다. 그는 역사를 소재로 한 이야기를 쓰면서 그 점에 대해 깨달을 수 있었다. 그는 "옛 기록에 서로 다른 부분이 많다"[41]는 사실을 확인하기도 했고, "기록과 사실에는 많은 편차가 있다. 그러므로 수많은 기록을 재구성한 결과는 온전한 사실이 아닐 것"[42]이라고도 적은 바 있었다. 그와 같은 기록에 대한 관점의 바탕 위에서 그는 '역사소설'이 아닌 역사를 소재로 한 '소설'을 썼던 것이고, 『하얼빈』 역시 그 범주에 속한다고 볼 수 있다. 이런 『하얼빈』의 '소설'적 태도는 안중근의 삶을 서사화한 이전의 다른 방식과 비교하면 더 선명하게 확인할 수 있다.

그때 아직 사형 집행장을 따로 구비하지 못했던 여순 형무소는 비어 있던 101호실 감방에다 임시로 교수대를 마련하고 안중근을 처형하기로 했다. 오전 10시 미조부치 검찰관과 구리하라 전옥, 그리고 통역관 소노키가 사형장의 검시석에 앉고 안중근을 불러들여 사형을 집행한다는 뜻을 전하며 유언을 물었다.

"별로 유언할 것은 없으나 나의 이번 행동은 오직 동양 평화를 도모하는 성의에서 나온 것이므로, 바라건대 이 자리에 있는 일본 관헌 각위도 나의 뜻을 이해하고 피차의 구별없이 합심하여 동양의 평화를 이루는 데 힘쓰기를 기원하오."

안중근이 그렇게 말해놓고 불쑥 덧붙였다.

"마지막으로 동양 평화 만세 삼창을 부르도록 허가해주시오."

여지가 있는 사안에도 초점을 맞추지 않았다.
41) 「일러두기」, 『남한산성』, 2쪽.
42) 「일러두기」, 『흑산』, 2쪽.

그러자 검찰관 미조부치와 전옥 구리하라의 얼굴이 함께 굳어졌다.

"아무래도 그것은 행형行刑 수칙에서 벗어난 일이 됩니다. 대신 독실한 천주교 신자시니 따로 기도할 시간을 드리겠습니다."

멈칫하던 구리하라가 그렇게 인심을 썼다. 안중근도 구차하게 더 매달리지 않고 그 자리에서 무릎을 꿇어 잠깐 동안 묵도를 올렸다.

안중근이 다시 눈을 뜨자 두 사람의 간수가 다가와 두 눈을 백지와 흰 천으로 가리더니, 양쪽에서 부축하듯 하여 교수대 계단을 올라갔다. 교수대에 올라 사형을 집행당할 때까지 안중근의 태도는 매우 침착하고, 낯빛이나 말투 모두 평상시와 조금도 다름없이 종용從容 자약自若했으며 또한 떳떳하였다.[43]

위의 인용은 하얼빈 의거 백 주년을 기념하여 조선일보에 연재(2009. 1. 1~12. 25)되었던 이문열의 『불멸』의 해당 장면이다. 이 소설에서는 이 장면을 통역관 소노키의 기록을 소설적 문장과 대화로 윤색하여 마련하고 있다. 그 앞뒤로는 관련 기록 가운데 신뢰할 만한 대상을 선별하는 한편 그 상황에 대한 작가의 생각이나 의견을 덧붙이는 과정이 놓여 있다. 그러다보니 기록의 인용과 허구, 담론적 진술 등이 혼재되어 장르적 성격이 불분명한 상태가 되었다. 『불멸』에는 '소설 안중근'이라는 부제가 붙어 있었지만, 2022년 『죽어 천년을 살리라』로 재출간할 때에는 '안중근 평전'으로 변경되었다. 이런 차이가 두 소설의 분량에도 대응되고 있다. 총 두 권으로 출간되었고 판형도 더 큰 『불멸』은 모두 815쪽인 반면, 『하얼빈』의 본문은 280쪽이

---

43) 이문열, 『불멸 2』, 민음사, 2010, 402쪽.

다.(「후기·주석」「작가의 말」까지 합해도 307쪽이다.)

한편 『불멸』에는 안중근이 하얼빈역에서 이토 히로부미를 총격하는 장면이 전체 24장 가운데 22장에서 등장한다. 전체적으로 민족적 이념이 형성되는 과정에 초점이 맞춰져 있기에 그 비중도 클 수밖에 없다. 그에 비해 이토를 저격한 사건은 그와 같은 이념을 실현하는 수단 정도로 취급되고 있고, 신문과 재판의 과정 역시 그와 같은 이념을 재확인하는 수순이다. 그렇기 때문에 신문과 재판의 과정이 전체의 절반 정도에 해당되는 『하얼빈』과 달리 『불멸』에서는 그 과정이 마지막 8분의 1 정도에 불과하다.[44]

이와 같은 맥락의 자연스러운 귀결로 『불멸』은 "이렇듯 단호하고 자명한 길을 한 번 주저함도 없이 달려간 듯 보이는 그의 불꽃같은 삶은 우리의 집단 무의식 속에 불멸의 기억으로 타오를 것이다"[45]라는 문장으로, 그러니까 민족적 이념을 추구한 그의 일관되고도 강렬한 삶의 의미를 다시 한번 확인하는 방식으로 마무리되고 있다.

반면 『하얼빈』은 안중근의 사형 집행 이후 그 전날(3월 25일) 황제 순종의 생일 장면, 그다음날(3월 27일) 뮈텔이 주재한 부활절 미사와 찬송 장면, 그리고 며칠 후(3월 29일) 관동도독부에서 사건을 담당한 관리들에게 지급한 상여금 내역 등을 차례로 제시하여 안중근의 죽음과 대비되는 아이러니를 드러낸 후, 다시 3월 27일 청계동 성당에서 빌렘 신부가 신자들과 함께 기도하는 장면으로 끝을 맺는다.

---

44) 이 글과는 조금 다른 관점에서 두 소설을 비교한 사례가 「소설가 김훈·이문열의 안중근… 어떻게 다를까」(한국경제, 2022. 8. 6) 같은 기사나 그 이외에 많은 독자들의 리뷰에서도 확인된다.

45) 『불멸 2』, 410쪽.

빌렘은 신자들과 함께 기도했다.

주여 우리를 불쌍히 여기소서
주여 망자에게 평안을 주소서(280쪽)

소설 속 인물들이 안중근의 죽음을 애도하며 올리는 이 기도는 일찍이 작가가 아버지의 유언에 따라 가장 존경했던 상해 시절의 '불타는 투혼의 아나키스트' 선배들 무덤 가까이 마련한 유택을 찾아드린 다음의 기도와 겹쳐 있는 것이다.

기도한다.

주여 망자에게 평안을 주소서.

주여 우리를 불쌍히 여기소서.[46]

이런 연관의 맥락에서도 작가의 삶의 경험과 나란히 진행된 안중근 이야기의 성립 과정을 엿볼 수 있다. 지금까지 살펴온 것처럼 그의 글쓰기는 역사와 현실의 방향으로 이야기가 확장되는 구축의 과정이면서, 동시에 그와 연루된 의식의 문제들이 쓰는 행위를 통해 해소되는 탈구축의 과정이기도 했다. 위에서 겹쳐지는 두 소설의 마지막 장

---

[46] 「광야를 달리는 말」, 47쪽.

면은 현실과 역사라는 다른 차원의 공간에서 각각 진행된 구축과 탈구축의 변증법적 맞물림의 과정이 시차를 두고 순차적으로 이루어지고 있는 막바지의 지점들을 보여주고 있는 듯하다.

한편 두 장면 사이에는 "'주여 우리를 불쌍히 여기소서'라는 노란 리본이 바람에 펄럭였다"[47]는 김훈의 산문에서 보듯, 개인의 역사 속에서 발원한 애도의 기도가 젊은 죽음들에 대한 사회적 애도의 층위를 통과하면서 역사성을 마련하는 과정이 놓여 있었다는 사실도 확인된다. 여기에서 글쓰기의 기원에서 그 동기로 놓인 어떤 콤플렉스를 극복해나가는 과정에 개인의 실존적 차원과 공동체의 사회적 차원이 함께 작용했다는 사실에 대해서도 생각해보게 된다.

4. 실재를 상상하는 허구의 역사를 담은 소설로서 『하얼빈』

지금까지 김훈의 『하얼빈』과 연관되는 그의 소설세계의 전사를 더듬어보면서 그가 젊은 시절 꿈꾸었던 안중근의 '빛나는 청춘'을 쓰고자 했던 마음이 실현되는 곡절의 과정을 살펴보았다. 그것은 관련 기록과 자료를 쌓아서 기념비를 세우는 일이라기보다 그 사이에 가로놓여 있는 장애물들을 걷어내면서 한 인간의 본원적 상태에 다가서는 과정이었던 듯하다. 그리고 그것은 작가가 젊은 시절 안중근을 마주했던 순간의 심상을 재현하는 일이기도 했다. 이 글에서는 그 작업이 작가의 삶에 쌓인 시간의 퇴적물을 걷어내는 길고도 험난한 과정이었다는 사실을 그의 말과 글을 통해 확인할 수 있었다.

그런 맥락에서 뒤늦게 시작한 그의 소설쓰기는 고유의 이야기 세

---

47) 「동거차도의 냉잇국」, 『연필로 쓰기』, 94쪽.

계를 역사와 현실의 방향으로 넓혀나가는 확장의 과정처럼 보였으나, 실상은 그의 의식 깊은 곳에 맺혀 있던 문제들이 그 서사화의 과정에서 표면화되고 그럼으로써 해소되는 승화의 과정이었다고 생각된다. 『하얼빈』은 그 변전의 역사가 이른 지점에서 탄생한 김훈 글쓰기의 종점이면서 동시에 기원으로의 회귀라고 할 수 있다.

(2022)

픽션의 경계와 심연을 향한 원심의 궤적
―또하나의 한강론

1. 다시 한강론을 쓰기까지

2008년 3월, 내가 학생들을 가르치고 있는 학과에서 개최하는 강연 행사에 한강씨를 초청하려 했던 적이 있다. 전화를 걸어 강연을 부탁했을 때 한강씨는 아직 어린아이(이름에 '새벽 효' 자가 들어 있는 아이를 '새벽이'라고 불렀다)를 맡기기가 여의치 않다고 하면서 형편이 되면 자기 쪽에서 연락을 하겠다고 했다. 대체로 이런 말은 완곡한 거절의 의사를 표현한 것이라고 이해되는 법이다. 나 또한 그렇게 받아들이고 한동안 잊고 있었다. 그렇지만 이 년쯤 뒤에 한강씨는 먼저 연락을 해와서 이제 약속을 지킬 수 있게 되었다고 했다. 나는 놀라는 한편으로, 한강답다는 생각을 했다.

2010년 9월, 한강씨가 대구에 내려와서 강연을 했다.[1] 한강씨는 특유의 차분한 어조로 자신의 성장 과정을 되짚으며 그녀를 작가로

---

1) 계명대학교 문예창작학과 주최로 2010년 9월 27일(월) 오후 4시 30분 계명대학교 영암관 354호에서 개최된 〈제67회 문학 · 예술 포럼 '글쓰기의 경험(한강)'〉.

이끌어온 '글쓰기의 경험'에 대해 이야기했다. 그때는 행사를 마치고 학교 앞 호프집으로 자리를 옮겨서 학생들과 맥주를 마시면서 얘기를 나누는 뒤풀이 자리가 있었다. 그 자리에서 한강씨는 처음에는 좀 어려워하는 것 같더니 이내 학생들과 어울려 이야기를 많이 했다. 뒤풀이 자리에서 나와 한강씨는 택시를 타고 기차역으로 떠나고 나는 집에 돌아와서 그날 일기에 다음과 같은 내용을 적었다.

한강 강연을 들으면서 한 생각. 한강의 소설은 자신의 경험에 주로 의존하지도 않는 것 같고, 그렇다고 다른 텍스트로부터 모티프를 빌려오는 것 같지도 않다는 점에서 독특한 것 같다. 그의 산문과 달리 소설은 상당히 급진적이고, 예술에 대한 추상적 열정이 매번 반복되는 경향이 있다. 그건 왜 그럴까. 내 생각은 이렇다. 소설 속에 등장하는 여성 인물들의 고통은 한강 자신의 것은 아니지만, 그럼에도 그는 여성이기에 그 고통을 이해하고 공감하는 듯하다. 그리고 그것을 자신의 소설적인 주제로 삼고 있는 것 같다. 그것은 작가의 의식의 표층이 아니라 심층으로부터 연유하는 것이라고 할 수 있을 것 같다. 이와 연관해서 최근 한강 소설에서 특징적인 것은 등장인물의 발화(내적 발화를 포함해서)가 이중화되어 있는 양상인데, 특히 그 이중화는 이탤릭체 형식을 통해 물질적으로 구분되어 있기도 하다. 이 역시 의식의 서로 다른 지점에서 흘러나오는 발화를 통합하지 않고, 분열된 그 자체로 드러내기 위한 일종의 복화술이라고 볼 수 있다.

그 이전에 한강의 두번째 소설집 『내 여자의 열매』(2000)에 대한 짧은 리뷰(「세 겹 욕망의 주름─신경숙, 한강, 김현영의 소설들」, 『동서문학』 2000년 여름호)를 쓰거나 계간평(「새로운 리얼리티를 생산하는 다양한 소설적 방식들」,『한국문학』 2004년 겨울호)에서「몽고반점」(2004)을 앞서 발표된「채식주의자」(2004)와 함께 다룬 적이 있기는 했고, 김경욱, 김연수, 천운영 등 동세대 작가들과 좌담(「생의 한고비를 넘으면 생긴 몸 안의 죽절을 바라보기」,『문예중앙』 2007년 겨울호)을 같이 한 적은 있었지만, 한강 소설에 대해 본격적으로 글을 쓸 기회는 없었던 터였다. 그런데 내가 위와 같은 생각을 하고 있던 것을 알기라도 했던 것처럼, 그해 12월 초『작가세계』편집위원 일을 하고 있던 박진씨가 한강 특집에 작가론을 청탁하는 전화를 걸어왔다. 쓰고 싶었던 것이 있어서 쓰겠다고 했다.

2011년 봄에 발표한「식물이 자라는 속도로 글쓰기」는 그렇게 해서 쓰였던 한강론이었다. 그 글에서 나는 한강의 초기 소설의 등장인물들이 주로 남성일 뿐만 아니라 소설의 문법 역시 이전 시대 남성 작가의 스타일에 가깝다는 사실을 논의의 출발점으로 삼았다. 그 점은 1994년 서울신문 신춘문예 당선작인 그의 첫 소설「붉은 닻」이 '한강현'이라는, 굳이 분류하자면 남성의 이름처럼 보이는 필명으로 투고되고 발표된 사실에서도 상징적으로 확인되었다.

한강이 글을 발표하기 시작했던 1990년대 중반 무렵의 한국문학은 그 어느 때보다 이전과의 단절적인 감각이 강하게 작용하고 있었다. 급격한 변화를 통과하고 있었던 그 당시의 현실은 글쓰기에도 뭔가 급진적으로 낯설고 새로운 스타일을 기대했던 것이다. 그 기대에 부응하여 1970년을 전후로 하여 태어나 성장한 세대가 문학판의 한편에 등장했고, 그 새로운 작가군에는 백민석, 송경아, 김연수, 김경욱 등과 함께 한강이 포함되어 있었다.

세대로는 한 그룹으로 묶여 있었지만, 그 속에서 한강은 독특한 자리에 놓여 있었다. 1990년대 중반부터 2000년대 초까지 한국소설은 이른바 신세대 작가들을 중심으로 가장 급진적인 픽션의 실험을 펼쳐 보였고, 그 과정을 통해 주변적 특수성으로부터 벗어나 세계 소설과의 시차를 극복해나가고 있었다. 그렇지만 한강의 소설은 전통적인 한국의 픽션의 틀에서 크게 벗어나지 않았다. 한 기사는 이 상황을 두고 한강이 "다른 70년대생 작가들에 비해 비교적 전통적인 소설 문법을 잘 이어받고 있다는 평가를 받고 있"으며, "부분적으로 다른 70년대 작가들과 비슷한 점을 보이기도 하지만 전체적으로 체험적 느낌의 부족을 풍부한 시적 이미지로 보완하는 독자적인 경향을 보이고 있다"[2]고 적은 바 있었다.

한강의 '독자적인 경향'은 시대의 조류와 어긋나 있기는 했지만, 그럼에도 불구하고 점진적인 추구를 통해 자신만의 고유한 스타일을 구축해나가는 면모를 보여주었다. 나는 그것을 「식물이 자라는 속도로 글쓰기」에서 한강 특유의 여성의 이야기의 성립이라는 관점에서 살핀 바 있다. 「여수의 사랑」(1994)을 계기로 남성 인물로부터 여성 인물로 젠더의 트랜스 과정을 통과한 한강의 소설은 이후 여성들의 이야기로 전환된다. 문체를 매개로 남성 소설과 대비되는 여성 소설의 문법에 의거했던 다른 여성 작가들과 달리 한강은 남성 소설 내에 설치된 여성이라는 폭탄을 터뜨리면서 그녀만의 여성의 이야기의 궤적을 그려나가고 있다는 것이 그 글에서 내가 밝히려고 했던 점이다. 느리지만 멈추지 않고 지속되는 그 과정을 『검은 사슴』(1997), 『내 여자의 열매』 『그대의 차가운 손』(2002), 『채식주의자』(2007), 『바람이

---

[2] 「70년대생 작가들 문단 속속 등장—한강·송경아·김연수·김경욱」, 중앙일보, 1995. 4. 11.

분다, 가라』(2010) 등의 작품을 통해 살펴보는 작업이 그 글의 내용을 이루고 있다.

그런데 그 무렵 한국소설에서는 픽션의 실험을 향한 열도가 잦아들면서 미학적인 축을 향해 뻗어나갔던 에너지가 다시 현실로 향하는 국면의 전환이 일어났다. 한강 역시 그런 흐름과 보조를 같이 하는 모습을 보여주었는데, 그녀의 경우에는 현실로 향하되『소년의 온다』(2014)에서 보듯 동시대 현실의 표면이 아니라 보다 근본적인 역사적 사건이 소설 속에 도입되고 있었다. 그와 더불어 형식의 측면에서는 그와 같은 주제의 방향과는 어울리지 않는 듯 보이는 급진적인 실험이 나타나고 있었다.『소년이 온다』는 그 당시 한국소설의 흐름을 넘어서거나 거스르면서 한강 소설에서, 그리고 한국소설에서 새로운 지평을 열고 있는 듯 보였다. 이 점에 대해서는「역사에 접근하는 최근 장편의 형식과 그 정치적 무의식」(『세계의문학』 2015년 여름호)에서 살핀 바 있다.

그리고 2016년 5월『채식주의자』를 영역한 *The Vegetarian* (Portobello Books, 2015)이 그해 맨부커 인터내셔널 프라이즈를 수상하는 일이 있었고, 그 사건을 계기로 한국소설은 세계문학에서 이전에는 찾아볼 수 없었던 새로운 위상을 갖게 되었다. 이런 상황에서 한국소설이 번역, 수용되고 있는 현황을 점검하는 한편 이후 대면하여 극복해야 할 문제들을 살피는 글(「*The Vegetarian* 이후, 한국소설 번역과 현지 수용의 현황과 문제들」,『문학사상』 2017년 9월호)을 발표한 바 있었는데, 제목에도 나타나 있듯 이때의 분석에서도 그 중심에는 한강의 소설이 놓여 있었다.

맨부커상 수상 직후『흰』(2016)이 출간되었고, 그 전후로「눈 한 송이가 녹는 동안」(2015), 「작별」(2017), 「교토, 파사드」(2020)[3] 등의 단편들이 간헐적으로 발표되었다. 그리고는 『작별하지 않는다』(2021)가 세상에 나오고 시간이 좀 지나 2023년 6월 포항의 한 대학에서 한강의 강연이 있었다.[4] 그 무렵 나는 역사 서사에 대한 글을 청탁받아 쓰고 있는 중이었고, 그 대상 가운데에는 『작별하지 않는다』도 포함되어 있었다. 수업을 마치고 운전해서 행사장에 도착하니 막 강연이 시작되고 있었다. 십삼 년 전의 강의실과는 규모가 다른 큰 행사였다. 한강씨는 『작별하지 않는다』의 창작 과정에서 경험한 일들을 이번에는 사진과 영상 자료들을 설명하면서 여전히 차분한 어조로 이야기했다.

강연이 끝난 후 학교 안 연못가 테이블에서 편의점에서 산 맥주를 앞에 두고 잠시 얘기를 나눴다. 많은 청중이 자리를 가득 메웠고 큰 호응 속에 강연이 진행되었지만, 행사를 마치고 홀로 남은 한강씨는 다소 쓸쓸해 보였다. 『창작과비평』에 발표된 『작별하지 않는다』에 대한 비판적인 글 이야기를 꺼냈더니 읽지 않을 생각이라고 했다. 그녀에게서는 강연을 마친 피로와 함께 『작별하지 않는다』를 쓰고 난 뒤의 긴 후유증이 느껴졌다. 소설과 산문에도 직접적으로 표현되어 있지만, 광주에서 겨우 벗어나 새로운 길을 가려고 해도 결국 또다른 비극의 역사 속으로 들어와버린 상황, 그리고 그것을 기존과는 다른 그녀만의 방식으로 힘겹게 헤쳐나가는 일이 그녀를 지치게 만든 것 같

---

3) 국내에는 『문학과사회』 2020년 봄호에 발표된 이 소설은 앞서 '京都, ファサード'라는 제목으로 『文藝』 2019年 秋季号에 일본어로 발표되었다.

4) 포스텍 문명시민교육원 주최로 2023년 6월 22일(목) 19시 포스코 체인지업 그라운드 이벤트홀에서 개최된 (문명시민강좌 Global Korean Ⅱ 6강 '작별하지 않는 사람들(한강)').

아 보였다. 한강은 왜 누구도 강요하지 않은 저 힘든 길을 가고 있는 것일까? 이런 의문을 안은 채 숙소로 들어가는 그녀의 뒷모습을 한참 지켜보다가 집으로 향하는 발걸음을 떼었다.

『소년이 온다』 이후 『작별하지 않는다』에 이르는 과정에 대한 내 나름의 비평적 분석은 「바다를 보여드리고 싶은 마음으로 만든 세계—역사적 사건을 모티프로 한 최근 한국소설에 내포된 로맨스의 계기와 그 의미」(『문학동네』 2023년 가을호)에 실렸다. 하지만 최근 역사 서사의 경향을 살피는 전체적 맥락 속에서 한강의 근작들을 분석한 그 글에는 그날 내가 느낀 의문이 깊이 논의될 여지가 크지 않았다. 그러던 중 2024년 10월 10일, 한강의 노벨상 수상 소식이 들렸고, 이 사건을 계기로 내게 다시 한강론을 쓸 기회가 주어졌다.

이번 작가론에서는 '여성'과 '역사'라는 키워드로 앞서 살펴본 한강의 소설세계를 '형식'이라는 측면에서 다시 바라보고자 한다. 한 인터뷰에서는 한강은 "저에게는 형식이 중요해요. 예전과 같은 방법으로 쓰려고 하면 한 페이지도 쓸 수가 없어요. 어렴풋이 떠올라 있던 소설과 맞는 형식을 찾아내는 게 저에게는 가장 핵심적인 착상의 순간이에요"[5]라고 이야기한 바 있는데, 그와 같은 작가의 의지는 비록 더딘 행보였지만 그동안 그녀의 소설이 픽션의 중심으로부터 그 가장자리로 한참을 이동해온 궤적을 통해서 선명하게 드러나 있다고 생각되기 때문이다.[6] 그리고 그것은 그녀가 추구하는 글쓰기에

---

5) 한강·정용준, 「빛이 머물다 간 자리」, 『악스트』, 2022년 1/2월호, 70쪽.
6) 이 글에서 사용된 '픽션의 가장자리'라는 개념과 그 맥락, 의의 등에 대한 생각은 2017년에 출간되었고 최근 우리말로 번역된 자크 랑시에르의 『픽션의 가장자리』(최의연 옮김, 오월의봄, 2024)를 읽는 과정에서 영향을 받았다.

대해 내가 품었던 의문에 대한 우회적인 대답을 찾는 과정이기도 할 것이다.

2. 되돌아보는 글쓰기의 전환점

한강이 등단 후 십 년 가까운 시간이 흐른 삼십대 초반에 발표한 「노랑무늬영원」(2003)에는 교통사고로 왼손을 다친 '나'(현영)가 서술자로 나온다. 왼손을 쓸 수 없기 때문에 오른손에도 무리가 갈 수밖에 없게 되고 그런 상황은 화가인 그녀로 하여금 자신의 일을 더이상 할 수 없을지도 모른다는 위기의식을 불러일으킨다. 그리고 이런 위기의식은 그녀를 둘러싼 관계에도 부정적인 영향을 미쳐 그녀는 극심한 고립감 속에 놓이기에 이른다. 그런 상황에서 그녀는 이 년 남짓만에 예전의 작업실을 찾아간다.

> 나는 이런 것을 더이상 좋아하지 않는다. 오른손이 과연 아물 수 있을지, 작업을 다시 할 수 있을지조차 확실치 않지만, 다시 그린다면 나는 이런 고요 대신 울부짖고 싶다. 머리를 헝클어뜨리고 발을 구르고 싶다. 이를 악물고 동맥을 끊어, 솟구치는 피를 보고 싶다. 이 그림의 놀라운 고요, 헤아릴 수 없는 세월의 느낌으로 고여 있는 평화가 나를 구역질나게 한다. 이 평화는 내 것이 아니다. 나는 이제 다른 사람이 되었다. 오히려 죽음 같은 공허, 황무지의 참혹함—그편이 나에게는 진실로 느껴진다.
> 천천히, 그러나 단호히 오른손을 뻗어, 나는 그 낡은 널빤지를 뒤집어버린다.[7]

---

[7] 한강, 「노랑무늬영원」, 『노랑무늬영원』, 문학과지성사, 2012, 231쪽.

작업실에는 그녀가 사고를 당하기 전 그리다 만 그림이 있다. 여자의 옆 얼굴이 그려진 널빤지를 바라보며 그녀는 자신이 더이상 그 세계에 있지 않다고 느낀다. 스스로가 다른 사람이 되었다고 여기는 그녀는 낡은 널빤지를 뒤집는 행동을 통해 이전의 작품세계와의 결별을 상징적으로 드러낸다.

한 인터뷰에서 작가가 "제가 정말 손이 아팠고 앞으로 재생이 불가능하다고 판단되었을 때, 굉장히 천천히 쓴 소설"[8]이라고 이야기했고, 또 한 산문에서는 "아마 유일하게 자전적이라고 할 수 있을"[9] 소설로 언급하기도 했던 이 이야기에서 자전적인 것은 바로 이 작가로서의 위기의식이 아니었을까. 그 산문에서 한강은 이 소설을 쓰면서 베토벤의 "'병으로부터 깨어난 자가 신에게 바치는 리디아 선법의 찬가'라는 긴 부제가 붙은, 지독하게 아름다운 현악 4중주"[10]를 들었다고도 썼다. 그 음악은 만년의 베토벤이 2악장까지 쓰고 난 뒤에 귀가 더 악화되어 중단했던 곡이었다. 그 긴 부제는 그가 다시 시작하면서 3악장의 서두에 썼던 글귀이기도 한데, 이 대목에서도 그 무렵 한강이 겪었던 고통과 절망, 그리고 회복과 재기에 대한 열망을 가늠해볼 수 있다. 어떤 의미에서 한강은 더이상 글을 쓸 수 없을지도 모르는 절망적인 시간을 지나면서 그 위기의식을 대가로 이전과는 달라진, 자신의 글쓰기에 대해 더 절실한 창작 태도를 갖게 된 것일지도 모르

---

8) 강지희, 「고통으로 '빛의 지문(指紋)'을 찍는 작가―작가 인터뷰」, 『작가세계』 2011년 봄호, 51쪽.
9) 한강, 『가만가만 부르는 노래』, 비채, 2007, 35쪽.
10) 같은 쪽.

겠다. 한강의 소설에 자기를 기입하는 양상이 나타나기 시작한 것 또한 이런 변화로 인한 영향으로 볼 수 있을 것이다. 이 현상을 노스럽 프라이의 네 가지 산문 픽션의 하위 분류(노벨, 로맨스, 고백, 아나토미)로 말하자면 한강 소설에 고백confession의 층위가 형성되기 시작했다고 할 수도 있다.

이후 '회복'을 모티프로 한 단편들이 이어졌고 이 이야기들은 한강의 세번째 소설집 『노랑무늬영원』(2012)으로 엮인다. 이 소설집은 두번째 소설집 『내 여자의 열매』와 십이 년의 시간적 거리를 두고 간행되었다. 이 시간적 거리는 그녀의 첫번째 소설집 『여수의 사랑』(1995)이 첫 소설 「붉은 닻」(1994년 서울신문 신춘문예 당선작)이 발표된 다음해 출간되었고, 그로부터 오 년이 지나 두번째 소설집이 나온 것과 비교해서 생각하면 더 길게 느껴진다. 이런 상황은 한강의 소설 작업이 점차 장편 중심으로 옮아간 것과도 밀접하게 연관되어 있다.

> 어떤 이야기를 장편으로 쓸까 생각할 때는 최소한 1년, 길게는 3년 이상 내 인생의 시간과 맞바꿔야 한다는 생각 때문에 신중하게 돼요. 이것을 씀으로써 결국 영원히 쓰지 못하게 될 것을 택해서 버려야 하는 결단도 필요하구요. 그러다보니 정말 쓰고 싶은 것만 쓰게 되는 것 같아요. 물론 쓰는 동안 많이 부대끼긴 하지만, 정말 쓰고 싶은 소설은? 하고 스스로에게 물으면 결국 장편이에요.[11]

---

11) 김경욱 · 김연수 · 천운영 · 한강 · 손정수, 「생의 한고비를 넘으면 생긴 몸 안의 죽절(竹節)을 바라보기」, 『문예중앙』 2007년 겨울호, 250~251쪽.

이 발언을 할 때 한강은 그녀가 『소년이 온다』나 『작별하지 않는다』와 같은 장편을 쓸 것이라고는 예상하지 못했던 것 같다. 그때도 그녀에게 글쓰기가 가벼웠을 리는 없을 테지만, 그럼에도 지금의 시점에서 바라보면 상대적으로는 순진해 보일 만큼 맑은 상태를 보여주고 있다. 이와 같은 의지에 의해 이 시기의 한강은 『그대의 차가운 손』『채식주의자』『바람이 분다, 가라』『희랍어 시간』(2011) 등의 장편을 써냈다. 「파란 돌」(2006)이 『바람이 분다, 가라』로, 「채식주의자」가 「몽고반점」「나무 불꽃」(2005)으로 이어져 『채식주의자』로 변전하는 일도 이 과정에서 일어난 것이었다.

작가적 생애의 고비를 넘어서면서 이루어진 글쓰기 태도의 전환 과정을 겪으면서, 그리고 그 매체의 중심이 단편으로부터 장편으로 이동해가면서 「내 여자의 열매」(1997)가 『채식주의자』로 뻗어나가는 현상이 발생했다. 한강 본인도 장르 사이의 상호텍스트적 상황을 대표하는 자신의 사례로 단편 「내 여자의 열매」의 장편 『채식주의자』로의 변주, 그리고 그 과정에서 쓰인 연작시 「피 흐르는 눈」 일곱 편을 함께 언급한 바 있다.[12]

「내 여자의 열매」는 한강의 초기 소설에서 예외적인 작품이라고 할 수 있다. 대체로 전통적이고 사실적인 픽션(노벨) 가운데에서 돌출된 비현실적인 로맨스의 계기가 식물로 변하는 한 여성의 증상을 통해 나타나 있기 때문이다.[13] 한 여성이 식물이 되는 판타지적 순간

---

12) 한강, 「시와 단편소설, 그리고 장편소설을 함께 쓴다는 것」, 『쏨』 2021년 하권, 154~155쪽.
13) 나는 『내 여자의 열매』에 대한 리뷰를 쓰면서 이와 같은 특징을 『여수의 사랑』에서의 '수평적 이동'과 대비되는 '수직적 초월'의 지향성으로 설명한 바 있었다.(「세 겹 욕망의 주름」, 『미와 이데올로기』, 문학동네, 2002, 302~303쪽) 『소년이 온다』나 『작

이 현현하는 단편에 비해 장편의 이야기는 어느 지점에서, 적어도 형식의 측면에서는 타협을 하고 있다고도 느껴진다. 하지만 인물의 측면에서라면 그렇지 않다. 특히 「나무 불꽃」에서 묘사되고 있는 영혜의 죽음 충동은 픽션의 범위를 초과하는 강렬함을 내포하고 있다. 이렇게 생각하면 『채식주의자』의 그로테스크한 충동들 또한 픽션의 전형적인 형식 내에서도 인물을 매개로 그 가장자리를 향해 뻗어 있는 것이라 하겠다. 「몽고반점」을 발표하고 난 시점에서 한강은 "다음의 소설들은 여성의 시각으로, 종내에는 인간의 영성에 이를 때까지 탐구해가려고 한다. 아주 오랫동안, 띄엄띄엄 써나가야 하리라고 생각하고 있다"[14]고 했는데, 실제로 그 과정은 「나무 불꽃」으로 생각보다 일찍 마무리되었다. 더 나중에 한강은 한 인터뷰에서 『채식주의자』에 대해 이야기하면서 "세번째 연작 「나무 불꽃」을 쓴 직후에, 원래는

별하지 않는다』와 같은 이후의 소설들에서 더욱 전면화되는 이 초월적인 계기의 기원을 그 장면에서 찾을 수 있다. 노스럽 프라이는 노벨, 로맨스, 고백, 아나토미 등 산문 픽션의 네 가지 기본적 유형을 제시하고, 한 가지 예외적인 사항으로 다섯번째의 시원적(quintessential) 형식을 제시한 바 있다. 그에 의하면 이 형식은 "전통적으로 여러 가지의 성전(聖典)과 연관되는 형식이며, 인생을 인간 영혼의 타락과 각성 자연의 창조와 묵시라는 관점에서 다룬다"(『비평의 해부』, 임철규 옮김, 한길사, 2000, 594쪽)고 설명했다. 노스럽 프라이가 이야기한 이 다섯번째 형식과 정확하게 부합하지는 않는다 해도, 이런 설명을 통해 한강 소설에 자리잡고 있는 초월적 계기에 대해 생각해볼 수 있다. 한강은 한 강연에서 "대학 때는 문학은 인간과 인간의 대화가 아니라 인간과 신의 대화여야 한다라는 유진 오닐의 말을 좋아했는데 지금까지도 언제나 내가 쓰는 글이 그런 것이었으면 좋겠다고 생각하고 있다"(〈당신에게 보내는 나의 편지—북클럽 문학동네 프리미엄 강연〉, 2019. 3. 12, https://www.youtube.com/watch?v=TsDUqpN7Gqo)고 했는데, 그와 같은 성향이 이미 오래전부터 그녀에게 내재되어 있다는 사실도 확인해볼 수 있다.
14) 한강, 「자유와 위안, 충일로 몸을 덥혀주는 밥 한 그릇 같은 글쓰기—수상 소감」, 『2005년 이상문학상 작품집』, 문학사상사, 2005, 351쪽.

네번째 연작까지 생각하고 있었는데, 거기서 3부작으로 마치는 게 맞겠다고 느꼈습니다"[15]고 말한 바 있는데, 그 느낌은 완성도에 대한 만족감 때문이 아니라 이미 어떤 한도에 도달했다고 감지된 작가의 본능적인 센서의 작동으로 인한 것이라고 볼 수 있다.

하지만 『채식주의자』에서 미처 소진되지 못한 에너지는 그대로 증발해버린 것이 아니었다. 우리는 그 점을 『소년이 온다』와 『흰』 등 그 이후의 소설들에서 확인할 수 있다.

3. 사실과 허구, 역사와 혼을 가로지르기

『소년의 온다』를 '광주'에 대한 이야기라고 해도 틀린 말이 아닐 것이다. 하지만 그것만 가지고는 이 소설의 전부를 이야기했다고 할 수는 없다. 다만 여기에서 새삼 밝혀두고 싶은 것은 『소년이 온다』가 이미 어느 정도 고착화된 픽션의 암묵적 규범을 위반하면서 독자들이 가지고 있는 소설에 대한 관념을 흔들고 있다는 점이다. 그러면서 그와 같은 관념과 결부된 역사적 사건에 대한 상을 새롭게 조정하고 있다는 사실이다.

이 문제와 관련하여 『소년의 온다』의 두 가지 특징이 주목된다. 가장 대표적인 장면이 2장에서 죽은 '정대'의 혼이 등장하는 부분일 것인데, 이 장면과 관련하여 2017년 노르웨이 문학의 집 'Literary

---

15) 강지희, 「고통으로 '빛의 지문(指紋)'을 찍는 작가—작가 인터뷰」, 54쪽. 또다른 인터뷰(한강 · 강계숙, 「삶의 숨과 죽음의 숨 사이에서」, 『문학과사회』 2010년 봄호)에서는 "오랜 시간이 지난 뒤 그들이 어떻게 되었는지의 이야기를 4부에서 성장한 아이의 시점으로 쓸 생각도 있었는데, 3부를 다 쓰고 나니까 여기서 끝내는 것이 옳겠다는 생각이 들었습니다"(338쪽)는 언급에서 보는 바와 같이 그 구상이 좀더 구체적으로 제시되어 있다.

Guiding Stars'에서의 강연 원고인 「여름의 소년들에게」를 살펴볼 수 있다. 이 글에서 한강은 아스트리드 린드그렌의 『사자왕 형제의 모험』(1973)에 대해 이야기하면서 1983년에 한국에서 처음 번역된 이 소설을 한참 동안 1980년에 읽었던 것으로 기억하고 있었다고 했다. 그러면서 그와 같은 기억의 착오에 린드그렌의 동화와 광주에 대한 경험이 얽혀 있었기 때문이라는 사실을 나중에 알게 되었다고 했다.

> 그후 삼십여 년이 흘러, 오슬로로의 여행을 앞두고 이 책을 다시 완독한 지금에야 비로소 내가 왜 연도를 착각해왔는지 깨달았다. 나의 내면에서 이 책이 80년 광주와 연결되어 있었다는 사실을. 1980년 아홉 살의 내가 문득 생각했던, 그 여름을 이미 건너지 못했으므로 그 가을로도 영영 함께 들어갈 수 없게 된 그 도시의 소년들의 넋이, 그로부터 삼 년 뒤 읽은 이 책에서 두 번의 죽음과 재생을 겪는 소년들에게로 연결되어 내 몸속 어딘가에 새겨졌다는 것을. 마치 운명의 실에 묶인 듯, 현실과 허구, 시간과 공간의 불투명한 벽을 단번에 관통해서.[16]

린드그렌의 동화 속에서 부엌의 침대를 벗어나지 못하는 아픈 동생 칼에게 형 '요나탄'은 "네가 죽으면 하얀 새가 되어 나에게 돌아올 거야. 나는 너를 금방 알아볼 수 있을 거야"[17]라고 말하는데, 이와 같은 동화적 상상력이 『소년이 온다』의 2장에서 이미 죽어 혼의 상태에 있던 정대를 서술자로 한 설정이나 정대에게 '동호'의 죽음이 감지되는 장면에 투영되어 있다고 볼 수 있다. 동호를 초점 화자로 한 1장

---

16) 한강, 「여름의 소년들에게」, 『디 에센셜 한강』, 문학동네, 2022, 330쪽.
17) 한강은 「여름의 소년들에게」의 329쪽에서 이 대목을 인용하고 있다.

의 제목이 '어린 새'[18]인 점도 그런 연관 속에서 눈여겨보게 되고, 작가가 처음 생각한 소설의 제목이 '여름의 당신'이었다는 사실[19]에서도 '여름의 소년들에게'라는 강연 연고의 제목을 매개로 『소년이 온다』와 『사자왕 형제와 모험』 사이의 내적 연관을 살펴볼 수 있다. 광주와 린드그렌의 동화 사이의 이와 같은 연관이 작가의 무의식 속에서 형성되어 『소년이 온다』의 창작 과정에 영향을 미쳤을 수도 있었으리라는 생각을 위의 글을 통해 해보게 된다. 이처럼 『소년이 온다』에 등장하는 혼의 존재는 이후 『작별하지 않는다』와 그 이전의 「눈 한 송이가 녹는 동안」 「작별」 「교토, 파사드」 등에서 지속적으로 나타나고 있다. 텔레파시처럼 공간을 초월하여 타자의 생존이나 죽음을 감지하는 장면 또한 『소년이 온다』와 『작별하지 않는다』에 동시에 걸쳐 있다.

그런데 이와 같은 로맨스적 계기는 일반적으로 역사적 사건을 대상으로 한 소설에서는 좀처럼 보기 힘들었다. 물론 최근에는 역사적 사건을 직접 체험하지 않은 세대가 그 사건에 접근하는 과정에서 로맨스적 계기가 적극적으로 활용되는 것을 볼 수 있기는 하다.[20] 그렇

---

18) 이 지점에서 '새'라는 모티프와 관련하여 한 좌담에서 한강이 "덧붙이자면 새는 저한테 좀 중요한데요. 소설집 『내 여자의 열매』에서 죽은 새를 주머니에 넣고 다니는 여자애가 나오는 단편을 쓴 적이 있고, 『희랍어 시간』 『채식주의자』 『바람이 분다, 가라』에도 새가 나와요. 주인공의, 또는 어떤 여자들의 상태를 말하고 싶을 때 새에 대해 쓰게 되는 것 같아요."(이혜경·한강·차미령, 「간절하게, 근원과 운명을 향하여」, 『문학동네』 2013년 봄호, 125쪽)라고 이야기한 대목을 새삼 되돌아보게 된다. 『작별하지 않는다』의 최초의 제목이 '새가 돌아온 밤'이었다는 사실(한강, 「출간 후에」, 『문학동네』 2022년 봄호, 82쪽)도 이 맥락에 덧붙일 수 있다.

19) 「벌 받는 기분으로 책상에 앉았다」, 채널예스, 2014. 6. 10.(ch.yes24.com/article/details/25422)

20) 이 문제에 대해서는 「바다를 보여드리고 싶은 마음으로 만든 세계—역사적 사건을 모티프로 한 최근 한국소설에 내포된 로맨스의 계기와 그 의미」에서 살핀 바 있다.

지만 이 경우에는 역사를 대하는 의식 자체가 사건과 어느 정도 거리를 둔 채 비교적 가벼워지는 경향이 있다. 그런데 한강의 경우에는 매우 진지하게 역사적 사건을 취급하면서도 그 형식에서는 그와 자연스럽게 연결될 수 없었던 장치들을 시대적 트렌드와 관계없이 그의 소설적 맥락에서 일찍부터 사용하고 있었던 것이다.

『소년이 온다』가 1980년의 광주를 모티프로 했다는 사실 자체가 어떤 이데올로기 집단이 갖는 거부감의 이유라면, 이와 같은 비현실적 장치들은 그와 대비되는 성향의 이데올로기 진영을 불편하게 만드는 원인이 되기도 한다. 가령 『소년이 온다』를 두고 "80년 5월 광주를 다룬 여러 작품, 영화와 소설, 드라마까지 많은 작품들 가운데 마음에 닿지 않은 몇 안 되는 작품이 이 책"[21]이라고 고백한 한 서평가는 『소년이 온다』를 "다른 작품과 다른 방식으로 그를 조명한 때문"에 성공한 소설이라고 보았다. 그러나 이 서평가는 십수 년간 여러 독서 모임을 진행해온 경험을 근거로 한강의 독특한 시선과 접근법이 맞지 않는다고 느끼는 자신과 같은 독자를 떠올리면서 "한국 문학애호가 가운데서도 적어도 절반쯤은 그와 같은 성향을 지니고 있지 않을까 싶다"고 보았다.

이 서평가의 불만족은 우선 『소년의 온다』에서 광주의 사건과 관련된 내용이 그 기록을 찾아보았거나 광주를 다룬 다른 작품을 접한 사람들에게는 그다지 새로운 것이 아니라는 점에 있다. 다만 이 서평가의 시선에는 "민간인 학살과 사체 처리란 충격적 내용을 죽어버린 혼의 시점으로 묘사한 결정이 여러모로 낯설고 어색하지만, 읽는 이

---

21) 「10년 전 덮은 소설, 노벨상 수상 뒤 다시 읽으니—김성호의 독서만세 (255)」, 오마이뉴스, 2024. 11. 8. 이 부분의 인용은 이 글에서 가져온 것이다.

에 따라선 충격을 더할 수 있는 장치로 기능하지 않았나" 여겨졌다. 이렇게 보면 보다 근원적인 거부감은 정작 기대하는 측면("보다 전격적으로 다가서고 문제의 근원을 파헤쳐 거세게 몰아치는 문학")은 약한 반면, 그와 이질적인 측면("에둘러 돌아가며 익숙한 시선과 민감한 감수성을 드러내는 작품")이 오히려 두드러지는 『소년이 온다』의 서사적 특징에 있는 듯하다.

그러나 전통적인 픽션의 합리성에 의거한 이와 같은 구획 자체가 이데올로기적 성향을 내포하고 있다. 오히려 『소년이 온다』는 그와 같은 구획에 맞서 기존의 픽션의 합리성이 미치지 못하는 현실을 드러내고 있다는 점에 그 각별함이 있다고 할 수 있다. 이 소설에 대한 이데올로기적 반응 역시 이런 맥락에서 생각해볼 수 있다. 『소년이 온다』가 특정 이데올로기를 내포하고 있어서 그와 반대되는 이데올로기의 거부의 대상이 된다기보다, 어떤 측면에서는 각기 다른 방식으로 이 사건에 대한 상반된 이데올로기적 입장 모두를 불편하게 만들고 있는 것이다.

한편 『소년이 온다』가 고전적 픽션의 합리성과 부딪치는 두번째 특징은 허구와 사실 사이의 경계에 대한 이 소설의 태도에서 찾을 수 있다. 이 소설의 출간 직후 한강과 김연수가 나눈 대화의 한 대목인 다음의 김연수의 발언을 그 맥락에서 살펴볼 수 있다.

> 저는 이 소설이 지금까지 광주항쟁을 다룬 소설과는 다른 맥락에서 씌어졌다고 봅니다. 말하자면 사회적이고 공적인 사건을 개인적이고 사적으로 회고한 소설이랄까요. 이게 묘하게 프리모 레비Primo Levi를 연상시킵니다. 신은 없어요. 대신에 인간은 뭔가를 할 수가 있는데, 그건 좌절로 귀결

되기 십상이지요. 그래도 뭔가를 할 수 있는 한 인간은 살아갈 수 있는 것이죠. 글을 쓰는 한 프리모 레비는 살 수 있었고, 글을 쓰지 못하게 되자 바로 죽은 것처럼 말이죠.[22]

위에서 김연수는 『소년이 온다』가 기존의 광주에 대한 소설과는 다른 맥락에서, 그러니까 '사회적이고 공적인 사건을 개인적이고 사적으로 회고'하는 방식으로 쓰였다는 점을 지적하고 있다. 이 소설은 1장에서 '너'라고 지칭되는 소년 '동호'를 시작으로, 이후에는 정대(2장), 은숙(3장), 진수(4장, 정확히는 진수의 감방 동료), 선주(5장), 동호의 어머니(6장) 등 그를 기억하는 그 당시의 주변 인물들이 차례로 서술을 이어받으면서 광주 이후의 시간을 증언하는 구성을 취하고 있다. 그 당시 광주에 있었지만 중심에서는 다소 떨어져 있었던 이런 평범한 인물들이 소설의 주요 인물로 등장하고 있다는 점도 그와 같은 '개인적이고 사적인 회고'의 인상을 낳는 원인이 되었지만, 더 결정적인 것은 작가를 연상케 하는 '나'가 등장하는 서술 세계가 '에필로그―눈 덮인 램프'라는 별도의 장으로 덧붙여져 있기 때문이다.

그런데 이 '에필로그'는 독특한 텍스트 위상을 갖고 있다. 형식적으로 이 부분은 허구 텍스트의 일부를 이루고 있는 내부이며, 그렇기 때문에 에필로그의 서술 주체인 '나' 또한 텍스트 외부의 작가 한강과 동일시될 수는 없다.[23] 이 에필로그는 사실 혹은 허구의 한쪽에 속

---

22) 김연수, 「사랑이 아닌 다른 말로는 설명할 수 없는―한강과의 대화」, 『창작과비평』 2014년 가을호, 322~323쪽.
23) 이 에필로그 부분의 서사적 위상의 문제에 대해서는 앞서 「역사에 접근하는 최근 장편의 형식과 그 정치적 무의식」에서 살펴본 바 있었다. 데버라 스미스가 번역한 영문판(*Human Acts*, Hogarth, 2016)에는 이 부분이 'Epilogue The Writer, 2013'로

한다기보다 어떤 의미에서는 사실과 허구의 구분이 불필요하고 무의미한, 그런 구분을 초월한 픽션의 가장자리를 지향하고 있다고 볼 수 있다. 사건에 대한 이데올로기적 태도로 구분된 세대적 감각이 더 이상 작동하지 않는 현실이지만 그렇다고 역사적 사건을 현재의 관점에서 자의적으로 전유할 수는 없다는 지향성이 허구와 사실의 구분을 넘어서는 표현의 지점을 향하고 있다고 하겠다.

한 인터뷰에서 작가는 "『희랍어 시간』을 쓰고 난 뒤, 내 내면에 심겨진 인간에 대한 근원적 의문을 찾아 내려가게 되었는데, 그 뿌리에 1980년 5월 광주가 있었다는 사실을 깨닫게 되었어요. 그러니까 저에게 『소년이 온다』는 가장 중요한 질문의 무서운 뿌리로 다가가려 했던 소설이에요."[24]라고 이야기한 바 있는데, 이 발언은 『소년이 온다』의 광주가 이 사건을 둘러싼 이데올로기로부터 도입된 모티프라기보다 인간 존재에 대한 작가의 지속적인 질문이 소설적으로 추구되는 과정에서 도달한 한 지점과 결합된 것이라는 사실을 말해주고 있다. 『희랍어 시간』에서 침묵과 실명이라는 결여를 통해서만 드러낼 수 있는 세계 역시 이런 맥락 위에 놓인 설정이라고 볼 수 있다. 여기에서는 환상 같은 모티프의 문제가 아니라 인물의 상태가 픽션의 가장자리에 대응되는 요소일 것이다. 이 지점에서 표면상으로는 공통점이 없어 보이기도 하는 『희랍어 시간』과 『소년이 온다』 사이에 놓인 작가의 문제의식의 연결점을 찾아볼 수 있다. 앞서 이 작품에 대해

번역되어 있어 그것을 작가의 이야기로 명시하고 있다. 이것은 원본의 텍스트 상태를 그대로 옮긴 것으로 보기는 어렵지만, 그렇다고 해서 틀린 번역이라고 할 수도 없다.
24) 한강·윤경희, 「연하고 깨끗한, 막연하나 이끄는―수상작가 인터뷰」, 『눈 한 송이가 녹는 동안―제15회 황순원문학상 수상작품집』, 중앙북스, 2015, 120쪽.

김연수가 받았던 사적인 회고의 인상의 더 궁극적인 이유가 이 문제와 연관되어 있을지도 모르겠다는 생각을 이 대목에서 해보게 된다.

4. 이데올로기에 맞서는 문학의 형식

텍스트의 표면만 비교해보면 『소년이 온다』와 이어서 발표된 『흰』 사이에는 어떤 단절이 가로놓여 있다고도 느껴진다. 그렇지만 『소년이 온다』를 이루고 있는 작가의 질문의 맥락을 생각해보면, 『소년이 온다』와 『흰』은 작가의 유년의 기억에 자리잡은 중요한 사건을 모티프로 하고 있다는 점에서 연결되어 있어 보인다.[25]

그때 나는 수유리 집에서 버스를 타고 학교에 다녔다.[26]

"그 두 아이가 살았다면 넌 없었을지도 모르지."

그러니 만일 당신이 아직 살아 있다면, 지금 나는 이 삶을 살고 있지 않아야 한다.
지금 내가 살아 있다면 당신은 존재하지 않아야 한다.
어둠과 빛 사이에서만, 그 파르스름한 틈에서만 우리는 가까스로 얼굴을 마주본다.[27]

---

25) 『흰』의 기원은 거슬러올라가면 자전소설로 쓰인 「침묵」(2000)의 서두에서 서술된 "내 어머니는 다섯 아이를 낳았다. 그중 나는 네번째 태어난 아이였다. 지금 나에게는 오빠와 남동생이 하나씩 있다. 어머니가 낳은 첫번째와 두번째 아이를 나는 본 적이 없다"(한강, 「침묵」, 『문학동네』 2000년 여름호, 131쪽)는 대목에서 찾을 수 있다.
26) 『소년이 온다』, 208쪽.
27) 한강, 『흰』, 난다, 2016, 117쪽.

『흰』의 한 대목에는 폴란드에서 발생한 학살의 현장을 매개로 광주를 떠올리는 장면이 나온다.[28] 그런 장면에서도 『소년이 온다』와 『흰』이 겹쳐지는 지점을 발견할 수 있지만, 위의 인용에서 보는 바와 같이 상실된 대상에 자신을 합체하는 의식의 형식에서 보다 깊은 내적 연관을 엿볼 수도 있다.[29] 그리고 어떤 측면에서 픽션의 내부에서 이야기를 찾지 않고 오히려 그 중심에서 먼 픽션과 논픽션의 경계에서 글쓰기의 출발점을 발견하고 있는 특징은 시와 에세이, 그리고 소설의 점이지대라고도 부를 수 있는 『흰』에서 더 전면적으로 나타나고 있다. 이 글의 맥락을 이루고 있는 형식의 측면에서 바라보면 『소년이 온다』와 『흰』 사이에는 더 깊은 연속성이 자리잡고 있어 보인다.

『흰』과 더불어 그 전후에 발표된 「눈 한 송이가 녹는 동안」 「작별」 「교토, 파사드」 등의 단편들은 한강의 소설이 『소년이 온다』 이후 역사로부터 일상으로 복귀하는 것처럼 보이는 듯한 인상을 준다. 이 이야기들에서는 전반적으로 자전적인 '고백'의 양식으로서의 성향이 두드러진다. 「교토, 파사드」에 달린 말미의 주석에서 작가가 이 소설에 대해 밝힌 "에세이로 이름 붙일 수도 있었겠지만, 그런 선택의 순간이면 늘 그렇게 했듯 소설로 이름 붙였다"[30]는 언급은 어느 시점 이후로 확연해진 고백의 경향을 확인시켜주고 있다.

---

28) 『흰』, 109쪽.
29) 뒤에서 살펴보겠지만, 이와 같은 의식의 형식은 『작별하지 않는다』에서 경하와 인선 사이에서도 나타나게 된다.
30) 한강, 「교토, 파사드」, 『문학과사회』 2020년 봄호, 148쪽.

그렇다고 해서 이 소설들이 투명하게 작가의 현실을 그대로 드러내고 있는 것은 아니다. 각각 직장 선배와 대학 동기의 죽음, 그리고 현실과 꿈에서 그들의 혼을 만나는 사건을 모티프로 한 「눈 한 송이가 녹는 동안」과 「교토, 파사드」, 그리고 홀로 아이를 키우며 생활력이 부족한 연하의 연인과의 관계를 위태롭게 지속하고 있는 한 싱글맘이 어느 날 자신이 눈사람으로 변해 있는 것을 발견하게 되는 「작별」 등에서는 비현실적인 로맨스의 계기가 뚜렷하게 나타나고 있다. 특히 「작별」은 더 일상 쪽으로 치우쳐 있을 뿐만 아니라 형식적으로도 한강 소설에서 가까이는 「왼손」(2006), 멀리는 「내 여자의 열매」에 이어져 있는 이색적인 계보에 속한다. 그와 같은 시야에서 바라보면 「내 여자의 열매」에서 여성 인물의 식물-되기와 「작별」에서 여성 인물의 눈사람(사물)-되기가 한 차원 더 진전된 상태를 보여주며 대응 관계를 이루고 있다. 그런가 하면 『흰』에도 역사에 대한 의식이, 그리고 「눈 한 송이가 녹는 동안」에도 윤리적 문제에 대한 소설적 추구가 내재되어 있어 사회적 현실을 대상으로 한 '노벨'로서의 성격도 확인된다. 요컨대 이 소설들에도 산문 픽션의 여러 형식들이 복합적으로 결합되어 한강 소설다운 개성적인 면모를 확인시켜주고 있는 것이다.

이런 방향에서 작가가 '혼 3부작'이라고 부른 기획이 순차적으로 진행되는 듯했지만, 그러나 「작별하지 않는다」가 장편의 형식을 취하면서 방향이 다시 한번 크게 굴절된다. 한강은 한 인터뷰에서 그 과정을 "원래는 「눈 한 송이가 녹는 동안」하고 「작별」 그리고 조금 더 긴 300~400매 되는 마지막 중편을 이어서 눈 3부작을 완성하려는 계획이었어요. 그 마지막 중편이라고 생각했던 소설이 『작별하지 않는다』인데, 예상보다 오래 걸리고 원고지 1,000매가 훨씬 넘는 장편소설이 되어버린데다가 앞의 두 편과 결도 달라서 독립적인 책으로 나오게 되었어요"[31]라고 밝힌 바 있다. 작가의 언급에 따르면, 『소년이 온다』도 원래는 "삶의 눈부신 이야기를 후속작으로 쓰겠다고 마음먹"고 "유년시절을 떠올리며 가장 찬란했던 파편들을 모으려 했"던 의도에서 출발한 것이었다.[32] "처음에는 눈부시게 밝은 이미지의 소설을 쓰려고 했고, 그다음에는 광주를 배음으로 깔고 있는 소설을 쓰려고 했고……"[33]라고 했지만 결국 비극적인 역사적 사건을 정면으로 껴안는 소설이 되고 말았다. 이런 상황이 『작별하지 않는다』의 경우에도 다시 반복되고 있었던 것이다. 그렇게 해서 "각기 다른 인물, 다른 내러티브로 원고지 오십 매, 백 매, 길게는 이백 매까지 써본 버전들"[34]을 거쳐 2018년 겨울 무렵에는 "*학살에 대하여 쓴 '나'가, 학살에서 살아남은 부모를 둔 친구의 집에서, 죽음―명부―에서 돌아온 새와 하루를 보낸다*"[35]는 서사의 개요가 작가의 노트에 적혀 있는 상태가 마련되기에 이른다.

그런데 이렇게 서사의 틀을 갖춰서 시작된 「작별하지 않는다」(『문학동네』 2019년 겨울호~2020년 봄호)[36]의 연재는 순탄치 않았다. 두

---

31) 「빛이 머물다 간 자리」, 62~63쪽.
32) 「벌 받는 기분으로 책상에 앉았다」.
33) 김연수, 「사랑이 아닌 다른 말로는 설명할 수 없는―한강과의 대화」, 326쪽.
34) 한강, 「출간 후에」, 82쪽.
35) 같은 글, 84쪽.
36) 이 연재본을 이후 출간된 단행본과 구분하기 위해 「작별하지 않는다」로 표기한다. 「작별하지 않는다」는 『작별하지 않는다』의 1부 5장까지(142쪽까지)에 해당되며, 두 판본에서 내용상의 큰 차이는 발견되지 않는다. 다만 『작별하지 않는다』의 '아이'가 『작별하지 않는다』에서는 '딸'로 수정되어 있다. 「작별하지 않는다」에서는 k로 지

번째 연재분이 발표되고 중단되는 일이 일어났다. 그리하여 이야기의 개요에서 '나'가 병원에 입원한 친구 '인선'을 만나고 그녀의 부탁으로 눈보라를 뚫고 가까스로 제주도에 있는 그녀의 집에 도착하기까지에 해당되는 도입의 과정이 길게 이어진 반면, 본격적인 사건 속으로의 진입은 연재의 중반을 넘어서는 이 지점에 이르기까지도 이루어지지 못하는 상황이 발생했다.

『소년이 온다』에서처럼 「작별하지 않는다」에서도 역사와 그것에 다가가는 주체 사이에는 하나의 세계로 동일시되지 않는 단절이 존재한다. 그 단절과 그것을 전제로 한 그 너머로의 연결이 『소년이 온다』에서는 과거를 회고하는 서술 주체가 등장하는 에필로그를 덧붙이는 형태로 나타났다면, 「작별하지 않는다」에서는 그것이 그 사건과 직접적인 연관이 없음에도 불구하고 어떤 경로로 인해 그와 대면하게 되는 과정이 담긴 긴 프롤로그가 놓여 있는 형태로 제시되어 있다고 할 수 있다. 이렇듯 두 소설 사이에는 서로 대응되는 면이 없지

칭되는 '나'가 『작별하지 않는다』에서는 경하라는 고유명을 얻고 있다. 그 점에서 「작별하지 않는다」는 임선배가 '나'를 k라고 불렀던 「눈 한 송이가 녹는 동안」과 밀착되어 있다. 그렇지만 '나'가 경하라는 고유명을 갖게 되는 『작별하지 않는다』는 직접적으로 텍스트 바깥의 작가를 지시하는 것을 피하기 위한 조치가 나타나 있어 자전적인 세계로부터 분리되어 독자적인 세계를 구축하고 있다고 할 수 있다. 그렇지만 "그 꿈을 꾼 것은 2014년 여름, 내가 그 도시의 학살에 대한 책을 낸 두 달 가까이 지났을 때였다"(한강, 『작별하지 않는다』, 문학동네, 2021, 11쪽)거나 "물잔에 빠뜨린 각설탕처럼 내 사적인 삶이 막 부스러지기 시작하던 지난해의 여름. 이후의 진짜 작별들이 아직 전조에 불과했던 시기에 '작별'이란 제목의 소설을 썼다. 진눈깨비 속에 녹아서 사라지는 눈-여자의 이야기였다"(25쪽)라고 서술한 대목에서는 이 소설의 서술자 '나'와 작가의 거리는 다시 밀착되어 거의 분리되지 않는 듯 보인다. 오히려 「작별하지 않는다」에서는 작가의 페르소나가 투명하게 투영되어 있다고 할 수 있는 반면, 『작별하지 않는다』는 결과적으로 그 맥락을 보다 복잡하게 만들고 있다.

않지만, 그럼에도 「작별하지 않는다」의 '제주'가 『소년이 온다』의 '광주'를 단순하게 대체하고 있는 것은 아니다.

『소년이 온다』의 '광주'와 「작별하지 않는다」의 '제주' 사이에는 그 사건이 주체와의 관계에서 갖는 위상에서 비대칭성이 존재한다. '광주'는 작가가 직접 체험하지는 않았다고 해도 거리를 두고 함께 살았던 사건이라면, '제주'는 경험의 영역 너머에 존재하는 것이다. 이미 그 대상에 대한 주체의 태도가 정립된 『소년이 온다』가 회고의 시선으로 이루어져 있는 반면, 그 대상과 관련한 경험과 이해가 결여되어 있는 「작별하지 않는다」의 상황에서 그 대상에 대한 접근이 앞으로 어떻게 전개될지 예상할 수 없는 현재진행형의 서술 형식을 취하는 것은 어쩌면 자연스럽다고 할 수 있다. 그렇기 때문에 「작별하지 않는다」의 경우 역사적 사건과 자신의 관련에 대한 회의가 수반되고 그것을 넘어서고자 할 경우 그 의지는 더 복잡한 맥락을 통과해야만 한다.

또한 '제주'의 경우에는 서술 주체가 그 역사적 사건에 직접 가닿을 수 없기에 매개가 필요하다. 「작별하지 않는다」의 인선이 그 역할을 수행하고 있다. 그렇다면 인선과 같은 인물을 주체로 설정하면 되지 않는가, 라고 이야기할 수도 있다. 그렇지만 그런 설정은 한강 소설과 부합하지 않는다. 지금까지 살펴온 과정에서 확인되고 있는 바와 같이, 한강은 역사적 사건을 직접적인 대상으로 삼는 것이 아니라 그것이 자아와 연결된 관계를 문제삼는다는 점에서 일반적인 역사소설의 주체와는 다른 성격을 갖고 있다. 『소년이 온다』에서도 그랬지만 어느 시점 이후 그녀의 소설은 자신을 소설적 질문의 주체로 삼고 있기 때문이다.[57]

이렇듯 『소년이 온다』가 역사적 사건의 현장에서 이야기를 시작하고 있는 것에 반해, 「작별하지 않는다」에는 그 사건에 접근하기 위한 긴 우회로가 요구되었다. 그런 과정을 거쳐 이야기는 점차 사건을 향해 다가가고 있었다. 그런데 「작별하지 않는다」의 연재는 바야흐로 역사적 사건으로 인한 고통과 상처 속으로 들어가려 하는 장면에서 중단되었다. 작가에 따르면 그 무렵 이 소설이 출간될 것이라는 신문보도를 접한 제주 4·3연구소에서 연락을 해온 것을 계기로 624쪽에 이르는 『제주 4·3사건 진상조사보고서』를 마주하게 되었다고 한다.[38] 그 자료들은 작가에게 정신적으로도, 신체적으로도 영향을 미친 듯했다. 한강은 인터뷰에서 이 상황을 "그게(『소년이 온다』를 쓰면서부터 지속된 악몽과 불면—인용자) 『작별하지 않는다』 초고를 완성하는 동안 서서히 완만하게 회복됐는데, 다시 자료들 속으로 들어가니까 새로 시작됐어요. 그래서 제가 결심한 게, 이걸 그만 써야 되겠다. 900매를 쓴 게 아깝긴 하지만, 이건 나를 위해서 그만 써야겠다는 확신이 들었어요. 그래서 거기서 중단을 했어요."[39]라고 밝힌 바 있었다.

 이 서사의 지연과 그로 인한 중단의 고비는 어떤 의미에서 비극적인 역사적 사건과 마주하는 작업 자체의 고통스러움이, 그리고 그렇기 때문에 그것을 회피하고 싶은 주체의 욕망이 서사의 형식에 투영

---

37) 제주 4·3은 일찍이 『내 여자의 열매』에 수록된 「흰 꽃」(1996)에도 등장한 바 있다. 소재의 차원에서는 그렇지만 『작별하지 않는다』의 '제주'와는 그 점에서 구분된다.
38) 서두에서 언급한 포항에서 열린 강연에서 한강은 『작별하지 않는다』의 창작과정에 대해 이야기하면서 후반부에 이 보고서와 『제주 4·3평화기념관 상설전시관 전시도록』 등을 참고자료로 제시했다.
39) 「빛이 머물다 간 자리」, 68쪽.

된 결과라고도 볼 수 있다. 시간을 두고 새롭게 접한 자료를 소화하면서 사건에 대한 이해를 한 단계 더 높이고 그 사건과 대면할 수 있는 정신적인 준비를 한층 더 철저하게 갖추는 과정을 거쳐서야 겨우 이 고비를 넘어설 수 있었다. 그 이후 이야기는 다시 이어졌고, 마침내 뒷부분이 완성되어 단행본으로 출간된 것은 연재가 중단된 지 일 년이 넘게 지난 그다음 해 가을이었다.

「작별하지 않는다」가 『작별하지 않는다』로 전환되면서 역사적 사건으로의 진입이 비로소 이루어지기 시작한다. 그런데 잠정적인 중단 이후에 다시 시작된 지점에서 이 소설의 형식과 관련하여 가장 문제적인 장면이 등장한다. 가출한 인선이 축대에서 떨어지는 사고로 인해 다쳐서 병원에 입원해 있을 때 '정심'이 꿈을 통해 이미 딸의 사고를 알고 있었다고 이야기하는 장면(81쪽)을 통해 이미 그 징후가 나타나고 있었고, 물이 비와 눈을 통해 시간과 공간을 넘어 존재한다는 사실에 대한 '경하'의 상념(135~136쪽)이 그 분위기를 마련하고 있었지만, 죽은 뒤 땅에 묻었던 앵무새 아마가 다시 나타나고 서울의 병실에 있어야 할 인선이 등장하는 초현실적인 상황이 펼쳐진 것이다. 다음은 그렇게 자신 앞에 갑자기 나타난 인선과 마주친 경하의 생각이다.

> 잔에서 입술을 뗀 인선과 눈이 마주쳤을 때 나는 생각했다. 그녀의 뱃속에도 이 차가 퍼지고 있을까. 인선이 혼으로 찾아왔다면 나는 살아 있고, 인선이 살아 있다면 내가 혼으로 찾아온 것일 텐데. 이 뜨거움이 동시에 우리 몸속에 번질 수 있나.[40]

---

40) 『작별하지 않는다』, 194쪽.

이렇게 해서 만난 인선의 혼과 경하 사이의 대화, 혹은 인선과 혼이 된 경하의 대화가 이 소설의 2부를 이루고 있다. 여기에서 경하와 인선은 한강의 초기 소설부터 그 모습을 드러냈던 두 여성의 관계 구도에 이어져 있다. 「여수의 사랑」의 '정선'과 '자흔', 『검은 사슴』의 '인영'과 '의선', 『그대의 차가운 손』의 '나'(H)와 L, E, 『채식주의자』의 '인혜'와 '영혜', 『바람이 분다, 가라』의 '나'(정희)와 인주 등에서 그 전사를 확인할 수 있다. 그들은 각각 다른 인물로 분할된 상징계의 자아와 상상계의 자아라고 볼 수 있다. 그런 의미에서 그들은 서로에게 자아이면서도 동시에 타자이기도 하다. 그리하여 이 소설에서도 제주 4·3으로 이끌리는 인선과 그 방향에 저항하는 경하가 운명적으로 엮인 관계의 구도를 이루고 있는 것이다. 그런데 지금까지는 그럼에도 불구하고 독립된 인격체를 유지하고 있었던 그 관계 구도가 이번에는 픽션의 고전적 형식의 틀을 벗어나면서 새로운 형태로 다시 정립되어 있다.[41] 『소년이 온다』에서는 '나'가 속한 서술 세계와 서술의 대상이 되는 허구 세계가 명확하게 분리되어 있었지만, 『작별하지 않는다』에서는 그 두 세계가 삶과 죽음을 경계로 한 투명한 막 같은 단절을 사이에 두면서 하나의 서사 세계 속에 놓이게 된 것이다. 이 시점(192쪽)에 이르러 '작별하지 않는다'가 경하와 인선이 함께 하기로 했던 프로젝트의 명칭이었다는 사실도 제시된다. 어떤 의미에서 이 초월적 대화가 실질적으로는 그 프로젝트의 실현이라고도 볼 수

---

41) 작가는 인터뷰에서 이 점과 관련하여 "경하에게도 인선에게도 제 모습이 있어요. 둘이 자매 같기도 하고, 같은 사람의 두 마음 같기도 하고요"(「빛이 머물다 간 자리」, 75쪽)라고 이야기한 바 있다.

있는 면도 있다.

이런 상황의 설정은 '나'(k)와 유령으로 나타난 '임선배'의 대화에 의해 전개되는 「눈 한 송이가 녹는 동안」에서 부분적으로 볼 수 있었지만, 『작별하지 않는다』에서는 그 대화가 마치 다큐멘터리처럼 사건을 보도하는 형식을 취하고 있기 때문에 우리가 역사적 사건을 재현한 픽션에서 기대하는 형식에서 벗어나 있다. 꿈으로 처리하여 사실적 소설의 형식을 취할 수도 있고, 아니면 아예 장르적 문법을 내세우는 방법이 없는 것은 아니다. 그런데 『작별하지 않는다』는 그와 같은 양식적 구분의 토대 위에 서사를 구축하지 않고 그 구분을 무화시킨 나대지 같은 바탕을 전제로 삼아 이야기를 펼치고 있다. 그리고 바로 이 점이 『소년이 온다』가 광주와 그 이후의 현실을 극화하여 보여주고 있는 것과 대비되는 『작별하지 않는다』의 서사적 특징이라고 할 수 있다. 역사적 사건에 다가가되 그것을 편의적으로 전유하는 것을 경계하는 태도가 『소년이 온다』와 비교하여 더 강화되었다고도 볼 수 있다.[42]

---

42) 도큐먼트를 극화하지 않고 그대로 드러내는 이 문제에 대해 한 연구자 또한 "『작별하지 않는다』는 그 재현 불가능성의 지점들을 은폐하거나, 권위 있는 주체의 목소리를 통해 상상적으로 보완하는 대신, 오히려 증언 주체를 이중으로 간접화하고, 복수의 증언들을 콜라주하는 방식을 통해 의도적으로 가시화한다. 그럼으로써 실재로서의 4·3에 대한 하나의 온전한 재현을 꾀하기보다는 끊임없이 실재를 재구성하는 과정을 부각한다"(나보령, 「두 갈래의 '작별하지 않는다'의 의지—『소년이 온다』와 겹쳐 읽은 한강의 『작별하지 않는다』」, 『한국문학이론과 비평』 97, 한국문학이론과 비평학회, 2022, 59쪽)고 설명한 바 있다. 이 설명에 공감하면서 여기에서는 자료의 세부를 극화해야 하는, 그 장면들을 떠올리고 글을 쓰고 그래서 각인된 기억으로 인해 고통이 수시로 재현되는 일을 감당할 수 없는 작가의 무의식적 저항이 함께 작용하고 있다는 생각을 덧붙인다.

엎드려 고개를 숙이기 전에 나는 자신에게 묻는다. 이것을 보고 싶은가. 병원 로비에 붙어 있던 사진들처럼, 정확히 보지 않는 편이 좋은 종류의 것 아닐까.[43]

나는 스크랩 뭉치를 내려놓는다.
더이상 뼈들을 보고 싶지 않기 때문이다. 이것들을 모은 사람의 지문과 내 지문이 겹쳐지기를 더이상 원하지 않는다.[44]

그걸 펼치고 싶지 않다. 어떤 호기심도 느끼지 않는다. 그 페이지들을 건너가라고 누구도 강요할 수 없다. 복종할 의무가 나에게 없다.[45]

대답을 망설이며 나는 서 있었다. 그곳으로 가고 싶지 않았다. 하지만 이 정적 속에 더 머물고 싶지도 않았다.[46]

눈 속에서 나는 기다렸다.
인선이 다음 말을 잇기를.
아니, 잇지 않기를.[47]

---

43) 『작별하지 않는다』, 256쪽.
44) 같은 책, 284쪽.
45) 같은 책, 285쪽.
46) 같은 책, 303쪽.
47) 같은 책, 319쪽.

위의 대목들은 역사적 사건의 내부로 진입하는 과정에서 주기적으로 그 비극적 현장을 바라보기를 거부하면서도 또다시 어쩔 수 없이 한 단계씩 더 깊이 사건 속으로 들어가지 않을 수 없는 경하의 심정이 반복적으로 표현된 곳들이다. 이런 과정을 통해 그녀는 인선을 따라 그녀의 어머니 정심에게로, 그리고 4·3과 보도연맹 사건으로 더 깊이 이끌려간다. 독자들 또한 경하의 입장에 이입하여 그 현장과 마주하게 된다. 문제는 위의 인용들에서도 볼 수 있듯이, 이 소설이 이 과정을 효율적으로 정리하는 것이 아니라, 오히려 그 반대로, 그러니까 작별하지 않기 위한 관계를 구축해나가는 이 지난한 과정을 그대로 드러내는 방식으로 전개되고 있다는 점이다. 이와 같은 방식은 비극적인 역사적 사건에 다가서는 고행에 작가와 등장인물들과 더불어 독자들 또한 동참할 것을 요구하고 있는 듯 보이기도 한다.

얼마나 더 깊이 내려가는 걸까, 나는 생각한다. 이 정적이 내 꿈의 바다 아랜가.

무릎까지 차 올랐던 그 바다 아래.
쓸려간 벌판의 무덤들 아래.[48]

인선이 이끄는 대로 역사적 사건의 심연으로 끌려들어가면서 경하는 어떻게 해도 도달할 수 없는 어떤 임계의 지점을 통과하는 느낌을 받는다. 그 지점에서 그녀는 애초에 그녀로 하여금 이 길로 들어서게

---

48) 같은 책, 286쪽.

만든 꿈을 떠올린다. 그리고 그녀는 그때까지 길게 이어진 인선과의 대화를 통해 역사적 비극이 자신의 악몽보다 더 깊은 심연 아래에 자리잡고 있다는 사실을 감각하기에 이른다. 이 순간 역사적 사건과 대면하는 의식의 임계점은 픽션의 한계와 마주한다.

몸이 떨리고, 내 손과 함께 흔들린 불꽃의 음영에 방안의 모든 것이 술렁인 순간 나는 안다. 이 이야기를 영화로 만들 것인지 물었을 때 인선이 즉시 부인한 이유를.
피에 젖은 옷과 살이 함께 썩어가는 냄새, 수십 년 동안 삭은 뼈들의 인광이 지워질 거다. 악몽들이 손가락 사이로 새어나갈 거다. 한계를 초과하는 폭력이 제거될 거다. 사 년 전 내가 썼던 책에서 누락되었던, 대로에 선 비무장 시민들에게 군인들이 쏘았던 화염방사기처럼. 수포들이 끓어오른 얼굴과 몸에 흰 페인트가 꺼얹어진 채 응급실로 실려온 사람들처럼.[49]

위에서 경하는 인선이 자신보다 앞서 다큐멘터리영화를 통해 재현

---

[49] 같은 책, 287쪽. 이와 같은 픽션의 한계에 대한 인식은 『소년이 온다』를 출간하고 난 뒤의 인터뷰에서 한 작가의 발언에도 나타나 있다. "실제로 있었던 일들을 배경으로 하니까 내가 누가 되지 말아야겠다는 책임감이 컸다. 인간으로서 마주하기 어려운, 인간의 가장 어둡고 참혹한 지점을 계속 들여다봐야 했기 때문에 그게 어려웠다. 현실은 내가 상상했던 것보다 훨씬 잔혹했다. 잔인한 것도 더 많았지만 사실만큼 못 썼다. 소설로 쓸 수 있는 한계였다. 더 잔인한 이야기를 쓰는 게 작가로도 힘들었지만 독자가 수용하기 어려울 거라고 생각했다. 소설에 모든 걸 쓰진 못했지만, 작품 때문에 읽어야 했던 수많은 자료를 봐야 하는 게 가장 힘들었다."(「벌 받는 기분으로 책상에 앉았다」) 『작별하지 않는다』는 픽션의 한계의 문제를 이야기 내에 포함하면서, 그 내용이 아닌 형식의 측면에서 그 가장자리의 방향으로 더 밀고 나가고 있다고 볼 수 있다.

의 한계를 경험했다는 사실을 새삼 알아챈다. 그러면서 자신이 써왔던 픽션의 한계 또한 확인하게 된다. 역사적 사건의 무게를 실감하면서 재현의 한계에 대한 의식 또한 더 예민하게 작동한다. 픽션의 가장자리로 이행하는 한강 소설의 궤적은 바로 그와 같은 재현의 한계와 마주하여 그것과 부딪쳐 빚어내는 글쓰기의 비명과도 같은 것이 아닐까.

소설을 마치고 난 뒤에 작가는 『작별하지 않는다』가 그 구상의 단계에서 지향했던 소설적 극점을 "*어떤 임계에서, 산 자가 마치 혼처럼 되어서, 극심한 고통의 마지막 가장자리에서, 몸을 빠져나와 마침내, 너머의 것을 보게 되는 순간*"[50]이라고 표현했다. 픽션의 한계 너머에 대한 한강의 의지는 '그 극심한 고통의 마지막 가장자리'에 닿기 위한 형식의 추구에 해당된다고 볼 수 있다. 그렇다면 픽션의 경계와 심연을 향해 나아간 한강 소설의 과정은 그녀에게 내재된 질문을 따라 "폭력에서 존엄으로, 그 절벽들 사이로 난 허공의 길을 기어서 나아가는"[51] 길에 대응되는 형식을 추구하는 일련의 시도가 만들어낸 길고도 뚜렷한 원심의 궤적일 것이다.

5. 다시 시작되는 길을 바라보며

한강이 쓴 동화 『내 이름은 태양꽃』(2002)에는 길기만 하고 구부러진 줄기를 가진 자신을 불우하고 고립되어 있다고 느끼는 풀이 등장한다. 담장 아래 그늘에서 외롭게 자라는 그를 따뜻하게 대해주는 것

---

50) 「출간 후에」, 84쪽.
51) 「여름의 소년들에게」, 331쪽.

은 얼굴 모를 어떤 다른 풀의 목소리뿐이다.[52] 그런데 시간이 지나 그에게도 꽃이 피어난다. 하지만 너무 투명해서 눈에 잘 띄지 않는 그 꽃은 다른 생명체들의 호감의 대상이 되지 못한다. 그 꽃은 자신을 "세상에서 가장 추하고 볼품없는 꽃"[53]이라고 느끼지만 그러나 어느 순간 바람은 그를 보며 뒷걸음질치며, 눈 나쁜 꿀벌조차도 눈을 감도록 만든다. 그리움으로 남아 있었던 얼굴 모를 풀은 다시 나타나 그에게서 피어난 강렬한 노란빛의 꽃을 알려주면서 그를 '태양꽃'이라고 불러준다. 지금의 시점에서 이 고독한 성장의 과정을 바라보면 이 꽃의 이야기는 마치 한강의 글쓰기가 거쳐온 극적인 과정의 메타포처럼 보이기도 한다.

그녀는 자신의 글쓰기를 되돌아보며 "그러니까 소설들, 제 질문들, 제 삶, 제 몸이 함께 움직이며 변화하며 아주 천천히 나아가고 있고, 더듬거리고 서성거리고 뒤척이면서 근근이 여기까지 온 것 같아요"[54]라고 이야기한 바 있는데, 이런 대목에서도 확인되듯 어느 순간부터 그녀와 그녀의 글쓰기는 한몸처럼 느껴진다. 그러기에 지금까지 그

---

52) 지금은 목소리로만 존재하지만 "나도 세상에 나가본 적이 있어. 몇 번 되지 않지만, 그것도 아주 짧은 동안이었지만……"(한강, 『내 이름은 태양꽃』, 문학동네, 2002, 56쪽)이라고 자신에 대해 말하는 이 이름 없는 풀은 『흰』에(그리고 그보다 더 멀리는 「침묵」에) 나오는 태어난 지 두 시간 만에 세상을 떠난 언니를 떠올리게 만든다. 한강 소설에는 픽션의 가장자리를 향해 이행해온 지속적인 과정과 더불어 이처럼 상호텍스트를 매개로 반복되고 순환되는 리듬이 겹쳐 있다. 앞서 살펴본 제주 4·3을 매개로 한 「흰 꽃」과 『작별하지 않는다』의 관계에서도 그런 특징을 발견할 수 있거니와, 이와 같은 복합적이고 다층적인 면모는 더 넓은 해석을 향해 열려 있는 한강 소설의 새로운 가능성의 근거라고 생각되기도 한다.
53) 『내 이름은 태양꽃』, 101쪽.
54) 한강·윤경희, 「연하고 깨끗한, 막연하나 이끄는—수상작가 인터뷰」, 103~104쪽.

래왔던 것처럼, 그녀가 세상의 어지러운 관심과 상관없이 앞으로도 자신이 기꺼이 선택한 그 길을 묵묵히 걸어갈 것이라는 믿음을 가질 수 있다. 그것이야말로 글쓰기를 소명으로 삼는 사람이 고된 노동의 대가로 받는 유일한 보상일 것이기 때문이다. 앞으로 다시 이어질 그녀의 글쓰기의 길에 평온한 축복이 깃들기를 빈다.

(2024)

3부

작품을 음미하는 시간

밤의 학교와 『일월』
―황순원의 『일월』

　내게는 이사할 때마다 각별하게 챙기는 물건이 하나 있다. 열두 권짜리 삼중당 한국대표문학전집이 그것인데, 1970년대 초반에 출간된 탓에 세로쓰기로 되어 있어 읽기도 불편한 이 책들을 지금까지도 버리지 못하고 있는 데는 나만의 사연이 있다.
　유년 시절 시골에서 농사를 짓다 첫 아들의 교육을 위해 상경한 가정에서 자란 내게 책은 별로 익숙한 것이 아니었다. 가끔 아버지가 한 권씩 사다준 동화책 몇 권과 월부로 책을 팔러 다니던 먼 친척으로부터 강제로 떠안다시피 한 열다섯 권짜리 위인전이 우리집에 있던 책의 전부였다. 그 시절 『알프스 소녀 하이디』와 록펠러 위인전을 읽었던 기억이 지금도 남아 있다. 그러나 그것도 잠시, 초등학교에 입학하면서부터는 교과서가 전부인 세계가 시작되었다.
　교과서로 대표되는 정형화된 욕망의 형식 내부에서 큰 문제없이 성장하던 내 의식은, 그러나 사춘기를 지나면서 격심하게 흔들리기 시작했다. 고등학교 2학년 무렵 갑작스러운 회의가 찾아왔고, 교과서의 세계가 무의미하게 느껴졌다. 학교에서는 한없이 피곤했고 집에 돌아오면 쓰러지듯 잠을 잤다. 하지만 밤에 일어나 정신이 들면 상념에 휩싸여 다시 잠들기 어려웠다.

그 잠들지 못하던 밤들을 함께했던 것이 바로 삼중당판 한국대표문학전집이었다. 이 전집은 어린 시절 우리집에 세 들어 살던 혜진이네가 우리에게서 빌린 돈 삼십만원을 갚지 않고 사라지면서 남긴 압류물품 중의 하나로 노끈으로 묶인 채 줄곧 지하실 구석에 처박혀 있었다. 그런데 그 과정과 맥락은 상세하게 기억나지 않지만, 어느 순간부터 나는 밤마다 그 책들을 한 권씩 꺼내 읽기 시작했던 것이다. 입시와 장래를 생각하면 이래서는 안 된다는 불안감이 의식 한편에서 거세게 일어났지만, 그 자책의 순간에도 발걸음은 이미 지하실로 향하고 있었고, 마음은 그보다 더 앞질러 책 묶음의 노끈을 풀고 있었다.

이처럼 어느 순간 찾아온 정체성의 혼란에 이끌려 마주한 것이 삼중당판 한국대표문학전집이었는데, 그 여섯번째 권에 심훈과 황순원의 소설이 실려 있었다. 그 가운데에서 특히 그 시기의 내게 큰 인상을 주었던 소설은 「나무들 비탈에 서다」(1960)와 「일월」(1962~1964)이었다. 한참 시간이 지나 「나무들 비탈에 서다」에 대한 평가는 가끔씩 접할 수 있어서 유명한 소설이라는 것을 어렴풋이나마 인지하게 되었지만 「일월」은 그와 달리 오랫동안 주관적인 체험의 흔적으로만 남아 있었다. 그럼에도 독서 과정에서 내가 느꼈던 영향의 파장은 「일월」 쪽이 더 강렬했던 것으로 기억된다.

그런데 이상한 일이지. 「나무들 비탈에 서다」는 '동호'와 '숙', '현태' 같은 등장인물의 이름도 기억이 나고 소설의 첫 부분에 전장에서 동호가 밤의 어둠 속을 행군하면서 유리 안을 걷고 있다고 느끼는 묘사라든지 입대 전날 밤을 새운 동호와 숙이 서로를 쳐다보며 나누었던 순수한 웃음과 뿌듯함의 감정, 그리고 동호가 술집에서 서울 색시에게 총을 쏘고 난 뒤 스스로 목숨을 끊는 장면 등 소설의 사건과 장면들에 대한 기억이 뚜렷한데, 정작 「일월」의 경우에는 소를 도살하는 장면과 주인공의 꿈 장면만이 선명할 뿐 등장인물의 이름도, 사건도 하얗게 지워진 채 다만 그 소설을 읽고 나서 그 충격의 여파로 한동안 넋이 빠진 상태로 지냈던 혼곤한 감각만이 남아 있었다.

 「일월」을 다시 읽어봐도 예전에 읽었던 기시감이 살아나는 느낌이 좀처럼 들지 않았다. 다시 읽은 「일월」은 부르주아 가정에서 자란 건축학도 '인철'이 백정 가문 출신이라는 자신의 성분을 알게 되면서 시작되는 정신적인 방황의 기록이다. 이 맥락에서 인철이 자신의 사촌형이자 지금도 도살장에서 소 잡는 일을 하고 있는 '기룡'을 찾아가 만나는 사건은 그에겐 일종의 실존적 결단에 해당되는 일이다. 그때 나눈 대화 가운데 언제 서울에 올라왔느냐는 인철의 질문에 기룡이 "환도 직후부터니까 사 년이 되나요"[1]라고 대답하는 대목에서 이 소설의 배경이 1950년대 중반 무렵이라는 사실을 확인할 수 있다. 그렇지만 이 소설에서는 전후의 시대적 상황이라든가 현실적인 고민이 그다지 중요하게 작용하고 있어 보이지 않는다. 인철을 비롯한 소설 속의 인물들은 훨씬 더 근본적인 질문에 사로잡혀 있기 때문이다.

> 인철은 그 앞을 지나치면서 생각했다. 내일 아침 미아리 도수장에를 찾아갈 것인가. 대체 자기는 사촌을 만나 어쩌자는 것일까. 차라리 아버지가

---

[1] 황순원, 『일월―황순원 전집 8』, 문학과지성사, 1990, 254쪽.

노력해온 것처럼 그 세계와는 외면하고 사는 것이 현명한 일이 아닐까. 인철은 지난 며칠 동안 마음속에서 싸워온 이 두 가지 생각에 또다시 말려들어가기 시작했다.[2]

위의 장면에서 보는 것처럼 순간적인 갈등은 있지만 그럼에도 인철이 자기 자신을 찾아가는 도정에서 부르주아적 삶에 대한 미련은 별로 끈질기지 않다. 그것은 이미 정해진 방향으로 가기 위해 잠시 멈췄다가 지나가야 할 건널목 같은 것에 지나지 않는다. 어떤 관점에는 현실성이 부족한 낭만주의적 태도로 비칠 수도 있겠지만, 그럼에도 자신의 운명을 피하지 않고 정면으로 마주하는 이 태도가 사춘기를 지나고 있던 십대 후반 소년의 의식을 뒤흔들었던 것이 아니었을까. 이 혼란스러운 흔들림의 충격만도 감당하기 벅찼던 소년에게 세부적인 장면들은 수습되지 못한 채 다만 충격 자체의 기억만이 남게 된 것은 아니었을까.

그럼에도 그 충격 속에서 나는 소설 속의 인물이 자신의 정체성을 찾아가는 과정을 마치 나 자신의 일처럼 경험하고 있었던 것만은 뚜렷이 기억한다. 그때 나는 소설을 읽는 것이 아니라 소설 속에 있었고 그것은 그 자체로 새로운 세계였다. 그 속에서 나는 내 자신의 출생의 비밀을 확인하고 있는 듯한 느낌 속에서 새로운 자아를 만들어내고 있었던 것이다. 마치 우리가 어린아이였을 때를 기억하지 못하는 것처럼, 새로운 자아로 다시 태어나던 그 정신적 유아기가 그 절대적인 영향력에도 불구하고 기억으로부터 소거되어버린 것은 어쩌면 그렇

---

[2] 같은 책, 114쪽.

게 이상한 일이 아닐지도 모르겠다.

　결국 그 시기에 나를 이끌었던 것은 학교와 교과서가 아니라 내가 밤새워 읽었던 소설이었다. 그런 의미에서 삼중당판 한국대표문학전집은 나만의 밤의 학교였고, 그 학교의 교과서이기도 했다. 황순원은 그 학교의 여러 선생님 가운데 한 분이었고, 「일월」은 그와 함께했던 수업에서 가장 인상적인 교재였다. 그리고 그것은 지금의 나를 이룬 결정적인 순간으로 여전히 내 속에 존재하고 있다. 시간이 흐르고 나이가 쌓이면 누구라도 변하지 않을 수는 없겠지만 그래도 「일월」을 읽던 마음으로부터 너무 멀어지지는 말자고, 책장에 꽂혀 있는 삼중당판 한국대표문학전집의 여섯번째 권은 내게 그렇게 말하고 있다.

(2019)

황제를 위하지 않는 소설을 상상하며
—이문열의 『황제를 위하여』

 "『황제를 위하여』는 이문열의 가장 중요한, 그리고 가장 좋은 소설이다"[1]라는 출간(1982) 무렵의 반응과는 달리 이 소설은 『사람의 아들』(1979)이나 『젊은 날의 초상』(1981), 혹은 『영웅시대』(1984)만큼 작가를 대표하는 작품으로 널리 알려지지는 않았고, 『삼국지』(1988)처럼 많이 판매되지도 않았다.[2] 그럼에도 『황제를 위하여』가 이문열의 소설세계에서 이채를 띠는 작품임에는 틀림이 없다. 식민지와 전쟁이라는 역사적 시기를 그 대상으로 공유하고 있는 『영웅시대』와 비교해보면 뚜렷한 대비를 통해 이 소설의 독특한 스타일을 확인할 수 있다. 단순화시켜 말해 『영웅시대』가 비극이라면 『황제를 위하여』는 희극이다. 비극이 이념적 인간의 사상적 궤적과 그로 인한 가족의 고

---

1) 김현, 「베끼기의 문학적 의미」, 『제3세대 한국문학 24—이문열』, 삼성출판사, 1983, 435쪽.
2) 이 소설이 처음 『문예중앙』에 연재될 당시의 호응 및 그와 대조되는 이후의 상황이 작가에 의해 직접 회고되기도 했다. 이문열, 「사랑과 축복 속의 출생, 그리고 기구한 유전(流轉)」, 『문학의 오늘』 2013년 여름호 참조.

통을 사실적인 관점에서 그려내고 있다면, 희극은 스스로가 『정감록』의 주인공이라 믿는 '황제'와 그 일행의 파란만장한 편력을 연의演義 형식의 장중하면서도 유머러스한 문체로 써내려간다.

그 한 단면을 펼쳐보면 다음과 같은 대목을 만날 수 있다.

> 아무렴 어떤가. 이제니까 고백하는 바이지만, 황제와 유엔군 사이에 어떤 실제적인 관계를 밝히기 위해서가 아니라, 어려움 중에서도 굴하지 않는 황제의 기백과 줄어듦이 없는 국량局量을 보여주기 위해서였을 뿐이다. 만약 더 이상 그 일로 황제와 유엔군 사이에 어떤 동맹 같은 것이라도 맺어지길 바랐다면, 그리하여 거기에 의지해 앞날의 국면에 무슨 큰 변화라도 일기를 기대했다면, 미안하다, 독자 여러분, 일후 우리의 황제는 영영 그들과 다시 만나지 않을 것이기 때문이다.[3]

보는 바와 같이, 이 소설은 이미 (허구의) 실록을 읽고 관련자들의 증언까지 들어서 이야기의 전모를 훤하게 알고 있는 인물이 서술하는 형식을 취하고 있다. 게다가 그 실록은 이제 사라지고 없기 때문에 원본에 충실해야 할 의무도 없어서 서술은 자유롭기 그지없다. 이 서술자에 의해 전통적, 동양적 세계관을 체현하고 있는 돈키호테적

---

[3] 이문열, 『황제를 위하여 2』, 민음사, 2001, 132~133쪽. 지금까지 작가에 의해 수정된 최종판본이라고 할 수 있는 민음사판에는 이전 판본들의 마지막에 있던 에필로그가 삭제되어 있다. 비록 짧지만 서술자와 대학교수가 나누는 대화 속에 작가가 제시하고자 하는 이념적 입장이 선명하게 드러나 있는 그 부분을 소거함으로써 이 소설 특유의 이데올로기적 양가성이 보존될 수 있었지만, 다른 한편으로 액자소설 구조의 한 축이 제거됨으로써 구성의 불균형이 발생하는 문제점을 낳았다고 볼 수도 있을 것 같다.

인물인 황제의 일대기가 전달되고 있는 것인데, 서술자와 그가 재현하고 있는 대상 사이의 이 서사적 거리로 인해 전통과 근대가, 관념과 현실이 첨예하게 부딪치는 이 소설 특유의 이념적 공간이 마련되고 있다. 이 소설을 읽는 맛은 서로 부딪치는 이념적 입장을 교차시키고, 또 때로는 뒤집기도 하면서 현실적 시선에서는 편집증 환자임에 틀림없을 황제의 무구한 정신과 마주하게 만드는 서술의 절묘한 곡예를 감상하는 데 있다. 그리하여 한편으로는 전통적 가치를 희화화하면서도 그 순결하고 고귀한 본성만은 단순하게 부정할 수 없는, "고전적 세계를 동경하면서 동시에 회의하는"[4] 양가적인 이데올로기의 교향이 펼쳐지고 있는 것이다.

그런데 다르게 이 기획의 키워드인 '왕'이라는 관점에서 바라본다면, 『황제를 위하여』가 이문열 소설세계의 독특한 뒷면이기는 하지만 『영웅시대』를 비롯한 다른 소설들과 몸통을 공유하는 샴쌍둥이라는 사실이 새삼 강조될 수 있을 것 같다. 일반화의 위험을 얼마간 무릅쓰고 말하자면, 이문열 소설이 대상으로 삼는 인물들은 '영웅'라는 단어로 포괄할 수 있는 비범한 의지의 화신들이다. 역사의 현장을 살았던 이념적 지식인(『영웅시대』)은 그 전형일 테고, 정치적으로 좌절된 이념이 의식 내부로 투사된 예술가의 모습(『시인』, 1991) 또한 그 변형일 것이며, 『선택』(1997)의 정부인 '장씨'는 그 여성적 버전이라고 할 수 있는데, 현실 속에서는 남루하지만 성장의 의식 속에서는 세상의 중심에 놓인 『젊은 날의 초상』의 자의식 과잉의 주인공이나 관념 속 '황제'인 『황제를 위하여』의 주인공 또한 넓게 보면 이 범주에 넣

---

[4] 황종연, 「이념으로부터 자유를 위한 우화―이문열 『황제를 위하여』론」, 『황제를 위하여 2』, 고려원, 1995, 257쪽.

을 수 있다. 소설의 인물 구조에서 이 '영웅'이 점유하는 비중은 절대적이며 주변 인물과의 관계 또한 수직적이며 일방적이다. 『황제를 위하여』에서 영웅의 자리에 놓인 '황제'는 비판과 존숭의 양가적 대상이 되어 상대적으로 낮은 자리에 내려앉아 있지만 여기에서는 서술자가 종횡무진 전권을 휘두르고 있다.[5]

이와 같은 자아의 신화로서의 소설은 전통적인 관점에서라면 그저 당연한 것이겠지만, 지금으로부터 바라보면 근대의 한 국면에 대응되는 현상일 수 있다. 19세기 유럽 사실주의 소설의 인물 구조를 분석한 알렉스 월록은 그의 연구에서 소설의 주인공은 일꾼the worker이나 괴짜the eccentric로 유형화될 수 있는 주변 인물을 평면화하는 대가로 자신들의 입체적인 공간을 확보하기 때문에 주인공에 대한 과도한 관심을 배분한 인물 구조는 불평등이라는 사회적 문제에 대응되는 형식이라는 주장을 펼치고 있다.[6] 그렇다면 자아의 신화 이후의 이야기는 어떻게 다른가.

> 그 주말 리어리 부부 집에서 뭘 잘못했는지 그는 절대, 절대 알 수 없을 것이다. 자기가 통제할 수 있는 것이었는지 없는 것이었는지 절대 알지 못할 것이다. 수도원과 고아원에서 있었던 모든 일들 그가 가장 지워버리고 싶었던 것은 그 주말, 자기가 아닌 다른 누군가가 될 수 있다고 믿으려 했

---

[5] 그런 점에서 생각하면, '영원한 제국'을 꿈꾸거나 '인간의 길'을 걸어간 역사적 인물을 모델로 삼는 것, 혹은 『리어왕』에 나오는 대사('내가 누구인지 말할 수 있는 자는 누구인가')를 제목으로 삼아 자의식 충만한 인물의 내적 세계를 그리는 소설적 방식 또한 사상적으로 근거리에 놓여 있다고 볼 수 있을 것이다.
[6] Alex Woloch, *The One vs. the Many: Minor Characters and the Space of the Protagonist in the Novel*, Princeton University Press, 2003 참조.

던 그 주말의 수치스러운 기억이었다.[7]

한야 야나기하라의 소설 『리틀 라이프 A Little Life』의 주인공은 '수치스러운 기억'으로 고통받고 있는 '주드'라고 할 수 있지만 이 소설은 그에게만 서술의 초점을 맞추고 있지 않다. 그의 친구들인 '윌럼' '제이비' '맬컴' 그리고 다른 주변 인물 일부에도 시점과 초점이 분배되어 있어 그 노동에 대응되는 관심을 받고 있다. 그리하여 우리는 그들의 관계, 그리고 그 관계가 빚어내는 의식과 삶의 변화 속에 우리 자신의 다양한 모습을 비춰볼 수 있게 된다. 물론 한 인간의 고통과 그 극복의 연대기는 그것을 바라보는 시각에 따라서는 얼마든지 '우상 idol'의 대상이 될 수도 있다. 그렇지만 인물들이 이루고 있는 수평적인 관계는 그 삶을 "있는 그대로 봐주길 바라"[8]는 소설의 방향에 부합하는 것이다. 그 방향에서 생각하면 이 소설의 제목인 '리틀 라이프'(보잘것없는 삶, 그럼에도 살아남아서 꿈틀거리며 자기의 궤적을 만들어가는 작은 생명)는 '황제'의 삶과 대비되는 상징성을 띠고 있어 보이기도 한다. 그리고 그 맥락에서 또 한 가지 특징, 즉 위의 인용에서 보는 것처럼 주인공과 서술자조차도 알 수 없는 서술의 사각지대에 대해 생각해볼 수 있다. 그것은 서술자와 인물과 독자 사이의 관계 또한 일방적이지 않다는 것을 보여주는 서사적 장치로 해석될 수 있다.

최근의 한국소설에서도 새로운 변화의 징후가 뚜렷하다. 한강의 『소년이 온다』(2014)나 황정은의 『계속해보겠습니다』(2014)에서 보이는 복수 시점의 병치는 평범한 인물들의 삶과 관계, 그리고 그 의미

---

7) 한야 야나기하라, 『리틀 라이프 1』, 시공사, 2016, 284쪽.
8) 같은 책, 207쪽.

를 들여다보기 위한 방법이라고 할 수 있으며, 서술의 시선을 여러 등장인물들에 고르게 분배하고 있는 윤성희의 소설은 이미 인물들 사이의 민주적인 관계를 구현하고 있다. 전지적 형식을 취하고 있지만 서술자도 이야기 세계 전체를 바라볼 수 없는 손보미나 이장욱 소설의 시점은 이야기 속에서라도 주인공이 되기를 꿈꾸는 독자의 환상을 위한 자리를 지워낸다.

그런데 그렇다면 이야기에서 '왕'은 사라진 것인가. 소설에서 밀려난 '왕'은 어디로 갔는가. 블로그나 페이스북, 인스타그램, 트위터(X) 등의 SNS 매체는 이야기의 소비자였던 대중을 그 생산자로 변화시켜주었지만, 다른 맥락에서 바라보면 그 역시 자신을 주인공으로 삼는 또다른 형식의 자아의 드라마는 아닌가. 『황제를 위하여』를 다시 읽으며 스스로를 왕으로 상상하지 않는 이야기의 존재와 의미를 새삼 떠올려본다.

(2017)

김종삼 시를 읽던 시절을 위한 만가挽歌
―김종삼의 「북 치는 소년」

    1992년 봄, 한국 현대문학으로 전공을 바꿔 들어간 대학원 첫 학기의 시 수업 과목에서 전후 시인 가운데 제대로 정리되지 않은 시인의 약력을 작성하는 과제를 수행한 적이 있다. 내게 할당된 시인은 김종문이었다. 그때의 나로서는 처음 들어보는 시인이었는데, 조금 찾아보니 무엇보다 두 가지 특이한 점이 있었다. 하나는 육군 소장까지 지낸 인물이라는 것이었고, 다른 하나는 잘 알려져 있던 시인 김종삼의 형이라는 사실이었다.
    시간이 많이 지나서 세부적인 맥락은 끊겨 있지만 그의 따님을 만나기 위해 은색 말을 상징으로 사용하는 아파트를 찾아갔던 기억이 있다. 한참 얘기를 나눴는데 정작 지금 기억에 남아 있는 것은 이야기가 끝나갈 무렵 들었던 '종삼 삼촌'에 대한 언급이다. 밥을 드려도 술에 자꾸 말아서 먹으려고 해 안타까웠다는 내용인데 그 이야기를 하던 표정도 어렴풋이 떠오른다.
    한참 나중에 그 아드님의 글을 우연히 발견했을 때 자세히 들여다보고자 했던 것은 그때의 기억 때문일 것이다. 그런데 그 글에서는 같은 시인이면서도 생활인이었던 형과 폐인에 가까웠던 동생의 대비(이런 선입견은 김종문 시의 모더니즘 경향과 김종문 시의 낭만주의 경향의 대비와도 겹쳐져 있었다)라는 지배적인 인상과는 다른 모습을 확인할 수 있었고, 한동안 당연하다고 생각했던 도식이 흔들리기 시작하는 느낌을 받을 수 있었다. 거기에서는 김종문 또한 "그 좋은 별을 내던지고 집에서 시를 쓰겠"[1]다고 선언하며 생활을 외면한 대책 없는 모습을 보여주고 있었기 때문이다.

"우리 집안에는 또 한 사람의 괴짜(?)가 있었다. 김종삼 작은아버지. 좀 과장해서 표현하면 술주정뱅이(?)에 기이한 행동을 일삼던 종삼 삼촌(친근감 있게 그렇게 부르는 걸 좋아하셨다)이셨던 것 같다. 동아방송에서 음악 담당으로 꽤 오래 근무했던 것으로 기억되는데 밖에서 술 마시느라 월급을 한 번도 집에 가져다주지 않았다고 한다. 방송국에서 일하실 때도 숙모님이 한 달에 한 번씩 우리집에 와서 생활비를 타 가셨던 것으로 기억한다. 물론 우리집이 잘나갈 때 일이었다. 그 삼촌도 역시 어느 날 갑자기 직장을 때려치우고 전업 시인이 되었다. 우리 집안의 내력이 그러한가보다."[2]

어떤 이유로 형제는 생활 대신 시를 선택했던 것일까. 윗글에서는 시로의 전업이라는 형제의 행로가 '집안의 내력'으로 인식되고 있는데, 지금의 자리에서 되돌아보면 그것은 시대의 증상을 형제가 각자 역할을 나누어 맡으며 함께 앓으며 감당했다고 할 수 있지 않을까.

---

1) 김영한, 「별을 내던지고 전업 시인을 선택하다―나의 아버지 김종문」, 『대산문화』 2019년 여름호, 96쪽.
2) 같은 글, 98쪽.

상대적으로 더 투명한 김종삼의 시를 통해 보면 그 증상 가운데 하나는 현재로부터 이탈하여 과거의 시간으로 퇴행하는 의식의 고착 현상이다. "오늘은 운동회가 열리는 날이므로 오랜만에 즐거운 날입니다./북 치는 날입니다"(「五학년 一반」)[3])에서처럼 그 과거의 시간 속에는 맑고 순수한 순간이 놓여 있다. 그렇지만 그 운동장에서는 "남의 밭에서 품팔이하는 제 어머니"가 가물가물하게 보이고 있으니 그 즐거움이 아련한 아픔으로 물드는 것은 순식간이다. 그렇지만 무구한 시간 속의 아픔이 자극하는 후련한 통증은 적응하기 어려운 현실의 힘겨움을 얼마간 달래주는 효과가 있다. "15년 전에 죽은/반가운 동생"(「허공」)을 만나는 장면에서 그 만남이 반가운 것은 이런 의미에서 이중적이다. 시간을 초월한 그 만남은 자체로 반가운 것이지만 그 죽음에 대한 죄책감을 지닌 주체에게 마냥 반갑기만 할 리는 없다. 그럼에도 그와 같은 대면은, 그리고 그로 인한 고통은 덮어두고 외면했던 상처를 긁었을 때의 새삼스러운 통증의 쾌감을 동반한다.

그 위무의 반복 속에서 과거로 향하는 의식에 중독 성분이 활성화되며 그 후유증으로 인해 현실 속의 주체는 만성화된 무기력에 시달릴 수밖에 없다. 그렇지만 그것은 살아 있다는 윤리적 부채감에 일종의 알리바이를 제공해준다. 그 결과 삶의 무게는 현저하게 기억과 그것이 펼치는 환상으로 기울어지는 것이다. 이런 의식의 메커니즘에 의해 주체를 짓누르고 있던 과거의 역사적이자 실존적인 트라우마에

---

3) 『김종삼 전집』, 청하, 1988. 이 글에서 인용한 김종삼 시의 표기는 시적 맥락을 훼손하지 않는 범위에서 지금의 어법에 맞게 다소 수정하였다. 이하 인용시 작품명만 밝힌다.

서 벗어나 잠정적인 심리적 평형을 유지할 수 있었던 것이 아닐까.

지난 시간에 대한 기억으로의 퇴행과 함께 현실의 고통으로부터 벗어나는 또하나의 관념적 출구는 이국의 공간을 향한 동경이다. "바람이 일면 심심하여지면 먼 고장만을/생각하게 되"(「스와니江이랑 요단江이랑」)는 의식의 움직임이 그것이다. "무척이나 먼//언제나 먼//스티븐 포스터의 나라"(「꿈의 나라」)처럼 구체적인 외피를 입을 때도 있지만 당시의 상황을 고려하면 현실 속에서 가닿을 수 없고 다만 관념의 매체를 통해서만 접근할 수 있는 그 이방의 지대는 공간적 확장이라기보다는 수직적 초월에 가까운, 푸코의 용어로 하면 일종의 '헤테로토피아' 같은 것이다.

그 의식의 흐름 위에서 "한가하였던 娼街의 한낮/옹기장수가 불던/單調"가 "아뜨리에서 흘러나오던/루드비히의/奏鳴曲"(「아뜨리에 幻想」)으로 치환되는 연금술적 사건이 발생한다. 그 가상의 세계 속에서 시인은 "나의 막역한 친구/볼프강 아마데우스 모차르트"(「實記」)와 "金素月 성님"(「꿈속의 향기」) 같은 죽음 저편의 존재들과 영적인 유대를 맺을 수 있다. 시인이 꿈꾼 '시인 학교'의 강사진은 모리스 라벨, 폴 세잔, 에즈라 파운드, 학생은 김관식, 김소월, 김수영, 전봉래, 김종삼, 그리고 교사校舍는 "아름다운 레바논 골짜기"(「시인학교」)다. 지금으로부터 바라보면 서구와의 그런 일방적인 관계 설정이 거슬릴 수도 있겠지만 그만큼 스스로를 불우하고 가난하게 느꼈던 시대의 표정으로 이해될 여지도 없지 않다.

"방대한//공해 속을 걷자//술 없는//황야를 다시 걷자"(「걷자」)에서처럼 현실원칙에 충실하고자 마음먹는 순간도 있지만 그 발생의 동력은 이방의 관념적 공간에 비해 터무니없이 허약해서 다만 간헐적으로만 솟아난다. 과거의 상처가 여전히 뚜렷하게 남아 있고, 현재의 상황은 암울하기 짝이 없으며, 미래의 전망 또한 절망적인 그 세계에서는 오히려 웅장한 패배가 더 현실성 있다고 판단될 수도 있는 법이다. 현실과의 관계에서 의지에 부응하는 대가를 얻을 '교환'의 기대를 기약할 수 없을 때 누군가는 기꺼이 생산이 아닌 '소모'[4]의 주체가 되기를 자처한다. 그런 의미에서 '환멸의 낭만주의'가 펼쳐 보이는 그 세계는 "패배의 확실성에 바탕하고 있는 하나의 유토피아"[5]라고 해도 좋을 것이다.

「북 치는 소년」의 어떤 부분은 위에서와 같은 시대적 증상의 시적 표현이라는 독해의 방식으로 접근이 가능하겠으나 그럼에도 그것은 그런 의미의 차원에서 해소될 수 없는 어떤 순수한 음악적 차원을 실현하고 있다.

  내용 없는 아름다움처럼

  가난한 아희에게 온
  서양 나라에서 온
  아름다운 크리스마스카드처럼

  어린 양들의 등성이에 반짝이는
  진눈깨비처럼

---

 4) 여기에서 '소모(dépense)'의 개념은 조르주 바타유, 『저주의 몫』(조한경 옮김, 문학동네, 2000)에서 그 맥락을 얻었다.
 5) 게오르그 루카치, 『소설의 이론』, 반성완 옮김, 심설당, 1985, 153쪽.

―「북 치는 소년」 전문

이 짧고도 불완전한 언어의 구조는 역설적으로 퇴행과 일탈의 낭만적 욕망을 정제하여 한 편의 시적인 정물화를 그려내고 있다. 혹은 미처 퇴행으로 거슬러오르지 못한, 일탈의 행동에 이르기 이전의 심상을 표현하고 있다고도 할 수 있겠다. 그것은 의미화의 맥락을 스스로 단절한 채 일상 세계의 논리로 흡수되기를 거부하면서 하나의 미학적 순간이라고 할 만한 광경을 구현하고 있는 것이다. '내용 없는 아름다움'이라는, 의식적이라기보다는 무심코 떠올린, 채 이미지로 전환되지 못한 추상적 기표는 바로 그 순간과 재귀적으로 연결되고 있는 듯하다.

"올페는 죽을 때/ 나의 직업은 시라고 하였다"지만 "나는 죽어서도/나의 직업은 시가 못 된다"(「올페」)라고 고백한 시인은 "그렇다/非詩일지라도 나의 職業은 詩이다"(「制作」)라고 정정하기도 했지만 그조차 '非詩'임을 전제로 한 조건적 긍정이었다. 시인은 "누군가 나에게 물었다. 시가 뭐냐고/나는 시인이 못 됨으로 잘 모른다고 대답하였다"라고 솔직하고도 덤덤하게 말하면서 "엄청난 고생 되어도/순하고 명랑하고 맘 좋고 인정이/있으므로 슬기롭게 사는 사람들이/그런 사람들이/이 세상에서 알파이고/고귀한 인류이고/영원한 광명이고/다름 아닌 시인"(「누군가 나에게 물었다」)이라는 의견을 제시하고 있다. 시인이 되지 못하는 시인은 대신 "나는 이 세상에 맞지 아니하므로/병들어 있으므로/머지않아 죽을 거야/끝없는 평야가 되어/뭉게구름이 되어/양 떼를 몰고 가는 소년이 되어서/죽을 거야"(「그날이 오며는」)라는 바람을 갖는다. 그것은 결코 충동적이지도 체념적이지도 않은 죽음의 수용이면서 자연에 가까운 상태에 이르고자 하는 죽음의 긍정이라는 점에서 특이하다. 그런 의미에서 이 죽음에 대한 밝은 욕망은 그가 스스로 시인임을 부정하면서 선언한 진정한 시인의 요건을 이미 내재적으로 충족시키고 있다. 시에 대한 긍정과 부정이 모순적으로 얽혀 이루는 이런 시, 또는 시인의 상태 또한 '내용 없는 아름다움'을 형상화하는 실존적 퍼포먼스일 것이다.

내가 김종삼의 시를 읽던 1990년대 초는 그때까지 지속되어온 어떤 윤리가 무너지고 아직 이름 붙일 수 없는 새로운 세계의 도래를 감각적으로 인지하고 있던 시기였다. 그 무렵 혜성처럼 등장한 서태지와 아이들의 〈환상 속의 그대〉(1992)는 여전히 이전 시대의 멘탈리티 속에 머물고 있던 사람들을 새로운 세계로 불러들이는 주술적인 주문 같은 것이었을지도 모른다는 뜬금없는 생각도 해본다. "바로 지금이 그대에게 유일한 순간이며/바로 여기가 단지 그대에게 유일한 장소이다"라는 외침을 들으면서도, "그대는 새로워야 한다/아름다운 모습으로 바꾸고 새롭게 도전하자"라는 권유에 한편으로 공감하면서도 나는 김종삼의 시와 결별하기는커녕 그 세계로 본격적인 발을 들여놓았다.

그때로부터 삼십 년이 지났다. 적어도 패배의 윤리로 정신적인 극복을 추구해야만 할 만큼 암담한 현실을 살고 있지는 않다. 아니, 오히려 그런 윤리가 촌스럽게 느껴질 만큼 서태지와 아이들의 노래가 이끈 방향으로 착실하게 변화와 발전을 이뤄낸 오늘의 우리다. 이제 우리는 낭만적 가상으로 현실의 고통을 위로하는 내적, 수직적 초월의 세계가 아니라 현실세계의 문제 해결이 이미 세상을 떠난 이의 회한을 해소해줄 것으로 믿는 현실적, 수평적 세계 속에서 살고 있다.

그러면서 한때 부정되었던 역사는 과거의 이미지들로 구축된 메타버스의 일부가 되면서 새로운 지위를 얻고 있다. 시도 문학도 시간을 따라 흘러와서 그 모습이 예전과 같지는 않지만 여전히 생산의 질서와 적당한 간격을 유지하면서 실험과 유희의 지대를 형성하고 있다. 그런 가운데 『김종삼정집正集』(북치는소년, 2018)이 간행되는가 하면 "시인 김종삼은 죽음의 뜻을 새로이 가치화하는 예의바른 '애도'와 '죽은 자'들의 생명을 현재화=미래화하는 '환대'의 시적 제의에 한순간도 굼뜨거나 게으르지 않았다"[6]거나 "그가 남긴 시 200여 편을 통독하면 그는 동료 인간들의 가난과 고통과 죽음에 그 누구보다 예민한 촉수를 뻗고 있음을 알게 된다"[7]라는, 미학주의라는 제한된 의미 부여를 벗어나 사회적, 현실적 의미를 적극적으로 도출해내는 해석의 동향도 확인된다. 아마도 새로운 실용성을 기치로 내건 시대에 수용되기 위한 조건을 마련하는 작업일 것이다.

그렇지만 적어도 내 기억 속의 김종삼은 그런 새로운 의미화의 틈새로 여전히 다소 다른 빛을 간직하고 있다. 그 빛은 지금 통과하고 있는 시간 이전에 그 기원을 이루는 단절/연속된 의식의 지층이 존재했음을, 그 시적 유희의 정신이 단지 언어의 차원에 국한되지 않고 한 인간의 영혼과 삶까지 잠식하여 시적 화신이라고 할 만한 존재를 만들어냈던 어떤 시대가 있었음을 언제까지나 기억하도록 할 것 같다. 물론 그 또한 하나의 신화일 것이나 그럼에도 그것은 다른 세대와 구분되는 내 세대 고유의 닻이자 덫일 것이다.

(2021)

---

6) 최현식, 「죽음·애도·환대의 시학—김종삼론」, 『한국학연구』 61, 2021, 488쪽.
7) 「자비와 평화의 시인 김종삼」, 한겨레, 2021. 6. 3.

80년대로부터 걸려온 한 통의 전화
―김소진의 「동물원」

날씨가 좋네, 느끼는 그 순간에도 그는 곧 시작해야 하는 장편에 대한 생각에서 좀처럼 벗어날 수 없었다. 작년 신문사를 그만두고 선배와 동기들이 있는 출판사에 매일 나와 사무실 한쪽 구석에서 소설만 쓰기 시작한 지 거의 일 년이 다 되어간다. 아무래도 시간적 여유가 있어서 꽤 많은 편수의 글을 쓸 수 있기는 했지만 쉽없이 하나둘씩 써내는 사이 이야기가 이리저리 넓어진 감이 없지 않았다. 한 문예지로부터 장편 연재를 의뢰받은 그때는 이렇게 써나가다보면 초점이 잡히겠지 싶었지만 막상 이제 써야 하는 시점이 되어서도 마음만 바빠질 뿐 막막함은 쉬이 걷히지 않았다.

누군가 다가오는 기척이 상념에 빠져 있던 그를 깨웠다. S였다. 오늘은 사무실 사람들이 밖에서 점심을 먹고 온다고 하더니 거기에 묻어온 모양이다. 그는 아내가 싸준 도시락이 있어서 따로 혼자 남아 먹었다. 대학원에서 국문학을 전공하고 있는 S는 자기 선생 심부름으로 제법 자주 출판사에 들르곤 해서 술자리를 같이 한 적도 몇 번 있다.

지난봄 어느 날에는 엉망으로 취해버려 처치가 곤란해진 S를 고등학교 선배라는 이유로 떠맡아서 집까지 데리고 와 하룻밤 재운 일도 있었다. 일산으로 가는 택시 안에서는 문을 걷어차면서 밖으로 뛰쳐나가려는 걸 진정시키느라 애를 먹기도 했었다. 오늘은 언제 그런 일이 있었냐는 듯 태연한 얼굴이다. 얼마 전 출간된 세번째 소설집을 읽은 티를 내기에 무심코 장편 연재 얘기를 꺼내봤다. S에게서는 「경복여관에서 꿈꾸기」 같은 이야기를 장편으로 만들어보면 어떻겠냐는 대답이 돌아왔다.

시간이 지나 후배는 가끔 그 장면을 떠올린다. 하지만 『자전거 도둑』(강, 1996)에 실린 소설들 가운데 왜 유독 그 소설이 선택되었는지 그 이유는 전혀 기억이 나지 않는다. 다만 그것이 다른 소설이 아니라 「경복여관에서 꿈꾸기」였다는 사실만큼은 또렷하게 남아 있다.

다시 읽어본 「경복여관에서 꿈꾸기」는 다소 낯설다. 그때는 그런 느낌이 없었던 것 같은데 이번에는 "전형적인 남성 판타지로 채색되어 있다"[1]거나 "여관에서 '주문' 성매매를 하는 장면도 있는데 그 시대 이십대 남성들의 폭력적인 젠더 의식이 선명하게 드러난다"[2]고 읽힐 수도 있는 대목들이 눈에 띄었다. 시간에 따른 변화 속에서 그 시대는 이미 역사가 되었다는 사실을 새삼 실감할 수밖에 없었다.

그런가 하면 소설에는 여러 이야기가 섞여 있다. 경제적으로 유능한 아내와 소설을 쓴다고 하지만 백수나 다름없는 남편, 이웃에 살고 있는 매력적인 젊은 여성, 한때의 이념과는 멀어져 속물로 전락한 대

---

1) 한영인, 「관음하는 견자」, 『문학동네』 2017년 여름호, 405쪽.
2) 최은영, 「젊은 작가 김소진」, 『문학동네』 2017년 여름호, 394쪽.

학 선배, 평생 허황한 방랑의 삶을 살다 간 아버지와 억척스러운 고향의 어머니 등이 등장하는 이 소설의 전반부의 흐름은 대체로 선배가 썼던 소설들의 맥락을 이어받고 있어 보인다. 그런데 '경복여관'을 배경으로 한 후반부는 다소 이질적인 분위기 속에 놓여 있다.

아내의 심부름으로 들르게 된 대학 근처 동네에서 '나'는 경복여관이 있던 자리를 다시 찾아간다. 그 시절 '나'는 최악의 시간을 보내고 있었다. 아버지의 사망 이후 정보 조직에 끌려가지만 넋이 빠져 있는 그는 오히려 조심스레 다뤄야 할 취급 주의 품목 같은 대접을 받는다. 자취방에 돌아온 '나'를 '예숙'이 맞이한다. 지하 서클을 함께 했던 예숙의 소개로 한때 머무르게 된 곳이 바로 경복여관이다. '미라'를 비롯한 창녀들과 그들로부터 시인으로 불리는 '동식' 등 세상에서 버려진 인물들의 불안정한 거처임에도 수상한 활기로 떠들썩한 그곳에서 '나'는 미라의 품에 안겨 고통스러운 기억을 토해내고 깊은 잠의 수렁에 빠져 밍크고래를 잡는 꿈을 꾼다. 그것은 말 그대로 '나'가 고래 뱃속과도 같은 기억의 진창으로부터 빠져나오는 순간이다.

후배에게 인상적이었던 것은 바로 이 80년대의 장면이 아니었을까. 유년의 기억에, 그리고 90년대의 후일담에 의해 가려져 있던 그 시간의 기억들이 이 소설에서는 꽤 비중 있게 드러나 있다. 더 중요한 것은 80년대를 그려내는 시선의 질감이 이념으로 채색되었던 이전의 이야기들과는 다르게 느껴졌다는 점이다. 고통이라 짐작된 시간의 거죽을 들추면 의외로 맑고 투명한 얼굴과 마주하게 되는데, 비루하고 누추한 현실을 배경으로 한 그 순진한 표정이 읽는 사람에게는 아프게 느껴지는 기묘한 체험, 「경복여관에서 꿈꾸기」는 후배가 그 끝자락을 겪은 80년대를 벌거벗은 몸으로 껴안고 있는 듯 보였던 것이다.

「동물원」(『실천문학』 1996년 겨울호~1997년 봄호)은 「경복여관에서 꿈꾸기」와 유사한 구도를 설정하고 있지만 뭔가 좀더 본격적인 차비를 차리고 있다는 인상을 준다. 무엇보다 이 소설의 초점 인물인 '영기'는 「경복여관에서 꿈꾸기」의 '나'와는 달리 사진을 찍는 일을 하는 독신의 인물이어서 가족의 굴레로부터 다소 자유로운 상태이다. 인터뷰를 위해 찾은 절두산 성지의 오성바위에서 영기는 가두시위의 주동자 노릇을 포기하고 막걸리에 취한 채 '계숙'에게 전화를 걸던 기억을 떠올린다. 실세 대령의 딸이지만 달동네 철거 장면을 보고 충격을 받아 운동권에 뛰어든 계숙은 「경복여관에서 꿈꾸기」의 예숙보다 더 주체적인 태도로 이야기의 무대에 오를 준비를 하고 있다. 고래 뱃속 같은 숯가마 안에서 영기의 성장을 위한 제의에 희생되었던 '홍미'는 공활에서 만난 여성 노동자로 다시 태어나 있다. 이렇게 「동물원」은 80년대의 시간 속으로 진입하기 위해 이전 소설 속의 인물들을 가다듬어 새로운 모습으로 등장시키고 있어 보인다.

하지만 안타깝게도 이 소설은 두 회가 연재되고 더이상 이어지지 않았다. 역시 미완으로 남은 단편 「내 마음의 세렌게티」가 그의 죽음을 암시하고 있는 듯한 분위기로 인해 유작에 합당한 대접을 받았다면, 「동물원」은 오히려 그가 새롭게 시작하려 했던 이야기였기에 그의 죽음과는 어울리지 않아서 약간 열린 상태 그대로 두고 좀처럼 들여다볼 일이 없었던 문 같은 작품으로 남아 있다.

만일 기적처럼 그가 살아나 중단된 이야기를 이어나갈 수 있었다면 「동물원」은 관념이 아니라 존재로써 80년대와 마주한 예외적인 소설이 될 수 있었지 않았을까, 후배는 생각해본다. 아마도 그것은 최근 많은 관객을 불러모았던 영화들에서처럼 80년대로부터 멀리 벗어난 안전한 자리에서 어느 정도 여유를 갖고 자유롭게 그 시간을 재현하는 방식과는 썩 많이 다를 것이라고 짐작해본다. 왜냐하면 진행중인 역사의 과정 속에서 그 시간은 어떻게 펼쳐질지 모르는 불안과 두려움으로 둘러싸여 있기 때문이다. 그런 맥락에서 "그냥…… 아무 할 말도 없어. 그저 네 목소리가 듣고 싶었어. 이게 나야. 추하고 약한 내 모습이야. 내일 아침이 너무 겁이 나거든"[3]이라는 영기의 목소리는 80년대로부터 현재의 우리에게 걸려온 전화로부터 흘러나오고 있는 것일지도 모르겠다고 후배는 생각한다. 그리고 그 목소리에서 이제는 더없이 희미해지고 있는 선배의 흔적을 헛되이 더듬어보는 것이다.

(2018)

---

3) 김소진, 「동물원」, 『신풍근베커리 약사』, 문학동네, 2002, 361쪽.

부활의 봄밤
—권여선의 「봄밤」

  2013년 여름 『문학과사회』에 처음 발표되었고 나중에 그녀의 다섯 번째 소설집 『안녕 주정뱅이』(2016)에 수록된 「봄밤」은 이제 한국소설의 한 세대를 대표하고 있는 권여선 작가의 그녀다운 면과 그렇지 않은 면을 함께 보여주는 소설이다.
  소설은 시간 순서를 따르지 않고 흩어진 이야기의 조각을 하나씩 제시하는 방식으로 진행되는데, 처음에는 따로 떨어져 있는 듯 느껴지는 이야기의 가닥이 점차 하나로 엮이면서 그 윤곽이 드러난다. 그 중심에는 지금 지방 요양원에 함께 머물고 있는 부부 '영경'과 '수환'이 있다. 각각 알코올중독증과 류머티즘 관절염을 극심하게 앓고 있지만 그럼에도 서로에게 애틋한 이 아슬아슬한 두 사람을 요양원 사람들은 '알루 커플'이라고 부른다. 이런 조어에서 보이는 언어 감각은 인물들의 대화에서도 유감없이 발휘되면서 이야기에 실감을 더하는 한편 권여선 소설다운 독특한 캐릭터의 형상화에도 효과적으로 이바지하고 있다.

시간상으로는 보다 앞섰던 두 사람의 인연과 그리고 그 이전에 그들이 각자 겪었던 고난은 조금 뒤에야 전해진다. 그리하여 아물지 않은 그때의 상처가 지금 그들이 앓고 있는 증상의 원인을 이루고 있었다는 사실을 다소의 시차를 두고 이해할 수 있게 된다. 어느 재혼식에서 처음 만난 두 사람이 한눈에 서로를 알아볼 수 있었던 것 역시 그들이 각자의 방식으로 키운 상처였을 것이다. 이들의 사랑은 처음부터 이성적인 것이라기보다 이성적인 것의 공백을 메우는 방식으로 성립된 것이었고, 그렇기 때문에 더 절대적일 수 있지 않았을까. 더 악화된 증상을 사이좋게 떠안게 된 두 사람은 결국 요양원에서 함께하는 생활을 선택했던 것이다.

본격적인 소설의 사건은 이쯤에서 시작된다. 과거와 현재를 오가면서, 그리고 수환과 영경 각자의 가족들과의 면회 장면이 삽입되면서 다소 넓고 완만하게 흐르던 이야기의 흐름은 진통제 주사를 맞아가며 배웅하는 수환을 뒤로하고 영경이 요양원을 떠나면서 급속한 탄력을 얻는다. 그런 선택이 어떤 결과로 이어지게 될지 충분히 예상하면서도 수환은 기꺼이 영경을 보내준다. 상식과는 크게 어긋나는 이 특별한 연인들의 행위와 심리가 이 소설의 근본적인 탐구의 대상을 이루고 있다. 술에 의존하는 영경은 한심한가? 또 그것을 허락하는 수환은 무책임한가? 그 자체로만 보면 당연히 그렇다고 할 법하지만, 이 소설을 읽으면서는 결코 그렇지 않다고 생각하게 되는 것이 이 소설의 마법 같은 힘이다.

요양원을 나와 편의점에서 맥주 두 캔과 소주 한 병으로 여유 있게 시작한 영경의 알코올 흡수의 스퍼트는 컵라면과 소주 한 병으로 이어지며 한도를 넘어서고, 다시 과자 한 봉지와 페트 소주와 생수를 사가지고 들어온 모텔 방에서 급기야 절정에 이른다. 그 점증적인 과정이 영경의 신체의 상태의 변화에 대한 묘사와 병행하고, 김수영의 시「봄밤」(1957)을 읊조리는 영경의 목소리 톤의 리듬과 맞물리면서, 굳이 음주와 관련시키지 않더라도 한국소설사에 남을 명장면이 탄생한다.

그렇지만 영경이 자신의 금단증상을 잠재우고 있을 때, 그러니까 결과적으로는 그녀의 증상을 한 단계 더 악화시키고 있을 무렵, 마찬가지로 의식을 잃은 수환은 영경에게 연락이 닿지 않아 조급해진 간병인 '종우'의 두서없는, 그렇지만 어딘지 모르게 이들의 사랑과 닿아 있는 한 여자아이에 대한 이야기를 들으며 서서히 죽음을 맞고 있었다. 영경이 앰뷸런스에 실려 요양원에 돌아왔을 때는 이미 수환의 장례가 끝난 뒤였고, 그녀는 의식을 되찾은 이후에도 수환의 존재조차 기억해내지 못하는 상태가 된다.

이런 결말은 신파일까, 아니면 비극일까. 소설은 이미 종료된 듯한 결말에 한 장면을 덧붙인다. 수환의 존재조차 기억하지 못하지만 영경은 자신에게서 엄청난 것이 증발되었다는 것만은 느끼고 있는 듯 계속 뭔가를 찾아 두리번거린다. 그런 영경을 보며 요양원의 사람들은 그녀의 온전치 못한 정신이 수환을 보낼 때까지 죽을힘을 다해 견뎠다는 것을 받아들인다. 가끔 영경의 눈앞엔 첫 만남에서의 수환의 눈동자가 떠오르고 그럴 때면 오랜 시간 울기만 하는 영경의 모습을 보여주면서 소설은 끝을 맺는다. 이런 장면을 통해 소설은 그런 위험한 방식이야말로 영경와 수환이 자신들의 사랑을 완성해간 처절한 노력이었으며, 그들이 적어도 사랑에서만큼은 행복한 승자였다고 역설하고 있는 듯하다.

이런 비장하면서도 숭고한 로맨스는 결코 들여다보고 싶지 않던 기억의 어두운 이면을, 『안녕 주정뱅이』에 실린 다른 단편 「층」의 표현을 빌리면 토막 난 기억 속에서 밀려나오는 "뭔가 징그럽고 보드라운 속살"[1]을 주로 보여주었던 그때까지의 권여선 소설에서 보면 다소 이례적이다. 이런 현상을 소설 속에서 영경이 수환에게 읽어주는 톨스토이의 『부활』(1899)과 연관시켜 생각해보면 어떨까.

톨스토이는 『부활』의 한 대목에서 인간이란 흐르는 강물과 같다고 적었다. 강물은 어떤 곳은 좁고 물살이 빠르지만 또 어떤 곳은 넓고 물살이 느리다. 어떤 곳은 맑고 어떤 곳은 흐리며 또 어떤 곳은 따뜻한가 하면 어떤 곳은 차갑다. 그렇지만 강물은 어디에 있든 같은 강물이다. 인간도 누구나 인간의 모든 특성을 맹아처럼 품고 있어서 어떤 때는 이런 특성이 또 어떤 때는 저런 특성이 튀어나오는 것이다. 그렇다면 어떤 인간이 선하다든가 다른 인간은 악하다든가 하는 이야기는 성립하지 않는다. 다만 좋지 않은 부분은 최대한 줄이고 더 나은 부분을 애써서 늘리려는 노력이 필요할 따름이다.

「봄밤」에서 인용된 한 정치범에 대한 네흘류도프의 평가 또한 이런 맥락에서 나온 것으로 이해할 수 있다. 한 인간의 단점을 분자로, 그리고 장점을 분모로 삼아 1을 기준으로 인간을 평가할 때 지력에 비해 자만심이 지나친 그 정치범은 하류의 혁명가일 수밖에 없다. 그렇다면 한없이 늘어나는 분모로 인해 자신의 분수식이 0에 수렴될지라도 상대방을 위해 조금이라도 분자를 늘려보고자 하는 수환과 영경은 그런 의미에서 톨스토이의 인간학을 실천하고 있는 것이다. 『부

---

[1] 권여선, 「층」, 『안녕 주정뱅이』, 창비, 2016, 219쪽.

활』에 비춰보면 그들은 몰락으로서만 감당할 수 있는 어떤 윤리를 실현하고 있다기보다 아직 남아 있는 '행운의 몫'을 놓치지 않고 자신의 삶에 전념함으로써 내적인 '부활'을 기도하는 인물에 더 가까워 보인다.

더불어 이 소설의 제목과 절정의 순간에 레퍼토리를 제공한 김수영의 「봄밤」 또한 그런 맥락에 기여하고 있다. 서두르는 초조한 마음을 다독이고 가누며 아둔하고 가난한 마음을 벼리는 김수영의 「봄밤」의 서정적 자아 또한 그 순간 부활의 꿈을 꾸고 있는 것이며, 「봄밤」은 그 시적 각성의 순간을 소설 속에 고스란히 수용하고 있다.

권여선 소설에서는 예외적이라고 할 수 있을 「봄밤」에서의 이런 고전적 면모는 뒤이어 발표되었고 『안녕 주정뱅이』에 함께 수록된 「이모」에도 흔적을 남기고 있다. 이 소설에서 남자 같은 이름('윤경호')을 가진 이모는 타자의 존재에 의거하지 않고 자립적인 힘으로 자신의 신념에 따른 삶에 이르는 인물이라는 점에서 서로를 만나지 못한 수환과 영경이 추구할 수 있었을 대안적 경로를 제시한다고 생각해볼 수 있기 때문이다. 이렇게 보면 이 무렵 권여선의 소설이 겨냥하는 대상은 사랑보다 더 큰 과녁이다. 「봄밤」은 톨스토이와 김수영과 합심하여 우리로 하여금 공동의 환상 너머 자기 신념의 방향을 바라보도록 만든다.

(2021)

상상력의 감촉과 농담의 맛
—김중혁의 『나는 농담이다』

1. 산문가와 소설가

그가 벌이고 있는 다양한 일들을 떠올리면 소설가와 산문가로만 김중혁을 한정할 수는 없지만,[1] 최근 김중혁은 둘 가운데에는 상대적으로 산문가로서의 활동을 더 인상적으로 보여주고 있는 듯하다. 산문집 『뭐라도 되겠지』(마음산책, 2011), 김연수와 나눈 영화 이야기 『대책 없이 해피엔딩』(씨네21북스, 2012)에 이어 근래에는 음악과 관련한 글들을 모은 『모든 게 노래』(마음산책, 2013)나 공장 산책기 『메이드 인 공장』(한겨레출판, 2014), 그리고 팟캐스트 〈이동진의 빨간책방〉에서 이동진과 함께 나눈 책 이야기를 엮은 『우리가 사랑한 소설들』(예담, 2014) 등이 출간된 바 있다. 2014년에는 〈김중혁의 바디무비〉(『씨네21』)와 〈김중혁이 캐는 창작의 비밀〉(한국일보) 등을 연재했고, 2015년에는 〈김중혁의 창작의 비밀〉(위즈덤하우스 문학 연재

---

[1] 누군가는 그를 '21세기형 팔방미인'이라 부른 바도 있다. 차미령, 「발명가 김중혁씨의 도시 제작기」, 『1F/B1』 해설, 문학동네, 2012, 277쪽.

블로그 '루트') 연재가 새로 시작되기도 했다. 그 글들은 김중혁의 상상력과 자유로운 글쓰기 스타일에 썩 어울리기도 해서 산문가로서의 김중혁의 인상을 더 뚜렷하게 만들어주고 있는 것 같다.

하지만 김중혁은 그 산문들을 써내면서도 『좀비들』(창비, 2010)과 『미스터 모노레일』(문학동네, 2011)에 이어 『문학과사회』에 연재(2012년 봄호~2012년 겨울호) 이후 미완의 상태에 있던 세번째 장편 『당신의 그림자는 월요일』을 완성하여 출간(문학과지성사, 2014)했고, 세번째 소설집 『1F/B1』이후 「상황과 비율」(『현대문학』 2012년 2월호), 「요요」(『문학동네』 2012년 여름호), 「픽포켓」(『헬로, 미스터 디킨스』, 이음, 2012), 「뱀들이 있어」(『세계의문학』 2013년 겨울호), 「보트가 가는 곳」(『21세기문학』 2013년 가을호), 「종이 위의 욕조」(『The Closet Novel』, 문학과지성사, 2014), 「가짜 팔로 하는 포옹」(『현대문학』 2014년 10월호), 「힘과 가속도의 법칙」(『한국문학』 2014년 겨울호) 등의 단편도 꾸준하게 발표해와서 또다시 새로운 소설집의 출간을 앞두고 있다.

이렇게 생각하면 산문가로서의 김중혁과 소설가로서의 김중혁은 좋은 파트너이자 경쟁자처럼 보이기도 한다. 처음에는 장르는 달라도 이란성쌍둥이처럼 닮아 보였던 그의 산문과 소설은 시간이 지나면서 각자의 세계에서 고유한 모습을 지니게 된 듯 보인다. 산문이 특유의 스타일을 유지하면서도 매번 새로운 분야와 만나면서 확장되어가고 있다면, 그에 비해 소설은 비교적 큰 굴곡을 보이면서 점점 더 초기와는 다른 모습과 느낌을 쌓아나가고 있는 듯하다.

2. 최근 소설의 변화 양상

『펭귄뉴스』(문학과지성사, 2006)에 실린 초기의 김중혁 소설들이

'무용지물 박물관'으로 상징되는 사물들의 세계를 구축했었다면, 어느 시점 이후, 그러니까 대략 두번째 소설집 『악기들의 도서관』(문학동네, 2008)에 실려 있는 소설들에서는 그 방향이 인물들의 일상과 관계에 대한 탐구로 전환된 듯한 느낌을 받을 수 있었다. 그 변화의 지점에서 '나'와 M(「유리방패」), '나'와 B(「나와 B」), '나'와 D(「엇박자 D」) 등의 남성 짝패들이 등장했는데, 한 평론가는 그 변화를 두고 "사물에 고정되어 있던 김중혁 소설의 리비도가 비로소 사람에게로 집중되는 징후"[2]라고 표현한 바 있다.

이 '놀이하는 소년들'이 좀더 성숙해가면서 나타난 가장 뚜렷한 변화는 시점에서 찾을 수 있는데, 주로 일인칭으로 서술되던 그의 소설이 최근에는, 그러니까 대략 『1F/B1』에 실린 단편들과 『미스터 모노레일』 이후의 장편에서는 대부분 삼인칭의 형식으로 이루어지고 있다. 이제 김중혁 소설 속의 인물들은 이름을 가지게 되었고, 그리하여 김중혁의 소설 단지에는 어느덧 꽤 많은 주민들이 입주해 있다. "이름만 바뀌어도 많은 게 바뀌더라고. 생각도 좀 바뀌고 사람들을 대하는 것도 좀 바뀌게 되고"(「가짜 팔로 하는 포옹」, 39쪽)라는 소설 속의 진술은 이런 맥락에서라면 그대로 김중혁 소설에 대한 이야기로 읽어도 괜찮을 것 같다.

김중혁의 사물들이 그랬던 것처럼, 이 새로운 세계의 주민들 역시 비슷한 성향을 공유하고 있다. 그럼에도 그 인물들은 자기만의 개별성을 보유하고 있는데, 이 개별성을 직접적으로 보여주는 것이 바로 그들의 직업이라고 할 수 있다. 애플리케이션 개발자('나', 「보트가 가

---

2) 신수정, 「리믹스, 원본도 아니고 키치도 아닌—DJ 소설가의 탄생」, 『악기들의 도서관』 해설, 문학동네, 2008, 287쪽.

는 곳」)나 큐레이터('정민철', 「종이 위의 욕조」) 등이 기본적으로 김중혁 소설의 취향을 그대로 간직한 직업군이라면, 독립 시계 제작자('차선재', 「요요」), 딜리터('구동치', 『당신의 그림자는 월요일』), 포르노 제작사의 상황 감독('차양준', 「상황과 비율」) 등은 김중혁 소설의 개성이 돋보이는 신종 직업군이라고 할 수 있다. 한편 이 단지의 규모가 커지다보니 이전에는 보기 힘들었던 성향의 인물들도 새롭게 출현하는 모습을 확인할 수 있는데, 알코올중독자('규호', 「가짜 팔로 하는 포옹」)나 자해 공갈단원('현수', 「힘과 가속도의 법칙」), 고등학생들과 아이돌 가수('장우영' '이호준' '기민지', 「픽포켓」) 등이 그들이다. 이 변화의 과정에서 우리는 김중혁이 지속적으로 자신의 소설세계를 확장시켜왔다는 사실을 새삼 확인할 수 있다.

그리고 여기에 그가 "예전부터 쓰고 싶었던 우주 비행사에 대한 이야기"[3]를 담은 『나는 농담이다』(2016) 속 인물들이 그 세계에 새로운 이웃으로 모습을 드러내고 있다.

2. 농도 짙은 농담

김중혁의 새 경장편 『나는 농담이다』는 '송우영'과 '이일영' 이부형제의 이야기이다. 역시 여기에서도 특징적인 것은 그들의 직업인데, 그들은 각각 스탠드업 코미디언과 우주비행사라는 특이한 직종에서 일을 하고 있기 때문이다.

소설은 우주 공간에서 한 인물이 마주하고 있는 급박한 교신 상황을 담고 있는 프롤로그에 이어, 스탠드업 코미디 장면으로 본격적인

---

3) 「김중혁 "수필공장 직원들이 아우성이에요"」, 채널예스, 2014. 10. 17.

이야기의 시작을 알린다. 스탠드업 코미디언은 컴퓨터 A/S 기사를 겸하고 있는 서른셋의 송우영으로, 그는 그 무대에서 내려온 직후 어머니가 위독하다는 연락을 받고 곧장 병원으로 향한다. 하지만 그가 도착하니 이미 어머니는 눈을 감았다.(이 '죽음'이라는 모티프는 김중혁 소설에서 사건의 본격적인 시작을 알리는 지점에서 자주 등장하던 것이어서 낯설지 않다. 가령 「에스키모, 여기가 끝이야」에서의 어머니의 죽음이나 『좀비들』에서의 형의 죽음이 그 대표적인 경우라고 할 수 있고, 그 밖에도 「유리의 도시」에서의 '정지현'의 죽음, 「상황과 비율」에서 '송미'의 외할머니의 죽음, 『당신의 그림자는 월요일』에서의 '배동훈'의 죽음과 '김인천'의 죽음, 「가짜 팔로 하는 포옹」에서 '피존'의 죽음 등 역시 그에 해당된다. 좀더 반경을 넓히면 '나'가 죽을 고비를 넘기고 살아난 「악기들의 도서관」이나 「3개의 식탁, 3개의 담배」 「유리의 도시」 「뱀들이 있어」 「보트가 가는 곳」 「바질」 등의 묵시록적 분위기의 이야기들 역시 죽음에 대한 의식이 이야기의 바탕에 자리잡고 있다.)

송우영은 어머니가 남긴 유품을 정리하다가 우주선 엔지니어였던 전남편의 유품이기도 한 다트를 발견한다. 이 다트는 그다음에 이어지는 송우영의 스탠드업 코미디의 소재가 된다.(이처럼 스탠드업 코미디의 내부와 그 바깥의 일상이 연결되는 장면은 한 시대를 풍미했던 인기 시트콤 〈사인펠드〉(1989. 7. 5~1998. 5. 14)를 떠올리게 만든다. NBC에서 9시즌이 방영된 그 시트콤에서 주인공 제리 사인펠드의 직업은 스탠드업 코미디언. 그가 살고 있는 뉴욕 맨해튼의 아파트에서 친구와 옛 애인, 그리고 이웃과 겪는 일상의 사건들은 그대로 스탠드업 코미디의 소재로 활용된다. 그 모티프들 가운데 일부는 시트콤의 각본 작가들이 겪었던 실제 경험으로부터 온 것이기도 해서 코미디와 시트콤, 그리고 그 외부의 세계가 뫼비우스의 띠처럼 연결되어 있는 독특한 구조를 엿볼 수 있다. 실제 배우의 이름이 등장인물의 이름이 되고, 또 그 이름의 시트콤의 제목이 되는 '미장아빔'의 구조가 이 드라마 내부와 외부 사이의 흥미로운 관계를 그대로 보여주기도 한다.) 이처럼 김중혁의 새 소설은 일상의 비극과 코미디의 유머를 뒤섞는 김중혁 특유의 리믹스 스타일로 이루어져 있다.

  소설은 송우영이 어머니의 남긴 또다른 유품, 그러니까 전남편 사이에서 낳은 아들 이일영 앞으로 남긴 23통의 부치지 않은 편지들을 발견하고 그것을 전하기 위해 이일영의 작은아버지인 우주비행사 '이치욱'을 찾아가면서 그 반경이 확장된다. 그리하여 송우영을 중심으로 누나 '송제니', 그리고 동료 코미디언 '세미'와 '로빈' 등으로 이루어져 있던 원래의 세계에 이일영을 중심으로 그의 작은아버지 이치욱, 그리고 이일영과 연애 관계를 진행중인 우주 낙하산 관리 개발 전문가 '강차연'과 그의 아버지 '강훈' 등이 연결되어 있는 새로운 반경이 겹쳐지기 시작한다.

  이 새로운 이야기에서 김중혁의 이전 세계와 달라진 점을 우선 생각해보면, 가장 크게 보이는 사실은 이야기가 이제 더이상 게임의 구도에 입각해 있지 않다는 점이다. 『당신의 그림자는 월요일』만 하더라도 원수도와 노블 엔터테인먼트의 '천일수' 회장 일당, 그리고 그에 맞서는 구동치, 김인천, '정소윤' 등의 대립 구도가 선명했고, 그와 같은 구도는 「펭귄뉴스」「400미터 마라톤」 등의 초기작을 비롯하여 『좀비들』과 『미스터 모노레일』 등 장편의 기본적 구도를 이루고 있었던 터이다.

  게임의 구도에서 벗어나면서 이 새로운 세계 속 인물들의 관계는 좀더 현실적인 면을 가지게 된 듯하다. 여전히 이 관계 역시 이전 세계의 친밀성을 이어받고 있지만, 이전에 비해 더 복잡해지고 불투명해진 최근 소설의 경향을 따라 입체적인 겹을 간직하고 있어 보인다. 한 번 결혼한 후 이혼한 강차연이나 자신의 형의 전 아내에 대해 여전히 불편한 감정을 가지고 있는 이치욱 등이 김중혁 소설 특유의 투명한 세계에 복잡한 무늬를 새겨넣고 있다. 게다가 송우영의 스탠드업 코미디 자체가 성인용이기도 해서 소설 속의 대화와 상황에서는 그 이전의 김중혁 소설에서는 좀처럼 보이지 않던 장면들을 볼 수 있기도 하다.

송우영과 이일영의 이야기가 교차하면서 점차적으로 확장되어 점점 하나의 세계가 이루어지면서 소설은 본격적인 궤도로 진입하는 가운데 이 이야기는 불분명한 결말을 맞는다. 그것은 앞으로 다시 이어질 새로운 인물들의 이야기를 예고하고 있다. 또 어떤 새로운 면모를 지닌 인물들이 등장하여 그들의 흥미로운 삶과 관계의 모습을 보여줄지 기대해본다.

(2015)

'시대적 정신'과 '보편적 정신'
—김솔의 『보편적 정신』

　최근의 한국소설은 기존의 전통적 미학과 가치보다도 젠더와 세대를 둘러싼 새로운 감수성에 의해 주도되는 경향을 보이고 있다. 조남주의 『82년생 김지영』(2016)은 그 경향을 대표하는 소설이며, 이제 사회에 진입하기 시작하는 세대가 등장하는 손원평의 『서른의 반격』(2017) 역시 그런 맥락에서 '88년생 김지혜'(이 소설의 원래 제목은 '1988년생'이었다)의 이야기라고 할 수 있다. '이십대 후반 여성 계나'의 호주 이민기인 장강명의 『한국이 싫어서』(2015) 또한 넓게 보아 이 계열로 분류될 수 있을 텐데, 이처럼 한국소설은 시대의 변화를 수용하면서 새로운 궤적을 그려나가고 있는 중이다.
　이런 흐름에 비춰보면 20세기 초 포르투갈의 항구도시 포르투에서 창업된 회사(특정 회사가 아니라 그냥 '회사'라고만 되어 있다)의 백 년에 걸친 흥망성쇠의 과정을 그리고 있는 김솔의 『보편적 정신』(2018)은 최근 한국소설의 '시대적 정신'과 거리가 멀어 보이기도 한다. 조남주나 손원평, 장강명의 소설에서 회사가 현재 한국사회의 현실을 보여주는 구체적인 공간이라면 (한국에 있는 것도 아니고 한국 사람도 없는) 김솔 소설에서의 '회사'는 다분히 관념적인 색채를 띠고 있다. 백 년의 역사를 통해 실체를 잃고 사라졌지만 그럼에도 하나의 '프로세스'로서의 그것은 '어느 누구의 것도 아니지만 그렇다고 모두의 것도 아닌' 것으로 남아 여전히 영향을 미치고 있는 일종의 '무한 회사 unlimited company'이다.

그런 의미에서 김솔의 '회사'는 조지 오웰의 『1984』(1949)에 나오는 '빅브라더'를 닮았다. 그리고 다른 한편으로는 (창업주를 둘러싼 복잡한 가계도가 입증하듯이) 가브리엘 가르시아 마르케스의 『백 년의 고독』(1967)에 나오는 '마콘도'의 변형태라고도 볼 수 있다.(소설은 서두와 말미에 두 고전으로부터 인용한 구절들을 기둥처럼 세워놓고 있기도 하다.) 그러니까 김솔의 '회사'가 내포한 관념성은 이처럼 그것이 고전적 텍스트와 대화하는 과정에서 생성되었다는 사실에 기인한다. 김솔의 '회사'가 우리가 살아가고 있는 사회적 시스템에 대한 알레고리로 읽힐 수 있다면 그 방식 역시 『1984』나 『백 년의 고독』 같은 고전적 저작의 상상력의 소산이라고 볼 수 있는 면이 있다.

한국소설의 구체적 맥락보다 고전적 전범을 선호(소설 속 등장인물이 그 바깥의 현실과 다른 텍스트들을 편력한다는 설정의 김솔의 전작 『너도밤나무 바이러스』(2017) 역시 궁극적으로는 카프카, 멜빌, 제임스 조이스 등과의 정신적 교감의 기록으로 볼 수 있다)하는 이 같은 성향은 독학자의 면모라고 할 수 있다. 이야기의 내용과 상상력, 그리고 형식과 표현의 측면 모두에서 기존 한국소설의 틀에서 벗어난 독특하고 낯선 매력을 갖고 있다는 것은 독학자의 소설의 기본적인 미덕에 속한다. 거기에 덧붙여 그것은 관성화된 소설이 더이상 예민하게 반영하지 못하는 현실의 변화를 직관적으로 포착하여 새로운 방식으로 표현해낸다.

이렇게 본다면 기존의 미적 권위에 의존하지 않고 새로운 방식을 통해 현실을 담아내고 있다는 점에서 조남주, 손원평, 장강명 등의 '시대적 정신'과 김솔의 '보편적 정신'은 (첫인상과는 달리) 서로 연결되는 맥락을 공유하고 있어 보인다. 조남주와 손원평의 소설이 사회학적 상상력으로부터 새로운 이야기의 근거를 발견하고 있고 기자 출신의 감각이 장강명 소설이 갖는 리얼리티의 원천이라고 할 수 있다면, (대학에서 기계공학을 전공했고 대기업의 해외 지사에서 근무한 경력을 갖고 있는) 김솔의 경우에는 공학적, 과학적 상상력이 동반된 또다른 현실성의 근거를 확인할 수 있다. 기존의 문학적 방식 바깥 한편에 데이터와 증언이 보여주는 현실이 있다면 그 다른 한편에는 상상과 텍스트에 의해 매개되는 현실이 있는 셈이다. 그런 의미에서 김솔의 소설은 한국문학의 내부로 진입하고 있는 또하나의 새로운 외부이다.

(2018)

옥시덴탈리즘의 새로운 테크놀로지
—손보미의 『디어 랄프 로렌』

국가적 사안을 둘러싼 시위 현장의 일부에서 국기와 더불어 성조기를 흔드는 어떤 나라를 상상해볼 수 있을까? 몇 년 전이었다면 상상조차 쉽지 않았을 장면이 적어도 지금의 우리에게는 낯설지 않은 현실 속의 일이 됐다. 이런 현실로부터 삼십 년 전쯤에는 그 반대 이념의 시위 현장에서 미국 국기가 불태워지는 일이 일어나기도 했다는 기억을 떠올려보면, 우리에게 '아메리카'는 오랫동안 극단적으로 양가적인 감정을 불러일으키는 콤플렉스적 존재였고, 여전히 그러하다는 사실을 새삼 확인하게 된다.[1]

소설의 경우만 보더라도, 멀게는 미국 유학생의 찬란한 상상적 전망으로 결말을 삼았던 이인직의 『혈의 누』(1906)나 이광수의 『무정』(1918)부터 시작되어 한국전쟁 이후의 일련의 반미 소설들에서는 그

---

1) 이 글을 준비하면서 개인사에 입각한 문화적 체험을 통해 미국에 대한 무의식적 태도의 성립과 변화의 과정을 기술한 글로 이성욱의 「노란 피부, 흰 가면 혹은 '아미리가 학동'?」(『문화과학』 1999년 봄호)을 흥미롭게 읽었다.

반대편 극단으로 기울기도 했다가 비교적 최근의 백민석, 박민규, 김연수 등의 소설에서는 정치와 문화, 비판과 소통이 착종된 양가적 태도로 수렴되어온[2] 이 콤플렉스의 증상은 강력하면서도 지속적인데, 김사과의 『천국에서』(2013)는 그 증상의 최신 버전을 보여준다. 뉴욕 브루클린에서 힙스터 성향의 또래 친구들과 보낸 꿈같은 시간들을 뒤로하고 한국으로 돌아온 '케이'는 심각한 부적응 상태에 시달린다. 이제 한국을 바라보는 케이의 시선에는 미국의 기준이 겹쳐 작용하여 그것과의 낙차를 늘 의식하게 만들고 있기 때문이다. 자신보다 앞서 이런 증세를 거쳤던 '재현'에게 케이가 이끌렸던 것, 그렇지만 결국 서로가 견딜 수 없게 되는 과정조차 그와 같은 콤플렉스의 발현일 것이다. 케이가 예전 IMF로 인해 강남으로부터 인천으로 이주해서 살았던 성장기에 만났던 '지원'은 고졸 출신의 공장 노동자인데, 재현과 결별한 케이에 의해 다시 연결된 이들의 관계는 콤플렉스로부터 벗어나고자 하는 케이의 무의식, 그러니까 콤플렉스의 또다른 표정이라고 할 수 있다. 요컨대 김사과의 소설에서 우리는 주인공 케이의 의식의 변화를 통해 관념의 포장 없는 미국 콤플렉스의 적나라한 민낯과 매 순간 새롭게 마주하고 있는 것이다.

공교롭게도 손보미의 『디어 랄프 로렌』(2017) 역시 배경이 뉴욕의

---

[2] 개화기에서 1990년대 중반 최인훈의 『화두』(1994)에 이르기까지 한국소설 속 미국의 이미지에 대해서는 김만수의 「한국소설에 나타난 미국의 이미지」(『한국현대문학연구』 25, 2008), 반미소설의 계보와 양상에 대해서는 최원식의 「민족문학과 반미문학」(『생산적 대화를 위하여』, 창작과비평사, 1997)과 김상일의 「반제·반봉건 문학론」, 『반미소설선』, 김상일 편, 한겨레, 1988) 등의 평론, 그리고 백민석의 '캐릭터들'과 박민규의 '히어로들'을 중심으로 한 1990년대 이후 미국의 영향으로 성립된 한국소설 속 인물에 대한 분석은 이수형의 「제국주의와 제국—아메리칸 히어로 리뷰」(『문학동네』 2003년 가을호) 등의 논의 참조.

브루클린이다. 고등학교를 마치고 미국으로 건너와 지금은 물리학을 전공하는 박사과정 학생 '종수'가 주인공으로 등장한다. 그는 어느 날 지도교수인 동양계 학자 '미츠오 기쿠'로부터 자신의 연구실과는 맞지 않으니 다른 길을 찾아보라는 통고를 받고 절망에 빠진다. 순간 삶의 방향을 상실한 채 이민 가방에 짐을 챙겨넣던 종수는 고등학교 급우였던 '수영'이 보낸 청첩장을 발견한다. 그 청첩장은 종수로 하여금 랄프 로렌 열풍이 불었던 그들의 학창시절, 유독 그 브랜드에 애착을 보였던 수영의 부탁으로 '랄프 로렌'에게 보내는 그녀의 편지를 번역하던 과거의 어느 시간을 새삼 떠올리도록 만든다. 기쿠 박사로부터 내쫓겨 할일을 잃은 종수에게 그때부터 새로운 일이 생긴다. 바로 랄프 로렌과 관련된 기사와 그 속의 인물들을 찾아 그의 삶을 복기하는 일이 그것이다. 그 과정에서 그는 랄프 로렌의 동생 '메이지 그랜트', 그리고 1954년 거리를 배회하던 랄프 로렌을 거두어 키운 '조셉 프랭클', 오랜 동안 조셉 프랭클의 집안일을 돌보았던 '잭슨 여사'와 그녀의 개인 요양사 '섀넌 헤이스'를 만나게 된다.

　이와 같은 소설의 내용으로만 본다면, 『디어 랄프 로렌』은 별다른 자의식이나 저항감 없이 미국 문화를 고스란히 수용했던 세대의 감수성을 담고 있는 이야기처럼 보이기도 한다. 더구나 문체마저 손보미 특유의, 마치 미국 소설을 읽는 듯한 형식으로 기술되어 있다고 하면 이 소설은 이야기의 골수까지 미국의 영향에 무방비로 노출되어 있는 텍스트처럼 보일 수 있다. 서양의 의식으로 바라보는 동양의 허구적 이미지를 두고 '오리엔탈리즘'이라고 불렀고 그에 대응하여 성립된 '옥시덴탈리즘'이라는 용어가 동양이 상상하는 서양의 이미지를 의미한다면, 손보미 소설은 그야말로 천진난만하고 투명한 '옥시덴탈리즘'이 아닌가 생각될 수도 있다.
  그렇지만 소설 속에서는 2001년 사망한 것으로 나오는 랄프 로렌이 여전히 생존해 있다는 사실을 알고 나면 『디어 랄프 로렌』은 전혀 다른 이야기가 된다. 우리가 알고 있는 디자이너이자 자신의 이름을 딴 브랜드의 창시자와 무척 닮아 있지만, 티모시 스펜서라는 본명을 가진 이 소설 속 인물은 우리가 살고 있는 이 세계와는 다른 시공간 속의 존재이기 때문이다. 손보미 소설을 읽어온 독자라면 이미 짐작할 수 있듯이, 이 소설 속에 나오는 인물과 책들, 그리고 그로부터 인용된 문장들은 대부분 (우리의 세계의 기표들로부터 난반사된) 허구적 가공물이다. 말하자면 손보미 소설은 겉으로는 미국을 향해 있는 듯하지만, 실상은 그것을 통과하여 "'매우' '멀리' 존재하는 세계"[3]를 바라보고 있는 것이다.
  이런 방식은 넓게 보자면 실제와 허구를 독특한 방식으로 조합하여 유럽과 미국의 텍스트들을 토대로 하되 그것을 훌륭하게 넘어섰던 (또다른 아메리카에 속하는) 보르헤스의 방법적 영향권 내에 있는 것이라고 볼 수도 있지만 그런 실험들과는 달리 (적어도 표면상으로는) 한없이 온건해 보인다. 그렇지만 상상력의 차원에서 본다면, 매릴린 먼로의 삶을 상상과 결합시켜 한 인간의 내면의 드라마로 그려낸 (이 소설의 모델이라고도 볼 수 있는) 조이스 캐럴 오츠의 『블론드』(2000)를 초월해버리는 의외의 급진성을 내포하고 있다. 여기에서 실제의 파편을 삼킨 허구는 비약적인 규모로 배양된 독특한 가상 세계를 토해내고 있기 때문이다. 그러면서 실제는 허구의 근거가 아니

---

3) 손보미, 「작가의 말」, 『디어 랄프 로렌』, 문학동네, 2017, 356쪽.

라 그 흔적과 같은 것으로 변해버리고 만다. 우리 속에 드리워져 있는 타자의 그림자를 늘 의식해야만 하는 콤플렉스로부터 우아하게 벗어나고 있는 이 새로운 방식을 일러 '옥시덴탈리즘'을 활용하는 새로운 테크놀로지라고 불러보면 어떨까.

(2018)

화자의 선택이 이끌어낸 스토리텔링의 효율
―정대건의 『GV 빌런 고태경』

『GV 빌런 고태경』을 2020 한경 신춘문예 장편소설 부문 당선작으로 결정하고 한국경제신문 문화부의 은정진 기자가 수상자에게 전화를 거는 동안, 함께 심사를 했던 권여선 작가와 이 이야기를 쓴 사람은 아마 영화 아카데미 출신의 삼십대 초반 여성이 아닐까 얘기를 나누고 있었다. 결과적으로 이 짐작은 절반만 맞았다. 통화를 마친 은 기자가 전해준 바에 따르면 수상자는 서른네 살의 남성이었기 때문이다. 그 이야기를 듣고 다시 생각해보니, 아마 이 소설의 화자가 남성이었다면 이야기는 매우 다른 방향으로 흘러갈 수도 있었겠다 싶었다. 그렇게 생각하면 바로 이 선택에 이미 이 이야기의 성격은 상당 부분 결정되어 있었던 것이다.

보통 글을 쓴 사람이 주인공에 자신을 이입하게 되면 자기와 연관된 사유나 질문들이 글쓰기의 과정에 개입하게 되고 그에 따라 내면이나 의식의 깊이를 추구하는 길이 열리지만 바로 그 점 때문에 이야기는 복잡하고 어지러워진다. 이렇게 되면 이야기는 표현자 중심이 되기 쉽고 독자는 시야에서 멀어지는 일이 일어난다. 물론 이런 방향에서도 좋은 소설이 충분히 많지만 그러자면 상당한 수준에 이르러야 한다. 그렇지 않은 단계에서 인물에 과도하게 자아를 담으려고 하면 이야기의 균형이 깨지는 법이다.

『GV 빌런 고태경』에서 남성 작가가 여성 인물을 화자로 설정한 것은 이 점에서 좋은 선택이었다. 모두 20장으로 이루어진 이 소설은 매우 짜임새가 좋고 잘 완결된 장점을 가지고 있는데, 자기 이야기라는 생각으로부터 어느 정도 거리를 두는 이 설정 덕분에 이야기의 객관성이 확보될 수 있었다. 서술 구도에 변화를 줌으로써 자신의 경험을 투영하면서도 그에 따른 긴장에 휘말리지 않을 수 있었던 것이다. 당선자 인터뷰에서 작가는 "제 소설 역시 제 얘기를 썼기 때문에 '거리 두기'가 중요했습니다."[1]라고 밝히고 있는데, 이와 같은 자각적인 선택이 결과적으로 스토리텔링의 효율을 높였다고 할 수 있다.

서술의 비중이라는 측면에서도 이 소설은 스스로를 실패자라고 생각하고 있는 초보 영화감독 '조혜나'와 GV 빌런 취급을 받는 만년 감독 지망생 '고태경' 두 사람을 번갈아 비추면서 서사를 두텁게 해나가는 안정감을 갖추고 있다. 조혜나가 고태경을 대상으로 다큐멘터리를 찍으면서 그를 점점 더 이해하게 되는 구조는 독자가 이 이야기에 몰입하게 되는 과정을 자연스럽게 유도하고 있다.

> 처음에는 다큐멘터리로 성격 개차반인 관심종자를 희화화하려는 속내가 없지 않았다. GV 빌런을 같이 있기 싫은 중년 아저씨로만 생각했다. 그

---

[1] 「미래 위해 '유예된 삶' 사는 청춘들, 위로하고 싶었죠」, 한국경제, 2020. 1. 1.

러나 고태경은 불쾌하게 취해서 목소리 높이지도, 다짜고짜 내게 반말을 쩍쩍 하지도 않았다. 풍자처럼 시작한 다큐멘터리였는데 나는 고태경을 응원하게 됐다.

 담배 연기로 희뿌옇게 된 카메라 LCD 화면에 클로즈업된 고태경의 눈가가 촉촉해져 반짝이는 것 같았다. 고태경이 말을 마치고 긴급히 REC 버튼을 눌렀다. 녹화 완료 표시가 뜨자마자 배터리가 다 되며 LCD 화면이 검게 꺼졌다. 고태경의 얼굴이 사라지고 검게 된 액정 화면에 힘든 표정을 하고 있는 내 얼굴이 비쳤다.[2]

 위의 인용 장면은 다큐멘터리 촬영이 막바지에 이른 이 소설 12장의 끝부분인데, 여기에서 이 소설의 인물 구조가 얼마나 효과적으로 기능하고 있는지 확인할 수 있다. 서술의 초점이 조혜나에 있기 때문에 독자는 그녀의 눈으로 고태경을 보게 되는데, 이 소설은 고태경을 바라보는 조혜나의 관점을 점진적으로 변화시켜나가면서 독자와 소설 속의 인물 사이의 거리를 좁히고 있다. 그러면서 뒷부분에서는 카메라 화면에 고태경과 조혜나의 얼굴을 교차시키는 영상적 기법을 활용하면서 두 인물의 관계를 상징적으로 처리하며 한 장을 마무리하고 있다.

 조연의 가치와 역할에 대해 분명한 인식을 가지고 있는 점도 인상적이었다. 전 남친이자 배우인 '종현', 서울대 출신의 한교영 동기 '승호'는 필수적인 조연의 기능을 수행하면서 이야기의 폭과 현실성을 높이는 데 기여하고 있다. 그런데 이 소설은 그렇지 않은, 더 비중이

---

2) 정대건, 『GV 빌런 고태경』, 은행나무, 2020, 152쪽.

작은 인물들도 세심하게 배려하고 있다. 가령 〈GV 빌런 고태경〉이 상영되는 날 혜나는 '노인 영화교실'의 '오송자 할머니', 고태경이 시나리오를 들고 제작사를 찾기 전 들렀던 이발소의 이발사, 그리고 단골 팥죽집 사장 등을 초청하는데, 인물의 활용에 발휘하는 이 소설의 감각이 얼마나 면밀한지 잘 드러나는 장면이다.

이런 안정감은 주제의 차원에서도 확인된다. 시종일관 재치 있는 서술로 이끌어가고 있지만 그렇다고 가볍기만 한 이야기는 아니다. 나름대로 적절한 현실성을 갖추고 있고, 그러면서도 문학적인 척하는 면이 없어서 담백하다. 이런 방식으로 이 소설은 영화라는 트렌디한 소재를 다루면서도 이야기를 순수한 방향으로 이끌어 저마다 간직한 꿈을 되돌아보게 만들고 있다. 가독성 높고 읽는 맛으로 충만한 이 소설은 거창한 것은 아니라고 해도 독서의 대가를 분명하게 제시하는 미덕을 가지고 있다.

이처럼 이 소설은 첫 장편의 창작을 시도하면서 욕심을 내지 않고 차분하게 이야기를 만들어갔기 때문에 이야기에 휘둘리지 않고 반대로 이야기를 비교적 능란하게 제어하고 있다. 이런 장점을 다른 각도에서 바라보면 이 이야기의 단점이 될 수도 있을 것이다. 너무 욕심을 내지 않아서 무난하고 소박하다는 아쉬움이 들지 않는 것은 아니다. 그렇지만 그 덕분에 튼튼하고 안정적인 기단이 마련되었다. 그 점에서 이 소설의 선택이 현명했다고 생각한다. 이 위에 더 높고 훌륭한 이야기의 단을 한 층씩 차례로 쌓아나가기를, 그리하여 작가만의 고유한 이야기의 탑을 완성하게 되기를 기대한다.

(2020)

소설의 안과 밖에 걸쳐 있는 아이러니의 겹들
―박민정의 「전교생의 사랑」

'전교생의 사랑'은 박민정 소설의 제목이면서 그 소설에 등장하는 영화의 제목이기도 하다. 이 허구의 영화 〈전교생의 사랑〉(1998)은 오바야시 노부히코大林宣彦 감독의 〈전교생轉校生〉(1982)을 원본으로 하여 제작된 것으로 설정되어 있는데, 이 영화는 실제로 한국에서 이진석 감독 정준, 김소연 주연의 〈체인지〉(1997)로 번안되어 상영된 바 있었다.(번안작의 제목이 잘 보여주듯 원작은 남녀 인물의 몸이 뒤바뀌는 설정의 모델이 된 영화이다.) 박민정의 소설을 읽어온 독자라면 실제 사실로부터 허구를 향해 도약하는 지점에서 모티프를 발견하는 이런 방식이, 작가의 대표작인 「행복의 과학」(2016)이나 「세실, 주희」(2017) 등에서도 잘 드러났듯, 어느 시기 이후 뚜렷한 궤적을 갖게 된 작가의 소설적 방법론이라는 사실을 이미 알고 있을 법하다. 이때 그 레퍼런스가 주로 일본과 관련되어 있다는 사실도 그 방식에 내포된 특징이라고 할 수 있다. 이 소설의 경우에도 '전교생'(우리의 전학생에 해당)이라는 낯선 느낌의 단어가 제목부터 그 점을 잘 보여주고 있다.

소설은 〈전교생의 사랑〉에 아역 배우로 출연했던 '나'(민지)와 '세리'가 성인이 되어 그 영화를 다시 보게 되기까지의 과정을 주된 내용으로 삼고 있다. 주연이었던 '나'는 열다섯에 유명 가수의 뮤직비디오 배역을 세리에게 양보하고 일찍 학교로 돌아와 '일반인'으로 자란 반면, 조연이었던 세리는 그 뮤직비디오를 계기로 배우로서 더 오래 성공했으나 모종의 사건(소설에는 이 사건이 구체적으로 서술되어 있지 않은 채, 술과 연관이 있다고 암시되어 있으며 세리가 그 사건에 대해 사과하는 형식의 기자회견을 했던 상황을 회상하는 장면이 나온다)으로 인해 더 극적으로 실패했다. 그런 힘든 시간을 딛고 일본 유학을 다녀와 연출가가 된 세리를 이제는 작가가 된 '나'가 이십 년 만에 대학로에서 만나게 되면서 이야기는 본격적으로 펼쳐진다.

우선 소설의 설정에서 눈에 띄는 것은 주요 인물이 배우라는 점이다. 물론 배우가 소설에 등장하는 일이 전혀 없었던 것은 아니지만 그렇다고 해도 그렇게 흔한 일도 아니다. 그런데 어느새 한국소설 속의 등장인물은 예전과는 크게 달라진 모습을 드러내고 있다.[1] 박민

---

[1] 이런 맥락에서 2023년도의 한국소설을 살피면 김기태의 「롤링 선더 러브」(『문학과사회』 2023년 봄호)에는 짝짓기 예능 프로그램에 출연한 여성 인물 '맹희'가 등장하고 있으며, 성해나의 「혼모노」(『자음과모음』 2023년 가을호)에서는 새로 신내림을 받은 신세대 무당을 한물간 박수('문수')가 질투와 시기의 시선으로 바라보고 있고, 예소연의 「아주 사소한 시절」(『현대문학』 2023년 6월호)에서 초등학생이던 '희조'는 「우리는 계절마다」(『문학동네』 2023년 가을호)에서는 중학생이 되어 일진이 된 '미정'을 다시 만나며, 안윤의 「담담」(『자음과모음』 2023년 겨울호)에서는 바이섹슈얼 인물 '혜재'가 등장하는 등 소설 속 인물의 얼굴은 더 급진적으로 바뀌고 있다는 사실을 확인할 수 있다. 한편 김나현의 「모든 시간이 나에게 일어나」(『악스트』 2024년 1/2월호)는 저명한 작가주의 감독의 영화에 캐스팅된 배우 '나을'의 이야기로 연재를 시작했다.

정 소설의 경우에도 거슬러올라가면 「아내들의 학교」(2014)에서 모델 '선'(과 그녀의 동성 커플인 '선혜')을 볼 수 있었고, 비교적 최근에 발표된 「밤은 빨리 온다」(『현대문학』 2022년 6월호)에는 영화를 전공하여 비평가와 감독이 된 '수진'과 '수빈'이 나오기도 한다. 그렇지만 이 계열에서 더 선명한 선례는 「나의 사촌 리사」(『창작과비평』 2018년 겨울호) 연작에 등장하는 왕년의 아이돌 '리사'와 '하루미'라고 할 수 있다. 리사는 가수를 그만두고 삼십대 중반의 프리터로 살아가고 있는 반면, 연예계에 남은 하루미는 사악한 계약에 의해 AV 배우로 전락한 채 지옥의 시간을 보내고 있다. 이렇게 보면 리사-하루미는 민지-세리의 원형처럼 보이기도 한다. 그런데 여기에서는 리사(와 하루미)가 그녀의 이야기를 쓰기 위해 찾아온 '나'(지연)에 의해 서술의 대상이 되고 있다. 그 과정에서 지연은 "소녀들의 워너비였으나 짜릿한 실패를 맛보고 소시민으로 겨우 살아가는 리사를 내 소설의 강렬한 인물로 등장시키고 싶을 뿐이었나"[2]라는 윤리적 자의식에 부딪치게 되는데, 이 단계에서 재현의 윤리는 소설 속 인물의 상황이라기보다 그 페르소나에 해당되는 인물에 투영된 작가 자신의 문제에 가까운 것으로서 제기되어 있다.[3]

　재현의 윤리의 문제는 「신세이다이 가옥」(2019), 「백년해로외전」(『문학동네』 2022년 가을호~2023년 가을호)에서 더욱 전면화된다. '신세이다이新世代 가옥'은 '나'와 부모가 경제적인 문제로 인해 한

---

[2] 박민정, 「나의 사촌 리사」, 『창작과비평』 2018년 겨울호, 128쪽.
[3] 「나의 사촌 리사」가 소설가인 '나'(지연)의 시점으로 되어 있다면, 「나는 지금 빛나고 있어요」(『현대문학』 2019년 5월호)에서는 당사자인 리사의 시점으로 전환되며, 「하루미, 봄」(『황해문화』 2020년 여름호)에서는 하루미를 초점에 두고 이야기가 확장된다.

때 얹혀살았던 할머니의 집(후암동에 있던 적산가옥)을 지칭하는 것으로, 「신세이다이 가옥」은 한 가족의 역사에 드리운 굴곡진 현대사의 그림자를 파헤친다. 그 가운데 가장 어두운 것이 바로 해외로 입양된 큰아버지의 딸 자매로, 소설의 중심에는 남동생을 찾아 프랑스로부터 한국에 온 사촌 언니('야엘')를 '나'가 만나는 사건이 있다. 작가의 산문 「타인의 역사, 나의 산문—난민, 직접 체험하지 않은 자의 윤리」(『문학동네』 2018년 가을호)를 참조하여 읽으면 「신세이다이 가옥」에는 작가의 자전적 경험이 짙게 깔려 있는 것으로 보이는데, 장편 「백년해로외전」은 이 소설(장편에서는 이 단편이 「백년해로」로 치환되어 있다)로 인해 발생한 가족관계 내부의 갈등이라는 메타소설적 상황 위에 구축되어 있다.[4] 이 독특한 구조로 조립되어 있는 두 소설에서 입양된 사촌 언니에 대해 작가가 가졌던 부채감은 그의 글쓰기를 추동시킨 진원으로 작용하고 있다. 그러면서 그 글쓰기 의식은 그 표현의 과정에서 재현의 윤리를 둘러싼 자의식을 동반하며 복합적이면서도 모순적인 층위를 내포하게 된다. 앞서 「나의 사촌 리사」 연작에서 확인할 수 있었던 글쓰기의 윤리를 둘러싼 자의식은 이 경우에도 "항상 더 잘 쓰고 싶다고만 생각했다. 내 작품이 누굴 기분 나쁘게 하거나 상처를 줄 수 있다는 생각은 해본 적 없었다. 원고를 시작하면 끝내야겠다는 생각밖엔 없었다. 그런 생각도 그저 순진한 창작자의 기만이었나"[5]라는 형태로 표현의 욕망과 뒤엉킨 채 복합적으로 나타

---

[4] 작가는 앞서 「행복의 과학」과 그 프리퀄에 해당하는 「A코에게 보낸 유서」(2017)를 이어서 쓴 바 있었는데, 「신세이다이 가옥」과 「백년해로외전」은 그 연장선상에 있으면서도 그 상호텍스트적 구조를 보다 입체적으로 구축하고 있다고 하겠다.

[5] 박민정, 「백년해로외전」 2회, 『문학동네』 2022년 겨울호, 422쪽. 「타인의 역사, 나의 산문」에서도 그 자의식은 "내가 오랫동안 그 사건을 마음에 품고 살았다 한들 내게

나고 있다. 이 연속성의 맥락에서 보면 「나의 사촌 리사」 연작은 작가의 의식을 끌어당기고 있던 실제의 문제에 접근하기 위한 우회로가 아니었던가 생각되기도 한다. 「백년해로외전」에서 실제 삶의 사건과 정면으로 마주하면서 재현의 윤리 문제는 보다 심각한 아이러니의 상황을 야기하고 있다.

다시 「전교생의 사랑」으로 돌아가면, 민지와 세리는 한때 반짝이던 배우였음에도 불구하고 그 경력을 자랑스럽게 간직하지 못하고 있다. 〈전교생의 사랑〉은 원작인 〈전교생〉과 마찬가지로 청소년관람불가 등급이었기에 두 사람은 당시에 자신들이 직접 출연했던 그 영화를 볼 수 없었다. 성인이 된 이후에도 자신들이 성적으로 대상화된 그 장면들을 보고 싶지 않다고 느낀다. 책임의 직접적인 당사자인 '홍감독'은 알코올중독자로 살다가 고독사해버렸고, 세리는 홍감독과의 염문설에 시달리기까지 했다. 더구나 그 과거의 일은 한때의 좋지 않았던 기억으로 끝난 것이 아니라 '나무위키'와 같은 인터넷 매체에 왜곡된 채 '박제'되어 언제까지나 이들의 삶을 옥죄고 있다. 이 소설에서 재현의 윤리는 「나의 사촌 리사」나 「백년해로외전」과는 다르게 소설 속 인물들 사이에서 작용하는 작가 외부의 문제로 전환되어 있다. 여기에서도 화자인 민지가 작가로 설정되어 있기는 하지만, 그녀에게 글쓰기의 자의식은 뚜렷하지 않은 채 다만 세리와 함께 재현의 피해자로서의 측면만 부각되어 있다.[6]

함부로 그것을 말할 자격이 있나"(『잊지 않음』, 작가정신, 2021, 74쪽)와 같이 직접적으로 드러나 있는 한편, "그것이 어째서 내 일이 아닌가"(같은 쪽)라는 반대 방향의 의식과 교차되면서 중층화되어 있다.

6) 「미래의 윤리」(문장 웹진 2022년 5월호)에서 대학 신입생 '서아'와 지도교수('황지우')의 관계 또한 이런 맥락에서 살펴볼 수 있다. 그 관계는 「백년해로외전」에서 비정

한편 이 소설에 등장하는 나무위키와 같은 매체는 윤리적인 문제를 발생시키는 부정적인 것으로 제시되어 있지만, 박민정의 소설에서 뉴미디어는 그것이 추구해야 하는 방향에 더 가까웠던 것이 사실이다. 가령 작가의 전작「바비의 분위기」(2017)에서 '유미'는 석사논문을 마무리하고 있는 중인데, '새로운 매체에 필요한 문해력'을 키워드로 하는 그 논문은 앞선 세대의 지도교수와 심사위원들의 반발에 부딪친다.[7] 새로운 세대에게 SNS는 일종의 새로운 상징계처럼 작용하고 있지만 기존의 체계를 고수하는 기성의 세대에게 그 영역은 공론장으로 인식되지 않는다. 이와 같은 학문 분야에서의 세대 갈등은 소설의 영역에도 대응되는 알레고리적 성격을 띠고 있다고 생각된다.

이런 관점에서 소설 속에서 서술된 "나무위키란 이상한 하이퍼텍스트였다. 세리가 봐달라고 부탁한 5.1.을 잠시 잊고 나는 감독을 소개하는 페이지에 접속했다가 그의 필모그래피를 눌러봤다가 어느덧 원작 영화〈전교생〉페이지에 도달했다"[8]는 텍스트 연결의 방식과 영화〈전교생〉으로부터 소설「전교생의 사랑」을 파생시키는 이 소설의 텍스트 발생의 원리를 연관시켜 바라볼 수 있다. 어떤 의미에서 나무

넌트랙 전임교수인 '나'(강주현)가 '서정수'를 비롯한 동료 교수들 및 학생들과의 사이에서 겪는 갈등을 전도된 형태로 드러내는, 일종의 객관화의 시도로 이해해볼 수 있다.

7) 소설 속에서 인물이 쓰고 있는 논문은 작가가 실제로 썼던 논문(「매체의 기술적 속성과 주체구성에 관한 연구—트위터(Twitter)에 드러난 기록체계와 주체화 양상을 중심으로」, 중앙대학교 석사학위논문, 2014)을 방불케 하는데, 이렇게 보면「신세이다이 가옥」,「백년해로외전」에서 급진화된 오토픽션적 성격은 박민정의 작품세계에서 앞서 그 징후가 나타나고 있었던 듯하다.

8) 박민정,「전교생의 사랑」,『문학과사회』 2023년 여름호, 119쪽.

위키와 같은 새로운 매체의 존재방식은 박민정 소설의 창작 방법적 근거와 무관하지 않은 것이다. 한 비평가는 이런 특징에 대해 "박민정의 소설은 한 사람의 깊고 좁은 길이 아니라 사람들의 삶 위로 지나는 촘촘하게 연결된 도로를 우리에게 가시화하려 한다. 그래서 그녀의 소설은 작품 곳곳에 새겨진 다양한 정보에 더 눈이 가기도 한다"[9]고 기술한 바 있었으며, 어느 대담에서는 그와 같은 성향을 '고고학적 취미' 혹은 '흥신소적 취미'[10]로 지칭한 바도 있었다. 그렇지만 「전교생의 사랑」에서 매체의 문제는 자기 관련적 시선의 성찰 대상이 아니다. 앞서 재현의 윤리의 경우에도 상호텍스트적 측면에서는 그 문제가 단일한 형태도 존재하지 않았으며 그렇기 때문에 오히려 복합적인 폭과 깊이를 마련할 수 있었던 것처럼, 매체와 관련한 문제에서도 소설의 내용과 형식 사이에서, 그리고 상호텍스트의 맥락에서 어떤 아이러니를 엿볼 수 있다.

「전교생의 사랑」의 후반부에서 민지와 세리는 영상자료원에서 주최하는 '고전의 재해석' 프로그램에 참석하여 자신들이 출연했던 영화를 관람한다. 거기에는 소녀의 몸에 갇힌 소년이 벌거벗은 채 옥상을 뛰어다니는 원작의 장면을 대신하여 두 소녀가 사랑을 나누는 장면도 들어 있다. 그 장면은 민지가 놓인 곤란한 상황을 함께 감당하고자 했던 세리의 개입으로 이루어진 것이었다. 그런 내막이 새삼 환기되는 것을 계기로 민지와 세리는 다소 급하게 연대의 감정을 활성화

---

9) 송종원, 「괴물과 사실, 그리고 앎의 장치로서의 소설」, 『바비의 분위기』 해설, 문학과지성사, 2020, 241쪽.
10) 박민정·이경진, 「흥신소적 취미와 세대적 자의식」, 『문학과사회 하이픈』 2017년 겨울호, 47쪽.

하면서 대중의 시선과 마주할 용기를 얻는다. 영화 상영을 마친 후 이루어진 평론가의 해설과 관객의 반응에서 그들은 새로운 매체를 통해 떠다니던 대중들의 관심이 실은 자신들이 아닌 일종의 허상을 향하고 있었다는 사실을 깨닫기에 이른다.

이처럼 「전교생의 사랑」은 자의식으로 인해 복잡하게 교란된 시선과는 거리를 두고 있기에 어떤 의미에서는 더 안정된 방식으로 소설적 문제를 다루고 있는 듯하다. 그렇지만 또다른 관점에서 바라보면 이 소설은 「나의 사촌 리사」 연작에 담겨 있던 재현의 윤리의 문제에서 작가의 자의식과 연관된 부분이 「신세이다이 가옥」과 「백년해로 외전」을 쓰는 과정에서 증폭된 방식으로 처리되고 남은 상태처럼 보이기도 한다. 그렇기 때문에 이 소설은 가해자 남성(홍감독)과 피해자 여성(민지와 세리)이라는 박민정의 초기 소설의 구도로 되돌아간 인상을 주기도 한다.

이런 상태는 다소 과열된 형태로 진행되었던 「백년해로외전」의 연재에서 그 원인을 찾아볼 수 있지 않을까 싶다. 두 회를 발표하고 한 회의 휴재를 거쳐 다시 두 회를 더 이어 마친 그 과정은 중간의 휴지기를 사이에 두고 텍스트의 성격에서 그 전후가 대조되는 측면이 있다. 곧 다소 흥분된 전반부와 그것을 진정시키면서 결말로 수습하는 후반부로 대비되고 있는 것이다. 대략 휴재의 시기에 발표된 단편 「아직 끝나지 않은 여름」에는 이 기점이 소설 안에서 "나로 말할 것 같으면 옛 친구들이라는 대륙과 지금의 친구들이라는 대륙 사이에 어정쩡하게 발을 걸치고 있는 중이다. 어쩌면 그것도 내 착각인지 몰랐다. 나는 나라는 사람의 성분이나 소속을 제대로 모르고 있는지도 몰랐다"[11]라는 표현을 통해 간접적으로 언급되어 있기도 하고, '작가 노트'와 같은 곁텍스트에서는 "요즈음 나의 참주제는 '제대로 잊어버리는 일'이다. 한때 나는 『잊지 않음』이라는 산문집을 내기도 했다. 그러나 인생의 중요한 전환 이후에 오히려 끝내 잊어야 할 일도 있다는 것을 깨달았다"[12]라는 직접적인 발언의 형태로 제시되어 있기도 하다. 이런 맥락을 들여다보면 「전교생의 사랑」은 매끄러운 표면과는 달리 자기를 대상으로 한 긴장된 글쓰기의 피로로 인해 위축된 주름을 내포하고 있는 텍스트라고도 할 수 있다. 그 주변의 다른 소설들과 맞물려 있는 부분을 상호텍스트적 시선으로 펼쳐보면, 그 텍스트의 심층에서는 표현의 충동과 망각의 욕망이 또하나의 아이러니를 이루고 있다.[13] 표면상으로는 서로 상충하는 모습으로 비칠 수도 있는 이 여러 겹의 아이러니가 작가가 이후의 이야기로 도약할 수 있는 스프링보드가 되기를 기대해본다.

(2024)

---

11) 박민정, 「아직 끝나지 않은 여름」, 웹진 비유 2023년 3월호.

12) 같은 글.

13) 「전교생의 사랑」 이후에 발표된 「헤일리 하우스」(『릿터』 2023년 8/9월호)에서는 '잊힐 권리'라는 문제의식이 좀더 진전된 형태로 나타나고 있는 듯하다. 「아직 끝나지 않은 여름」에 나오는 한남동의 영어유치원에 이어져 있는 헤일리 하우스를 배경으로 문해력 입주 가정교사 '너'에 초점을 맞춘 이 소설의 시점 형식은 자기로부터 한층 더 멀어진 이야기를 향하고 있다고 생각되기 때문이다.

소설의 안과 밖에서 퍼져나가는 '일러두기'의 울림
─조경란의 「일러두기」

1. 삼인칭 시점 속의 두 남녀

문장 웹진 2023년 5월호에 처음 발표된 「일러두기」는, 소설 속에 나오는 '프란시스코'라는 태풍 이름으로 유추해보면 2019년 여름이 시간적 배경으로 설정되어 있다. 6월 하순의 주말 어느 날 인쇄와 복사를 전문으로 하는 '대학사'라는 가게에 쉰 전후의 중년 남녀인 '재서'와 '미용'이 함께 있는 상황으로 소설은 시작된다. 재서는 삼 년 전 아내가 떠나기 전까지 마흔일곱 해 동안 평범하게 살아왔지만, 아내로부터 버려진 그 사건으로 인해 다니던 직장도 그만두고 본가로 돌아와 아버지의 복사집을 이어받았다. 그런데 나흘 전 돌아가신 지 십 년도 넘은 어머니의 낡은 장롱이 쓰러지는 바람에 오른쪽 팔꿈치를 다쳐 깁스를 한 상태이다. 길 건너편에서 '이모 반찬' 상점을 운영하는 미용이 가게가 쉬는 날을 이용해 한쪽 팔이 불편한 재서를 도와주러 이곳에 와 있다. 텔레비전 프로그램에서 복면을 쓴 여자 주인공이 인질로 잡혀 있던 아이들을 구출해내는 장면에 매료되어 주문한 검은색 복면을 든 그녀는 "성인 여성 평균키에서도 한참 모자라고 목소리도 작고 앳되며 아무것도 아닌 일에도 수줍어하는 마흔아홉 살"[1]에 어울리지 않는 엉뚱한 면모를 갖고 있다.

 소설은 삼인칭의 시점으로 재서에 초점을 맞춰 서술되고 있다. 작가의 전작인「언젠가 떠내려가는 집에서」(2016)에는 구립 도서관에서 일하며 아버지와 한 집에서 살고 있는 서른일곱의 남성 인물 '인수'가 일인칭 서술자를 맡고 있다. 그런가 하면「김진희를 몰랐다」(2017)에서 반찬 가게를 운영하고 있는 '정미' 역시 일인칭의 서술자이다. 이렇게 보면「일러두기」에서는 작가의 이전 소설에서 각자 고립된 삶을 살고 있던 인물들이 하나의 프레임 안에서 서로 마주하고 있는 상황이 만들어진 것인데, 삼인칭의 시점은 이런 시야의 변화와 맞물린 선택이라고 할 수 있겠다.

 이런 맥락에서 작가의 여덟번째 소설집『가정 사정』(2022)에 수록된 여덟 편의 소설이 모두 삼인칭으로 되어 있다는 사실을 새삼 되돌아보게 된다.「가정 사정」에는 '정미'와 아버지 '윤씨'의 이야기가 초점을 교차하며 펼쳐져 있고,「내부 수리중」에서는 부부 사이인 '기태'와 '연호'에 서술의 초점이 번갈아 맞춰져 있다.「양파 던지기」의 '그'('원진'),「분명한 한 사람」의 '오숙',「이만큼의 거리」의 '동미',「너무 기대는 하지 마세요」의 '상희',「한 방향 걷기」의 '미석',「개인 사정」의 '인주' 등 여섯 편의 중심인물들 또한 삼인칭 서술의 초점자로 등장한다. 이 지점에서 주로 일인칭의 서사들이 점유하고 있던 조경란 소설의 대지에 어느새 삼인칭의 서사가 상당한 분포를 차지하

---

1) 조경란,「일러두기」,『일러두기 ― 2024년 제47회 이상문학상 작품집』, 문학사상사, 2014, 13쪽. 이하 본문에 인용시 쪽수만 밝힌다.

며 새로운 영역을 이루고 있는 상황을 확인할 수 있다.

　물론 조경란의 소설세계 한편에서는 여전히 일인칭 시점의 이야기가 지속되고 있다. 가령 「일러두기」를 전후로 하여 발표된 작가의 근작들인 「검은 개 흰 말」(『실천문학』 2022년 겨울호)과 「은천에서」(『문학사상』 2024년 1월호)를 그 예로 들 수 있다. 두 소설에는 공통적으로 대학에서 학생들을 가르치는 직업을 가진 일인칭의 여성 인물이 등장한다. 「검은 개 흰 말」에서 2019년 8월 강사법 시행으로 일자리를 잃은 '나'('서양지')는 일시적으로 집을 비운 주인을 대신하여 그곳에 거주하는 일을 얻어 생활하고 있다.[2] 한 동네에서 청소년 시기를 같이 보낸 치과의사 류원장의 소개로 시작된 이 일은 가족이 여행을 떠난 여동생네 집에서 열다섯 살의 조카 '실'과 함께 지내는 시간으로 이어진다. 실이 초등학교 때 거리에서 만난 커다란 검은 개로 인한 충격으로 불안을 겪고 있다면, '나'는 삼십 년 전 사라진 어머니의 부재 속에 만성적인 죽음 충동에 시달리고 있다. 한편 「은천에서」에서 노년 우울증을 앓는 어머니와 함께 살고 있는 '나'('신선생')는 어느 날 휴대폰을 두고 집을 나간 어머니를 좇아 예전 살았던 '은천'을 찾는다. 지금 살고 있는 봉천동의 집으로 이사오기 전, 현재는 복개되어 큰 거리가 된 자리에 흐르던 하천에 이불을 버리던 유년의 기억이 되살아난다. 이 소설에도 여동생 부부와 조카, 그리고 초등학교 동창('차사장')이 등장하고 있어 「검은 개 흰 말」과 구조적으로 포개지는 지점들을 내포하고 있다.

---

2) 작품 발표의 순서는 반대로 되어 있지만, 소설 속의 시간으로는 「검은 개 흰 말」이 「일러두기」에 직접적으로 이어져 있다. 소설 속에 각각 등장하는 9호 태풍 링링과 8호 태풍 프란시스코가 그 사실을 증거하고 있다.

그런데 시점은 다르지만 「검은 개 흰 말」과 「은천에서」의 일인칭 여성 인물들과 「일러두기」의 미용이 전혀 무관해 보이지는 않는다. 가령 "나는 에코백을 무릎에 놓고 자리에 앉으며 물었다"[3]와 "미용은 에코백에서 검은색 복면을 꺼내더니 무릎에 올려놓고 반듯하게 폈다"(「일러두기」, 13쪽)는 대목에서 서로 다른 소설 속의 인물들이 겹쳐지는 장면을 그 근거로 살펴볼 수 있다. '에코백'을 소재로 하여 쓰인 작가의 한 산문(「에코백―조경란의 사물 이야기」, 동아일보, 2017. 2. 8)[4]은 이 사물이 결코 무작위적으로 선택된 것이 아니라는 사실을 말해주고 있기도 하다. 그리고 이 산문과 소설들을 겹쳐 읽으면 사물을 매개로 소설 속 여성 인물들에 작가 자신이 투영되어 있다는 생각도 자연스럽게 떠오른다.

2. 쓰기와 읽기를 매개로 한 내밀한 소통

다시 「일러두기」로 돌아가면 소설은 "모른다고도 잘 안다고도 말할 수 없는 사람이 재서에게 생겼다"(13쪽)는 문장으로 시작된다. 그 사람이 바로 지금 재서의 가게에 함께 있는 미용인데, 재서는 이 년 전 처음 미용을 만난 이래 얼마 전까지도 그녀에게 별다른 관심을 갖고 있지 않았다. 그런데 한 달 전쯤 문서를 출력하기 위해 재서의 가게를 찾아온 미용이 컴퓨터에 USB를 꽂아둔 채 나갔고, 재서는 거기에 담긴 미용의 "일기 같은 원고"(25쪽)를 읽게 된다. 그 원고는 미용

---

3) 조경란, 「은천에서」, 『문학사상』 2024년 1월호, 129쪽.
4) 이 글은 내용이 다소 보완되어 「여기 있기에 문제없음―에코백」이라는 제목으로 『소설가의 사물』(마음산책, 2018. 278~282쪽)에 실려 있다. 산문에 기술된 '환경'에 대한 작가의 문제의식은 이 소설 중반쯤 나오는 '호랑이 행동 풍부화의 날'에도 연관되어 나타나 있다.

자신의 "세세하고 적나라하게 쓴 어떤 경험"(같은 쪽)을 담고 있는 것으로, 한 페이지 정도의 글마다 '안 보이는 사람으로 살아간다는 것' '나만의 생각 찾기' 같은 제목이 붙어 있다. 거기에는 계획에 없던 부모의 출산이 네 차례나 거듭되면서 막내로 태어나 불행한 가정 속에서 '안 보이는 역할'을 맡으며 자란 미용의 내력이 적혀 있다. 맞춤법과 띄어쓰기가 제대로 되어 있지 않고 호응이 되지 않는 문장으로 이루어져 있지만 규칙적으로 써온 듯 보이는 미용의 글 가운데에는 재서에 관한 것도 들어 있다. '노래방에서 교가를 부르는 사람'이라는 제목의 그 글에서 미용은 재서에 대해 "사는 일에 분투를 접은 듯한 눈빛"(38쪽)을 가진 사람이라고 표현하고 있었다.

　그러니까 재서에게 미용의 존재가 의식되기 시작한 계기가 바로 우연히 읽게 된 그녀의 글이었던 것이다. "그러다가 달라졌다. 뭔가를 읽는다는 일은 그랬다"(36쪽)고 재서는 느낀다. 한 사람이 쓴 글을 읽는 경험은 직접적인 대화와는 다른, 어떤 측면에서는 더 깊은 소통의 순간을 마련해주기 때문이다. 그런데 글을 읽는 일을 매개로 한 변화는 재서에게만 일어난 것이 아니다. 자신이 쓴 글을 재서가 읽었다는 사실은 미용에게도 그 상대에 대한 특별한 관심과 감정을 불러일으킨다. "아무튼 재서가 알기로 미용은 그후로 자신을 좀 다른 눈으로 보기 시작한 듯하다. 재서가 미용의 글을 읽고 그녀를 그 같은 눈으로 보게 된 것과 비슷한 것이었을까"(22쪽)라는 대목에서는 쓰기와 읽기를 통해 발생한 두 사람의 관계의 변화가 재서의 관점으로 포착되고 있다. 모리스 블랑쇼는 "작품이 그것을 쓰는 자와 그것을 읽는 자의 내밀함이 될 때라야만 작품이 작품으로 되는 사건이 이루어지는 것이다"[5]라고 하면서 그 상황을 '작품의 고독'이라 부른 바 있다. 글을 매개로 한 소통은 본질적으로 그처럼 쓰는 자와 읽는 자 각자의 고독을 조건으로 하여 성립되는 것이다. 그러니까 미용이 남 모르게 혼자 쓴 글을 재서가 읽게 된 일은 두 사람의 내밀함이 맞닿아 이루어진 일종의 '문학적' 사건이었던 셈이다.

미용이 남긴 글로 인해 재서는 그녀에 대해 더 깊이 알게 되었다. 그렇지만 그것은 중단된 탓에 아직 모르는 것들을 더 알고 싶게 만드는 계기이기도 했다. 그런 상황은 "문을 반만 열어주고 안을 보게 해 주었다가 다 보기도 전에 탁 닫아버린 것처럼"(22쪽) 재서로 하여금 애가 타게 만든다. 재서의 내부에서는 미용에 대해 '신경 쓰이는 부분'과 '냉담한 부분'이 뒤섞여 교차한다. 그런 와중에 미용은 자신에게 여전히 짙은 상처로 남아 있는 사건과 연관된 과거 학창시절의 어떤 선생님을 찾기 시작한다. 그것은 "머릿속에 찌꺼기 같은 게 평생 떠다니는 기분"(23쪽)으로부터 벗어나기 위한 미용 나름의 절박한 시도로 이해되지만, 어느새 자기 안에 미용을 신경쓰는 부분이 넓어져 가고 있는 재서에게는 그런 미용의 모험이 아슬아슬하게만 느껴진다.

그러던 어느 일요일 동네 점주들의 동물원 방문에 재서와 미용이 함께 동행하게 되는 일이 있고 나서 미용의 반찬 가게가 문을 닫고 소식조차 끊어지는 사건이 발생한다. 그전에 생각에 빠져 길을 걷다가 가로수에 부딪치는 미용을 재서가 목격한 적도 있었고, 서두에 미용이 들고 있었던 검정 니트 복면을 쓰고 동네를 배회하는 수상한 사람 이야기도 들려온다. 안 그래도 더위와 태풍, 그리고 각종 사건, 사고 소식으로 불안한 재서의 마음은 미용의 혼란과 부재 속에 더 애틋해

---

5) 모리스 블랑쇼, 『문학의 공간』, 박혜영 옮김, 책세상, 1990, 20쪽.

진다. 궁금함과 걱정에 밀려 재서 또한 방황하듯 주변을 돌아다닌다. 그 시간에 재서의 의식에는 미용이 썼던 글이 다시 떠오르고 그녀와 이야기하고 싶은 충동을 느꼈던 기억이 흘러든다. 재서는 미용에 대한 자신의 감정이 평범한 것이 아니라는 사실을 새삼 확인하게 되고 그러면서 재서 내부에서는 그동안 그녀와의 사이에서 일어난 일들의 맥락이 정리되기에 이른다. 어쩌면 미용이 USB를 잊어버리고 간 것은 실수가 아니라 자기 이야기를 들려주고 싶은 상대로 자신을 선택한 것이었을지도 모른다는 짐작이 이어진다. 미용이 쓴 다음 글들을 읽지 못한 재서의 머릿속에서는 미용을 주인공으로 한 상상이 소설처럼 뻗어나간다.

3. 흐릿해진 공간을 배경으로 전경에 드러나는 관계

결국 재서는 미용의 집을 찾아간다. 「나는 봉천동에 산다」(2002)를 비롯한 조경란의 이전 소설들이 '봉천동'이라는 공간을 이야기의 표면에 드러내고 있었던 것에 반해, 「일러두기」에는 그런 구체적인 기표가 명시되어 있지 않다. 오히려 '청룡산'이 '청금산'으로 전치되어 있는 등 그것이 의식적으로 은폐되고 있기도 하다. 그렇지만 미용이 배달 갔던 "소방서 위, 국립대학으로 이어지는 언덕 길 중간의 특성화고등학교"(19쪽)가 있는 거리나 미용의 집에서 내려다보이는 "고가 쪽으로 휘어지기 전의 순환로와 까치고개 일대"(40쪽) 등의 풍경은 이 소설 또한 '봉천동'을 중심으로 펼쳐지는 이야기라는 사실을 짐작하게 만들고 있다.

'봉천동'이라는 동일한 공간을 무대로 하고 있다고 해도 조경란 소설세계에서 그 공간의 의미는 시기에 따라 다른 모습으로 나타나고 있다. 그 결정적인 변곡점이 2008년 주민들의 요청에 의해 작가가 그 때까지 살고 있던 '봉천10동'이 '중앙동'으로 이름이 바뀌었던 사건이다.[6] 「봉천동의 유령」(2010)에서 작가는 그 변화에 대응되는 전환의 의식을 "한 가지 더 명확하게 알아차린 것은 이제 나의 서정시대가 끝났다는 사실이었다. 서정적 시기라는 것이 오직 자신에게만 집중하고 있는 젊은 시기이거나 주변을 돌아볼 수 있는 통찰력을 잃어버리고 있는 상태라면 말이다"[7]라고 선언처럼 밝힌 바 있다.

최근 소설들에서 이 공간은 또 한 차례 의미의 변화를 통과하고 있는 듯 보인다. 가령 "나는 봉로수길이라는 데를 떠올리고 있느라 말을 흐렸다. 봉천동에서 내가 아직 모르는 데가 있다니"[8]라는 대목에서 '봉천동'을 둘러싼 현실의 변화로부터의 지체와 그것을 낯설게 의식하고 있는 작가의 반응을 엿볼 수 있다. 「일러두기」의 '봉천동'이 불투명한 모습을 띠고 다만 배경으로 자리잡고 있는 현상 또한 이런 감각에 맞닿아 있는 것이 아닐까 생각된다. 소설 속에서 이 공간을 "소문도 뒷말도 빨리 퍼지는 동네였다. 건물주들은 대개 이 동네에 젠트리피케이션 같은 말이 생기기 훨씬 전부터 이곳에서 자식들을 키워낸 토박이들이었고, 이 동네 학군을 나온 그 자식들의 자식들이 세입자가 돼 프랜차이즈 짬뽕 전문점이나 음식점, 카페를 운영했다"(19쪽)고 기술하고 있는 부분에서 대상과 거리를 두고 그 세계를

---

[6] 이 문제에 대해서는 앞서 살펴본 바 있었다. 손정수, 「'봉천동', 혹은 시간을 기억하는 공간」, 『나는 봉천동에 산다』, 아시아, 2013, 84~92쪽 참조.
[7] 조경란, 「봉천동의 유령」, 『일요일의 철학』, 창비, 2013, 100쪽.
[8] 조경란, 「저수하(樗樹下)에서」, 『언젠가 떠내려가는 집에서』, 문학과지성사, 2018, 246쪽.

객관적인 시선으로 바라보고자 하는 작가의 태도를 감지할 수 있다. 그러면서 이 소설은 '봉천동'에 얽힌 자아의 감정에 흔들리지 않고 그 공간을 배경으로 펼쳐지는 인물들의 관계에 집중하고 있다.[9]

4. 글과 삶을 이어주는 '일러두기'

막상 미용의 집을 찾아가 만난 그녀는 재서가 머릿속에서 썼던 상상과 달리 마음의 평정을 회복한 듯 보인다. 그동안 미용에게는 선생님을 찾는 일이 그와 연관된 글을 쓰는 일로 전환되어 있었는데, 그녀의 진술에 따르면 그 과정에서 글쓰기는 결국 선생님이 아닌 자기 자신에 대한 이야기로 귀착되었다고 한다.

재서는 미용으로부터 '교련 시간'이라는 제목의 그 글을 듣는다. 그 속에는 지금은 폐지되어 사람들로부터 잊혀가고 있는 그 군사훈련 과목의 시간에 미용이 겪었던 일이 '창가 쪽 맨 뒷자리에 앉은 여학생'에 초점을 맞춰 삼인칭의 시점으로 서술되어 있다. 1987년 4월의 실습 시간에 '뒷자리 여학생'은 실수를 반복하며 애를 먹다가 교련 교사의 '단련'의 표적이 되고 만다. 의식 잃은 환자 역할이라는 명목으로 급우들로부터 거듭 일으켜지고 내팽개쳐지다가 바닥에 쓰러진 채 그 여학생은 자신이 이 교실에 속하지 않는 사람이라고 느끼는 안쓰러운 지경에까지 이른다.[10]

---

9) 일인칭 시점으로 된 「은천에서」에서는 공간에 대한 태도가 다르게 나타나고 있다. 「나는 봉천동에 산다」의 계보를 잇고 있는 이 소설에서는 이미 제목에 노출되어 있는 '은천'을 비롯하여 '은천초등학교' '상신교회' '청룡산' 등의 구체적인 기표들이 서사의 표면에 드러나 있다.

10) 이 점에서 보면 미용은 작가의 전작 「분명한 한 사람」에 등장했던 오숙이 시도했지만 이루지 못했던 글쓰기의 과제를 마침내 실행한 인물이라고 할 수 있을 듯하다.

그런데 이 아픈 기억이 담긴 글을 읽어주고 나서 미용은 정작 자신이 쓰고 싶었던 것은 따로 있었다고 재서에게 말한다. 그것은 그 수업 시간에 앞서 그녀가 바라보았던 창밖의 복사나무 한 그루로부터 꽃잎이 떨어지는 평화로운 장면이다. 그러면서 미용은 자신에게 그 장면 말고도 "기가 막히게 아름다웠던 순간들"(46쪽)이 있었다고 담담하게 이야기한다. 재서는 미용의 이야기를 들으며 거기에 한 사람이 삶을 헤쳐나간 방식이 깃들어 있다고 느낀다. 그러니까 글쓰기의 과정에서 미용은 상처받은 과거의 자신을 떠나 새로운 자아의 자리로 옮겨온 것이다. 미용이 그동안 출력한 종이의 무게는 그녀가 감당해 낸 그와 같은 힘겨운 수행의 시간을 증언하고 있다.[11] 그 무게를 가늠하며 재서는 미용에게 "이 책에 나오는 내용이 모두 사실이지만 특정 인물의 이름과 지명은 모두 지은이가 지어냈다는 말은 본문이 아니라 맨 앞의 '일러두기'에 써두면 된다"(46쪽)고 알려준다. 미용의 글쓰기 자체가 트라우마적 순간으로부터 그녀가 벗어나는 과정이었지만, 그 경험을 허구로 변전시키는 장치는 그것을 외부화하면서 보다 객관적으로 처리할 수 있는 가능성을 마련해줄 것이라는 기대를 해볼 수 있는 장면이다. 소설 속의 미용과 소설 밖의 작가 사이의 거리

그 소설의 끝부분에 나오는 "두번째 과제는 선생님이 원하는 방향으로 쓸 수 없었다. 오숙에게는 그랬었다. 이제 그 글을 써야 한다면, 사진 속의 교회, 열아홉 살 때 그곳에 딸린, 모두가 반성의 방이라고 불렀던 그 장소에서 일어난 일에 대해 써야 할지 모른다"(조경란,「분명한 한 사람」,『가정 사정』, 문학동네, 2022, 154쪽)는 대목에서 두 인물이 유사하게 마주하고 있는 글쓰기의 문제를 확인할 수 있다.

11) 이런 상태는 '교련 시간'의 정연한 문장에서도 확인할 수 있다. 이렇게 보면 앞서 재서가 읽었던 미용의 원고가 "맞춤법과 호응이 되지 않는 문장과 띄어쓰기"(25쪽)의 문제를 드러내고 있었던 것은 그 상황에서 그녀가 겪고 있던 심리적 불안의 진폭을 말해주고 있다고 볼 수 있다.

가 생각만큼 멀지 않다고 느껴지는 대목이기도 하다.

'일러두기'는 책의 본문은 아니지만 그 앞에 놓여 어떻게 그것을 읽어야 할지 안내해주는 기능을 하는 장치이다. 텍스트의 내부는 아니지만 그렇다고 외부도 아닌, 제라르 주네트의 용어로 말하자면 '파라텍스트paratext'의 한 유형이라고 할 수 있다.[12] '곁텍스트'라고 번역되기도 하는 그것은 텍스트로 진입하기 위해 통과해야 하는 해석의 입구 역할을 한다. 한편 데리다는 회화의 진리에 대해 논의하면서 칸트가 구분한 에르곤ergon과 파레르곤parergon의 관계를 해체하는 한편 비판적으로 재정립한 바 있다. 데리다에 따르면 그림을 장식하는 액자 등을 예로 들 수 있는 파레르곤은 그 내부의 본질(에르곤)을 감싸는 부속물에만 머무는 것이 아니라 에르곤의 결핍을 보완하는 대리보충적 관계를 이루고 있다.[13] 이때 파레르곤은 곧 para-ergon이니 그것을 서사에 적용하면 제라르 주네트의 para-text에 대응된다고 볼 수 있다. 이런 논의를 경유하면서 글의 내부와 외부의 경계에 놓여 두 세계를 이어주는, 그리고 때로는 글 내부의 결핍을 보충하기도 하

---

12) 제라르 주네트의 파라텍스트에 대한 논의에는 '일러두기'에 직접적으로 대응되는 항목은 보이지 않는다. 다만 소설 속 일러두기에 상응하는 내용이 '원 서문의 기능(The functions of the original preface)'에서 '허구의 계약(Contracts of fiction)'의 문제로 언급되어 있다. Gérard Genette, *Paratexts: Thresholds of Interpretation*, translated by Jane E. Lewin, Cambridge University Press, 1997, pp. 215~218 참조.

13) 파레르곤에 대한 데리다의 논의에 대해서는 강우성, 「파레르곤의 논리: 데리다와 미술」(『영미문학연구』 14, 2008), 박영욱, 『의미와 무의미의 경계에서』(김영사, 2009)에서의 관련 부분(86~108쪽), 금빛내렴, 「파레르곤으로서 디자인에 관한 고찰: 칸트의 '파레르곤' 개념을 중심으로」(『미학예술학연구』 45, 2015), 임병희, 「액자-탈경계의 메타포」(『독어교육』 87, 2023) 등 참조.

는 '일러두기'의 기능과 의미에 대해 생각해볼 수 있다.

이 본문과 '일러두기'의 관계를 확장시켜 삶과 글의 관계를 다시 바라볼 수도 있다. 「일러두기」에서 미용의 글쓰기가 잘 보여주고 있듯, 글은 단순히 삶을 반영하는 파생물이 아니라 삶의 결핍을 보완하면서 그 내적 변화를 모색할 수 있는 수단일 수 있다. 이런 소설 속 인물의 글쓰기의 상태는 넓게 보면 작가가 맞고 있는 새로운 상황과도 맞닿아 있다고 생각된다. 표제작을 제외한 일곱 편의 미발표작이 수록된 『가정 사정』을 펴내면서 작가는 "작업을 하는 동안 내 삶은 더욱 단순해졌다. 소설은 간헐적으로 쓰지만 소설이 어때야 하는지에 대해서는 날마다 생각한다. 그래서인지 예전에는 소설이 어떤 이상理想이었다면 이제 소설은 생활生活이 되었다. 잘 써야지, 좋은 걸 써야지, 하는 마음도 사라졌다. 오롯이 남은 것은 소설을 좋아하는 마음뿐이다"[14]라고 적은 바 있다. 이 발언을 통해 보면, '일러두기'로서의 소설은 작가의 소설이 외부로부터 고립된 의식의 지대로부터 삶과 소설의 융합이 이루어지는 공간으로 변화하는 과정에서 자각된 새로운 관점이라고 할 수 있을 듯하다.

5. 사람과 사람 사이에 놓인 완충장치로서 이야기

「일러두기」의 끝부분에서 재서와 미용 두 사람의 관계가 기대를 한껏 품은 채 마무리되는, 조경란 소설로서는 다소 이색적인 결말에

---

14) 조경란, 「작가의 말」, 『가정 사정』, 310~311쪽. 이런 글쓰기 방식이 좀더 앞선 연원을 가진 것이라는 사실을 "청탁이 밀리고 마감일을 넘겨 원고를 보냈던 시절이 있었나 싶다. 지금은 천천히 쓰고 오래 수정했다 기회가 오면 발표한다"(조경란, 「작가의 말」, 『언젠가 떠내려가는 집에서』, 270쪽)는 작가의 발언에서 확인할 수 있다.

는 이처럼 소설에 대한 작가의 변화된 관점이 그 맥락으로 놓여 있는 것으로 보인다. 그런 시선으로 더 선명한 감정의 매듭을 향해 가면서 마지막 숨을 고르고 있는 다음 장면을 인상 깊게 읽어볼 수 있다.

> 사람과 사람 사이에도 그런 게 있으면 좋겠네요.
> 왜요?
> 그러면 미리 이해를 구할 수도 있고 안내 같은 것도 할 수 있게 될 테니까요.
> 미용이 또 버릇처럼 양손을 뒤집어 손바닥이 보이게 무릎에 올려두었다. 그 손은 무방비 상태처럼 보이지 않았다. 눈을 돌리며 재서는 미용이 읽어주었으면 싶은 자신의 일러두기에 대해 떠올리려고 했다. 생각이 필요한 일일지 몰랐다.(47쪽)

미용이 USB에 남긴 글이 재서와의 사이에서 일종의 '일러두기'의 역할을 했다는 것을 우리는 앞서 확인했다. 이 글이라는 완충장치는 재서가 대학 교정 안의 숲에서 떠올린 나무들의 '수관기피 현상'과도 닮아 있다. 서로 다른 나무의 가지를 건드리지 않기 위해서 움츠리거나 성장을 멈추는 이 현상은 "밀집된 곳에서 서로 햇빛을 골고루 이용하는 식물들의 생존 전략"(38쪽)이다. 그러니까 '일러두기'로서의 허구 글쓰기는 자연의 생존법에 대응되는 사람들 사이의 '생활'의 기술이라고 할 수 있다.

작가는 앞서 『가정 사정』을 출간하면서 "「개인 사정」이란 단편을 가장 마지막까지 붙잡고 수정하다가 이제 '이웃'에 관한 이야기가 더 듣고 알고 싶어졌다. 그럼 다음 소설집의 주제는 '이웃 사정'이 되려

나쁩니다. 하는 사소한 농담으로 작가의 말을 마칠까 한다. 서로의 문제가 어떻게 만나고 작용하는지 지금보다 깊이 들여다보겠다. 이 소설집을 쓰면서 나는 이야기가 서로를 더 소중하게 만들어주며 살아갈 위안을 준다는 걸 경험했다. 무력하고 쓸쓸한 밤에. 이 책을 읽는 분들께도 그 감정이 가 닿을 수 있다면 좋겠다"[15]고 적은 바 있었다. 이렇게 보면 「일러두기」는 작가의 '이웃 사정'의 계획이 유감없이 실현된 결과가 아닐까 생각되기도 한다. 우리는 지금까지 재서와 미용의 관계가 진전되는 과정을 살펴보면서 '이야기가 서로를 더 소중하게 만들어주며 살아갈 위안을 준다는 걸' 새삼 확인할 수 있었기 때문이다.

  소설은 "여름은 아직 남았다"(48쪽)는 문장을 지나면서 막바지에 접어든다. 조경란 소설에서 여름은 항상 긴장과 불안의 계절로 자주 등장해왔다. 그 기원에는 「나는 봉천동에 산다」에서 자전적으로 회고된 1984년의 수재 사건이 놓여 있다. "어릴 적 수해 피해의 경험들 이후로 여름은 내가 일 년 중 가장 긴장하는 시기이기도 했다"[16]는 최근 소설 속 인물의 발언에서 볼 수 있듯 그 기억의 트라우마는 아직까지도 해소되지 않고 남아 있는 듯 보인다. 「일러두기」에서도 전반에는 그와 같은 불안이 인물들을 감싸고 있지만, 그들의 관계가 밝은 기대를 품게 된 이 순간, 여름은 젖은 이불과 운동화가 햇빛에 바싹 말라가는 상쾌한 기분의 계절로 바뀌어 있다. 그 사물들의 상태는 재서와 미용이 서로의 관계를 진전시켜온 시간이 우울과 고뇌로 젖어 있던 마음의 옷을 한 겹 한 겹 차례로 벗어 말리는 과정이었다는 사실을

---

15) 「작가의 말」, 『가정 사정』, 311쪽.
16) 조경란, 「검은 개 흰 말」, 『실천문학』, 2022년 겨울호, 148쪽.

말없이 보여주고 있는 듯하다. 작가의 한 산문의 표현을 가져와서 이 장면과 연결하면, 바야흐로 이 여름은 "비에 젖은 구두는 그늘에 말려 신어야 하듯, 일상의 작은 행운도 주어지는 것이 아니라 스스로 만들어가야 한다는 걸 깨닫게 하는"[17] 새로운 계절이다. 이렇게 소설과 산문이 공명하면서 만들어내는 감각과 인식의 변화로부터 소설의 안과 밖에서 글을 쓰고 있는 소설 속의 인물과 소설 밖의 작가가 텍스트의 경계를 넘어 겹쳐지는 환각이 순간적으로 떠오른다.

  소설은 이제 더 말하지 않아도 조바심을 느끼지 않게 된 재서가 그곳을 떠나 계단을 내려가는 장면으로 끝난다. 미용이 부르는 소리에 뒤돌아보니 서두에 나왔던 검은 복면을 쓴 미용이 손을 흔들고 있다. 재서는 "높은 수위의 계단 하나를 막 통과한 사람"(48쪽)처럼 달라져 있는 미용의 그 모습을 마음속에 뚜렷하게 새긴다. '일러두기'는 텍스트의 내부를 지시하는 동시에 그 외부를 향해 열린 것이기도 하다. 소설에 대한 작가의 새로운 관점과 의지를 투영하면서 글쓰기를 통해 자기 안에 뿌리깊게 남아 있던 상처를 밖으로 내보낸 미용의 이야기는 재서를 넘어 독자에게도 흘러들어와 위안과 격려를 전하는 한편 소설의 새로운 존재 방식에 대한 사유를 일깨우고 있다.

(2024)

---

17) 조경란, 「잘 말린 수건 한 장―수건」, 『소설가의 사물』, 144쪽.

4부

문학과 창작의 교육 현장

한국소설의 수용 의식에 나타나고 있는 비심미적 독서 경향과 그 문학 교육적 의미
―수업 과정에서 젠더 문제에 대한 학생들의 반응을 중심으로

1. 들어가며

한동안 독자들의 관심에서 멀어져가는 듯 보였던 한국소설이 2010년대 중반 들어 다시 활발하게 수용되는 현상이 나타나고 있다.[1] 한강을 비롯한 한국 작가의 소설이 해외에 번역, 소개되고 또 세계적 권위를 가진 문학상을 수상하는 등 '세계 소설'의 흐름에 참여하게 된 것도 그와 맞물린 사건이었겠지만, 그보다도 더 근본적으로는 소설의 생산과 수용을 둘러싼 시스템과 환경의 변화, 독서 대중의 성향의 변화, 그리고 소설 그 자체의 변화가 그 과정에 가로놓여 있다고 짐작되는데, 이 변화로 인한 영향의 징후는 대학 문학 전공 수업의 영역에서도 이미 뚜렷하게 감지되고 있다.

---

[1] 출판 통계에서도 이와 같은 현상을 확인할 수 있다. 가령 "올해는 소설이 많이 읽혔다. 교보문고의 소설 분야 점유율은 10.1%(12월 3일·판매 권수 기준)로, 최근 10년간 가장 높은 수치였다"(「페미니즘 열풍 속에 소설·과학책도 의미 있는 흐름」, 경향신문, 2017. 12. 27)는 기사 내용 역시 그 가운데 하나이다.

그렇다면 이러한 변화의 원인, 혹은 현실적인 근거는 무엇인가. 이 물음에 대한 대답은 여러 측면에서 보다 체계적으로 검토되어야 할 문제라고 할 수 있는데, 이 글에서는 수업에서의 사례를 토대로 대학의 문학 전공 수업에 나타난 학생들의 반응을 통해 그 변화 양상의 일부를 살펴보고 그것이 문학 교육의 측면에서 갖는 의미에 대해서도 생각해보고자 한다.

이 글에서 검토의 대상이 되고 있는 수업은 2017년도 2학기에 계명대학교 문예창작학과 전공 수업으로 운영했던 '한국소설 창작방법의 흐름'이라는 과목으로 2학년 대상이며 51명의 학생이 수강했다.[2] 이 과목은 "한국소설 창작의 역사에서 새로운 국면을 개척한 대표적인 소설 작품의 특징과 창작상의 의의를 확인한다"는 취지로 개설되었으며 구체적으로는 이상의 「김유정」(1939, 유고로 발표된 이 소설의 실제 창작 시기는 1936년으로 추정)부터 김연수의 「다시 한달을 가서 설산을 넘으면」(2005)까지 16편의 단편을 강독 대상으로 삼았다. 학생들은 2편씩 작품을 미리 읽고 감상문을 작성하여 제출하는 과제를 한 학기 동안 모두 여덟 차례 수행했다. 수업은 해당 작품에 대한 교수의 강의 두 차례와 학생들의 감상문에 대한 강평 한 차례를 병행하여 진행하는 방식으로 운영되었다. 학생들의 감상문은 온라인 학습 시스템에 게시하는 형태로 제출하도록 해 교수뿐만 아니라 학생들도 다른 학생들의 감상문을 읽을 수 있었고, 그 가운데 강평 자료에 발췌

---

2) 51명의 수강 학생의 학과별 구성은 문예창작학과 48명과 기타 학과 3명(문헌정보학과, 심리학과, 광고홍보학전공 각 1명)으로 문예창작학과 학생들이 중심을 이루었다. 성별을 기준으로는 남학생이 14명, 여학생이 37명으로 여학생의 비율이 2.6배 높았으며, 학년별로는 1학년 4명, 2학년 24명, 3학년 21명, 4학년 2명 등으로 2, 3학년 학생의 비중(88%)이 컸다.

된 반응은 수업을 통해 공유되었다.

　이 수업을 개설하기 이전에 이미 매번 대상 작품을 선정하는 일반적인 고민 이상의 고려가 요구되었는데, 그것은 문단의 성폭력 사건의 여파와 관련하여 한창 쏟아져나오고 있었던 기존 정전에 대한 비판의 목소리에 기인한 것이었다. 가령 수업 개설 직전에 발표된 한 작가의 글에서는 "인간적으로 볼 때 심각한 잡음을 동반하고 있음에도 불구하고, 그럼에도 불구하고 꼭 그것이어야 할 만큼 유일한 작품이 있을까"라는 질문을 던지면서 "모든 작가들은 유일무이한 작품을 쓰기 원하지만, 독자들의 입장에서 보면 좋은 책이 너무 많"고 "작가에게 글쓸 자유가 있듯이, 독자에게도 글을 선택하고 외면할 자유가 있다."[3]는 주장이 제기되었다. 또다른 작가는 쥘 베른의 『80일간의 세계일주』, 에밀리 브론테의 『제인 에어』와 플로베르의 『마담 보바리』, 그리고 이광수의 『무정』, 나쓰메 소세키의 『마음』, 김승옥의 「건」 등 동서양, 한국의 고전소설 속에 내재된 젠더의 문제를 비판적으로 검토하면서 "어쨌거나 지금이, 지금이라도, 지금이야말로 다시 읽고 써야 할 때인 것은 분명해 보인다. 그 과정에서 우리가 고전이니 정전이니 하며 받아들였던 책들의 자리가 비워진다고 하더라도 아쉬울 것은 없다. 그 자리는 다시, 더 좋은 문학으로 채워질 것"[4]이라는 견해를 제시했다.[5]

---

　3) 윤고은, 「성경도 쿠란도 아니야」, 『21세기문학』 2017년 가을호, 289쪽.
　4) 한유주, 「다시 읽기, 다시 이동하기」, 『21세기문학』 2017년 가을호, 302쪽.
　5) 수업을 진행하는 동안 해외에서는 하퍼 리(Harper Lee)의 『앵무새 죽이기 To Kill a Mockingbird』(1960)가 작품 속의 인종차별적 표현 때문에 미국 남부의 한 지역에서 고등학교 문학 교재의 선정에서 배제되었다는 소식이 전해지기도 했다.("'To Kill a Mockingbird' Removed From School in Mississippi", The New York

이와 같은 비판과 제안을 확인한 상태였고 그 주장을 고려하여 대상 작품의 목록을 검토했으나 문제가 될 만한 소설을 배제하기보다 일단 학생들과 함께 읽으면서 그 반응을 살펴보기로 했다. 그래서 일단 시대별 대표 단편을 중심으로 목록을 작성했다. 시대적 성격을 잘 보여주는 작품이되, 수업의 개설 취지를 고려하여 주제뿐 아니라 형식, 기법 등 표현적 특성에서도 이전 소설의 흐름을 새로운 방향으로 전환시키는 효과를 이끌어낸 소설을 탐색하였으며, 궁극적으로는 소설 창작과 관련된 다양한 문제들을 살펴볼 수 있는 텍스트를 선정의 기준으로 삼았다.

그 결과 채택된 소설은 이상의「김유정」, 이효석의「들」(1936), 최명익의「심문」(1939), 김사량의「빛 속으로」(1939), 손창섭의「생활적」(1954), 김승옥의「무진기행」(1964), 서정인의「강」(1968), 황석영의「몰개월의 새」(1976), 윤흥길의「아홉 켤레의 구두로 남은 사내」(1977), 오정희의「저녁의 게임」(1979), 신경숙의「멀리, 끝없는 길 위에」(1992), 구효서의「깡통따개가 없는 마을」(1993), 배수아의「푸른 사과가 있는 국도」(1994), 김영하의「전태일과 쇼걸」(1997), 한강의「채식주의자」(2004), 김연수의「다시 한달을 가서 설산을 넘으면」 등 모두 16편이었다.

Times, Oct. 16, 2017.) 국내에는 보도되지 않았지만 이 조치는 반발로 인해 곧 학부모 동의하에 선택할 수 있도록 변경되었다.("'To Kill a Mockingbird' Returns to Mississippi School's Reding List After Outcry", *The New York Times*, Oct. 27, 2017.)

2. 심미적 독서와 길항하는 문제들

 수업을 진행하는 과정에서 학생들은 과제로 제시된 감상문을 통해 해당 소설들에 대한 다양한 반응을 보여주었다. 거기에는 주로 작품의 내용 및 형식과 관련된 심미적 독서의 결과가 담겨 있는가 하면, 때로는 작품 외부의 문제와 연관된 의식으로부터 영향을 받아 심미적 독서와 거리가 있는 반응도 함께 확인할 수 있었다.[6] 이번 수업의 경우 학생들의 심미적 독서를 가로막고 있는 문제들은 다양하면서도 그 층위 또한 여러 방면에 걸쳐 있는 양상을 보였다.

1) 시대 상황에 따른 인식의 변화

 우선 대상 작품 전반에 걸쳐 나타난 문제는 학생들이 변화한 사회적 상황으로 인해 소설 속의 시대적 상황을 낯설게 느끼고 있는 점이었다. 여기에는 객관적인 시간적 거리도 크게 작용했지만, 수업 자체가 시대 순서대로 배열된 작품을 차례로 읽어나가는 방식으로 진행되었기 때문에 그 과정에서 체험하는 시차의 효과가 오히려 현재에 가까울수록 더 민감하게 느껴지는 경우도 있었다. 또한 현재와 다른 과거의 모습을 확인하는 비교적 단순한 차원의 문제도 있었지만, 그 차이가 가치관의 개입과 맞물려 있는 경우도 있었다.

---

6) 루이스 로젠블랫(Louise M. Rosenblatt)은 텍스트 자체보다 "읽기를 마치게 되면 활용하기 위해 받아들여야 할 것에 집중하"(『독자, 텍스트, 시―문학 작품의 상호교통 이론』, 김혜리·엄해영 옮김, 한국문화사, 2008, 41쪽)는 비심미적 독서를 '원심적(efferent)' 독서로 지칭하여 텍스트에 대한 반응을 중심으로 이루어진 심미적(aesthetic) 독서와 구분하고 있는데, 이 글에서 사용하는 '비심미적'이라는 용어는 루이스 로젠블랫의 '원심적'이라는 용어에 해당된다. 이 글의 논의 과정과 결론에서 밝히게 될 것이지만, 심미적인 것과 그렇지 않은 것을 나누는 기준은 객관적인 것이 아니며, 이 용어의 사용은 다만 논의를 위한 방법적인 차원에 한정된다.

소설을 읽으면서 나는 '봉수'라는 인물과 가깝다는 것을 느꼈다. 봉수는 「심문」의 '이군'처럼 시대적 흐름에 잘 따라가는 인물이었고, 동주는 '현혁'처럼 따라가지 못하는 인물이었다. 사실 시대에 뒤처지지 않는다는 건 열심히 산다는 의미였다. 그것이 나쁘다고 말할 수 없었다. 하지만 봉수는 그저 얍삽한 인물로 비쳤다. 아무래도 동주의 입장에서 이야기가 진행되다 보니까 봉수가 그런 인물로 비쳤다고 생각했다. 그래서 만일 봉수의 입장에서 이야기가 진행된다면 어떻게 됐을까 그런 상상을 해봤는데, 이건 내가 현재의 시점에서 소설을 읽었으니 할 수 있는 얘기였다. 다시 말하면 내가 동주의 상황과 당시의 시대적 상황을 제대로 이해하지 못했던 것이다. 나의 그런 시선이 봉수가 동주를 바라보는 시선과 닮았다고 생각했다.(김○○, 문예창작학과 4학년, 여)[7]

「심문」과 「생활적」에는 일제 말기와 한국전쟁 직후의 상황에서 현실주의적 성향을 가진 인물들이 등장하는데, 소설은 이들을 부수적 인물로 취급하고 부정적으로 그리고 있으나 위의 학생은 오히려 인물 간의 갈등의 상황에서 소설의 안타고니스트에 자신을 이입하고 있다. 어느 시점까지는 소설 속의 상황과 자신의 상황이 일치하지 않아도 텍스트의 의도에 의거하여 프로타고니스트의 자리에 자신을 이입하는 것이 크게 문제되지 않았는데 그것이 더이상 유지되지 않고 있는 것이다. 생각해보면 「생활적」 속의 봉수와 같은 인물에 초점을

---

7) 이하 학생들의 감상문 과제로부터 인용한 부분은 맞춤법과 띄어쓰기만 바로잡고 원문을 그대로 제시하며, 감상문을 쓴 학생의 이름은 성만 밝히고 학과, 학년, 성별을 병기한다.

맞추고 있는 영화 〈국제시장〉(2014) 같은 내러티브가 발생할 수 있는 현실적 근거 또한 소설의 배경이 되는 시대 속의 현실과 독서가 이루어지는 현재의 상황 사이의 거리로부터 찾을 수 있을 듯하다.

시간의 거리에 따른 문화적 상황의 차이가 전면화되다보니 소설 텍스트는 미학적 대상이기보다 시대적 현실을 보여주는 자료로서 이해되는 상황이 보다 일반적인데, 그런 맥락에서 소설이 쓰인 시대적 상황과는 다른 의외의 시각이 독해의 논점으로 제기되는 경우가 발생하곤 했다.

> 이 소설의 주인공은 상당히 무책임하다. 생계가 위협받는 시점에 전업 작가로 돌아서는 행동을 하고 만다. 일 년에 팔백만원으로 혼자서는 어떻게 살지 몰라도, 아내와 두 아이까지 있는 가정이라면 절대 그러지 못한다. 살 수 있다고 우기지만 그 스스로도 알 것이다. 그것이 불가능하다는 걸. 그 부담감을 더 잘 알기 때문에 회피하는 것일지도 모르겠다. 그러나 그렇다고 해서 아내와 아이로부터 도피하고 싶어하는 태도는 잘못되었다. 심지어 자신의 아이가 기도가 막혀 죽을 뻔했다고 하는데도 반응은 영 미적지근하다. 힘든 삶에 의해 부담을 느끼는 마음은 잘 알겠으나, 그는 분명 져야 할 책임이 눈앞에 있다. 가장이라는 명목에 모든 것을 떠넘기려는 것은 아니지만 그는 기본적인 것조차 하고 싶어하지 않아 보인다. 그것이 읽는 내내 걸렸고, 특히 마지막에 "여기가 어딘지 모르겠어"라는 그의 말은 어딘가 철렁하기까지 했다. 그는 어디에 있는 것일까.(이○○, 문예창작학과 2학년, 여)

구효서의 「깡통따개가 없는 마을」은 전업 소설가를 주인공으로 등장시키고 있다. 전업이라고 해도 그 시대적 상황 속에서는 그것이 직업의식의 소산이라기보다 창작에 대한 몰입과 전념의 의지로 이해될 수 있는 사안에 가까운데, 학생들은 소설이 쓰인 당시와는 다른 시각, 그러니까 상당히 명확한 현실주의적 시선으로 이 문제를 바라보고 있다. 이 소설은 갑작스러운 시대적 변화의 상황 속에서 무엇을 써야 할지 방향을 상실한, 그러니까 소설쓰기 자체가 소설의 주제가 된 시대의 소설적 고민을 담고 있는데, 그렇기 때문에 소설을 쓰는 일에 대한 현재 세대의 관점이 첨예하게 드러나는 계기가 되었던 듯하다. 문예창작학과 학생들은 소설 속의 인물이 소설가인 경우 거기에서 자신의 미래상을 바라보면서 그 인물에 자신을 이입하는 경우가 일반적인데도, 전공 여부를 떠나 지금의 세대에게 소설가라는 직업은 결혼, 출산, 양육 등의 현실적인 생활의 문제와 분리될 수 없는 것으로 인식되는 경향이 강한 듯하다.

2) 젠더 감수성과 관련된 문제들

역시 넓게 보자면 시대적 상황의 변화에 따른 인식의 변화의 일부일 테지만, 그 가운데에서도 강력하고 폭넓게 학생들로 하여금 기존의 미학적 규범 내부에서 작품을 감상할 수 없도록 만들고 있는 문제는 젠더 감수성과 관련된 것으로, 이상의 「김유정」을 제외한 거의 대부분의 작품에서 이 문제에 대한 반응을 볼 수 있었다.

> 두 소설을 읽고 나서 동시에 느낀 감정이 있었는데, 바로 불편함이었다. 「심문」을 읽고 찝찝했던 마음은 「빛 속으로」를 읽음으로서 또 한번 불편함을 느껴야 했는데 그것은 두 소설의 주인공이 모두 '남자'이면서 '지식인'

이라는 무거운 이유에서 찾을 수 있었다. 지금은 화가지만 예전에는 중학교 선생으로 재직한 적이 있던 김명일과 소학교 교사인 「빛 속으로」의 주인공. 그리고 그 옆으로 여옥과 조선인 어머니가 동반하는데, 이 남녀의 상관관계는 왠지 모르게 불편하다. 추측건대, 여옥은 남자 문제가 엮이지 않았다면 상당히 능동적이고 총명한 인생을 살았을 것 같다. 그림의 모델로서만 존재하고 김명일의 여자로는 인정을 받지 못한 채 여옥은 명일을 떠나지만 후에 만나게 되는 현마저 여옥을 아편값을 벌어주는 수단으로만 생각한다. 결국 여옥은 누군가에게도 사랑을 얻지 못하고 생을 마감하게 된다. 그리고 「빛 속으로」의 조선인 어머니는 주인공에게 존칭을 쓰며 대화를 하는데, 주인공은 그녀에게 계속 하루오에 관한 이야기를 해주고 그녀의 남편을 다 안다는 듯이 그녀를 설득한다. 나는 그녀의 감정을 끌어내는 그 장면에서 주인공이 권위적이고, 조금은 강압적인 것도 같다는 생각을 했다. 그리고 서술에도 직접적으로 드러나듯이 그녀는 굉장히 권위적인 남편에게 잡혀 사는 수동적인 삶을 살고 있다.(박○○, 문예창작학과 2학년, 여)

식민지라는 열악한 현실적 상황 속에서도 남성 인물들에 비해 더 소외된 여성 인물들의 사회적 처지에 대한 관심을 학생들의 반응 일부에서 볼 수 있었다. 여성 인물들의 처지에 대한 비판적 시선은 소설 속 남성 인물들의 문제를 바라보게 만들고 기존의 소설적 주제라고 인식되어온 문제들을 오히려 부차적인 것으로 밀어내고 있었다.

「강」이라는 소설에서 가장 마음에 들지 않았던 부분은 '여성'을 서술하는 부분이었습니다. 버스에서 여자의 가슴에 기대어 짓누르는 부분도 불쾌하게 느껴졌고 127페이지 '그 여자는 바라는 것이 지극히 작음에 틀림 없다. 아마 그 여자를 행복하게 해주는 일은 쉬울 것이다'라는 부분에서 왜 여자를 이렇게 표현했는지 이해가 되지 않았습니다. 128페이지에서는 '살찐 여자'와 '포동포동한 여인을 안마한다는 생각도 그렇게 나쁘진 않다' 라는 외모지상주의라는 생각이 강하게 들었습니다. 그리고 '잠바 입은 이 씨'가 여차장의 엉덩이가 크다고 생각하는 것과 신부를 보고 '육덕 있다고' 대화하는 부분이나 여성을 성적 잣대로 평가하는 것에 불쾌하다는 생각을 했습니다. 가장 이해가 되지 않았던 것은 140페이지 남자가 여자의 허벅지를 꼬집는 부분인데 정말 불쾌하고 무례하다는 생각을 했습니다. 소설에서 여자를 잣대 위에 올려두고 막 대해도 된다는 존재로 그려지는 것에 아쉽다는 느낌을 받았습니다.(서○○, 문예창작학과 2학년, 여)

「강」은 세 명의 남성 인물들의 비중이 비슷한, 당시로서는 특이한 인물 구도를 가진 소설이다. 그런 점에서 인물들은 낮은 상태에서 수평적인 관계를 구현하고 있어 보이기도 한다. 그런데, 바로 그 점 때문에 그보다 더 낮은 자리에서 더 적은 비중을 갖고 있는 여성들에 대한 서술과 묘사는 오히려 더 민감한 반응을 불러일으키고 있는 듯하다. 학생들의 이러한 반응은 이 시기의 소설로는 특이하게도 주변 인물들로만 구성된 이 소설의 의미를 설명하고자 했던 애초의 학습의 방향을 여성 인물은 거기에서도 더 주변에 위치하고 있는 한계를 함께 이야기하는 방향으로 변경하도록 했다.

모든 학생들이 이 문제에 반응한 것은 아니었고, 또 그 반응의 민감도에서도 편차가 있었다. 그렇지만 젠더 문제에 직접적인 관심을 갖지 않은 학생들조차도 다른 학생들의 민감한 반응을 의식하는 모습을 보였다.

3) 개별 작품과 관련된 그 밖의 비심미적 계기들

이상 두 가지 문제가 대상 소설 전반에 걸쳐 나타난 것이었다고 할 수 있는 반면, 몇몇 문제는 개별 작품을 중심으로 나타났다. 그 문제들은 표절(「멀리, 끝없는 길 위에」)이나 세계적 권위의 문학상 수상(「채식주의자」) 등과 같이 외부의 사건과의 연관성으로 인해 발생한 경우도 있었고, 구성(「저녁의 게임」「멀리, 끝없는 길 위에」「푸른 사과가 있는 국도」「채식주의자」 등), 시점(「다시 한달을 가서 설산을 넘으면」), 인물(「강」), 서사 구조(「전태일과 쇼걸」) 등 소설의 형식에 대한 이해와 관련된 것들도 있었다.

> 신경숙 소설가는 한때 나는 아니고, 친구가 굉장히 좋아했는데, 표절 사건 이후로 우리는 그녀의 글을 끊었다. 왜냐하면 다른 소설이 진짜 그녀의 소설인지 의심이 가서 신뢰도가 바닥을 쳤기 때문이다. 친구가 그때 울었는데, 처음으로 나는 특정한 소설가에게 애착을 느끼는 타입이 아니라 다행이라는 생각이 들었다. 나처럼 친구도 작가와 작품을 따로 생각하지 않기 때문에 더 상처가 되었을 것이다. 생각해보면 표절 그 자체로도 정이 떨어졌지만, 대응이 참 별로였다. 차라리 죄송하다고 그 말만 하지 그랬나 하는 생각이 들었다. 우리나라 저작권 의식이 바닥을 치고 있지만 그 모범 사례가 굳이 되어주셨다. 아무튼 그녀를 끊은 이후로 처음이다. 이 소설을 읽어야 되는데(과제니까), 읽기 싫다는 마음으로 구효서 소설가의 작품부터 먼저 읽고 읽었다.(현○○, 문예창작학과 2학년, 여)

표절 문제에 대한 학생들의 반응은 생각했던 것보다 확고했다. 작품성의 여부는 이 문제에 대한 변론이 되지 못하고 있다. 소설을 읽고 긍정적인 감상을 얻었더라도 그것이 작품에 대한 판단을 변화시키지는 못했다.

한편 학생들은 대상 소설들이 그 시대적 상황 속에서 고안한 형식적 실험의 맥락과 의미를 이해하지 못하거나 그런 장치가 반드시 필요하다고 생각하지 않는 경우가 많았다.

> 얼마 전에 손보미 작가의 『디어 랄프 로렌』을 읽었다. 그 소설에는 프롤로그가 있는데 그 챕터만 놓고 보더라도 끝맺음이 확실했고, 뒤에 나올 내용과도 바로 이어졌다. 그래서 나는 프롤로그 한 부분으로도 이해가 되었고, 거기에 뒷내용의 재미까지 더해주는 효과도 얻었다. 다른 부분은 몰라도 『디어 랄프 로렌』에서 이 프롤로그는 호평받아야 한다고 생각한다. 「멀리, 끝없는 길 위에」에서도 프롤로그 같은 부분이 있다. 이국 여성과의 전화 통화나 '그녀'의 노트에 적혀 있는 글을 언급하는 부분이 프롤로그에 해당된다고 생각한다. 그런데 그게 효과가 있기보다는 오히려 독자에게 혼란만 준 것 같다. '나'가 누군지도 모르는 상황에서 이국 여성과 '그녀' 그리고 '그녀'가 남긴 알 수 없는 글귀만 나오니 앞부분 읽는 것이 많이 힘들었다. '나'와 '그녀'의 이야기가 시작되고 나서부터는 조금씩 재미를 찾았지만 앞부분이 매우 아쉬웠다. 독자에게 호기심을 주기보다는 작품에 대한 흥미만 떨어뜨리는 부분이었다고 생각한다.(박○○, 문예창작학과 3학년, 여)

학생들은 갈수록 반드시 복잡한 문학적 장치들이 필요하다고 느끼지 않으며 가독성이 좋고 그리하여 공감에 이를 수 있는 이야기를 점점 더 선호하는 경향이 있다. 물론 소설의 형식적 특징과 관련한 반응의 문제는 비단 최근의 현상이라고 할 수는 없을지도 모른다. 하지만 이 문제 또한 그 형식 실험이 발생한 시기와의 거리가 커지면서 현재와 다른 과거의 형식을 학생들이 점점 더 낯설게 느끼고 있었다. 그런 맥락에서는 이 문제 역시 시대 상황의 변화에 따른 문학적 감수성의 문제와 연관된 것일지도 모르겠다.

그렇다면 비심미적 반응을 불러일으키고 그래서 심미적 반응을 방해하고 있는 작품을 읽히지 말아야 하는 것인가? 학생들의 반응 가운데에는 표절 등의 문제가 있거나 젠더 감수성이 부족한 작품은 읽고 싶지 않다는 입장을 직접 표출한 경우도 많았다. 하지만 그럼에도 불구하고 그런 문제들을 강독과 토론에서 배제하는 것이 유일한 방법일 수는 없다고 생각된다. 그것은 물론 그런 문제와 별도로 미학적 차원이 존재하기 때문은 아니다. 문제의 소지가 있는 작품을 배제하다 보면 결국 현재 학생들의 취향에 맞는 작품만을 읽거나 혹은 기존의 미의식에 부합하는 작품 가운데 일부만을 선택하게 되는 결과가 초래될 수 있기 때문이다. 이런 결과는 특히 역사적 시야와 감각의 획득을 목표로 하는 수업에서 바람직한 방향이라고 보기 어렵다.

그런데 이와 같은 비심미적 독서의 계기들은, 특히 독서 과정 초기에 기존의 심미적 독서와 갈등을 벌이고 있는 듯 보였지만, 강독과 학습의 과정에서 상호 대화, 소통하는 양상을 보이기도 했다. 그 상호 교통의 과정을, 학생들의 반응이 대상 작품 전체를 통해 드러나면서 그 폭과 비중이 컸던 젠더 문제에 한정하여 다음 장에서 살펴보고자 한다.

3. 심미적 독서와 비심미적 독서의 소통 양상

강의 초반부에 함께 읽었던 식민지 시대 소설의 경우, 민족 문제를 비롯한 다른 주제에 비해 젠더와 관련한 문제는 상대적으로 두드러지게 인식되지 않는 듯했다. 다만 그런 가운데에서도 「들」에 대해서는 이 문제와 관련하여 학생들이 상대적으로 보다 민감한 반응을 보였다.

> 물론 '옷 벗은 여인의 나체와 같은 것이'와 같은 표현은 싫었다. 이외에도 여성을 사용한 많은 비유가 거슬리기도 했다. 꼭 비하하는 내용이 아니라고 할지라도, 대상화한다는 생각이 들었기 때문이다. 이는 비유에만 해당되는 것이 아니다. '옥분'이라는 여성을 소비하는 방식도 비슷하다. 양딸기가 아닌 들딸기의 맛이라니. 불쾌한 마음이었다. 이 작품에서 여성은 끊임없이 평가의 대상이 된다.(이○○, 문예창작학과 3학년, 여)

이효석의 작품은 이전에도 학생들과 함께 읽은 적이 있었는데 이렇듯 성적 대상화의 문제를 제기한 경우는 이전에는 볼 수 없었고, 이번의 경우에도 그렇게 큰 비중으로 전면화되지는 않았다. 그리하여 다른 학생의 경우 같은 문제에 대해 조금 다른 생각을 보여주고 있기도 했다.

> 교수님께서 첫 수업 시간에 작품 속에서의 여성의 위치에 대해 언급을 하셨다. 이 「들」을 읽고 나서 교수님께서 왜 그런 이야기를 하셨는지 이해가 되었다. 이 소설에서는 자연과 여성을 찬양한다. '눈이 보얗게 깔렸을 때에는 흰빛과 능금나무의 자줏빛과 그림자의 옥색빛밖에는 없어 단순하

기 옷 벗은 여인의 나체와 같은 것이—봄은 옷 입고 치장한 여인이다.' 이 문장에서는 여인을 자연에 빗대어 표현함으로써 여성을 작품화했다. 그리고 중간에 옥분이의 몸을 보며 감탄하는 장면도 나온다. 이러한 내용이 나에게는 조금 불편하게 다가왔다. 그렇지만 시대적 흐름에 따라 읽어야 하기 때문에 마음에 담아두지 않았다.(김○○, 문예창작학과 3학년, 여)

비유의 차원에서 성적 대상화의 문제를 지적하고 있기는 하지만, 시대적 특수성을 고려하는 시각이 학생들에게 아예 없지 않다는 사실을 위의 인용은 보여주고 있다.

얼마나 많은 사람이 자신의 신념을 자신 안에만 간직한 채 사라졌을까. 얼마나 많은 철학이 사상이 되지 못한 채 묻혀졌을까. 얼마나 많은 꿈들이 단칸방에서 죽어갔을까. 상상하면 끔찍해진다. 역사적 관점에서 이 작품을 바라볼 수도 있겠지만, 그렇게 판단하기에 이 작품은 지나치게 한 개인의 내밀함을 드러내고 있다는 생각이 든다. 자연주의를 떠나 원시주의라 해도 좋을 정도로, 소설의 화자는 들에서의 체험과 감상을 감각적으로 표현한다. 그리고 이 감각적인 묘사 아래에선 탐나는 열매를 훔친 행위조차도 아름다워 보인다. 버드나무 숲속에서 벌어진 성적 행위는 또 어떤가. 화자의 시선을 따라가고 있자면 과연 우리는 어디에서 왔고 어디로 가고 있는지에 대한 의문이 강하게 뒤통수를 때린다. 우리가 개와 다를 게 뭔가.(김○○, 문예창작학과 2학년, 남)

사실상 이효석의 「들」은 섹슈얼리티의 문제를 어느 소설보다 강렬하게 다루는 소설이라고 할 수 있는데, 그렇지만 바로 그 점 때문에 이 소설은 이 문제를 다루는 데 있어 매우 섬세하다. 성적인 문제를 직접적인 대상으로 삼고 있는 소설이지만 학생들의 거부감은 상대적으로 그렇게 강한 편이 아니었고, 위의 인용에서 확인할 수 있는 것처럼 소설의 전언이 학생들에게 새로운 인식으로 수용되는 경우도 볼 수 있었다.

그렇지만 한국전쟁 이후의 소설들에서는 소설 속 인물들의 상황에서 남성과 여성 사이에 일상화된 차별과 폭력이 여러 차원에 걸쳐서 빈번하고도 폭넓게 나타나고 있었고, 학생들은 오히려 소설 전체에서는 큰 비중을 차지하지 않는다고도 볼 수 있는 이러한 문제들에 이전보다 더 예민하게 반응하고 있었다.

> 마지막으로 이 소설의 '여자'의 존재가 안타깝다고 생각을 했습니다. 146페이지 '조'와 나의 대화 부분에서 여태껏 '조'가 인숙을 단순히 유흥의 존재로 생각하는 부분에서 화가 나기도 했고, 여자들이 성기 하나를 밑천으로 시집가보겠다는 것이 괘씸하다고 말하는 부분에서는 눈살이 찌푸려지기도 했습니다. 그리고 144페이지 술집 여자의 시체를 보고 아무런 감흥 없이 덤덤하게 조사하는 경찰의 모습과 여자의 시체가 묘사되는 부분에서 냉혹한 현실을 나타내기도 하지만 술집 여자라는 인물의 죽음이기에 당대의 여자에 대한 인식이 낮고 참혹하다는 생각을 했습니다.(서○○, 문예창작학과 2학년, 여)

김승옥의 「무진기행」은 애초에 텍스트를 선정하는 과정에서 다소 우려가 되었던 작품이었다. 위의 학생의 반응은 그런 우려가 현실화된 경우이다. 이처럼 특정 대목의 표현은 학생들에게 눈살을 찌푸리게 만들기도 했지만, 그럼에도 소설 속에서 여성과 관련한 표현이나 행위를 당대의 여성에 대한 인식을 보여주는 근거로서 이해하는 학생들도 적지 않았다.

> 시작하기 전에 조금 예민한 이야기를 해야 할 것 같다. 감상문을 읽는 시간마다 젠더에 대해 이야기가 나오는데, 그 비판이 나에게는 그리 와닿지 않았다. 과한 게 아닌가 하는 생각도 들었다. 그런데 이번 두 소설은 그런 지적이 나와도 수긍이 갈 것 같다. 내가 딱히 페미니스트는 아니지만 이 작품에 나오는 표현은 현대적인 관점에서 봤을 때 거북한 면이 있다는 느낌을 받았다. 인물의 대사나 행동은 캐릭터를 보여주는 장치이니 그렇다 치더라도, 묘사나 그 이외의 것에서도 지적받을 수 있겠다는 부분이 보였다. 특히 「몰개월의 새」에서 많이 느꼈는데, '화냥년 같은 서울'이란 문장을 봤을 때는 '아, 이건 좀……' 하는 생각마저 스쳐갔다. 나도 이렇게 느꼈는데 젠더에 예민한 사람들은 기분 나쁘고도 남았을 것이다. 이전의 소설에서 불편하다고 생각될 부분이 없었던 것 같은데 현대에서 가장 가까운 시기에 발표된 소설들이 이러니 당황스러웠다. 앞의 작품을 보면 그때도 젠더 의식이 바닥은 아니었던 것 같은데 충분히 이 문제에 대해 신경쓸 수 있었을 것이다. 그랬다면 좀더 좋은 소설이 되었을 텐데 쇠퇴한 느낌이 들어 아쉬웠다.
>
> 그래도 이런 이야기를 빼고 본다면 두 소설 다 나름 재미있게 읽었다.(박○○, 문예창작학과 3학년, 여)

위에서 두 소설은 서정인의 「강」과 황석영의 「몰개월의 새」인데, 위의 감상문을 적은 학생은 인물의 대사나 행동의 차원과 서술 전체의 차원을 구분하는 태도를 보여주고 있다. 젠더 문제와 관련하여 문제가 있는 부분이 있다고 해도 그것이 인물의 대화의 상황에서 나온 것이라면 캐릭터를 보여주는 장치로 이해할 수 있는 반면, 서술자에 의한 서술이나 묘사는 작가의 인식을 직접적으로 보여주는 것이기에 다르게 느낄 수밖에 없다는 것이다.

한편 소설 전체에 대한 독해를 통해, 그리고 역사적인 맥락에 대한 접근을 통해 애초의 비심미적 독서의 계기가 이해의 차원으로 전환되는 경우도 볼 수 있었다.

> 만약 지금까지 공부했던 소설들을 읽지 않은 상태에서 이 소설을 읽었다면 화가 났을 수도 있을 것이다. '화냥년 같은 서울' '미친년처럼 얼룩덜룩하게'와 같은 대목에서부터, 기껏해야 작부의 역할밖에 못하는 여성의 위치가 마음에 들지 않기 때문이다. 하지만 「몰개월의 새」는 지금까지 읽어온 소설과 달랐다. 여성이 주인공으로 등장한다는 점에서 그렇다. 비록 화자는 군인인 남성이지만, 이야기를 전부 다 읽고 나면 초점이 미자라는 여성 캐릭터에게 맞춰져 있음을 수 있다. 물론 이 작품도 남성 중심적인 사고가 바탕에 깔려 있는 것은 마찬가지이나, 여성에게 비중이 큰 역할이 주어졌다는 것과 그 역할이 단순히 남자를 위해 소비되는 역—창녀나 악녀—이 아니라는 점에서 주목할 만하다는 생각이 들었다.(이○○, 문예창작학과 3학년, 여)

표현의 문제는 여전히 거슬리는 것이지만, 여성의 위상은 이전 작품들과 비교하여 진전되었다는 인식이 발생하면서 에피소드에만 즉자적으로 반응하는 것이 아니라 전체 맥락 속에서 종합적으로 판단하는 능력을 보여주고 있는 대목이다. 이런 장면은 시대적으로 한계를 가질 수밖에 없는 문제를 역사적 맥락 속에서 이해시키고자 할 때 중요하게 고려할 만한 문제가 어떤 것인지 생각하게 만든다.

> 처음에 이 소설을 읽고 단지 화가 났던 것 같다. 표현 자체가 거북했다. '미자를 먹지 못했다'나 '시궁창에 처박힌 여자의 그런 모양에 욕정을 느꼈다'라고 표현한 것이 마음에 걸렸다. 여자를 단지 성적 도구로밖에 보지 않았던 것인가 하고 소설에 대해서 반감이 생겼지만 몇 번 더 읽어보니 그 시대 속 여자들을 더 의미 있게 풀어낸 듯 했다. '미자'와 같이 몰개월의 똥가이들은 남자들이 다시 찾아오지 않아도 한 순간 그 순간을 열렬히 사랑한다. 그것이 남자에 대한 연민이고, 동정심이었다. 마치 서정인의 「강」 속에 젊은 여자가 김씨의 이불을 덮어주는 것과 같았다. 마치 그들의 누나이고 어머니인 것처럼.(이○○, 광고홍보학전공 2학년, 여)

위의 인용에 나타난 반응 역시 반감을 이해로 전환시키고 있는 장면을 포함하고 있는데, 이 역시 작품의 전체적 이해, 그리고 다른 작품과의 비교를 통해 이루어진 것이라고 볼 수 있다. 텍스트에 대한 교수의 설명보다도 학생들이 이해에 이르는 과정을 직접 제시하는 것이 해석의 모델로서 실질적인 기능을 하는 듯했고, 이 점은 젠더 문제처럼 민감한 사안을 내포한 텍스트를 학습하는 과정에서 효율적으로 적용할 수 있는 방식이라 생각된다.

남성 작가들의 작품들로만 채워진 전반부와 달리, 수업의 후반부에는 오정희, 신경숙, 배수아, 한강 등 여성 작가들의 작품도 강독 대상에 포함되어 있다. 같은 여성 혐오적인 표현이라고 하더라도 주로 남성 인물의 대사나 행위를 통해 나타난 그 표현들에 대한 학생들의 반응은 앞서와는 달랐다.

그런 인상이 순조롭게 이어지면 좋으련만. 신경숙의 소설과 마찬가지로 읽는 것 자체가 너무 힘들었다. 시점과 시제가 막무가내로 등장하는 게 여간 까다로운 일이 아니었는데 분량 자체도 짧지 않은 편인 것이 야속하게 느껴졌다. 간신히 작품을 읽어나가던 중 내 인내심을 완전히 바닥나게 해버리는 문장을 만났다.
"너는 뭐가 그리 잘났니. 커피 하나 타주는 게 그리 기분 나쁘니. 너 여자 아니니. 시집가서 그런 거 안 할 거니……"
"제가 왜 그래. 옛날에는 착하던 애가. 당신이 교육을 어떻게 시켰길래 여자애가 저 모양이야. 매일 시무룩하니."
이미 지난 작품들을 읽으면서 이와 관련된 표현들을 많이 만났다. 처음에는 그 분노가 말도 못하게 심했는데 읽으면서 작품의 출판 연도를 감안하고, 예술작품을 이미 종결된 상태로 마주하기 위해 부단히 노력했다. 그럼에도 불쾌감을 떨치는 것은 여전히 어려운 일이다. 이 작품 속에서 나오는 모습 혹은 대사들이 내게 직접적으로 무언가를 명령하는 것은 아니다. 그냥 그 당시 현실을 담아냈을 뿐. 그러니까 작가는 문학을 통해 그런 문제들을 이야기할 수 있는 자장을 만드는 셈인 것이다. 그리고 나는 그것이 정말 일상 속에서 평이하게 일어난다는 점이 분하고 슬프다. 나를 비롯한 여러 학우들이 이러한 문제를 계속해서 언급하는 것에는 분명히 이유가 있고, 그것을 다른 분들이 너무 불편하게 받아들이지 않았으면 좋겠다.(이○○, 문예창작학과 2학년, 여)

위의 인용은 배수아의 「푸른 사과가 있는 국도」에 대한 학생의 반응의 일부인데, 작품 속의 여성 문제와 관련한 부정적 표현이 이 경우에는 오히려 소설 속의 여성 인물이 놓인 상황을 이해하고 (인용의 후반부에서 확인할 수 있듯이) 더 나아가 현재의 상황 속에서 주변의 여성들과의 연대 의식을 촉발하는 계기로서 작용하고 있다.

> 또한 이 소설에서 드러나는 여성 혐오적인 부분들은 이전에 공부한 소설보다 훨씬 더 전면적으로 드러나는 것 같다. 가장 확연히 드러나는 차이는 이전 소설들은 여성 혐오가 소설 속 세계에 전반적으로 깔려 있었다면 「푸른 사과가 있는 국도」에서는 그렇게 답습되어온 세계를 들춰내고 초점화시키는 데 작가가 개입했다는 점이다. 고통을 모르는 여자가 이전에 있었다면 이제는 고통을 느끼고 피해받는 여성이 있다. 80년대에서 그렇게 보여졌으며, 이제는 그녀들과 소통할 수 있게 됐고 소통해야만 되는 우리 세대가 있다.(전○○, 문예창작학과 3학년, 남)

남성 작가의 소설에서 여성 문제를 간접적으로 발견하는 것이 아니라 여성 작가에 의해 수행된 문제에 대한 개입이기에 여기에서 창작 주체의 성별은 결정적인 의미를 갖는다. 1990년대의 소설적 상황 속에서는 「푸른 사과가 있는 국도」가 젠더 인식을 향한 그와 같은 적극적인 뉘앙스를 내포하고 있었던가 생각되지만 그처럼 억눌린 의식에 대한 비전통적인 접근이 현재에서는 오히려 시대를 넘어 이해와 소통의 근거가 되는 것을 확인할 수 있다.

4. 비심미적 독서의 경향의 특징과 의미

이처럼 학생들은 수업 과정에서 비심미적 독서의 계기를 심미적 차원과 연관시켜 이해하면서 두 계기를 연결시키는 태도를 보여주었다. 여기에는 교수의 분석이나 설명보다도 서로의 반응을 비교해보고 자신의 반응을 되돌아보도록 유도된 수업 방식이 더 큰 영향을 미친 것으로 판단된다. 이 장에서는 이상의 사례를 토대로 학생들의 반응에 나타난 비심미적 독서 경향이 현재의 상황에서 갖는 의미에 대해 생각해보고자 한다.

비심미적 계기에 근거한 학생들의 감상에서 나타나는 중요한 특징은 소설의 역할 혹은 기능에 대해 기존과는 다른 태도를 가지고 있다는 점이었다.

> 솔직히 한강의 「채식주의자」가 맨부커상을 받아 많은 한국인들이 읽을 수 있게 된 것에 다행이라 생각했다. 가부장적인 모습을 이전의 한국소설들이나 영화처럼 미화하지 않았으며 「채식주의자」는 처음부터 이 사실과 전통 자체가 너무 부조리하고 불편한 사실이라는 것을 대놓고 말하는 것 같아서 좋았다. 하지만 그렇기 때문에 많은 사람들의 반응들은 불편하고 기괴하고 끔찍했다고 생각하는 것 같다. 하지만 나는 정말 맨부커상을 받아 마땅했다고 생각했고 많은 사람들에게 이해가 되지 않으면 또 한번 읽어보고, 와닿지 않는다면 또다시 한번 읽어보라고 하고 싶다.(장○○, 문예창작학과 3학년, 여)

한강의 「채식주의자」에 대한 감상인 위의 인용은 소설을 미학적 관념보다 사회적 문제의 인식 수단이자 그것을 공유하는 매개라는 기능적 관점으로부터 접근하는 태도를 보여주고 있다. 다음 감상문에서는 그것을 더 구체적으로 규정하고 있다.

    작품에서 광주대단지 사건이 등장하는데 정확히 무슨 사건인지 몰라 검색을 통해 알아보았다. 1971년 8월 10일 광주대단지 주민 5만여 명이 정부의 무계획적인 도시 정책과 졸속 행정에 반발하여 일으킨 사건이다. 2017년을 살아가는 내가 1971년 사건 속의 사람들을 정확하게 이해할 수 있을 리가 만무하다. 그러나 몰랐던 사실을 알게 되고, 특정 시대에만 묻어 있는 슬픔을 체득할 수 있도록 도와주는 것이 소설의 역할이 아닐까 생각한다.(이○○, 문예창작학과 2학년, 여)

「아홉 켤레의 구두로 남은 사내」는 (지금은 성남이 된) 광주에서 발생한 사건을 모티프로 한 소설이며, 주인공인 권씨가 소시민에서 이탈하여 노동자가 되는 과정을 다루고 있다. 그런데 학생들이 의미 있게 수용하고 있는 것은 위에서 보는 것처럼 정보의 확인과 사건으로 인한 정서와 감정의 공유이며, 그것이 소설의 역할로 간주되고 있다.

    「저녁의 게임」을 읽고 나는 얼마 정도의 충격을 먹었다. 단편소설인데도 자극적이었고 또 이런 부분이 독자들에게 더 흥미를 끌었던 부분인 것 같다. 그리고 어떻게 보면 그 당시의 남성에게 대한 '도전'이라고 볼 수 있는 부분인 것 같다.
    '도전'이라고 말한 이유는 아직까지도 남녀평등이라는 것은 우리에게 과제이기 때문이다. 불과 몇십 년 사이에 많은 생각이 변하고 있다. 아직도 멈춰 있는 기차에 우리는 물풍선을 던지는 격이기 때문이다. 우리는 그 뜨거운 기차를 물로 식혀야 하는 숙제를 가지고 있는데 가장 쉽고 빠른 방법이 이러한 소설들을 통하는 것이라고 생각한다.(김○○, 문예창작학과 2학년, 여)

사회적 문제에 대한 생각의 변화를 위한 노력이라는 과제를 위에 인용된 감상문을 쓴 학생은 뜨거운 기차에 '물풍선' 던지기로 비유하고 있다. 여기에서 '물풍선'은 비록 그 하나하나로서는 큰 힘이 없지만 다수가 모이면 의외의 힘을 발휘하는 자발적 대중들의 집단적 행동을 염두에 둔 것으로 짐작된다. 그리고 소설은 그와 같은 과제를 수행하는 데 '가장 쉽고 빠른 방법'으로서의 역할을 할 수 있다는 생각이 위의 인용 마지막 부분에 담겨 있다고 생각된다. 이와 같은 태도는 "'대의'에서 '숙의'로의 전환"[8]이 정치 영역뿐만 아니라 소설의 영역에서도 나타나고 있는 현상이라는 최근 비평의 판단, 그리고 조남주의 『82년생 김지영』(2016) 등의 소설이 독자들에게 수용되는 상황을 분석하고 있는 비평적 논의와도 맥락을 같이한다.

> 이 소설의 독자는 자의식과 고통에 압도된 김지영에 자기를 투영한 것이 아니다. 오히려 그녀 자체가 메시지(정보)가 되어 건조하게 전달되는 형식 속에서 아이러니하게 낯설어진 자기와 그 문제를 깨닫고, 읽는 자기를 투영한 것이다.[9]

---

8) 신샛별, 「숙의하는 소설들―최은미의 『아홉번째 파도』와 김혜진의 『딸에 대하여』에 주목하여」, 『문학들』 2017년 겨울호, 51쪽.
9) 김미정, 「흔들리는 재현·대의의 시간―2017년 한국소설 안팎」, 『문학들』 2017년 겨울호, 40쪽.

이와 같은 관점은 현실적 문제와 작품을 구분하는 기존의 입장과는 대비되고 있는 듯 보인다. 가령 한 원로 시인의 성추행과 관련된 사건으로 인해 논란이 발생했을 때 나온 의견 가운데에는 "예술과 도덕은 같이 가는 게 아니라고 생각한다. 서로 배반하는 경우가 더 많다. 도덕적 비판이 한 사람의 예술이나 업적을 할퀴어 찢어버리는 일은 없었으면 한다"[10]는 발언이 있었다. 옳고 그름의 판단의 문제를 떠나, 정치적 도덕적 올바름과 작품에 대한 평가를 구분하는 이런 관점은 학생들의 반응, 그리고 신진 세대의 비평 담론에 나타난 태도와는 분명한 차이를 보이고 있다.

자크 데리다 등의 해체주의의 입장에서 바라보면, 심미적인 것과 비심미적인 것의 구분은 형이상학적인 허구일 수 있다. 미적인 것의 기준은 시공간에 따라 다르게 나타나기 때문이다. 그것은 잠정적인 합의의 산물에 지나지 않는다. 그런 맥락에서 보면 예술적 업적이라고 하는 것 또한 객관적, 보편적인 것일 수 없고 실제로는 해당 국면에서 권위를 갖는 것일 따름이다. 이렇게 본다면 현실적인 문제의 차원을 미적인 범주와 절대적으로 구분하는 시각은 오로지 작품만을 생각하는 것처럼 보이지만 결과적으로는 그와 모순되는 태도로 귀결되고 있는 것이다. 오히려 학생들의 관점은 그런 선입견 없이 대상을 바라본 결과일 수 있다.

한편 학생들의 반응에서는 자기 판단, 취향에 대한 태도가 이전에 비해 훨씬 분명한 편이다. 이처럼 자신의 취향에 대한 판단이 뚜렷

---

10) 「고은은 돌출적 존재, 무조건 매도는 말아야」, 중앙일보, 2018. 2. 9.

한 것 역시 최근 세대의 반응의 특징 가운데 하나라고 할 수 있을 듯하다.

> 사실 이 소설은 나에게 엄청난 구미가 당기지 않았다. 무표정으로, 감정이 흔들리지 않았다. 소설을 배우는 내가 할 말은 아니지만 조금 지루했다. 작년 여름이었다. 친구에게 책 추천을 부탁했는데, 친구는 김연수 소설이 무난하다고 대답했다. 최근 작품이었을 것이다. 다 읽지 못했다. 이렇게 말하니까 이기적이고 거만하게 보이는 것 같다. 절대 악의적인 의도는 없고 단지 그렇다는 말이다. 세상은 넓고 책은 많다. 한 번 사는 인생, 좋아하는 책만 읽어도 부족하지 않을까.(노○○, 문예창작학과 2학년, 여)

독서의 대상이 되는 작품의 수준 여하보다도 더 중요한 것은 자신의 취향이다. 그러하되 취향만을 일방적으로 내세우는 것이라기보다 그 둘을 별도로 구분하는 방식으로 균형을 잃지는 않고 있어 보인다.

이는 최근 대중문화의 영역에서 나타나는 소비자들의 반응과도 맥락이 닿아 있다고 생각된다. 가령 관객수 1,200만 명을 넘긴〈택시운전사〉(2017)의 경우 전문가의 평점과 관객들의 평점 사이에는 큰 간극이 있다. 관객들은 전문가 평점이 낮다는 사실을 알고 있으면서도 관람을 선택하고 또 높은 평점을 주고 있는 것이다.[11] 『82년생 김지영』을 사례로 두고 생각하면 문학에서도 이와 유사한 흐름이 나타나

---

11) 다음 기사의 한 대목 역시 이와 같은 새로운 상황에 주목한 반응 가운데 하나이다. "영화〈택시운전사〉가 개봉 7일 만에 관객 수 500만을 돌파하며 흥행중이다. 관객 평점도 포털사이트 기준, 9점대의 호평을 받고 있다. 사전 시사회를 관람한 평론가들로부터 상대적으로 약간 낮은 평가를 받아 개봉 전 우려를 받았던 것과는 대비되는 수치다."(〈택시운전사〉는 너무 전형적이다? 그래서 더 좋았다」, 오마이뉴스, 2017. 8. 10)

고 있다고 볼 수 있지 않을까 싶고, 또 더 나아가서는 실제 수업에서도 나타날 수 있는 상황이기도 하다. 전문 독자에 속하는 교수의 관점과 학생들의 시각이 일치하지 않고 또 그 불일치를 설명의 방식으로 간단하게 해소할 수 없는 상황 속에서 소설에 대한 교육은 어떻게 수행될 수 있을지 고민해야 할 시점이라고 할 수 있다.

이와 같은 소설에 대한 학생들의 생각은 신실용주의의 대표적 이론가로 지칭되는 리처드 로티가 문학 혹은 소설을 바라보는 관점을 떠올리게 만든다.

> 다른 인간들을 '그들'이 아니라 '우리 가운데 하나'로 보게 하는 이 과정은, 낯선 사람들이 어떠한지에 대한 상세한 서술과, 우리 자신들은 어떠한지에 대한 재서술에 관한 문제이다. 이것은 이론의 과제가 아니라, 민속 풍물에 관한 기록, 저널리스트의 보고, 만화 잡지, 다큐드라마 그리고 특히 소설[novel—병기는 인용자]의 과제이다. 디킨스, 슈라이너, 라이트 등의 픽션은 우리가 이전에 주목하지 않았던 사람들이 겪고 있는 고통의 유형들에 대해 상세한 내용을 제공해 준다. 라클로, 헨리 제임스, 나보코프 등의 픽션은 우리 자신들이 어떤 유의 잔인성을 범할 수 있는지에 대해 상세한 내용을 제공해주며, 그 결과 우리 자신들을 재서술하게 해준다. 그것이 바로 도덕적 변화와 진보의 주요한 수단으로서 왜 소설, 영화, 그리고 TV 프로그램이 설교와 논문을 점차적이지만 꾸준히 대체해가는지의 이유이다.[12]

---

12) 리처드 로티, 『우연성, 아이러니, 연대성』, 김동식·이유선 옮김, 민음사, 1996, 24~25쪽.

로티에게 '문학'이라는 용어는 "도덕적 연관성을 상당히 가졌다고 보이는, 즉 무엇이 가능하며 중요한가에 대한 센스를 변경시킬 만큼 상당한 도덕적 연관성을 가졌다고 보이는 모든 종류의 책을 망라"[13] 하는 개념이다. 그렇기 때문에 '문학적 특질'이 있고 없는 것과는 관련이 없다. 로티가 범주화한 바에 따르면 그에게 의미 있는 책은 "잔인하게 되지 않도록 도움을 주는 책과 자율적인 태도를 취할 수 있도록 도움을 주는 책"[14]으로 양분되는데, 이처럼 그에게 문학은 보다 실용적인 관심의 대상이다.

이런 맥락에서 바라보면, 리처드 로티의 자아 창조(사적 완성)와 정의(인간의 연대성)의 구분은 루이스 로젠블랫의 심미적인 것과 원심적인 것의 구분에 대응된다고도 볼 수 있을 듯하다. 그리고 그것은 거슬러올라가면 "예술작품과 일상적 경험 사이의 관계를 회복하는 것"[15]을 강조했던 존 듀이의 예술관과도 맞닿아 있다고 볼 수 있는데, 이들은 예술과 일상, 심미적인 것과 실용적인 것, 자아와 세계 등이 이루는 대비의 구도에서 둘 사이의 균형과 교통을 추구했다는 점에서 공통된다.

앞에서 논의한 바와 같이, 학생들의 반응이 실용성 일변도로만 기울어져 있는 것은 아니다. 그럼에도 불구하고 기존의 미학적 독서 방식을 규범적으로 수용하던 태도에서 벗어나 자신들의 일상적 경험과 그에 바탕을 둔 현실적 관점을 적극적으로 표현하고 있다는 점은 이전과는 달라진 새로운 변화라고 할 수 있다. 실용적인 관점의 예술적

---

13) 같은 책, 160쪽.
14) 같은 책, 257쪽.
15) 존 듀이, 『경험으로서 예술』, 박철홍 옮김, 나남출판, 2016, 20쪽.

입장에서 바라보면, 이와 같은 현상은 예술에서 심미적 계기 중심으로 진행되어온 논의의 과정에서 배제되었던 예술의 다른 한 축이 활성화되고 있다는 사실을 말해주는 것일 수 있으며, 심미적 방식과의 상호교통의 과정을 통해 예술의 영역을 확장시키는 방향으로 이어질 수 있는 가능성을 내포하고 있는 것이기 때문이다. 실제로 학생들은 자신의 일상적 경험에 근거하여 시대적 상황의 차이를 넘어 텍스트에 대한 심미적 이해에 도달하는 장면을 보여주기도 했다.

> 우연한 계기로 조정현의 〈그 아픔까지 사랑한 거야〉를 듣게 되었다. 89년도에 나온 노래여서 심심한 면이 없지 않아 있었다. 악기 소리, 가수의 발성, 사진과 가사까지 촌스러운 요소도 많았다. 하지만 이따금 생각난다. 조정현뿐만 아니라 변진섭이나 이문세 등의 노래도 마찬가지였다. 반복 재생해도 질리지 않았고, 현재의 아이돌 가수들이 놓치고 있는 부분을 잘 갖추고 있었다.
> 이효석의 「들」도 그런 느낌이었다. 예스러운 요소가 많은데도 딱히 촌스럽지 않았다. 물론 현재의 감성과 맞지 않는 부분이 있었지만 크게 문제되지 않았다. 서정적인 문장들은 오히려 반가웠다. 한동안 건조한 문체의 현대소설만 읽다보니 이효석의 서정적인 묘사에 마음이 편해진다. 고전소설에 편견이 있었다. 한자어, 고어 때문에 읽기 힘들다는 것. 하지만 이효석의 문장은 군더더기 없이 깔끔했고, 현대소설과 비교해봐도 촌스럽지 않았다. 한자어도 어렵지 않은 편이었고, 오히려 한동안 잊고 지냈던 단어들을 다시 만날 수 있었다. 보얗게, 함빡, 야들야들, 시룽시룽 등등. 이상 소설의 벌마구니나 즐만처럼 이질적이지 않았다. 오히려 단어가 부드러워서 문장에 리듬감이 느껴졌다.(김○○, 문예창작학과 4학년, 여)

이런 맥락에서 루이스 로젠블랫은 텍스트와 독자 사이의 상호교통의 과정에 중요한 의미를 부여하고 있다. 그것은 다르게 말하면 교실에서 교사와 학생 사이의 상호교통의 과정과 연관될 수도 있으며, 학생들 사이에서 심미적 독서와 원심적 독서의 상호교통과 연결될 수도 있다. 실제로 이번 수업에서도 학생들의 독서에서는 심미적 입장과 원심적 입장이 대립하는 경우를 빈번하게 볼 수 있었고, 그 대립이 경우에 따라서는 상호교통으로 발전되는 상황을 만들어내기도 했다.

젠더에 대한 이야기가 다시 나왔다. 이 소설은 꼭 지금 시대가 아니어도 페미니즘에 대한 이야기로 갈 요소가 충분해 보인다. 문득 저번 강평 시간에 봤던 타학우의 의견이 생각난다. '윤리적으로 문제가 되지 않는 모든 성적 대상화를 존중해야 한다. 그것들은 재미있으니까'라는 의견이었다. 하지만 수업을 통해 소설을 읽어갈수록 나는 그 의견에 동의할 수 없게 된다. 윤리적으로 문제가 되지 않는 성적 대상화란 어떤 것일까? 그리고 만약 그런 것이 있다고 한들, 단순히 재미있다는 이유로 성적 대상화를 존중할 수 있을까? 나는 그런 시각이 윤리적인 끈을 느슨하게 만든다고 생각한다. 소설 속에서 여성을 폄하하는 인물이 나오면 나는 분개한다. 하지만 정확히 말하자면, 그건 소설 속 인물이나 작가에 대한 것보다도 그것이 자연스럽게 허용되던 시대에 대한 분노다. 현재에도 젠더 의식이 부족한 인물들이 소설에 등장한다. 하지만 그런 인물을 그려내는 방식은 예전과 확연히 다르다. 물론 어떤 글을 읽는다고 해서, 글 속에 담긴 사상이 모두 내 것이 된다고 말할 수는 없다. 그러나 글은 무의식을 지배할만한 힘이 있다고 생각한다. 예술이라는 이름으로 허용할 수 있는 생각은 어디까지일까. 여러 가

지 생각이 든다.(이○○, 문예창작학과 3학년, 여)

  이 감상을 적은 학생은 앞서 강평의 대상이 된 다른 학생의 관점에 문제를 제기하면서 소설에서 성적 대상화의 문제라는 논점을 새로운 방향으로 전개시키고 있다. 여기에서 중요한 것은 다른 입장에 대한 비판과 자신의 견해를 방어하겠다는 의지보다도 상황에 대한 이해와 보다 구체적인 설명의 방향으로 자신의 의견을 제출하는 태도라고 생각된다. 소설에서 성적 대상화를 현재의 관점에서만 바라볼 수 없다는 시각을 제기함으로써 위의 비판적 감상을 유인했던 다른 학생의 태도에 대해서도 감정적인 반응에 치우치지 않고 자신의 의견을 객관적으로 표출하는 모습을 볼 수 있었다. 이번 수업의 경우에 학생들은 심미적 독서와 비심미적 독서의 구분의 틀을 의식하지 않고 소설에 대한 감상을 통해 현실적 문제를 둘러싼 상황을 이해하고 그 속에서 자신의 의견을 정립해나가는 모습을 통해 루이스 로젠블랫이 이야기한 상호교통의 가능성을 보여주었다고 생각된다.

  이런 상황은 문학 교육의 정체성과 기능에 대해서도 새로운 문제를 제기하고 있다고 생각된다. 교육을 문학에 대한 이해, 감상력 등에 국한하고 그 바깥의 현실적 문제에 대한 논의는 교육의 범위를 넘어서는 것으로 보는 입장이 있는가 하면, 루이스 로젠블랫(철학적 관점에서 예술의 실용성을 논하고 있는 존 듀이나 리처드 로티 역시)처럼 문학에 대한 학습이 현실적 문제에 대해 생각하고 토론하는 과정이 되어야 한다고 보는 입장이 있다. 지금까지는 전자의 관점에 가까웠다고 한다면, 소설에 대한 학생들의 반응에 나타나고 있는 비심미적 독서의 계기는 문학 교육의 역할과 기능을 후자의 방향으로 확장하여 생각할 필요성을 제시해주고 있다고 생각된다.

5. 나가며

이 글은 수업 과정에 나타난 학생들의 반응을 중심으로 소설을 대하는 새로운 의식과 태도와 관련된 문제들을 살펴보았다. 그 과정에서 시대의 변화에 따른 문화적 감각의 차이를 확인할 수 있었고, 특히 젠더 문제와 관련한 논점에 학생들이 적극적으로 반응하면서 의견을 제시하고 있는 모습도 볼 수 있었다. 이런 새로운 세대의 태도는 기존의 미의식과 문학관과는 어긋나는 듯도 보이지만, 다른 한편으로는 그와 서로 소통하면서 소설에 대한 인식과 해석의 폭을 확장시키고 있었다.

이 논의는 대학 전공 수업을 사례로 하여 이루어진 반응 분석으로, 소설 창작과 비평의 영역에 나타난 변화 및 웹과 SNS를 통해 나타난 독자들의 반응 등 다른 영역에서 진행된 독자 반응에 대한 분석과 연결되어 확장, 체계화될 필요가 있다고 생각한다. 이에 대한 후속 논의를 기대한다.

(2018)

교실에서 소설에 대해 말할 때 우리가 이야기하는 것

1. 창작 수업 교실을 둘러싼 변화

2003년부터 문예창작을 전공하는 학생들과 열일곱 해째 수업을 통해 한국소설을 함께 읽어오면서 두 차례 정도 큰 변화를 겪었던 것으로 기억된다.

첫번째는 수업 방식의 변화이다. 별도로 과제를 받기는 했지만 주로 작품에 대해 강의하는 방식으로 수업을 운영하던 시기가 있었다. 과제로 제출한 학생들의 감상 가운데 특이한 내용이 있으면 따로 메모를 해두었다가 수업 시간에 소개하는 경우도 있기는 했지만 칠판만 있는 강의실에서 그 범위는 한계가 있었다. 전자 칠판이 강의실에 도입될 무렵부터는 상황이 다소 달라졌다. 스크린을 통해 학생들의 감상을 직접 확인하면서 그에 대해 강평을 할 수 있는 기술적 조건이 마련된 것이다. 그리하여 강의와 학생들의 감상에 대한 강평을 병행하는 방향으로 수업 방식이 변화할 수 있었다. 그런데 여기에는 더 근본적인 차원의 현실 변화가 가로놓여 있었다. 어느 순간 학생들은 수업을 의무가 아니라 자신의 이해를 위해 필요한 현실적 문제로 받아들이고 있는 듯했다. 결석도 드물어졌고 과제 수행율도 점점 높아졌다. 그러면서 학생들은 자신들이 수행하고 있는 글쓰기에 대한 구체적인 피드백이 이루어지기를 원하기 시작했던 것이다.

　수업 형식의 변화가 상대적으로 시간의 흐름에 따라 꾸준하게 이루어져왔다면, 문학에 대한 관점과 태도는 최근 몇 년 사이에 급격하게 변화해왔다. 학생들의 소설 감상에서는 텍스트 내부의 미적 논리를 벗어나 소설에서 현실과 관련된 문제를 확인하고 그에 대한 자신의 의견을 분명하게 피력하는 내용이 빈번하게 나타나고 있었고 더 이상 그것을 소설에 대한 감상력이 부족한 예외적인 경우라고 보기가 어렵게 되었다. 이 같은 상황이 형성된 과정에는 2015년 표절 문제를 둘러싼 논란과 그 이후 문단 내 성폭력 고발 운동과 뉴페미니즘 경향의 작품이 등장하여 운동성을 띠게 된 현상 등이 그 직접적인 계기로 작용했다고 볼 수 있다. 문학 외부에서 발생한 문제로 여겨졌던 사건들의 영향이 어느 순간 문학 내부에도 지각의 변화를 일으켰고, 그 무렵 수업에서 학생들이 작품을 읽고 보이는 반응에서도 이전과는 다른, 일종의 패러다임의 전환을 느낄 수 있었다. 가장 예민한 반응은 젠더 문제에 대한 태도에서 확인할 수 있었다. 앞서 수업 방식의 변화에 작용했던 현실의 변화가 여기에서는 좀더 본격적으로 영향을 미치고 있는 듯했다. 수업이라는 상황뿐만 아니라 문학에 대한 학생들의 관점과 태도 자체가 변화한 것이다.

　이런 변화는 어떤 맥락을 통해 이루어졌고, 또 그 성격과 의미는 무엇인가. 학생들의 변화를 어떻게 판단하고 또 그에 대해 어떻게 대응해야 하는가. 더 현실적인 문제로, 수업에서 학생들이 부정적으로 반응하는 작품들을 강독 대상에서 제외해야 하는가 아니면 그대로 유지해야 하는가. 학생들 사이의 서로 다른 입장은 어떻게 조정해야 하는가. 이런 문제들에 생각이 미치지 않을 수 없었고, 여러 고민들로 어지러운 상황에서 떠오른 것이 리처드 로티의 논의였다.

리처드 로티는 『우연성 아이러니 연대성Contingency, Irony, and Solidarity』 (1989)에서 형이상학 비판을 통해 마련된 역사주의적 전환에 주목한다. 그 전환은 두 계열에 의해 추진되었다. 하나는 자아 창조의 소망이 지배적인 니체, 하이데거, 푸코의 계열이며, 다른 하나는 더 정당하고 자유로운 공동체에 대한 소망이 지배적인 마르크스, 듀이, 하버마스의 계열이다. 로티가 보기에 두 소망은 문학이 추구해야 할 두 방향이기도 한데, 둘 사이에 어떤 필연적인 내적 연관을 설정하지 않는 점이 그의 주장의 특징이기도 하다. 그 결과 로티에게 문학은 사적인 차원의 자아 창조 문제와 별도로 공적인 차원의 정의 문제를 추구하는 근거로서 설정되고 있다. 전자가 지식인들이 지녀야 할 고유한 필요성이라면 후자는 인간 존재 일반에게 요구되는 필요성인데, 둘 사이에는 "아무런 내재적 관계가 없다는 것"[1]이 그의 주장이다. 그에 따르면 인간의 연대성은 "탐구가 아니라 상상력, 낯선 사람들을 고통 받는 동료들로 볼 수 있는 상상력에 의해 성취되어야 할 어떤 것"이며 "다른, 낯선 사람들이 겪는 고통과 굴욕의 특정 내용들에 대한 우리의 감수성을 증대시킴으로써 창조"[2]되는 것이다. 그가 "다른 인간들을 '그들'이 아니라 '우리 가운데 하나'로 보게 하는 이 과정"을 이

---

1) 리처드 로티, 『우연성 아이러니 연대성』, 김동식·이유선 옮김, 민음사, 1996, 13쪽.
2) 같은 책, 24쪽.

론의 과제가 아니라 "특히 소설의 과제"[3]라고 주장하는 이유 또한 여기에 있다.

그러니까 리처드 로티의 논의에 입각하면, 우리가 이전까지 주로 문학에서 기대하고 찾으려 했던 것은 아마도 자아 창조와 공적 정의가 하나로 통합되는 관념적 지점이었다고 할 수 있으며, 이제 독자들은 독서 행위를 통해 그와 같은 인식의 차원이 아니라 현실 속에서의 실제적인 문제에 실질적으로 도움이 되는 매개 역할을 문학에 기대하는 것처럼 보인다. 예전에는 그다지 현실감 있게 다가오지 않았던 리처드 로티의 주장이 새삼 우리에게도 직접 해당되기 시작하는 상황에 이른 것이다.

이런 생각을 바탕으로 2017년 2학기에 운영했던 '한국 소설창작 방법의 흐름' 수업에 나타난 학생들의 반응을 분석하여 논문으로 발표한 것이 「한국소설의 수용 의식에 나타나고 있는 비심미적 독서 경향과 그 문학 교육적 의미—수업 과정에서 젠더 문제에 대한 학생들의 반응을 중심으로」(『반교어문연구』 49, 2018)이다. 여기에서는 독자 반응 비평의 선구적 이론에 해당되는 루이스 로젠블랫의 논의를 빌려, 식민지부터 2000년대까지의 소설적 흐름에 대한 학생들의 독서 반응에 나타나는 비심미적 계기들의 양상과 의미, 그리고 비심미적 계기와 심미적 계기가 서로 소통하는 양상을 살펴보았다.[4] 학생들

---

[3] 같은 책, 25쪽.
[4] 루이스 로젠블랫은 "읽기가 끝났을 때 남게 될 정보, 개념 또는 행동의 방향을 선택하고 분석적으로 추출하는 데에 일차적으로 집중"(루이스 로젠블랫, 『탐구로서의 문학』, 김혜리·엄혜영 옮김, 한국문화사, 2006, 33쪽)하는 독서에 '원심적(efferent)' 혹은 '비심미적(non aesthetic)'이라는 용어를 사용하여 텍스트에 대한 반응에 집중된 심미적 독서와 구분했다.

은 텍스트에 내재된 미적 논리보다 자신의 경험과의 연관에 더 주목하는 태도를 보였고, 그런 태도는 기존의 문학적 관점에서 벗어나 있는 현실적 문제를 제기하고 있다고 판단되었다. 그런가 하면 학생들은 서로의 반응에 대한 참고를 통해 심미적 독서의 계기와 비심미적 독서의 계기를 서로 소통시키는 모습을 보여주기도 했는데, 그것은 문학작품에 대한 감상을 자신의 삶의 지평으로 연결, 확장시키는 문학 교육의 방향과 필요성에 대해 생각하게 만들었다.

2. 동시대 소설의 현실성에 대한 심미적 반응의 아이러니

이 글은 그 논문 이후의 대학 문예창작 전공 수업의 상황에 대한 일종의 후속 보고라고 할 수 있다. 앞서 논의의 대상으로 삼았던 수업은 2학년 2학기 과목이었는데, 그 일 년 뒤인 2018년 2학기에는 3학년 수업으로 '한국의 동시대 소설 읽기'라는 과목을 개설하여 운영했다.[5] "현재 진행중인 동시대의 한국소설 강독을 통해 창작 현장에 대한 이해를 높이는 한편 창작 영역의 진입을 위한 실질적 기초를 마련한다"는 학습 목표 아래 개설된 이 과목에서는 그 취지에 부합하도록 최근 1~2년 사이에 발표된 소설 가운데 한국소설의 폭과 특징을 잘 보여줄 수 있는 작품들을 강독 대상 작품으로 선정했다.[6]

---

5) 수강 인원 45명의 학과별 구성은 문예창작학과 학생 36명과 타학과 학생 9명(행정학전공 2명, 피아노전공, 뮤직프로덕션과, 문헌정보학과, 광고홍보학전공, 법학과, 국어국문학전공, 심리학과 각 1명)으로 이루어졌다. 성별로는 남학생 17명, 여학생 28명 등 여학생이 더 많았으나 문예창작학과와 인문 계열 전체의 학생 성비를 고려하면 남학생의 비중이 높은 편이라고 할 수 있다. 학년별로는 1학년 1명, 2학년 12명, 3학년 26명, 4학년 6명 등 전반적으로 고학년의 비중이 높았다.

6) 강독 대상으로 선정된 작품은 다음과 같다.

학생들은 수업 전에 한 번에 두 편씩을 읽고 감상문을 작성해 오는 과제를 수행했으며, 수업은 두 편의 작품에 대한 설명을 담은 강의를 한 차례 진행하고 각 작품에 대한 학생들의 감상을 살피는 강평을 두 차례 진행하는 방식으로 운영되었다. 그러니까 한 학기 동안 한 차례의 강의와 두 차례의 강평이 결합된 이 과정을 모두 여덟 번 수행했다. 그런데 좀더 고학년 수업인 이 과목에서 학생들의 반응은 다소 다르게 나타났다.

우선 강독 대상 작품들은 동시대 소설답게 최근의 문학을 둘러싼 현실적 상황의 변화를 반영하고 있었다. 현실 속의 문제를 담고 있는 소설들의 비중이 우세했고, 비심미적 방향으로의 독서가 열릴 수 있는 조건을 갖추고 있었다. 이러한 변화는 수업을 듣기 이전에 이미 학생들 또한 인지하고 있는 상황이기도 했다.

---

(1) 황정은, 「정오에 우리가」(『대산문화』 2017년 여름호); 김애란, 「가리는 손」(『창작과비평』 2017년 봄호).

(2) 최은영, 「아치디에서」(『21세기문학』 2018년 봄호); 백수린, 「여름의 빌라」(『21세기문학』 2017년 겨울호).

(3) 이기호, 「한정희와 나」(『문학과사회』 2017년 봄호); 장강명, 「현수동 빵집 삼국지」(『문학동네』 2018년 여름호).

(4) 윤이형, 「마흔셋」(『문학동네』 2018년 여름호); 조남주, 「여자아이는 자라서」(『릿터』 2018년 8/9월호).

(5) 손보미, 「정류장」(『자음과모음』 2017년 겨울호); 김초엽, 「관내분실」(『제2회 한국과학문학상 수상작품집』, 허블, 2018).

(6) 김희선, 「공의 기원」(『문학의오늘』 2018년 봄호); 정지돈, 「빛은 어디에서나 온다」(『창작과비평』 2018년 여름호).

(7) 권여선, 「너머」(『문학동네』 2018년 봄호); 김금희, 「누구 친구의 류」(『문학사상』 2017년 8월호).

(8) 최은미, 「점등(點燈)」(『현대문학』 2017년 8월호); 박상영, 「#부산국제영화제」(『현대문학』 2018년 5월호).

문학 역시 '두드러지다'라는 표현이 어울릴 정도로 커다란 변화를 이루었다. 사회와 단절된 곳에서 책을 사 읽으면서도 그것을 느낄 수 있을 정도였으니. 기존의 최제훈, 정지돈, 박솔뫼, 오한기와 같은 형식상의 변주나 그들만의 새로운 문법으로 신선함을 불어넣으려던 경향은 옅어지고, 여성주의의 대두와 함께 서사성이(정확하게는 서사를 통해 여성과 소수자의 현실을 명확하게 증언하려는 부분이) 더 중요해졌다. 이는 문학 시장을 소비하는 주류가 이삼십대 여성이라는 점, 현재(현재라고 하기 민망할 정도로 오래됐지만) 문단에 가장 많은 비중을 차지하고 있는 문학가들이 여성이라는 점도 있겠지만, 'Me too' 운동을 통한 사회 전체의 인식 변화가 특히 이런 경향에 적지 않은 영향을 끼쳤으리라 생각이 든다. 문학이 사회에서 어떤 역할을 하는지는 아직도 잘 모르겠지만, 적어도 그것이 사회를(정확하게는 작가가 느끼는 사회 속의 개인을) 반영하는 방식은 꽤 정확하니까. 무엇보다 최근 가장 많은 반응을 이끌어냈던 조남주의 『82년생 김지영』의 파급이 컸다는 생각이 든다. 현재 출판되는 소설들이 『82년생 김지영』의 목소리와 포개어지는 부분은 무시할 수 없을 정도로 크다.(김○○, 문예창작학과, 3학년, 남)[7]

위의 학생은 고학년답게 꽤 분석적으로 최근의 문학적 상황을 이해하고 있다. 그 변화의 시기를 군대에서 보냈음에도 그 과정이 뚜렷하게 감지될 만큼 변화의 파장이 크고 선명했던 셈이다. 이렇게 분석

---

[7] 이하 학생들의 감상문 과제로부터 인용한 부분은 맞춤법과 띄어쓰기만 바로잡고 원문을 그대로 제시하며 감상문을 쓴 학생의 이름은 성만 밝히고 학과, 학년, 성별을 병기한다.

적이지는 않다고 하더라도 앞선 시기의 소설을 다른 수업에서 이미 읽은 학생들이라면 역시 그 변화를 느끼고 있는 듯 보였다. "이전의 소설들은 이 소설의 특징은 이런 것이구나 하는 생각을 하며 읽었던 것 같은데 이번에 읽은 소설들은 동시대 소설이라 그런지 우리 사회를 다시 돌아보고 내 경험을 떠올리게 했다"(금○○, 문예창작학과 2학년, 여)는 반응에서 그 점을 확인할 수 있다. 앞서 논문에서 살폈던 학생들의 태도에 나타난 징후적인 변화가 이미 소설에 반영되어 있는 상황이라고나 할까. 이처럼 비심미적 계기를 독서에 앞서 이미 텍스트가 갖추고 있는 상황에서 독자들은 어떤 반응을 보일 것인가. 그런데 흥미로운 점은 강독 대상 소설 전부는 아니라고 하더라도 상당수의 소설들이 현실의 문제를 향해 열려 있음에도 불구하고 이번 수업의 경우 학생들의 반응은 오히려 심미적인 측면에 기울어져 있는 양상을 드러냈다는 사실에서 찾을 수 있다.

「아치디에서」의 글의 흐름이 좋다는 느낌은 회상 장면이나 현재 시점에서 장면의 변화, 시간의 흐름이 있을 때마다 조금 더 잘 느낄 수 있다. 환기를 시켜주는 그 과정이 위화감이 없기 때문인데, 서사 진행과 장면 환기가 동시에 이루어지기 때문이다.

"다음날 새벽에 브라질로 떠나는 비행기로 표를 바꾸고, 비행기 창가 자리에 앉았을 때만 해도 다시는 아일랜드에 발을 붙이지 않으리라고 생각했다.

나는 차창 밖, 어두운 활주로를 응시했다. 탑승 수속이 마감되고 나서도 비행기는 한 시간 정도 활주로에 머물렀다."

"놀란 마음을 추스르려고 펍에 가서 맥주를 마셨다. 맥주를 다 마시고 결제하려는데 카드가 들지 않았다. 다른 카드 두 장도 마찬가지였다.
셋 다 정지된 카드로 나오는데.
주인이 입맛을 다셨다. 나는 주머니를 뒤져서 10유로를 내고 펍을 빠져 나왔다."

서사 진행과 장면의 환기가 동시에 이루어지고 있는 장면들이다. 굵음 효과를 준 문장들에 담긴 정보는 독자가 굳이 알 필요가 없거나 이미 알고 있는 정보들인데, 그런 문장들을 집어넣음으로써 자연스럽게 환기를 함과 동시에 이야기를 진행시키는 것을 볼 수 있다. 나는 이런 극적이지 않고 자연스러운 흐름이 독자들이 글에 몰입하는 데에 또한 도움을 줬다고 생각한다.(박○○, 문예창작학과 3학년, 여)

최은영의 「아치디에서」는 이국의 공간에서 타자의 시선을 빌려 우리의 민낯을 드러내고 있는 현실성을 가진 이야기이다. 학생들의 감상은 그런 방향에서도 이루어지고 있었지만, 문예창작을 전공한다는 특성 때문이지, 아니면 이미 창작 훈련과 한국소설의 강독에 익숙해진 이유인지 대부분의 작품 감상에서 오히려 심미적 방면의 독서가 활발했다.

새삼 놀랐던 것은 구성 때문이었다. 소개된 순서가 A(하은), B(순임), C(주영) 순서대로였다. 그뒤로 전개되는 이야기는 A-B-C-A-B-CA(주영이 하은을 만나러 갔기에)-AB 순이었다. 독특하다면 독특하고 흔하다면 흔한 구성이지만 지금까지 본 소설 중에 이렇게 눈에 띄는 구조적 특징을 보이는 소설은 드물었던 것 같다. 자칫하면 복잡해서 시선을 분산시킬 수도 있었지만 완전한 시점의 전환과 인물별로 주어진 전혀 다른 배경 상황

들이 묘한 집중력을 부여하고 있다.(손○○, 국어국문학전공, 3학년, 남)

장강명의 「현수동 빵집 삼국지」는 한 동네에서 필사적인 경쟁을 하고 있는 세 빵집의 이야기를 통해 지금 우리가 통과하고 있는 자본주의의 현실을 적나라하게 보여주는 이야기로 학생들 자신을 둘러싼 현실을 돌아보게 만드는 비심미적 독서의 계기를 뚜렷하게 내포하고 있다고 할 수 있는 소설이다. 물론 그런 방향의 감상도 적지 않았지만 소설의 구성 등 심미적 측면에 주목하고 그로부터 감상을 이끌어내는 반응들도 적지 않았다.

> 물론 자기의 느낌이 반영되어 있긴 하지만 큰 비중을 차지하진 않는다. 그저 일차원적으로 제삼자의 입장에서 눈에 보이는 걸 말할 뿐이다. 그런 그가 이야기를 진행하는 건 분명 다른 소설과의 차이점을 긍정적으로 보인다. 충분히 아내가 본인 어릴 적 이야기를 하고, 친오빠가 아닌 재경 오빠의 딸인 정희에 대해 늘어놓을 수도 있다. 하지만 그렇게 되면 화자와 정희와의 거리가 줄어들고 독자들이 그 간격을 느낄 때, 소설의 느낌은 완전히 달라질 것이다. 그래서 '한정희와 나'라는 제목만큼이나 그들의 멀지도, 가깝지도 않은 간격이 적당하다고 느껴졌다.(김○○, 법학과, 4학년, 여)

이기호의 「한정희와 나」 역시 작가 특유의 소설 형식의 자유분방한 실험보다 타자에 대한 무조건적 환대라는 주제의식이 뚜렷한 최근 경향을 보여주는 소설이다. 학생들은 그 문제에 대한 반응을 보여주면서, 이 소설의 시점이 갖는 효과에 대해서도 분석적인 면모를 보였다. 심미적 독서와 비심미적 독서가 결합된 형태의 감상도 빈번했다. 고도로 실험적이고 해체적인 특성을 가진 소설이라면 또 문제가 다를 수 있겠지만, 일반 독자를 염두에 두고 발표된 동시대 소설의 심미적 특징이라는 것이 어쩌면 그렇게까지 복잡한 것이 아닐지도 모르겠다는 생각을 이 대목에서 해볼 수 있다.

한편 심미적 독서 자체는 권장할 만한 것이지만, 현실적 문제를 소설적으로 형상화하고 그에 대한 관심과 사유를 환기하기 위한 의지가 내포된 텍스트에 대해 심미적인 반응을 주로 보이는 태도가 문학교육 혹은 문예창작 교육의 관점에서 과연 바람직한 것인가 하는 문제도 새롭게 점검해볼 필요가 있을 것 같다. 오히려 이 경우에는 비심미적 독서의 영역을 좀더 활성화하는 방향으로 논의가 확장되어야 하는 것이 아닌가 하는 생각을 해볼 수 있다.

전반적으로 현실 환기의 지향성이 강화된 동시대의 소설들을 읽으면서도 학생들은 오히려 심미적 독서로 기울어지는 경향을 보여주었다고 했는데, 다만 예외적으로 조남주의 「여자아이는 자라서」에 대해서만은 좀처럼 심미적 관점으로 접근하지 않는 특징적인 태도를 나타냈다.

> 그 『82년생 김지영』을 쓴 작가이기에 더 열심히 봤다. 조남주 작가의 소설은, 페미니즘 소설만 그런 건지 모르겠지만 매우 읽기 쉽다. 어렵거나 꼬인 문장이 하나도 없고, 오로지 직설적으로 나열할 뿐이다. 앞서 윤이형 작가의 글이 생각을 깊게 한 뒤 어렵사리 글을 적었다면, 이 글은 보자마자 하고 싶은 말이 화수분처럼 샘솟았다.(이○○, 문예창작학과, 3학년, 여)

학생들은 윤이형의 「마흔셋」과 조남주의 「여자아이는 자라서」를 함께 읽고 하나의 감상문을 제출했는데, 소수자의 현실을 소설 속에 담고 있다는 점에서 두 소설은 공통점을 가지고 있었지만, 그럼에도 불구하고 두 소설에 대한 학생들의 반응에서는 분명한 차이가 나타나고 있는 듯 보였다. "진솔하게 말하는 게 소설을 읽는 묘미이기도 했다. 이런 작가들이 많이 나왔으면 좋겠다"(김○○, 문예창작학과, 3학년, 여), "문학이 가진 힘이 선하고 올곧은 방향으로 뻗어나가는 것이 기쁘지 않을 수 없다"(이○○, 문예창작학과, 3학년, 여) 등의 반응은 다른 소설들에서는 좀처럼 발견되지 않는 태도였다. 거기에는 위에서 보는 것처럼 현실적 문제에 대해 생각하는 방향으로 직진할 수 있도록 유도하는 조남주 소설 고유의 특징이 독서 과정에서 작용하고 있었다고 볼 수 있다. 그에 비해 윤이형의 소설에 대한 반응은 심미적 방향으로 흐르는 경향이 있었다.

> 소설에는 한 문단이 될 정도의 긴 문장의 나열이 곳곳에 들어가 있다. 하지만 읽고 이해하는 데 어려움이 없었다. "아무것도 미래를 위해 접어두거나 쌓아 올리지 않고, 돈은 버는 족족 여행 비용으로, 눈앞의 시간은 책과 영화를 보는 데 고스란히 써버리는 큰딸과, 태어날 때부터 남자의 정신을 갖고 있어서 젖가슴을 도려내고 자궁을 들어내겠다는 장기 계획을 세우고 그에 맞춰 치밀하게 직장을 구하고, 누구의 도움도 받지 않고 돈을 모으는 작은딸이라는 조합은, 아마도 엄마의 예상에는 들어 있지 않았을 것이다." 내용이 고스란히 이해되면서, 재미까지 있는 하나의 문장이었다.(이○○, 문예창작학과, 2학년, 여)

윤이형 소설의 경우에도 조남주의 소설과 마찬가지로 세 명의 여성 인물이 등장하는데, 엄마-'나'-딸 3대에 걸친 여성의 문제가 갈등을 거쳐 마침내 연대에 도달하는「여자아이는 자라서」와는 다르게 엄마-딸-동생(FTM 트랜스젠더)으로 이루어진「마흔셋」에서는 세 인물이 각각의 문제를 겪고 있어서 학생들이 하나의 문제에 몰입하기 어려워하는 모습을 볼 수 있었다. 이 경우 소설이 대상으로 삼고 있는 문제들은 독서를 통해 현실적 문제와 연관된 논의로 확장되는 측면이 상대적으로 약하고, 감상의 주된 비중은 심미적 측면을 중심으로 수행되는 양상을 보이고 있다. 그러니까 전체적으로 두 소설은 독서 과정에서 실행되는 기능의 측면에서 각자 고유의 몫을 가지고 있다고도 할 수 있겠다.

> 사실 나는 혐오 문제가 나타나지 않은 소설의 감상평 쓰기가 더 쉬운 것 같다. 너무 그 문제에 얽매여서, 정작 다른 부분을 둘러보지 못하게 된다. 다른 학생들의 감상평을 보고 아! 내가 너무 시야가 좁구나! 하고 자책하게 된다. 정답이지만. 오늘처럼 좀 다급한 경우는 더 그렇다. 나중에 시간이 난다면 고쳐 쓰고 싶다. 페미니즘 이야기만 주야장천 하는 감상평이 아니라, 작품에 대해서 더 떠드는 감상평을 쓰고 싶다.(김○○, 문예창작학과 2학년, 여)

조남주 소설에서 제시된 문제는 그 현실성의 양상이 소설을 심미적으로 감상하는 것을 제한하는 방향으로 작용하는 듯했고, 이 점은 다른 소설들과 구분되는 조남주 소설의 특징이라고도 할 수 있을 것 같았다. "이전에는 환상성이나 허구성을 기대하며 읽을 뿐, 소설 속 인물과 거리를 두는 경우가 많았다. 그런데 요새 등장하는 소위 '페미니즘 소설'은 곧 내 이야기와 다름없었다. 사실 젠더를 주제로 다룬 소설은 나에게 매우 어렵다. 소설에 대한 견해보다 여성 차별, 젠더 감수성 등 문제에 대한 생각이 더 많이 떠오른다. 그러다 보면 소설은 뒷전이 되고는 했다"(임○○, 문예창작학과 3학년, 여)는 반응 역시 허구의 형식을 뚫고 나오는 조남주 소설 특유의 현실성에 대한 반응이다.

「여자아이는 자라서」가 단순히 남성을 배척하고 프레임 씌우는 소설일까. 나는 이 대목에서 작가는 그런 입장이 아니라는 사실을 표현하려고 했던 것 같다. 다만 옳고 올바르지 않은 것을 판단하는 건 당신의 몫이라는 목소리 같기도 했다.(임○○, 문예창작학과, 2학년, 남)

여성적 문제라고 해서 여학생들만 반응을 보였던 것은 아니었다. "현성 엄마는 '피해자인 여자애들에게 영악하게 다 빠져나가고 생각 없는 남학생들만 처벌을 받게 생겼다'라 하는데 화가 났다. 주하가 아프다 했을 때에도 자신의 가족만 생각한다는 게 어이가 없었다"(김○○, 뮤직프로덕션과, 3학년, 남)거나, "나는 과거 여성의 삶에서 차별이 있었다는 데 깊은 공감을 하지만, 현대에는 그러한 풍토, 삶의 질, 정책 등 많은 개선을 이루어왔으며, 그런 차별적 상황에서 많이 벗어났다고 생각한다. 하지만 그러한 생각에 반박하듯 이 소설은 여성주의에서 새로운 문제를 들고 온다. 듣던 바와 다르게 상당히 설득력 있었다"(고○○, 문예창작학과, 4학년, 남)고 느낀 반응들 역시 이 측면에서 인상적으로 살펴볼 수 있는 사례였다.

조남주의 소설과 같이 예외적인 경우도 있었지만, 동시대 소설에 대해 학생들은 심미적인 측면에서 활발한 독서 반응을 보였다. 이는 한편으로 고학년 수업이라는 특성과도 연관을 갖고 있으나, 한국소설의 전반적인 작품 경향이 현실성을 띠는 방향으로 전환했다고 하지만 소재와 주제, 이야기 형식 등에서 현실을 다루었을 뿐 소설을 이루는 다른 여러 요소들은 여전히 기존의 방식에 의거하여 성립되고 있다는 사실을 말해주기도 하는 것 같다. 그렇다면 비심미적 방향으로도 더 확장될 여지가 충분히 넓게 펼쳐져 있는 것 아닐까.

3. 심미적 독서와 비심미적 독서의 경합 양상

한편 저학년의 경우에는 상대적으로 비심미적 계기가 강력하게 작동하는 양상을 확인할 수 있었다. 가령 2019학년도 1학기에 운영 중인 '한국의 현대 소설 읽기'[8] 과목은 1학년 수업인데, 2000년대 위주 한국의 대표작 가운데 단편 여덟 편, 장편 네 편을 선정하여 앞서 살핀 '한국의 동시대 소설 읽기'와 같은 방식으로 수업을 진행하고 있다.[9]

---

8) 수강 인원 49명의 학과별 구성은 문예창작학과 학생 37명(75.5%), 타학과 학생 12명(24.5%, 국어국문학전공 3명, 광고홍보학전공, 일어일문학전공, 사회복지학과, 언론영상학전공, 시각디자인과, 철학윤리학과, 전자무역학전공, 미국학전공, 심리학과 각 1명)으로 이루어졌다. 성별로는 남학생 11명(22.4%), 여학생 38명(77.6%)이었으며, 학년별로는 1학년 23명, 2학년 11명, 3학년 11명, 4학년 2명, 대학원 2명 등 저학년의 비중이 높은 편이다.
9) 강독 대상으로 선정된 작품은 다음과 같다.
  (1) 윤성희, 「유턴지점에 보물지도를 묻다」(2004: 『거기, 당신?』, 문학동네, 2004); 김중혁, 「무용지물 박물관」(2004: 『펭귄뉴스』, 문학과지성사, 2006)
  (2) 김영하, 『검은 꽃』(문학동네, 2003)
  (3) 김연수, 「기억할 만한 지나침」(2005: 『세계의 끝 여자친구』, 문학동네, 2009); 편혜영, 「저수지」(2005: 『아오이가든』, 문학과지성사, 2005)

'한국의 동시대 소설 읽기' 수업이 대상으로 삼고 있는 시기의 소설적 경향과는 대조적으로, 이전의 사회적 상상력으로부터 벗어난 다양한 실험이 전개된 흐름을 보여주었던 시기의 소설이 그 대상이다.(그렇지만 점차 『백의 그림자』와 『소년이 온다』가 보여주는 것처럼 현실의 방향으로 선회하는 경향을 품고 있다.)

그런데도 학생들의 독서 반응에서는 비심미적 태도가 우세했다. 비심미적 측면에서 학생들은 『검은 꽃』「기억할 만한 지나침」『흑산』 등에 나타난 여성의 대상화 문제에 뚜렷하게 반응했으며, 『백의 그림자』의 현실성에 대한 공감에서도 활발한 편이었다. 학생들은 "그녀〔이연수―인용자〕에게 일어나는 역경과 시련은 오롯이 그녀의 '성性에 대한 것뿐이었다"(이○○, 문예창작학과, 2학년, 여), "여성을 향한 남성적 시선과 성적인 묘사가 거북하다. '봉긋한 가슴'이라는 표현은 왜 나온 건지 모르겠다. 뜬금없다는 생각이 든다. 김연수 작가의 뛰어난 묘사는 여름의 바다를 머릿속에 저절로 그리게 했지만, 남성적 시선이 들어간 부분은 많이 아쉬웠다"(최○○, 문예창작학과, 1학년, 여)는 반응을 통해 남성 작가에 의한 여성의 신체와 성에 대한 묘사에 불만을 표현했다. 한편 "작은 전구를 파는 오무사라는 가게가 없어졌다고 생각했음에도 다른 곳에서 계속 장사를 하고 있는 모습이라든지,

---

(4) 황정은, 『백의 그림자』(민음사, 2010)
(5) 최제훈, 「퀴르발 남작의 성」(2007: 『퀴르발 남작의 성』, 문학과지성사, 2010); 윤이형, 「큰 늑대 파랑」(2007: 『큰 늑대 파랑』, 창비, 2011)
(6) 김훈, 『흑산』(학고재, 2011)
(7) 박민규, 「루디」(2010: 『더블』, 창비, 2010); 손보미, 「폭우」(2011: 『그들에게 린디합을』, 문학동네, 2013)
(8) 한강, 『소년이 온다』(창비, 2014)

재개발로 인해 다시 사라지는 모습, 그 자리에 공원이 생긴 모습 등을 너무 아무렇지 않다는 듯 서술하는 것이 인상 깊었다. 그들이 사는 공간을 없애고 편의시설을 건축하는 모습이 현실의 모습을 너무도 적나라하게 보여주는 것 같아 안쓰러우면서도 마음 한편이 불편했다"(김○○, 문예창작학과, 1학년, 남)는 반응에서는 『백의 그림자』의 소소한 에피소드에서 묻어나는 현실성에 대한 공감을 통해 자신을 둘러싼 현실을 돌아보는 태도가 자연스럽게 드러나 있다.

유사하게 장르와 대중문화의 문법을 소설적 형식으로 차용한 최제훈과 윤이형 소설을 함께 읽는 경우에도 지적 담론의 활용과 형식 실험에 치우친 경향이 있는 「퀴르발 남작의 성」에 비해 비현실적 설정 속에서도 입사 과정에서 네 명의 인물들이 겪는 현실적 문제들이 다채롭게 그려져 있는 「큰 늑대 파랑」에 직접적인 반응을 보였다. 「퀴르발 남작의 성」에 대해서 학생들은 "다른 면과 옷감으로 만들어진 옷들을 조합하여 또 새로운 작품을 만들어낸 독특함이라고 할까? 낯섦이 발 앞까지 다가왔다"(최○○, 국어국문학전공, 3학년, 여)고 신기한 반응을 보이면서도 "중심 소재는 있지만 이 소설의 결말은 딱히 없는 것 같아 작가가 왜 이 소설을 쓴 것인지 궁금해졌다. 혹은 이 소설을 통해 무엇을 전달하고자 했는지에 대해 궁금해졌다"(임○○, 문예창작학과, 1학년, 여)는 반응에서 보듯 주제 파악에 어려움을 겪는 반면, 「큰 늑대 파랑」에 대해서는 "좀비에 대한 세부적인 묘사와 설명을 생략함으로써 등장인물인 사라, 재혁, 정희, 아영의 서사를 위한 공간을 좀더 만들어냈다. 그렇게 해서 독자가 그들에 대해 더 알 수 있게 했고 이입할 수 있는 심리적 여건을 생성했다"(조○○, 문예창작학과, 1학년, 여)에서처럼 소설에 대한 분석적 이해를 거쳐 "판타지적인 요소들과 함께 어우러지지 않을 것만 같은 너무나도 현실적인 이야기가 비수가 되어 마음 곳곳에 꽂힌다"(김○○, 문예창작학과, 2학년, 여), "비현실적인 세상 속에서 현실보다 더 현실 같은 이야기는 성인이 된 여자 세 명과 남자 한 명이 삶에 허덕이고 있다는 점이었다. 사실 그게 좀비떼보다 늑대보다 더 무섭게 느껴지기도 했다"(김○○, 광고홍보학전공 4학년, 여)면서 직접적인 반응을 보였다.

 이렇듯 전반적으로 심미적 독서의 계기가 뚜렷한 작품에 대해서도 학생들은 비심미적 측면에서의 반응을 나타내는 경향이 강했는데, 그 가운데에서도 비심미적 독서가 가장 적극적으로 수행된 경우는 김훈의 『흑산』에 대한 감상에서 찾아볼 수 있다. 『흑산』에 대한 감상에서 학생들은 묘사, 문체, 문장 등의 특징에는 대체로 우호적인 반응을 보인 반면, 여성에 대한 성적 대상화의 문제에 대해서는 불편한 반응을 드러냈다. "허구적이지 않고 실제 있었던 이야기가 내 눈앞에 보이고, 내 귀에 들리는 것처럼 아주 생생했다. 다만 김훈 작가가 『흑산』에서 여성을 대하는 방식과 표현이 불편하기도 했다"(최○○, 국어국문학전공, 3학년, 여)거나 "작가는 구체적이고 사실적인 묘사를 함으로써 이야기에 신뢰를 실어주고 사건의 개연성을 탄탄하게 잡아준다. 그렇지만 그런 사실적인 묘사가 이 소설의 주요 내용인 천주교 박해 장면이나 여성에 관한 부분들이 나올 때는 부정적으로 느껴지게끔 만드는 것 같았다"(이○○, 문예창작학과, 1학년, 여), "너무 적나라하게 서술되어 있어서 불편한 감정이 약간은 있었지만 그럼에도 책은 잘 읽혔다"(박○○, 시각디자인과, 3학년, 여)와 같은 반응들에서 그와 같은 양면적 태도를 엿볼 수 있었다. "과제가 아니었더라면 읽지 못했을, 아니 읽지 않았을 『흑산』이었던 것 같다"(김○○, 문예창작학과, 1학년, 여)는 반응도 있었으나, 학생들은 전반적으로 소설의 장점과 단점을 균형 있게 바라보려는 태도를 보였다.

설사 소설의 배경이 되는 역사적 상황 속에서 지위가 낮은 인물들에 대한 억압이 사실에 가깝다는 것을 인정한다고 해도, 소설 속의 묘사가 불필요하게 지나치다고 보는 의견이 있는가 하면 리얼리티를 위해 불가결하다고 보는 의견도 적지 않았다.

> 책에 사용된 주인공들을 돋보이게 하는 표현들 중에는 눈여겨볼 만한 표현들이 많다. 왜 그렇게 인기가 많은지 이해가 되기도 했지만, 여성인 나의 입장에서 볼 때는 표현적인 면보단 여성을 다루는 방식이 더 크게 와닿았다. 여성들은 책의 초반부터 남성들의 성욕을 풀어주는 존재로 나온다. 여성을 그저 도구로 이용하는 것이 캐릭터의 단점을 표현하기 위해 사용되었다면 이렇게 쓰지도 않았겠지만, 아무리 읽어봐도 전혀 윤리적인 부분을 생각하지 않은 것처럼 읽혔기 때문에 여성의 도구화에 대해서는 꼭 쓰고 싶었다.(최○○, 문예창작학과, 1학년, 여)

위의 반응은 여성에 대한 묘사가 소설 속 인물의 문제를 표현하는 차원이라기보다 윤리적 고려가 부족한 탓이라고 파악하고 있다. "시대적으로도 여성이 천대받는 시대인 것은 분명하지만 그에 맞지 않는 분위기 같은 게 있었다"(김○○, 문예창작학과, 1학년, 남)는 반응에서도 그런 생각이 드러나 있다. 하지만 반대로 소설의 의도와 맥락에 부합한다고 보는 견해도 한 축을 이루고 있었다.

> 김훈은 남성적 시각으로 여성의 생리에 대한 글을 써서 많은 독자들에

게 비난받은 적이 있는 작가라는 것을 알고 있다. 그 글을 직접 읽어보기도 했고, 물론 당연히 나 역시 불편했다. 하지만 나는 김영하의 『검은 꽃』을 읽으면서도 그러했듯 역사소설 속에서만큼은 여성 캐릭터들이 무지하거나 고상하거나 성적으로만 그려지는 것을 무작정 비난하고 싶지는 않다. 그런 여성 인물들을 보면 화가 나고 슬프지만 실제로 그때의 여성들은 그러한 모습이었기 때문에 현대적 여성 인물을 억지로 녹여내는 것보다는 있는 그대로 쓰는 것이 조금 더 작품에 몰입할 수 있게 되는 것 같다. 그리고 그러한 모습 또한 기록하는 게 역사를 배경으로 한 소설이 해야 할 기능이기도 한 것 같다. 김훈 역시 그러한 가부장적 가치관에 노출된 사람이라 비교적 젊은 남성 작가들보다 더 능숙하게 조선시대 여성 인물들을 표현하는 게 가능해 보였다.(박○○, 언론영상학전공, 2학년, 여)

위의 학생은 『흑산』에 나타나 있는 여성 인물에 대한 부정적 묘사를 역사소설에서 시대의 모습을 재현하기 위해 요구되는 필연성의 차원으로 이해하고 있다. "그런 시기를 적절히 보여주기에는 되도록 잔인하고 디테일한 묘사는 필수불가결한 사항이었을 것이다"(서○○, 문예창작학과 1학년, 남)는 의견 역시 이 맥락을 공유하고 있다.

한편 여성에 대한 묘사의 문제에는 별다른 관심을 보이지 않는 반응도 한 축을 이루고 있었다. 대략 3분의 1 정도에 해당되는 학생들은 이 문제에 크게 구애받지 않으면서 독서를 수행하고 있는 듯 보였다.

　　내가 지금 살아가는 이 사회에서 박해받는 신도들은 누구인가를 생각해보았다. 내가 살고 있는 세계도 흑의 세계인가? 언젠가 한 번은 내게도 흑의 세계가 올 것이다. 천지가 캄캄하여 앞으로 나아갈 길조차 보이지 않을 때 나는 그 시기를 '흑'黑이라고 여기지 않고 '자'玆라고 생각할 것이다. 지금 당장 길이 보이지 않더라도 노력을 더듬어가며 조금씩 앞으로 나아간다면 언젠간 실낱같은 희망의 빛이 보일 것이라고 생각해야겠다고 다짐했다.(최○○, 미국학전공, 3학년, 여)

위의 반응은 소설의 전체적 의도를 충실하게 수용하고 그것을 자신의 일상적 경험의 문제와 연결시키는 태도를 보여주고 있다. "작가의 문체가 무겁고 건조해서 지루하다는 생각이 들긴 했지만 그러한 문체이기 때문에 그 당시 박해받던 사람들의 삶이 잘 드러났다고 생각한다"(임○○, 문예창작학과, 1학년, 여), "부정적인 면과 긍정적인 면이 동시에 있음에도 내가 글을 읽은 것은 작가의 문체에 확실히 긍정적인 면이 컸다는 것이다. 그리고 『흑산』에서는 작가 특유의 문체의 밀도를 느낄 수 있다는 점이 내가 이 책을 끝까지 읽게 된 계기라고 말할 수 있다"(심○○, 문예창작학과, 2학년, 여) 등의 반응 역시 소설의 내적 특징에 한정하여 반응을 형성한 사례였다.

같은 문제를 두고 학생들은 자신의 경험에 기초하여 각기 다른 반응을 보였는데, 수업을 진행하면서 인상적이었던 것은 학생들의 독서 반응에서 심미적 계기와 비심미적 계기가 경합하면서 그 폭을 확장하고 있어 보인다는 점이었다. 이런 양상은 수업에서 입장들 사이의 상호 소통을 활성화할 필요성을 말해주는 것이면서 동시에 그런 방향을 향한 가능성을 의미한다고 볼 수 있었다.

4. 다층적 독서 상황을 위한 문학적 관점의 공조

수업이라는 상황에서는 심미적 독서와 비심미적 독서가 혼재되고 특히 비심미적 독서의 계기로 인해 학생들의 감상에서 경합의 양상이 나타난다고 해도 그 상황을 하나의 기준으로 정리한다는 것은 바람직하지 않다. 오히려 학생들의 반응 사이에서 상호 교통 혹은 거래transaction가 이루어지는 과정을 통해 서로의 입장을 비교, 점검, 교섭하는 운동이 활성화되도록 안내하면서 학생들의 독서에서 변화가 이루어지는 방향을 유도할 필요가 있다고 생각된다. 이렇게 생각하면 루이스 로젠블랫이 말한 상호 거래는 반드시 텍스트와 독자 사이에서만 배타적으로 이루어지는 것은 아니라고 볼 수 있다. 심미적 독서와 원심적 독서 사이의 상호 거래도 독자들 내부에서, 혹은 개별 독자의 독서 내부에서 가능한 일이기 때문이다.

좀더 범위를 넓혀 현실 변화에 따라 그 영역이 분화되고 있는 소설 독자의 지평 전체를 생각한다고 해도, 리처드 로티의 주장과 같이 자아 창조를 지향하는 경향과 공적인 정의의 문제를 환기하는 경향 가운데 하나만을 문학적 방향으로 선택할 필요는 없지 않을까 싶다. 개별 독자의 반응이 중요하게 고려되고 독서 상황에 따라 그에 적합한 소설이 서로 다른 기능을 수행할 수 있다고 생각한다면, 그리고 독자들이 한 가지 기능에만 국한되는 것이 아니라 장기적으로는 그 기능들 사이를 경유하면서 의미 있는 독서의 궤적을 만들어낼 수도 있다고 본다면, 하나의 표준적 기준을 만들어 모든 범위에 그것을 적용할 필요는 없지 않을까. 수업에서 학생들이 보여준 상호 소통의 활동과 그로 인한 변화의 양상으로부터, 한국소설과 그에 대한 비평적 관점 모두의 외연이 확장되는 가능성을 엿볼 수 있었다는 생각이 현실에서도 실현되기를 기대해본다.

(2019)

한국 대학의 변화 속 문예창작학과의 정체성 찾기
―계명대의 사례를 중심으로

1. 들어가며

학문 분과로서 문예창작학의 정체성은 한국의 대학에 문예창작학과가 개설된 역사[1]에 비해 여전히 불투명한 편이다. 그 원인에 대한 본격적인 진단도 이후 필요하다고 생각되지만, 우선 생각해볼 수 있는 것은 2000년대 이후 진행된 한국 대학의 편제 개편 논의와 맞물리면서 개별 대학의 문예창작학과의 존립 자체가 현안이 되어버린 상황이다. 그러다보니 문예창작학의 정체성과 관련된 경험과 고민은 좀처럼 객관적 지평에서 사유될 여유를 갖지 못한 채 대체로 개인이나 개별 학교의 학과 차원, 혹은 사적인 차원의 교류 수준 정도에 머물러 있었던 것이다.

---

[1] 기존 연구에 따르면, "문인을 길러내기 위한 제도로서의 교육이 대학의 교과과정에서 행해지기 시작한 해는 1953년"(이승하,「시창작 교육의 현황과 문제점」,『한국문예창작』 1, 2002, 2쪽)이다. 이해 5월 서라벌예술학교가 문교부의 설립인가를 받아 문예창작학과를 개설한 것이 그 시초이다.

이 글은 학문 분과로서 문예창작학의 정체성의 문제를 좀더 객관적인 지평 위에서 생각해보기 위해 시도된 것인데, 그렇다고 해서 이 작업이 일반적이고 보편적인 시각만으로 해결될 성질의 것은 아니다. 우선은 개별적인 사례들이 수집되어 객관화 작업에 경험적 근거들이 마련될 필요가 있기 때문이다. 그리고 여러 대학의 사례들이, 더 나아가 외국 대학의 상황과도 비교, 검토되는 과정이 동반되어야 문예창작학, 문예창작학과의 객관적 정체화의 문제가 본격적으로 탐구될 기반이 마련되리라 기대해볼 수 있다.

 이와 같은 목적을 위해 이 글은 우선 필자가 재직하고 있는 계명대학교 문예창작학과를 중심으로 대학의 변화 속 문예창작학과의 정체성 찾기의 과정을 크게 세 시기로 나누어 살펴보면서, 해당 시기 한국 대학에서의 문예창작학과의 상황과 대비, 비교하는 한편, 해외의 상황과도 연관시키면서 그 객관적 맥락을 탐색해볼 것이다. 그리고 그 인식을 토대로 학문 분과로서 문예창작학, 문예창작학과의 정체성과 관련하여 제기되는 과제에 대해서도 생각해보고자 한다.

2. 대학의 변화 속 문예창작학과의 정체성 찾기의 과정
1) 대학 내의 학과로서 문예창작이 자리잡는 과정

 계명대학교 문예창작학과는 1999년 어문학부 문예창작학 전공으로 개설되어 출발했다. 한 선행 연구는 한국의 대학에서 문예창작학과라는 제도가 진행된 과정을 세 국면으로 설명하면서 1980년대 중반 이후부터 1990년대에 걸쳐 4년제 학제에서 문예창작학과가 개설되기 시작하여 양적으로 급증한 국면을 두번째 시기로 구분하고 있었는데,[2] 계명대의 경우도 그에 해당된다고 볼 수 있으며 그 시점은 명지대(1990년), 광주대(1992년), 동국대(1996년), 순천대(1997년), 조선대(1998년)보다는 다소 늦고, 단국대(2000년), 한국예술종합학교(2004년), 우석대(2005년)보다는 조금 빠른 편이었다. 2000년을 전후한 시점에서 문예창작학과가 급속하게 증가하는 현상에 대해, 특히 국어국문학과의 관계를 두고 다음과 같은 비판적인 진단이 이루어지기도 했다.

> 한국문학과 관련하여, 별로 사람들의 주목을 받지 못한 가운데, 20세기의 마지막 10년 동안에 일어난 중요한 변화 중의 하나가 상당수의 대학에서 문예창작과(혹은 전공)를 신설한 일이다. 이는 최근 들어 국어국문학과에 비해 문예창작과에 대한 수험생들의 관심과 수요가 훨씬 빠른 속도로 늘어나면서 이를 각 대학이 학부제로 상징되는 대학의 구조조정 과정에 다투어 반영했기 때문인데, 이 같은 결과는 시간이 지남에 따라 여러 가지 형태로 한국문학 전체에 상당한 영향을 미치게 될 것이다.[3]

이후 더 본격적으로 전개될 국면의 초반인 2000년의 시점에서 대학의 문예창작학과 신설의 동향은 뚜렷하게 감지되고 있었다는 사실을 위의 인용에서 확인해볼 수 있다. 주목되는 것은 이런 현상을 국어국문학과와의 대비의 측면에서 바라보고 있다는 점이다. 국어국문학

---

2) 나소정, 「문예창작학 연구의 현황과 전망—『한국문예창작』을 통해 본 문예창작론 연구사를 중심으로」, 『한국문예창작』 47, 2019, 94~98쪽 참조.
3) 홍정선, 「문예창작과의 증가와 국어국문학의 위기」, 『문학과사회』 2000년 봄호, 268쪽.

과의 위기의식을 동반한 위와 같은 초기의 시각에서도 이미 드러나 있지만, 한국의 대학에서 국어국문학과와 문예창작학과의 관계 설정은 이후에도 상호 협력적인 것이라기보다 상호 경쟁과 배제의 성격이 더 강한 편이다. 이런 맥락 위에서 문예창작학과와 국어국문학과의 차이가 수시로 부각되는 경향이 있다. 위에서 인용된 글에서도 "국어국문학과는 인문학의 한 분야를 연구하고 교육하는 학과로서, 그리고 대학에서 교양과 기초 학문을 담당하는 학과"로서, 반면에 "문예창작과는 창작의 기술적 측면과 창작 과정에서 부딪치는 문제들의 구체적인 해결법을 가르치고 배우는 학과"로서 "각자의 위상과 성격을 명확하게 하는 작업이 필요하다"[4]는 주장을 제시하고 있다.

실제로 이런 구획이 한동안 현실에서도 충실하게 실현되고 있었다고 생각된다. 2003년 3월 필자가 처음 계명대학교 문예창작학과에 부임할 당시, 그 전해 학부로 입학한 학생들이 2학년이 되면서 전공을 선택하여 배정받았는데 30명 정원의 문예창작학과에는 10명이 조금 넘는 학생들이 진입해 있었다. 반면 일정 비율의 교직 과정이 있는 국어국문학과(계명대의 경우에는 한국어문학과)는 단과대학 내에서 지원 경쟁률이 상대적으로 높은 편이었다. 실용적 성향이 강한 지역적 특성도 작용했을 텐데, 특히 이런 선택의 과정을 거치면서 국어국문학과와 문예창작학과 학생들의 성향의 대비도 더 뚜렷해지는 경향을 보였다. 이때까지만 해도 단과대학이나 학교 차원에서의 학생 충원에는 전혀 문제가 없었기 때문에 정원에 미치지 못하는 인원을 배정받는 이런 상황에 별다른 압력이 있었던 것은 아니었다. 오히려 어

---

4) 같은 글, 271쪽.

떤 면에서 문예창작학과는 짧은 역사와 제한된 규모로 인해 일종의 가족적인 분위기 속에서 강한 결속력을, 그래서 상당히 예외적인 학과의 특징, 혹은 이미지를 지니고 있었다고 기억된다.

한편 계명대학교에는 2002년 대학원 문예창작학과 석사과정이 개설되었다. 학부 과정과 달리 대학원 문예창작학과는 다른 학과에 비해 지원율이 높은 편이었다. 문예창작에 대한 지역의 수요에 비해 그동안 대학과 같은 공적인 차원의 공급이 이루어지지 않았던 이유에서였을 것이다. 석사 졸업생이 매 학기 배출되어 쌓이면서 박사과정에 대한 수요가 발생하여 개설에 대한 요구가 점증했고, 그에 따라 2007년 박사과정도 개설되었다. 그해 2008년도 전기 대학원 문예창작학과 신입생 모집에는 박사 3명, 석사 17명 등 모두 20명이 지원하기도 했다.

전국적으로는 2006년을 기준 시점으로 문예창작 관련 학교가 학부 55개교, 대학원 23개교 등 모두 78개교에 이르렀는데, 이는 2000년의 학부 40개교, 대학원 6개교에 비해 크게 증가한 것이었고,[5] 계명대 문예창작학과 또한 특히 대학원의 개설이 급속하게 확장되는 이런 흐름을 타고 있었다고 생각된다.

그런데 여기에서 한 가지 짚어볼 문제는, 당시로서의 우리는 그다지 의식하지 못하고 있었고 직접적인 영향 관계에 의한 결과라고 보기도 어렵지만, 그럼에도 이와 같은 추세가 우리에게 한정된 것만은

---

[5] 나소정, 「문예창작학 연구의 현황과 전망―『한국문예창작』을 통해 본 문예창작론 연구사를 중심으로」, 96쪽. 2006년 수치는 박기동, 「대학·문학·문학 교육·문예창작학과」, 『작가세계』 2000년 가을호, 297쪽. 2000년 수치는 안광, 「문예창작학 연구의 어제와 오늘」, 『제31회 한국문예창작학회 정기학술세미나 발표논문집』, 2016, 4쪽에 근거한 것으로 나와 있다.

아니었다는 사실이다. 우선 대학에서 문예창작 프로그램이 설치된 대표적인 사례라고 할 수 있는 미국의 경우와 관련하여 "AWP Association of Writers & Writing Programs 웹사이트에 따르면, 1975년에는 79개의 Creative Writing 프로그램이 있었고, 1984년에는 319개, 1994년에는 535개, 2004년에는 719개, 2012년에는 880개였다. 1960년대 이후의 가속화된 확장 속에서, 프로그램은 그때까지 반제도적이고 반문화적인 그룹과 미학을 대학의 시스템으로 흡수하면서 아이오와의 보수주의에 대한 명확한 저항으로 모습을 드러냈다"[6]는 통계 수치의 변화와 그 의미를 확인할 수 있다. 수치의 측면뿐만 아니라, 그 성격에서도 "창작 프로그램의 부상이 전후 미국문학사에서 가장 중요한 사건이며, 문학 생산과 고등 교육의 실천 사이에 점점 더 밀접해지는 관계에 주목하는 것이 전후 미국문학의 독창성을 이해하는 열쇠"[7]라는 주장을 접할 수도 있다.

대체로 문예창작 프로그램이 미국에 한정된 특수한 것이라고 인식되는 경향이 있었지만, 어느 시점 이후로는 상황이 달라졌다는 사실도 확인할 수 있다. "한때는 특별히 미국적인 현상으로 여겨졌던 Creative Writing은 지난 10년간 점점 더 국제적인 존재감을 발전시켜왔다. 글쓰기 프로그램은 이제 호주와 영국의 대학에서 확장되고 성장하고 있고 캐나다나 뉴질랜드와 같은 나라에서 강력한 존재감을

---

6) Loren Glass, "From the Pound Era to the Program Era, and Beyond", *After the Program Era: The Past, Present, and Future of Creative Writing in the University*, edited by Loren Glass, University of Iowa Press, 2016, p. 5.

7) Mark McGurl, *The Program Era: Postwar Fiction and the Rise of Creative Writing*, Harvard University Press, 2009, p. ix.

가지고 있으며 아시아 태평양 지역의 국가에서도 발전하고 있다"[8], 혹은 "지난 15년 동안 우리의 학문 분과[Creative Writing—인용자]가 이전에는 대체로 미국의 보호 구역이었던 곳에서 그 범위가 세계적으로 성장했다"[9]와 같은 언급에서 그 점을 확인해볼 수 있다. 구체적인 통계 수치로도 그와 같은 상황을 파악해볼 수 있다. 2011년의 시점에서 "오늘날 학문 분과로서 Creative Writing은 호주에서 호황을 누리고 있으며 학생 수요의 비범한 증가는 호주 대학에 70개가 넘는 대학원 작문 과정 수여 프로그램에서 가장 뚜렷하게 확인된다"[10]거나 2016년의 시점에서 "영국에서 10년 동안 다양한 조합으로 학부과정을 제공하는 고등교육 기관의 수는 24개에서 83개로 증가하는 동안, 석사과정의 수는 21개에서 200개로, 박사과정의 수는 19개에서 50개 이상으로 증가했다"[11]는 호주와 영국의 사례를 들 수 있다. 이처럼 대학과 대학원에서 문예창작 프로그램이 급증하는 현상은 1990년대 이후, 특히 영어권 지역을 중심으로 활발해진 세계적인 추세라는 사실을 확인할 수 있다. 그 이외의 지역에서는 또 어떤 변화가 있었는지 확인해볼 필요도 있다.

한국의 대학에서 문예창작학과가 1990년대 이후 급증한 사실이

---

8) Paul Dawson, *Creative Writing and the New Humanities*, Routledge, 2005, p. 1.
9) David Morley and Philip Neilsen, "Introduction", *The Cambridge Companion to Creative Writing*, Cambridge University Press, 2012, p. 3.
10) John Dale, "The rise and rise of creative writing", *The Conversation*, May 25, 2011.
11) Andrew Cowan, "The Rise of Creative Writing", *Futures for English Studies: Teaching Language, Literature and Creative Writing in Higher Education*, edited by Ann Hewings, Lynda Prescott, Philip Seargeant, Palgrave Macmillan UK, 2016, p. 42.

이런 외부의 추세와 어떤 연관을 갖는지 고찰된 바는 아직까지 확인되지 않는 듯하다. 저마다의 이유로 비슷한 시기 세계적으로 문예창작과 관련한 학과 혹은 프로그램이 유행적으로 증가하는 현상이 나란히 일어났는데, 그럼에도 사후적으로 보면 그 원인에 대한 분석 또한 유사한 맥락을 공유하고 있어 흥미롭다.

> 필자의 판단으로는 우선 기왕에 창작 교육을 담당하던 국문학과에서 학생들의 창작욕구를 충족시켜주지 못한 데서 별도의 창작교육 담당학과의 신설이 필요해졌을 것이라 본다. 다음으로 대학사회도 비켜서지 못하고 휘말린 신자유주의적 정황―기능성과 경쟁력을 우선시하는 시대 풍조가 어학, 고전문학 등 현실적 적용성이 부족한 분야를 털어내버리고 실용성이 농후한 창작만을 따로 떼내어 가르치는 학과의 개설을 용이하게 했을 것이다. 마지막으로 이러한 선호에 편승하여 신입생들을 유치하려는 대학들의 계산속이 여기에 추진력을 더욱 보탰을 것이다.[12]

위의 인용에서는 우리 대학에 문예창작학과가 등장하게 된 사회적 원인을 신자유주의라는 시대적 조류와 그에 대한 국문학과의 대응의 한계에서 찾고 있다. 다소 직관적이고 주관적인 추론 정도의 차원에서 제시된 의견으로 보이는데, 다음의 인용을 살피면 그런 인식이 단지 대내적인 상황에 한정되는 것이 아니라 보다 넓은 범위에서 세계적인 흐름과 맞물려 있었던 현상이라는 생각을 해볼 수 있다.

---

12) 김성렬, 「문예창작교육의 현황과 전망」, 『한국문예창작』 1, 2002, 220쪽.

프로그램 시대는 1989년 이후에야 비로소 본격적으로 시작되는데, 이는 Creative Writing이 냉전 시대의 정부 지원 연구 대학을 빠르게 대체하고 있는 기업 자금 지원을 받는 대학에 적응해왔으며 그 대표적인 제품으로 볼 수 있다는 사실을 나타낸다. 그 초기에 작가들이 여전히 특이한 아웃사이더였다면, 이제 그들은 대표적인 인사이더가 되었다. 리차드 플로리다는 그들을 20세기 후반에 나타난 기업적 창의 계급의 아바타라고 표현했다. 그 시대에 그들이 영문학을 보완하고 자극하는 존재였다면, 지금 그들은 문학 연구에 등록생이 감소하고 전통적인 박사학위 소지자를 위한 취업시장이 축소되고 있는 시대에 영문학의 생존을 위한 유일한 희망인 듯하다.[13]

채드 하바크Chad Harbach가 편집한 *MFA vs NYC: The Two Cultures of American Fiction*(Farrar, Straus and Giroux, 2014)는 제목에서 보이는 대로 미국 문학의 두 중심을 'MFA(Master of Fine Art 학위)'로 상징되는 대학원의 문예창작 프로그램과 'NYC(New York City)'로 상징되는 미국의 출판업계로 설정하고 있다. 이런 구도의 형성에는 위의 인용에서 언급된 바와 같은, 문학이 대학이나 기업 등의 제도적인 사회 시스템 내부로 이입되는 과정이 그 배경으로 놓여 있다고 할 수 있을 듯하다. 그리고 한국의 대학에서 문예창작학과가 2000년을 전후로 하여 급증했던 상황에도 또한 그와 유사한 변화의 과정이 동반되었다고 볼 수 있다. 문학을 둘러싸고 세계적인 차원에서 진행된 상황의 변화, 그리고 그 분석의 내용과 형식을 참조하면서

---

13) Loren Glass, *Op.Cit.*, p. 6.

이 시기 우리 문학의 내부에서 일어난 변화의 과정 또한 보다 체계적으로 해명될 여지가 있다고 보인다. 그리고 그 전체적인 시야 속에서 이 시기 계명대학교 문예창작학과를 비롯한 한국 대학의 문예창작학과에서 발생했던 현상과 경험이 어떤 맥락과 의미를 지니고 있었는지, 그리고 그 성립의 방식은 어떤 특징과 문제점을 가지고 있었는지 더 객관적으로 이해, 설명될 수 있으리라 생각한다.

2) 구조조정 과정에서 시도된 문예창작학과의 정체성 찾기의 양상

계명대학교 문예창작학과를 포함하여 2000년을 전후한 시기 설립된 한국 대학의 문예창작학과는 2000년대를 거치면서 내실을 갖추고 차츰 제도 내부에 안착하는 모습을 보여주었다고 생각된다.

그런데 2010년대로 넘어오면서 이전과는 분위기가 다소 달라지는 상황이 전개된다. 계명대학교 인문대학의 경우 2010년 기존의 학부제에서 학과제로 신입생 모집 방식이 변경되는데, 이 자체만으로는 별문제가 없었다. 문예창작학과의 경우 신입생 지원 경쟁률이 높은 편이었기 때문에 오히려 이전 학부제에 비해 안정적으로 정원이 충원되는 장점도 있었다. 그렇지만 이 무렵부터 대학에서 학령인구 감소로 인한 입학 자원이 급격하게 부족해지는 사태를 예상, 우려하면서 구조조정 논의를 시작한다. 계명대의 경우 윤리학과와 철학과, 한국어문학과와 문예창작학과가 그 직접적인 대상이 되었다. 이미 실질적으로 해체 상태에 있던 윤리학과의 경우 철학과와 통합하는 데 내부적으로도 큰 이견이 없었지만, 한국어문학과와 문예창작학과에서는 반발의 기류가 강했다. 그런데 이 당시 대학의 위기감은 실재했으나 학생 수급의 문제가 현실적으로 발생한 것은 아니어서 학교 당국으로서도 강압적으로 무리하게 추진하는 상황은 아니었다. 그럼에도 통합 논의는 진전되었고, 결국 구조조정의 시범 모델로 한국어문학과와 문예창작학과가 행정적으로 통합되는 단계까지 이르게 된다. 학과에서는 독자적인 발전 계획을 제출하면서 학교 당국을 지속적으로 설득했고, 우여곡절 끝에 2013년 말 결국 한국어문학과와 한국문화정보학과가 하나의 학부로 통합하고 문예창작학과는 독립된 학과로 남는 것으로 결론이 맺어졌다.

그 과정에서 문예창작학과는 미술대학의 시각디자인과, 사진미디어과, 영상애니메이션과, 음악대학의 뮤직프로덕션과 등과 함께 디자인, 사운드, 스토리 등의 세 영역을 결합시킨 '융합미디어 창조인 재양성사업' 계획을 마련하여 대학특성화사업(CK-1)에 지원, 선정되었고, 2014년부터 5년간 사업을 수행하였다. 그리고 그것을 계기로 하여 2016년 5개 학과가 아르텍 칼리지Artech College라는 실험적 성격의 단과대학을 이루게 된다. 그리하여 한동안 학과 구조조정에 대한 염려 없이 미디어 콘텐츠 제작 분야의 인력 양성과 관련된 프로그램을 수행하면서 학과의 체질과 정체성을 새로운 방향으로 조정할 수 있었다. 만일 이런 과정이 없었다면 2015년 국어국문학과와 통합한 인접 지역의 동의대나 동아대, 혹은 2016년 영상문화학과와 통합한 강원대와 같은 길을 걸어갔을 가능성이 컸을 것이다.

한 조사에 따르면 2015년과 비교하여 2018년 7월 기준, 명칭이 그대로 유지되고 있는 2, 3, 4년제 문예창작학과는 25곳, 명칭 변경 또는 폐과된 학과는 16곳이며, 일반대학원은 20곳 중 18곳은 그대로 유지되고 있고, 2곳은 폐과되었으며, 특수대학원의 경우는 5곳은 명칭 변경, 3곳은 폐과되었다고 한다.[14] 그 글에서는 이처럼 2010년대

들어서면서 진행된 학과 폐지나 통합, 명칭 변경 등의 추세를 "한국 대학에서 문예창작 전공이 교육부 대학 평가 기준과 학령인구 급감으로 인한 구조조정에 따라 축소되고 있는 현실을 대변"[15]한다고 설명되고 있다. 그 당시에는 개별적인 문제로 체감되는 측면이 더 컸으나, 지금 되돌아보면 문예창작학과가 받았던 구조조정의 압력은 한국 대학 전반에 걸쳐 나타난 특수한 문제였던 것 같다. 문예창작학과가 독자적인 학문적 체계를 충분하게 구축하지 못한 상황에서 국어국문학과와의 차별성을 대외적으로 밝히는 데에는 한계가 있었고, 대학 운영자의 관점에서 두 학과는 학과 간의 통합을 고려해야 할 때 우선적으로 떠오르는 대표적인 조합이었던 것 같다.

어쨌든 이 시기는 계명대학교 문예창작학과뿐만 아니라 한국 대학의 문예창작학과가 각자의 방식으로 대학 구조조정의 압력에 대응하여 저마다의 정체성을 모색해야 하는 국면이었다고 할 수 있다. 이런 상황에서 대학이라는 제도 내부로 진입한 문단의 일부로 문예창작학과를 바라보던 이전 시기의 다소 소박한 관점은 더이상 유지되기 어려웠고, 교육과정과 진로 설계 프로그램 등을 전문화하면서 학과로서의 면모를 한층 체계화해야 하는 과제를 해결해야만 했다.

이런 상황은 다소 다른 방식이지만 대학원에도 영향을 미쳤다. 계명대학교 대학원 문예창작학과의 경우, 이전에는 본인의 작품을 중심으로 작성하는 논문 방식이 수용되어왔었으나, 2011년 다른 학문 분야와 동일한 형식의 논문을 제출하는 방식으로 변경되면서 학생들

---

14) 함정임, 「프랑스 대학의 문예창작 전공 개설 의미와 현황」, 『프랑스문화연구』 38, 2018, 489쪽.
15) 같은 글, 490쪽.

의 졸업이 정체되고 수료생이 누적되는 사태가 일어났을 뿐만 아니라, 그 영향으로 지원자 또한 감소하는 현상이 나타났다. 2016학년도 후기 신입생 모집의 경우 지원자가 한 명도 없는 일이 일어나기도 했는데, 이런 일은 계명대학교 대학원 문예창작학과가 설립되고 처음 맞는 사태였다. 등단, 학위 취득, 취업 등의 측면에서 대학원 문예창작학과가 학생들에게 어떤 실질적인 의미를 가질 수 있을지 대책을 마련하여 제시해야만 하는 상황에 직면하게 된 것이다.

그런데 이 시기에 한국의 대학에서 문예창작학과가 마주한 구조조정의 상황과는 대조적으로, 그 바깥의 세계에서는 Creative Writing 프로그램이 더 확산되는 양상을 보였다. 한 연구는 미국이나 영국에서의 유행적 방식과는 거리를 두고 전통적인 문학 제도를 유지해왔던 프랑스에서 2010년대 이후 주요 대학의 문예창작 프로그램이 개설되기 시작하는 현황을 보고한 바 있다. 그 내용에 따르면 2012년 툴루즈2대학을 기점으로 2013년 파리8대학, 르아브르대학교에 문예창작학이 개설되었고, 파리 근교 세르지 퐁투아즈대학교에서도 2015년부터 '창의적 글쓰기와 편집자' 전공의 대학 학사 학위를 수여하고 있다고 한다.[16] 그러니까 이런 상황에 대한 접근과 이해는 "한국 대학에서 문예창작 전공이 축소 구조조정되는 과정에 있는 시기에 프랑스 대학에서는 오히려 문예창작 전공 개설이 시작된 것은 고무적인 시사점을 안겨준다"[17]고 보면서 학령인구 감소로 인한 구조조정 국면에서 통폐합되고 있는 한국 대학의 문예창작학과의 상황과 대비되는 세계적 추세를 드러내어 살피기 위한 것이라고, 궁극적으로는 보편

---

16) 같은 글, 490~492쪽.
17) 같은 글, 493쪽.

적 추세를 역행하는 국내의 동향에 대한 비판의 객관적 근거를 제시하기 위한 것이라고 할 수 있을 것이다.

한편 영어권의 경우 이 시기 학문 분과로서 Creative Writing에 대한 체계적인 학술서들이 활발하게 출간되었다. 마크 맥걸Mark McGurl의 *The Program Era*(2009)는 2차대전 이후 미국의 Creative Writing 프로그램의 역사에 대한 사회학적 분석을 담고 있다. 그 이후 변화된 상황을 배경으로 이어지는 후속 논의들을 담은 *After the Program Era* (2016)도 주목된다.

영국의 케임브리지대학에서는 개괄적 입문서(David Morley, *The Cambridge Introduction to Creative Writing*, Cambridge University Press, 2007)에 이어, 관련된 장르와 주제를 다룬 논문들을 엮은 *The Cambridge Companion to Creative Writing*(Cambridge University Press, 2012)을 출간했다. 이와 같은 수업 교재 성격의 단행본 저술은 Creative Writing이 학문 분과로서 확립되는 과정에서 필수적으로 요청되는 사항이라고 할 수 있으며, 우리 또한 조만간 해결해야 할 문제라고 하지 않을 수 없다.

그레임 하퍼Graeme Harper의 *The Future for Creative Writing*(Wiley-Blackwell, 2014)과 *Creative Writing and Education*(Multilingual Matters, 2015), 그리고 *Creative Writing in the Digital Age: Theory, Practice, and Pedagogy*(edited by Michael Dean Clark, Trent Hergenrader, Joseph Rein, Bloomsbury Academic, 2015) 등도 Creative Writing과 관련한 여러 측면에서의 새로운 시각의 접근을 보여주고 있다.

영어권 지역의 대학을 중심으로 이루어진 이와 같은 학문적인 논의들 또한 아직은 시작 단계라고 할 수 있을 듯하다. 그 대부분은 주로 영문학 전공자들이 문예창작 프로그램의 교육을 수행하면서 새롭게 착수한 연구들이며, 연구진의 범위도 제한적인 편이다. 본격적인 저술보다는 논문들을 엮은 편저인 경우가 많은 것도 그 때문일 것이다. 그렇지만 이와 같은 외부의 선례들이 우리의 상황을 진단하고 이후의 방향을 가늠하는 데 의미 있는 참고가 될 수 있다는 사실은 분명하다.

3) 새로운 출발점에 놓인 문예창작학과의 정체성

2010년대부터 이어지고 있는 한국 대학의 구조조정 국면은 여전히 진행중인 상황이다. 아니, 대학 정원에 비해 지원자가 훨씬 적어진 현실이 실제로 실현된 상황에서 새로운 시도와 실험보다는 안정적인 생존이 더 절실해졌다. 계명대학교는 국책 사업 수행을 계기로 설립되었던 아르텍 칼리지를 곧 해체할 계획이다. 문예창작학과는 2022년부터 아르텍 칼리지에서 인문국제학대학으로 단과대 소속이 변경될 예정이며, 2022학년도 신입생 모집에 이미 반영되었다. 사업을 수행하면서 개설했던 미디어 콘텐츠 관련 과목들 또한 인문국제학대학의 전체 교과 구조에 맞춰 대부분 다시 폐기될 가능성이 크다.

그런 가운데 계명대학교의 2022학년도 수시모집에서 문예창작과의 경쟁률은 인문국제학대학 내의 다른 학과에 비해 월등히 높은 결과가 나왔다.

	계명대학교	인문국제학대학	문예창작학과
학생부교과(일반전형)	7.02:1	5.43:1	12.40:1
학생부교과(지역전형)	6.09:1	4.78:1	8.75:1
학생부종합(일반전형)	7.52:1	5.93:1	12.10:1
학생부종합(지역전형)	6.93:1	4.73:1	6.80:1

위의 표에서 보듯, 문예창작학과의 지원 경쟁률은 학교 전체 평균을 상회할 뿐만 아니라 인문국제학대학의 평균에 비해 월등히 높다. 이 자체로만 보면 문예창작학과가 상대적으로 안정된 상황으로 보이지만, 그렇다고 정체성에 대한 고민이 단순해진 것은 아니다. 이전에 비해 커진 학교의 학과에 대한 관심도 아직까지는 상황을 복잡하게 만드는 요인으로 작용하는 면이 더 크다고 느껴진다. 학과에서는 시 창작 분야 신임 교원 충원 문제를 둘러싸고 학교와의 의견이 일치하지 않는 문제로 인해 충원이 연어어 유보되는 상황을 겪고 있는데, 전문 영역 바깥의 관계자들에게 한국문학의 현실과 문예창작과의 교육 상황 등을 설명하기가 쉽지 않은 상황이다. 예전 같았으면 학과에 맡겼을 일이었을 텐데, 지금은 더 적극적으로 논의를 통해 해결해야 할 상황이 된 듯하다. 그런 가운데에서도 웹툰웹서사콘텐츠 융합 전공의 개설이나 그와 같은 시류를 반영한 학과명 변경의 제안 등에서 보는 것처럼, 현실의 변화에 신속하게 대응해야 한다는 학교의 초조감이 학과의 운영에 압력을 가하고 있기도 하다. 계명대학교 문예창작학과는 2010년대 내내 지속되었던 구조조정 국면을 통과하여 전임(시 창작, 소설 창작, 드라마 창작, 비평, 외국인), 겸임(방송, 출판) 교원의 진용을 안정적으로 구축하고 문학 창작과 미디어 콘텐츠 창작

을 결합한 교육과정 등 차별화된 발전 방향을 마련하여 그 나름의 고유한 정체성을 견고하게 해나가는 듯했으나, 새롭게 변화된 상황에 직면하여 바야흐로 다시 원점에서 학과의 정체성을 찾아나가야 하는 새로운 기점에 놓여 있다.

이런 현실 변화의 흐름에서 문예창작학과 대학원의 분위기도 달라지고 있다고 생각된다. 지역에 산재해 있던 창작 욕구의 수요에만 근거하여 대학원을 운영할 수 있는 단계는 이미 지난 듯하다. 일반화할 수는 없겠지만, 이전에는 창작 실습을 중심으로 개별 지도가 이루어지는 방식의 수업과 활동이었다면, 지금은 현실적인 필요를 충족시킬 수 있는 보다 실용적이고 전문적인 학습이 요구되고 있는 상황이라고 할 수 있다. 그런 방향에서 학부와 대학원의 관계를 어떻게 설정해야 할지, 석사과정과 박사과정의 내용적 구분을 어떻게 마련할 것인지, 문예창작학과 박사논문은 어떤 방향에서 작성되어야 할지 문예창작학과 대학원이 직면해 있는 구체적인 문제들이 적지 않다.

그런 가운데 지역의 주변 대학에서도 새로운 기류가 감지되고 있다. 2020년에는 수성대에 웹툰스토리과(2년제)가 신설되었다.[18] 2014년 학과명을 국어국문학과에서 문예창작비평학과로 변경한 신라대의 경우도 있었지만, 2022학년도부터 한국어문학부 국어국문학전공 대신 문화예술학부 디지털문예창작전공, 문화콘텐츠전공, 공연예술전공로 변경하는 대구대의 사례[19]나 2022학년도부터 기존의 국

---

18) 「수성대, 웹툰스토리과 신설… 한국창작스토리작가협회와 산학협약」, 영남일보, 2020. 6. 5.
19) 「대구대학교, 문화예술학부·군사학과·반려동물산업학과 신설」, 한국경제, 2021. 8. 31.

어국문학과를 웹문예학과로 개편하여 신입생을 모집하는 동국대학교 경주캠퍼스의 경우[20]와 같이, 특히 지역 대학에서 경쟁력이 낮은 국어국문학과를 문예창작 관련 학과로 개편하는 움직임도 나타나고 있다. 2010년대 중반 학부의 국어국문학과를 인문대학 내의 다른 학과와 통합하여 한영문화콘텐츠학과로 전환한 강남대학교는 융복합 대학원에 문예창작학과를 개설하여 2020학년도부터 신입생을 모집하고 있는데,[21] 이와 같은 사례로 보면 이런 동향은 특정 지역에 한정된 것은 아닌 듯하며, 그 범위에서도 학부뿐만 아니라 대학원까지 포괄하고 있다. 현재 진행중인 이와 같은 변화의 전반적인 양상과 그 성격에 대해서는 지속적인 관찰과 분석이 요구된다.

3. 학문 분과로서 문예창작학의 정체성이라는 과제

계명대학교 문예창작학과가 거쳐온 과정과, 또 현재에도 진행되고 있는 상황은 다른 대학의 문예창작 관련 학과에서도 유사한 방식으로 경험했고, 또 하고 있을 것으로 짐작된다. 학교마다 구체적인 상황은 다를 테고, 대처해야 할 문제의 성격이 같지는 않을 것이다. 그리고 어떤 의미에서는 서로 다른 차이를 만들어나가는 것 또한 중요한 문제이기도 하다. 그럼에도 공통으로 고민하고 해결해야 할 공적인 성격과 차원의 문제도 분명히 있다고 생각된다.

지금의 상황을 정리해서 말해보면, 문예창작학과는 더이상 예외적이고 애매한 성격의 학문 분과가 아니라 대학 조직 내의 하나의 학과

---

20) 「국문과 대신 웹문예학과… 위기의 지방대 '오타쿠를 기다립니다'」, 조선일보, 2021. 6. 28.
21) 「강남대학교 융복합대학원 문예창작학과 개설」, 뉴스페이퍼, 2019. 10. 23.

로서의 체계를 갖출 것을 요구받는 시점이 된 것이 아닐까 싶다. 그러면서 문예창작학이라는 학문 분과로서의 정체성도 보다 체계적으로 수립해나가야 하는 상황이다. 현재는 견고한 체계를 갖추고 있는 학문 분과인 영문학이나 국문학도 대학 제도 내에 하나의 학문 분과로서 자리를 잡는 과정에서는 비슷한 단계를 거쳤을 것이다. 다음과 같은 주장 또한 우리보다 앞서 이 단계를 거치는 과정에서 나온 것이라고 볼 수 있을 것 같다.

'실천적인' 비평에서 '대립적인' 비평으로 이동해온 분과 내에, 무관심한 학자보다 공적인 지식인의 생산에 대해 말하는 제도 속에 Creative Writing을 위치시키기 위해, 그리고 문학작품의 중요성을 학문적 지식과 공적인 논쟁으로 증진시킬 수 있도록, 나는 작가들이 다른 학자들처럼 아카데미 내에서 지식인으로 인식될 필요가 있다고 느낀다. 이 책이 탐구하고자 하는 것은 궁극적으로, 포스트모더니티의 시대에, 그러니까 불투명한 장르의 경계와 혼종적 장르의 시대에서 문학적 지식인은 어떤 형식을 취할 것인가, 그리고 문학적 지식인의 형성에 Creative Writing이 어떤 역할을 수행할 것인가 하는 것이다.

나는 Creative Writing이 (작가에게 고용과 훈련을 제공함으로써) 작가라는 직업이나 (출판에 미치는 영향을 통해) 문학 생산에 진정한 영향을 미치지 않았다고 주장하고 싶지는 않다. 그러나 나는 이러한 이해가 학문적 분과 혹은 문학 연구에 대한 관계로서 그 작용을 적절하게 묘사하지는 않는다고 생각한다. 작가들이 아카데미에 흡수되었다는 가정에 안주하는 대신, 내가 제시할 Creative Writing의 역사적 기원에 대한 설명은 그것이 어떻게 도제와 후원이라는 측면에서 작가들의 요구에 부응하게 되었는지, 그것의 설립을 위해 어떤 제도적, 이론적 협상이 필요했는지를 탐구하는 수단이다. 이 역사적 탐구는 또한 Creative Writing을 영문학 연구와의 관계를 보다 포괄적으로 탐색하기 위한 학문 분과로서 다시 개념화하기 위한 방법론적 수단이기도 하다.[22]

필자 자신을 대상으로 이 문제를 생각해보면, 문예창작학과 교원으로서의 정체성이 없었다고는 할 수 없지만, 비평을 쓰는 창작자로서의 자신이나 혹은 심지어 한국문학 연구자로서의 정체성에 비해 더 뚜렷했다고 보기는 어려울 듯하다. 문예창작학과에서 가르치는 사람으로서의 정체성에 비중을 두지 않았다는 얘기는 아니다. 그렇지만 막연했다고 할 수 있겠고, 그 문제를 객관적인 지평 위에서 사유하지는 못했던 것 같다. 그렇기 때문에 여러 정체성들 사이의 관계에 대해서 분명한 대답을 제시하기도 어려운 상황이었던 것 같다.

위의 인용에서 제시하고 있는 '문학적 지식인literary intellectual'이라는 개념은 대학의 학과에 소속된 한 사람의 교원으로 강의와 업무를 수행하는 직업인에 머무르지 않는, 한 학문 분과의 구성원으로서 그로부터 부여되는 학문적 활동을 의무로 수행하는 존재를 범주화하고 있다는 생각이 든다. 조금 더 구체적으로 말한다면, 그것은 문예창작학을 학문 분과로서, 즉 "지식의 체계와 그 지식을 전달하기 위한 일련의 교육적 기법의 체계"[23]로 바라보는 주체라고 할 수 있다. 다르게 말하자면, 문예창작과 관련한 지식의 체계, 그리고 교육적 기법의 체계야말로 우리의 문예창작학이 더 밀도 있게 채워나가야 할 대상이

---

22) *Creative Writing and the New Humanities*, p. 5(번역은 인용자).
23) *Ibid.*, p. 2.

라고 할 수 있다.

이런 맥락에서 한국문예창작학회, 그리고 『한국문예창작』이 갖는 의미에 대해서도 새삼 생각해볼 수 있지 않을까 싶다. 2001년 창립된 한국문예창작학회는 2021년까지 40회에 이르는 학술세미나를 개최했고, 2002년 6월 학회지 『한국문예창작』를 창간하여 그동안 52호를 간행하였다. 다음은 학회지에 수록된 논문들을 분석하고 그 문제점을 제시한 글의 일부이다.

> 『한국문예창작』에 수록된 총 460편의 논문들 가운데 문예창작론을 다룬 연구논문을 선별한 결과 164편으로 조사되었고 전체 논문 대비 35.65%의 비율을 보였다. 해당 연구 논문들을 대상으로 문예창작론의 하위 영역별로 이론적 범주화를 시도하여 분야별 연구의 흐름과 범주별로 주요하게 제기된 논제와 쟁점들을 고찰한 결과, 문예창작학 연구의 중점 분야는 순문학에서 응용문학 분야로 보다 활성화되고 있다는 점과, 이에 비해 문예창작론 일반의 기초 토대연구는 매우 부진하거나 정체되어 있는 실정임을 확인할 수 있었다. 한편 최근 10년간 『한국문예창작』에 수록된 268편의 연구 논문에서 추출한 핵심어를 그 노출 빈도수와 연관 관계를 기준으로 연구 동향을 분석한 결과, 문예창작론은 스토리텔링과 문화콘텐츠 등 응용문학 분야를 중심으로 웹소설, 전래동화, 장르문학, 문학관 등 다기한 지점으로 학적 관심이 분화되는 경향을 보였으며, 반면 순문학 분야에서는 문학론 일반으로 크게 경사되는 특징을 보였다. 이 가운데 '문예창작'과 '창작교육'을 키워드로 제시하는 연구는 양적 규모와 질적 연구의 진적에 있어 미진한 수준에 머물러 있음을 확인할 수 있었는데, 특히 문예창작학 분야의 이 핵심 키워드들은 상호 연관 키워드로 연결되지 않고 국

어교육학 계열의 '문학교육', 교양교육학 계열의 '문학교육교양' '글쓰기' 등의 키워드와 보다 긴밀한 연관성을 갖는 것으로 분석되었다. 이는 현단계의 문예창작학이 독자적인 학문 정체성의 구축과 개별 학문 영역으로서의 전문성 심화보다는 다양한 연관 영역에 적용 가능한 창작론의 이론적 모색이라는 연구 패러다임의 전환기를 맞고 있다는 것을 시사하는 것이라 할 수 있다.[24]

물론 문예창작학회의 학회지라고 해서 문예창작만 다루는 것은 아닐 것이다. 문예창작이라는 분과는 인접한 다른 학문 분야와도 연관을 맺으면서 존재하는 것일 테니까 말이다. 그렇지만 위에서 지적하고 있는 것처럼 정작 문예창작론을 다룬 논문(이 또한 문학 연구 방법을 동시대 작품을 대상으로 하여 적용한 것을 포함한 상당히 넓은 범위이다)의 비중과 수준이 미진하다는 것은 학회와 학회지 내에서도 학문 분과로서 '문예창작'의 정체성이 여전히 뚜렷하지 못한 문제를 드러내고 있는 것 같다.

문예창작학과가 대학에 설치되고 자리를 잡는 과정이 순탄치 않았고, 또 그와 관련된 구성원들로 이루어진 학술 단체가 성장하는 과정에도 책임을 맡은 사람들의 헌신이 요구되었을 것이다. 20여 년의 시간이 거기에 소요되었다면, 지금부터는 문예창작학의 정체성을 개별 학과의 생존의 차원에서 생각하는 단계를 넘어 학문 분과로서 문예창작학이 갖추어야 할 제도와 구체적인 학문적 결과를 마련하는 방향에서 새로운 진전이 필요하지 않을까 생각한다.

---

24) 나소정, 「문예창작학 연구의 현황과 전망―『한국문예창작』을 통해 본 문예창작론 연구사를 중심으로」, 120~121쪽.

4. 나가며

이상에서 계명대학교 문예창작학과의 경우를 중심으로 그 성립과 변화의 과정을 세 시기로 나누어 살펴보면서, 그것을 해당 국면에서의 한국 대학 문예창작학과의 전체적인 상황과 비교해보았다. 그리고 제한적이나마 다른 나라의 동향도 함께 살펴보면서 우리의 문예창작학, 문예창작학과가 걸어왔고 또 현재 놓여 있는 상황을 객관화해보자 했다. 그 과정에서 개별 대학의 문예창작학과가 각자 나름의 방식으로 수립해나갈 정체성과 구분되는, 문예창작학이라는 학문 분과의 정체성이라는 별도의 차원의 문제를 도출하고 그에 요구되는 과제에 대해서도 생각해보았다.

계명대학교 문예창작학과의 역사와 현황을 객관화하고자 하는 시도 자체가 전례가 없는 일이기에 여전히 미진하지만 이후 이어질 후속 작업을 통해 점차적으로 보완될 수 있다고 생각되며, 그 결과와 또 그 결과의 공유는 학문 분과로서 문예창작학의 정체성을 탐색하는 데 중요한 출발점이 될 것이라 기대한다. 그 맥락에서 우리 바깥의 세계에서 이루어지고 있는 문예창작학과 관련된 논의에 대한 참조와 분석 작업도 보다 확산되면 좋겠다. 그리고 궁극적으로는 이런 시도의 축적을 통해 학문 분과로서의 문예창작학의 정체성과 체계가 마련될 수 있기를 바란다.

(2021)

문학동네 평론집
소설, 밤의 학교
ⓒ손정수 2025

초판 인쇄 2025년 6월 23일
초판 발행 2025년 6월 30일

지은이 손정수
책임편집 김봉곤 | 편집 이민희
디자인 최효정 유현아 | 저작권 박지영 형소진 오서영 조경은
마케팅 정민호 서지화 한민아 이민경 왕지경 정유진 정경주 김수인 김혜원
       김예진 나현후 이서진
브랜딩 함유지 박민재 이송이 김희숙 박다솔 조다현 김하연 이준희
제작 강신은 김동욱 이순호 | 제작처 영신사

펴낸곳 (주)문학동네 | 펴낸이 김소영
출판등록 1993년 10월 22일 제2003-000045호
주소 10881 경기도 파주시 회동길 210
전자우편 editor@munhak.com | 대표전화 031)955-8888 | 팩스 031)955-8855
문학동네카페 http://cafe.naver.com/mhdn
인스타그램 @munhakdongne | 트위터 @munhakdongne
북클럽문학동네 http://bookclubmunhak.com

ISBN 979-11-416-0234-5 03810

* 이 책의 판권은 지은이와 문학동네에 있습니다.
  이 책 내용의 전부 또는 일부를 재사용하려면 반드시 양측의 서면 동의를 받아야 합니다.

잘못된 책은 구입하신 서점에서 교환해드립니다.
기타 교환 문의 031)955-2661, 3580

www.munhak.com